EUROPA-FACHBUCHREIHE
für Chemieberufe

CHEMIE

für Schule und Beruf

Ein Lehr- und Lernbuch von Dr. Eckhard Ignatowitz
unter Mitwirkung von Dipl.-Chemiker Gerhard Haering

3. überarbeitete und erweiterte Auflage

Vertrieb:
VERLAG EUROPA-LEHRMITTEL · Nourney, Vollmer GmbH & Co.
Düsselberger Straße 23 · 42781 Haan-Gruiten

Europa-Nr.: 70512

Autoren:	Dr.-Ing. Eckhard Ignatowitz (Studienrat)	Waldbronn
	Dipl.-Chemiker Gerhard Haering (Studienprofessor)	Karlsruhe
Lektorat:	Dr. E. Ignatowitz, Waldbronn	
Korrektur des Manuskripts:	Gerhard Fastert (Oberstudienrat)	Stade
Bildbearbeitung:	Zeichenbüro des Verlags Europa-Lehrmittel, Leinfelden-Echterdingen	

2. Auflage 1994
Druck 5 4 3 2 1
Alle Drucke derselben Auflage sind parallel einsetzbar.

ISBN 3-8085-7053-9

Satz und Druck: IMO-Großdruckerei, 42275 Wuppertal

Vorwort

Das Buch **Chemie für Schule und Beruf** ist ein Lehr- und Lernbuch für die schulische und betriebliche Ausbildung im Unterrichtsfach **Chemie**.

Es ist vor allem für den Chemieunterricht an den verschiedenen Schulformen des berufsbildenden Schulwesens konzipiert:

- für **Berufsschulen** der Ausbildungsberufe aus dem Berufsfeld Chemie, Physik, Biologie.
  Angesprochene Ausbildungsberufe: *Chemielaborant* (Grundstufe), *Chemielaborwerker, Chemiefacharbeiter, Chemikant, Chemiewerker, Ver- und Entsorger, Papiermacher, Färber und Chemisch Reiniger, Lacklaborant, Bau- und Werkstoffprüfer, Physiklaborant, Biologielaborant, Zahntechniker* usw.
- für **Berufsfachschulen, Berufsaufbauschulen, Fachoberschulen, Technische Gymnasien**
- für **Meister-Fachschulen** und **Techniker-Fachschulen** der Berufsfelder Metall- und Kfz-technik, Elektrotechnik sowie Metallbau und Bautechnik.

Um den unterschiedlichen Vorbildungen der Schüler gerecht zu werden, setzt das Buch keine chemischen Vorkenntnisse voraus. Es beginnt mit einer didaktisch einfachen Darstellung der Grundlagen, die mit vielen bildlichen Darstellungen und Versuchsbeschreibungen untermauert und erläutert werden. Im Verlauf des Buches steigert sich der Schwierigkeitsgrad zu einer anspruchsvolleren Darstellungsweise.

Das Buch ist didaktisch durchstrukturiert: Die Erkenntnisse werden möglichst anhand von Versuchsbeschreibungen bzw. Analogieschlüssen erarbeitet und dann in Merksätzen und Formeln festgehalten. Übungsbeispiele und Aufgaben vertiefen das erarbeitete Wissen. Am Schluß jedes größeren Abschnittes folgen Wiederholungsfragen, die das zuvor erworbene Wissen weiter festigen.

Das Buch **Chemie für Schule und Beruf** gliedert sich in acht Kapitel:

1 Allgemeine Chemie
2 Anorganische Chemie
3 Anorganische Technologie
4 Elektrochemie, Korrosion
5 Organische Chemie
6 Organische Technologie
7 Biochemie
8 Chemie, Mensch und Umwelt

Im Kapitel **1 Allgemeine Chemie** werden die chemischen Grundlagen ausführlich behandelt. Zuerst werden die Grundbegriffe und die einfachen Gesetzmäßigkeiten eingeführt. Dann werden die Grundlagen durch die moderne Atomvorstellung, die Ionentheorie und physikalisch-chemische Phänomene vertieft.

Kapitel **2 Anorganische Chemie** behandelt systematisch die Elemente nach ihrer Stellung im Periodensystem der Elemente (PSE) sowie deren Verbindungen. Dieser Abschnitt hat „Nachschlagecharakter".

Kapitel **3 Anorganische Technologie** stellt den Bezug zur chemisch-technischen Berufswelt her. An ausgewählten Bereichen der anorganischen Chemieindustrie werden die chemischen Grundlagen sowie die chemisch-industrielle Ausgestaltung aufgezeigt.

Kapitel **4 Elektrochemie, Korrosion** erläutert die Grundlagen und technischen Anwendungen der Elektrochemie sowie der Korrosion und des Korrosionsschutzes.

Kapitel **5 Organische Chemie** gibt einen systematischen Überblick über die gebräuchlichsten Verbindungsklassen der organischen Chemie und macht mit wichtigen chemischen Stoffen bekannt.

Im Kapitel **6 Organische Technologie** wird an wichtigen Industriezweigen die chemisch-technologische Ausgestaltung der organischen Chemieindustrie vorgeführt.

Kapitel **7 Biochemie** behandelt die wichtigsten Naturstoffe und gibt einen Einblick in die Stoffwechselvorgänge und die modernen Anwendungen der Biochemie und Gentechnik.

Die Stellung der Chemie im Spannungsfeld zur Umwelt wird an vielen Stellen des Buches und am Schluß im Kapitel **8 Chemie, Mensch und Umwelt** zusammenfassend behandelt.

Bei vollständigem Durcharbeiten in der vorgegebenen Reihenfolge gibt das Buch eine gründliche Einführung in wichtige Bereiche der Chemie. Bei nur begrenzt zur Verfügung stehender Unterrichtszeit ist auch eine auszugsweise Bearbeitung möglich. Dazu behandelt man die benötigten Sachthemen aus der allgemeinen, anorganischen und organischen Chemie und vervollständigt mit Sachthemen aus den Technologiekapiteln, die für die spezielle Berufsgruppe bzw. Schulform erforderlich sind.

Bei dieser Arbeitsweise ist das Buch für eine Vielzahl von Ausbildungsberufen und Schulformen einsetzbar.

1994 — Dr. Eckhard Ignatowitz

Inhaltsverzeichnis

Unfallverhütung beim Umgang mit Chemikalien

Das Arbeiten mit Chemikalien birgt Gefahren. Nur durch sachgemäßes Ausführen der Arbeiten und Vorsicht kann eine Gefährdung der eigenen Gesundheit sowie die der Mitarbeiter vermieden werden.

Allgemeine Arbeitsregeln

1. Im chemischen Labor ist Rauchen, Essen und Trinken verboten.
2. Beim Umgang mit Chemikalien ist ein Labormantel und eine Schutzbrille zu tragen, um Beschädigung der Kleidung und Verletzungen der Augen zu vermeiden.
3. Der Arbeitsplatz und die gebrauchten Arbeitsgeräte sind peinlich sauber zu halten. Reste giftiger Stoffe könnten zu Vergiftungen führen.
   Ist etwas verschüttet worden, so ist es sofort zu beseitigen.
4. Am Arbeitsplatz ist für Ordnung zu sorgen: Die Gefäße sowie die Arbeitsgeräte sind sofort nach dem Gebrauch wieder an ihren Platz zu stellen.
5. Chemikalien dürfen nicht mit der Hand angefaßt oder gekostet werden. Geruchsproben werden durch Fächeln mit der Hand genommen.
6. Beim Erhitzen von Flüssigkeiten im Reagenzglas darf die Öffnung des Reagenzglases nicht auf das eigene Gesicht oder auf nebenstehende Personen gerichtet sein. Plötzlich herausspritzende Flüssigkeit könnte zu Verbrühungen und Verätzungen führen. Das Reagenzglas ist nur zu etwa $^1/_4$ zu füllen, beim Erhitzen ist durch leichtes Schütteln plötzliches Sieden zu vermeiden.
7. Vor Beginn der Arbeit mit brennbaren Flüssigkeiten muß man sich davon überzeugen, daß keine offene Flamme in der Nähe brennt.
8. Reste brennbarer Flüssigkeiten sind nicht in den Ausguß zu schütten, sondern in speziellen Sammelbehältern zu sammeln.
9. Gesprungene oder beschädigte Glasgeräte dürfen nicht benutzt werden. Sie sind in besonderen Abfallkästen zu sammeln.
10. Arbeiten, bei denen giftige oder gesundheitsschädliche Gase entstehen, sind unter dem Abzug durchzuführen. Giftige Gase sind z. B.: Kohlenstoffmonoxid CO, Schwefelwasserstoff H_2S, Cyanwasserstoff HCN, Chlor Cl_2.

Näheres zur Arbeitssicherheit beim Umgang mit Chemikalien auf Seite 273.

Rauchen verboten

Augenschutz tragen

Warnung vor giftigen Stoffen

Warnung vor feuergefährlichen Stoffen

Warnung vor ätzenden Stoffen

Verhalten bei Bränden

Ist es im Chemielabor zu einem Brand gekommen, so sind, falls möglich, alle Gashähne zu schließen und alle brennbaren Gegenstände aus der Brandnähe zu entfernen. Dann ist der Brand mit einem Handfeuerlöscher zu löschen. Chemikalienbrände nicht mit Wasser löschen. Kleiderbrände sind durch Abdecken mit Kitteln oder Decken, durch Betätigen der Notbrause oder mit dem Feuerlöscher zu löschen.
Läßt sich der Brand nicht unter Kontrolle bringen, dann ist die Feuerwehr zu alarmieren. Über den Standort des Feuerlöschers, das nächste Notruftelefon sowie Fluchtwege sollte man informiert sein.

Erste Hilfe bei Unfällen

Die Hilfs- und Arzneimittel zur Erste-Hilfe-Versorgung befinden sich im **Erste-Hilfe-Kasten**. Über seinen Standort und seinen Inhalt sollte man sich in einer Arbeitspause informieren.

Erste Hilfe

Fluchtweg

Verbrennungen: Verbrannte Hautstellen mit sterilen Tüchern abdecken, dann Arzt aufsuchen.

Verätzungen: Verätzte Hautstellen ca. 15 Minuten mit fließendem Wasser bespülen, verätzte Augen ca. 15 Minuten mit Augenspülflüssigkeit oder, falls nicht vorhanden, mit Wasser spülen. Danach sofort Arzt aufsuchen.

Schnittwunden: Kleinere Schnittwunden mit Pflaster oder Mullbinde steril abdecken. Bei stark blutenden Schnittwunden abbinden. Arzt rufen.

Gasvergiftungen: Den Vergifteten aus der Gefahrenzone entfernen, ruhig lagern, für frische Luft sorgen, bei Atemstillstand künstlich beatmen. Arzt rufen.

Auch bei kleinen Unfällen und Verletzungen sollte nach der Erste-Hilfe-Behandlung ein Arzt aufgesucht werden, um eine sachgerechte ärztliche Versorgung zu gewährleisten.

Geräte im chemischen Labor

Beim Experimentieren und der Arbeit im Chemielabor werden spezielle Laborgeräte benutzt. Vor Beginn der Arbeiten müssen die sauberen Laborgeräte bereitgestellt sein. Nach der Arbeit sind die Geräte gründlich zu reinigen und sachgerecht aufzubewahren.

Glasgeräte

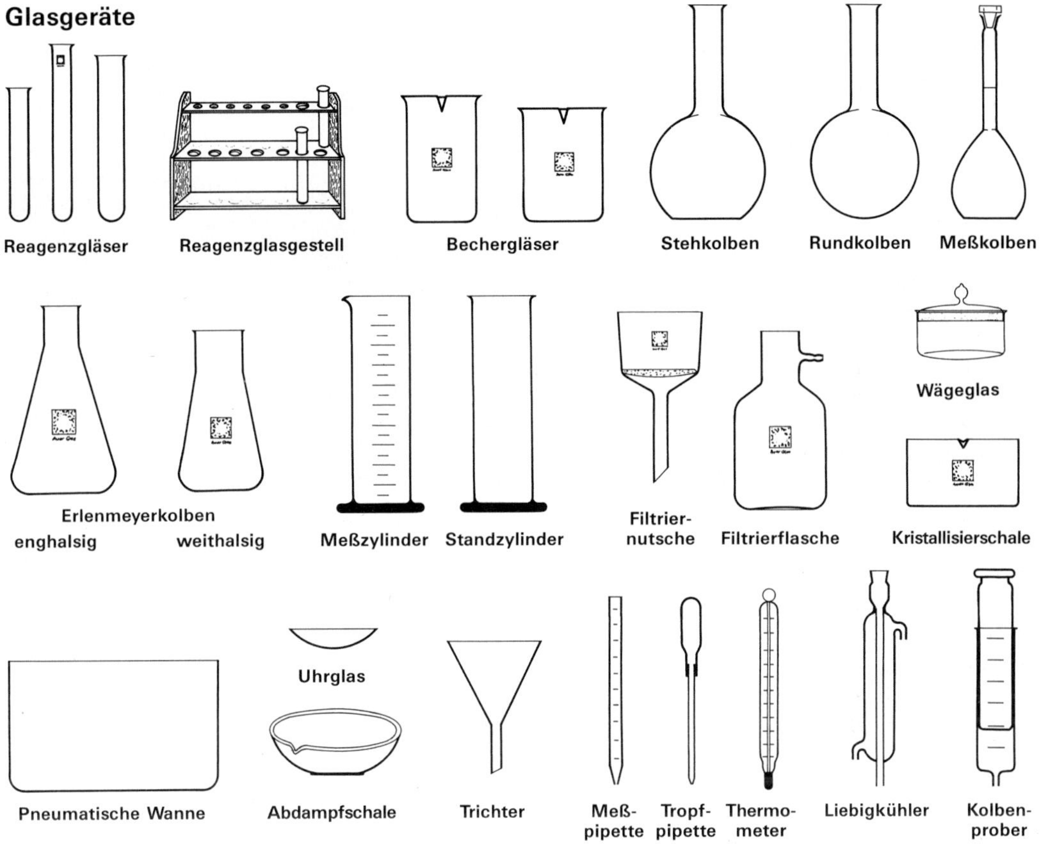

Geräte aus Metall, Porzellan, Holz, Kunststoff

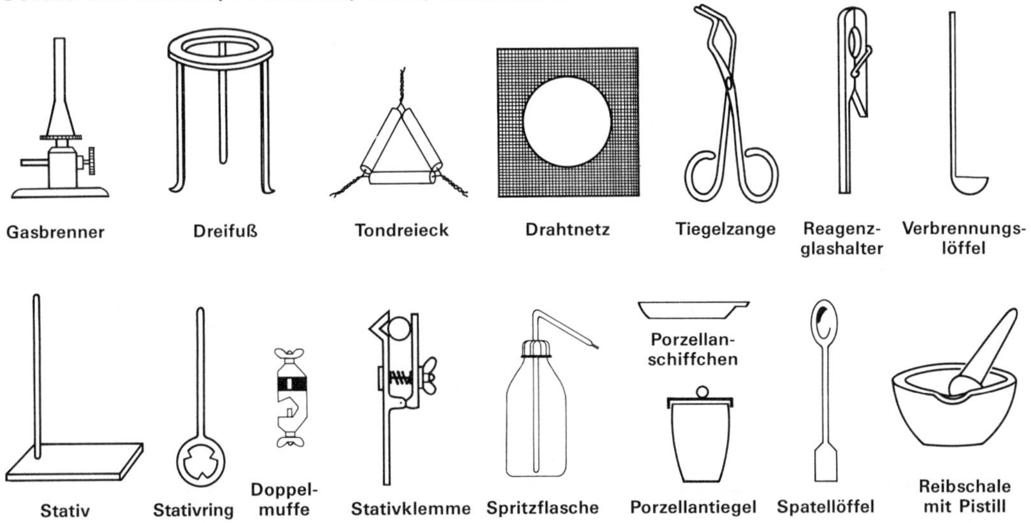

Die Bedeutung der Chemie

Aus der Geschichte ist bekannt, daß schon die Menschen früher Kulturen gewisse chemische Techniken ausübten und Rohstoffe in Werk- und Baustoffe umwandelten. So wurden die Mörtelbereitung, die Metallgewinnung, die Glasherstellung, die Färberei und Gerberei, die Heilmittelbereitung und andere chemische Verfahren schon im Altertum beherrscht.

Zusammenhängende Vorstellungen über das Wesen der chemischen Veränderungen konnte aber erst die moderne Naturwissenschaft etwa ab dem Jahre 1750 entwickeln.

Heute ist die Chemie mit ihren Produkten aus unserer Zivilisation nicht mehr wegzudenken. Sie sind fester Bestandteil unseres Lebens geworden. Dies verdeutlicht ein Tagesablauf: Schon nach dem morgendlichen Aufstehen greifen wir nach Seife, Zahnpasta und anderen Hygieneartikeln, ziehen wir Kleider an, die aus synthetischen Fasern hergestellt sind, halten wir Porzellangeschirr und Metallbesteck in der Hand usw. Was immer wir anfassen, es ist Material, das durch chemische Herstellungsprozesse entstanden ist.

Die augenfälligste Umwälzung, die der technische Fortschritt mit sich gebracht hat, zeigt sich in der Chemisierung der Volkswirtschaft. Eine Vielzahl von Chemiebetrieben sowie andere Industriebetriebe haben chemische Prozesse zur Grundlage bzw. erzeugen oder verarbeiten Produkte, die durch chemische Umwandlungen hergestellt wurden.

Das gilt z.B. für die pharmazeutische Industrie sowie die Hersteller von Wasch- und Reinigungsmitteln, Kosmetik- und Hygieneartikeln, für die Glas-, Baustoff- und Papierindustrie, für die metallerzeugende Industrie, für die kunststofferzeugende und -verarbeitende Industrie, für die petrochemische Industrie und viele andere Industriezweige mehr **(Bild 10/1)**.

Aber nicht nur die neuen industriellen Bereiche und die modernen Materialien spiegeln die Durchdringung durch die Chemie wieder. Auch die älteren Produktionssektoren, wie z.B. die Landwirtschaft und die Nahrungsmittelherstellung sind mit ihren heutigen großen Erträgen ohne ernteverbessernde Produkte aus der Chemie nicht vorstellbar.

Diese totale Durchdringung aller Lebensbereiche und der Umwelt mit Chemie macht es unumgänglich, sich mit der Chemie zu beschäftigen, um die Vorgänge im persönlichen Umfeld und in der Arbeitswelt zu verstehen.

Bild 10/1: Erzeugnisse chemischer Herstellungsprozesse

Chemie — eine Naturwissenschaft

Schon früh in seiner Entwicklungsgeschichte hat der Mensch begonnen, die Gegenstände und Vorgänge in der ihn umgebenden Natur zu beobachten. Dies war der Beginn der **Naturwissenschaft**.

Heute wird Naturwissenschaft durch Beobachten und Erfassen, durch Experimentieren (Versuche machen) und das Aufstellen von Regeln, auch **Naturgesetze** genannt, betrieben. Antrieb zu dieser Arbeit ist der Wissensdurst des Menschen sowie das Bestreben, die gewonnenen Erkenntnisse nutzbar zu machen.

Die Vielzahl der Naturvorgänge und Naturgesetze hat eine Aufteilung der Naturwissenschaften in Fachgebiete notwendig gemacht: die **Chemie** und die **Physik**.

Chemie

Die Chemie beschäftigt sich mit den Stoffen und ihrer Zusammensetzung sowie den stofflichen Veränderungen bei chemischen Vorgängen. Beispiel: Versuch 11/1

Versuch 11/1: Verbrennen eines Magnesiumspans

Versuchsbeschreibung: Ein Magnesiumspan wird angezündet. Er verbrennt mit hell leuchtender Flamme. Es entsteht ein weißes Pulver: Magnesiumoxid.

Versuchsergebnis: Durch Verbrennen entsteht aus metallischem Magnesium weißes Magnesiumoxid.

Erkenntnis: Da sich bei diesem Versuch die Zusammensetzung des Stoffes geändert hat, handelt es sich beim Verbrennen um einen *chemischen Vorgang*.

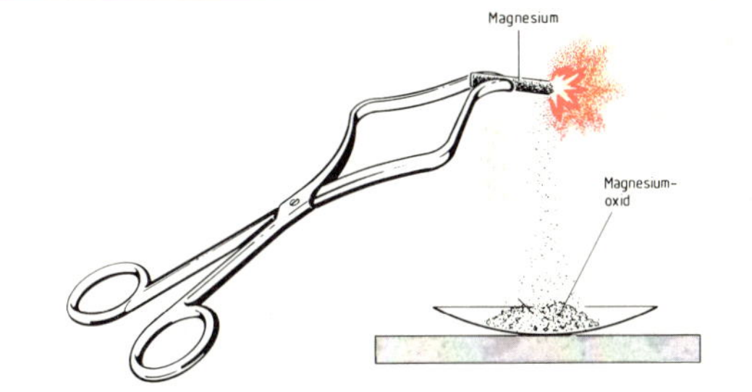

Bei einem chemischen Vorgang ändert sich die Zusammensetzung des Stoffes.

Physik

Die Physik beschäftigt sich mit den Zuständen und den Zustandsänderungen der Stoffe ohne Änderung der Zusammensetzung. Beispiel: Versuch 11/2

Versuch 11/2: Verdampfen und Kondensieren von Wasser

Versuchsbeschreibung: In einem Glaskolben wird Wasser durch Erhitzen verdampft. Es entsteht Wasserdampf (ein unsichtbares Gas). Er strömt in den Kolbenhals und danach in einen Kühler, wo der Wasserdampf sich wieder in flüssiges Wasser umwandelt (kondensiert).

Versuchsergebnis: Beim Verdampfen geht Wasser vom flüssigen in den gasförmigen Zustand über — es bleibt aber Wasser. Auch beim anschließenden Kondensieren ändert sich der Zustand des Wassers, nicht jedoch die Zusammensetzung.

Erkenntnis: Da sich bei diesem Versuch der Zustand der Stoffe geändert hat, nicht jedoch die Zusammensetzung, handelt es sich um einen *physikalischen Vorgang*.

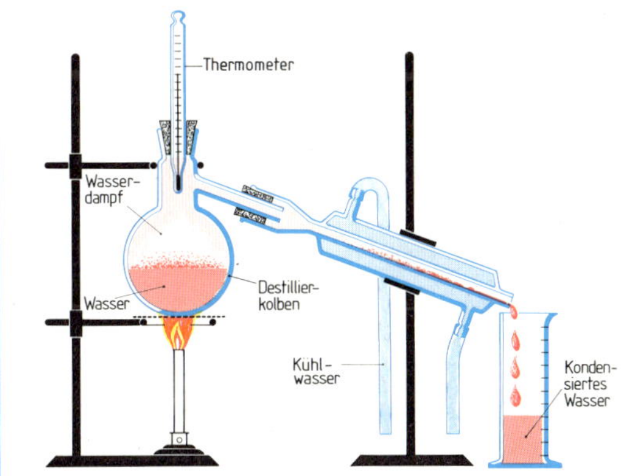

Bei einem physikalischen Vorgang ändert sich der Zustand des Stoffes, seine Zusammensetzung nicht.

Weitere Beispiele für chemische und physikalische Vorgänge

Chemische Vorgänge

Holz wird verbrannt
Holz wandelt sich in Kohle, Asche und Verbrennungsgase um.

Traubensaft gärt
Der Zucker im Traubensaft wandelt sich in Alkohol um.

Physikalische Vorgänge

Ein Metallstab wird gebogen
Es ändert sich dabei seine Form, nicht die Zusammensetzung des Stoffes.

Zucker wird in Wasser gelöst
Der Zucker wird dabei im Wasser fein verteilt, seine Zusammensetzung bleibt erhalten.

1 Allgemeine Chemie

Die Naturwissenschaft Chemie verfügt über eine große Fülle an gesammeltem Wissen. Die Grundlage der Einzelerkenntnisse und des Detailwissens sind *allgemeine Erkenntnisse, Gesetzmäßigkeiten* und *Grundbegriffe*. Mit ihnen muß man sich zuerst beschäftigen.

1.1 Chemische Grundbegriffe

Im Mittelpunkt aller chemischen Betrachtungen stehen Stoffe, Stoffveränderungen und Reaktionen von Stoffen. Was man darunter versteht, soll zunächst festgelegt (definiert) werden.

1.1.1 Der Stoffbegriff

Wir sind von einer Fülle von Gegenständen und Substanzen umgeben, die aus „etwas" bestehen: Wir nennen es **Stoff** oder stoffliche **Materie (Bild 12/1)**. Zur Wahrnehmung der Stoffe dienen im allgemeinen unsere Sinnesorgane: Augen, Geruchs-, Geschmacks- und Tastsinn. Damit kann man das Aussehen, den Geruch und die Oberflächenbeschaffenheit eines Stoffes erkennen.

Einige Stoffe, wie z. B. die Luft oder andere farb- und geruchlose Gase, kann man nicht oder nur sehr undeutlich wahrnehmen. Zu ihrer Erkennung gibt es spezielle Methoden.

Gemeinsam ist allen Stoffen, daß sie einen bestimmten Platzbedarf haben, man sagt sie nehmen Raum ein, und daß sie auf einer Waage einen Ausschlag ergeben, das heißt sie besitzen Masse.

> Alle Gegenstände und Substanzen bestehen aus Stoffen.
>
> Stoffe nehmen Raum ein und besitzen Masse.

Eigenschaften der Stoffe

Stoffe können sehr unterschiedlich sein, z. B. im Aussehen, der Farbe, der Härte, der Dichte usw. Diese Beschreibungen einer Stoffart nennt man **Eigenschaften**. Sie sind das Charakteristische eines Stoffes, das ihn von anderen Stoffen unterscheidet.

Bild 12/1: Verschiedene Stoffarten

Erkennen eines Stoffes

Zuerst stellt man die Farbe und das Aussehen des Stoffes fest (Bild 12/1).

Die **Metalle**, wie z. B. Eisen, besitzen den typischen metallischen Oberflächenglanz. Außerdem unterscheidet man bei ihnen **Leichtmetalle** ($\varrho < 5\,g/cm^3$) und **Schwermetalle** ($\varrho > g/cm^3$).

Die **nichtmetallischen Feststoffe**, wie z. B. Schwefel, haben einen kristallinen, salzartigen Charakter.

Desweiteren kann die **Verformbarkeit** bzw. **Sprödigkeit** eines Stoffes zur Unterscheidung benutzt werden. Beispiel: Fensterglas/Kunststoffglas.

Viele Flüssigkeiten und Gase haben einen charakteristischen Geruch, z. B. Benzin oder Alkohol. Um eine **Geruchsprobe** von einer unbekannten Substanz zu nehmen, öffnet man den Behälter, in dem sich die Substanz befindet, und fächelt sich mit der Hand eine geringe Gas- bzw. Dampfmenge zu.

Chemikalien

In der Chemie verwendet man vor allem Substanzen, die mit anderen Stoffen reagieren. Sie werden in speziellen Gefäßen aufbewahrt **(Bild 12/2)**.

Falls von ihnen Gefahr ausgeht (giftig, brennbar, ätzend, explosibel) sind sie entsprechend gekennzeichnet.

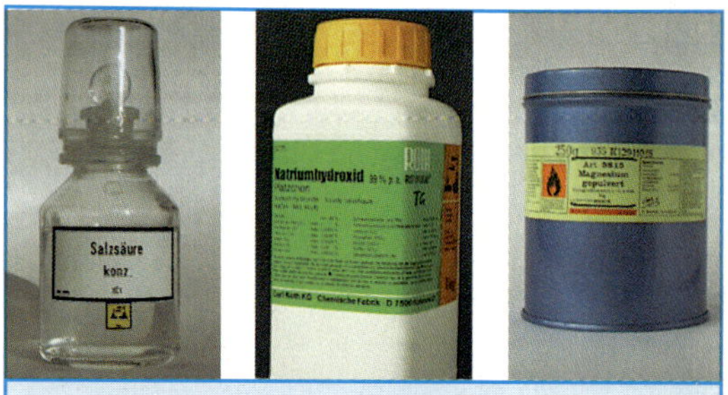

Bild 12/2: Chemikalien

1.1.2 Physikalische und chemische Eigenschaften

Beschreiben die Eigenschaften die Zusammensetzung, die Reaktionen mit anderen Stoffen und die Umwandlungen des Stoffes, so nennt man sie **chemische Eigenschaften**.

Wird der Zustand des Stoffes beschrieben, sowie Zustandsänderungen ohne stoffliche Veränderung, so spricht man von **physikalischen Eigenschaften**.

Physikalische Eigenschaften sind:

— die Farbe, das Aussehen, die Härte
— die Aggregatzustände
— der Siedepunkt, der Schmelzpunkt
— die Dichte
— die Löslichkeit

Chemische Eigenschaften sind:

— der Geruch, der Geschmack
— die Zusammensetzung
— das Reaktionsverhalten mit anderen Stoffen
— die Brennbarkeit
— das Korrosionsverhalten

Physikalische Eigenschaften

Aggregatzustände

Je nach Temperatur liegt ein Stoff in verschiedenen Erscheinungsformen vor: als Feststoff, als Flüssigkeit oder als Gas. Man nennt diese Erscheinungsformen **Aggregatzustände**.

Die drei Erscheinungsformen der Stoffe — fest, flüssig, gasförmig — nennt man Aggregatzustände.

Durch Erwärmen bzw. Abkühlen lassen sich die Stoffe in die verschiedenen Aggregatzustände überführen **(Bild 13/1)**. Die Übergänge vom einen in den anderen Aggregatzustand haben besondere Namen und erfolgen bei ganz bestimmten Temperaturen.

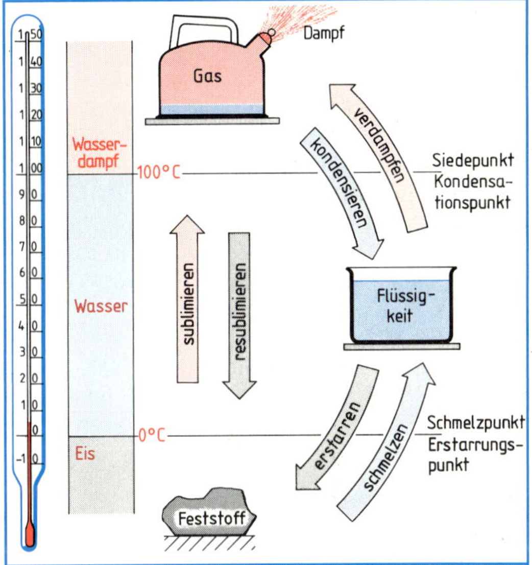

Bild 13/1: Aggregatzustände und ihre Übergänge am Beispiel Wasser

Siedepunkt, Schmelzpunkt

Von Wasser ist bekannt, daß es bei Erwärmung auf 100 °C siedet. Auch die anderen Stoffe sieden bei einer ganz bestimmten, für jeden Stoff verschiedenen, Temperatur. Diese Temperatur nennt man *Siedetemperatur*. Da das Sieden bei einem Stoff immer bei derselben Temperatur, „auf den Punkt", erfolgt, spricht man auch vom *Siedepunkt*.

Der Siedepunkt ist die Temperatur, bei der ein Stoff siedet.

Beim Sieden wird der vorher flüssige Stoff gasförmig. Kühlt man das entstandene Gas wieder ab, so wird es bei einer bestimmten Temperatur wieder flüssig, man sagt es *kondensiert*. Das Kondensieren erfolgt bei einem Stoff ebenfalls immer bei einer bestimmten Temperatur, der *Kondensationstemperatur*, auch *Kondensationspunkt* genannt. Versuche zeigen, daß die Kondensationstemperatur und die Siedetemperatur eines Stoffes immer denselben Wert haben.

Kühlt man Wasser auf 0 °C ab, so gefriert (erstarrt) es. Andere Stoffe besitzen ebenfalls eine bestimmte Temperatur, bei der sie erstarren. Man nennt diese Temperatur *Gefrierpunkt* oder *Festpunkt*.

Der Gefrierpunkt ist die Temperatur, bei der ein Stoff erstarrt.

Beim Gefrieren wird der vorher flüssige Stoff fest. Erwärmt man den entstandenen Feststoff, so wird er bei einer bestimmten Temperatur wieder flüssig, er schmilzt. Diese Temperatur nennt man *Schmelztemperatur* oder *Schmelzpunkt*. Auch hier zeigen Versuche, daß die Schmelztemperatur eines Stoffes immer den gleichen Wert hat, wie die Gefriertemperatur.

Einige Stoffe zeigen bei der Änderung der Aggregatzustände Besonderheiten. So wandelt sich festes Kohlenstoffdioxid (Kohlensäureschnee) bei Erwärmung direkt vom festen in den gasförmigen Zustand um, ohne vorher flüssig zu werden. Diesen Vorgang nennt man **Sublimieren**.

Den direkten Übergang vom festen in den gasförmigen Zustand nennt man Sublimieren. Der umgekehrte Vorgang heißt Resublimieren.

Dichte

Die Dichte ϱ ist definiert als die Masse eines Stoffes pro Volumeneinheit. Sie berechnet sich nach der Formel

$$\varrho = \frac{m}{V}$$

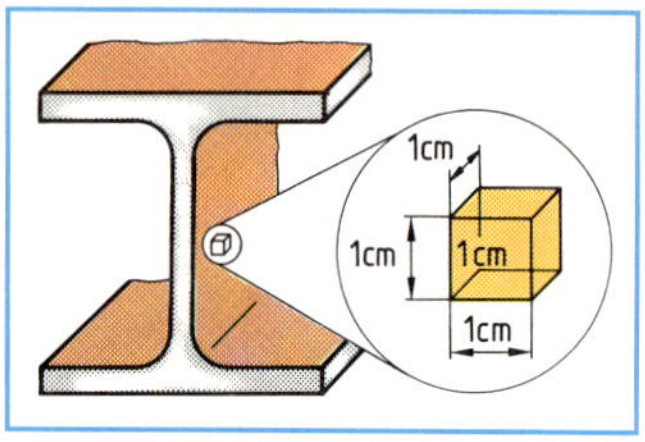

Bei Feststoffen und Flüssigkeiten wird die Dichte ϱ meist in der Einheit g/cm^3, bei Gasen in der Einheit g/dm^3 (identisch g/l) angegeben. Eisen hat z.B. eine Dichte von 7,86 g/cm^3, d.h. ein Würfel aus Eisen der Kantenlänge 1 cm hat die Masse 7,86 g. Wasserstoff hat eine Dichte von 0,089 g/dm^3, d.h. ein dm^3 (l) Wasserstoff hat die Masse 0,089 g.

Löslichkeit

Bringt man verschiedene Stoffe in ein Lösungsmittel (z.B. Wasser), so stellt man fest, daß sich manche Stoffe lösen, andere hingegen nicht. Je nachdem, ob sich viel oder wenig bzw. überhaupt nichts löst, nennt man die Stoffe *leichtlöslich, schwerlöslich* oder *unlöslich*. Kochsalz ist z.B. in Wasser leichtlöslich, Gips ist in Wasser schwerlöslich und Eisen ist in Wasser praktisch unlöslich.

Aber auch wenn sich ein Stoff im Lösungsmittel leicht löst, kann das Lösungsmittel (z.B. Wasser) nicht unbegrenzte Mengen des Stoffes lösen. Es gibt eine Sättigungsgrenze. Die dann gelöste Masse pro 100 g Lösungsmittel nennt man **Löslichkeit *L***. Die Löslichkeit ist temperaturabhängig.

Die Löslichkeit eines Stoffes gibt an, wieviel Gramm eines Stoffes sich in 100 g Lösungsmittel bei einer bestimmten Temperatur gerade noch lösen.

Lösungen, die noch Stoff lösen können, nennt man **ungesättigt**, Lösungen, die nichts mehr lösen können, heißen **gesättigt**.

Normzustand

Viele Eigenschaften der Stoffe ändern sich mit der Temperatur und dem Druck. Um einheitliche Eigenschaftsangaben zu erhalten, die man miteinander vergleichen kann, hat man vereinbart, die Eigenschaftswerte im allgemeinen beim sogenannten **Normzustand** zu bestimmen und anzugeben. Beim Normzustand beträgt die **Normtemperatur 0 °C** und der **Normluftdruck 1013 mbar** (1013 hPa). Enthält ein angegebener Eigenschaftswert keinen Zusatz, so gilt er für den Normzustand. *Beispiel:* $\varrho_{Sauerstoff} = 1{,}429\ g/dm^3$.

Gelten die Eigenschaftsangaben für eine andere Temperatur oder einen anderen Druck als den Normzustand, so werden sie mit dem Eigenschaftswert angegeben. Häufig sind z.B. Eigenschaftsangaben für Raumtemperatur (20 °C) sowie für andere markante Temperaturen. *Beispiel:* $\varrho_{Wasser} = 1\ g/cm^3$ (bei +4 °C).

Chemische Eigenschaften

Die chemischen Eigenschaften eines Stoffes beschreiben sein Verhalten bei chemischen Reaktionen **(Bild 14/1)**. Beispiele für chemische Reaktionen:

Reaktionen beim Erhitzen

Hierzu gibt man eine kleine Menge der zu prüfenden Substanz in ein Reagenzglas und dann über eine Brennerflamme oder hält ein Stück der Substanz direkt in die Brennerflamme.

Reaktion mit Säure

Sie wird durch vorsichtiges Übergießen der Substanz mit der Säure und Beobachten der auftretenden Reaktion geprüft.

Reaktion von PVC beim Verbrennen an der Luft: Der Kunststoff PVC läßt sich entzünden und brennt.

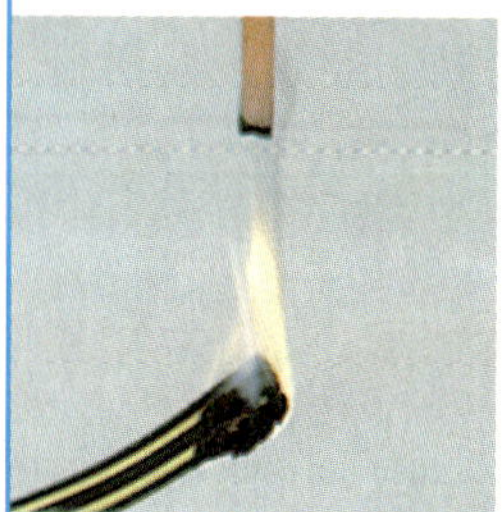

Reaktion von Kalkstein mit Salzsäure: Es entsteht ein Gas, das in der Säure hochperlt.

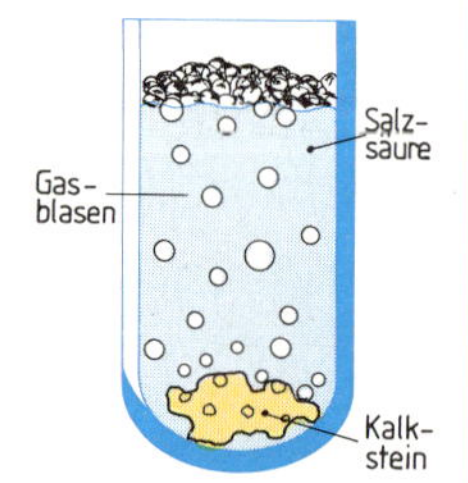

Bild 14/1: Chemische Reaktionen

1.1.3 Einteilung der Stoffe

Die erste Aufgabe, die sich stellt, wenn man die Stoffe kennenlernen will, besteht darin, die Stoffe zu ordnen. Auf diese Weise kann man bereits wichtige Hinweise zum Stoffaufbau gewinnen.

Unterteilung nach dem Aussehen

Schaut man sich eine Vielzahl unterschiedlicher Stoffe genauer an, so kann man nach dem Aussehen eine erste Unterscheidung treffen **(Bild 15/1)**: Es gibt Stoffe, die einheitlich aufgebaut sind, sogenannte **homogene Stoffe** und Stoffe, die sichtbar aus mehreren, verschiedenartigen Bestandteilen bestehen, die sogenannten **heterogenen Stoffe**. Bei manchen Stoffen ist dieser Unterschied mit dem bloßen Auge sichtbar, wie z. B. bei Granit. Bei anderen heterogenen Stoffen können die verschiedenartigen Stoffbereiche nur durch Betrachten unter dem Mikroskop erkannt werden, wie z. B. bei Milch.

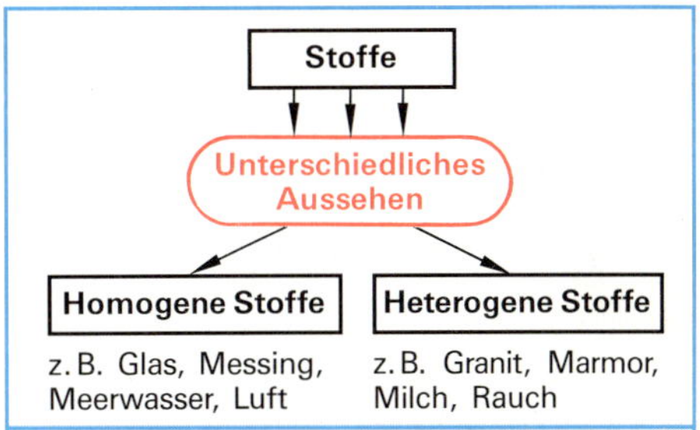

Bild 15/1: Unterscheidung nach dem Aussehen

Unterteilung durch physikalische Trennverfahren

Bei den **heterogenen** Stoffen handelt es sich um **Stoffgemische** (Gemenge) aus mehreren Bestandteilen.

Die Trennung heterogener Stoffgemische in ihre einzelnen Bestandteile gelingt durch *mechanisch-physikalische Trennverfahren* (siehe unten). Dabei erfolgt die Auftrennung nach den unterschiedlichen physikalischen Eigenschaften der Bestandteile, wie z. B. der Größe oder der Dichte. Häufig angewandte Trennverfahren für heterogene Gemenge sind das Filtrieren, das Sedimentieren, das Dichtesortieren und das Magnetsortieren.

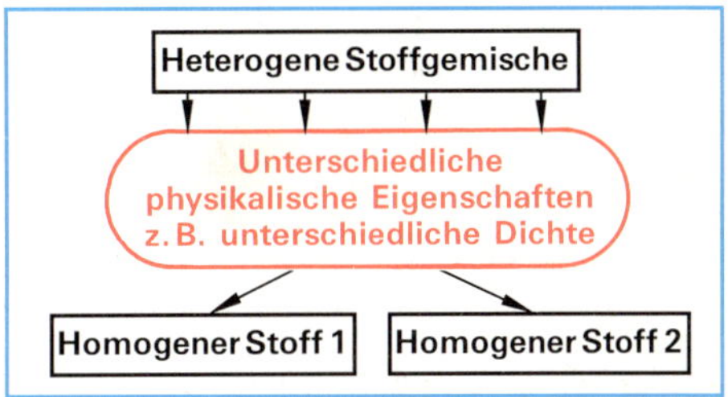

Bild 15/2: Aufteilung heterogener Stoffgemische nach physikalischen Eigenschaften

Ergebnis der Auftrennung heterogener Stoffgemische mit mechanisch-physikalischen Trennverfahren sind die Einzelbestandteile, also homogene Stoffe **(Bild 15/2)**.

Trennverfahren für heterogene Stoffgemische

Sedimentieren/Dekantieren

Sedimentieren/Dekantieren ist das Trennen eines Feststoffteilchen / Flüssigkeits-Gemisches durch Absetzen der schwereren Feststoffteilchen und Abgießen der überstehenden Flüssigkeit. Die Trennung erfolgt aufgrund der größeren Dichte der Feststoffteilchen.

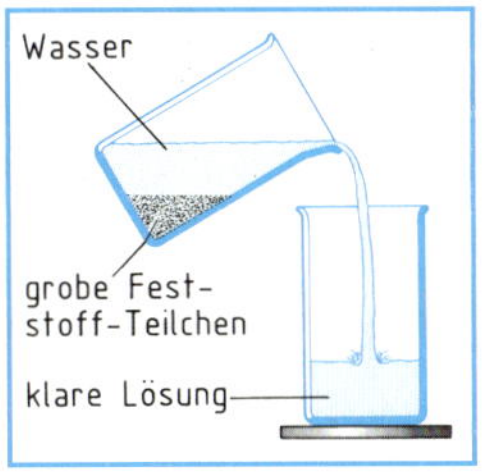

Dichtesortieren

Beim Dichtesortieren wird die unterschiedliche Dichte der verschiedenen Bestandteile eines Feststoffgemisches zum Trennen benutzt.

Die Trennung erfolgt in einem Flüssigkeitsbad, dessen Dichte niedriger als die Dichte des einen Bestandteils und höher als die Dichte des anderen Bestandteils sein muß. Die Teilchen des leichteren Bestandteils schwimmen auf, die Teilchen des schwereren Bestandteils sinken herab.

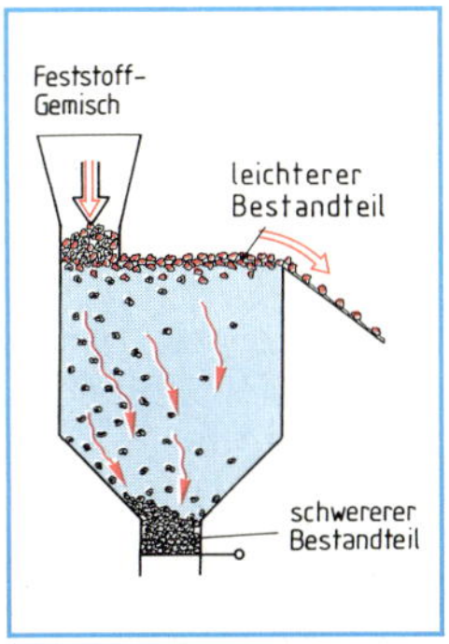

Filtrieren

Filtrieren ist das Trennen eines feinkörnigen Feststoffteilchen/Flüssigkeits-Gemisches in die Flüssigkeit und den Feststoff. Die Trennung der beiden Bestandteile erfolgt durch ihre unterschiedliche Teilchengröße: die winzigen Flüssigkeitsteilchen durchströmen den Filter, während die Feststoffteilchen in ihm hängenbleiben.

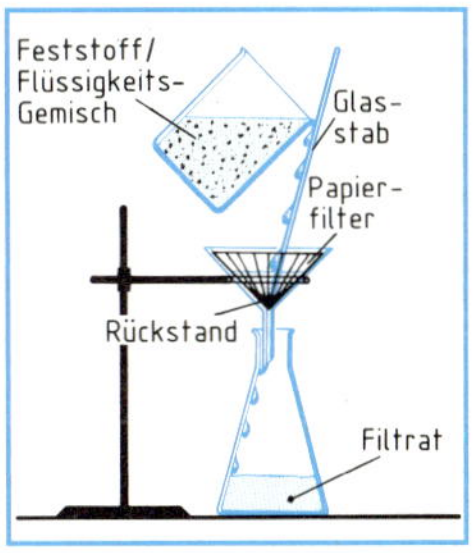

Magnetsortieren

Durch Magnetsortieren kann man magnetisierbare Bestandteile eines Stoffgemisches abtrennen. Dazu läuft das Stoffgemisch über eine Scheidetrommel, die einen Elektromagneten enthält. Die magnetisierbaren Teile werden abgelenkt, während der Rest normal herabfällt. Magnetsortieren wird z. B. zum Abtrennen von Eisenteilen aus Müll angewandt.

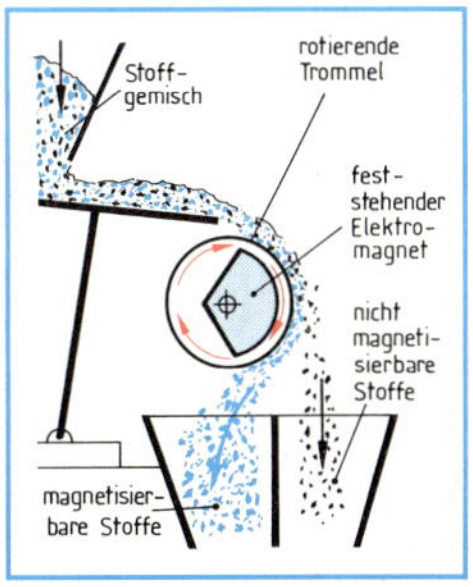

Homogene Stoffe erscheinen äußerlich als *ein* einheitlicher Stoff. Ein Teil der homogenen Stoffe läßt sich jedoch mit physikalischen Trennverfahren in weitere Bestandteile zerlegen. Es handelt sich hierbei also nicht um reine Stoffe (Reinstoffe), sondern um homogene Stoffgemische. Ihre Aufteilung erfolgt aufgrund unterschiedlicher physikalischer Eigenschaften der einzelnen Bestandteile, wie z. B. der Siedetemperatur, der Löslichkeit usw. **(Bild 16/1)**. Häufig angewandte Trennverfahren für homogene Stoffgemische sind das Abdampfen, das Destillieren, das Extrahieren und das Absorbieren.

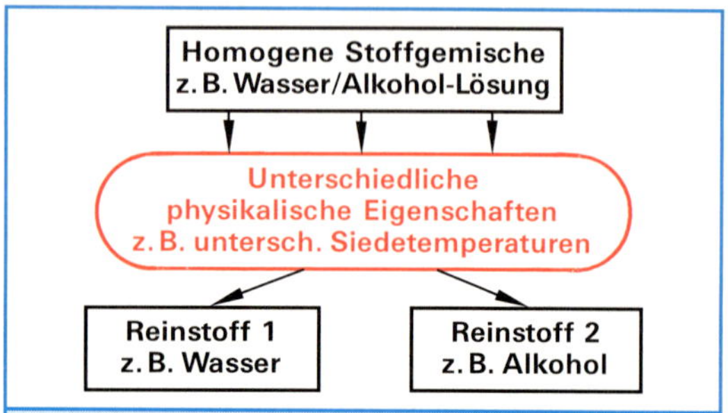

Bild 16/1: Aufteilung homogener Stoffgemische nach physikalischen Eigenschaften

Trennverfahren für homogene Stoffgemische

Abdampfen

Durch Abdampfen gewinnt man den gelösten Feststoff aus einer Lösung. Die Trennung erfolgt durch Erhitzen und Sieden der Lösung. Das Lösungsmittel verdampft, der gelöste Stoff bleibt als Rückstand auf der Abdampfschale zurück.

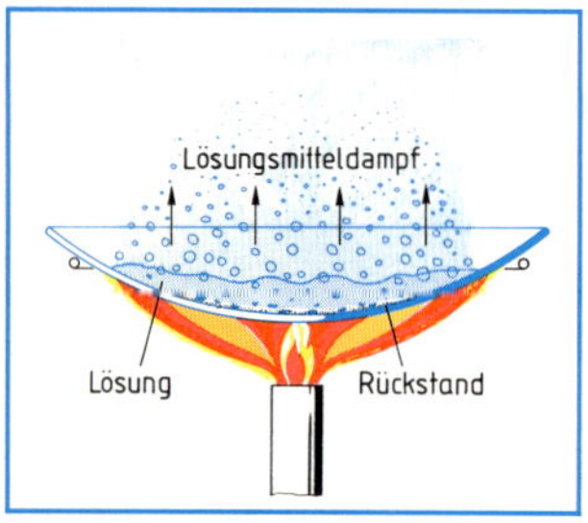

Destillieren

Das Destillieren dient zur Trennung von Flüssigkeitsgemischen aufgrund unterschiedlicher Siedetemperaturen der Gemischbestandteile.

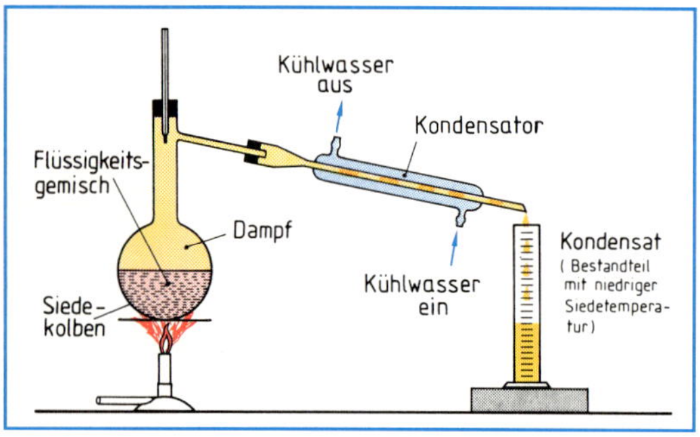

Das Gemisch wird zum Sieden gebracht. Es verdampft der Bestandteil mit der niedrigeren Siedetemperatur. Der Dampf strömt in einen Kühler, wird dort verflüssigt (kondensiert) und anschließend wird das Kondensat aufgefangen. Nach ausreichend langer Siedezeit befindet sich im Siedekolben der eine Flüssigkeitsbestandteil, im Auffangzylinder die andere Flüssigkeit.

Extrahieren

Unter Extrahieren versteht man das Herauslösen von löslichen Bestandteilen aus Feststoffgemischen oder Feststoff/Flüssigkeitsgemischen mit Hilfe eines Lösungsmittels.

Die Zubereitung von Kaffee ist z. B. eine Extraktion von Kaffee-Extrakt aus Kaffeepulver durch siedendes Wasser.

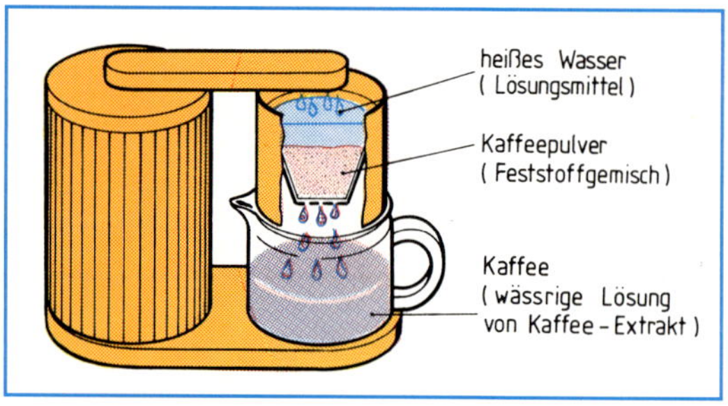

Absorbieren (Gaswäsche)

Absorption ist die Aufnahme von Gasen in eine Flüssigkeit (Waschflüssigkeit) durch physikalisches Lösen oder chemische Anlagerung.

Bringt man ein Gasgemisch mit einer geeigneten Flüssigkeit in Berührung, so löst sich der eine Gasbestandteil in der Flüssigkeit. Dies findet z. B. statt, wenn man ein Kohlenstoffdioxid/Luft-Gemisch mit Wasser in Berührung bringt. Das Kohlenstoffdioxidgas wird im Wasser gelöst. Auch Schwefeldioxid kann so aus Rauchgas ausgewaschen werden.

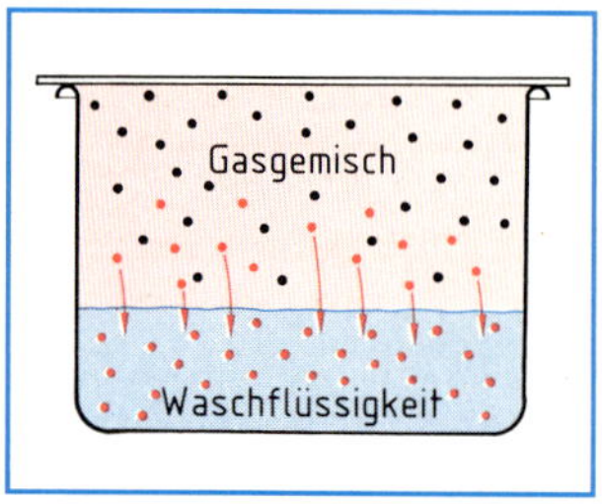

Ergebnis der Auftrennung homogener Stoffgemische mit den üblichen physikalischen Trennverfahren sind reine Stoffe, die sogenannten **Reinstoffe** (Bild 16/1). Homogene Stoffe, die sich nicht weiter mit physikalischen Trennverfahren zerlegen lassen, sind demnach Reinstoffe.

Reinstoffe sind Stoffe, die sich durch physikalische Trennverfahren nicht weiter zerlegen lassen. Jeder Reinstoff hat arteigene physikalische Eigenschaften.

Unterteilung durch chemische Zerlegung

Als Folgerung der bisherigen Betrachtungen zur Stoffeinteilung kann man folgende Einteilung der Stoffe vornehmen: Die Stoffe können entweder Reinstoffe oder Stoffgemische (Gemenge) sein. Die Stoffgemische können heterogen oder homogen sein.

Eine weitergehende Aufteilung der Reinstoffe mit physikalischen Trennverfahren ist nicht möglich.

Es gelingt jedoch, viele Reinstoffe mit chemischen Zerlegungsverfahren weiter aufzuteilen.

Als geeignetes Verfahren zur chemischen Zersetzung von Stoffen ist das Erhitzen bekannt **(Versuch 17/1)**.

Beispiel: Der Reinstoff Quecksilberoxid (ein orangerotes Pulver) wird in einer Versuchsapparatur erwärmt. Bei rund 450 °C zerfällt das Quecksilberoxid in Quecksilber und Sauerstoff.

Quecksilberoxid ist demnach ein Stoff, der aus zwei Stoffen, nämlich Quecksilber und Sauerstoff, aufgebaut ist. Reinstoffe, die sich zerlegen lassen, nennt man **chemische Verbindungen**.

Chemische Verbindungen sind Reinstoffe, die aus mehreren Stoffen aufgebaut sind und nur durch chemische Verfahren getrennt werden können.

Die Zerlegung einer chemischen Verbindung in die Einzelstoffe heißt **Analyse**. Den umgekehrten Vorgang, die Zusammenlagerung zu einer chemischen Verbindung, nennt man **Synthese**.

Würde man die Zersetzungsprodukte von Versuch 17/1, Quecksilber oder Sauerstoff, ebenfalls erhitzen, so würde auch bei sehr hohen Temperaturen keine weitere Zerlegung stattfinden. Es handelt sich bei Quecksilber und Sauerstoff um Stoffe, die auch mit chemischen Methoden nicht weiter zerlegbar sind. Solche Stoffe nennt man **chemische Elemente** oder **Grundstoffe**.

Chemische Elemente sind Stoffe, die durch chemische Methoden nicht zerlegt werden können.

Für die Stoffeinteilung ergibt sich daraus folgender Schluß: Reinstoffe können chemische Verbindungen oder Elemente sein **(Bild 17/1)**.

Versuch 17/1: Thermische Zersetzung von Quecksilberoxid

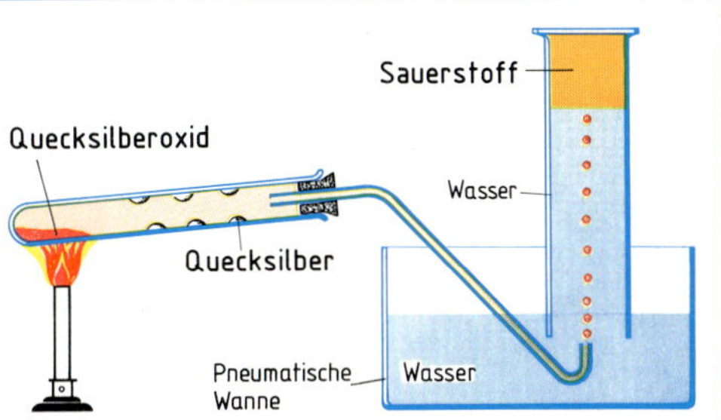

Versuchsbeschreibung: Orangerotes Quecksilberoxid wird in einem feuerfesten Reagenzglas erhitzt. Nach Erreichen der Zersetzungstemperatur (450 °C) verschwindet orangerote Masse. An den kälteren Wänden des Reagenzglases bilden sich metallisch glänzende Tröpfchen: Quecksilber. Gleichzeitig entsteht ein Gas, das in einer Auffangvorrichtung, einer *pneumatischen Wanne*, aufgefangen wird: es ist Sauerstoff.

Achtung: Die quecksilberhaltigen Versuchsrückstände sachgemäß beseitigen.

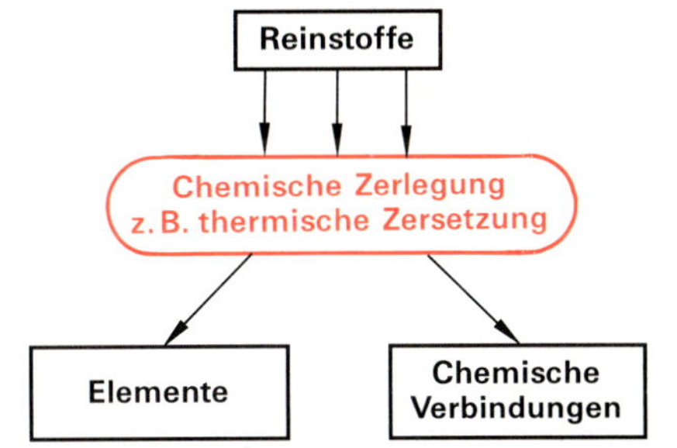

Bild 17/1: Zerlegung von Reinstoffen mit chemischen Verfahren

Unterteilung der Stoffe (Bild 17/2)

- Ein Stoff kann ein Reinstoff oder ein Stoffgemisch (Gemenge) sein.
- Stoffgemische können homogene oder heterogene Gemische sein.
- Reinstoffe können aus einem Element (Grundstoff) oder einer chemischen Verbindung bestehen.

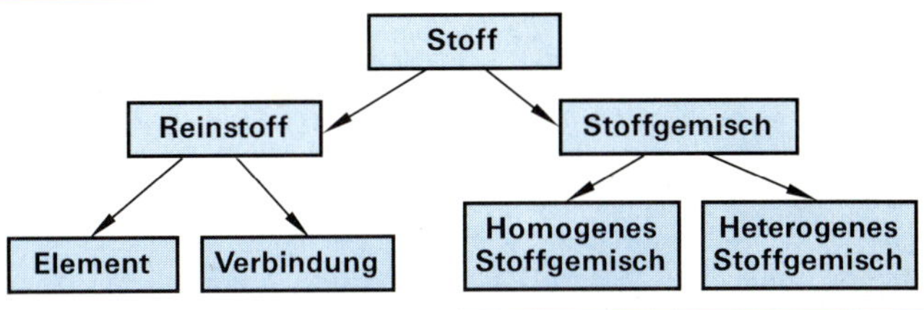

Bild 17/2: Einteilung der Stoffe

Wiederholungsfragen

1. **Was ist der Unterschied zwischen chemischen und physikalischen Eigenschaften?**
2. **Welche Stoffarten unterscheidet man?**
3. **Wie kann ein Gemisch aus Kochsalz, Quarzsand und Bleischrot getrennt werden?**
4. **Was ist ein chemisches Element?**

1.1.4 Die chemischen Elemente (Grundstoffe)

Es gibt 88 *natürliche* chemische Elemente. Aus ihnen bauen sich alle Stoffe auf der Erde auf. Mit modernen physikalischen Methoden sind weitere 21 *künstliche* Elemente hergestellt worden. Sie existieren jedoch nur in winzigen Mengen und haben nur in Sonderfällen praktische Bedeutung.

Einige wichtige natürliche chemische Elemente sind in **Tabelle 18/1** aufgeführt.

Chemische Symbole

Zur schnelleren und kürzeren Schreibweise hat man für jedes Element ein **Symbol** vereinbart. Es sind Abkürzungen der lateinischen oder griechischen Namen der Elemente. Wasserstoff heißt z. B. auf lateinisch **H**ydrogenium, sein Symbol ist **H**. Sauerstoff heißt lateinisch **O**xygenium, sein Symbol ist **O**. Stickstoff heißt auf lateinisch **N**itrogenium, sein Symbol ist **N**, usw.

Da *ein* Buchstabe zur Kennzeichnung aller Elemente nicht ausreicht, werden auch *zwei* Buchstaben als Symbol verwendet, wie z. B. **Fe** für Eisen (lateinisch **Fe**rrum) oder **Cu** für Kupfer (lateinisch **Cu**prum) usw.

Tabelle 18/1: Chemische Elemente (Auswahl)

Nichtmetalle/Halbmetalle		Metalle	
Wasserstoff	H	Silber	Ag
Sauerstoff	O	Aluminium	Al
Kohlenstoff	C	Gold	Au
Stickstoff	N	Calcium	Ca
Schwefel	S	Kupfer	Cu
Phosphor	P	Eisen	Fe
Chlor	Cl	Quecksilber	Hg
Brom	Br	Magnesium	Mg
Jod	J	Natrium	Na
Silicium	Si	Blei	Pb
Helium	He	Zinn	Sn
Argon	Ar	Zink	Zn

Aggregatzustand

Der Aggregatzustand der Elemente bei Raumtemperatur (20 °C) und Atmosphärendruck (1,0133 bar) ist:

- 11 Elemente sind gasförmig: Wasserstoff, Sauerstoff, Stickstoff, Fluor, Chlor und die Edelgase Helium, Neon, Argon, Krypton, Xenon, Radon.
- 2 Elemente sind flüssig: Quecksilber, Brom.
- Alle übrigen Elemente sind Feststoffe.

Metall-/Nichtmetall-Charakter

Eine weitere wichtige physikalische Eigenschaft der Elemente ist ihr **Metall**- bzw. **Nichtmetallcharakter.** Häufig teilt man die Elemente nach dieser Eigenschaft ein. Der überwiegende Teil der Elemente sind Metalle.

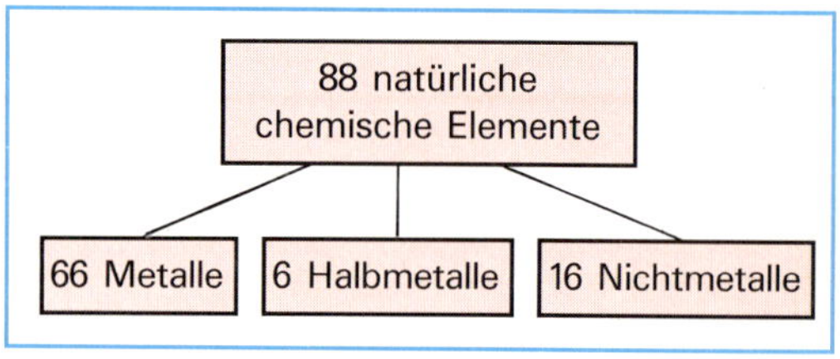

Die **Metalle** haben den typischen metallischen Glanz und sind gute Leiter für den elektrischen Strom und die Wärme, wie z. B. Kupfer, Aluminium, Eisen.

Die **Nichtmetalle** sind zum großen Teil gasförmig, wie z. B. Wasserstoff und Sauerstoff. Die festen Nichtmetalle haben meist keinen metallischen Glanz, sie sind überwiegend Nichtleiter für den elektrischen Strom und schlechte Wärmeleiter. Beispiel: Phosphor, Schwefel.

Die **Halbmetalle** sind Elemente, die sowohl metallische als auch nichtmetallische Eigenschaften besitzen, wie z. B. Silicium, Bor, Arsen oder Selen.

Häufigkeit

Die Häufigkeit der Elemente auf der Erde ist sehr unterschiedlich **(Bild 18/1)**. Die genannten Prozentzahlen beziehen sich dabei auf den der Untersuchung zugänglichen Teil der Erdkruste (bis ca. 20 km Tiefe) sowie auf die Atmosphäre. Rund die Hälfte dieses Teils der Erdmasse besteht aus Sauerstoff (49,5%). Silicium ist mit 27,5% das zweithäufigste Element. Acht weitere Elemente, nämlich Aluminium, Eisen, Calcium, Kalium, Natrium, Magnesium, Wasserstoff und Titan nehmen insgesamt 21% in Anspruch.

Addiert man die Gehalte der zehn genannten Elemente, so erkennt man, daß zehn Elemente rund 99% der Masse der Erdkruste ausmachen. Die restlichen 78 Elemente teilen sich das restliche 1% der Erdmasse.

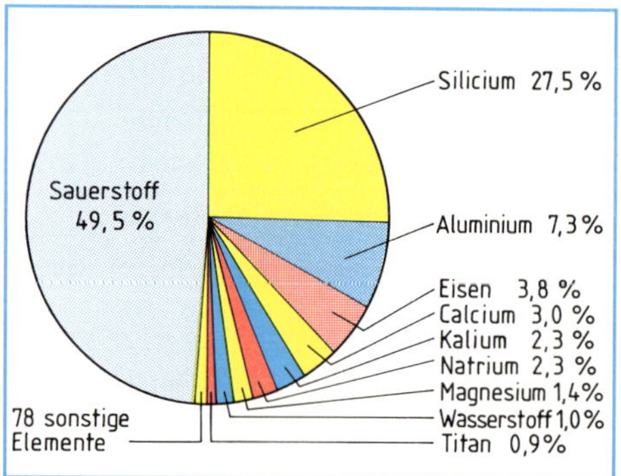

Bild 18/1: Massenanteil der Elemente in der Erdkruste

1.1.5 Abgrenzung: chemische Verbindung/Stoffgemisch

Chemische Verbindungen als auch Stoffgemische bestehen aus mehreren Elementen: Die Verbindung Wasser z. B. aus den Elementen Wasserstoff **H** und Sauerstoff **O**, das Stoffgemisch (Legierung) Messing z. B. aus den Elementen Kupfer **Cu** und Zink **Zn**. Trotz dieser Gemeinsamkeit besitzen sie grundsätzliche Unterschiede. Dies zeigen Versuche:

Man stellt aus den gleichen Ausgangsstoffen zuerst ein Schwefel/Eisen-Stoffgemisch **(Versuch 19/1)**, dann die chemische Verbindung Eisensulfid her **(Versuch 19/2)**.

Rein äußerlich unterscheidet sich das Schwefel/Eisen-Stoffgemisch von dem pulverisierten Eisensulfid nur geringfügig in der Farbe. Die Elemente, die in den beiden Stoffen enthalten sind, sind die gleichen: Schwefel und Eisen. Im Falle des Schwefel/Eisen-Stoffgemisches sind die beiden Elemente nur lose vermischt, im Falle des Eisensulfids sind sie durch eine chemische Reaktion miteinander verbunden.

Welche unterschiedlichen Eigenschaften das Stoffgemisch und die chemische Verbindung besitzen, kann wieder durch Versuche geklärt werden **(Versuch 19/3)**. Man nimmt kleine Mengen von Schwefel, Eisen, Schwefel/Eisen-Stoffgemisch und Eisensulfid, prüft deren Eigenschaften und trägt sie in eine Tabelle ein.

Vergleicht man die Eigenschaften des Schwefel/Eisen-Stoffgemisches mit den Eigenschaften der Elemente Schwefel und Eisen, so stellt man fest: Die Eigenschaften des Schwefel/Eisen-Stoffgemisches setzen sich aus den Eigenschaften der Einzelelemente Schwefel und Eisen zusammen. Allgemein bedeutet das:

Ein Stoffgemisch zeigt Eigenschaften der Einzelstoffe, aus denen es besteht.

Vergleicht man die Eigenschaften des Eisensulfids mit den Eigenschaften von Schwefel und Eisen, so stellt man fest: Eisensulfid hat völlig andere Eigenschaften als Schwefel und Eisen. Allgemein heißt das:

Eine chemische Verbindung hat andere Eigenschaften als die Elemente, aus denen sie besteht.

Durch die chemische Reaktion ist ein neuer Stoff, die chemische Verbindung entstanden. Sie hat arteigene Eigenschaften.

Versuch 19/1: Schwefel/Eisen-Stoffgemisch

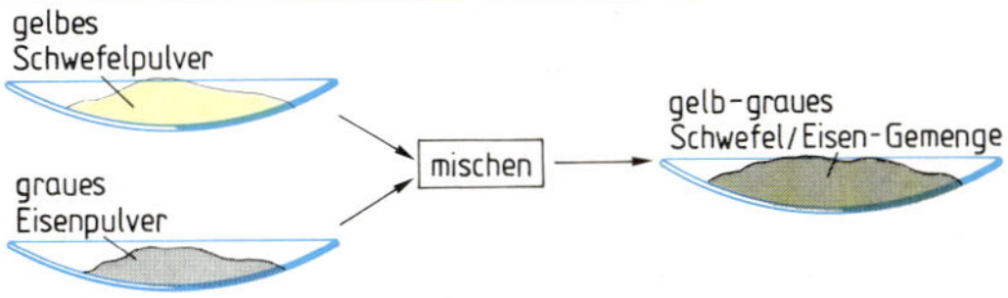

Versuchsbeschreibung: Man nimmt 4 Massenteile gelbes Schwefelpulver und 7 Massenteile graues Eisenpulver und vermischt beide intensiv miteinander. Man erhält ein gelb-graues Schwefel/Eisen-Stoffgemisch.

Versuch 19/2: Reaktion von Schwefel und Eisen

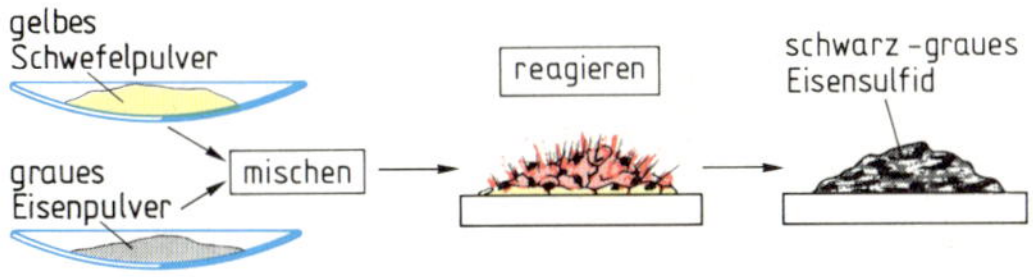

Versuchsbeschreibung: Man nimmt gelbes Schwefelpulver und graues Eisenpulver im Massenverhältnis 4 : 7 und vermischt beide wieder intensiv miteinander. Dann zündet man dieses Gemisch mit einem glühenden Drahtende. Das Stoffgemisch reagiert heftig unter Bildung von Wärme (es glüht auf). Nach dem Abkühlen erhält man einen schwarzen Brocken, der im Mörser zu einem schwarz-grauen Pulver zerkleinert werden kann. Es besteht aus der chemischen Verbindung *Eisensulfid* **FeS**.

Versuch 19/3: Eigenschaften von Schwefel, Eisen, Schwefel/Eisen-Stoffgemisch und Eisensulfid

Man nimmt jeweils kleine Mengen Schwefel, Eisen sowie des Schwefel/Eisen-Stoffgemisches und des Eisensulfidpulvers und prüft verschiedene Eigenschaften: Aussehen, magnetisches Verhalten, Löslichkeit im Lösungsmittel Schwefelkohlenstoff, Reaktion mit Salzsäure. Die Ergebnisse der Prüfungen werden in einer Tabelle zusammengefaßt.

Eigenschaften	Schwefel	Eisen	Schwefel/Eisen-Stoffgemisch	Eisensulfid
Aussehen	gelb	grau	gelb-grau	schwarz-grau
Magnetisches Verhalten	unmagnetisch	magnetisch	Eisenteile magnetisch, Schwefelteile unmagnetisch	unmagnetisch
Löslichkeit im Lösungsmittel Schwefelkohlenstoff	löst sich	löst sich nicht	Schwefel löst sich, Eisen löst sich nicht	löst sich nicht
Reaktion mit Salzsäure	keine Reaktion	bildet grüne Lösung und Gas	Eisenteile bilden grüne Lösung, Schwefelteile keine Reaktion	Bildung einer grünen Lösung und eines übelriechenden Gases

1.1.6 Atome, Moleküle, Teilchenverbände

Bereits im Altertum wurde angenommen, daß die Stoffe aus kleinsten, nicht teilbaren Teilchen, den **Atomen**, bestehen. In der Neuzeit wurde diese Vermutung durch den Engländer **Dalton** naturwissenschaftlich begründet und präzisiert. Danach ergibt sich vom Aufbau der Stoffe folgendes Bild:

Die Elemente

Die Elemente lassen sich durch die gebräuchlichen physikalischen Verfahren, wie Destillieren, Abdampfen, Kristallisieren usw. sowie durch chemische Methoden nicht weiter zerlegen (Seite 15). Jedes Element baut sich aus kleinsten Teilchen auf, die für das entsprechende Element *arteigen* sind. Als kleinste Teilchen der Elemente gibt es *Einzelatome, Elementmoleküle* sowie *im Teilchenverband gebundene Teilchen* **(Bild 20/1)**.

Nur wenige Elemente liegen bei Raumtemperatur als **Einzelatome** vor. Das sind die Edelgase Helium (He), Neon (Ne), Argon (Ar), Krypton (Kr), Xenon (Xe).

Viele Elemente enthalten als kleinste Teilchen **Elementmoleküle** aus gleichen Atomen. Dies sind feste Zusammenschlüsse weniger Atome zu einer Einheit. So sind z. B. die kleinsten Teilchen der Gase Wasserstoff, Sauerstoff, Stickstoff, Chlor usw. Elementmoleküle aus zwei fest miteinander verbundenen Atomen. Auch einige feste Elemente, wie z. B. Schwefel, besitzen als kleinste Teilchen Elementmoleküle.

In den metallischen Elementen sind die Atome in **Teilchenverbänden** aus gleichartigen Teilchen fest miteinander verknüpft.

Allen Elementen ist gemeinsam, daß das einzelne Element nur *eine* Art von Atomen enthält. Die Anzahl der Atomarten ist demnach gleich der Anzahl der chemischen Elemente.

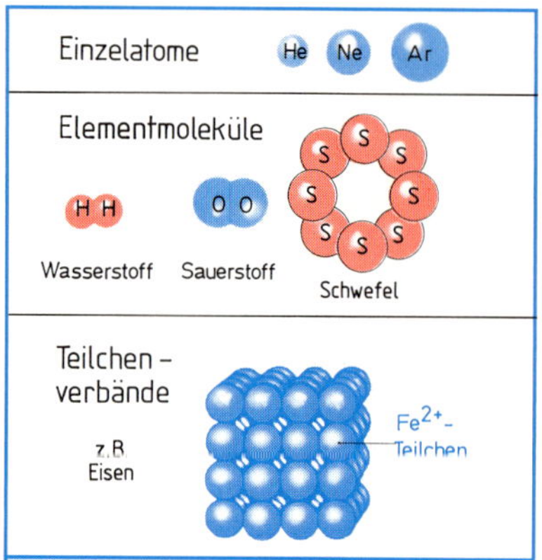

Bild 20/1: Kleinste Teilchen von Elementen

Jedes Element ist aus nur einer arteigenen Atomart aufgebaut. Die kleinsten Teilchen der Elemente können Einzelatome, Elementmoleküle oder in einem Verband gebundene Atome (Ionen) sein.

Die chemischen Verbindungen

Chemische Verbindungen sind Stoffe, die aus mehreren Elementen bestehen. Dabei gibt es zwei Möglichkeiten des inneren Aufbaus **(Bild 20/2)**:

1. Die chemische Verbindung kann aus kleinen Gruppierungen fest miteinander verbundener Atome, den **Verbindungsmolekülen**, bestehen.

   Wasser besteht z. B. aus Wassermolekülen, die aus jeweils zwei H-Atomen und einem O-Atom zusammengesetzt sind. Methan besteht aus Methanmolekülen, die aus jeweils einem C-Atom und vier H-Atomen bestehen. Moleküle bilden z. B. auch Kohlenstoffdioxid CO_2, Ammoniak NH_3 usw. sowie die organischen Verbindungen.
2. Die chemische Verbindung kann aus einem großen **Teilchenverband** bestehen, in dem verschiedene Atomarten in einem bestimmten Zahlenverhältnis vorhanden sind.

   In Kochsalz z. B. sind unzählige Na^+- und Cl^--Teilchen zu einem großen Teilchenverband fest verbunden. Beide Teilchenarten sind im Zahlenverhältnis 1 : 1 vorhanden. Ein Na^+-Teilchen und ein Cl^--Teilchen bilden die Elementareinheit NaCl des Stoffes Kochsalz.

   Teilchenverbände bilden die salzartigen Stoffe, wie Metallchloride, Metallsulfide usw.

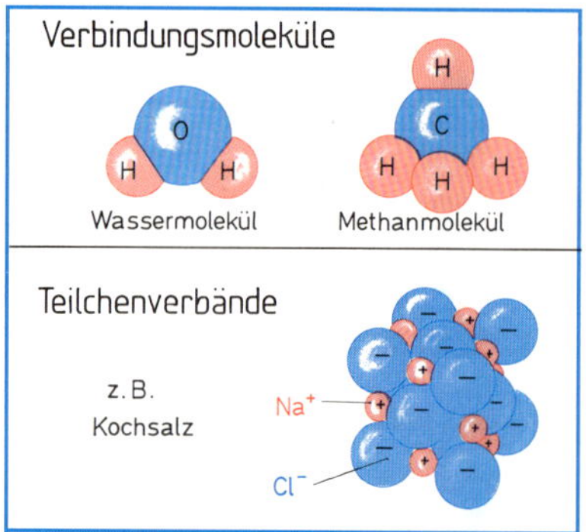

Bild 20/2: Kleinste Teilchen von Verbindungen

Die chemischen Verbindungen bestehen aus mehreren Elementen und enthalten deshalb mehrere verschiedene Atomarten. In den chemischen Verbindungen sind die Atome entweder zu Verbindungsmolekülen verknüpft oder in Teilchenverbänden gebunden.

1.1.7 Chemische Formeln

Die Elemente werden in Kurzschreibweise mit Symbolen bezeichnet (Seite 18). Da die chemischen Verbindungen aus den Elementen zusammengesetzt sind, ist es möglich, auch die chemischen Verbindungen in Kurzschreibweise mit einem Symbol, der sogenannten **chemischen Formel**, zu benennen.

Die chemische Formel hat folgenden Aufbau:

- Die Elementsymbole, der in der Verbindung enthaltenen Elemente, werden hintereinander aufgeschrieben. Zuerst kommen die Metalle, dann die Nichtmetalle.
- Das Zahlenverhältnis der Atome, in dem die einzelnen Elemente in der chemischen Verbindung enthalten sind, wird durch tiefgestellte Zahlen hinter den Elementsymbolen angegeben. Die tiefgestellten Zahlen heißen Indizes (Einzahl Index).

1. Beispiel: **Magnesiumoxid** enthält Magnesium (Mg) und Sauerstoff (O). Die beiden Elemente reagieren im Atomzahlenverhältnis 1 : 1 miteinander. Die chemische Formel von Magnesiumoxid lautet dann Mg_1O_1. Ist der Index 1, so läßt man ihn weg. Die chemische Formel von Magnesiumoxid heißt also **MgO**.

Die Verbindung Magnesiumoxid bildet einen Teilchenverband. Die chemische Formel MgO gibt das Zahlenverhältnis an, in dem die beiden Elementatome Mg und O darin enthalten sind. Die chemische Formel MgO ist also eine **Verhältnisformel**.

2. Beispiel: **Wasser** besteht aus Wasserstoff (H) und Sauerstoff (O), wobei jeweils zwei H-Atome mit einem O-Atom zu einem Wassermolekül verbunden sind. Die chemische Formel von Wasser lautet $\mathbf{H_2O}$.

Die Verbindung Wasser bildet Verbindungsmoleküle aus zwei H-Atomen und einem O-Atom. Die chemische Formel H_2O gibt die Zusammensetzung eines Moleküls an. Die chemische Formel H_2O ist eine **Molekülformel**.

3. Beispiel: **Aluminiumoxid** besteht aus Aluminium (Al) und Sauerstoff (O). Aluminiumoxid bildet keine Moleküle, sondern einen Teilchenverband aus Al- und O-Atomen, wobei das Zahlenverhältnis von Al- zu O-Teilchen 2 : 3 beträgt. Die chemische Formel von Aluminiumoxid lautet damit $\mathbf{Al_2O_3}$. Sie beschreibt das Zahlenverhältnis der Atome in der Verbindung (*Verhältnisformel*).

Die Aussagen der chemischen Formel

Aus der chemischen Formel einer Verbindung können mehrere Aussagen entnommen werden:

- Sie bezeichnet den betreffenden Stoff. Deshalb wird die chemische Formel häufig als *Kurzname* bzw. zur *Kurzschreibweise* benutzt.
- Sie gibt an, aus welchen Elementen sich die chemische Verbindung aufbaut und in welchem Zahlenverhältnis die Atome der Elemente darin enthalten sind.
- Bei chemischen Verbindungen, die aus Molekülen bestehen, gibt sie die Art und Anzahl der Atome im Molekül an.

1. Beispiel: **Wasser H_2O**

H_2O
- ist der Kurzname bzw. die Kurzschreibweise für Wasser
- gibt an, daß Wasser aus Wasserstoff- und Sauerstoffatomen besteht, wobei in einem Wassermolekül jeweils zwei H-Atome und ein O-Atom verbunden sind.

2. Beispiel: **Aluminiumoxid Al_2O_3**

Al_2O_3
- ist der Kurzname bzw. die Kurzschreibweise für Aluminiumoxid
- gibt an, daß Aluminiumoxid aus Aluminiumatomen und Sauerstoffatomen besteht, wobei das Zahlenverhältnis von Al- zu O-Atomen 2 : 3 beträgt.

Übungsaufgaben

1. Wie lauten die chemischen Formeln von
   a) **Butan**, wenn jeweils 4 C-Atome mit 10 H-Atomen ein Butanmolekül bilden?
   b) **Eisenoxid**, wenn im Eisenoxid-Teilchenverband auf 2 Fe-Atome 3 O-Atome kommen?
   c) **Schwefelsäure**, wenn jeweils 2 H-Atome, 1 S-Atom und 4 O-Atome ein Schwefelsäuremolekül bilden?
2. Welche Aussagen können aus den chemischen Formeln der Stoffe *Butan, Eisenoxid* und *Schwefelsäure* abgeleitet werden?

1.1.8 Atomare Vorgänge bei chemischen Reaktionen

Bei chemischen Reaktionen finden Veränderungen im atomaren bzw. molekularen Bereich der Stoffe statt.

1. Beispiel: *Eisen reagiert mit Schwefel zu Eisensulfid*

Das Element Eisen liegt als Atomverband vor, Schwefel besteht aus ringförmigen Elementmolekülen aus jeweils 8 Schwefelatomen.

Durch die chemische Reaktion bildet sich Eisensulfid **FeS**, das als Teilchenverband vorliegt, in dem abwechselnd **Fe**- und **S**-Teilchen angeordnet sind.

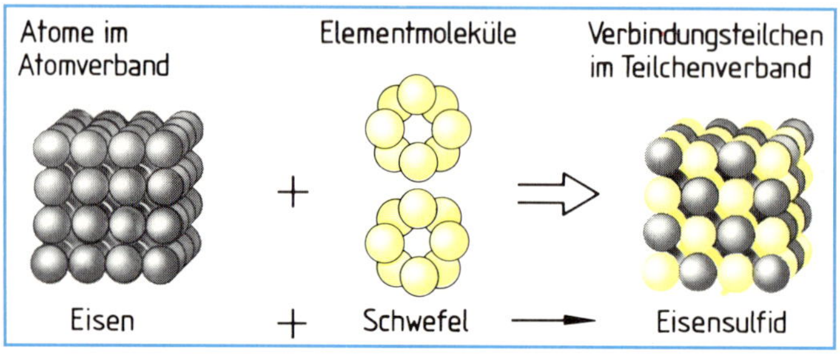

2. Beispiel: *Kohlenstoff reagiert mit Sauerstoff zu Kohlenstoffdioxid*

Elementarer Kohlenstoff liegt als Atomverband vor, das Gas Sauerstoff besteht aus zweiatomigen Elementmolekülen.

Durch die chemische Reaktion entsteht gasförmiges Kohlenstoffdioxid, das in Form von Verbindungsmolekülen vorliegt.

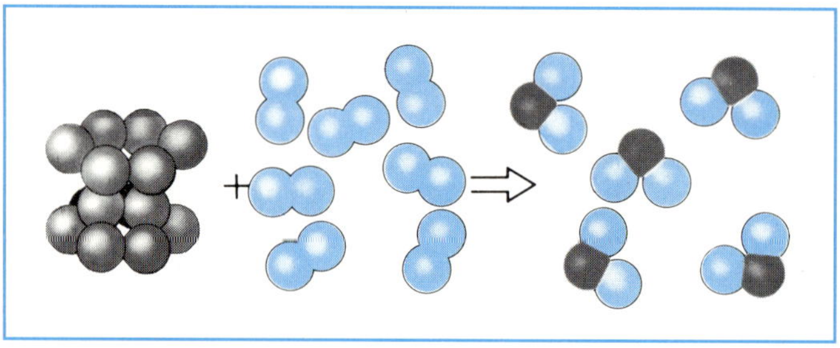

Anhand der Beispiele erkennt man, daß bei chemischen Reaktionen die Bindung der Atome der Ausgangsstoffe in ihrem Atomverband bzw. Elementmolekül aufgehoben wird und eine neue Einbindung in den Teilchenverband bzw. die Moleküle der Endprodukte erfolgt.

1.1.9 Reaktionsgleichungen

Mit den Symbolen der Elemente und den chemischen Formeln der Verbindungen lassen sich chemische Vorgänge übersichtlich in *Kurzschreibweise* darstellen. Man nennt diese, in Form einer Gleichung geschriebene Darstellung, eine **chemische Reaktionsgleichung**.

1. Beispiel: *Eisen reagiert mit Schwefel zu Eisensulfid.*

$$\mathbf{Fe} + \mathbf{S} \longrightarrow \mathbf{FeS}$$

lies: *Eisen und Schwefel reagieren zu Eisensulfid*

Auf der linken Seite der Reaktionsgleichung stehen die Ausgangsstoffe, auf der rechten Seite die Reaktionsprodukte. Der Reaktionspfeil gibt die Richtung der Reaktion an.

2. Beispiel: *Kohlenstoff reagiert mit Sauerstoff zu Kohlenstoffdioxid.*

$$\mathbf{C} + \mathbf{O_2} \longrightarrow \mathbf{CO_2}$$

Zum Aufstellen einer Reaktionsgleichung ist es erforderlich, daß man die chemischen Formeln aller an der Reaktion beteiligten Stoffe kennt.

3. Beispiel: *Quecksilberoxid (HgO) zerfällt beim Erwärmen zu Quecksilber (Hg) und Sauerstoff (O_2).*

Den Wortlaut in Form einer Reaktionsgleichung geschrieben ergibt:

$$«\ HgO \longrightarrow Hg + O_2\ »$$

Die Reaktionsgleichung gibt symbolartig das Teilchengeschehen wieder. Auf der linken Seite der Reaktionsgleichung müssen genausoviel Atome eines jeden Elementes stehen, wie auf der rechten Seite.

Zählt man z. B. die obige „Gleichung" nach, so stellt man fest, daß links und rechts je ein Hg-Atom steht, aber die Bilanz der Sauerstoffatome nicht stimmt: links steht ein O-Atom, rechts zwei O-Atome. Damit man eine *stimmige* Gleichung erhält, muß man links von zwei HgO-Molekülen ausgehen.

Dann hat die Reaktionsgleichung folgende Form:

$$\mathbf{2\,HgO} \longrightarrow \mathbf{2\,Hg} + \mathbf{O_2}$$

Die Multiplikationszahlen vor den Molekülen bzw. Atomen nennt man **Koeffizienten**. Bei Molekülen gilt die Multiplikationszahl für jedes Teilchen des Moleküls. 2 HgO bedeutet demnach zweimal die Elementareinheit HgO. Insgesamt liegen dann zwei Hg-Atome und zwei O-Atome vor.

4. Beispiel: *Natrium (Na) und Chlor (Cl_2) reagieren zu Natriumchlorid (NaCl).*

Den Wortlaut in Form einer Reaktionsgleichung:

« $Na + Cl_2 \longrightarrow NaCl$ »

Das Nachzählen der Teilchenzahlen auf der linken und rechten Seite ergibt zwar für das Natrium eine stimmige Bilanz, aber nicht für Chlor: links stehen zwei Cl-Atome, rechts ein Cl-Atom. Eine stimmige Reaktionsgleichung erhält man, wenn man links von zwei Na-Atomen ausgeht. Man erhält dann auf der rechten Seite zwei NaCl-Einheiten:

$$2\,Na + Cl_2 \longrightarrow 2\,NaCl$$

Hinweis: Beim Stimmigmachen (Einrichten) von Reaktionsgleichungen dürfen die chemischen Formeln der Stoffe (z.B. HgO, CO_2, FeS, CH_4) *nicht* verändert werden, sondern nur die Koeffizienten.

Chemische Reaktionsgleichungen müssen durch Vorsetzen passender Koeffizienten stimmig gemacht werden.

Übungsaufgaben:

Stellen Sie die Reaktionsgleichungen für die im folgenden beschriebenen Reaktionen auf und machen Sie durch Vorsetzen von Koeffizienten stimmig:

1. Zink (Zn) und Salzsäure (HCl) reagieren zu Zinkchlorid ($ZnCl_2$) und Wasserstoff (H_2).
2. Wasserstoff (H_2) und Sauerstoff (O_2) reagieren zu Wasser (H_2O).
3. Magnesium (Mg) und Sauerstoff (O_2) reagieren zu Magnesiumoxid (MgO).

1.1.10 Energie bei chemischen Reaktionen

Chemische Reaktionen sind immer mit einem Energieumsatz verbunden. Die Energie kann in Form von Wärme, aber auch als Licht, mechanischer Arbeit oder elektrischer Energie auftreten.

Bei der Reaktion von Eisen und Schwefel zu Eisensulfid (Versuch 19/2) z.B. wurde Energie in Form von Wärme und Licht frei. Solche Reaktionen nennt man **exotherm**.

Reaktionen, bei denen Energie abgegeben wird, heißen **exotherm**.

Bei der thermischen Zersetzung von Quecksilberoxid zu Quecksilber und Sauerstoff (Versuch 17/1) hingegen, war dauernde Wärmezufuhr (Energiezufuhr) nötig, damit die Reaktion ablief. Solche Reaktionen nennt man **endotherm**.

Reaktionen, bei denen Energie zugeführt werden muß, heißen **endotherm**.

Soll in der Reaktionsgleichung zum Ausdruck kommen, ob zu der chemischen Reaktion Energie erforderlich ist bzw. ob Energie frei wird, so kann dies in der Reaktionsgleichung mit angegeben werden.

Beispiele:

$$Fe + S \longrightarrow FeS + \text{Energie}$$

$$2\,HgO + \text{Energie} \longrightarrow 2\,Hg + O_2$$

Wiederholungsfragen

1. Welche unterschiedlichen Eigenschaften haben Stoffgemische und chemische Verbindungen?
2. Aus welchen kleinsten Teilchen können chemische Elemente bestehen?
3. Nennen Sie drei Elementmoleküle und drei Verbindungsmoleküle!
4. Wie unterscheiden sich die kleinsten Stoffeinheiten von Elementen und Verbindungen?
5. Welche Aussagen macht eine chemische Formel?
6. Welche Regeln gelten beim Einrichten von chemischen Gleichungen?
7. Wie lautet die Reaktionsgleichung der Reaktion von Schwefel und Sauerstoff?
8. Was ist eine exotherme Reaktion?
9. Ist das Rosten von Eisen exotherm? Begründen Sie Ihre Antwort.

1.2 Die Luft

Die Luft umgibt die Erde als Gashülle, die man **Atmosphäre** nennt **(Bild 24/1)**.

Am Erdboden ist die Luft am dichtesten, nach oben wird sie immer dünner und geht allmählich in den freien Weltraum über. Dort herrscht annähernd Luftleere (Vakuum). Bis in 5 km Höhe enthält die Luftschicht etwa die halbe Luftmasse der Atmosphäre. Der Rest verteilt sich auf mehrere hundert Kilometer. Natürliches Leben kann nur bis in eine Höhe von ca. 10 km existieren. Im Maßstab von Bild 24/1 entspricht das einer hauchdünnen Schicht von rund $^1/_{50}$ Millimeter.

Bild 24/1: Lufthülle der Erde

1.2.1 Zusammensetzung, Eigenschaften

Aus der alltäglichen Erfahrung weiß man, daß die Luft einen starken Einfluß auf Verbrennungsvorgänge hat: Reichlich zugeführte Luft facht die Verbrennung an, Luftmangel bringt die Verbrennung zum Erliegen. Es liegt der Schluß nahe, daß Luft einen Bestandteil enthält, der die Verbrennung unterhält. Mit einem einfachen Versuch kann man den Anteil dieses Stoffes an der Luft bestimmen **(Versuch 24/1)**.

Dazu verbrennt man Phosphor in einem abgeschlossenen Luftraum und mißt den Anteil am Luftraum, der durch die Verbrennung verbraucht wurde. Man stellt fest: Durch den Verbrennungsvorgang wird etwa $^1/_5$ des Luftvolumens verbraucht.

Dieser Gasanteil ist **Sauerstoff O_2** (Oxygenium).

Der restliche Luftbestandteil, etwa $^4/_5$ des Volumens, erstickt die Verbrennung. Er besteht zum überwiegenden Teil aus **Stickstoff N_2** (Nitrogenium).

Luft ist ein farb- und geruchsloses Gasgemisch. Seine Dichte beträgt 1,29 g/dm^3.

Versuch 24/1: Bestimmung des Sauerstoffanteils der Luft

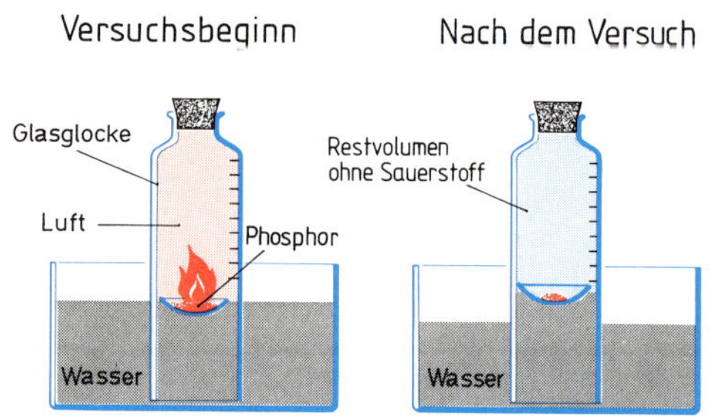

Versuchsbeschreibung: Unter einer Glasglocke, die nach unten durch eine pneumatische Wanne geschlossen ist, wird weißer Phosphor gezündet. Nach oben wird die Glasglocke verschlossen.

Zuerst brennt der Phosphor stark unter Bildung von weißem Nebel (Phosphoroxid), dann immer schwächer, bis er erlischt. Gleichzeitig steigt aus der pneumatischen Wanne Wasser in die Glasglocke und nimmt rund $^1/_5$ des Volumens des ursprünglich in der Glasglocke vorhandenen Luftvolumens ein.

Luftbestandteile

Genaue Analysen erbringen folgendes Ergebnis über die Zusammensetzung reiner, trockener Luft:

Tabelle 24/1: Zusammensetzung der Luft

Bestandteile	Chemisches Symbol	Vol%
Sauerstoff	O_2	20,95
Stickstoff	N_2	78,08
Argon	Ar	0,93
Kohlenstoffdioxid	CO_2	0,030
Weitere Edelgase	He, Ne, Kr, Xe	0,00242
Rest	CH_4, H_2, N_2O, ...	~0,00026

Daneben enthält natürliche Luft immer Wasser in Form von Feuchtigkeit sowie gasförmige Verunreinigungen (C_xH_x, NO_x) und Schwebeteilchen (Staub). In industriellen Ballungsgebieten kann die **Luftverschmutzung** beträchtlich sein **(Bild 24/2)**.

Bild 24/2: Verschmutzte Luft

Sauerstoff O_2 ist, wie alle Luftbestandteile, ein farb- und geruchsloses Gas. Es unterhält die Verbrennung brennbarer Stoffe, ist selbst aber nicht brennbar. Sauerstoff wird von Menschen und Tieren zum Atmen benötigt. Die Pflanzen hingegen produzieren Sauerstoff bei der Fotosynthese.

Stickstoff N_2 ist selbst nicht brennbar und erstickt die Verbrennung. Es wird als inertes Füllgas bzw. Schutzgas verwendet, um unerwünschte Verbrennungsvorgänge zu verhindern. So werden z.B. die Reifen schwerer Lkw mit Stickstoff gefüllt, um Reifenbrände durch überhitzte Bremsen zu vermeiden. Flüssiger Stickstoff wird im Labor sowie in der Kältetechnik zum Kühlen auf tiefe Temperaturen verwendet.

Die Edelgase sind inerte Stoffe, sie gehen praktisch keine Verbindungen mit anderen Stoffen ein. Argon Ar wird als Schutzgas beim Schutzgasschweißen eingesetzt. Helium He dient als Füll- und Traggas für Ballons. Neon Ne, Krypton Kr und Xenon Xe sind Füllgase für Leuchtstoffröhren.

Kohlenstoffdioxid CO_2 ist ein nicht brennbares, ungiftiges Gas. Es ist schwerer als Luft und sammelt sich in geschlossenen Räumen am Boden. Dadurch besteht dort Erstickungsgefahr. CO_2 entsteht bei Verbrennungsvorgängen und bei der Atmung von Menschen und Tieren.

Gewinnung der einzelnen Luftbestandteile

Die Trennung der Luft zur Gewinnung der einzelnen Bestandteile erfolgt durch **Verflüssigen der Luft (Bild 25/1)**.

Dazu wird Luft in einem Kompressor stark verdichtet und die dabei freiwerdende Kompressionswärme durch Kühlen abgeführt. Anschließend wird die komprimierte Luft entspannt, wodurch sie kälter als vor der Kompression wird. Die Ursache hierfür ist die vorher abgeführte Kompressionswärme. Dieser Vorgang wird mehrfach wiederholt, bis die Luft unter ihre Kondensationstemperatur (Siedetemperatur) abgekühlt ist und flüssig wird.

Bild 25/1: Flüssige Luft

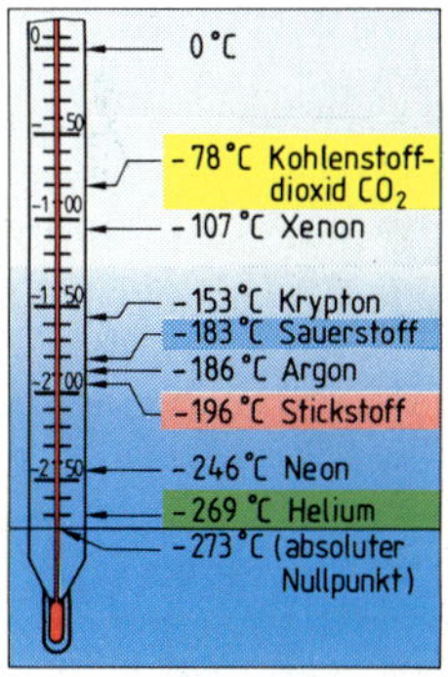

Bild 25/2: Siedetemperaturen der Luftbestandteile

Die flüssige Luft von rund −200 °C wird in einem Trennapparat langsam erwärmt. Hierbei erfolgt ein getrenntes Verdampfen der einzelnen Luftbestandteile, da sie unterschiedliche Siedetemperaturen besitzen **(Bild 25/2)**. Zuerst verdampft vorwiegend Stickstoff bei rund −196 °C aus der flüssigen Luft und wird getrennt aufgefangen. Dann verdampft Argon bei −186 °C und anschließend Sauerstoff bei −183 °C. (Technische Anlage zur Luftverflüssigung: Seite 108.)

Durch die unterschiedlichen Siedetemperaturen von Sauerstoff und Stickstoff reichert sich in offen stehender flüssiger Luft immer Sauerstoff an, da Stickstoff zuerst abdampft. Dadurch besteht Brandgefahr. Reiner Sauerstoff führt mit einem brennbaren Stoff bei Zündung zu dessen explosionsartiger Verbrennung.

Verbrennungsvorgang

Beim Verbrennungsvorgang verbindet sich der Sauerstoff aus der Luft mit dem verbrennenden Stoff. Entzündet man z.B. Eisenwolle am Balken einer vorher austarierten Waage, so senkt sich der Waagebalken zur Seite der verglühenden Eisenwolle und zeigt dadurch Gewichtszunahme an **(Versuch 25/1)**.

Die Verbrennungsprodukte bestehen aus der Masse des Brennstoffs (Eisen) und der Masse des verbrauchten Sauerstoffs.

Der Augenschein scheint dem manchmal zu widersprechen. Wenn z.B. eine Kerze abbrennt, verschwindet „Kerzenbrennstoff" (Paraffin). Die Erklärung dieses Widerspruches ist einfach: Es entstehen hier gasförmige Verbrennungsprodukte: Wasserdampf und Kohlenstoffdioxid, die optisch nicht wahrgenommen werden. Fängt man die entweichenden Gase jedoch auf und wiegt sie, so ergibt sich, daß die Verbrennungsprodukte rund viermal schwerer sind, als der verschwindende Kerzenbrennstoff Paraffin.

Versuch 25/1: Verbrennen von Eisenwolle

Versuchsbeschreibung: Man hängt zwei gleich große Stücke Eisenwolle an die Waagebalken, tariert die Waage aus und entzündet ein Eisenwollestück.

1.2.2 Sauerstoff

Eigenschaften: Sauerstoff ist ein farb- und geruchloses Gas mit einer Dichte von 1,43 g/dm^3, das heißt, es ist etwas schwerer als Luft. Seine Siedetemperatur beträgt −182,97 °C, seine Schmelztemperatur −219 °C. Sauerstoff liegt als Molekül $\mathbf{O_2}$ vor.

Sauerstoff ist ein **chemisch sehr reaktionsfähiges Element**. Ab einer bestimmten Temperatur, der sogenannten Zündtemperatur, verbinden sich viele Stoffe spontan mit Sauerstoff. Dieser Vorgang heißt im allgemeinen Sprachgebrauch *Verbrennung*, in der Chemie nennt man ihn **Oxidation**. Mit reinem Sauerstoff läuft die Verbrennung sehr rasch, fast explosionsartig ab. Mit Luft verbrennen die Stoffe langsamer, da Luft nur zu $^1/_5$ aus Sauerstoff besteht. Der Stickstoff der Luft nimmt an der Verbrennung nicht teil.

Der Umgang mit reinem Sauerstoff birgt **Gefahren**. In Luft, deren Sauerstoffgehalt nur geringfügig auf rund 23 Vol% erhöht ist, brennen Kleider, an die ein Funken kommt, fackelartig ab. Es ist daher strengstens verboten, zur Atemluftverbesserung Sauerstoff aus Druckgasflaschen abzulassen.

Darstellung: In der Technik wird Sauerstoff durch Verflüssigen der Luft und Abdampfen des Sauerstoffs gewonnen (Seite 25). Im Labor kann Sauerstoff durch thermische Zersetzung von sauerstoffreichen Verbindungen gewonnen werden **(Versuch 26/1)**. Sauerstoffreiche Verbindungen sind z.B. Kaliumchlorat $KClO_3$, Kaliumpermanganat $KMnO_4$, Wasserstoffperoxid H_2O_2.

Versuch 26/1: Sauerstoffdarstellung im Labor aus Kaliumchlorat

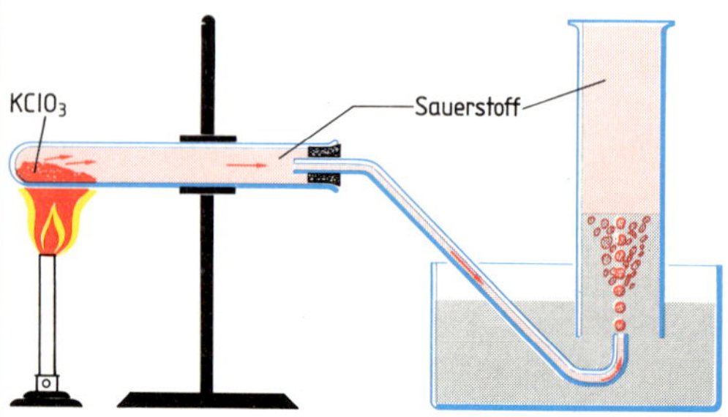

Versuchsbeschreibung: Kaliumchlorat $KClO_3$ wird in einem feuerfesten Reagenzglas erhitzt. Bei 400 °C zersetzt sich die Substanz. Das entstehende Gas wird in einem Zylinder aufgefangen. Die Spanprobe ergibt Sauerstoff.

Versuch 26/2: Spanprobe

Versuchsbeschreibung: Ein Holzspan wird angezündet, eine Weile brennen gelassen und dann ausgeblasen. Der glimmende Holzspan wird in das Gas gehalten, von dem vermutet wird, daß es Sauerstoff ist. Handelt es sich um Sauerstoff, so brennt der nur schwach glimmende Holzspan mit heller Flamme auf.

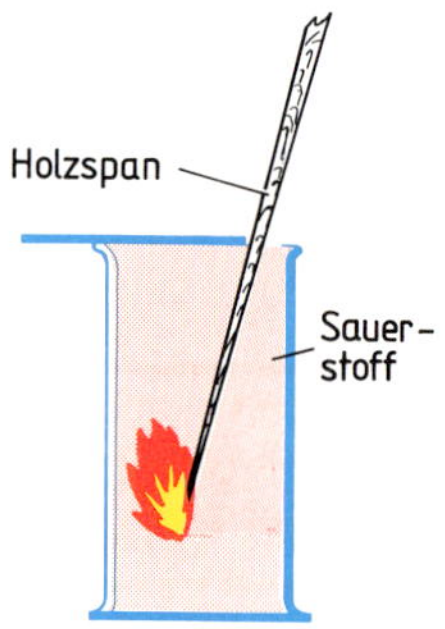

Der **Nachweis von Sauerstoff** erfolgt im Labor mit der sogenannten **Spanprobe (Versuch 26/2)**.

Verwendung: Aufgrund der großtechnischen Herstellung von Sauerstoff durch Luftverflüssigung ist Sauerstoff recht preiswert. Dadurch ist er für viele Anwendungszwecke einsetzbar:

Beim **Schweißen** und **Brennschneiden** dient er als Oxidationsmittel für das Schweißgas Acetylen (Seite 196). Bei der **Stahlherstellung** nach dem Sauerstoffaufblasverfahren (Seite 142) verbrennt er die schädlichen Eisenbegleiter und erwärmt das Stahlbad. In der Medizin wird Sauerstoff für die **künstliche Beatmung** eingesetzt.

In Labors und Betrieben, in denen Sauerstoff häufig gebraucht wird, wird Sauerstoff in Stahlflaschen bereit gehalten. Er kommt in blau gekennzeichneten oder gestrichenen Druckgasflaschen mit einem Druck von rund 200 bar in den Handel **(Bild 26/1)**.

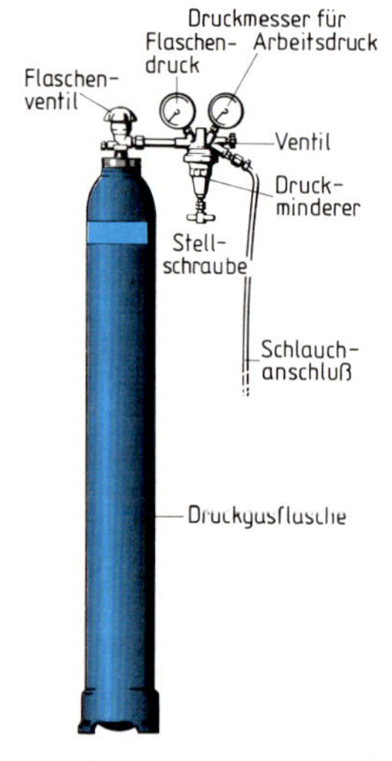

Bild 26/1: Sauerstoff-Druckgasflasche mit Druckminderventil

Vorkommen: Weitaus die größte Masse des Sauerstoffs der Erde ist in den Gesteinen (Sauerstoffverbindungen) gebunden. Groß ist auch die Masse an Sauerstoff, die im Wasser der Weltmeere enthalten ist. Im Vergleich dazu ist die Masse des gasförmigen, freien Sauerstoffs der Lufthülle gering.

1.2.3 Oxidation, Oxide

Eine chemische Reaktion, bei der sich ein Stoff mit Sauerstoff verbindet, heißt **Oxidation**.

Den chemischen Vorgang nennt man **oxidieren**. Die entstehenden Sauerstoffverbindungen heißen **Oxide**.

Beispiele für Oxidationen von Nichtmetallen

Kohlenstoff reagiert mit Sauerstoff unter Bildung eines gasförmigen Oxids: **Kohlenstoffdioxid**, ein farb- und geruchloses Gas. Dabei entsteht Energie.

$$C + O_2 \longrightarrow CO_2 + \text{Energie}$$

Der **Nachweis von Kohlenstoffdioxid CO_2** erfolgt durch Einleiten des Gases in Kalkwasser oder Barytwasser **(Versuch 27/1)**.

Versuch 27/1: Nachweis von CO_2

Versuchsbeschreibung:
Das Gas, von dem vermutet wird, daß es CO_2 ist oder enthält, wird in eine Calciumhydroxidlösung (Kalkwasser) oder eine Bariumhydroxidlösung (Barytwasser) geleitet.
Handelt es sich um CO_2, so trübt sich die klare Lösung während des Einleitens milchig weiß.

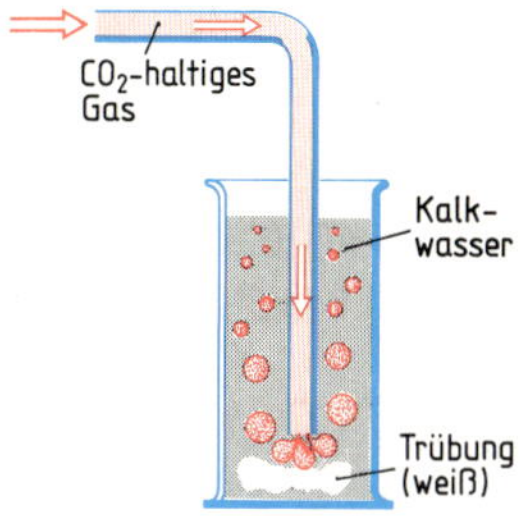

Schwefel reagiert mit Sauerstoff unter Bildung eines gasförmigen Oxids: **Schwefeldioxid**.

$$S + O_2 \longrightarrow SO_2 + \text{Energie}$$

Schwefeldioxid ist ein farbloses, stechend riechendes Gas, das die Schleimhäute reizt und schädigt. Es entsteht als Begleitprodukt bei der Verbrennung organischer Brennstoffe (Kohle, Erdöl), da sie Schwefel enthalten. Schwefeldioxid stellt eine schwere Umweltbelastung dar.

Wasserstoff reagiert mit Sauerstoff unter Bildung von Wasserstoffoxid, allgemeinhin bekannt als **Wasser**. Die Reaktion verläuft stürmisch, es wird viel Energie dabei frei. Wasser ist eine farb- und geschmacklose Flüssigkeit.

$$2\,H_2 + O_2 \longrightarrow 2\,H_2O + \text{Energie}$$

Phosphor reagiert mit Sauerstoff unter Bildung von festem **Phosphoroxid**. Auch hierbei entsteht Energie.

$$8\,P + 10\,O_2 \longrightarrow 2\,P_4O_{10} + \text{Energie}$$

Phosphoroxid ist ein festes, weißes Pulver, das an der Luft die Luftfeuchtigkeit an sich bindet. Man nennt diese Eigenschaft **hygroskopisch**. Es wird deshalb im Labor als Trockenmittel benutzt.

Zusammenfassend kann festgestellt werden: Nichtmetalloxide können Gase, Flüssigkeiten oder Feststoffe sein.

Beispiele für Oxidationen von Metallen

Magnesium reagiert mit Sauerstoff unter Bildung von festem **Magnesiumoxid**. Die Oxidation verläuft sehr heftig, es entsteht viel Wärme und gleißend helles Licht (Versuch 11/1).

$$2\,Mg + O_2 \longrightarrow 2\,MgO + \text{Energie}$$

Magnesiumoxid ist ein weißes Pulver, es dient als Haftpulver „Magnesia" beim Geräteturnen.

Eisen (in Pulverform) reagiert mit Sauerstoff zu **Eisenoxid**, einer rotbraunen Substanz. Auch hierbei wird Energie frei.

$$4\,Fe + 3\,O_2 \longrightarrow 2\,Fe_2O_3 + \text{Energie}$$

Für die Metalloxide gilt allgemein: Metalloxide sind Feststoffe mit meist hoher Schmelztemperatur.

Zum Reaktionsverlauf bei Oxidationsvorgängen kann festgestellt werden: Bei fast jeder Oxidation wird Energie frei, Oxidationen sind also exotherm.

Oxidationen sind in der Regel exotherme Reaktionen.

Oxidationsmittel. Oxidationen werden nicht nur durch gasförmigen Sauerstoff bewirkt. Auch sauerstoffhaltige Verbindungen können ihren chemisch gebundenen Sauerstoff an andere Stoffe abgeben. Man nennt sie *Oxidationsmittel:* Kaliumchlorat, Kaliumpermanganat, Kaliumnitrat, Wasserstoffperoxid.

1.2.4 Oxidationsvorgänge in der Technik

Normale Verbrennung. Darunter versteht man die gewöhnliche Verbrennung von Brennstoffen wie Kohle, Holz, Erdöl, Erdgas usw. **(Bild 28/1)**. Die Geschwindigkeit dieser Oxidationsvorgänge wird durch das Abströmen der Verbrennungsgase und das Zuströmen des zur Verbrennung erforderlichen Sauerstoffs bestimmt. Voraussetzung für eine Verbrennung ist ein brennbarer Stoff, ausreichend Sauerstoff und, zur Zündung, das Überschreiten der Zündtemperatur des Brennstoffs.

Bild 28/1: Verbrennung

Bei vielen festen sowie bei den flüssigen Brennstoffen entstehen durch die hohen Verbrennungstemperaturen aus dem Brennstoff brennbare Gase, die unter Ausbildung einer Flamme verbrennen (Bild 28/1), z.B. bei Holz oder Kerzenwachs. Brennstoffe, die keine brennbaren Gase entwickeln, verglühen, wie z.B. Holzkohle.

Brennbar sind nur *die* Stoffe, die sich mit Sauerstoff verbinden können, wie z.B. Kohlenstoff, Methangas usw. Nicht brennbar sind z.B. Ziegelsteine oder Glas, da sie aus schon oxidierten Stoffen (Oxiden) bestehen.

Versuch 28/1: Gasexplosion

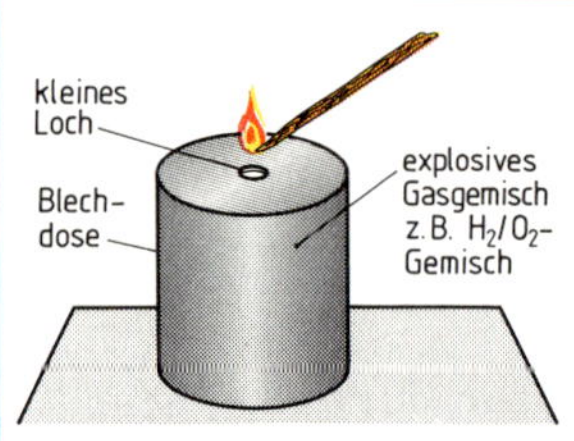

Verpuffung, Explosion. Sie tritt auf, wenn der Brennstoff fein verteilt ist und innig mit Sauerstoff vermischt ist. Die Oxidation kann sich dann rasend schnell durch den gesamten Brennstoff fortpflanzen, ohne durch das Nachströmen des benötigten Sauerstoffs verlangsamt zu werden. Die Folge ist ein großer örtlicher Temperaturanstieg und damit eine explosionsartige Ausdehnung der heißen Verbrennungsgase. Dies führt zu einer Druckwelle, verbunden mit einem Knall **(Versuch 28/1)**.

Explosive Gemische mit Luft bilden die brennbaren Gase Wasserstoff, Erdgas, Methan usw. Aber auch in der Luft feinverteilter Kohle- oder Mehlstaub kann explodieren.

Langsame oder stille Oxidation. Dazu gehören die unauffälligen Oxidationen in der Natur, wie die Atmung, die Verdauung, die Verwesung und das Rosten des Eisens. Sie verlaufen so langsam, daß die dabei entstehende Oxidationswärme nicht zu einem spürbaren Temperaturanstieg führt.

Verbrennung im Gasbrenner

Gasbrenner bestehen aus einer Düse und einem aufgesetzten Rohr mit einer Hülse, durch die sich Luftlöcher öffnen und schließen lassen **(Bild 28/2)**.

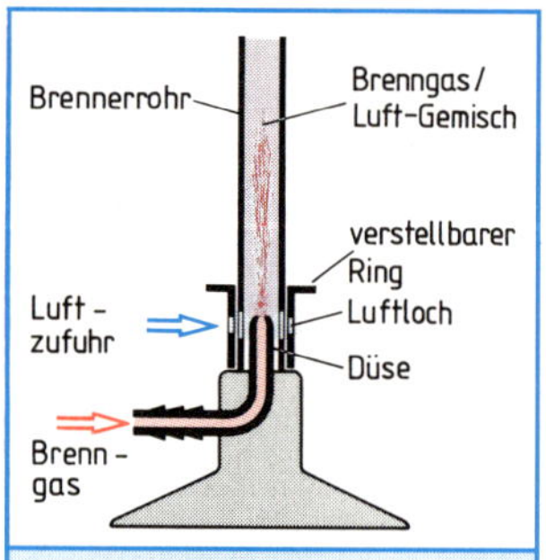

Bild 28/2: Gasbrenner

Je nach Luftzufuhr ergeben sich unterschiedliche Flammenformen: Bei *geschlossenen Luftlöchern* brennt die Flamme leuchtend gelb-rot **(Bild 28/3)**. Das aus dem Brennerrohr kommende, reine Gas verbrennt nur in der Außenzone des Flammenkegels, wo Sauerstoff hinzutreten kann. Im Innern des Kegels kann das Gas wegen Sauerstoffmangels nicht brennen. Das Leuchten der Flamme wird durch glühende Rußteilchen verursacht, die in der Zone der unvollständigen Verbrennung entstehen.

Bei *offenen Luftlöchern* am Brenner ist die Flamme bläulich bis farblos, sie rauscht und ist sehr heiß (Bild 28/3). Das aus der Düse strömende Gas saugt durch die Löcher Luft an und vermischt sich im Brennerrohr zu einem brennfähigen Gemisch. Beim Austritt aus dem Brennerrohr verbrennt der Gasgemischstrom vollständig ohne Rußbildung.

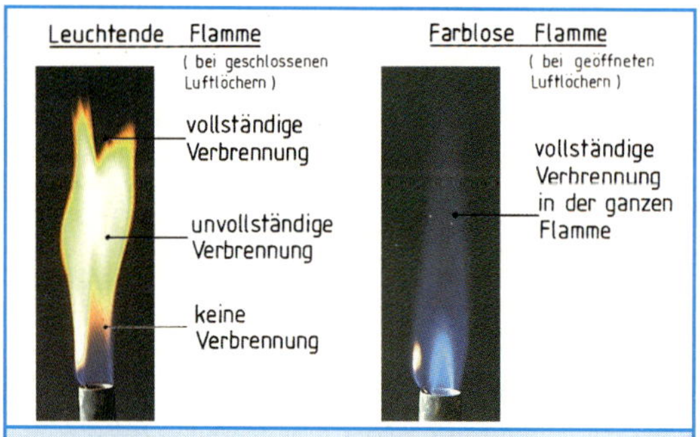

Bild 28/3: Flammenformen

Brandbekämpfung

Aus dem Wissen um den Oxidationsvorgang ergeben sich die Regeln zur Brandbekämpfung:

1. Dem Feuer die Nahrung nehmen: Brennbares entfernen, Gashähne schließen.
2. Den Zutritt von Luftsauerstoff verhindern: Abdecken mit Löschschaum, Sand, nassen Decken.

1.2.5 Reduktion

Oxiden kann der Sauerstoff auch wieder entzogen werden. Dabei wird das Oxid in den Ausgangsstoff rückgeführt, chemisch ausgedrückt **reduziert** (von lateinisch reducere = zurückführen).

Eine chemische Reaktion, bei der einem Stoff Sauerstoff entzogen wird, heißt Reduktion.

Beispiel: Quecksilberoxid wird durch Erhitzen zu Quecksilber reduziert (Versuch 17/1).

Reduktion

$$2\ HgO + \text{Energie} \longrightarrow 2\ Hg + O_2$$

Zur Aufrechterhaltung der Reduktion ist die dauernde Zufuhr von Energie erforderlich (erwärmen). Die Reduktion ist eine wärmeverbrauchende, d.h. **endotherme** Reaktion.

Die Reduktion eines Oxids wird meist durch einen Stoff bewirkt, der begierig Sauerstoff an sich bindet. Solche Stoffe nennt man **Reduktionsmittel**.

Den Ablauf einer Reduktion zeigt **Versuch 29/1:** Ein Gemisch aus Bleioxid und Kohle wird stark erhitzt und reagiert dabei zu Blei und Kohlenstoffdioxid:

Reduktion

$$\mathbf{2\ PbO + C \longrightarrow 2\ Pb + CO_2}$$

Oxidation

Der Kohlenstoff vermag dem Bleioxid den Sauerstoff zu entreißen. Das Bleioxid wird reduziert zu Blei. Diese Eigenschaft beschreibt man mit dem Wortlaut: Kohlenstoff besitzt ein größeres **Bindungsbestreben (Affinität)** zu Sauerstoff als Blei.

Gleichzeitig erfolgt bei der Reaktion ein zweiter chemischer Vorgang: Das Reduktionsmittel Kohlenstoff verbindet sich mit dem Sauerstoff, es wird oxidiert. Die Reaktion ist gekennzeichnet durch eine gleichzeitige Reduktion und Oxidation.

Versuch 29/1: Reduktion von Bleioxid mit Kohle

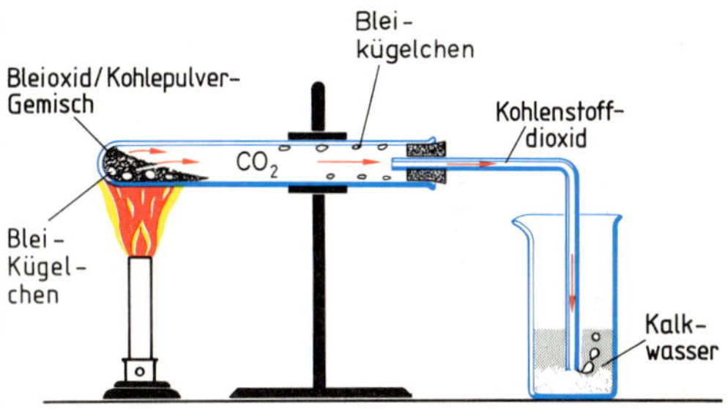

Versuchsbeschreibung: In ein schwer schmelzbares Reagenzglas bringt man ein Gemisch aus gelbem Bleioxid PbO und Holzkohlepulver. Das Gemisch wird hoch erhitzt.

Das entweichende Gas wird in Kalkwasser geleitet (Reagenz für Kohlenstoffdioxid). Nach einiger Zeit trübt sich das Kalkwasser (Kohlenstoffdioxid) und an der Reagenzglaswand bilden sich graue Metallkügelchen (Blei).

Chemische Reaktionen mit gleichzeitiger Reduktion und Oxidation heißen **Redoxreaktionen**.

Auch bei dem sogenannten **Thermitverfahren**, das man technisch zum Schweißen von Eisenbahnschienen anwendet, handelt es sich um eine Redoxreaktion. Hierbei wird ein Gemisch aus Eisenoxid- und Aluminiumpulver zur Reaktion gebracht. Es laufen folgende chemische Vorgänge ab: Aluminium reduziert Eisenoxid zu Eisen, dabei wird das Aluminium zu Aluminiumoxid oxidiert.

Reduktion

$$\mathbf{Fe_2O_3 + 2\ Al \longrightarrow 2\ Fe + Al_2O_3}$$

Oxidation

Der Versuch, die beiden obigen Reaktionen umzukehren, also z.B. Aluminiumoxid mit Eisen oder Kohlenstoffdioxid mit Blei den Sauerstoff zu entziehen, gelingt nicht. Es läßt sich daraus eine **Oxidierbarkeitsreihe** aufstellen, in der die Stoffe nach abnehmendem Bindungsbestreben zu Sauerstoff angeordnet sind: Al, C, Fe, Pb.

Durch Reduktionsprozesse werden technisch die Metalle aus den Erzen gewonnen. Die Eisengewinnung im Hochofen ist der bekannteste Vorgang (Seite 141).

Reduktionsmittel in der Technik sind vor allem Kohlenstoff in Form des billigen Kokses sowie die Gase Kohlenstoffmonoxid CO und Wasserstoff H_2.

Wiederholungsfragen

1. **Wie kann man prüfen, ob ein vorliegendes Gas reiner Sauerstoff, reines Kohlenstoffdioxid oder ein Gemisch beider Gase ist?**
2. **Beim Abbrennen einer Kerze verschwindet Kerzenbrennstoff. Wo bleibt er?**
3. **Beim Schutzgasschweißen von Metallen wird die Schweißstelle mit Edelgas umströmt. Geben Sie eine Erklärung.**
4. **Wie wird Sauerstoff technisch gewonnen? Erklären Sie den Gewinnungsprozeß.**

1.3 Das Wasser

Das Wasser gehört zu den verbreitetsten Verbindungen der Natur. Etwa $^3/_4$ der Erdoberfläche ist von Salzwassermeeren bedeckt. Auch in den Gesteinen sind große Mengen Wasser in Form von gebundenem Kristallwasser enthalten. Außerdem bildet Wasser den Hauptbestandteil der Pflanzen (bis 90%) sowie des tierischen und menschlichen Körpers (rund 65%).

1.3.1 Vorkommen und Gewinnung

Das Wasser in der Natur unterliegt einem stetigen Kreislauf **(Bild 30/1)**. Aus dem Meer verdunstet Wasser und bildet Wolken. Sie werden vom Wind über das Land getrieben und gehen dort als Niederschlag in Form von Regen, Hagel und Schnee nieder. Ein Teil davon verdunstet wieder. Der Rest sammelt sich entweder an der Erdoberfläche in Seen und Flüssen oder sickert in das Erdreich ein und bildet das Grundwasser. Aus den Seen, Flüssen und dem Grundwasser wird Wasser zum Gebrauch entnommen.

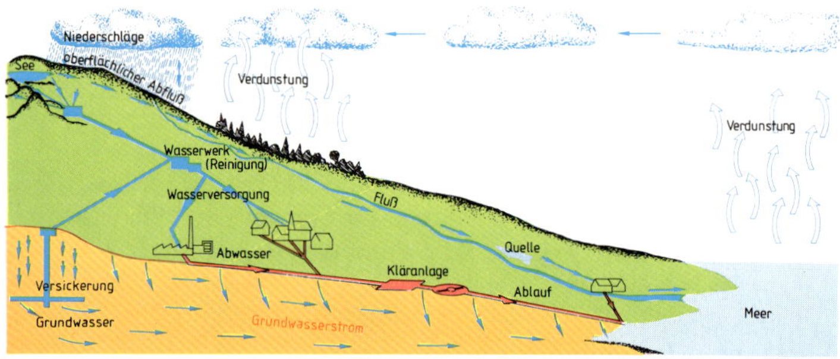

Bild 30/1: Kreislauf des Wassers

Das in der Natur vorkommende Wasser ist, chemisch betrachtet, nie ganz rein. Bereits das Regenwasser enthält gelöste Gase aus der Luft und Verunreinigungen durch Staub. Das Grundwasser besitzt zusätzlich gelöste Mineralsalze aus dem Erdboden und den Gesteinen und das Fluß- und Seewasser ist durch Abwassereinleitungen meist verschmutzt. Zum Gebrauch als Trinkwasser wird Wasser dem Grundwasserstrom entnommen und gereinigt (Seite 153). Die im Grundwasser gelösten Mineralsalze geben dem Trinkwasser einen frischen, angenehmen Geschmack. Chemisch reines Wasser schmeckt fade.

Der Wasserverbrauch beträgt zur Zeit etwa 400 Liter pro Einwohner und Tag. Hauptverbraucher sind die Haushalte und die Industrie. In der Chemie wird häufig absolut reines Wasser benötigt. Es wird aus Trinkwasser durch Destillieren oder durch Entsalzen im Ionenaustauscher (Seite 156) hergestellt.

1.2.3 Eigenschaften

Reines Wasser ist eine farblose, geruch- und geschmacklose Flüssigkeit mit einer Dichte von $\varrho = 1\,g/cm^3$ (bei +4 °C), einer Erstarrungstemperatur von 0 °C und einer Siedetemperatur von 100 °C. Die Schmelz- und Siedetemperatur von Wasser dienen zur Festlegung der Temperaturskala. Je nach Temperatur kommt Wasser in den Erscheinungsformen Eis, Wasser und Wasserdampf vor.

Wasser ist ein außergewöhnlicher Stoff. Von besonderer Bedeutung ist die sogenannte **Anomalie der Wärmeausdehnung** des Wassers **(Bild 30/2)**. Darunter versteht man die Tatsache, daß Wasser bei +4 °C sein kleinstes Volumen einnimmt und sich sowohl bei Erwärmung über +4 °C als auch bei Abkühlung unter +4 °C ausdehnt. Bei den meisten anderen Flüssigkeiten wird das Volumen beim Abkühlen bis zum Erstarren fortlaufend kleiner.

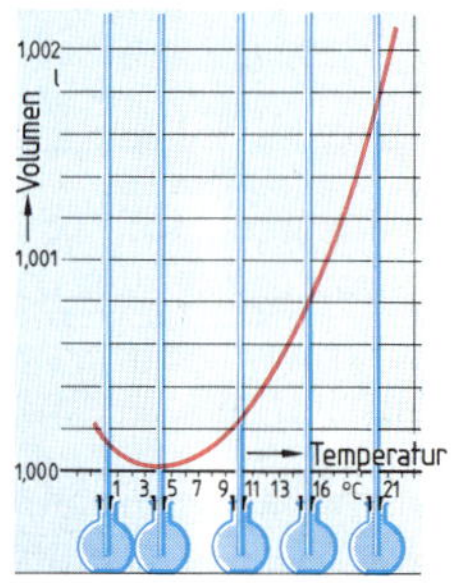

Bild 30/2: Anomalie der Wärmeausdehnung des Wassers

Für die Lebewesen im Wasser ist die Anomalie des Wassers von großer Bedeutung: Bei Temperaturen unter dem Gefrierpunkt schwimmen die kalten Wasserschichten (mit 0 °C) oben auf, da sie leichter sind als Wasser von +4 °C. Es bildet sich eine Eisschicht an der Wasseroberfläche. Sie wirkt wie eine isolierende Decke über dem Gewässer. Besäße das Wasser diese Anomalie nicht, so würde beim Zufrieren das kalte Wasser auf den Grund sinken, und das Gewässer vom Grund her zu einem Eisblock zufrieren, und damit das Leben im Wasser absterben.

Wasser ist das wichtigste Lösungsmittel. Es besitzt vor allem für anorganische Stoffe ein großes Lösevermögen. Für physiologische Vorgänge, das sind die chemischen Vorgänge in Lebewesen, ist Wasser das Lösungs- und Transportmittel schlechthin. Das Leben wäre auf der Erde ohne Waser nicht möglich.

Die Stoffe besitzen in Wasser eine sehr unterschiedliche Löslichkeit. Stoffe wie Kochsalz oder Zucker sind leichtlöslich, die Gesteine, z.B. Kalk, sind schwerlöslich und Metalle wie Eisen sind praktisch unlöslich.

Lösungen fester Stoffe in Wasser, die *wäßrigen Lösungen*, haben veränderte Eigenschaften im Vergleich zu reinem Wasser: Sie haben eine größere Dichte, höhere Siedetemperatur und niedrigere Gefriertemperatur.

Auch viele Gase sind in Wasser löslich, wie z.B. Luft oder Kohlenstoffdioxid (die sogenannte Kohlensäure im Sprudel). Im Gegensatz zu den festen Stoffen, die sich im allgemeinen um so besser lösen, je höher die Temperatur ist, nimmt die Löslichkeit der Gase mit steigender Temperatur ab.

1.3.3 Chemische Zusammensetzung

Analyse des Wassers

Am leichtesten läßt sich Wasser mit Hilfe des elektrischen Stroms zerlegen **(Versuch 31/1)**. Man nennt diesen Vorgang **Elektrolyse** des Wassers (von **Elektri**zität und Ana**lyse**).

Dazu wird in einem Glasgefäß mit zwei Schenkeln eine Gleichspannung an zwei Elektroden angelegt, die in das Wasser ragen. An beiden Elektroden entsteht Gas, das sich getrennt in den Schenkeln sammelt. Am Minuspol, der **Kathode**, entsteht die doppelte Gasmenge wie am Pluspol, der **Anode**.

Die *Spanprobe* (Versuch 26/2) ergibt mit der geringeren Gasmenge den Nachweis, daß an der Anode Sauerstoff entstanden ist. Mit der *Knallgasprobe* (Versuch 32/3) stellt man fest, daß es sich bei der größeren Gasmenge an der Kathode um Wasserstoff handelt.

Die Wasserzerlegung bringt als Ergebnis:

Versuch 31/1: Analyse des Wassers im Hofmannschen Wasserzersetzungsapparat

Versuchsbeschreibung:
In einem Hofmannschen Wasserzersetzungsapparat wird an zwei, in das Wasser ragende Elektroden, eine Gleichspannung angelegt. (Dem Wasser ist zur Verbesserung der elektrischen Leitfähigkeit etwas Schwefelsäure zugegeben). An beiden Elektroden entsteht Gas, das sich in den beiden Schenkeln des Gerätes getrennt sammelt. Am Minuspol, der Kathode, entsteht die doppelte Gasmenge wie am Pluspol, der Anode.
Die größere Gasmenge wird durch die Knallgasprobe als Wasserstoff, die kleinere Gasmenge durch die Spanprobe als Sauerstoff identifiziert.

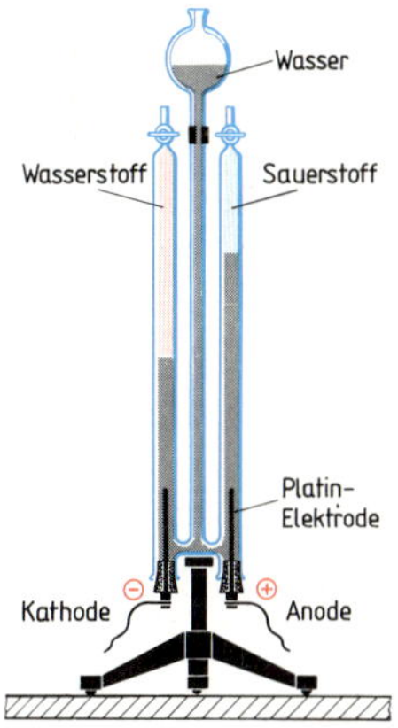

Wasser ergibt bei der Zerlegung 2 Raumteile Wasserstoff und 1 Raumteil Sauerstoff.

Wasser ist eine chemische Verbindung, deren Moleküle aus zwei Atomen Wasserstoff und einem Atom Sauerstoff bestehen. Es hat die chemische Formel $\mathbf{H_2O}$.

Die Wägung, der bei der Wasserzersetzung entstehenden Gase, ergibt ein Massenverhältnis von Wasserstoff zu Sauerstoff wie 1 : 8.

Synthese des Wassers

Daß es sich bei Wasser um eine chemische Verbindung aus zwei Atomen Wasserstoff und einem Atom Sauerstoff handelt, kann durch die Synthese von Wasser aus Wasserstoff und Sauerstoff nachgewiesen werden **(Versuch 31/2)**. Dazu wird Wasserstoffgas in einem von außen mit Kühlwasser umflossenen Glaskolben verbrannt:

$$\mathbf{2\,H_2 + O_2 \longrightarrow 2\,H_2O + Energie}$$

Das Verbrennungsprodukt ist Wasser in Form von Wasserdampf (gasförmig). Er kondensiert an den Gefäßwänden.

Versuch 31/2: Synthese des Wassers

In einem von außen mit Kühlwasser umflossenen Glaskolben wird Wasserstoff verbrannt. An den kalten Innenwänden des Glaskolbens bilden sich Flüssigkeitströpfchen: Wasser.

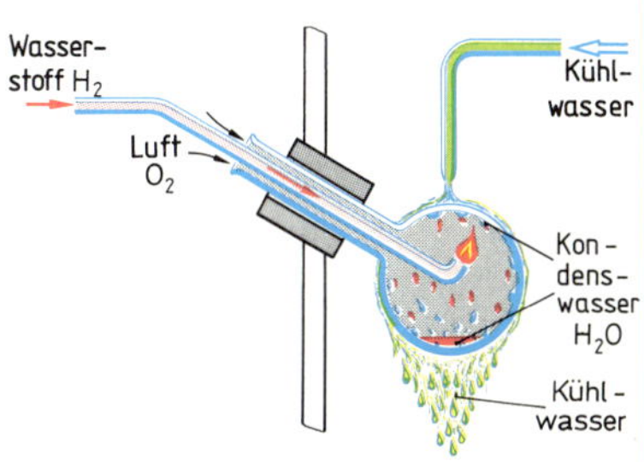

1.3.4 Wasserstoff

Vorkommen. Im freien Zustand kommt Wasserstoff auf der Erde nicht in nennenswerten Mengen vor. In chemisch gebundener Form sind große Mengen Wasserstoff im Wasser sowie in anderen Stoffen (chemischen Verbindungen) enthalten.

Darstellung. Wasserstoff ist ein wichtiger Grundstoff der chemischen Industrie sowie Hilfsstoff anderer Industriezweige und wird daher großtechnisch hergestellt.

Die **großtechnische Gewinnung** von Wasserstoff erfolgt heute vor allem durch Spaltung von Erdgas- bzw. Erdölprodukten, z.B. aus Methan CH_4:

$$CH_4 + \text{Energie} \longrightarrow C + 2\,H_2$$

Nur dort, wo billig elektrischer Strom zur Verfügung steht, wird Wasserstoff durch Elektrolyse des Wassers hergestellt.

$$2\,H_2O \xrightarrow{\text{elektrischer Strom}} 2\,H_2 + O_2$$

Im **Labor** wird Wasserstoff meist im **Kippschen Apparat** durch Zersetzen von Salzsäure mit Zink dargestellt **(Versuch 32/1)**. Es läuft folgende chemische Reaktion ab:

$$\text{Zink} + \text{Salzsäure} \longrightarrow \text{Zinkchlorid} + \text{Wasserstoff}$$
$$Zn + 2\,HCl \longrightarrow ZnCl_2 + H_2$$

In Labors mit häufigem Wasserstoffbedarf steht Wasserstoff in Druckgasflaschen zur Verfügung. Wasserstoff-Druckgasflaschen sind mit einer roten Kennfarbe gestrichen und besitzen ein Linksgewinde für den Anschluß des Druckminderers.

Eigenschaften. Wasserstoff ist ein farb- und geruchloses Gas. Es ist das leichteste aller Gase, seine Dichte hat den Wert $\varrho = 0{,}089\ \text{g/dm}^3$. Seine Verflüssigungstemperatur beträgt $-253\,°C$, seine Erstarrungstemperatur $-259\,°C$. Wasserstoff liegt als Elementmolekül H_2 vor.

Wasserstoff brennt an der Luft mit kaum sichtbarer Flamme. Mit reinem Sauerstoff verbrennt er mit gleißend heller Flamme und entwickelt dabei sehr hohe Temperaturen. Reiner Wasserstoff alleine erstickt eine brennende Flamme **(Versuch 32/2)**.

Der **Nachweis von Wasserstoff** erfolgt im Labor mit der sogenannten **Knallgasprobe (Versuch 32/3)**. Dabei wird Wasserstoff in einem Reagenzglas entzündet. Er verpufft mit einem leichten Knall.

Vorsicht! Der Umgang und Versuche mit Wasserstoff sind gefährlich. Wasserstoff bildet mit Luft ein in weitem Mischungsverhältnis explosives Gasgemisch, das mit großer Energieentfaltung bei Zündung explodiert.

Verwendung. Wasserstoff findet als Synthesegas in der Chemieindustrie (Seite 129, 134), als Schweißgas in der Schweißtechnik und als Raketentreibstoff Verwendung.

Versuch 32/1: Wasserstoffherstellung im Kippschen Apparat

Versuchsbeschreibung:
Der Kippsche Apparat besteht aus drei übereinander angeordneten Gefäßen. Im unteren Gefäß befindet sich verdünnte Salzsäure, im mittleren Zinkkörner. Das obere Gefäß ist mit dem unteren verbunden und dient als Vorratsgefäß für die Salzsäure. Bei Öffnen des Hahns am mittleren Gefäß entweicht Gas. Dadurch fließt aus dem oberen Gefäß Salzsäure in das untere Gefäß. Der Salzsäurespiegel steigt dort an, bis die Zinkkörner erreicht sind. Das Zink reagiert mit der Salzsäure zu Wasserstoff und Zinkchlorid, das sich in der Salzsäure löst. Der Wasserstoff sammelt sich im mittleren Gefäß. Er kann durch den Hahn abgelassen werden. Ist der Hahn geschlossen, so füllt das entstehende Wasserstoffgas das mittlere Gefäß und drückt die Salzsäure aus dem unteren in das obere Gefäß. Dadurch fällt der Salzsäurespiegel im unteren Gefäß, so daß keine Salzsäure mehr mit Zink in Berührung steht. Die Wasserstoffbildung wird unterbrochen. Bei erneutem Öffnen des Hahns beginnt die Wasserstoffentwicklung von neuem.

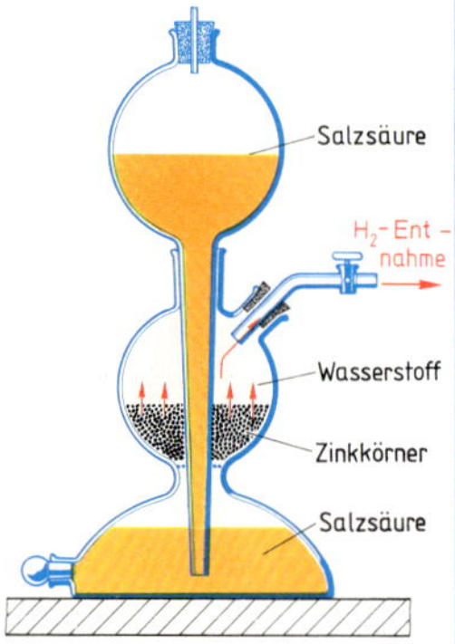

Versuch 32/2: Ersticken einer Flamme in Wasserstoff

Versuchsbeschreibung:
In einen umgestülpten, mit Wasserstoff gefüllten, Glaszylinder schiebt man von unten langsam eine Kerze. Der Wasserstoff entzündet sich an der Grenze zur Luft. Im Innern des Zylinders erstickt die Kerzenflamme im Wasserstoff. Beim Herausziehen entzündet sich der Kerzendocht wieder am brennenden Wasserstoff (Vorsicht).

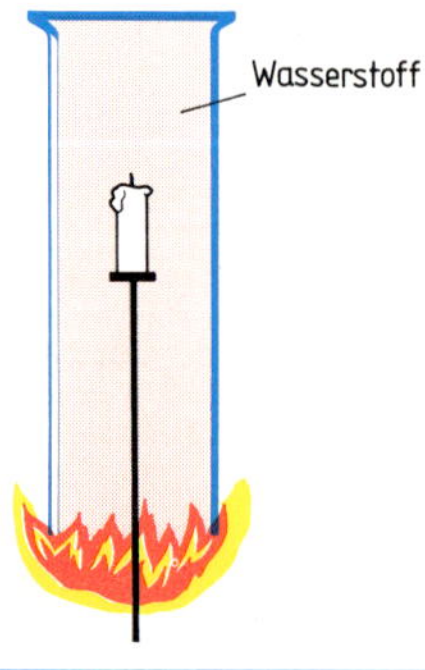

Versuch 32/3: Knallgasprobe

Versuchsbeschreibung:
Das Gas, von dem vermutet wird, daß es sich um Wasserstoff handelt, wird in ein Reagenzglas gefüllt. Beim Zünden an einer Brennerflamme erfolgt eine Verpuffung mit einem leichten, typischen Knall.

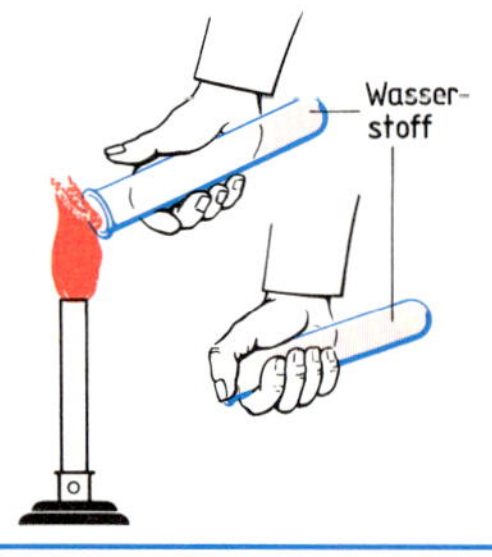

1.4 Säuren, Laugen, Salze

Säuren, Laugen und Salze gehören zu den am häufigsten in der Chemie eingesetzten Stoffen. Man begegnet ihnen sowohl im chemischen Labor und im Chemiebetrieb aber auch als Hilfsstoff in den meisten nicht chemischen Betrieben sowie in den Haushalten.

Erkennen von Säuren und Laugen

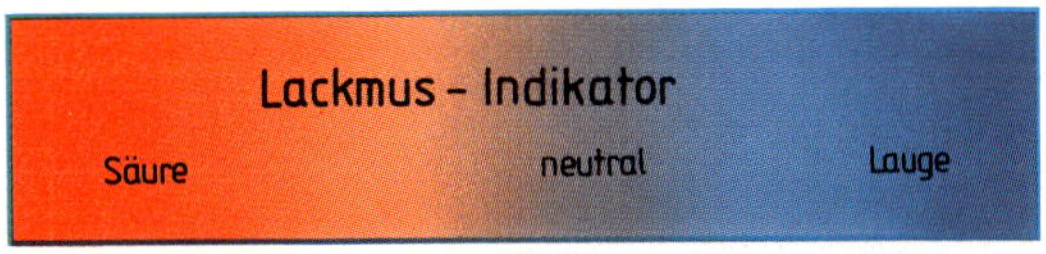

Eine einfache Prüfung, ob es sich bei einer wäßrigen Lösung um eine Säure oder Lauge handelt, ist mit sogenannten **Indikatoren** möglich. Dies sind Farbstoffe, die durch Zugabe von Säuren bzw. Laugen eine Farbänderung erfahren. Der bekannteste Indikator-Farbstoff ist **Lackmus**. Er ist im neutralen Zustand schwach violett, bei Zugabe einer Säure färbt er sich rot, bei Zugabe einer Lauge blau.

Es gibt außerdem noch eine Reihe anderer Indikator-Farbstoffe, wie z. B. *Phenolphtalein, Methylorange* usw.

Indikatoren sind Farbstoffe, die ihre Farbe bei Zugabe einer Säure bzw. Lauge ändern.

In der Praxis verwendet man meist sogenanntes **Universal-Indikatorpapier (Bild 33/1)**. Dies ist saugfähiges Papier, das mit Indikatorlösung getränkt und eingetrocknet wurde. Zum Prüfen wird ein Stück dieses Papiers abgerissen und mit der zu prüfenden Lösung beträufelt. Das ursprünglich orangefarbene Papier färbt sich durch eine Säure rot, durch eine Lauge blau. Aus dem Grad der Verfärbung kann durch Vergleichen mit einer auf der Verpackung aufgedruckten Farbskala die Stärke der Säure oder Lauge bestimmt werden.

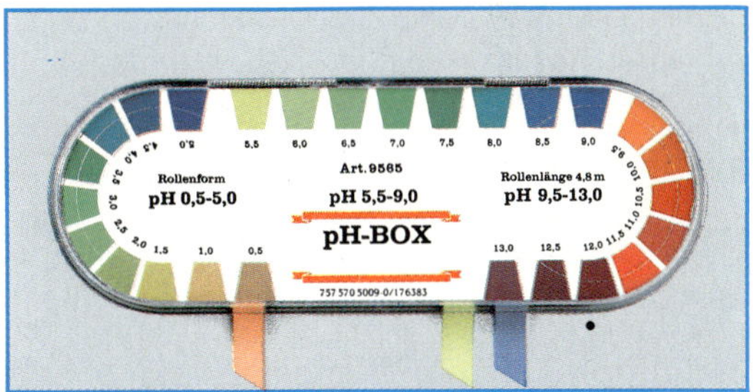

Bild 33/1: Universal-Indikatorpapiere

Die Stärke von Säuren und Laugen

Ein Maß für die Stärke einer Säure bzw. Lauge ist der sogenannte **pH-Wert** (sprich: peha-Wert). Er nimmt Werte von 0 bis 14 ein **(Bild 33/2)**. Stark *saure* Lösungen, wie Salzsäure oder Schwefelsäure, haben einen kleinen pH-Wert (0 bis 1), stark *alkalische* Lösungen (starke Laugen), wie z. B. Natronlauge, haben einen hohen pH-Wert (13 bis 14). Reines Wasser hat einen pH-Wert von 7 und wird als *neutrale* Lösung bezeichnet.

(Die Bedeutung des Zahlenwertes des pH-Wertes wird auf Seite 70 erläutert.)

Der pH-Wert ist ein Maß für die Stärke einer Säure bzw. Lauge.

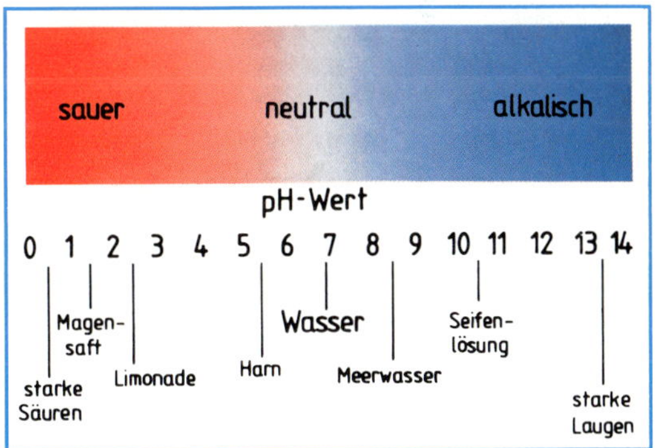

Bild 33/2: pH-Wert verschiedener Lösungen

Der pH-Wert kann mit Universal-Indikatorpapier bestimmt werden. Der aufgedruckten Farbskala sind pH-Werte zugeordnet (Bild 33/1).

Für die berufliche Praxis hat der pH-Wert große Bedeutung. Viele chemische Reaktionen in Lösungen laufen nur bei ganz bestimmten pH-Werten ab. Auch die Vorgänge in den Körpersäften der lebenden Organismen sind stark vom pH-Wert abhängig.

Vorsicht beim Umgang mit Säuren und Laugen

Säuren und Laugen greifen unedle Metalle, Textilien und organisches Gewebe an. Säuren und Laugen dürfen deshalb nicht mit der Haut in Berührung kommen. Besondere Vorsicht ist den Augen zu widmen. Kommt es trotzdem zu Verätzungen, so sind sofort Gegenmaßnahmen zu ergreifen (Seite 8).

1.4.1 Säuren

Der Name *Säuren* für diese Stoffgruppe entstand dadurch, daß viele Säuren sauer schmecken, wie z. B. Essigsäure (in Speiseessig) oder Zitronensäure (in Zitrusfrüchten).

In der Chemie sind andere Säuren von größerer Bedeutung, wie z. B. Salzsäure, Schwefelsäure usw. Sie können nicht auf Geschmack geprüft werden, da sie die Haut verätzen und zum Teil giftig sind.

Bildung von sauerstoffhaltigen Säuren

Löst man Nichtmetalloxide in Wasser, so bilden sich sauerstoffhaltige Säuren **(Versuch 34/1)**.

Nichtmetalloxid + Wasser ⟶ Säure

Beispiele:

$SO_2 + H_2O \longrightarrow H_2SO_3$ Schweflige Säure

$CO_2 + H_2O \longrightarrow H_2CO_3$ Kohlensäure

Wie die Reaktionsgleichungen zeigen, kann man die Nichtmetalloxide als „wasserfreie Vorstufe" der Säuren auffassen. Daher bezeichnet man sie auch als **Säureanhydride**. Beispiel: CO_2 ist das Anhydrid der Kohlensäure H_2CO_3.

Versuch 34/1: Bildung Schwefliger Säure H_2SO_3

Versuchsbeschreibung:
In einem Standzylinder mit etwas Wasser wird Schwefel verbrannt. Es entsteht farbloses SO_2-Gas, das mit der Luftfeuchtigkeit im Gefäß einen weißen Nebel bildet. Im Laufe der Zeit löst sich das SO_2-Gas im Wasser auf dem Zylinderboden. Ein vor dem Versuch in das Wasser eingelegter violetter Lackmuspapierstreifen zeigt durch fortschreitende Rotfärbung die Bildung einer Säure an. Es ist schweflige Säure H_2SO_3.

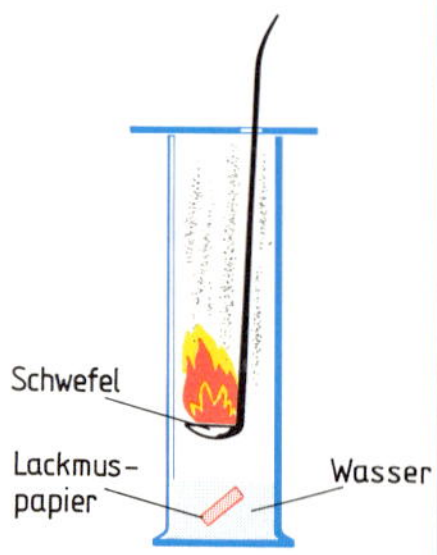

Bildung von sauerstofffreien Säuren

Sauerstofffreie Säuren entstehen durch Lösen der gasförmigen Halogenwasserstoffe in Wasser **(Versuch 34/2)**.

Halogenwasserstoff + Wasser ⟶ Säure

$HCl + H_2O \longrightarrow$ **Chlorwasserstoffsäure**, kurz **Salzsäure**

$HBr + H_2O \longrightarrow$ **Bromwasserstoffsäure**

Die gasförmigen Halogenwasserstoffe *alleine* zeigen keine Säurewirkung. Erst in Verbindung mit Wasser entstehen Säuren. Das heißt, das System **$HBr + H_2O$** ist die Bromwasserstoffsäure, **$HCl + H_2O$** die Salzsäure usw. In der Praxis hat sich jedoch eine vereinfachte Schreib- und Sprechweise für die Säuren eingebürgert: man läßt das Wasser weg.

Versuch 34/2: Bildung von Salzsäure HCl

Versuchsbeschreibung:
Ein Rundkolben wird mit Chlorwasserstoffgas gefüllt und mit einem durchbohrten Stopfen mit Glasrohr verschlossen. Dann wird das Ende des Glasrohrs in ein Wasserbad getaucht, dem Lackmusindikator zugegeben ist. Das im Rundkolben befindliche Chlorwasserstoffgas löst sich begierig im Wasser, so daß im Rundkolben Unterdruck entsteht. Dadurch wird Wasser in den Rundkolben gesaugt und spritzt springbrunnenartig in ihn hinein, bis er fast gefüllt ist. Das im Wasser befindliche Lackmus zeigt durch Rotfärbung an, daß sich eine Säure gebildet hat: **Salzsäure HCl**.

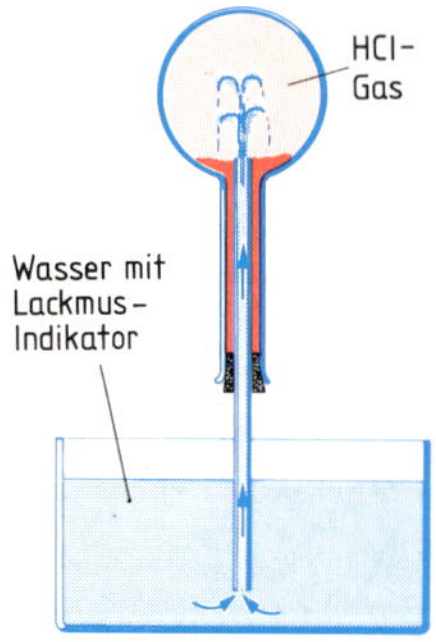

Bestandteile der Säuren

Die Formeln der Säuren (ohne Wasser) lassen erkennen, daß sie alle Wasserstoff enthalten: HCl, H_2SO_4, H_2CO_3 usw. Das heißt, die Säurewirkung beruht auf diesem *„Säurewasserstoff"*. Der restliche Molekülbestandteil, *Säurerest* genannt, charakterisiert die Säureart. Säurereste sind z. B. **$-SO_3$, $-SO_4$, $-CO_3$, -F, -Cl, -Br**. Die Formeln der Säuren (wasserfrei) bestehen aus Säurewasserstoff und Säurerest.

Die Säuren entfalten ihre Säurewirkung erst, wenn sie in Wasser gelöst sind. Das heißt, sie müssen beim Lösen in Wasser eine Veränderung erfahren. Versuche haben gezeigt, daß die Säuremoleküle beim Lösen mit dem Wasser reagieren und dabei elektrisch geladene **Hydroniumionen H_3O^+** und **Säurerestionen** z. B. Cl^-, SO_3^{2-}, SO_4^{2-}, bilden (Seite 68). Diesen Vorgang nennt man **Protolysieren**.

Säuren protolysieren in wäßriger Lösung in Hydroniumionen und Säurerestionen.

Beispiele: $H_2SO_4 + 2\,H_2O \longrightarrow 2\,H_3O^+ + SO_4^{2-}$ $\qquad HCl + H_2O \longrightarrow H_3O^+ + Cl^-$

Teilweise verwendet man zur Beschreibung dieser Reaktion eine vereinfachte Kurzschreibweise:

$$H_2SO_4 \xrightarrow{\text{Wasser}} 2\,H^+ + SO_4^{2-} \qquad HCl \xrightarrow{\text{Wasser}} H^+ + Cl^-$$

Salzsäure HCl

Salzsäure entsteht, wenn sich Chlorwasserstoffgas HCl in Wasser löst:

$$HCl + H_2O \longrightarrow H_3O^+ + Cl^-$$

Die Löslichkeit von Chlorwasserstoffgas in Wasser ist außerordentlich groß: es können sich rund 450 l HCl-Gas in 1 l Wasser lösen. Die Kurzbezeichnung für Salzsäure ist **HCl**, in Ionenschreibweise lautet sie: $H_3O^+ + Cl^-$.

Salzsäure ist eine starke Säure. Unedle Metalle werden von ihr angegriffen, auf die Haut und die Schleimhäute wirkt sie ätzend. Reine Salzsäure ist wasserklar, technische Salzsäure ist gelblich. Konzentrierte Salzsäure ist rund 37%ig und hat eine Dichte von 1,19 g/cm³. Sie muß in geschlossenen Gefäßen aufbewahrt werden. Läßt man sie offen stehen, so entweicht Chlorwasserstoffgas, das stechend riecht und die Schleimhäute verätzt. An feuchter Luft raucht konzentrierte Salzsäure, da das entweichende HCl-Gas die Luftfeuchtigkeit zu Wassertröpfchen kondensiert **(Bild 35/1)**.

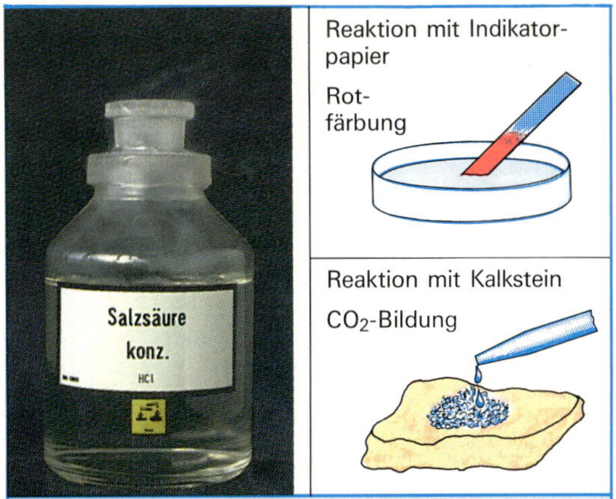

Bild 35/1: Salzsäure

Schwefelsäure H_2SO_4

Ihre Kurzschreibweise ist H_2SO_4, die Ionenschreibweise lautet: $2\ H_3O^+ + SO_4^{2-}$.

Schwefelsäure ist eine starke Säure. Unedle Metalle, wie z. B. Zink, werden von ihr unter Gasbildung aufgelöst. Organische Stoffe, wie z. B. Zucker, werden verkohlt **(Bild 35/2)**. Auf die Haut wirkt Schwefelsäure stark ätzend.

Konzentrierte Schwefelsäure (98%ig) ist eine wasserklare, ölige, schwere Flüssigkeit mit einer Dichte von 1,84 g/cm³ und einem Siedepunkt von 338 °C. Sie zieht begierig Wasser an (hygroskopisch).

Beim Verdünnen konzentrierter Schwefelsäure mit Wasser wird Wärme frei. Das Vermischen muß deshalb so vorgenommen werden, daß zuerst das Wasser vorgegeben wird, und dann unter Rühren die Säure in kleinen Portionen zugefügt wird. Bei umgekehrter Reihenfolge spritzen Säuretropfen aus dem Gefäß.

Bild 35/2: Schwefelsäure

Kohlensäure H_2CO_3

Kohlensäure entsteht, wenn **CO_2-Gas** in Wasser gelöst wird:

$$CO_2 + 3\ H_2O \longrightarrow 2\ H_3O^+ + CO_3^{2-}$$

Da sich nur rund 1 l CO_2-Gas in 1 l Wasser löst und nur etwa 0,1% des gelösten Gases mit dem Wasser zu Kohlensäure reagiert, ist die Kohlensäure eine sehr schwache Säure.

Bild 35/3: Kohlensäure

Sprudelndes Mineralwasser (Sprudel) ist eine Kohlensäure-Lösung **(Bild 35/3)**. Den schwachen Säurecharakter der Kohlensäure erkennt man durch den leicht säuerlichen, frisch prickelnden Geschmack.

Natürliches Wasser, wie z. B. Regenwasser oder Flußwasser, sind sehr schwache Kohlensäure-Lösungen. Dies führt zu Reaktionen mit Bau- und Werkstoffen.

Salpetersäure HNO_3

Wasserfreie, reine Salpetersäure ist eine farblose Flüssigkeit mit einem Siedepunkt von 84,1 °C.

Am Licht zersetzt sie sich teilweise in das Gas Stickstoffdioxid $\mathbf{NO_2}$ und färbt sich dadurch gelb bis rot. Salpetersäure wird deshalb in lichtschützenden, braunen Flaschen aufbewahrt **(Bild 36/1)**.

Beim Öffnen eines Gefäßes mit konzentrierter Salpetersäure bildet sich ein rotbrauner Rauch. Diese, sogenannte *rauchende Salpetersäure*, enthält etwa 95% HNO_3. Die konzentrierte Salpetersäure im Labor ist etwa 70%ig.

Beim Verdünnen konzentrierter Salpetersäure in Wasser, entsteht eine saure Lösung mit Hydroniumionen und Nitrationen:

$$\mathbf{HNO_3 + H_2O \longrightarrow H_3O^+ + NO_3^-}$$

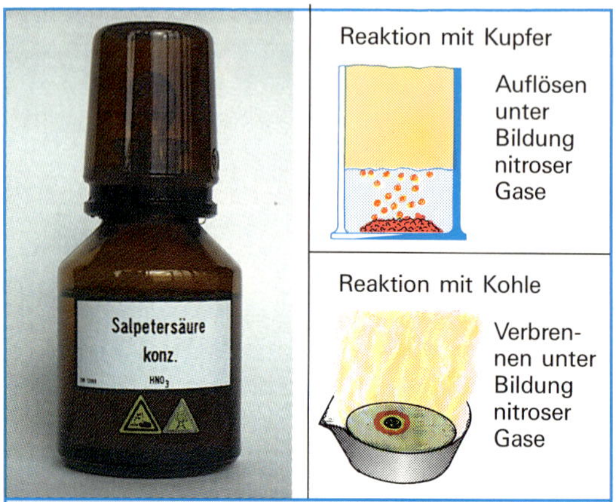

Bild 36/1: Salpetersäure

Salpetersäure ist eine starke Säure. Viele Metalle, wie z. B. Zink, Kupfer und Silber, werden von ihr aufgelöst (Bild 36/1). Eisenwerkstoffe, Chrom und Aluminium bilden eine undurchlässige Oxidschicht (Passivierung). Gold und Platin werden nicht angegriffen, Salpetersäure kann deshalb zum Trennen von Gold und Silber verwendet werden (Scheidewasser).

Zum Auflösen der Edelmetalle Gold und Platin verwendet man sogenanntes **Königswasser**, eine Mischung aus 1 Teil konzentrierter Salpetersäure und 3 Teilen konzentrierter Salzsäure.

Salpetersäure ist ein sehr starkes Oxidationsmittel. Sie oxidiert organische Stoffe, wie z. B. Stroh, Papier, Holz, Textilien und erwärmt sich dabei so stark, daß die Stoffe in Brand geraten. Dabei entstehen giftige *nitrose Gase*. Beim Umgang mit Salpetersäure ist deshalb große Vorsicht geboten. Sie ätzt die Haut und die Schleimhäute. Spritzer auf der Kleidung führen erst zu gelben Flecken und dann zu Löchern.

Phosphorsäure H_3PO_4

Das Anhydrid der Phosphorsäure ist Phosphor(V)-oxid P_4O_{10}, ein weißer, kristalliner Feststoff, der bei +39 °C schmilzt. Er ist stark hygroskopisch und bildet durch Wasseraufnahme flüssige Phosphorsäure. Die im Chemielabor verwendete flüssige, konzentrierte Phosphorsäure ist eine farblose, ölartige Flüssigkeit mit einem Massenanteil von ca. 85% Phosphorsäure **(Bild 36/2)**. Ihre Dichte beträgt ca. 1,7 g/cm^3.

Phosphorsäure wird aus Phosphor(V)-oxid P_4O_{10} durch Lösen in Wasser hergestellt:

$$\mathbf{P_4O_{10} + 6\,H_2O \longrightarrow 4\,H_3PO_4}$$

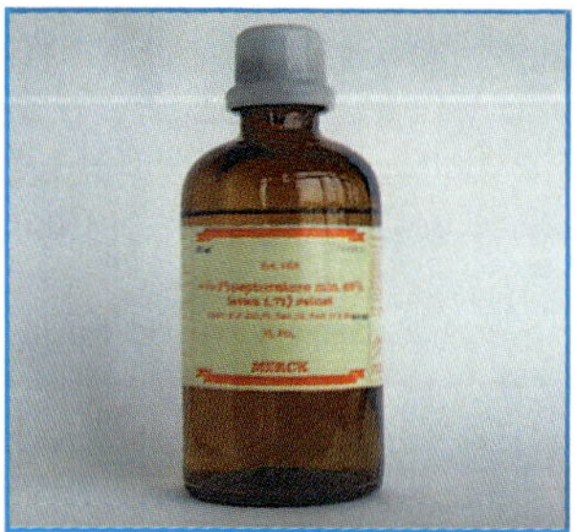

Bild 36/2: Phosphorsäure

Phosphorsäure ist eine schwache bis mittelstarke Säure. Sie enthält Hydroniumionen H_3O^+ und die Säurerestionen Phosphat PO_4^{3-}, Hydrogenphosphat HPO_4^{2-} und Dihydrogenphosphat $H_2PO_4^-$.

Phosphorsäure ist ungiftig und aufgrund ihres geringen Protolysegrades nicht ätzend.

Flußsäure HF

Fluorwasserstoffsäure, meist Flußsäure genannt, entsteht durch Lösen von HF-Gas in Wasser:

$$\mathbf{HF + H_2O \longrightarrow H_3O^+ + F^-}$$

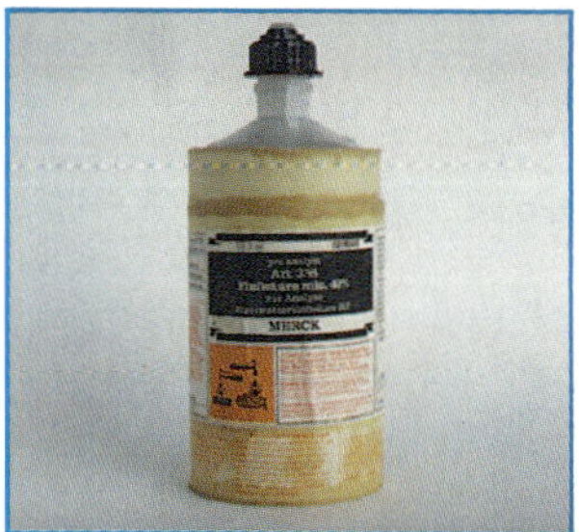

Bild 36/3: Flußsäure

Flußsäure ist eine mittelstarke Säure. Sie reagiert mit Metallen schwach. Flußsäure greift Quarz und Glas an, sie wird deshalb zum Glasätzen verwendet. Flußsäure darf nicht in Glasgefäßen aufbewahrt werden **(Bild 36/3)**. Flußsäure und Flußsäuredämpfe verätzen die Haut. Mit ihr darf nur im Abzug unter besonderen Schutzmaßnahmen gearbeitet werden.

1.4.2 Laugen (Hydroxidlösungen)

Der Name *Laugen* für diese Stoffgruppe leitet sich von der gemeinsamen Eigenschaft mit der Waschlauge ab, die Haut schlüpfrig zu machen. Chemisch betrachtet sind Laugen wäßrige Hydroxidlösungen.

Bildung von Laugen

Laugen entstehen z. B. beim Lösen von wasserlöslichen Metalloxiden in Wasser.

Metalloxid + Wasser ⟶ Lauge

Beispiel: $\mathbf{K_2O + H_2O \longrightarrow 2\,KOH}$ (Kalilauge)

Außerdem können die unedlen Metalle Natrium, Kalium und Calcium auch direkt mit Wasser reagieren und dabei Laugen bilden **(Versuch 37/1)**.

Unedles Metall + Wasser ⟶ Lauge + Wasserstoff

Beispiel: $\mathbf{2\,Na + 2\,H_2O \longrightarrow 2\,NaOH + H_2}$ (Natronlauge)

Versuch 37/1: Bildung von Natronlauge

Versuchsbeschreibung:
Eine Glaswanne wird mit Wasser gefüllt, ein Stück rotes Lackmuspapier wird eingelegt. Auf die Wasseroberfläche bringt man ein kleines Stück Natrium.

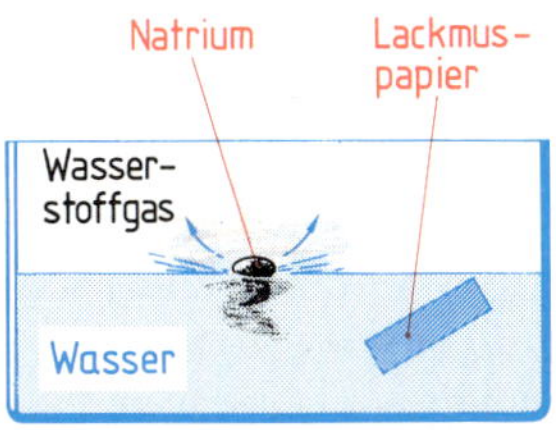

Es reagiert sofort unter starker Wärmeentwicklung mit dem Wasser und fährt zischend auf der Wasseroberfläche herum. Das im Wasser schwimmende Lackmuspapier färbt sich allmählich blau: das Wasser ist alkalisch geworden. Es hat sich Natronlauge gebildet.

Laugen färben Lackmuspapier blau, man sagt sie reagieren **alkalisch** oder **basisch**.

Durch Eindampfen der Laugen erhält man die **Metallhydroxide**, z. B. Natriumhydroxid **NaOH**. Es sind farblose bis weißliche Feststoffe. Aus den Metallhydroxiden kann durch Zugabe von Wasser die entsprechende Lauge hergestellt werden. Man bezeichnet die Metallhydroxide deshalb auch als **Basen** (der Laugen).

Zum Aufbewahren oder Lagern verwendet man meist die festen Hydroxide und stellt durch Lösen in Wasser die kurzfristig benötigte Laugenmenge her.

Laugen sind die wäßrigen Lösungen der Metallhydroxide.

Die Formeln der Hydroxide enthalten alle die sogenannte **Hydroxidgruppe OH**. Da alle Laugen gleiche Wirkungen zeigen (z. B. Lackmus färbt sich blau), muß die Laugenwirkung durch die **OH-Gruppe** hervorgerufen werden. Die Laugenwirkung entfaltet sich aber erst, wenn die Metallhydroxide in Wasser gelöst sind, das heißt, sie müssen beim Lösen in Wasser eine Veränderung erfahren:

Die Metallhydroxide zerfallen beim Lösen in Wasser in *Metallionen* und *Hydroxidionen*.

Diesen Zerfallsvorgang nennt man **Dissoziation**.

Beispiele: $\mathbf{NaOH \xrightarrow{Wasser} Na^+ + OH^-}$ $\qquad$ $\mathbf{KOH \xrightarrow{Wasser} K^+ + OH^-}$

Meistens verwendet man für die Laugen die vereinfachende Schreibweise: NaOH, KOH, $Ca(OH)_2$ usw.

Natronlauge NaOH

Natronlauge ist die wäßrige Lösung des Natriumhydroxids NaOH: $\mathbf{NaOH} \xrightarrow{Wasser} Na^+ + \mathbf{OH^-}$

Es ist eine der stärksten Laugen. Die meisten Metalle und auch Glas werden von ihr angegriffen. Sie muß in Polyethylenflaschen aufbewahrt werden. Tierische und pflanzliche Stoffe werden von Natronlauge zuerst aufgeweicht und dann aufgelöst. Auf die Haut wirkt Natronlauge ätzend. Beim Arbeiten mit Natronlauge Schutzbrille tragen!

Das Ansetzen der Lauge erfolgt im Labor durch Auflösen von festem Natriumhydroxid in Wasser. Natriumhydroxid, auch Ätznatron genannt, ist ein eisartig aussehender Feststoff **(Bild 37/1)**. Natriumhydroxid ist stark hygroskopisch (wasseranziehend).

Natriumhydroxid-Plättchen mit angezogener Feuchtigkeit

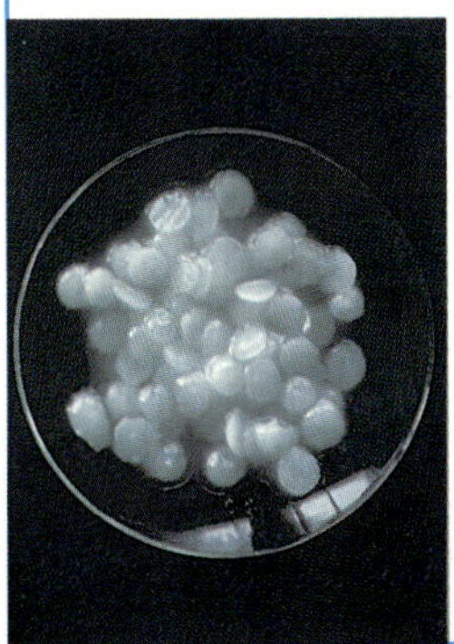

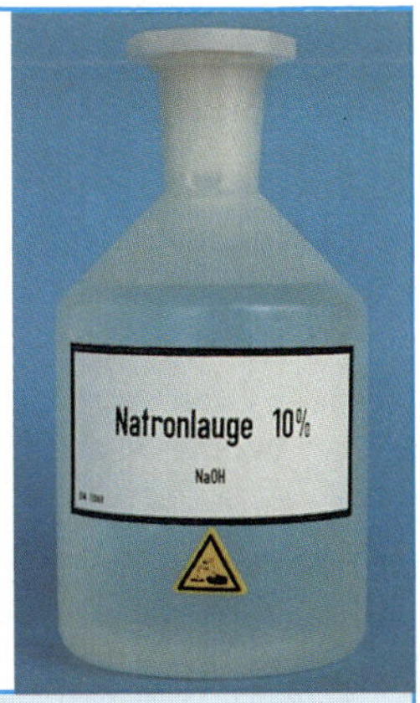

Bild 37/1: Natriumhydroxid und Natronlauge

Kalilauge KOH

Kalilauge ist die wäßrige Lösung des Kaliumhydroxids KOH:

$$KOH \xrightarrow{Wasser} K^+ + OH^-$$

Es ist ähnlich der Natronlauge eine starke Lauge. Kaliumhydroxid KOH, auch *Ätzkali* genannt, hat ähnliche Eigenschaften wie Natriumhydroxid.

Kalkwasser $Ca(OH)_2$

Kalkwasser ist die wäßrige Lösung des Calciumhydroxids $Ca(OH)_2$:

$$Ca(OH)_2 \xrightarrow{Wasser} Ca^{2+} + 2\ OH^-$$

Es ist eine mittelstarke Lauge und zudem billig. Calciumhydroxid $Ca(OH)_2$, auch *gelöschter Kalk* genannt, ist ein weißes Pulver mit einer geringen Löslichkeit in Wasser. Beim Anrühren von $Ca(OH)_2$ in Wasser entsteht eine weiße Suspension, *Kalkmilch* genannt. Das klare Filtrat der Kalkmilch ist die Lauge Kalkwasser.

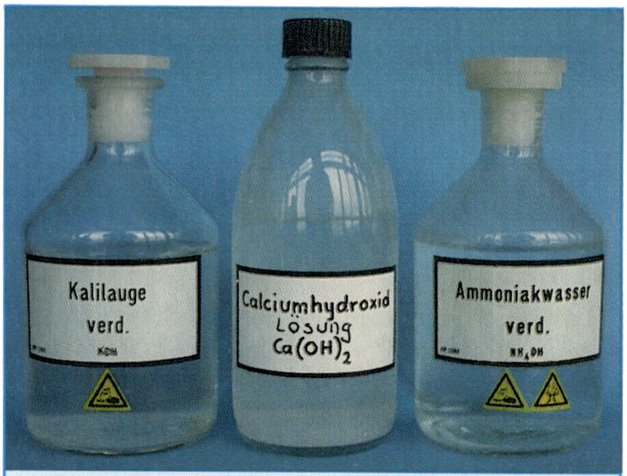

Bild 38/1: Verschiedene Laugen

Ammoniakwasser NH_4OH

Die Lauge Ammoniakwasser entsteht beim Lösen des Gases Ammoniak NH_3 in Wasser:

$NH_3 + H_2O \longrightarrow NH_4^+ + OH^-$. Es entstehen Ammoniumionen NH_4^+ und Hydroxidionen OH^-. Ammoniakwasser, auch Ammoniaklösung oder *Salmiakgeist* genannt, ist eine stechend riechende Flüssigkeit mit schwacher alkalischer Reaktion. Ammoniakwasser löst Fette und quellt organische Substanzen auf. Es wird als Reinigungsmittel und zum Ablaugen alter Farbanstriche verwendet.

1.4.3 Salze

Aus der Umgangssprache verbindet man mit dem Begriff *Salz* das aus dem Haushalt bekannte *Kochsalz*. In der Chemie bilden die Salze eine große Stoffklasse, zu der auch das Kochsalz gehört.

Bildung von Salzen durch Neutralisation

Bringt man gleichwertige Mengen einer Lauge und einer Säure zusammen, so beobachtet man, daß sich die Laugewirkung (Blaufärbung von Lackmus) und die Säurewirkung (Rotfärbung von Lackmus) aufheben **(Versuch 38/1)**. Diesen Vorgang nennt man **Neutralisation**. Die entstandene neutrale Lösung enthält ein Salz im gelösten Zustand.

Bei der Neutralisation heben sich Laugewirkung und Säurewirkung auf. Es entsteht ein Salz.

Die Reaktionsgleichung der Neutralisation lautet bei der Reaktion von Natronlauge und Salzsäure:

$$\underset{\text{Natronlauge}}{NaOH} + \underset{\text{Salzsäure}}{HCl} \longrightarrow \underset{\text{Natriumchlorid}}{NaCl} + \underset{\text{Wasser}}{H_2O}$$

Allgemein gilt bei der Neutralisation:

Lauge + Säure ⟶ Salz + Wasser

Die Beschreibung der Neutralisationsreaktion mit den Molekülformeln ist eine vereinfachte Darstellung. Da man weiß, daß die Laugen und Säuren in Form von Ionen vorliegen, muß man zur genauen Beschreibung der Neutralisation die Ionenformeln verwenden.

Versuch 38/1: Neutralisation durch Titration

Versuchsbeschreibung:
Man gibt in einen Erlenmeyerkolben Natronlauge und fügt wenige Tropfen der Indikatorflüssigkeit *Phenolphthalein* hinzu. Sie färbt die Lauge leicht violett. Aus einer Bürette läßt man dann Salzsäure zutropfen. Durch Rühren wird für rasche Durchmischung gesorgt.
Nach einiger Zeit des Zutropfens beginnt sich die violette Lösung an der Eintropfstelle zu entfärben. Bei weiterer, vorsichtiger Säurezugabe entfärbt sich schließlich die ganze Lösung. (Diese Arbeitsweise bezeichnet man als **Titration**.) Eine Prüfung der Lösung mit Lackmuspapier ergibt keine Farbänderung: die Lösung ist neutral.
Dampft man anschließend die Lösung ein, so bleibt ein weißes Pulver zurück: es ist Kochsalz **NaCl**.

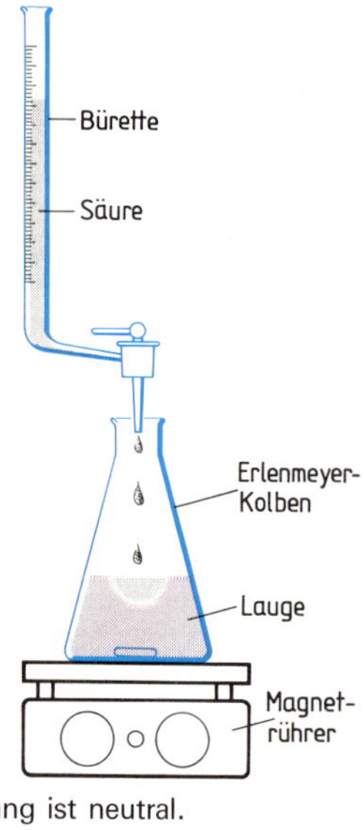

Die Neutralisation von Natronlauge mit Salzsäure lautet in Ionenschreibweise:

$Na^+ + OH^-$	+	$H_3O^+ + Cl^-$	$\longrightarrow$	$Na^+ + Cl^-$	+	$2\,H_2O$
Natronlauge		Salzsäure		Natriumchlorid		Wasser

Man erkennt, daß bei der Neutralisation die Hydroxidionen (OH^-) mit den Hydroniumionen (H_3O^+) zum überwiegend nicht dissoziierten Wasser (H_2O) reagieren: Die Salzlösung ist neutral (pH = 7). Das Metallion (Na^+) und das Säurerestion (Cl^-) stellen zusammen das Salz dar. In der wäßrigen Lösung sind die Ionen gelöst und frei beweglich. Verdampft man das Wasser, so lagern sich die Ionen zu Ionenverbänden (Kristallen) zusammen. Das heißt, sowohl in der Lösung, als auch im Salzkristall liegen die Salze in Ionenform vor.

Salze bestehen aus Metallionen und Säurerestionen.

In vereinfachender Schreibweise schreibt man Salze jedoch meist nicht in Ionenformeln, wie z. B. $Na^+ + Cl^-$, sondern einfach als Verhältnisformel NaCl.

Die **Neutralisation** ist eine häufig eingesetzte chemische Reaktion, da für viele Prozesse neutrale Lösungen benötigt werden. So dürfen z. B. in einer Abwasserreinigungsanlage die Abwässer der biologischen Reinigungsstufe nur als neutrale Flüssigkeit zufließen, da andernfalls die Mikroorganismen der biologischen Reinigungsstufe absterben würden. Die einer Kläranlage zufließenden Abwässer werden deshalb in einem Neutralisationsbecken durch Zugabe von Säure oder Lauge neutralisiert (Seite 268).

Weitere Möglichkeiten der Salzbildung

Säuren können nicht nur mit Metallhydroxidlösungen, sondern auch mit anderen Stoffgruppen zu Salzen reagieren:

Metalloxid + Säure $\longrightarrow$ Salz + Wasser

Beispiel:

CuO	+	$2\,H_3O^+ + SO_4^{2-}$	$\longrightarrow$	$Cu^{2+} + SO_4^{2-}$	+	$3\,H_2O$
Kupferoxid		Schwefelsäure		Kupfersulfat		Wasser

Unedles Metall + Säure $\longrightarrow$ Salz + Wasserstoff

Beispiel:

Ca	+	$2\,H_3O^+ + 2\,NO_3^-$	$\longrightarrow$	$Ca^{2+} + 2\,NO_3^-$	+	$2\,H_2O + H_2$
Calcium		Salpetersäure		Calciumnitrat		Wasserstoff

Bei der Reaktion von Metallen mit reaktionsfähigen Elementen, wie z. B. Chlor Cl_2, Brom Br_2, Fluor F_2 und Schwefel S entstehen ebenfalls Salze.

Metall + Reaktionsfähiges Nichtmetall $\longrightarrow$ Salz

Beispiele:

$$2\,Na + Cl_2 \longrightarrow 2\,(Na^+ + Cl^-)$$

$$Fe + S \longrightarrow Fe^{2+} + S^{2-}$$

Eisensulfid

Die Stoffgruppe der Salze

Die Salze sind eine große und wichtige Stoffgruppe der Chemie. Es sind meist kristalline Feststoffe mit einem hohen Schmelzpunkt.

Beispiel: Kochsalz NaCl hat einen Schmelzpunkt von 803 °C.

Ihre Farbe ist häufig weiß-kristallin, wie z. B. bei Kochsalz NaCl **(Bild 39/1)**. Einige Salze bilden farbige Kristalle, wie z. B. Kaliumchromat K_2CrO_4 und Kupfersulfat $CuSO_4$, oder sind grauschwarz, wie z. B. Eisensulfid FeS.

Die Salze sind teilweise gut in Wasser löslich, wie z. B. NaCl, teilweise wenig in Wasser löslich, wie z. B. $CaCO_3$ und teilweise praktisch wasserunlöslich, wie z. B. FeS.

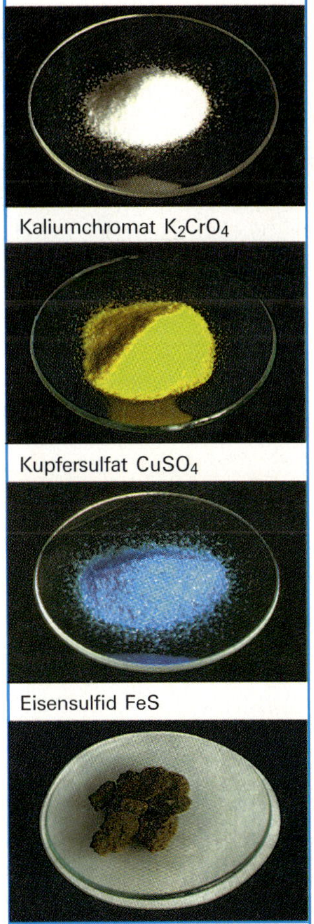

Kochsalz NaCl

Kaliumchromat K_2CrO_4

Kupfersulfat $CuSO_4$

Eisensulfid FeS

Bild 39/1: Salze

Benennung der Salze

Der Name eines Salzes wird aus den Bestandteilen gebildet, aus denen das Salz aufgebaut ist. Der erste Namensbestandteil nennt das Metall, der zweite den Säurerest.

Der Name des Säurerestes seinerseits besteht in der Regel aus dem Namen des charakteristischen Elementes und einer Endsilbe. Es gelten folgende Regeln:

1. Die Salze, die den Säurerest einer **sauerstofffreien Säure** enthalten, haben die **Endsilbe id**.

   Beispiele: **NaCl** Natriumchlorid (Salz der Salzsäure)
   KF Kaliumfluorid (Salz der Flußsäure)

2. Bei Salzen, die den Säurerest einer **sauerstoffhaltigen Säure** enthalten, sind verschiedene Vor- und Endsilben möglich:

   Endsilbe at: .... wenn das zentrale Atom des Säurerestes in seiner stabilen, häufigen Wertigkeit vorliegt.
   Beispiele: **Na_2SO_4** Natriumsulfat, **K_3PO_4** Kaliumphosphat

   Endsilbe it: .... wenn das zentrale Atom des Säurerestes mit einer niedrigeren Wertigkeit vorliegt. *Beispiele:* **Na_2SO_3** Natriumsulfit, **K_3PO_3** Kaliumphosphit

   Vorsilbe hypo...Endsilbe it: wenn das zentrale Atom des Säurerestes mit einer noch niedrigeren Wertigkeit vorliegt. *Beispiel:* **NaClO** Natriumhypochlorit

   Vorsilbe per...Endsilbe at: wenn das zentrale Atom des Säurerestes in einer höheren Wertigkeit vorliegt. *Beispiel:* **$NaClO_4$** Natriumperchlorat

   Nach einer **neuen Namensvereinbarung** (Nomenklatur) werden die Salze mit sauerstoffhaltigen Säureresten mit der **Endsilbe at** und einer, vor dem Säurerest stehenden, römischen Ziffer benannt, die die Wertigkeit des zentralen Säurerestatoms angibt.

   Beispiele:
   Na_2SO_4 Natrium(VI)-sulfat (Salz der Schwefelsäure)
   Na_2SO_3 Natrium(IV)-sulfat (Salz der schwefligen Säure)
   K_3PO_4 Kalium(V)-phosphat (Salz der Phosphorsäure)
   K_3PO_3 Kalium(III)-phosphat (Salz der phosphorigen Säure)

Wichtige Säuren, Säurereste und Salze

Säure		Säurerest		Salze	Beispiele		
Salzsäure	HCl	-chlorid	Cl^-	Chloride	Natriumchlorid	NaCl	(Kochsalz)
Fluorwasserstoff-säure	HF	-fluorid	F^-	Fluoride	Calciumfluorid	CaF_2	(Flußspat)
Schwefelsäure	H_2SO_4	-sulfat	SO_4^{2-}	Sulfate	Calciumsulfat	$CaSO_4$	(Gips)
Schweflige Säure	H_2SO_3	-sulfit	SO_3^{2-}	Sulfite	Natriumsulfit (Natrium(IV)-sulfat)	Na_2SO_3	
Kohlensäure	H_2CO_3	-carbonat	CO_3^{2-}	Carbonate	Calciumcarbonat	$CaCO_3$	(Kalkstein)
Phosphorsäure	H_3PO_4	-phosphat	PO_4^{3-}	Phosphate	Calciumphosphat	$Ca_3(PO_4)_2$	(Phosphorit)
Salpetersäure	HNO_3	-nitrat	NO_3^-	Nitrate	Kaliumnitrat	KNO_3	(Salpeterdünger)
Kieselsäure	H_2SiO_3	-silikat	SiO_3^{2-}	Silikate	Calciumsilikat	$CaSiO_3$	(Glasanteil)

Wiederholungsfragen

1. **Was ist ein Indikator?**
2. **Was gibt der pH-Wert an?**
3. **Aus welchen zwei Bestandteilen besteht eine Säure?**
4. **Wie liegen die Säuren in wäßriger Lösung vor?**
5. **Welche Eigenschaften hat Salpetersäure?**
6. **Nennen Sie fünf Säuren und ihre Formeln.**
7. **Welche charakteristische Gruppe enthalten die Laugen?**
8. **Welche allgemeinen Eigenschaften zeigen Säuren bzw. Laugen?**
9. **Was versteht man unter Neutralisation?**
10. **Woraus ist ein Salz aufgebaut?**
11. **Wie wird der Name eines Salzes gebildet?**

1.5 Gesetzmäßigkeiten bei der Bildung chemischer Verbindungen

1.5.1 Massengesetze der Verbindungsbildung

Bei der Reaktion von zwei Elementen zu einer Verbindung stellt man fest, daß sich immer ganz bestimmte chemische Verbindungen bilden. Ebenso stellt man fest, daß die Massen, der bei der Verbindungsbildung beteiligten Stoffe, ganz bestimmten Gesetzmäßigkeiten unterliegen.

Gesetz von der Erhaltung der Masse

Wiegt man die Ausgangsstoffe vor einer chemischen Reaktion und die Reaktionsprodukte nach der Reaktion, so stellt man fest, daß die Gesamtmasse der Ausgangsstoffe gleich der Gesamtmasse der Reaktionsprodukte ist **(Versuch 41/1)**.

Diesen Sachverhalt nennt man das **Gesetz von der Erhaltung der Masse.** (Auch gasförmige Reaktionspartner müssen mitgewogen werden.)

> Bei chemischen Reaktionen ist die Gesamtmasse der Ausgangsstoffe gleich der Gesamtmasse der Reaktionsprodukte.

Der Wägebefund ist eine Bestätigung der beim Aufstellen chemischer Reaktionsgleichungen gemachten Annahme, daß bei der chemischen Reaktion kein Atom „verlorengeht" bzw. „verschwindet" und deshalb die Reaktionsgleichung stimmig sein muß. Durch den chemischen Vorgang können Atome weder neu geschaffen noch vernichtet werden. Es findet lediglich eine Atom-Umgruppierung statt, die zu neuen Stoffen mit anderen Eigenschaften führt.

Versuch 41/1: Massebestimmung bei chemischen Reaktionen

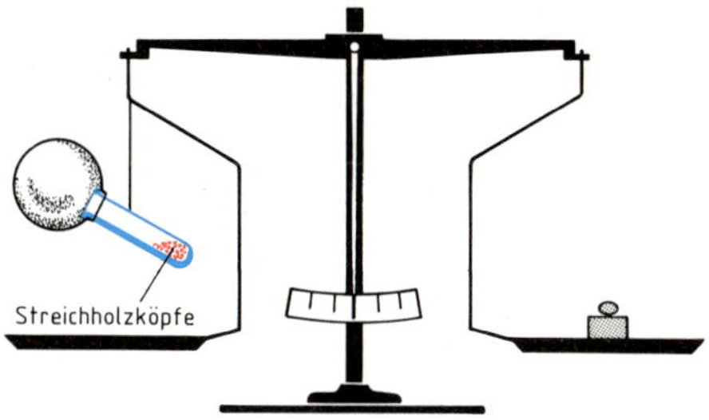

Versuchsbeschreibung: Ein Reagenzglas mit drei Streichholzköpfen wird mit einem Luftballon verschlossen, an die Waage gehängt und austariert. Dann werden die Streichholzköpfe durch Erhitzen des Reagenzglases mit einem Brenner gezündet (Versuch hinter Splitterschutz durchführen). Es läuft eine heftige Verbrennung (chemische Reaktion) ab. Die gasförmigen Verbrennungsprodukte können nicht entweichen und sammeln sich im Reagenzglas und im Luftballon. Während der gesamten Versuchsdauer ändert sich die Stellung der Waage nicht, d.h. die Massen der Ausgangsstoffe sind gleich den Massen der Reaktionsprodukte.

Gesetz der konstanten Massenverhältnisse

Zerlegt man beliebige Stoffportionen einer chemischen Verbindung, so stellt man fest, daß die Elemente in der Verbindung immer in einem ganz bestimmten Massenverhältnis enthalten sind.

Beispiele:

- Die Zerlegung von Wasser (Seite 31) ergibt, daß die Masse des entstandenen Wasserstoffs etwa 8mal kleiner ist als die Masse des Sauerstoffs. $m_H : m_O = 1:8$
- Die Analyse von Eisensulfid FeS ergibt, daß die enthaltenen Eisen- und Schwefelmassen sich etwa wie 7 : 4 verhalten. $m_{Fe} : m_S = 7:4$
- Die Analyse von Kupferoxid CuO ergibt etwa ein Massenverhältnis von 4 : 1. $m_{Cu} : m_O = 4:1$

Diese Tatsache nennt man das **Gesetz der konstanten Massenverhältnisse**.

> In einer chemischen Verbindung sind die Elemente in einem konstanten Massenverhältnis vorhanden.

Beim Aufbau einer chemischen Verbindung (Synthese) kommt man zu demselben Ergebnis, wenn man die zur Verbindungsbildung verbrauchten Massen wiegt.

> Bei der Bildung einer Verbindung verbinden sich die reagierenden Elemente in einem konstanten Massenverhältnis miteinander.

Übungsaufgaben

1. Welche Massen an Sauerstoff und Wasserstoff erhält man bei der Zerlegung von 1 kg Wasser?
2. Wieviel Kupfer und Sauerstoff braucht man zur Herstellung von 35 g Kupferoxid (CuO)?

1.5.2 Stöchiometrische Wertigkeit

Die Atome verbinden sich in ganz bestimmten Zahlenverhältnissen zu Molekülen. Wasser hat z. B. die chemische Formel **H_2O**. Das bedeutet, daß ein O-Atom jeweils zwei H-Atome bindet. Das O-Atom ist gewissermaßen „doppelt so viel wert" wie das H-Atom oder anders ausgedrückt: seine **Wertigkeit** ist doppelt so groß wie die des H-Atoms.

Bei Versuchen wurde gefunden, daß *ein* Atom Wasserstoff sich niemals mit mehr als *einem* Atom eines anderen Elementes verbinden kann, z. B. in Salzsäure **HCl**, in Fluorwasserstoff **HF**, in Bromwasserstoff **HBr** usw. **Wasserstoff** wurde daher als **I-wertig** (sprich: einwertig) festgelegt.

Zur vereinfachten Darstellung der Wertigkeit benutzt man sogenannte **Wertigkeitsarme** oder **Valenzen.** Wasserstoff ist I-wertig, hat also einen Wertigkeitsarm: **H –**

Mit Hilfe der chemischen Formeln der Wasserstoffverbindungen kann man die Wertigkeit der anderen Elemente erkennen. Wie dies gemacht wird, zeigen die folgenden Beispiele:

- **Chlorwasserstoff.** Er hat die Formel **HCl**.

  Wie bereits erkannt, ist Wasserstoff I-wertig, d. h. es hat *einen* Wertigkeitsarm. An diesem einen Wertigkeitsarm hängt das Cl-Atom mit seinem Wertigkeitsarm: H —ς— Cl.

  Das heißt Chlor hat auch *einen* Wertigkeitsarm. **Chlor ist I-wertig: Cl –**

  Ein Wertigkeitsarm eines Atoms kann nur *einen* Wertigkeitsarm eines anderen Atoms binden. Das Absättigen der Wertigkeitsarme symbolisiert man bildhaft durch ineinandergreifende Haken an den Wertigkeitsarmen, wie z. B. H —ς— Cl. Vereinfachend schreibt man für die ineinandergreifenden Wertigkeitsarme einen Verbindungsstrich, wie z. B. H — Cl.

- **Wasser.** Es hat die Formel **H_2O**.

  Jedes H-Atom hat *einen* Wertigkeitsarm. Die zwei Wertigkeitsarme der beiden H-Atome binden *ein* O-Atom: H —ς— O —ς— H oder vereinfacht dargestellt H – O – H.

  Das O-Atom hat also *zwei* Wertigkeitsarme. **Sauerstoff ist II-wertig: – O –**

Der Wertigkeitsbegriff kann demnach folgendermaßen definiert werden:

Die stöchiometrische Wertigkeit eines Elementes gibt an, wieviele H-Atome ein Atom eines Elementes binden kann.

Weitere Beispiele zur Bestimmung der Wertigkeit:

Ammoniak NH_3

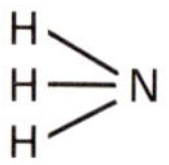

→ **Stickstoff ist III-wertig**

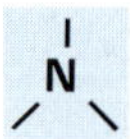

Methan CH_4

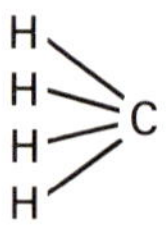

→ **Kohlenstoff ist IV-wertig**

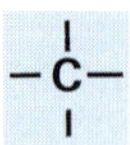

Die Wertigkeiten der gebräuchlichsten Elemente sind in **Tabelle 42/1** zusammengetragen.

Tabelle 42/1: Stöchiometrische Wertigkeit	
I-wertig	**H, F, Cl, Br, I, Li, Na, K, Ag, Cu**
II-wertig	**O, S, C, Mg, Ca, Cu, Zn, Mn, Fe**
III-wertig	**N, P, Al, Cr, Fe**
IV-wertig	**C, S, Si, Mn**
V-wertig	**N, P**
VI-wertig	**S, Cr**
VII-wertig	**Cl, I, Mn**

Manche Elemente können in verschiedenen Verbindungen unterschiedliche Wertigkeiten besitzen, wie z. B. Schwefel in Schwefelwasserstoff H_2S, in Schwefeldioxid SO_2 und in Schwefeltrioxid SO_3:

Schwefelwasserstoff H_2S

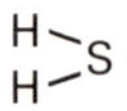

→ Schwefel ist II-wertig **– S –**

Schwefeldioxid SO_2

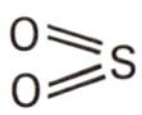

→ Schwefel ist IV-wertig

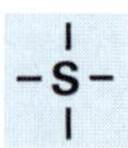

Schwefeltrioxid SO_3

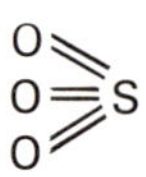

→ Schwefel ist VI-wertig

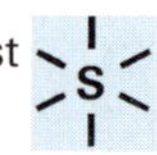

Die Beispiele zeigen, daß Schwefel mehrere Wertigkeiten besitzen kann. Diese Eigenschaft haben auch andere Elemente (Tabelle 42/1). **Manche Elemente haben mehrere Wertigkeiten.**

Der Begriff der *stöchiometrischen Wertigkeit* beschreibt nur die zahlenmäßige Zusammensetzung einer chemischen Verbindung. Er sagt nichts über die Art der Verbindung der Atome im Molekül aus.

1.5.3 Aufstellen chemischer Formeln

Kennt man die Elemente, die in einer chemischen Verbindung enthalten sind, so kann man bei einfachen chemischen Verbindungen mit Hilfe der stöchiometrischen Wertigkeit die Formel der chemischen Verbindung aufstellen. Dabei ist so vorzugehen, daß alle beteiligten Elemente samt ihrer Wertigkeit aufgeschrieben werden und dann die Wertigkeiten über die Zahl der Atome der Elemente ausgeglichen werden.

Beispiel: Kohlenstoffdioxide. Enthalten sind die Elemente Kohlenstoff und Sauerstoff. O ist immer II-wertig, C kann II- und IV-wertig sein (Tabelle 42/1). Deshalb gibt es zwei Kombinationsmöglichkeiten:

C =   = O

Hier liegt die gleiche Anzahl der Wertigkeiten vor: C = O

Die chemische Formel lautet damit:
CO Kohlenstoffmonoxid

C ≡   = O

Damit hier die Wertigkeiten ausgeglichen sind, müssen für ein C-Atom zwei O-Atome vorliegen: O = C = O

Die chemische Formel lautet dann:
CO_2 Kohlenstoffdioxid

Dieses einfache Schema zum Aufstellen chemischer Formeln wird auch für chemische Verbindungen benutzt, die keine Moleküle, sondern Teilchenverbände bilden. Man verwendet dabei die Wertigkeitsarme *rein formal* als Hilfsmittel.

Beispiel: Aluminiumoxid. Enthalten sind die Elemente Aluminium (III-wertig) und Sauerstoff (II-wertig).

Al ≡   = O

Mit je einem Atom ist kein Ausgleich der Wertigkeiten möglich. Dies wird erreicht, wenn zwei Al-Atome mit drei O-Atomen verbunden werden.

Al ≡   = O
         = O
Al ≡   = O

Die chemische Formel von Aluminiumoxid lautet damit:
Al_2O_3

Formelschreibweise. Für die Reihenfolge der Elemente in der chemischen Formel gilt:

- Das Metall steht vorne, wie z. B. in $ZnCl_2$, Al_2O_3, NaCl
- Der Sauerstoff und andere Nichtmetalle stehen hinten, wie z. B. in MgO, SO_2, SO_3, FeS, SiC

Namensgebung. Der Name der chemischen Verbindung wird aus Silben der enthaltenen Elemente gebildet. Das Metall wird immer zuerst genannt. Außerdem wird eine *Endsilbe*, wie z. B. **id**, angehängt.

Beispiele: NaCl Natriumchlorid, Al_2O_3 Aluminiumoxid, FeS Eisensulfid

Tritt ein Element in mehreren Wertigkeiten auf, so wird die Wertigkeit des ersten Elementes als römische Ziffer im Namen geschrieben.
Beispiel: CuCl Kupfer(I)-chlorid (sprich: Kupfer-eins-chlorid), $CuCl_2$ Kupfer(II)-chlorid.
Bei vielen gebräuchlichen Verbindungen ist noch eine überlieferte Namensgebung üblich:
Beispiele: **CO** Kohlenstoffmonoxid (von mono = eins), **CO_2** Kohlenstoffdioxid (von di = zwei) usw.

Übung: Welche Formeln haben die Verbindungen aus den folgenden Elementen und wie heißen sie?
1. K und Cl 2. Ca und I 3. N und O 4. Al und F 5. Fe(II) und O 6. Fe(III) und O

1.5.4 Summenformeln, Strukturformeln

Chemische Formeln kann man mit einer **Summenformel** oder einer **Strukturformel** schreiben.
Beispiel: *Die chemische Verbindung* **Butan**

Seine **Summenformel** lautet:

C_4H_{10}

Hiermit sind die beteiligten Elemente und ihre Anzahl (Index) angegeben. Über die Struktur des Butanmoleküls gibt die Summenformel keine Auskunft.

Die Summenformel wird angewandt, wenn es nur auf die Zusammensetzung der chemischen Verbindung ankommt.

Seine **Strukturformel** lautet:

```
     H   H   H   H
     |   |   |   |
 H — C — C — C — C — H
     |   |   |   |
     H   H   H   H
```

Hier ist jedes Atom aufgezeigt und durch die Wertigkeitsarme mit den anderen Atomen verbunden. Dadurch erhält man einen Hinweis auf die räumliche Zuordnung der Atome. Die Strukturformel wird vor allem bei organischen Verbindungen benutzt.

1.5.5 Volumengesetz reagierender Gase

Die Massen miteinander reagierender Stoffe sind durch das *Gesetz von der Erhaltung der Masse* und das *Gesetz der konstanten Massenverhältnisse* bestimmt (Seite 41). Das letztere Gesetz besagt, daß sich bei der Bildung einer chemischen Verbindung die reagierenden Elemente in konstanten Massenverhältnissen miteinander verbinden. Dieses Gesetz gilt natürlich auch für Gasreaktionen.

Da bei Gasen das Messen von Gasvolumen leichter ist, hat man untersucht, ob es Gesetzmäßigkeiten der reagierenden Gasvolumen gibt **(Versuch 44/1)**.

Man stellt fest, daß z. B. Wasserstoff und Sauerstoff im Volumenverhältnis 2 : 1 miteinander reagieren. Auch andere Gase reagieren im Volumenverhältnis kleiner, ganzer Zahlen:

Wasserstoff und Chlor reagieren im Volumenverhältnis 1 : 1.

Wasserstoff und Stickstoff reagieren im Volumenverhältnis 3 : 1.

Führt man Versuch 44/1 mit der auf über 100 °C erwärmten Apparatur durch, so kann man auch eine Aussage über das nach der chemischen Reaktion vom Reaktionsprodukt Wasserdampf eingenommene Volumen machen, da bei über 100 °C der Wasserdampf nicht kondensiert **(Versuch 44/2)**.

Es wird festgestellt:

2 Raumteile (RT) Wasserstoff reagieren mit 1 Raumteil (RT) Sauerstoff zu 2 Raumteilen Wasserdampf.

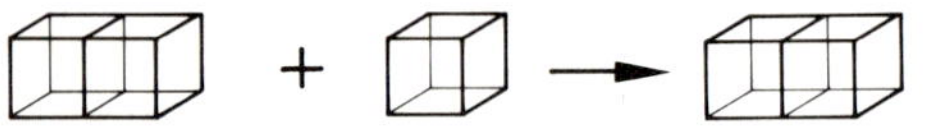

2 RT Wasserstoff + 1 RT Sauerstoff → 2 RT Wasserdampf

Auch für andere Gasreaktionen wird ermittelt, daß das Volumen des Reaktionsproduktes zu den Volumina der Ausgangsgase in einem kleinen, ganzzahligen Verhältnis steht:

1 Raumteil Wasserstoff reagiert mit 1 Raumteil Chlor zu 2 Raumteilen Chlorwasserstoffgas — und

3 Raumteile Wasserstoff reagieren mit 1 Raumteil Stickstoff zu 2 Raumteilen Ammoniakgas.

Diese Gesetzmäßigkeit heißt nach ihrem Entdecker das **Volumengesetz von Gay-Lussac***:

Die bei Gasreaktionen miteinander reagierenden Gasvolumen stehen im Verhältnis kleiner, ganzer Zahlen.

Die Gasvolumina müssen selbstverständlich bei gleicher Temperatur und gleichem Druck gemessen werden.

* **Gay-Lussac**: Französischer Naturwissenschaftler (1788—1850)

Versuch 44/1: Volumenverhältnisse reagierender Gase

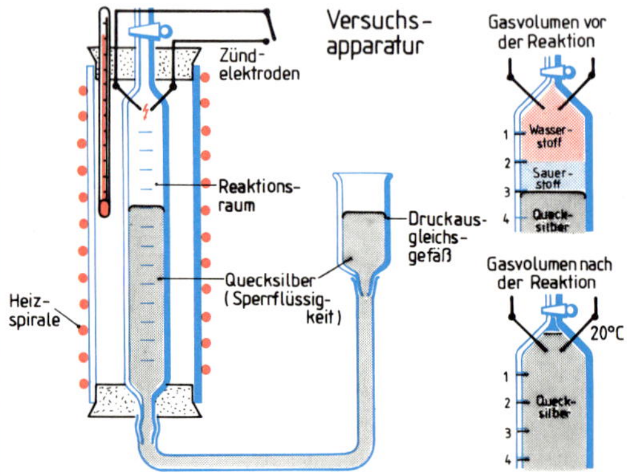

Die **Versuchsapparatur** besteht aus einem dickwandigen Glasrohr, in das Gasportionen eingefüllt und zur Reaktion gebracht werden. Der Reaktionsraum ist durch Quecksilber abgesperrt. Um das Reaktionsrohr befindet sich ein zweites Glasrohr mit Heizspirale.

Versuchsbeschreibung:

In den Reaktionsraum werden 2 Raumteile Wasserstoff und 1 Raumteil Sauerstoff eingefüllt (insgesamt rund 10 ml) und durch Zünden zur Reaktion gebracht.
(Vorsicht: Erst nach Druckerniedrigung durch Absenken des Druckausgleichsgefäßes zünden).
Es entsteht Wasser, das durch die Reaktionswärme direkt nach der Reaktion gasförmig ist (Wasserdampf). Während des Abkühlens auf Raumtemperatur kondensiert der Wasserdampf. Das Quecksilber wird durch den entstehenden Unterdruck langsam vollständig in den Reaktionsraum hineingezogen. Da die vorgelegten Gasportionen vollständig reagiert haben, verbleibt kein Restgasvolumen.
Werden andere Volumenverhältnisse der Ausgangsgase verwendet, so bleibt stets ein Restvolumen nicht reagierten Gases übrig.
Das bedeutet: die Gase Wasserstoff und Sauerstoff reagieren im Volumenverhältnis 2 : 1 miteinander.

Versuch 44/2: Volumen gasförmiger Reaktionsprodukte

Versuchsbeschreibung:

Der Versuch wird wie Versuch 44/1 durchgeführt, wobei das Reaktionsrohr auf 120 °C erwärmt ist.

2 Raumteile Wasserstoff werden mit 1 Raumteil Sauerstoff zur Reaktion gebracht.

Nach Ablauf der Reaktion wird eine Weile gewartet, bis sich die Reaktionswärme verteilt hat.

Dann wird das vom Wasserdampf eingenommene Gasvolumen abgelesen: es beträgt 2 Raumteile.

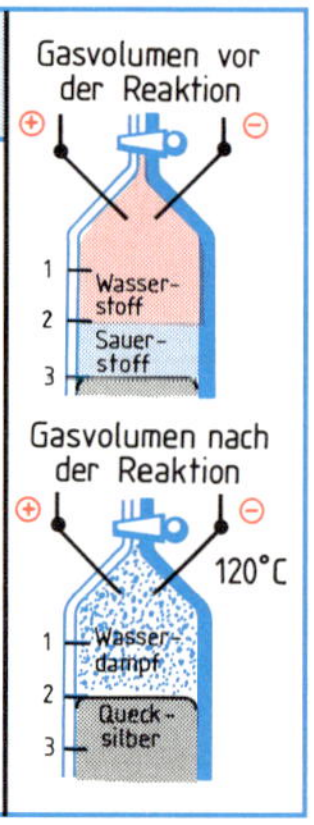

1.5.6 Satz von Avogadro

Bei der chemischen Reaktion von Gasen gelten einfache Volumenverhältnisse (Volumengesetz von Gay-Lussac). Auch im physikalischen Verhalten zeigen die Gase einfache Gesetzmäßigkeiten. So dehnen sich alle Gase, die von 0 °C ausgehend erwärmt werden, bei 1 Grad Temperaturerhöhung um den gleichen Bruchteil 1/273 ihres Anfangsvolumens aus (Seite 82). Die Art des Gases ist dabei ohne Belang.

Im Gegensatz dazu dehnen sich die flüssigen und festen Stoffe, je nach Stoff, unterschiedlich aus.

Der italienische Physikochemiker Avogadro* schloß aus diesem physikalischen Gleichverhalten der Gase auf gleiche durchschnittliche Abstände zwischen den im Gasraum sich befindenden Gasteilchen. Ein gleicher Abstand kann zwischen den sehr kleinen Gasteilchen aber nur dann vorliegen, wenn in gleichen Rauminhalten verschiedener Gase auch je gleich viele Gasteilchen vorhanden sind.

Aufgrund dieser Überlegung stellte Avogadro eine Behauptung auf, die sich als richtig erweisen sollte und die nach ihm als **Satz von Avogadro** benannt wird:

Bei gleichem Druck und gleicher Temperatur enthalten gleiche Raumteile verschiedener Gase gleich viele Teilchen.

Wendet man diese Erkenntnis auf das Gesetz der ganzzahligen Volumenverhältnisse bei Gasreaktionen (Gay-Lussac) an, so ergibt sich eine wichtige Feststellung über den Aufbau der Gasteilchen.

Dazu erinnert man sich an das Ergebnis von Versuch 44/2. Es wurde dort festgestellt:
Zwei Raumteile Wasserstoff reagieren mit *einem* Raumteil Sauerstoff zu *zwei* Raumteilen Wasserdampf.

Stellt man sich dies für die jeweils kleinste Stoffeinheit, nämlich die Atome bzw. Moleküle vor (dort enthält ein Raumteil jeweils ein Gasteilchen), so ergibt sich mit O- und H-Atomen folgendes Bild:

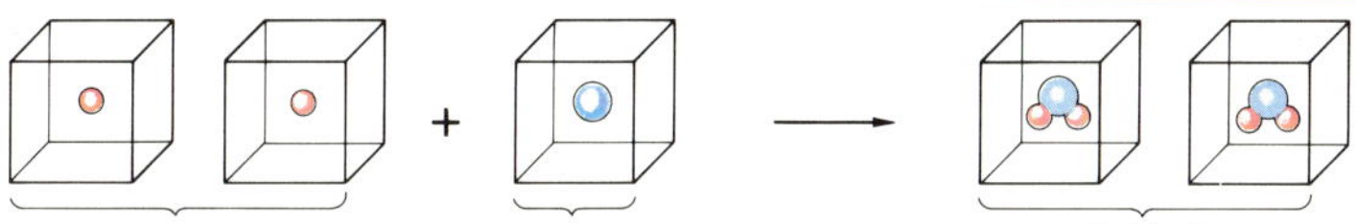
(nicht stimmig)

$$2\,H + O \longrightarrow 2\,H_2O$$ (nicht stimmig)

Prüft man diese Gleichung auf Stimmigkeit, so stellt man fest, daß sie nicht aufgeht, da für 2 Wassermoleküle 4 Wasserstoffatome und 2 Sauerstoffatome erforderlich sind. Die kleinsten Wasserstoffteilchen bzw. Sauerstoffteilchen können also keine Atome sein!!

Stimmig wird die Gleichung, wenn als kleinstes Wasserstoffteilchen ein Wasserstoffmolekül aus zwei Wasserstoffatomen und als kleinstes Sauerstoffteilchen ein Sauerstoffmolekül mit zwei Sauerstoffatomen angenommen wird:

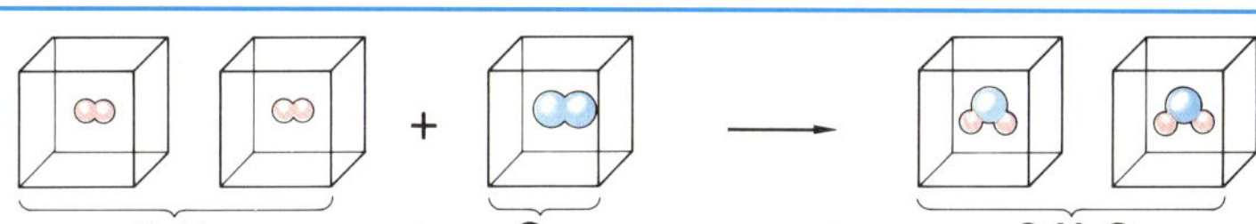
stimmig

$$2\,H_2 + O_2 \longrightarrow 2\,H_2O$$ stimmig

Das bedeutet, daß Wasserstoff und Sauerstoff nicht als Atom, sondern als Elementmolekül $\mathbf{H_2}$ bzw. $\mathbf{O_2}$ vorliegen. Auch für andere gasförmige Elemente wurde festgestellt, daß sie als Moleküle existieren.

Die gasförmigen Elemente Wasserstoff, Sauerstoff, Stickstoff, Fluor, Chlor, Brom existieren als Molekül: H_2, O_2, N_2, F_2, Cl_2, Br_2.

Die Edelgase Helium, Neon, Argon, Krypton, Xenon und Radon hingegen sind atomar: He, Ne, Ar, Kr, Xe, Rn. Dasselbe gilt für die Dämpfe der Metalle.

Wiederholungsfragen

1. **Wie lauten die Massengesetze der Verbindungsbildung?**
2. **Was gibt die stöchiometrische Wertigkeit an?**
3. **Was kann aus der Strukturformel abgelesen werden?**
4. **Welche Aussage zu den Volumina gelten nach dem Gesetz von Gay-Lussac bei der Reaktion von Kohlenstoffmonoxid und Sauerstoff zu Kohlenstoffdioxid?**

* **Amadeo Avogadro:** Italienischer Naturwissenschaftler (1776—1856)

1.6 Bau der Atome

Auch mit den leistungsfähigsten optischen Geräten, den Elektronenmikroskopen, ist es bislang nicht möglich, Atome zu betrachten und damit ihren Aufbau zu erkennen. Deshalb hat man sich Modellvorstellungen von ihrem Aufbau gemacht. Diese Vorstellungen nennt man **Atommodelle**.

Ein solches Atommodell ist keine fotografische Wiedergabe des wirklichen Atomaufbaus, sondern nur eine **Modellvorstellung**, die den Eigenschaften des Atoms am besten entspricht.

1.6.1 Moderne Atomvorstellung

Die erste naturwissenschaftliche Modellvorstellung sah die Atome* als winzige, unteilbare, stofferfüllte Kugeln. Heute weiß man, daß diese einfache Modellvorstellung unzutreffend ist. Der Aufbau der Atome ist nach heutigen Erkenntnissen komplizierter: Die Atome sind nicht unteilbar, sondern bestehen aus noch kleineren Teilchen, den sogenannten **Elementarteilchen: Protonen, Elektronen** und **Neutronen**.

Die Protonen besitzen die kleinste, elektrische positive Ladung (+ 1), die Elektronen die kleinste, negative elektrische Ladung (− 1) und die Neutronen sind elektrisch neutral **(Tabelle 46/1)**.

Protonen und Neutronen haben etwa dieselbe Masse, die Masse des Elektrons ist dagegen sehr gering, sie beträgt nur $^1/_{1836}$ der Masse eines Protons.

Tabelle 46/1: Eigenschaften der Elementarteilchen

Teilchen	Ladung	Masse
Proton	+ 1	$1{,}672 \cdot 10^{-24}$ g
Neutron	0	$1{,}675 \cdot 10^{-24}$ g
Elektron	− 1	$0{,}0009107 \cdot 10^{-24}$ g

Die Anordnung der Elementarteilchen im Atom wurde durch einen inzwischen berühmten Versuch, den sogenannten **Streuversuch von Rutherford****, erforscht **(Versuch 46/1)**.

Versuch 46/1: Streuversuch von Rutherford (1910)

Versuchsbeschreibung:

Eine dünne Goldfolie wird mit α-Teilchen (Helium-Kerne) beschossen. Die Dicke der Goldfolie entspricht etwa 1000 Atomlagen hintereinander (0,002 mm). Ringförmig um die Goldfolie ist ein Filmstreifen angebracht, der von auftreffenden α-Teilchen geschwärzt wird.

Der Versuch hat ein überraschendes *Ergebnis:* Die überwiegende Zahl der α-Teilchen durchdringt die Goldfolie ungehindert. Daraus läßt sich schließen, daß die Atome zum größten Teil aus „masseleerem Raum" bestehen. Ein fast masseloses Elementarteilchen ist das Elektron. Es liegt also nahe, daß sich hier die Elektronen befinden. Nur jedes 100000ste α-Teilchen wird abgelenkt oder prallt zurück und zwar derart, daß die Teilchen auf dem Filmstreifen „verstreut" sind. Daraus folgt, daß sich in den Atomen nur winzig kleine „Massezentren" befinden. Die Elementarteilchen mit Masse sind die Protonen und Neutronen, sie befinden sich im Massezentrum.

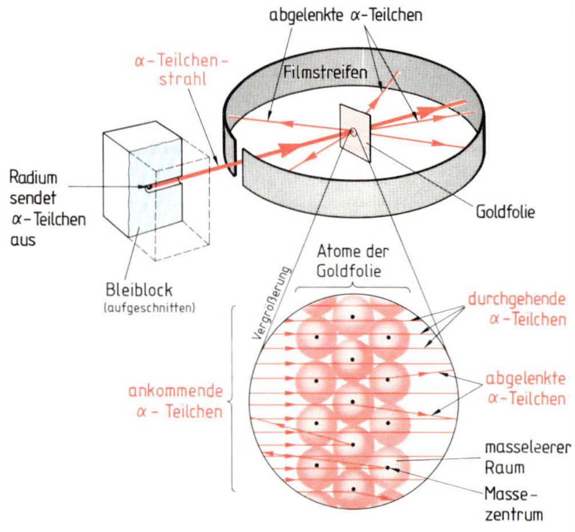

Aus diesem und anderen Versuchen ergibt sich folgendes Bild vom Aufbau der Atome **(Bild 46/1)**:

Atome bestehen aus einem winzigen Massezentrum (Atomkern) und einem verhältnismäßig großen, fast masseleerem Raum (Atomhülle). Im Atomkern befinden sich Protonen und Neutronen. Die Atomhülle wird von den Elektronen gebildet.

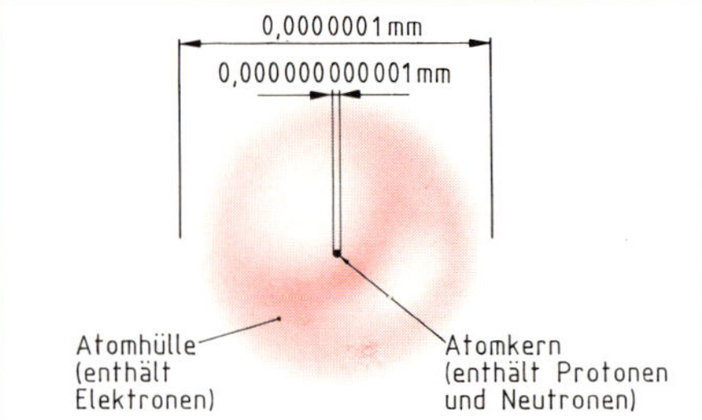

Bild 46/1: Die moderne Atomvorstellung

Ein Atom hat einen Durchmesser von ungefähr 0,0000001 mm. Der Durchmesser des Atomkerns beträgt nur rund 0,000000000001 mm, also den 100000sten Teil. Überträgt man diese Maße auf anschauliche Größenverhältnisse, so entspricht die Größe des Atomkerns zur Größe des Atoms dem Größenunterschied eines Stecknadelkopfes (1 mm) zu einer Kugel von 100 m Durchmesser.

* atomos = griechisch: unteilbar; ** Ernest Rutherford, englischer Physiker (1871 bis 1937)

1.6.2 Atomkern

Der Atomkern besteht aus Protonen und Neutronen. Er enthält annähernd die gesamte Masse des Atoms.

Jedes Proton besitzt eine positive Elementarladung, der Atomkern ist deshalb ebenfalls positiv geladen. Die Anzahl seiner positiven Ladungen entspricht der Anzahl der Protonen im Kern. Sie heißt deshalb **Kernladungszahl**.

Da die Atome nach außen elektrisch neutral sind, muß die Anzahl der Elektronen in der Atomhülle gleich der Anzahl der Protonen im Kern sein.

Der Atomkern enthält neben den Protonen noch Neutronen (außer Wasserstoff). Die Summe der Protonen und Neutronen nennt man **Massenzahl** oder **Nukleonenzahl** (von nukleus = Kern).

Das **Wasserstoffatom** besitzt den leichtesten Atomkern. Er besteht nur aus einem Proton, Neutronen fehlen **(Bild 47/1)**. Die Kernladungszahl und die Massenzahl von Wasserstoff ist deshalb 1.

Das nächst schwerere Element ist **Helium**. Sein Atomkern besteht aus zwei Protonen und zwei Neutronen (Bild 47/1). Die Kernladungszahl von Helium ist 2, seine Massenzahl 4.

Das Element **Lithium** hat einen Atomkern mit drei Protonen und vier Neutronen (Bild 47/1). Die Kernladungszahl ist demnach 3, die Massenzahl 7.

Man erkennt, daß sich die Elemente nach der Kernladungszahl ordnen lassen. Deshalb nennt man die Kernladungszahl auch **Ordnungszahl**.

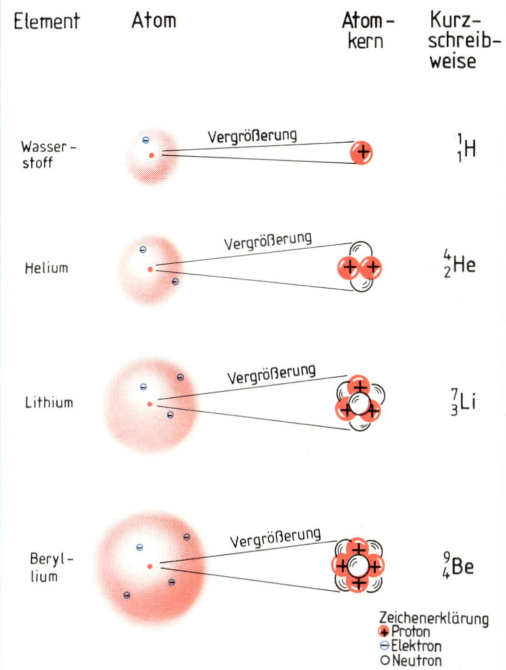

Bild 47/1: Atomkerne (Beispiele)

Die Ordnungszahl gibt die Anzahl der Protonen im Atomkern an. Die Massenzahl ist die Summe der Protonen und Neutronen im Atomkern.

Zur Kennzeichnung des inneren Aufbaus einer Atomsorte gibt es eine **Kurzschreibweise**. Sie besteht aus dem Elementsymbol und der vorangestellten Massen- und Ordnungszahl.

Kurzschreibweise
Beispiel: Lithium

Massenzahl → 7, Ordnungszahl → 3: $^{7}_{3}Li$ ← Element-Symbol

Isotope

Die Atome eines Elementes enthalten immer die gleiche Anzahl Protonen. Die Zahl der Neutronen hingegen kann unterschiedlich sein. So gibt es z. B. Kohlenstoffatome mit 6 Neutronen $^{12}_{6}$**C**, mit 7 Neutronen $^{13}_{6}$**C** und mit 8 Neutronen $^{14}_{6}$**C**. Die Protonenzahl ist bei Kohlenstoff immer 6.

Die verschiedenen Atomarten eines Elementes nennt man **Isotope** (von griechisch: *isos* = gleich, *topos* = Platz).

Isotope sind Atome des gleichen Elementes mit unterschiedlicher Neutronenzahl.

Isotope des Kohlenstoffs

C 12	C 13	C 14
$^{12}_{6}C$	$^{13}_{6}C$	$^{14}_{6}C$
6 Neutronen	7 Neutronen	8 Neutronen
6 Protonen	6 Protonen	6 Protonen

Zur *Bezeichnung* der Isotope eines Elementes verwendet man neben der Kurzschreibweise (Beispiel $^{12}_{6}$**C**) den Elementnamen mit angehängter Massenzahl, wie z. B. **Kohlenstoff 12 (C 12)** oder **Uran 235 (U 235)**.

Die *chemischen Eigenschaften* der verschiedenen Isotope eines Elementes sind gleich, die physikalischen Eigenschaften unterscheiden sich geringfügig.

1.6.3 Atomhülle

Über den Aufbau der Atomhülle wurden verschiedene Modellvorstellungen entwickelt. Die heute wichtigsten sind das **Bohrsche Atommodell** und das **Orbital-Atommodell**.

Bohrsches Atommodell

Aus Versuchen und Überlegungen entwickelte der Physiker **Niels Bohr** 1913 das nach ihm benannte Atommodell. Danach bewegen sich die Elektronen mit großer Geschwindigkeit auf Kreisbahnen um den Atomkern **(Bild 48/1)**. Diese Modellvorstellung kann mit der Bewegung der Planeten um die Sonne verglichen werden. Bei Atomen mit mehreren Elektronen kreisen die Elektronen auf verschieden großen Bahnen, wobei aber nur ganz bestimmte Bahnen möglich sind. Die unterschiedlich großen Bahnen entsprechen unterschiedlichen Energieniveaus der Elektronen. Man bezeichnet die Energieniveaus als **Schalen** und benennt sie entweder mit Ziffern (**1, 2, 3** ...) oder mit Buchstaben (**K, L, M** ...).

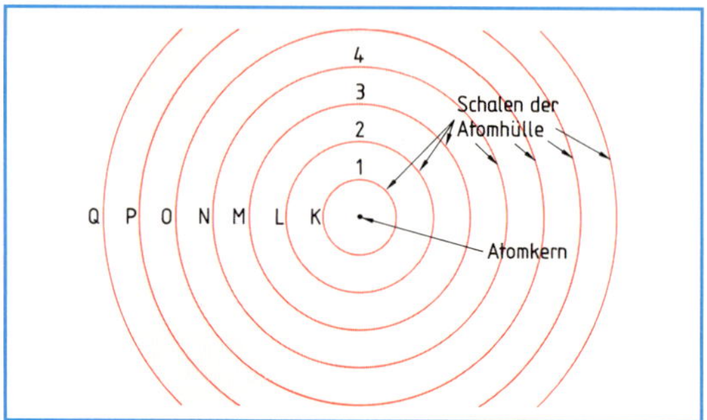

Bild 48/1: Bohrsches Atommodell

Die Elektronen auf äußeren Schalen sind energiereicher als Elektronen auf weiter innen gelegenen Schalen.

Die Anordnung der Elektronen auf den einzelnen Schalen unterliegt bestimmten Gesetzmäßigkeiten:

- Die Schalen werden von innen beginnend nach außen aufgefüllt.
- Die Aufnahmefähigkeit der Schalen ist begrenzt. Es können höchstens $2\,n^2$ Elektronen auf einer Schale Platz finden (n = Schalennummer): Das bedeutet auf der 1. Schale maximal $2 \cdot 1^2 = 2$ Elektronen, auf der 2. Schale maximal $2 \cdot 2^2 = 8$ Elektronen, auf der 3. Schale maximal $2 \cdot 3^2 = 18$ Elektronen usw.
- Die äußerste Schale eines Elementes enthält höchstens 8 Elektronen. Ist diese Zahl erreicht, dann wird eine neue Schale begonnen.
- Insgesamt sind 7 Schalen möglich.

An Beispielen soll das erläutert werden **(Bild 48/2)**:

Das Bohrsche Atommodell des **Wasserstoffs** hat ein Elektron auf der K-Schale. **Helium** hat zwei Elektronen auf der K-Schale, die damit voll besetzt ist. Das Element mit drei Elektronen, **Lithium**, hat zwei Elektronen auf der K-Schale und 1 Elektron auf der L-Schale. Mit 8 Elektronen auf der L-Schale (Neon) ist deren Aufnahmefähigkeit erschöpft. Dieses Element, **Neon**, hat insgesamt 10 Elektronen: 2 auf der K-Schale und 8 auf der L-Schale. Mit **Natrium** beginnt die M-Schale, die bei **Argon** ebenfalls mit 8 Elektronen gefüllt ist usw.

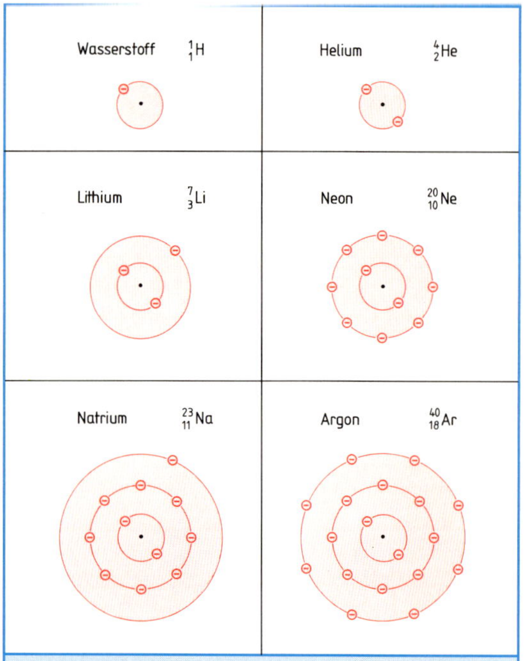

Bild 48/2: Bohrsches Atommodell einiger Elemente

Atombau und chemische Eigenschaften

Lithium und Natrium haben beide in ihrer äußersten Schale ein Elektron (ein Außenelektron) und ebenfalls gemeinsame chemische Eigenschaften: es sind reaktionsfreudige Leichtmetalle. Helium, Neon und Argon haben eine komplett aufgefüllte Elektronenschale, also He 2 Elektronen, Ne und Ar 8 Außenelektronen. Auch diese Elemente haben gemeinsame chemische Eigenschaften: es sind reaktionsunfähige Edelgase.

Daraus kann der Schluß gezogen werden: Elemente mit gleicher Anzahl von Außenelektronen besitzen ähnliche chemische Eigenschaften. Das chemische Verhalten der Elemente wird durch die Außenelektronen der Atome bestimmt. Chemische Vorgänge sind Vorgänge im Bereich der Außenelektronen.

1.6.4 Orbital-Atommodell

Das Orbital-Atommodell beschreibt das Atom als Gebilde aus Atomkern und darum herumschwirrenden Elektronen (ähnlich einem Bienenstock). Die Bewegungsbahnen der Elektronen sind nicht bestimmbar, es können nur Aufenthaltsbereiche angegeben werden, in denen sich die Elektronen bewegen.

Die Aufenthaltsbereiche der Elektronen bezeichnet man als **Orbitale**.

Bildlich werden die Aufenthaltsbereiche der Elektronen als Elektronenwolken dargestellt **(Bild 49/1**, rechte Seite). Könnte man nämlich die Bewegung der Elektronen durch viele Momentaufnahmen fotografisch festhalten, so würden die Orte, an denen sich die Elektronen häufig befinden, durch viele Punkte gekennzeichnet sein, während die Orte, an denen sie nur selten sind, frei bleiben (Bild 49/1, linke Seite).

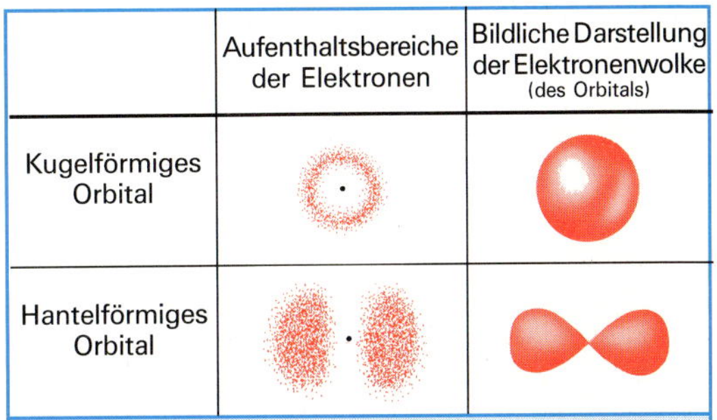

Bild 49/1: Bildliche Darstellung der Orbitale

Der orbitale Aufbau der Atomhülle folgt festen Regeln:

- Es gibt kugelförmige Orbitale, sogenannte *s-Orbitale*, hantelförmige Orbitale, sogenannte *p-Orbitale* und noch komplizierter gebaute Orbitale *(d- und f-Orbitale)*.
- Zuerst werden die s-, dann die p-, dann die d- und dann die f-Orbitale besetzt.
- Ein Orbital kann höchstens 2 Elektronen aufnehmen.
- Die Atomhülle ist in Energieniveaus unterteilt: Das 1. Energieniveau hat ein s-Orbital. Das 2. Energieniveau hat ein s-Orbital mit größerem Durchmesser und drei p-Orbitale. Das 3. Energieniveau hat ein s-Orbital mit noch größerem Durchmesser, drei größere p-Orbitale sowie zusätzlich fünf d-Orbitale.

Die **Benennung** der orbitalen Atomhülle eines Elementes erfolgt mit einer **Kurzbezeichnung**. Die Orbitale werden nach dem Energieniveau mit einer Ziffer und nach ihrer Form mit einem Buchstaben benannt. *Beispiele:* 1 s ist ein s-Orbital des 1. Energieniveaus, 2 p ist ein p-Orbital des 2. Energieniveaus. Die Anzahl der Elektronen in einer Orbitalart wird mit einer hochgestellten Zahl angegeben. *Beispiele:* $1s^2$ bedeutet zwei Elektronen im 1s-Orbital, $2p^3$ bedeutet 3 Elektronen in den 2p-Orbitalen.

Kurzbezeichnung

Beispiel: Stickstoff $_7N$,
2 Elektronen im 1s-Orbital,
2 Elektronen im 2s-Orbital,
3 Elektronen in 2p-Orbitalen

Anzahl der Elektronen im Orbital

$1s^2 \; 2s^2 \; 2p^3$

Orbitalarten

Am Beispiel einiger Elemente soll der Orbital-Aufbau erläutert werden **(Bild 49/2)**:

Wasserstoff (1 Elektron) hat ein s-Orbital des 1. Energieniveaus, besetzt mit einem Elektron ($1s^1$).

Helium (2 Elektronen) hat ebenfalls ein s-Orbital des 1. Energieniveaus, das mit zwei Elektronen gefüllt ist ($1s^2$).

Lithium (drei Elektronen) hat ein mit zwei Elektronen gefülltes s-Orbital des 1. Energieniveaus und ein s-Orbital des 2. Energieniveaus mit einem Elektron ($1s^2\,2s^1$).

Bor hat fünf Elektronen. Sie füllen das 1s-Orbital und das 2s-Orbital, das fünfte Elektron ist im 2p-Orbital ($1s^2\,2s^2\,2p^1$).

Neon hat 10 Elektronen. Sie füllen das 1s-, das 2s- und die drei 2p-Orbitale ($1s^2\,2s^2\,2p^6$).

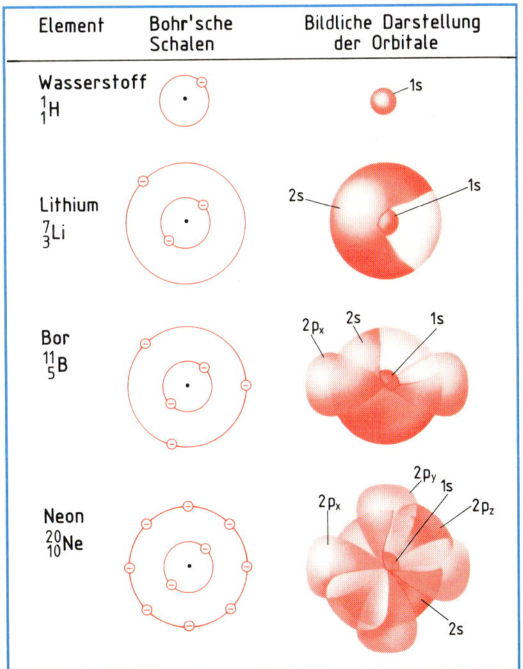

Bild 49/2: Orbital-Atommodelle einiger Elemente

Wiederholungsfragen

1. **Aus welchen Elementarteilchen bauen sich die Atome auf?**
2. **Was kann man aus der Kurzbezeichnung $^{40}_{20}Ca$ ablesen?**
3. **Was ist ein Isotop?**
4. **Wie beschreibt das Bohrsche und wie das Orbitalmodell die Atomhülle von Schwefel ($^{32}_{16}S$)?**

1.7 Periodensystem der Elemente (PSE)

Die Ähnlichkeit der Eigenschaften einiger Elemente veranlaßte bereits die Chemiker im vorigen Jahrhundert, die ihnen bekannten Elemente in Elementgruppen zu ordnen: eine Gruppe ist Lithium **(Li)**, Natrium **(Na)**, Kalium **(K)**, eine andere Gruppe Fluor **(F)**, Chlor **(Cl)**, Brom **(Br)** und eine dritte Gruppe Helium **(He)**, Neon **(Ne)**, Argon **(Ar)**.

Li	**F**	**He**
Na	**Cl**	**Ne**
K	**Br**	**Ar**
Weiche Metalle, die stürmisch mit Wasser reagieren	Erstickend riechende Gase, die begierig reagieren	Gase, die keine Verbindungen eingehen

Andererseits kann man die Elemente nach steigender Ordnungszahl (Seite 47) ordnen:

$_{1}$**H** $_{2}$**He** $_{3}$**Li** $_{4}$**Be** $_{5}$**B** $_{6}$**C** $_{7}$**N** $_{8}$**O** $_{9}$**F** $_{10}$**Ne** $_{11}$**Na** $_{12}$**Mg** $_{13}$**Al** $_{14}$**Si** $_{15}$**P** $_{16}$**S** $_{17}$**Cl** $_{18}$**Ar** $_{19}$**K** $_{20}$**Ca**

Vergleicht man die ähnlichen Elementgruppen mit der Ordnungszahlreihe, so kann man folgendes feststellen: Nach jeweils 8 Elementen in der Ordnungszahlreihe folgen Elemente, die zu einer Elementgruppe mit ähnlichen Eigenschaften gehören. Es liegt also eine Regelmäßigkeit (Periodizität) vor.

Beide Ordnungsprinzipien können in einem Ordnungssystem vereint werden, wenn man die Ordnungszahlreihe so anordnet, daß die ähnlichen Elemente in einer Spalte untereinander stehen. Dies erreicht man, indem man die Ordnungszahlreihe in 8er Reihen unterteilt und untereinander schreibt. Man beginnt bei Lithium, diese Reihe endet bei Neon. Die nächste Reihe beginnt bei Natrium und endet bei Argon. Diese Anordnung ist die Grundlage des **Periodensystems der Elemente**, kurz **PSE** genannt.

1.7.1 Gekürztes Periodensystem

Nach ihrer chemischen Ähnlichkeit wurden alle Elemente geprüft und, falls möglich, in dieses Ordnungssystem eingeordnet. Man erhält auf diese Weise ein **gekürztes Periodensystem (Bild 50/1)**. Es enthält nicht alle Elemente, aber wichtige Vertreter jeder Elementgruppe.

Die waagrechten Zeilen im Periodensystem werden als **Perioden** bezeichnet, die senkrechten Spalten als **Hauptgruppen**.

Das gekürzte **PSE** hat 7 Perioden, wobei die 1. Periode nur zwei Elemente enthält, während die Perioden 2 bis 6 jeweils acht Elemente besitzen. Die 7. Periode ist unvollständig.

Perioden	Haupt-Gruppen I	II	III	IV	V	VI	VII	VIII
1	$_{1}$**H** Wasserstoff							$_{2}$**He** Helium
2	$_{3}$**Li** Lithium	$_{4}$**Be** Beryllium	$_{5}$**B** Bor	$_{6}$**C** Kohlenstoff	$_{7}$**N** Stickstoff	$_{8}$**O** Sauerstoff	$_{9}$**F** Fluor	$_{10}$**Ne** Neon
3	$_{11}$**Na** Natrium	$_{12}$**Mg** Magnesium	$_{13}$**Al** Aluminium	$_{14}$**Si** Silicium	$_{15}$**P** Phosphor	$_{16}$**S** Schwefel	$_{17}$**Cl** Chlor	$_{18}$**Ar** Argon
4	$_{19}$**K** Kalium	$_{20}$**Ca** Calcium	$_{31}$**Ga** Gallium	$_{32}$**Ge** Germanium	$_{33}$**As** Arsen	$_{34}$**Se** Selen	$_{35}$**Br** Brom	$_{36}$**Kr** Krypton
5	$_{37}$**Rb** Rubidium	$_{38}$**Sr** Strontium	$_{49}$**In** Indium	$_{50}$**Sn** Zinn	$_{51}$**Sb** Antimon	$_{52}$**Te** Tellur	$_{53}$**I** Iod	$_{54}$**Xe** Xenon
6	$_{55}$**Cs** Cäsium	$_{56}$**Ba** Barium	$_{81}$**Tl** Thallium	$_{82}$**Pb** Blei	$_{83}$**Bi** Bismut	$_{84}$**Po** Polonium	$_{85}$**At** Astat	$_{86}$**Rn** Radon
7	$_{87}$**Fr** Francium	$_{88}$**Ra** Radium	113	114	115	116	117	118

Bild 50/1: Das gekürzte Periodensystem

Es gibt 8 Hauptgruppen im gekürzten Periodensystem. Die in einer Gruppe stehenden Elemente bilden eine Elementfamilie mit ähnlichen Eigenschaften. Man spricht kurz von den Elementen der I., II. bzw. III. Gruppe. Außerdem hat jede Gruppe einen Namen, der sich aus gemeinsamen Eigenschaften der Gruppenelemente herleitet oder nach typischen Vertretern der Gruppe gebildet ist:

I. Gruppe: **Alkalimetalle**→Weiche Metalle, die stürmisch mit Wasser reagieren (Ausnahme: H)
II. Gruppe: **Erdalkalimetalle**→Weniger reaktionsfreudige Leichtmetalle, Mg technisch wichtig
III. Gruppe: **Erdmetalle**→Vor allem Aluminium hat große technische Bedeutung
IV. Gruppe: **Kohlenstoffgruppe**→Kohlenstoff ist der Grundbaustoff der organischen Chemie
V. Gruppe: **Stickstoff/Phosphor-Gruppe**→Stickstoff und Phosphor sind wichtige Elemente
VI. Gruppe: **Sauerstoff/Schwefel-Gruppe**→Sauerstoff und Schwefel sind wichtige Elemente
VII. Gruppe: **Halogene**→Reaktionsfähige Nichtmetalle
VIII. Gruppe: **Edelgase**→Gase, die praktisch keine chemischen Verbindungen bilden

Das Periodensystem ist ein äußerst nützliches Ordnungssystem. Viele Eigenschaften der Elemente können anhand ihrer Stellung im PSE „vorausgesagt" werden, da die Eigenschaften sich innerhalb einer Gruppe in bestimmten Regelmäßigkeiten verändern.

Eine stufenförmige Diagonale im PSE — von links oben nach rechts unten — teilt die Elemente in **Metalle** und **Nichtmetalle** (Bild 50/1). Links unten stehen die Metalle, rechts oben die Nichtmetalle. Zwischen ihnen befinden sich Elemente, die sowohl metallische als auch nichtmetallische Eigenschaften besitzen: die **Halbmetalle** Bor, Silicium, Germanium usw. Innerhalb einer Gruppe nimmt der Metallcharakter der Elemente von oben nach unten zu. Innerhalb einer Periode nimmt er von links nach rechts ab.

Innerhalb der Gruppen ändert sich die Reaktionsbereitschaft: in den Gruppen VII, VI und V nimmt sie von oben nach unten ab, in den Gruppen I, II, III von oben nach unten zu. Die reaktionsfreudigsten Elemente stehen in der I. und VII. Gruppe.

1.7.2 Atombau und Periodensystem

Der Vergleich des Atombaus chemisch ähnlicher Elemente hatte zu der Erkenntnis geführt, daß die chemischen Eigenschaften eines Elementes vom Bau seiner Atomhülle bestimmt werden (Seite 48). Das Periodensystem zeigt, daß die chemischen Eigenschaften des Elementes aus der Stellung in der Hauptgruppe ersichtlich sind (Seite 50). Es liegt also die Vermutung nahe, daß damit auch ein Zusammenhang zwischen Atombau und Stellung im Periodensystem vorliegt.

Um diese Frage zu klären, zeichnet man die Bohrschen Atommodelle der ersten 18 Elemente des Periodensystems in der Anordnung des Periodensystems auf **(Bild 51/1)** und vergleicht den Atombau des Elementes mit seiner Stellung im Periodensystem.

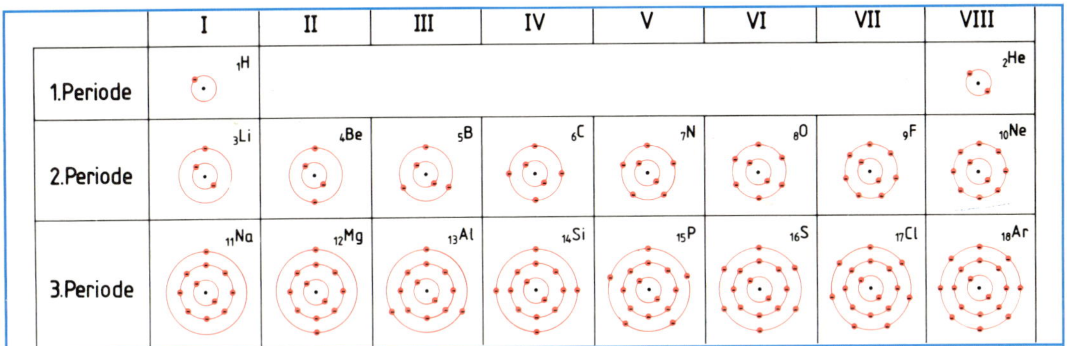

Bild 51/1: Bohrsches Atommodell der Elemente im PSE

Es lassen sich folgende Erkenntnisse ableiten:

- Die periodische Anordnung der Elemente im Periodensystem entspricht dem schalenartigen Aufbau der Atomhülle. Die Elemente der 1. Periode (Wasserstoff und Helium) haben *eine* Schale, die Elemente der 2. Periode haben *zwei* Schalen usw. Daraus läßt sich der allgemeine Schluß ziehen:

  Die Periodennummer eines Elements entspricht der Zahl der Schalen seiner Atomhülle.

- Alle Elemente einer Gruppe haben die gleiche Anzahl von Elektronen auf ihrer äußersten Schale. Man sagt, die Zahl ihrer Außenelektronen ist gleich. *Beispiel:* Wasserstoff, Lithium, Natrium.

  Die Gruppennummer eines Elementes gibt an, wieviel Außenelektronen seine Atome besitzen.

- Die Edelgase haben maximal gefüllte Außenschalen: 2 bei Helium, 8 bei den anderen Edelgasen. Auf ihrer Außenschale wird kein weiteres Elektron aufgenommen. Ihre Wertigkeit ist null (0).

- Vergleicht man die stöchiometrische Wertigkeit der Elemente mit ihrer Stellung im PSE **(Bild 51/2)**, so kann im allgemeinen festgestellt werden:

  Die stöchiometrische Wertigkeit entspricht entweder der Anzahl der Außenelektronen (+) oder der Anzahl der Elektronen, die zu einer Edelgasschale fehlen (—).

+I H	0, I, II, III, ... Wertigkeiten						0 He
+I Li	+II Be	+III B	±IV C	+V, ±III N	−II O	−I F	0 Ne
+I Na	+II Mg	+III Al	+IV Si	+V P	+VI, −II S	−I, +VII Cl	0 Ar

Bild 51/2: Wertigkeit und PSE

1.7.3 Vollständiges Periodensystem der Elemente

Die Einordnung der Elemente nach steigender Ordnungszahl in die Gruppen des Periodensystems gelingt ohne Schwierigkeiten bis zum Element *Calcium* (Bild 50/1). Auf das *Calcium* ($_{20}$**Ca**) folgen bis zum nächsten Edelgas die Elemente *Scandium* ($_{21}$**Sc**), *Titan* ($_{22}$**Ti**), *Vanadium* ($_{23}$**V**), *Chrom* ($_{24}$**Cr**), *Mangan* ($_{25}$**Mn**), *Eisen* ($_{26}$**Fe**), *Kobalt* ($_{27}$**Co**), *Nickel* ($_{28}$**Ni**), *Kupfer* ($_{29}$**Cu**), *Zink* ($_{30}$**Zn**), *Gallium* ($_{31}$**Ga**), *Germanium* ($_{32}$**Ge**), *Arsen* ($_{33}$**As**), *Selen* ($_{34}$**Se**), *Brom* ($_{35}$**Br**). Dann kommt das Edelgas *Krypton* ($_{36}$**Kr**).

Wenn der Gesichtspunkt der Element-Ähnlichkeit für die Einordnung in das System eingehalten werden soll, ergibt sich eine befriedigende Ordnung nur, wenn man eine Reihe von Elementen, und zwar *Scandium* ($_{21}$**Sc**) bis *Zink* ($_{30}$**Zn**) nicht berücksichtigt. Erst die Elemente *Gallium* bis *Krypton* passen von der Ähnlichkeit wieder zu ihren Vorgängern in den Gruppen. Das sich auf diese Weise ergebende Periodensystem stellt eine gekürzte Form dar (Bild 50/1), weil ganze Elementreihen weggelassen wurden.

Die in der gekürzten Form des PSE nicht berücksichtigten Elemente sich durchweg Metalle. Man nennt sie **Nebengruppenelemente** oder *Übergangselemente*. Zu ihnen gehören fast alle technisch wichtigen Metalle: *Eisen* **(Fe)**, *Chrom* **(Cr)**, *Nickel* **(Ni)**, *Kupfer* **(Cu)** usw.

Für eine gründliche Betrachtung müssen *alle* Elemente in ein System eingeordnet werden. Trägt man auch die Nebengruppenelemente in das PSE-Ordnungsschema ein, so erhält man das sogenannte **vollständige Periodensystem der Elemente (Bild 52/1)**. Es besteht aus dem gekürzten PSE und dem zusätzlich zwischen der II. und III. Hauptgruppe eingeschobenen Block der Nebengruppenelemente.

	Hauptgruppen I	Hauptgruppen II	Nebengruppen IIIa	IVa	Va	VIa	VIIa	
1. Periode	1,00797 $_{1}$**H** Wasserstoff							
2. Periode	6,939 $_{3}$**Li** Lithium	9,0122 $_{4}$**Be** Beryllium						
3. Periode	22,9898 $_{11}$**Na** Natrium	24,312 $_{12}$**Mg** Magnesium						
4. Periode	39,102 $_{19}$**K** Kalium	40,08 $_{20}$**Ca** Calcium	44,956 $_{21}$**Sc** Scandium	47,90 $_{22}$**Ti** Titan	50,942 $_{23}$**V** Vanadium	51,996 $_{24}$**Cr** Chrom	54,938 $_{25}$**Mn** Mangan	55,847 $_{26}$**Fe** Eisen
5. Periode	85,47 $_{37}$**Rb** Rubidium	87,62 $_{38}$**Sr** Strontium	88,905 $_{39}$**Y** Yttrium	91,22 $_{40}$**Zr** Zirkon	92,906 $_{41}$**Nb** Niob	95,94 $_{42}$**Mo** Molybdän	(98) $_{43}$**Tc** Technetium	101,07 $_{44}$**Ru** Ruthenium
6. Periode	132,905 $_{55}$**Cs** Cäsium	137,34 $_{56}$**Ba** Barium	138,91 $_{57}$**La** Lanthan	178,49 $_{72}$**Hf** Hafnium	180,948 $_{73}$**Ta** Tantal	183,85 $_{74}$**W** Wolfram	186,2 $_{75}$**Re** Rhenium	190,2 $_{76}$**Os** Osmium
7. Periode	(223) $_{87}$**Fr** Francium	(226) $_{88}$**Ra** Radium	(227) $_{89}$**Ac** Actinium	(258) $_{104}$**Ku** Kurtschatovium	(260) $_{105}$**Ha** Hahnium	(106)	(262) $_{107}$**Ns** Nielsbohrium	(263) $_{108}$**Hs** Hassium

Lanthanide					
$_{58}$**Ce** Cer	$_{59}$**Pr** Praseodym	$_{60}$**Nd** Neodym	$_{61}$**Pm** Promethium	$_{62}$**Sm** Samarium	$_{63}$**Eu** Europium
Actinide					
$_{90}$**Th** Thorium	$_{91}$**Pa** Protactinium	$_{92}$**U** Uran	$_{93}$**Np** Neptunium	$_{94}$**Pu** Plutonium	$_{95}$**Am** Americium

Bild 52/1: Vollständiges Periodensystem der Elemente

Die Atome der **Nebengruppenelemente** haben ein oder zwei Außenelektronen. Sie unterscheiden sich durch die Anzahl der Elektronen auf der zweitäußersten Schale, die von Nebengruppenelement zu Nebengruppenelement um jeweils ein Elektron aufgefüllt wird. Da die Eigenschaften eines Elementes vor allem durch die Anzahl der Außenelektronen bestimmt wird, haben die Nebengruppenelemente große Ähnlichkeit miteinander: es sind alles **Metalle**.

In der 6. und 7. Periode ist die Nebengruppenperiode um jeweils 14 Elemente länger als in der 4. und 5. Periode. Dies ergibt sich daraus, daß die Elemente höherer Perioden mehr Elektronen auf noch weiter inneren Schalen unterbringen können. Die 14 Elemente, die zum einen auf das *Lanthan* ($_{57}$**La**) und zum anderen auf das *Actinium* ($_{89}$**Ac**) folgen, sind außer *Uran* ($_{92}$**U**) und *Plutonium* ($_{94}$**Pu**) von geringer technischer Bedeutung. Da sie das Periodensystem sehr unübersichtlich machen würden, faßt man sie in besonderen Gruppen, den **Lanthaniden** und **Actiniden**, zusammen und schreibt sie gesondert auf. Es handelt sich hierbei zum Teil um künstlich hergestellte Elemente mit nur wissenschaftlichem Wert.

Wiederholungsfragen

1. **Was läßt sich gemeinsam über die Elemente einer Hauptgruppe im PSE sagen?**
2. **Wo stehen im PSE die Metalle bzw. Nichtmetalle?**
3. **Welcher Zusammenhang besteht zwischen dem Atombau und der Stellung im PSE?**
4. **Nennen Sie 5 Elemente aus den Nebengruppen!**
5. **Warum zeigen sich bei den Nebengruppenelementen von Element zu Element mit steigender Ordnungszahl geringere Eigenschaftsänderungen als bei den Hauptgruppenelementen?**

VIIIa	VIIIa	Ia	IIa	Hauptgruppen III	IV	V	VI	VII	VIII
									4,0026 $_{2}$He Helium
				10,811 $_{5}$B Bor	12,01115 $_{6}$C Kohlenstoff	14,0067 $_{7}$N Stickstoff	15,9994 $_{8}$O Sauerstoff	18,9984 $_{9}$F Fluor	20,183 $_{10}$Ne Neon
				26,9815 $_{13}$Al Aluminium	28,086 $_{14}$Si Silicium	30,9738 $_{15}$P Phosphor	32,064 $_{16}$S Schwefel	35,453 $_{17}$Cl Chlor	39,948 $_{18}$Ar Argon
58,933 $_{27}$Co Kobalt	58,71 $_{28}$Ni Nickel	63,54 $_{29}$Cu Kupfer	65,37 $_{30}$Zn Zink	69,72 $_{31}$Ga Gallium	72,59 $_{32}$Ge Germanium	74,922 $_{33}$As Arsen	78,96 $_{34}$Se Selen	79,909 $_{35}$Br Brom	83,80 $_{36}$Kr Krypton
102,905 $_{45}$Rh Rhodium	106,4 $_{46}$Pd Palladium	107,870 $_{47}$Ag Silber	112,40 $_{48}$Cd Cadmium	114,82 $_{49}$In Indium	118,69 $_{50}$Sn Zinn	121,75 $_{51}$Sb Antimon	127,60 $_{52}$Te Tellur	126,904 $_{53}$I Iod	131,30 $_{54}$Xe Xenon
192,2 $_{77}$Ir Iridium	195,09 $_{78}$Pt Platin	196,967 $_{79}$Au Gold	200,59 $_{80}$Hg Quecksilber	204,37 $_{81}$Tl Thallium	207,19 $_{82}$Pb Blei	208,980 $_{83}$Bi Bismut	(210) $_{84}$Po Polonium	(210) $_{85}$At Astat	(222) $_{86}$Rn Radon
(266) $_{109}$Mt Meitnerium									

$_{64}$Gd Gadolinium	$_{65}$Tb Terbium	$_{66}$Dy Dysprosium	$_{67}$Ho Holmium	$_{68}$Er Erbium	$_{69}$Tm Thulium	$_{70}$Yb Ytterbium	$_{71}$Lu Lutetium
$_{96}$Cm Curium	$_{97}$Bk Berkelium	$_{98}$Cf Californium	$_{99}$Es Einsteinium	$_{100}$Fm Fermium	$_{101}$Md Mendelevium	$_{102}$No Nobelium	$_{103}$Lw Lawrencium

Erklärung

Atommasse → 55,847
Ordnungszahl → $_{26}$Fe ← Elementsymbol
Eisen ↑ Elementname

schwarz = fest
rot = gasförmig
blau = flüssig
Hohlschrift = künstlich hergestelltes Element

1.8 Massen, Stoffmengen, Gehalte

1.8.1 Atommasse und Molekülmasse

Jede Stoffportion besteht aus einer unvorstellbar riesigen Anzahl von Atomen bzw. Molekülen. 1 g Wasserstoff enthält z. B. rund 602 300 000 000 000 000 000 000 Wasserstoffatome.

Daraus läßt sich die Masse eines einzelnen Wasserstoffatoms berechnen. Sie beträgt rund 0,000 000 000 000 000 000 000 001 660 g. Die Masse der anderen Atome und der Moleküle liegen in derselben Größenordnung, d. h. es sind ebenfalls sehr kleine, unhandliche Zahlen.

Da bei chemischen Reaktionen jeweils die Atome bzw. die Moleküle miteinander reagieren, ist es naheliegend, beim Bestimmen von Stoffportionen chemischer Reaktionen auch mit den Massen der Atome bzw. Moleküle zu rechnen. Durch die sehr kleinen Zahlen bei Massenangaben in der Einheit Gramm (g) ist dies allerdings umständlich. Deshalb hat man für das chemische Rechnen eine neue, sehr kleine Masseneinheit, die **Atommasseneinheit u**, eingeführt. Sie ist definiert als der zwölfte Teil der Masse eines Kohlenstoffatoms mit der Massenzahl 12 (Massenzahl siehe Seite 47), und entspricht demnach etwa der Masse eines Atomkern-Elementarteilchens (Neutron oder Proton).

Die Masse von Atomen und Molekülen wird in Atommasseneinheiten (Kurzzeichen u) angegeben.
1 u = ein Zwölftel der Masse des Kohlenstoffatoms $^{12}_{6}$**C**.
Die Masse des Atoms eines Elementes in der Einheit u nennt man seine Atommasse.

Bei Kenntnis der Massenzahl eines Elementes steht demnach auch seine Atommasse fest:

Die Atommasse des Kohlenstoffs ist 12 u, die Atommasse des Sauerstoffs ist 16 u usw. **(Bild 54/1)**. Diese ganzzahligen Atommassen gelten jedoch nur dann, wenn das Element aus nur einer Isotopsorte besteht (Isotope siehe Seite 47).

Viele Elemente sind aber, so wie sie in der Natur vorkommen, ein Gemisch aus zwei oder mehreren Isotopen **(Tabelle 54/1)**. So besteht z. B. Wasserstoff aus 99,99% $^{1}_{1}$**H** und 0,01% $^{2}_{1}$**H**. Kohlenstoff besteht zu 98,89% aus $^{12}_{6}$**C**, 1,11% $^{13}_{6}$**C** und Spuren von $^{14}_{6}$**C**. Das bedeutet, daß sich die Atommasse eines Elementes aus den prozentualen Anteilen der enthaltenen Isotope zusammensetzt. Es ergeben sich deshalb für die Atommassen keine ganzen Zahlen, sondern Dezimalzahlen. Wasserstoff hat deshalb nicht die Atommasse 1 u, sondern 1,00797 u, da es einen kleinen Anteil $^{2}_{1}$**H**-Atome enthält. Kohlenstoff hat nicht die Atommasse 12 u, sondern 12,01115 u usw. (Tabelle 54/1 und Bild 52/1).

Auch die Massen der Moleküle chemischer Verbindungen werden in der Atommasseneinheit u angegeben. Da ein Molekül aus mehreren Atomen besteht, setzt sich die Molekülmasse aus der Summe der Atommassen der Elemente zusammen.

Die Molekülmasse einer chemischen Verbindung ist die Summe der Atommassen der Elemente.

Beispiel: Die Molekülmasse des Wassers (H_2O):

2 × Atommasse des Wasserstoffs + 1 × Atommasse des Sauerstoffs also

2 · 1,00797 u + 1 · 15,9994 u = **18,01534 u**

Element	Atomkern	Kurzschreibweise	Atommasse
Wasserstoff		$^{1}_{1}$H	1 u
Kohlenstoff		$^{12}_{6}$C	12 u
Sauerstoff		$^{16}_{8}$O	16 u

Zeichenerklärung: ⊕ Proton ○ Neutron

Bild 54/1: Massenzahl und Atommasse

Tabelle 54/1: Atommassen

Element	Ordnungszahl	Massenzahl	(Anteil der Isotope)	Atommasse in u
H	1	1 2	(99,99%) (0,01%)	1,00797
C	6	12 13	(98,89%) (1,11%)	12,01115
O	8	16 17 18	(99,76%) (0,04%) (0,2%)	15,9994
F	9	19		18,9984
Na	11	23		22,9898
Al	13	27		26,9815
P	15	31		30,9738
Cl	17	35 37	(75,4%) (24,6%)	35,453
Au	79	197		196,967

1.8.2 Stoffmengen und ihre Einheit: das Mol

Das Mol

Eine Reaktionsgleichung gibt an, mit welchen Teilchenzahlen die Stoffe miteinander reagieren:

Beispiel:	2	Wasserstoff-moleküle	reagieren mit	1	Sauerstoff-molekül	zu	2	Wasser-molekülen
	2	H_2	+	1	O_2	$\longrightarrow$	2	H_2O

Bei praktischen chemischen Reaktionen kommen unvorstellbar viele Teilchen miteinander zur Reaktion. Das in der Reaktionsgleichung beschriebene Zahlenverhältnis, hier z. B. 2 : 1, bleibt jedoch immer gleich.

Da die chemischen Reaktionen in festen Teilchenzahlverhältnissen ablaufen, hat man als Einheit für die Stoffmenge eine bestimmte Anzahl von Stoffteilchen festgelegt und nennt sie **1 Mol**. Diese Teilchenzahl beträgt **$6{,}02205 \cdot 10^{23}$**. Sie wird **Avogadrozahl** genannt.

Die Stoffmenge von $6{,}02205 \cdot 10^{23}$ Teilchen ist die Stoffmengeneinheit der Chemie und wird 1 Mol genannt. Das Einheitenkurzzeichen von Mol ist mol.

Die Avogadrozahl von $6{,}02205 \cdot 10^{23}$ Teilchen ergibt sich aus einer wichtigen Erkenntnis: Bestimmt man die Teilchenzahl der Masse eines Stoffes in Gramm, die dem Zahlenwert seiner Atommasse bzw. Molekülmasse in u entspricht (Tabelle 54/1), so erhält man für alle Stoffe immer die gleiche Teilchenzahl: $6{,}02205 \cdot 10^{23}$.
Beispiel: 12,01115 g Kohlenstoff enthalten $6{,}02205 \cdot 10^{23}$ Kohlenstoffatome (1 Mol).

Molare Masse

Die Zahl von $6{,}02205 \cdot 10^{23}$ Teilchen (ausgeschrieben 602 205 000 000 000 000 000 000), die ein Mol eines Stoffes darstellt, ist unvorstellbar groß und praktisch nicht abzählbar. Damit ist klar, daß die Stoffmenge zwar als Teilchenmenge definiert ist, praktisch aber nicht durch *Zählen*, sondern durch *Wiegen* bestimmt werden muß **(Bild 55/1)**. Die durch das Wiegen erhaltene Massenangabe (in g) kann dann in eine Stoffmengenangabe (in mol) umgerechnet werden. Der Zusammenhang zwischen Stoffmenge n (in mol) und Masse m (in g) ist gegeben durch die Definitionsgleichung:

$$m = M \cdot n$$

Der Proportionalitätsfaktor M heißt **molare Masse** und hat die Einheit **g/mol**.

Die molare Masse M hat für jeden Stoff einen bestimmten, konstanten Wert. Sie ist eine *stoffmengenbezogene Masse* und entspricht der Masse, die 1 mol eines Stoffes besitzt.

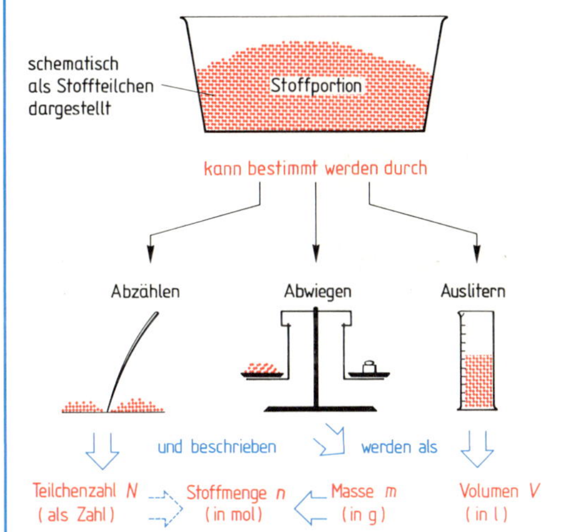

Bild 55/1: Beschreibung einer Stoffportion

Für die rechnerische Bestimmung der molaren Masse eines Stoffes gilt:

Die molare Masse M eines Stoffes entspricht dem Zahlenwert der Atommasse (Tabelle 54/1) bzw. Molekülmasse des Stoffes versehen mit der Einheit g/mol.

Beispiele: *Kohlenstoff* hat die Atommasse 12,01115 u. Seine molare Masse ist $M(C) = 12{,}01115$ g/mol. *Wasserstoff* hat die Molekülmasse 2,01594 u ($2 \cdot 1{,}00797$ u). Seine molare Masse ist $M(H_2) = 2{,}01594$ g/mol. *Natrium* hat die Atommasse 22,9898 u. Die molare Masse von Natrium ist $M(Na) = 22{,}9898$ g/mol.

Übungsaufgabe: Welche molare Masse hat Kohlenstoffdioxid? *Lösung:* Chemische Formel CO_2, Molekülmasse: $12{,}01115\ u + 2 \cdot 15{,}9994\ u = 44{,}00995\ u$. $\longrightarrow$ Molare Masse: $M(CO_2) = 44{,}00995$ g/mol.

Aufgaben:
1. **Wie groß ist die molare Masse von Kochsalz?**
2. **Welche Masse haben 3 mol Wasser?**
3. **Wieviel mol sind 36,03068 g Wasser?**
4. **Wieviel Moleküle enthält $^1/_{10}$ mol H_2SO_4?**

Molares Volumen

Gas-Stoffportionen werden am vorteilhaftesten durch Auslitern bestimmt (Bild 55/1).

Der Zusammenhang zwischen dem Volumen V (in l) und der Stoffmenge n (in mol) ist gegeben durch die Definitionsgleichung:

$$V = V_m \cdot n$$

Der Proportionalitätsfaktor V_m heißt **molares Volumen** und hat die Einheit **l/mol**. Das *molare Volumen* ist ein *stoffmengenbezogenes Volumen* und entspricht dem Volumen, das 1 mol eines Stoffes einnimmt.

Das molare Volumen V_m ist bei gleichem Druck und gleicher Temperatur für alle Gase gleich groß. Es beträgt bei Normbedingungen rund $V_{m,n} = 22{,}4$ l/mol.

Da das Volumen von Gasen von der Temperatur und dem Druck abhängig ist, gilt dieser Wert des molaren Volumens nur für die Normbedingungen (NB): Normtemperatur 0 °C, Normdruck 1013 mbar (760 Torr).

Übungsaufgabe: Welches Volumen nehmen 192 g Methan (CH_4) bei Normbedingungen ein?

Lösung: Die molare Masse von Methan ist: $M(CH_4) = 12{,}01115$ g/mol $+ 4 \cdot 1{,}00797$ g/mol $= 16{,}04403$ g/mol

Die Stoffmenge des Methans beträgt damit $n = \frac{m}{M} = \frac{192\text{ g}}{16{,}04403\text{ g/mol}} \approx 11{,}97$ mol

Das Volumen kann dann mit Hilfe der Umrechnungsformel errechnet werden: $V = V_{m,n} \cdot n = 22{,}4$ l/mol $\cdot$ 11,97 mol $=$ **268,128 l** $\approx$ **268 l**

Aufgabe: Wieviel Mol bzw. Gramm entsprechen 50 l Kohlenstoffdioxid (bei NB)?

1.8.3 Die erweiterte Aussage der chemischen Gleichung

Die chemische Gleichung gibt das Zahlenverhältnis der reagierenden Atome bzw. Moleküle an.

Beispiel: $2\,H_2 + 1\,O_2 \longrightarrow 2\,H_2O$

Da 1 Mol eines Stoffes immer die gleiche Anzahl von Teilchen enthält ($6{,}02205 \cdot 10^{23}$), ist die Gleichung ebenfalls stimmig, wenn für ein Molekül 1 mol (≙ der molaren Masse M) des Stoffes gesetzt wird:

$$2\text{ mol } H_2 + 1\text{ mol } O_2 \longrightarrow 2\text{ mol } H_2O$$

$$2 \cdot 2{,}01594\text{ g } H_2 + 1 \cdot 31{,}9988\text{ g } O_2 \longrightarrow 2 \cdot 18{,}01534\text{ g } H_2O$$

Das Zahlenbeispiel zeigt, daß mit Hilfe der chemischen Gleichung und der molaren Massen auch eine Aussage über die an der Reaktion beteiligten Massen gemacht werden kann.

1.8.4 Gehaltsangaben von Lösungen

Viele chemische Reaktionen werden in gelöstem Zustand durchgeführt. Eine *Lösung* besteht aus einem *Lösungsmittel* und dem in molekularer bzw. ionogener Verteilung *gelösten Stoff*.

Wieviel gelöster Stoff in einer Lösung enthalten ist, kann mit verschiedenen *Gehaltsangaben* ausgedrückt werden. Die drei gebräuchlichsten sind die *Massenkonzentration* β, die *Volumenkonzentration* σ und die *Stoffmengenkonzentration c.*

Die **Massenkonzentration** β ist der Quotient aus der Masse des gelösten Stoffes und dem Volumen V_{Lsg} der Lösung.

$$\beta = \frac{m_{\text{gel. Stoff}}}{V_{Lsg}}$$

Die **Volumenkonzentration** σ ist der Quotient aus dem Volumen des gelösten Stoffes und dem Volumen der Lösung.

$$\sigma = \frac{V_{\text{gel. Stoff}}}{V_{Lsg}}$$

Die **Stoffmengenkonzentration*** c, kurz **Konzentration** genannt, ist der Quotient aus der Stoffmenge des gelösten Stoffes und dem Volumen der Lösung.

$$c = \frac{n_{\text{gel. Stoff}}}{V_{Lsg}}$$

Beispiel: In 0,5 l einer NaOH-Lösung sind 1,401 mol NaOH enthalten.

Die Konzentration beträgt dann $c\,(\text{NaOH}) = \frac{n_{\text{gel. Stoff}}}{V_L} = \frac{1{,}401\text{ mol}}{0{,}5\text{ l}} =$ **2,802 mol/l**

Aufgabe: Welche Massenkonzentration hat eine Lösung, wenn in 0,65 l Lösung 56,055 g NaOH enthalten sind?

* früher **Molarität** genannt

1.8.5 Rechnen mit Stoffportionen: Stöchiometrie

Die Stöchiometrie beschäftigt sich vor allem mit drei Aufgaben:

Berechnung der Bestimmungsgrößen für Stoffportionen

Eine Stoffportion kann durch vier Größen beschrieben werden: die *Masse* m, das *Volumen* V, die *Stoffmenge* n und die *Teilchenzahl* N (Bild 55/1).

Untereinander sind diese verschiedenen Größenangaben durch Umrechnungsformeln verknüpft:

$m = M \cdot n$	M = Molare Masse
$m = \varrho \cdot V$	ϱ = Dichte
$V = V_m \cdot n$	V_m = molares Volumen
$N = N_A \cdot n$	N_A = Avogadrozahl $= 6{,}02205 \cdot 10^{23}\ \frac{1}{\text{mol}}$

Übungsaufgabe: Berechnen Sie die Stoffmenge n von 282 g Chlor.

Lösung: Aus $m = M \cdot n$ folgt durch Umstellen $n = m/M$.

Die molare Masse von Chlor (Cl_2) beträgt nach Tabelle 54/1: $M(Cl_2) = 2 \cdot 35{,}453$ g/mol = 70,906 g/mol.

Damit ergibt sich: $\boldsymbol{n}\ \mathbf{(Cl_2)} = \frac{282\ \text{g}}{70{,}906\ \text{g/mol}} \approx \mathbf{3{,}977\ mol}$

Aufgabe: Wie groß ist die Stoffmenge einer Neonportion, die im Normzustand das Volumen 2,7 l hat?

Massenanteilige Zusammensetzung chemischer Verbindungen

In den chemischen Verbindungen sind die Elemente in einem bestimmten Massenverhältnis enthalten. Es kann aus der chemischen Formel berechnet werden, die bekannt sein muß. Am Beispiel einer *Übungsaufgabe* wird der Rechengang erläutert:

Übungsaufgabe: Wieviel kg Kohlenstoff und wieviel kg Wasserstoff sind in 20 kg Benzol gebunden?

Lösung: Die chemische Summenformel des Benzols lautet: $\mathbf{C_6H_6}$

Die molaren Massen betragen: $M(C) = 12{,}01115$ g/mol, $M(H) = 1{,}00797$ g/mol,

$M(C_6H_6) = 6 \cdot 12{,}01115$ g/mol $+ 6 \cdot 1{,}00797$ g/mol $= 78{,}11472$ g/mol

Mit einem Dreisatz folgt: In 78,11472 g Benzol sind 72,0669 g Kohlenstoff enthalten
In 20 kg Benzol sind m_C kg Kohlenstoff enthalten

$$m(\mathrm{C}) = \frac{20\ \text{kg} \cdot 72{,}0669\ \text{g}}{78{,}11472\ \text{g}} = \mathbf{18{,}451554\ kg\ Kohlenstoff} \mathrel{\hat{=}} \mathbf{92{,}3\%}$$

Der Rest ist Wasserstoff: $m(\mathrm{H}) = 20\ \text{kg} - 18{,}451554\ \text{kg} = \mathbf{1{,}5484457\ kg} \mathrel{\hat{=}} \mathbf{7{,}7\%}$

Aufgabe: Berechnen Sie den Massenanteil des Sauerstoffs in der Verbindung $\mathbf{KClO_4}$.

Berechnung der umgesetzten Massen bei chemischen Reaktionen

Grundlage der Berechnung sind die Massengesetze der Verbindungsbildung (Seite 41), die in der chemischen Reaktionsgleichung ihren Ausdruck finden. An einem Beispiel wird der Rechengang erläutert:

Übungsaufgabe: Wieviel Gramm Eisen braucht man für die Reaktion von 10 g Schwefel zu Eisensulfid?

1. *Lösungsschritt:* Aufstellen der Reaktionsgleichung: 1 mol **Fe** + 1 mol **S** ⟶ 1 mol **FeS**
2. *Lösungsschritt:* Nachschlagen bzw. Berechnen der molaren Massen und Einsetzen in die Gleichung: 55,847 g **Fe** + 32,064 g **S** ⟶ 87,911 g **FeS**
3. *Lösungsschritt:* Berechnen der gesuchten Massen mit dem Dreisatz:
   Zu 32,064 g **S** benötigt man 55,847 g **Fe**
   Zu 10 g **S** benötigt man m_{Fe} g **Fe**

$$m(\mathrm{Fe}) = \frac{55{,}847\ \text{g Fe} \cdot 10\ \text{g S}}{32{,}064\ \text{g S}} \approx \mathbf{17{,}417\ g\ Fe}$$

Aufgaben:

1. Wieviel Gramm Wasserstoff benötigt man zur Reaktion von 2,5 kg Sauerstoff zu Wasser?
2. Wieviel Gramm Natrium und Chlor werden zur Herstellung von 100 g Kochsalz (NaCl) gebraucht?
3. Welche Masse an Sauerstoff wird zur Reaktion von 1 mol Schwefel zu Schwefeldioxid benötigt und wieviel Schwefeldioxid entsteht dabei?

1.9 Chemische Bindungsarten

Die überwiegende Zahl der natürlichen Stoffe auf der Erde liegen nicht als Einzelatome, sondern chemisch gebunden als Verbindung oder Teilchenverband vor. Beispiele hierfür sind die Gesteine, das Wasser, die Gase Stickstoff und Sauerstoff der Luft usw. Die in diesen Stoffen enthaltenen Elemente besitzen das Bestreben, Verbindungen zu bilden. Es muß also Kräfte geben, die die Ursache des Zusammenhalts der Atome zu Verbänden sind. Nur von einer Stoffgruppe weiß man, daß sie praktisch keine chemischen Verbindungen bilden, weder mit sich selbst, noch mit anderen Elementen: die Edelgase.

Erinnert man sich an die Stellung der Elemente im Periodensystem, so erkennt man, daß es einen Zusammenhang zwischen dem Verbindungsbestreben der Elemente und ihrer Stellung im PSE gibt **(Bild 58/1)**: Die Edelgase stehen in der VIII. Hauptgruppe und haben kein Verbindungsbestreben. Die Elemente aller anderen Gruppen besitzen Verbindungsbestreben, das bei den Elementen der I., II., VI. und VII. Hauptgruppe stark, bei den Elementen der anderen Gruppen weniger stark ausgeprägt ist.

I	II	III	IV	V	VI	VII	VIII
H							**He**
Li	**Be**	**B**	**C**	**N**	**O**	**F**	**Ne**
Na	**Mg**	**Al**	**Si**	**P**	**S**	**Cl**	**Ar**
K	**Ca**	**Ga**	**Ge**	**As**	**Se**	**Br**	**Kr**

Bild 58/1: Periodensystem (Auszug)

Da man weiß, daß die Stellung eines Elementes in den Gruppen des Periodensystems durch den Bau seiner Atomhülle, insbesondere die Anzahl seiner Außenelektronen, bestimmt wird (Seite 51), ist es naheliegend anzunehmen, daß die Anzahl der Außenelektronen für das Verbindungsbestreben verantwortlich ist. Um diesen Zusammenhang herauszufinden, betrachtet man ein PSE, in das die Elektronenhüllen der Elemente eingezeichnet sind **(Bild 58/2)**.

Man stellt fest:

- Die Edelgase haben jeweils eine stabil gefüllte Außenelektronenschale: bei Helium mit 2 Elektronen, bei den anderen Edelgasen mit 8 Elektronen.
- Die anderen Elemente haben eine *unvollständige* Außenelektronenschale.

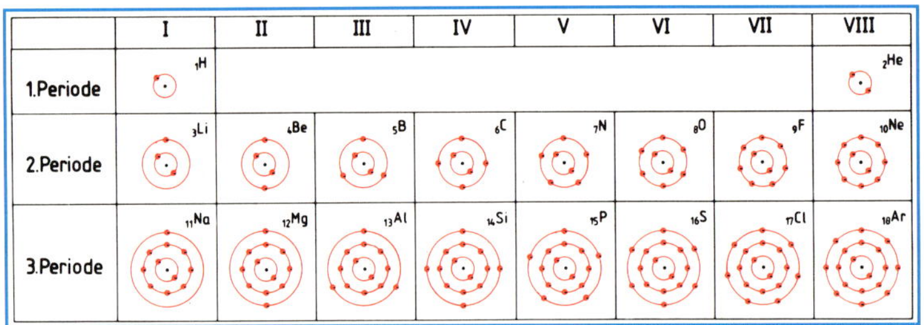

Bild 58/2: Elektronenhüllen der Elemente des Periodensystems

Daraus wird gefolgert:

- Die Atomhülle der Edelgase mit ihrer kompletten Außenschale ist ein stabiler Zustand. Man nennt diesen Elektronenzustand **Edelgaskonfiguration** oder **Achterschale** oder **Elektronenoktett**.
- Die anderen Elemente haben *keine* Edelgaskonfiguration, was einen instabilen Zustand darstellt.

In einen stabilen Zustand können auch diese Elemente gelangen, wenn sie ihre äußere Elektronenschale zu einer Achterschale verändern. Dies ist möglich, wenn sich mehrere Atome zu einer chemischen Verbindung zusammenlagern. Die Bildung vieler chemischer Verbindungen läßt sich darauf zurückführen, daß die Atome durch die Bildung einer Verbindung zu einer Edelgas-Elektronenschale gelangen.

Dies ist grundsätzlich auf drei Arten möglich:

1. Ein im PSE linksstehendes Element verbindet sich mit einem rechtsstehenden Element, wobei das linksstehende Element seine Außenschalen-Elektronen an das rechtsstehende Element abgibt. Beide Elemente haben dann eine Achterschale. Die entstandene Bindung heißt **Ionenbindung**.

z. B.

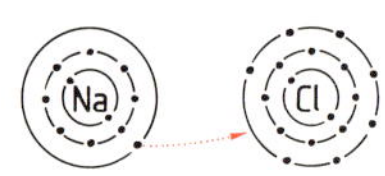

2. Zwei Atome eines im PSE rechtsstehenden Elementes verbinden sich, wobei wenige Außenschalen-Elektronen von beiden Atomen gemeinsam in Anspruch genommen werden. Hierbei spricht man von **Atombindung**.

z. B.

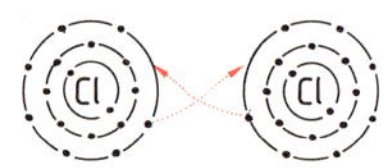

3. Die Atome eines Metalls lagern sich zusammen und geben die Außenelektronen ab. Dieser Zustand heißt **metallische Bindung**.

z. B.

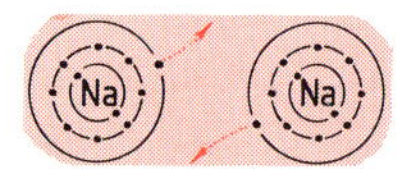

1.9.1 Ionenbindung

Die Bildung einer Ionenbindung wird am Beispiel der Reaktion von Natrium (Na) und Chlor (Cl_2) zu Kochsalz (NaCl) erläutert. Dazu zeichnet man das *Bohrsche Atommodell* der Stoffe auf:

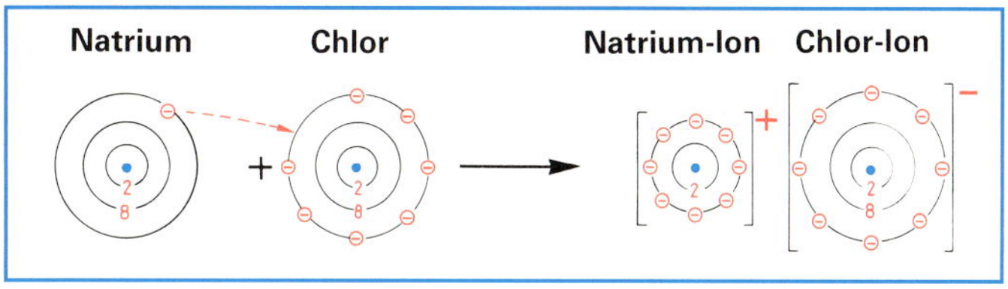

Natrium hat auf der 3. Schale nur 1 Elektron, Chlor hat dort 7 Elektronen. Durch die Abgabe des einen Natriumelektrons an das Chlor, erlangt sowohl das Natrium als auch das Chlor einen stabilen Elektronenzustand: Natrium hat nur noch 2 Schalen, die jedoch komplett gefüllt sind, beim Chlor wird die 3. Schale zu einer stabilen Achterschale aufgefüllt.

Die entstandenen Teilchen sind elektrisch geladene Teilchen, man nennt sie **Ionen**. Das *Natrium-Ion* hat ein Elektron zu wenig, es ist einmal positiv geladen (+). Das *Chlor-Ion* hat *ein* Elektron zu viel, es ist einmal negativ geladen (−). Positiv geladene Ionen nennt man **Kationen**, negativ geladene Ionen **Anionen**.

Stoffteilchen, die elektrisch geladen sind, heißen Ionen. Kationen sind elektrisch positiv geladen, Anionen sind elektrisch negativ geladen.

In *Kurzschreibweise* stellt man nur die Außenelektronen dar:

$$Na\cdot \quad + \quad \cdot\ddot{\underset{\cdot\cdot}{Cl}}: \longrightarrow Na^+ \quad :\ddot{\underset{\cdot\cdot}{Cl}}:^-$$

Aus der Physik ist bekannt, daß sich elektrisch entgegengesetzt geladene Teilchen anziehen, während sich elektrisch gleich geladene Teilchen abstoßen. Zwischen den entgegengesetzt geladenen Natriumionen und Chlorionen herrscht deshalb eine elektrische Anziehungskraft, die die Ionen zu Verbänden zusammenlagert.

Die Ionenbindung entsteht durch die elektrostatischen Anziehungskräfte zwischen den Kationen und Anionen eines Stoffes.

Da die Anziehungskraft nicht nur nach einer Seite, sondern ringsum wirkt, lagern sich um ein *Natrium-Ion* soviel *Chlor-Ionen* an, wie dort Platz haben. Die *Chlor-Ionen* ihrerseits lagern *Natrium-Ionen* um sich an. Auf diese Weise entsteht ein Ionenverband mit regelmäßigem Aufbau. Man nennt ihn **Kristall (Bild 59/1)**. Natriumchlorid z.B. bildet einen kubusförmigen (würfelförmigen) Kristall, andere Verbindungen haben andere Kristallformen (Seite 85).

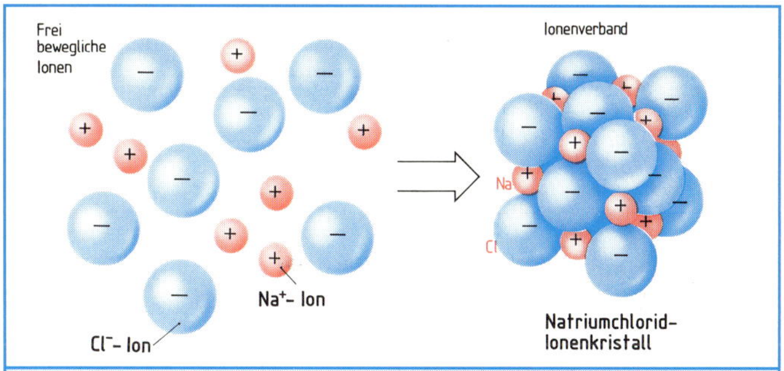

Bild 59/1: Bildung eines Kristalls

Zur vereinfachten Darstellung eines Kristalls zeichnet man nur die Ionenmittelpunkte **(Bild 59/2)**. Diese Darstellung heißt **Gittermodell** des Kristalls, oder Kristallgitter.

Makroskopisch erkennbar ist der kristalline Aufbau der Stoffe zum Teil mit bloßem Auge, aber besser unter dem Mikroskop **(Bild 59/3)**.

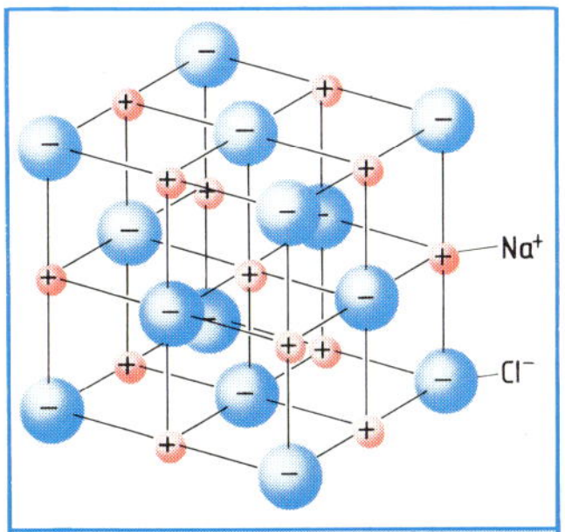

Bild 59/2: Gittermodell

Bild 59/3: Salzkristalle

Ionenbindung haben die Salze und salzartigen Stoffe. Die Ionenbindung bewirkt ihre typischen **Eigenschaften:**

- Es sind Stoffe mit hohem Schmelz- und Siedepunkt
- Sie sind meist hart und spröde
- Als Schmelze oder als Lösung leiten sie den elektrischen Strom.

1.9.2 Atombindung

Die Nichtmetalle haben eine äußere Elektronenschale, bei denen 1, 2, 3 oder 4 Elektronen zur Edelgasschale fehlen **(Bild 58/2)**. Sie sind bestrebt eine komplette Edelgas-Außenschale zu bilden. Dies erfolgt durch gemeinsame Inanspruchnahme von Elektronen durch zwei Atome.

Beispiel: Wasserstoff H_2

Bohrsches Atommodell →

In Kurzschreibweise mit Punkten →

Statt durch 2 Punkte deutet man ein gemeinsames Elektronenpaar durch einen Strich an. →

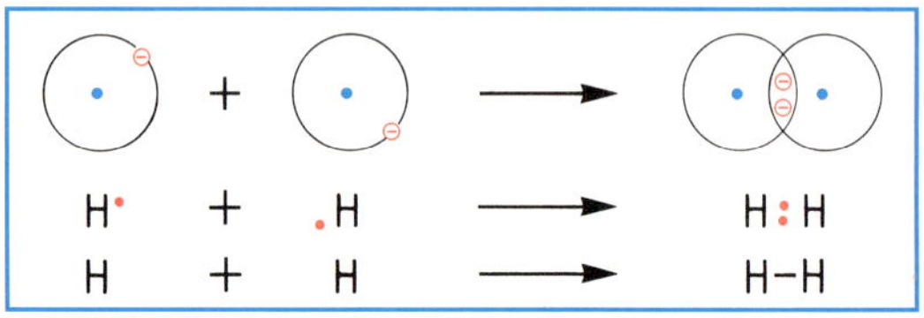

Wasserstoff erreicht die Edelgasschale dadurch, indem die Atome so zusammenrücken, daß jedes Atom die gemeinsame Elektronenhülle als zu sich gehörig betrachtet. Die Bindung kommt durch das gemeinsame Elektronenpaar zustande. Deshalb wird die Atombindung auch **Elektronenpaarbindung** genannt.

Die Atombindung beruht auf der verbindenden Wirkung der Bindungselektronenpaare.

Beispiel: Sauerstoff O_2

Bohrsches Atommodell →

in Kurzschreibweise mit Punkten →

in Kurzschreibweise mit Strichen →

Häufig läßt man die an der Bindung nicht beteiligten Elektronen weg und erhält so die Strukturformel. →

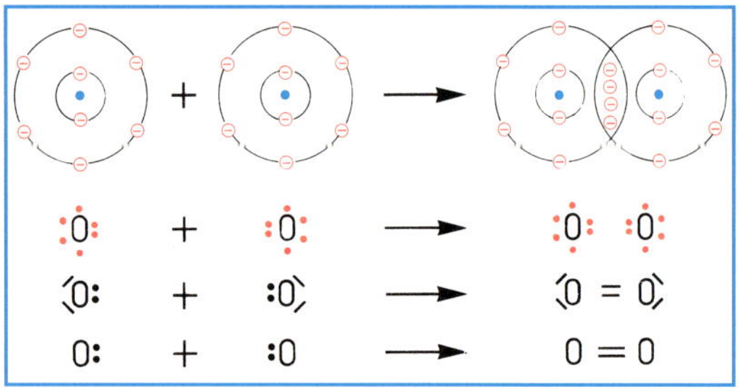

Der Sauerstoff hat 6 Elektronen auf der äußersten Schale. Er benötigt 2 Elektronen zur Edelgaskonfiguration. Das wird dadurch erreicht, daß die Atome so nahe zusammenrücken, daß 4 Elektronen, also 2 Elektronenpaare, als gemeinsame Elektronen wirken. Jedes Sauerstoffatom im Molekül hat, für sich alleine betrachtet, die stabile Achterschale erreicht. Sauerstoff hat deshalb 2 Bindungselektronenpaare. Man nennt diese Bindung deshalb **Doppelbindung**. Ebenfalls möglich sind **Dreifachbindungen**, wie z. B. bei Stickstoff $\mathbf{N_2}$ mit 3 Bindungselektronenpaaren |**N≡N**|.

Atombindung haben die molekularen Gase (H_2, O_2, N_2, Cl_2), sowie eine Vielzahl anorganischer und organischer Verbindungen, wie CO_2, NO, CH_4, C_2H_6 usw. **(Bild 60/1)**.

Die Bindungskraft in der Atombindung ist die elektrostatische Anziehungskraft zwischen den positiv geladenen Atomkernen und der gemeinsamen Elektronenhülle. Diese Anziehungskraft wirkt nur innerhalb des Moleküls und nicht nach außen. Daraus folgen die **Eigenschaften** der Stoffe mit Atombindung:

- Sie haben niedrige Schmelz- und Siedepunkte, d.h. sie sind bei Raumtemperatur flüssig oder gasförmig (Ausnahme: Stoffe mit Atomgittern, wie z.B. Diamant).
- Sie leiten den Strom im allgemeinen nicht.

Einige wenige Stoffe mit Atombindung weichen von diesen Eigenschaften völlig ab: Kohlenstoff, Silicium, Siliciumkarbid SiC und die Silikate. Sie bilden ein Atom-Kristallgitter, sind sehr hart und haben einen hohen Schmelz- und Siedepunkt.

Die Veranschaulichung der Moleküle mit Atombindung kann auf verschiedene Weise erfolgen (Bild 60/1). Das **Stab-Kugel-Modell** verdeutlicht gut die Bindungen. Das **Kalottenmodell** zeigt mehr die äußere Form der Elektronenhülle des Moleküls; die Bindungen sind daraus nicht ersichtlich.

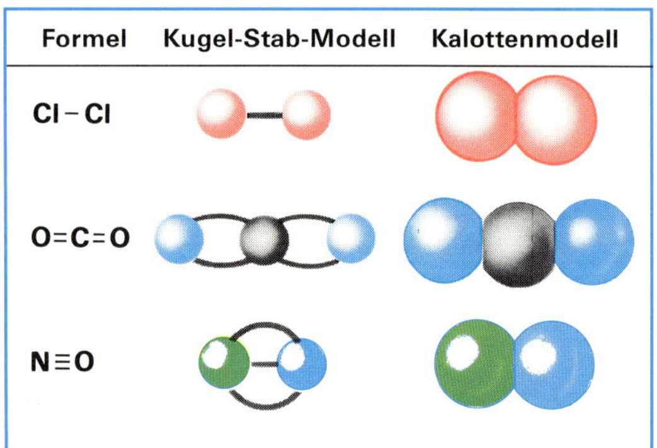

Bild 60/1: Modelldarstellungen von Molekülen mit Atombindung

1.9.3 Polare Atombindung

Beispiel: Chlorwasserstoff HCl

Hier erfolgt die Bildung der Edelgaskonfiguration durch Inanspruchnahme eines gemeinsamen Elektronenpaares durch das Wasserstoff- und das Chloratom (siehe rechts).

Bohrsches Atommodell

in Kurzschreibweise

mit Valenzstrichen

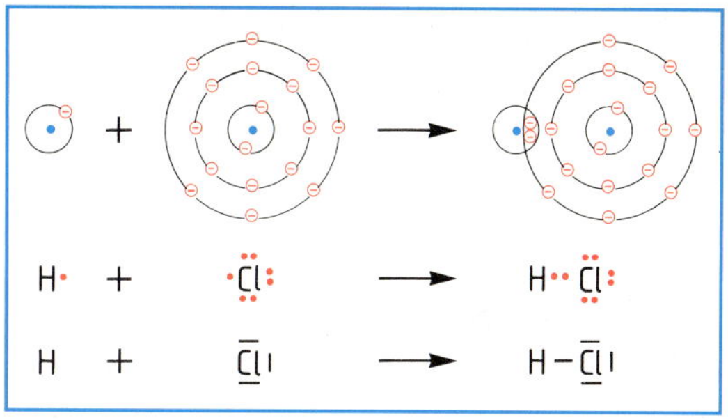

Da das Chloratom eine wesentlich größere Kernladung (17+) als das Wasserstoffatom (1+) hat, wird das gemeinsame Elektronenpaar stark zum Chloratomkern herübergezogen **(Bild 61/1)**. Es entsteht im HCl-Molekül eine ungleiche Ladungsverteilung. Auf der Seite des Chloratomkerns ist mehr negative Ladung als auf der Seite des Wasserstoffatomkerns. Nach außen wirkt das Molekül auf der einen Seite positiv und auf der anderen Seite negativ geladen.

Solch ein Molekül nennt man ein **Dipolmolekül** oder ein **polares Molekül**. Die Bindungsart heißt **polare Atombindung**.

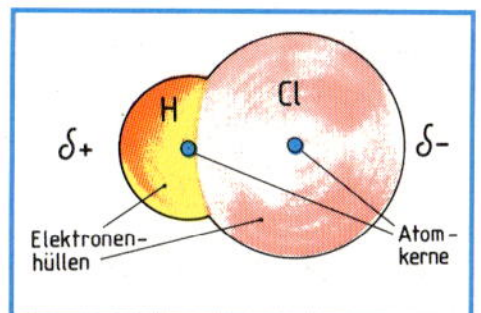

Bild 61/1: HCl-Dipolmolekül

Eine Bindung, bei der die Elektronenhülle aufgrund unterschiedlicher Kernladung (Elektronegativität) zu einem der Atome verschoben ist, heißt polare Atombindung.

In der Strukturformel wird die *ungleichmäßige Ladungsverteilung (Polarität)* durch verschiedene Schreibweisen beschrieben: $\overset{\delta+}{H} - \overset{\delta-}{Cl}$, $\overset{\oplus}{H} - Cl^{\ominus}$, H ◀ Cl

Sie bedeutet, daß auf der einen Seite des Moleküls eine kleine positive Ladung und auf der anderen Seite eine kleine negative Ladung nach außen wirkt.

Elektronegativität. Als Maß für die Fähigkeit eines Atoms, Elektronen anzuziehen hat man die Elektronegativität, abgekürzt **EN**, eingeführt.

Fluor ist das elektronegativste Element. Ihm hat man den EN-Wert 4 gegeben. Die anderen Elemente haben EN-Werte zwischen 0,8 und 3,5 **(Tabelle 61/1)**. DIe EN-Werte sind Vergleichszahlen, die angeben, ob die EN eines Elementes größer bzw. geringer ist, als die EN eines anderen Elementes. Chlor (3,0) hat z. B. eine größere Elektronegativität als Wasserstoff (2,1). Im HCl-Molekül werden deshalb die Elektronen zum Chlor gezogen.

Tabelle 61/1: Elektronegativitätswerte

1	**H** 2,1	II	III	IV	V	VI	VII
2	**Li** 1,0	**Be** 1,5	**B** 2,0	**C** 2,5	**N** 3,0	**O** 3,5	**F** 4,0
3	**Na** 0,9	**Mg** 1,2	**Al** 1,5	**Si** 1,8	**P** 2,1	**S** 2,5	**Cl** 3,0
4	**K** 0,8	**Ca** 1,0	**Ga**	**Ge** 1,8	**As** 2,0	**Se** 2,4	**Br** 2,8
5	**Rb** 0,8	**Sr** 1,0	**In**	**Sn** 1,8	**Sb** 1,9	**Te** 2,1	**J** 2,5

Beispiel: Wasser H_2O. Im Wassermolekül besitzt der Sauerstoff gemeinsame Elektronenpaare mit zwei Wasserstoffatomen.

H· + ·Ö: + ·H ⟶ H–O–H (gewinkelt)

Sauerstoff (3,5) hat eine größere Elektronegativität als Wasserstoff (2,1) und zieht die Elektronenpaare stark zu sich. Da das Wassermolekül gewinkelt ist, bildet es wegen dieser unsymmetrischen Ladungsverteilung ein Dipolmolekül **(Bild 61/2)**.

Dipolmoleküle bilden die Halogenwasserstoffe (HF, HCl, HBr, HJ) sowie unsymmetrisch gebaute Moleküle mit ungleicher Ladungsverteilung, wie H_2O, NH_3.

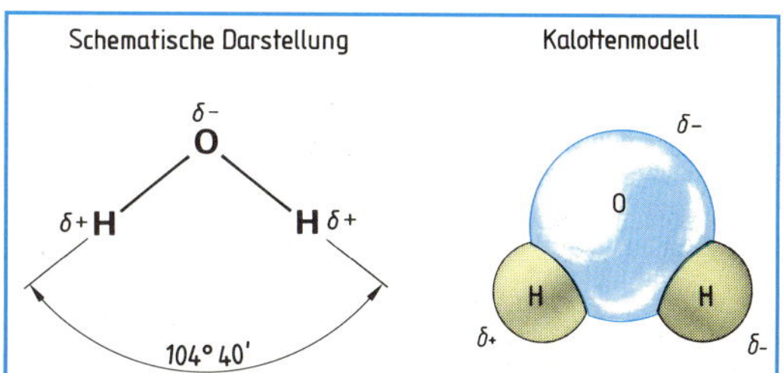

Bild 61/2: Wassermolekül

Nicht immer führt die unterschiedliche Anziehung der Elektronenhülle zu einem Dipolmolekül. So sind z.B. in der Verbindung *Tetrachlormethan* CCl_4 die Bindungselektronenpaare zu den Chloratomen verschoben. Da das Molekül symmetrisch gebaut ist, heben sich die Ladungen im Molekül auf und es wirkt nach außen neutral **(Bild 62/1)**.

Viele organische Verbindungen besitzen deshalb unpolare Moleküle, z.B. CCl_4, CH_4, C_2H_2, C_2H_6 usw.

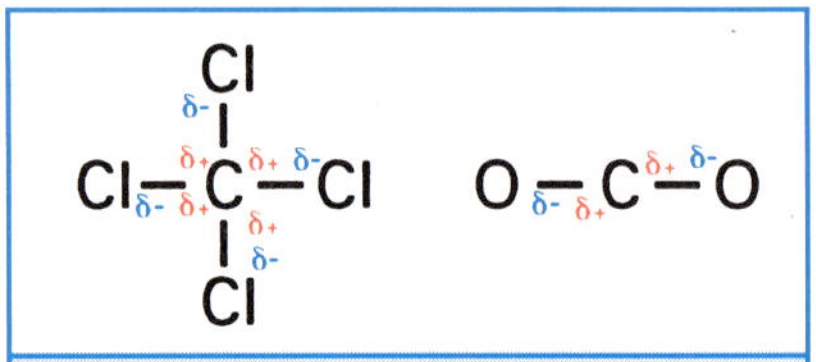

Bild 62/1: Unpolare Moleküle

1.9.4 Wasserstoffbrückenbindung

Die Polarität der Dipolmoleküle führt zu gegenseitiger Krafteinwirkung der Moleküle, da sich die unterschiedlich geladenen Bereiche der Moleküle anziehen und die gleichgeladenen abstoßen **(Bild 62/2)**. Dies ist besonders bei Molekülen der Fall, bei denen Wasserstoffatome mit Elementen wie Chlor, Sauerstoff oder Stickstoff verbunden sind, die die gemeinsamen Elektronenpaare zu sich ziehen. Die Moleküle dieser Verbindungen sind stark polar. Beispiele: **HF, H_2O, HCl, NH_3** usw.

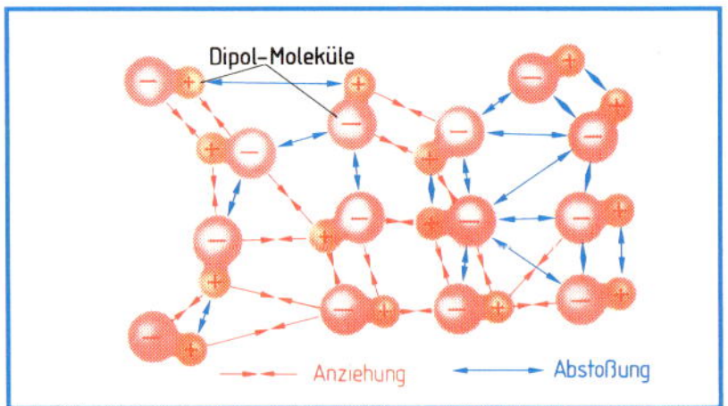

Bild 62/2: Anziehung zwischen Dipolen

Die zwischenmolekulare Bindung erfolgt durch die Anziehung zwischen dem positiv polarisierten Wasserstoffbereich eines Moleküls und dem negativ polarisierten Gegenbereich eines anderen Moleküls **(Bild 62/3)**. Da die Bindung zwischen zwei Molekülen jeweils über ein Wasserstoffatom als „Brücke" erfolgt, nennt man sie **Wasserstoffbrückenbindung**.

Die zwischen Dipolmolekülen mit polarisiertem Wasserstoff wirkende Bindung heißt Wasserstoffbrückenbindung.

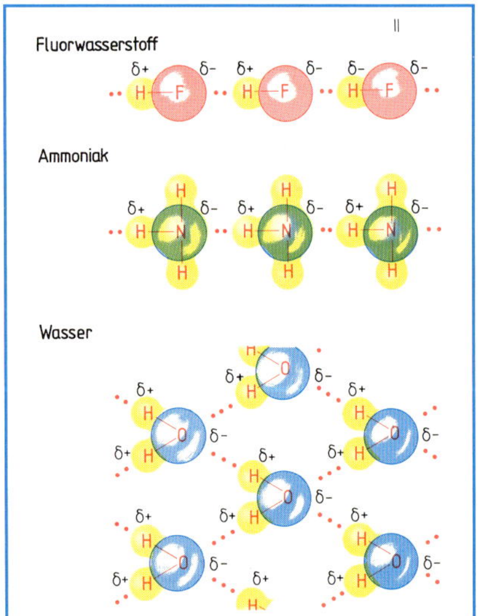

Bild 62/3: Wasserstoffbrückenbindung

Die Wasserstoffbrückenbindung ist eine Bindung *zwischen* den Molekülen. Sie ist wesentlich schwächer als die Atombindung, die *im* Molekül wirksam ist. Trotzdem kommt der Wasserstoffbrückenbindung große Bedeutung zu. Sie ist die Ursache für viele charakteristische Eigenschaften der Stoffe.

Die anormalen physikalischen Eigenschaften des Wassers (Seite 32) z.B. beruhen auf der bei Wasser stark wirksamen Wasserstoffbrückenbindung. Das wird bei einer vergleichenden Betrachtung von Wasser mit den anderen Wasserstoffverbindungen der Elemente der VI. Hauptgruppe des PSE deutlich **(Tabelle 62/1)**.

Tabelle 62/1: Eigenschaften von Wasserstoffverbindungen

	Molekülmasse in u	Schmelzpunkt in °C	Siedepunkt in °C
H_2O	18,02	0	+ 100
H_2S	34,08	− 85,5	− 60,4
H_2Se	80,98	− 67,5	− 41,3
H_2Te	129,62	− 48,9	− 2,2

Die physikalischen Eigenschaften Schmelzpunkt und Siedepunkt verändern sich innerhalb der Verbindungsklasse vom H_2S zum H_2Te mit steigender Molekülmasse zu höheren Werten. Wasser müßte demnach einen niedrigeren Schmelz- und Siedepunkt als Schwefelwasserstoff **H_2S** besitzen. Dies ist jedoch nicht der Fall. Die Regelmäßigkeit wird durchbrochen, da das Wassermolekül stärker polar ist. Durch die wirksame Wasserstoffbrückenbindung wirken zwischen den Wassermolekülen große Anziehungskräfte, die dem Wasser einen für seine Verbindungsklasse anormal hohen Schmelz- und Siedepunkt verleihen. Auch die hohe Viskosität und Oberflächenspannung des Wassers beruhen auf der Wasserstoffbrückenbindung.

Die anderen Wasserstoffverbindungen der Elemente der VI. Hauptgruppe sind wesentlich schwächer polarisiert, so daß der Einfluß der Wasserstoffbrückenbindung geringer ist.

1.9.5 Bindung in Komplexmolekülen

Verbindungen, an deren Zusammenhalt mehrere Verbindungsarten beteiligt sind, nennt man **Komplexverbindungen**. Beispiele für Komplexverbindungen sind die sauerstoffhaltigen Säuren und deren Salze: H_2SO_4, HNO_3, $HClO_4$, Na_2SO_4, KNO_3 usw.

Beispiel: Natriumsulfat Na_2SO_4 **(Bild 63/1)**. In diesem Salz besteht eine *Ionenbindung* zwischen den Natriumionen Na^+ und dem SO_4^{2-}-Komplexion. Im SO_4^{2-}-Komplex sind an das zentrale Schwefelatom 4 Sauerstoffatome über *polare Atombindungen* gebunden.

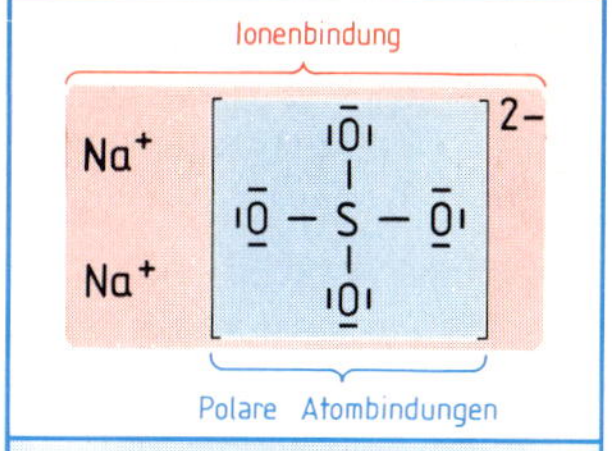

Bild 63/1: Komplexbindung

1.9.6 Metallbindung

Die Metalle haben einen äußerst festen Zusammenhalt. Es muß demnach eine starke Bindung zwischen den einzelnen Metallteilchen bestehen, die diesen festen Zusammenhalt bewirkt.

Die Atome der Metalle haben auf der Außenschale ihrer Elektronenhülle 1, 2 oder 3 Elektronen (Bild 52/1). Eine Edelgaskonfiguration der Elektronenhülle können sie erreichen, wenn die Metallatome ihre wenigen, nur locker gebundenen Außenelektronen abgeben. Es entstehen auf diese Weise positiv geladene **Metallkationen**. Bei Eisen z. B. entstehen Eisenkationen Fe^{2+}. Sie ordnen sich regelmäßig an und bilden ein Kristallgitter **(Bild 63/2)**.

Zwischen den Metallkationen befinden sich die abgegebenen Elektronen. Sie können sich dort relativ „frei" bewegen. Da die Elektronen keinen festen Platz haben, spricht man auch von einem „Elektronengas" zwischen den Metallkationen. Zwischen den positiv geladenen Metallkationen und den negativ geladenen, frei beweglichen Elektronen bestehen starke Anziehungskräfte, die den festen Zusammenhalt der Metalle bewirken.

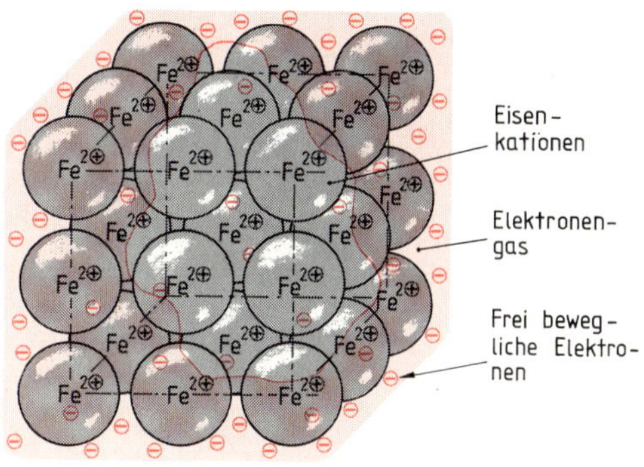

Bild 63/2: Metallbindung des Eisens

Metalle liegen im festen Zustand als Metallkationen und dazwischen frei beweglichen Elektronen vor. Die Anziehung zwischen den positiven Metallkationen und dem Elektronengas nennt man Metallbindung.

Die **Eigenschaften** der Metalle lassen sich anhand der sie zusammenhaltenden Metallbindung erklären:

- Die *elektrische Leitfähigkeit* der Metalle beruht auf der Verschiebbarkeit der freien Elektronen.
- Die große *Wärmeleitfähigkeit* rührt daher, daß die beweglichen Elektronen die Schwingungen der Metallkationen (atomistisch Wärme) gut übertragen.
- Die *Schmelztemperaturen* sind in der Regel durch den festen Zusammenhalt des Metallgitters hoch.
- Der *Glanz* und die *Undurchsichtigkeit* der Metalle (auch in dünnsten Schichten) beruht auf der Reflexion und Absorption des Lichtes bei der Wechselwirkung mit den beweglichen Elektronen.
- Die große *Dichte* vieler Metalle hat ihre Ursache in der großen Atommasse und der dichten Packung der gleichgroßen Metallkationen.

Wiederholungsfragen

1. **Was versteht man unter einer Edelgasschale?**
2. **Wodurch entsteht die Ionenbindung?**
3. **Welche Stoffe haben Ionenbindung?**
4. **Wie stellt man sich die Atombindung vor?**
5. **Stellen Sie die Atombindung des Stickstoffmoleküls dar.**
6. **Was ist eine polare Atombindung?**
7. **Erläutern Sie die polare Atombindung anhand der Beispiele HCl und H_2O.**
8. **Wie erklärt man sich die Wasserstoffbrückenbindung beim Stoff Ammoniak NH_3?**
9. **Was ist eine Komplexbindung?**
10. **Wie erklärt man sich die Entstehung von Dipolmolekülen?**
11. **Was versteht man unter einer Metallbindung?**

1.10 Elektronenvorgänge bei chemischen Reaktionen

1.10.1 Oxidation, Reduktion, Redoxreaktionen

Unter Oxidation verstand man ursprünglich die chemische Reaktion eines Stoffes mit Sauerstoff (Seite 27). Magnesium wird z. B. von Luftsauerstoff zu Magnesiumoxid oxidiert (Versuch 11/1).

Eine ähnliche Verbrennung beobachtet man, wenn Magnesium mit Chlorgas reagiert. Als Reaktionsprodukt entsteht Magnesiumchlorid. Der ähnliche äußere Reaktionsverlauf läßt vermuten, daß es sich hierbei um eine ähnliche Reaktionsart handelt. Um dies zu prüfen, werden die im atomaren Bereich ablaufenden Vorgänge bei beiden Reaktionen untersucht:

Bei der Bindung des Sauerstoffs an das Magnesium werden vom Magnesiumatom Elektronen abgegeben und vom Sauerstoffatom aufgenommen. Es entstehen die Ionen des Magnesiumoxids: Mg^{2+} und O^{2-}.

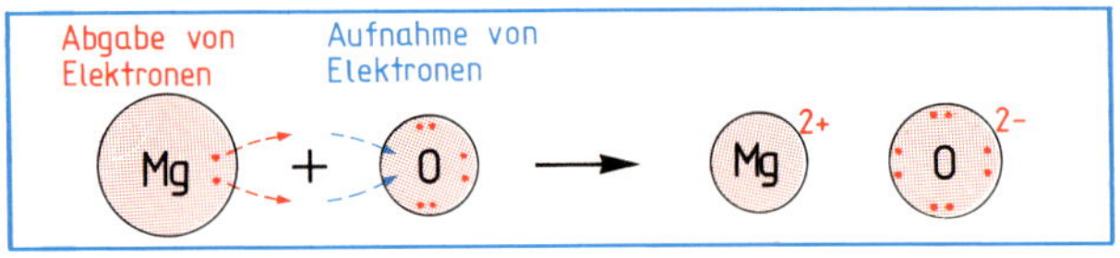

Bei der Reaktion von Magnesium mit Chlor werden vom Magnesiumatom Elektronen abgegeben, die von Chloratomen aufgenommen werden. Es entstehen die Ionen des Magnesiumchlorids: Mg^{2+} und Cl^{-}.

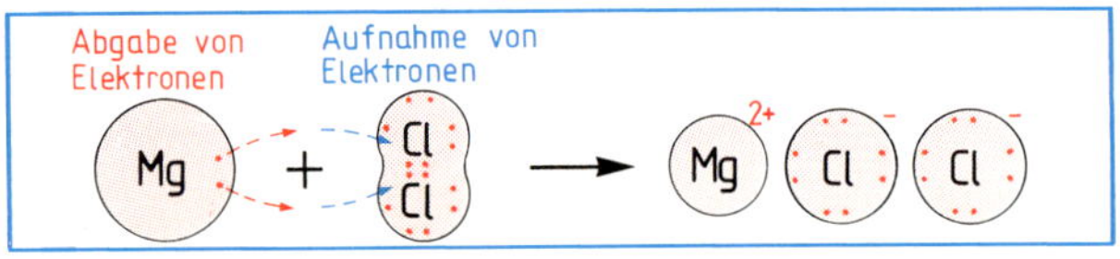

Man erkennt, daß das Metall Magnesium bei beiden Reaktionen Elektronen abgibt. Bei der Reaktion mit Sauerstoff nannte man die Reaktion eine Oxidation des Metalls. Man kann deshalb die **Oxidation** in erweiterter Form als **Abgabe von Elektronen** auffassen.

Mit der Abgabe von Elektronen eines Teilchens muß die gleichzeitige Aufnahme von Elektronen eines Reaktionspartners einhergehen, damit die Reaktionsgleichung stimmig bleibt. In obigen Beispielen nehmen der Sauerstoff bzw. das Chlor die Elektronen auf. Da die Umkehrreaktion der Oxidation die **Reduktion** ist (Seite 29), ist die **Aufnahme von Elektronen** eine Reduktion im erweiterten Sinn.

In obigen Beispielen wird der Sauerstoff zu Sauerstoffionen bzw. das Chlor zu Chlorionen reduziert.

Oxidation ist die Abgabe von Elektronen. **Reduktion** ist die Aufnahme von Elektronen.

Reaktionen, bei denen gleichzeitig eine Oxidation und eine Reduktion abläuft, werden **Redoxreaktionen** genannt (Seite 29). Da hierbei Elektronen von einem Reaktionspartner auf einen anderen übergehen, kann man die Redoxreaktion erweitert definieren:

Bei Redoxreaktionen werden Elektronen von einem Reaktionspartner zum anderen übertragen.

In obigen Beispielen werden vom Magnesium Elektronen abgegeben, vom Sauerstoff bzw. Chlor Elektronen aufgenommen. Es handelt sich also um Redoxreaktionen.

Die Reaktion von Natrium mit Chlor ist ebenfalls eine Redoxreaktion:

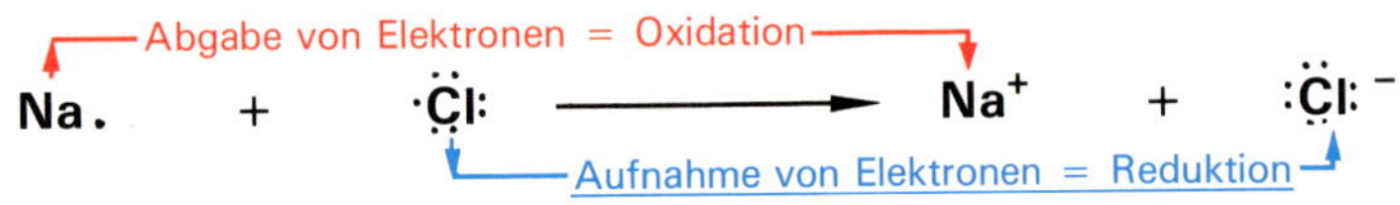

Stoffe, die andere Stoffe oxidieren, nennt man *Oxidationsmittel*. Chlor z. B. oxidiert Natrium, dabei wird es selbst reduziert. Als Elektronenvorgang ausgedrückt heißt das:

Oxidationsmittel sind Stoffe, die Elektronen aufnehmen und dabei reduziert werden.

Stoffe, die andere Stoffe reduzieren, nennt man *Reduktionsmittel*. Dementsprechend gilt:

Reduktionsmittel sind Stoffe, die Elektronen abgeben und dabei oxidiert werden.

Mit Hilfe dieser Erkenntnisse ist es möglich zu verstehen, daß der negative Pol einer Spannungsquelle, die **Kathode**, ein **Reduktionsmittel** ist. Dort herrscht Überschuß an Elektronen, die abgegeben werden können. Da das Kennzeichen des Reduktionsmittels die Abgabe von Elektronen ist, ist die Kathode ein Reduktionsmittel, und zwar bei großer, angelegter Spannung ein sehr starkes Reduktionsmittel (Seite 174).

Im selben Sinn ist der positive Pol einer Spannungsquelle, die **Anode**, ein **Oxidationsmittel**, da dort Mangel an Elektronen herrscht und Elektronen aufgenommen werden.

1.10.2 Oxidationszahl

Durch die Erweiterung der Begriffe *Oxidation* und *Reduktion* als Elektronenaustauschvorgänge können viele Reaktionen als Redoxreaktionen aufgefaßt werden. Dazu führt man den Begriff **Oxidationszahl** ein.

Bei der Bildung von Verbindungen mit Ionenbindung, wie z. B. $\mathbf{MgCl_2}$ handelt es sich um eine Redoxreaktion. Der Elektronenaustausch kommt durch die Bildung der Ionen $\mathbf{Mg^{2+}}$ und $\mathbf{Cl^-}$ in ihren Ladungen zum Ausdruck. Die Anzahl der Ladungen nennt man *Ladungszahl, Ionenwertigkeit* oder **Oxidationszahl**.

> Als Oxidationszahl bezeichnet man in Ionenverbindungen die Anzahl der Ladungen der Ionen.

Beispiel: Magnesiumchlorid besteht aus positiven Magnesiumionen $\mathbf{Mg^{2+}}$ mit der Oxidationszahl +II und negativen Chlorionen $\mathbf{Cl^-}$ mit der Oxidationszahl −I.

Bei vielen Redoxreaktionen nehmen aber auch Stoffe mit Atombindung teil, wie z. B. $\mathbf{NH_3}$, $\mathbf{SO_2}$ usw. Um auch solche Reaktionen unter dem Begriff Redoxreaktion behandeln zu können, hat man den *Begriff Oxidationszahl* eingeführt. Man ordnet den Atomen in Molekülen mit Atombindung rein formal *fiktive, ganze* Ladungen zu, indem man das bindende Elektronenpaar jeweils dem Atom zurechnet, das die größere Elektronegativität besitzt (Seite 61).

> Die Oxidationszahl eines Atoms in einem Molekül gibt die Ladung an, die das Atom tragen würde, wenn das Molekül aus Ionen aufgebaut wäre.

Die Oxidationszahlen werden als römische Zahlen mit Vorzeichen über das Elementsymbol geschrieben.

Beispiele:

Chlorwasserstoff HCl hat eine polare Atombindung.

Das Bindungselektronenpaar wird stark zum Cl-Atom gezogen.

Die entsprechenden fiktiven Ladungen:

Damit sind die Oxidationszahlen:

HCl
$\overset{\delta+}{H} - \overset{\delta-}{Cl}$
$H^+ \quad Cl^-$
$\overset{+I}{H} \quad \overset{-I}{Cl}$

Im **Wassermolekül H_2O** zieht das Sauerstoffatom die Bindungselektronenpaare zu sich. Ordnet man die Bindungselektronenpaare ganz dem Sauerstoff zu, so ergeben sich die fiktiven Ladungen:

Das ergibt die Oxidationszahlen:

H_2O
$^{\delta+}H - O^{\delta-} - H^{\delta+}$ (gewinkelt)
$H^+ \quad O^{2-} \quad H^+$
$\overset{+I}{H} \quad \overset{-II}{O} \quad \overset{+I}{H}$

Zur **Bestimmung der Oxidationszahlen** gelten, von wenigen Ausnahmen abgesehen, folgende Regeln:

- Alle Metalle haben in Verbindungen positive Oxidationszahlen, z. B. $\overset{+II}{\mathbf{Cu}}\,\overset{-II}{\mathbf{O}}$, $\overset{+II}{\mathbf{Mg}}\,\overset{-I}{\mathbf{Cl_2}}$.
- Wasserstoff hat in fast allen Verbindungen die Oxidationszahl +I (Ausnahme: in Metallhydriden −I).
- Fluor hat in Verbindungen stets die Oxidationszahl −I.
- Sauerstoff hat in fast allen Verbindungen die Oxidationszahl −II.
- Freie Elemente haben die Oxidationszahl 0, z. B. $\overset{0}{\mathbf{Mg}}$, $\overset{0}{\mathbf{Cl_2}}$.
- Die Summe aller Oxidationszahlen einer chemischen Verbindung ist null.

Beispiele:

1. Welche Oxidationszahl hat Kohlenstoff in der Verbindung $\mathbf{CO_2}$?
   Lösung: Die gesuchte Oxidationszahl von **C** bezeichnet man als x, Sauerstoff hat die Oxidationszahl −II. Da das Molekül zwei Sauerstoffatome enthält und die Summe der Oxidationszahlen null sein muß, folgt:
   x + 2 · (−II) = 0 ⇒ x − IV = 0 ⇒ **x = +IV**
   Kohlenstoff hat in dieser Verbindung die Oxidationszahl +IV.
2. Welche Oxidationszahl hat Schwefel in der Verbindung $\mathbf{H_2SO_4}$?
   Lösung: Man addiert die Oxidationszahlen aller Atome der Verbindung und setzt sie null:
   2 · (+I) + x + 4 · (−II) = 0 ⇒ +II + x − VIII = 0 ⇒ x − VI = 0 ⇒ **x = +VI**
   Schwefel hat in der Verbindung H_2SO_4 die Oxidationszahl +VI.

Aufgabe: Bestimmen Sie die Oxidationszahlen der Elemente in den chemischen Verbindungen
$\mathbf{Fe_2O_3}$, $\mathbf{CH_4}$, **MgO** , **NaOH** , **PbO**.

Wiederholungsfragen

1. **Was versteht man unter einer Oxidation bzw. Reduktion im erweiterten Sinn?**
2. **Was versteht man unter der Oxidationszahl eines Elementes?**
3. **Zeigen Sie bei der Reaktion $Fe_2O_3 + 2\,Al \rightarrow 2\,Fe + Al_2O_3$, welche Teilchen (Atome bzw. Ionen) oxidiert bzw. reduziert werden?**
4. **Wie bestimmt man die Oxidationszahl eines Elementes in einer chemischen Verbindung?**

1.11 Ionen — Stoffteilchen mit besonderen Eigenschaften

Dem Begriff **Ion**, einem elektrisch geladenen Stoffteilchen, begegnet man in der Chemie an vielen Stellen. Zum Beispiel liegen Säuren, Laugen und Salze in wäßriger Lösung in Ionenform vor (Seite 34) oder z. B. erreichen viele Stoffe ihren Zusammenhalt aufgrund der Tatsache, daß sie aus Ionen bestehen (Seite 59). Der Aufbau vieler Stoffe aus Ionen ist die Ursache weiterer Eigenschaften und Erscheinungen.

1.11.1 Elektrische Leitfähigkeit wäßriger Lösungen

Prüft man die elektrische Leitfähigkeit wäßriger Lösungen, so stellt man fest, daß es den Strom leitende Lösungen und den Strom *nicht* leitende wäßrige Lösungen gibt **(Versuch 66/1)**.

Versuch 66/1: Stromleitung wäßriger Lösungen

Versuchsbeschreibung:
Es wird ein Stromkreis geschaltet, der ein Elektrolytgefäß mit zwei Elektroden enthält. Im Stromkreis befindet sich eine Glühlampe, die Stromfluß in der Elektrolyt-Lösung durch Aufleuchten anzeigt.
Es werden verschiedene wäßrige Lösungen in das Elektrolytgefäß gegeben und auf elektrische Leitfähigkeit geprüft.

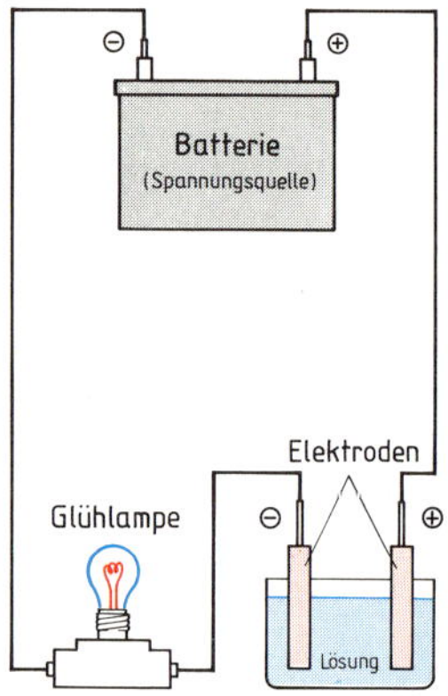

Nichtleiter sind: Destilliertes Wasser, Zucker- und Ethanol-Lösungen, wasserfreie Säuren.
Leiter sind: Die wäßrigen Lösungen der Säuren, Salze und die Laugen.

Destilliertes Wasser, Zucker- und Ethanol-Lösungen sowie wasserfreie Säuren leiten den Strom nicht. Die wäßrigen Lösungen der Säuren und Salze sowie die Laugen sind elektrisch leitend. Solche Lösungen nennt man **Elektrolyt-Lösungen**.

Bei genauer Betrachtung der Elektroden erkennt man außerdem, daß sich an ihnen Stoffe abscheiden: Am Minuspol scheiden sich Metalle oder Wasserstoff ab, am Pluspol Nichtmetalle (Gase).

Es erhebt sich die Frage, warum einige wäßrige Lösungen den elektrischen Strom leiten, andere hingegen nicht. Eine Erklärung hierfür liefert eine Betrachtung der Vorgänge im Teilchenbereich **(Bild 66/1)**: Von den wäßrigen Lösungen, die den elektrischen Strom leiten, ist bekannt, daß sie *Ionen*, also elektrisch geladene Teilchen, enthalten. Es gibt zwei Arten von Ionen: die positiv geladenen **Kationen** und die negativ geladenen **Anionen**.

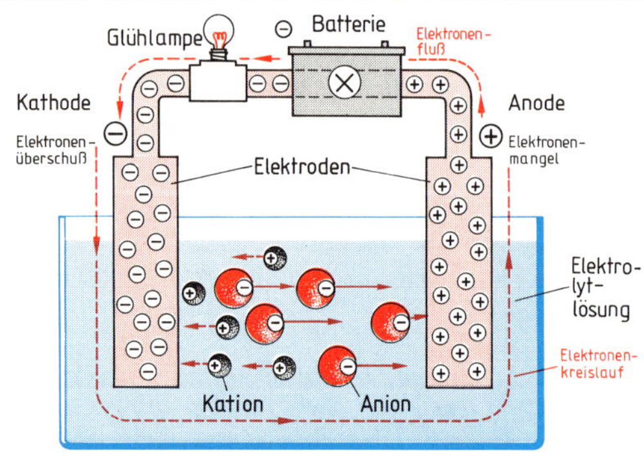

Bild 66/1: Ionenwanderung (schematisch)

Beim Anlegen einer Gleichspannung an die Elektroden (Bild 66/1) herrscht am positiven Pol **(Anode)** Mangel an Elektronen (⊕), am negativen Pol **(Kathode)** Überschuß an Elektronen (⊖). Die in der Elektrolyt-Lösung schwimmenden Ionen werden von den Ladungen in den Elektroden angezogen. Die Anionen (−) bewegen sich im Elektrolyt in Richtung Anode (+). Beim Ankommen an der Anode werden die negativen Ladungen der Anionen von der Anode aufgenommen. Das Anion wird dadurch zum ungeladenen Teilchen und scheidet sich dort ab. Die positiven Ionen (Kationen) werden von der negativen Ladung der Kathode angezogen und bewegen sich auf sie zu. Beim Ankommen an der Kathode gehen Elektronen von der Kathode auf die Kationen über. Das Kation wird dadurch zum ungeladenen Teilchen und scheidet sich an der Elektrode ab.

An den Elektroden werden durch den Entladungsvorgang der Ionen fortlaufend Ladungen ausgetauscht. Die Elektronen müssen von der Spannungsquelle im Kreislauf geführt werden und fließen durch die Zuleitungen zu einer Elektrode hin und von der anderen Elektrode weg: *es fließt ein elektrischer Strom.*

Ursache der elektrischen Leitfähigkeit der wäßrigen Lösungen ist demnach der Transport von Elektronen durch die Ionen. Wäßrige Lösungen, die keine Ionen enthalten, leiten den Strom deshalb nicht.

Die elektrische Leitfähigkeit von wäßrigen Lösungen beruht auf der Bewegung und der Entladung ihrer Ionen an den Elektroden. Die Stromleitung erfolgt durch Ionentransport.

1.11.2 Dissoziation und Hydratation der Salze

Wird ein Salzkristall in Wasser gebracht, so kommt es zu Wechselwirkungen zwischen den Salzteilchen und den umgebenden Wassermolekülen. Die Ursache hierfür liegt im inneren Aufbau der Stoffe. Salze bestehen im festen Zustand aus Ionen, die auf festen Plätzen in einem Kristall angeordnet sind und dort von Gitterkräften gehalten werden **(Bild 67/1)**. Die Wassermoleküle besitzen eine polare Atombindung, so daß sie nach außen Bereiche unterschiedlicher Ladung aufweisen. Sie wirken mit ihrem positiv geladenen Bereich anziehend auf die negativ geladenen Salzionen. Mit ihrem negativ geladenen Molekülbereich wirken sie anziehend auf die positiv geladenen Salzionen.

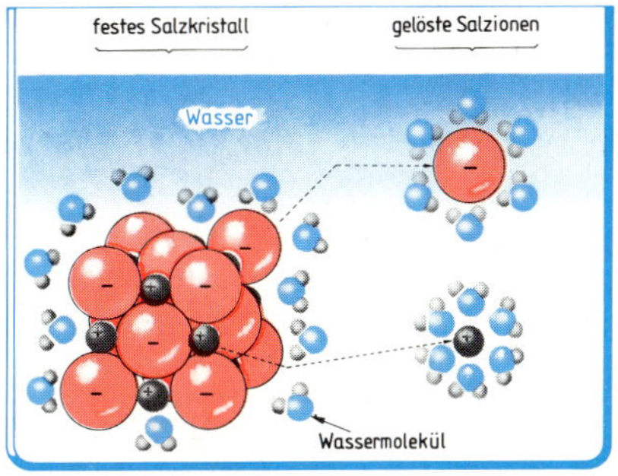

Bild 67/1: Lösen eines Salzkristalls

Sind die Anziehungskräfte zwischen den Wassermolekülen und den Salzionen größer als die Gitterkräfte im Salzkristall, so werden Salzionen aus dem Gitterverband gelöst. Diese Spaltung des festen Salzkristalls in frei bewegliche Ionen nennt man **Dissoziation**. Man sagt der Stoff *dissoziiert*.

Die aus dem Kristallverband gelösten Ionen umgeben sich aufgrund ihrer Ladung und den polarisierten Wassermolekülen mit einem ausgerichteten Wassermolekülkranz (Bild 67/1). Dieses Anlagern von Wassermolekülen um Ionen nennt man **Hydratation**, den Wassermolekülkranz **Hydrathülle**.

Unter Dissoziation versteht man den Zerfall eines zusammenhängenden Teilchenverbandes in frei bewegliche Ionen. Hydratation ist die Anlagerung einer Hydrathülle um Ionen.

In der chemischen Formelsprache drückt man die Dissoziation eines Salzes in Wasser, und damit die Bildung frei beweglicher Ionen, dadurch aus, daß man das feste Salz mit einer Molekülformel und das gelöste Salz als Ionenformel schreibt.

Beispiel: *Lösen von Kochsalz in Wasser*

$$NaCl \xrightarrow{\text{Wasser}} Na^{+} + Cl^{-}$$

Soll in der Reaktionsgleichung zum Ausdruck kommen, daß die Ionen eine Hydrathülle haben, so verwendet man den Index **aq** (von lateinisch: aqua = Wasser).

$$NaCl \xrightarrow{\text{Wasser}} Na^{+}_{aq} + Cl^{-}_{aq}$$

Die Hydratation, d.h. die Umlagerung von Ionen mit einem Wassermolekülkranz erfolgt nicht nur bei den Salzen, sondern bei allen Ionen in wäßriger Lösung, also auch bei den Säuren und Laugen.

Auch in festen Stoffen können Ionen *hydratisiert* sein. Das Wasser ist bei ihnen als *Kristallwasser* gebunden. Äußerlich sind die Salze trocken. Salze, die Kristallwasser enthalten, nennt man **Hydrate**.

1.11.3 Elektrische Leitfähigkeit von Salzschmelzen

Die Tatsache, daß Salze im flüssigen Zustand den Strom leiten, im festen Zustand aber nichtleitend sind **(Versuch 67/1)** hat ihre Ursache in der Beweglichkeit der Ionen.

Salze bestehen bekanntlich aus Ionen, die im festen Zustand auf festen Gitterplätzen sitzen. Sie können sich nicht von diesen Plätzen fortbewegen. Damit ist ein Stromfluß durch Ionenwanderung und Entladung nicht möglich.

Im flüssigen Zustand sind die Ionen in der Salzschmelze beweglich. Sie können zu den Elektroden wandern, sich dort entladen und damit den Stromfluß bewirken.

Feste Salze sind Nichtleiter, flüssige Salzschmelzen sind elektrische Leiter.

Versuch 67/1: Stromleitung in Salzschmelzen

Versuchsbeschreibung:

Man schaltet einen elektrischen Stromkreis, der über zwei Elektroden und einen Stoff geschlossen werden kann. Eine Glühbirne zeigt, wenn ein Strom fließt.

Hält man die beiden Elektroden in kristallines Salz, so leuchtet die Glühbirne nicht, es fließt kein Strom. Erhitzt man das Salz, bis es schmilzt, so leuchtet beim Flüssigwerden die Glühbirne auf: es fließt ein Strom.

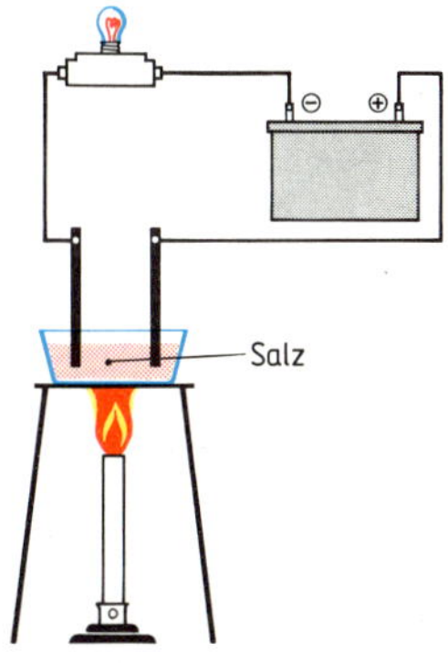

1.11.4 Protolyse

Völlig wasserfreie Säuren sind elektrisch nichtleitend. Gibt man zu diesen Stoffen Wasser hinzu, das selber ebenfalls nichtleitend ist, so erhält man wäßrige Lösungen, die elektrisch leitend sind (Versuch 66/1). Es müssen demnach, beim Auflösen der wasserfreien Säuren in Wasser, stromtransportierende Teilchen, Ionen entstanden sein.

Vorgänge beim Lösen von Säuren in Wasser

Am Beispiel des **Chlorwasserstoffs HCl** sollen die dabei im Teilchenbereich ablaufenden Vorgänge näher betrachtet werden:

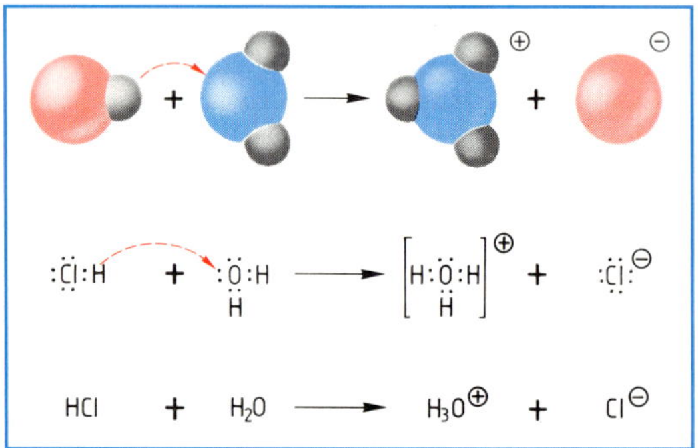

Bild 68/1: Protolyse von HCl

Die Moleküle des Chlorwasserstoffgases **HCl** und des Wassers **H_2O** haben polare Atombindungen, d.h. sie bestehen aus Dipolmolekülen (ungleichmäßige Ladungsverteilung). Treffen zwei Moleküle dieser Stoffe zusammen, so lagert sich der positive Bereich des Wassermoleküls an den negativen Bereich des Chlorwasserstoffmoleküls an **(Bild 68/1)**. Der positive Wasserstoff des Chlorwasserstoffmoleküls wird vom negativen Bereich des Wassermoleküls so stark angezogen, daß er den Elektronenverband des Chlorwasserstoffmoleküls verläßt und sich am Wassermolekül anlagert. Es entsteht dadurch ein positiv geladenes Ion **H_3O^+**, **Hydroniumion** oder **Oxoniumion** genannt, und ein negativ geladenes **Chlorion Cl^-**.

Bei diesem Vorgang wird ein Wasserstoffion, man nennt es auch **Proton**, da es die Atommasse 1 u und die Ladung +1 hat, vom Chlorwasserstoffmolekül abgegeben und vom Wassermolekül aufgenommen. Es handelt sich um eine Übertragung von Protonen zwischen den kleinsten Teilchen der Reaktionspartner.

Reaktionen, bei denen Wasserstoffionen (Protonen) übertragen werden, nennt man **Protolysen**.

Weiteres Beispiel einer Protolyse:

Schwefelsäure $$H_2SO_4 + 2\,H_2O \xrightarrow{} 2\,H_3O^+ + SO_4^{2-} \quad (2\,H^+ \text{ von } H_2SO_4 \text{ auf } 2\,H_2O)$$

Definition der Säuren und Basen nach Brönsted*

In den beiden oben betrachteten Beispielen werden Protonen vom Säuremolekül abgegeben. Der Chemiker *Brönsted* definierte die Säuren demnach als Stoffe, die Protonen abgeben.

Säuren sind Stoffe, deren Teilchen Wasserstoffionen (Protonen) abgeben.

Man kann Säuren deshalb auch als **Protonenspender** oder als **Protonendonatoren** bezeichnen.

In der traditionellen Chemie sind die Laugen der Gegenpart zu den Säuren. Dort bezeichnet man die festen Metallhydroxide als Basen (Seite 38).

Die moderne Chemie (nach Brönsted) definiert den Basebegriff in Beziehung zum Säurebegriff:

Basen sind Stoffe, deren Teilchen Wasserstoffionen (Protonen) aufnehmen.

Man kann Basen deshalb auch als **Protonennehmer** oder als **Protonenakzeptoren** bezeichnen. Beim Lösen von HCl in Wasser (Bild 68/1) nimmt das Wasser ein Proton auf, wirkt also als Base.

Nach der Brönsted-Definition handelt es sich bei den Begriffen *Säure* und *Base* nicht um Stoffklassen, sondern um eine bestimmte Reaktionsart von Stoffen: nämlich, ob ein Stoff Protonen abgibt (Säure) oder ob ein Stoff Protonen aufnimmt (Base).

* Nicolaus Brönsted, dänischer Chemiker (1879–1947)

Die Säure- bzw. Base-Definition ist nicht auf das Lösungsmittel Wasser beschränkt. In der Regel hat man es jedoch mit wäßrigen Lösungen zu tun. Bei der Angabe *sauer* oder *alkalisch* benützt man das Wasser als Bezugssystem und bezeichnet das reine Wasser, das gleiche Mengen H_3O^+- und OH^--Ionen enthält, als *neutral*. *Sauer* bedeutet einen Überschuß an H_3O^+-Ionen, *alkalisch* einen Überschuß an OH^--Ionen.

Angewandt auf das wichtigste Lösungsmittel, das Wasser, gilt: Säuren sind Stoffe, die die H_3O^+-Konzentration erhöhen. Basen sind Stoffe, die die OH^--Konzentration erhöhen.

Vorgänge beim Lösen von Ammoniak in Wasser

Die Ammoniakmoleküle $\mathbf{NH_3}$ und die Wassermoleküle $\mathbf{H_2O}$ werden jeweils durch eine polare Atombindung zusammengehalten (Seite 61). Treffen zwei Moleküle dieser beiden Stoffe zusammen, so ziehen sich ihre Dipolmoleküle derart an, daß der negative Bereich eines Moleküls sich am positiven Bereich des anderen Moleküls anlagert **(Bild 69/1)**. Der positive Wasserstoff des Wassermoleküls wird so stark vom negativen Bereich des Ammoniakmoleküls angezogen, daß er das Wassermolekül verläßt und in den Elektronenverband des Ammoniakmoleküls eintritt. Es entsteht ein **Ammoniumion** $\mathbf{NH_4^+}$ und ein **Hydroxidion** $\mathbf{OH^-}$.

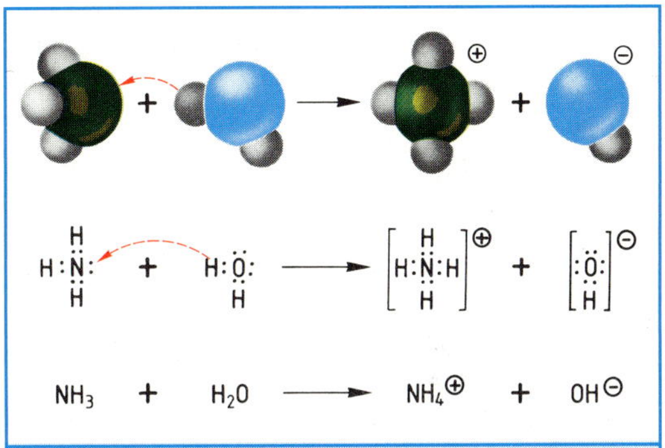

Bild 69/1: Lösen von Ammoniak

Das NH_3-Teilchen hat ein Proton (vom Wasser) aufgenommen, wirkt also als Base. Wasser hat ein Proton abgegeben, wirkt also hier als Säure.

Wie man an den Beispielen (Lösen von HCl und NH_3 in Wasser) sieht, kann das Wassermolekül je nach Reaktionspartner als Säure oder als Base wirken.

Stoffe, die sowohl als Säure und Base wirken können, nennt man **Ampholyte**.

1.11.5 Der Begriff Säure-Base-Reaktion

Eine Protolyse kann nur stattfinden, wenn neben einer *Säure* eine *Base* vorhanden ist, die das Proton der Säure aufnimmt. Beim Lösen von Chlorwasserstoff in Wasser z. B. gibt das HCl-Molekül ein Proton ab, das vom H_2O-Molekül aufgenommen wird.

Chlorwasserstoff wirkt als Säure, das Wasser wirkt als Base:

$$\underset{\text{(Säure)}}{\mathbf{HCl}} + \underset{\text{(Base)}}{\mathbf{H_2O}} \longrightarrow \mathbf{H_3O^+} + \mathbf{Cl^-}$$

Bei umgekehrtem Reaktionsverlauf gibt das H_3O^+-Ion ein Proton ab, das vom Cl^--Ion aufgenommen wird.

Hier wirkt das H_3O^+-Ion als Säure, das Cl^--Ion als Base:

$$\mathbf{HCl} + \mathbf{H_2O} \longleftarrow \underset{\text{(Säure)}}{\mathbf{H_3O^+}} + \underset{\text{(Base)}}{\mathbf{Cl^-}}$$

Bei einer Protolyse entsteht bei der Hinreaktion aus der Säure ① ein Teilchen (Cl^-), das bei der Rückreaktion als Base ① wirkt. Aus der Base ② entsteht bei der Hinreaktion ein Teilchen (H_3O^+), das bei der Rückreaktion als Säure ② wirkt:

$$\underset{\text{(Säure 1)}}{\mathbf{HCl}} + \underset{\text{(Base 2)}}{\mathbf{H_2O}} \rightleftharpoons \underset{\text{(Säure 2)}}{\mathbf{H_3O^+}} + \underset{\text{(Base 1)}}{\mathbf{Cl^-}}$$

Demnach kann man die Protolyse auch als **Säure-Base-Reaktion** bezeichnen.

Man nennt die Säure ① und die aus ihr durch Protonenabgabe entstandene Base ① sowie die Base ② und die aus ihr durch Protonenaufnahme entstandene Säure ②, zueinander **korrespondierende** oder **konjugierte Säure-Base-Paare**.

Allgemein ausgedrückt, sind bei einer Protolyse (Säure-Base-Reaktion) immer zwei korrespondierende Säure-Base-Paare beteiligt, die im Gleichgewicht stehen:

$$\textbf{Säure 1} + \textbf{Base 2} \rightleftharpoons \textbf{Säure 2} + \textbf{Base 1}$$

(Säure 1 und Base 1: korrespondierend; Base 2 und Säure 2: korrespondierend)

Beispiel: Lösen von Ammoniak in Wasser.

$$\underset{\text{(Säure 1)}}{\mathbf{H_2O}} + \underset{\text{(Base 2)}}{\mathbf{NH_3}} \rightleftharpoons \underset{\text{(Säure 2)}}{\mathbf{NH_4^+}} + \underset{\text{(Base 1)}}{\mathbf{OH^-}}$$

1.11.6 Stärke von Säuren

Die Reaktionsfähigkeit verschiedener Säuren ist sehr unterschiedlich. So reagiert eine Salzsäurelösung bzw. eine Essigsäurelösung mit gleicher Anzahl von Säuremolekülen (z.B. 1-molar) sehr unterschiedlich mit Magnesium **(Versuch 70/1)**. Die Salzsäurelösung reagiert heftig, die Essigsäurelösung sehr schwach. Obwohl beide Säurelösungen gleichviel Säuremoleküle enthalten, hat es den Anschein, als ob in der Salzsäurelösung mehr *„aktive"* Säureteilchen sind, als in der Essigsäurelösung.

Eine Erklärung hierfür ist der unterschiedliche **Protolysegrad** α der beiden Säuren. Salzsäure protolysiert fast vollständig nach der Gleichung:

$$HCl + H_2O \longrightarrow H_3O^+ + Cl^- \quad \text{(fast 100\%)}$$

Das bedeutet, daß in einer Salzsäurelösung annähernd alle Salzsäuremoleküle **HCl** die eigentlichen *„Säurewirkungsträger"* Hydroniumionen H_3O^+ bilden.

Versuch 70/1: Reaktionsfähigkeit verschiedener Säurelösungen

Versuchsbeschreibung

Ein Stück Magnesiumband in einem Becherglas wird in einem ersten Versuch mit 1-molarer Essigsäure und im zweiten Versuch mit 1-molarer Salzsäure übergossen. Die Heftigkeit der Wasserstoffentwicklung wird beobachtet und der entweichende Wasserstoff aufgefangen.

Beim Übergießen mit Essigsäure ist die Wasserstoffentwicklung sehr schwach. Bei Salzsäure verläuft sie heftig.

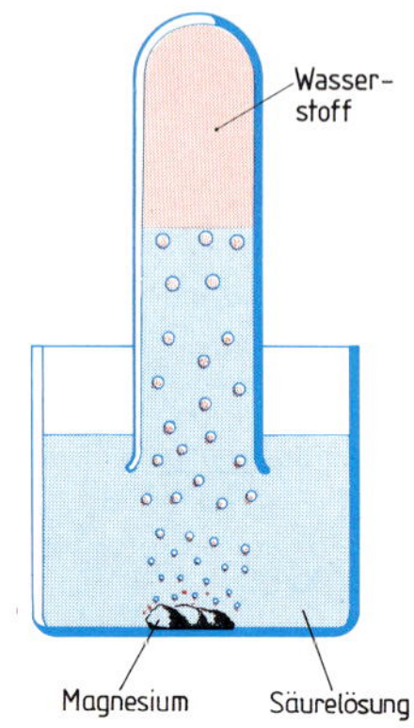

Essigsäure CH_3COOH hingegen protolysiert in wäßriger Lösung nur in einem sehr geringen Maß:

$$CH_3COOH + H_2O \longrightarrow H_3O^+ + CH_3COO^- \quad \text{(rund 4\%)}$$

Der überwiegende Teil der Essigsäure liegt auch in wäßriger Lösung als CH_3COOH-Moleküle vor. Nur in geringer Anzahl sind die eigentlichen *„Säurewirkungsträger"*, die Hydroniumionen H_3O^+ gebildet worden. Deshalb ist die Säurestärke von Essigsäure wesentlich schwächer als bei Salzsäure.

Starke Säuren protolysieren fast vollständig. Schwache Säuren protolysieren nur in geringem Maß.

1.11.7 pH-Wert

Die eigentlichen Verursacher der Säurewirkung sind die H_3O^+-Ionen. Es ist deshalb sinnvoll, zur Beschreibung des sauren oder alkalischen Charakters von Lösungen die **H_3O^+-Ionenkonzentration** zu verwenden. Diese Überlegungen führten zur Einführung des sogenannten **pH-Wertes** (von lateinisch: potentia hydrogenii = Kraft des Wasserstoffs). Zu seiner Erklärung bedarf es einiger Vorüberlegungen.

Die Auto-Protolyse des Wassers. Mit sehr empfindlichen Meßgeräten läßt sich feststellen, daß reines Wasser eine sehr geringe elektrische Leitfähigkeit besitzt, d.h. Wasser hat aus eigenen Molekülen in geringem Maße Ionen gebildet.

Die Protolyse verläuft nach der Gleichung: $H_2O + H_2O \longrightarrow H_3O^+ + OH^-$

Es entstehen H_3O^+-Ionen, die eine saure Reaktion verursachen und OH^--Ionen, die alkalische Reaktion bewirken. Da beide Ionenarten in gleicher Anzahl im Wasser vorhanden sind, hebt sich ihre Wirkung nach außen auf. Reines Wasser reagiert deshalb **neutral**.

Die H_3O^+-Ionenkonzentration $c\,(H_3O^+)$. Die mengenmäßige Ermittlung der Protolyse reinen Wassers erbringt folgendes Ergebnis: 1 Liter Wasser enthält $\frac{1}{10\,000\,000}$ oder in Potenzen ausgedrückt 10^{-7} mol H_3O^+-Ionen und ebensoviel OH^--Ionen.

Gibt man Säure zum Wasser, so kommen durch Protolyse H_3O^+-Ionen hinzu: die H_3O^+-Ionenkonzentration ist dann größer als 10^{-7} mol/l. Gibt man eine Lauge zum Wasser, so wird ein Teil der im Wasser vorhandenen H_3O^+-Ionen durch die OH^--Ionen der Lauge neutralisiert: die H_3O^+-Ionenkonzentration ist dann geringer als 10^{-7} mol/l.

Der pH-Wert. Als Kennzahl für die H_3O^+-Ionenkonzentration verwendet man anstatt der umständlich zu schreibenden H_3O^+-Ionenkonzentration (z.B. 10^{-7} mol/l) den negativen Zehnerlogarithmus der H_3O^+-Ionenkonzentration (hier z.B. 7). Diese Kennzahl nennt man pH-Wert.

$$pH = -\log c\,(H_3O^+)$$

Der pH-Wert ist der negative Zehnerlogarithmus der H_3O^+-Ionenkonzentration einer Lösung.

Für die H_3O^+-Ionenkonzentrationen 10^{-1}, 10^{-2}, 10^{-3} mol/l usw. ist der pH-Wert der mit −1 multiplizierte Exponent der H_3O^+-Ionenkonzentration. Beispiele:

Reines Wasser: H_3O^+-Ionenkonzentration: $c\,(H_3O^+) = 10^{-7}$ mol/l ⇒ pH-Wert: 7 (neutral)

Saure Lösungen: H_3O^+-Ionenkonzentration: $c\,(H_3O^+)$ größer als 10^{-7} mol/l
z. B. 10^{-3} mol/l ⇒ pH-Wert: 3 (sauer)

Laugen: H_3O^+-Ionenkonzentration: $c\,(H_3O^+)$ kleiner als 10^{-7} mol/l
z. B. 10^{-12} mol/l ⇒ pH-Wert: 12 (alkalisch)

Der pH-Wert kann Werte von 0 bis 14 einnehmen. Wasser ist neutral und hat den pH-Wert 7. Saure Lösungen haben einen pH-Wert von 0 bis 7, Laugen einen pH-Wert von 7 bis 14 (siehe auch Bild 33/2). Der pH-Wert ist nur für verdünnte Säuren und Laugen bis zu einer Konzentration von 1 mol/l anwendbar.

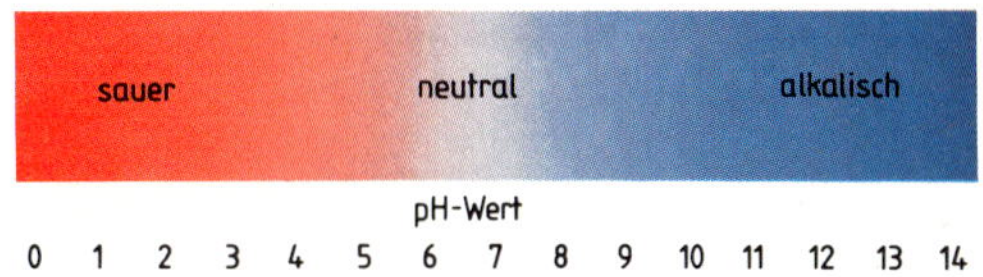

1.11.8 Ionenreaktionen in Lösungen

Ionenreaktionen in Lösungen sind häufige, in der Chemie ablaufende Reaktionen. Im folgenden sind einige Beispiele aufgeführt. Die formelmäßige Beschreibung von Ionenreaktionen erfolgt derart, daß Stoffe, die in Wasser als Ionen vorliegen, in Ionenform geschrieben werden, während Stoffe, die überwiegend als Teilchenverband vorliegen, wie z. B. schwerlösliche Salze, mit Molekülformeln geschrieben werden.

Beispiel: Reaktion von Salzsäure mit Calciumcarbonat.

Läßt man auf wasserunlösliches Calciumcarbonat ($CaCO_3$) Salzsäure ($H^+ + Cl^-$) einwirken, so beobachtet man eine Gasentwicklung **(Bild 71/1)**. Es läuft summarisch folgende Reaktion ab:

$$\mathbf{CaCO_3 + 2\,H^+ + 2\,Cl^- \longrightarrow Ca^{2+} + 2\,Cl^- + H_2O + CO_2\uparrow}$$

Die starke Salzsäure ($H^+ + Cl^-$) treibt den Säurerest der schwachen Kohlensäure (CO_3^{2-}) aus ihrem Salz ($CaCO_3$) aus und bildet dabei ein wasserlösliches Salz ($Ca^{2+} + 2\,Cl^-$).

Die starke Säure treibt die schwache Säure aus ihrem Salz aus.

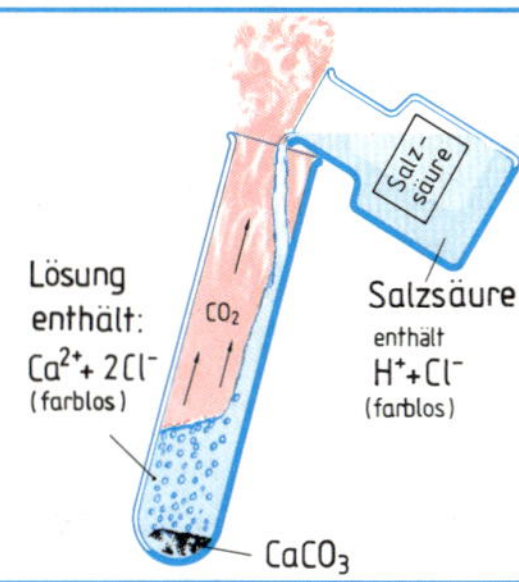

Bild 71/1: Gasentwicklung

Beispiel: Reaktion von Bariumchloridlösung mit Schwefelsäure.

Gibt man zu Bariumchloridlösung ($Ba^{2+} + 2\,Cl^-$) Schwefelsäure ($2\,H^+ + SO_4^{2-}$) hinzu, so entsteht ein weißer Niederschlag aus wasserunlöslichem Bariumsulfat $BaSO_4$ **(Bild 71/2)**:

$$\mathbf{Ba^{2+} + 2\,Cl^- + 2\,H^+ + SO_4^{2-} \longrightarrow BaSO_4\downarrow + 2\,H^+ + 2\,Cl^-}$$

Beispiel: Reaktion von Natriumchloridlösung ($Na^+ + Cl^-$) mit Silbernitratlösung ($Ag^+ + NO_3^-$) zu unlöslichem Silberchlorid (AgCl)

$$\mathbf{Na^+ + Cl^- + Ag^+ + NO_3^- \longrightarrow AgCl\downarrow + Na^+ + NO_3^-}$$

Kann sich aus den vorhandenen Ionen ein wasserunlösliches Salz bilden, so fällt es als Niederschlag aus.

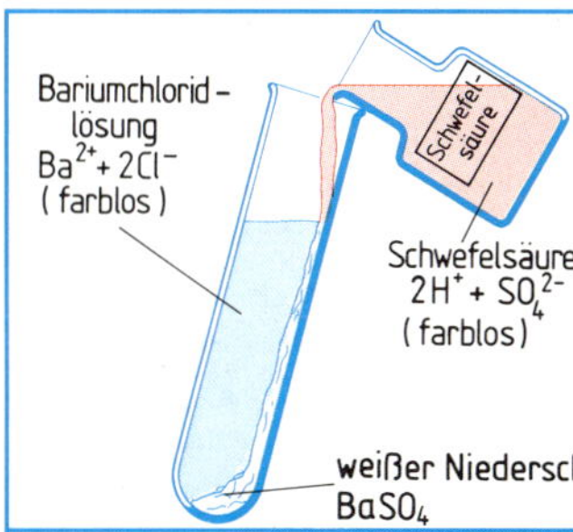

Bild 71/2: Niederschlagsbildung

Wiederholungsfragen

1. **Wie erfolgt die Stromleitung durch Elektrolyte?**
2. **Welche Vorgänge spielen sich beim Lösen eines Salzes in Wasser ab?**
3. **Was versteht man unter Hydratation?**
4. **Welche Vorgänge laufen im Elementarbereich bei der Protolyse von HCl ab?**
5. **Wie sind Säuren nach Brönsted definiert?**
6. **Warum bezeichnet man Säuren als Protonenspender und Basen als Protonennehmer?**
7. **Was versteht man unter Protolyse?**
8. **Worauf beruht die unterschiedliche Stärke der Säuren?**
9. **Was gibt der pH-Wert an?**
10. **Wie groß ist der pH-Wert einer Lösung mit der H_3O^+-Ionenkonzentration 10^{-9} mol/l?**

1.12 Ablauf chemischer Reaktionen

1.12.1 Bedingungen für chemische Reaktionen

Damit eine chemische Reaktion zwischen zwei Stoffen eintritt, müssen die kleinsten Teilchen der Stoffe, die Atome bzw. Moleküle, zusammentreffen **(Versuch 72/1)**. Bei Gasen und Flüssigkeiten kann dies durch Vermischen im ganzen Stoffvolumen erfolgen, bei Feststoffen ist ein Aufeinandertreffen nur an den Berührungsstellen möglich, so daß Feststoffreaktionen immer unvollständig ablaufen.

Aber nicht bei allen Stoffen kommt es beim Zusammenstoß der kleinsten Teilchen zur Bildung einer neuen Teilchenart. Sonst müßten alle Gase und Flüssigkeiten beim Vermischen unmittelbar und vollständig reagieren. Dies ist bekanntlich nicht der Fall. *Beispiel:* Luft ist ein Gemisch aus Stickstoff und Sauerstoff, die nicht miteinander reagieren.

Damit sich eine neue Teilchenart bildet, müssen die aufeinandertreffenden Teilchen *„chemisch zusammenpassen"* und der Zusammenstoß muß eine bestimmte Heftigkeit besitzen, so daß ein *wirksamer Stoß* zur Reaktion führt.

Versuch 72/1: Reaktion beim Zusammentreffen der Stoffteilchen

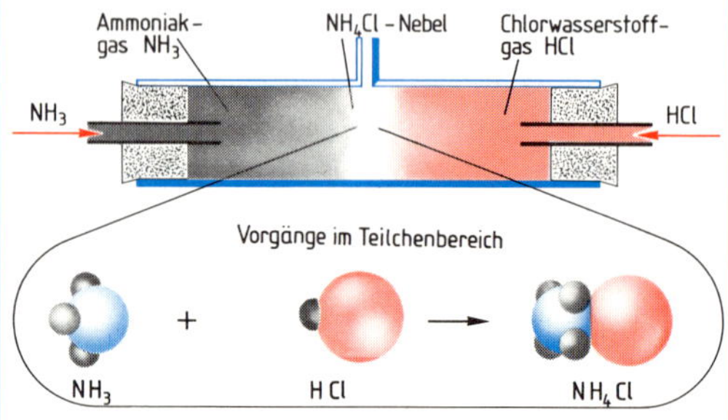

Versuchsbeschreibung:
Man leitet von einer Seite Ammoniakgas und von der anderen Seite Chlorwasserstoffgas in ein Glasrohr. An der Stelle des Zusammentreffens der beiden farblosen Gase entsteht ein weißer Rauch. Die Stoffe haben zu NH_4Cl, einem weißen, feinverteilten Stoff reagiert:

$$NH_3 + HCl \longrightarrow NH_4Cl$$

Aktivierungsenergie

Nur die wenigsten Stoffe reagieren spontan miteinander, wenn sie in Kontakt gebracht werden. Bei den meisten Stoffen muß der Beginn einer chemischen Reaktion (wirksamer Stoß) durch einen „Anstoß" ausgelöst (aktiviert) werden, wie z.B. bei Sauerstoff und Wasserstoff. Da es sich hierbei um eine Energie handelt, die den Stoffen zugeführt werden muß, nennt man sie **Aktivierungsenergie**.

Ist die Reaktion einmal angelaufen, dann pflanzt sie sich, vielfach stürmisch, von alleine fort (Beispiel: Knallgasreaktion von Wasserstoff und Sauerstoff).

Unter Aktivierungsenergie versteht man die Energie, die einem Stoffgemisch zugeführt werden muß, damit die Reaktion einsetzt.

Bildlich vorstellen kann man sich die energetischen Vorgänge beim Ablaufen einer chemischen Reaktion mit der Modellvorstellung einer Kugel an einem Berghang mit Zwischental **(Bild 72/1)**:

Normalerweise hat der nicht reagierende Stoff die *Energielage A*. Nach der Reaktion, im chemisch gebundenen Zustand, hat er die *Energielage B*, d.h. besitzt weniger Energie, da er bei der Reaktion die **Reaktionsenergie ΔH**, z.B. in Form von Wärme, nach außen abgegeben hat (exotherme Reaktion). Ohne äußeren Anstoß kann der Stoff jedoch nicht von der *Energielage A* in die *Energielage B* gelangen. Dazu muß er zuerst in die *Energielage C* angehoben werden, so daß er mit Schwung den Zwischenhang überwinden kann. Dieser Energiebetrag entspricht der *Aktivierungsenergie*.

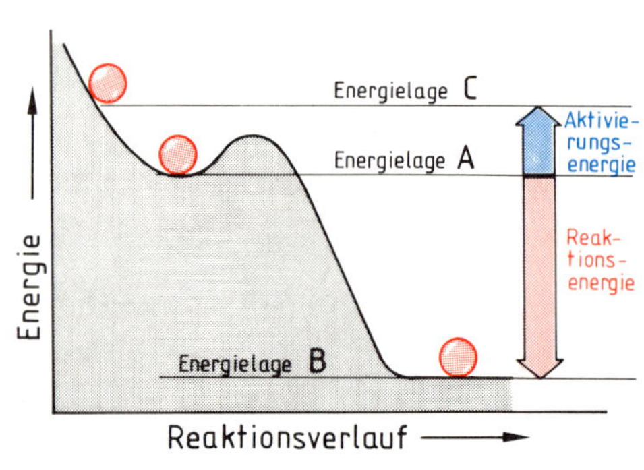

Bild 72/1: Modellvorstellung der energetischen Vorgänge chemischer Reaktionen

In der chemischen Praxis kann eine Reaktion auf zwei Arten eingeleitet werden:

- durch eine Erhöhung der Temperatur der Reaktionspartner (Zünden der Reaktion)
- durch die Anwesenheit (Zugabe) einer geeigneten Substanz, eines Katalysators.

Temperaturerhöhung bedeutet, daß die einzelnen Teilchen des erwärmten Stoffes eine höhere Energie enthalten. Dabei haben nicht alle Teilchen die gleiche Energie, sondern manche Teilchen haben eine kleine, andere eine große, der Großteil der Teilchen eine mittlere Energie. Man nennt dies eine Energieverteilung. Im Verlauf der Erwärmung des Stoffes überschreiten die Teilchen mit großer Energie den Betrag der Aktivierungsenergie und ein Zusammenstoß dieser Teilchen führt zur chemischen Reaktion. Dabei entsteht Reaktionsenergie, die weitere Teilchen auf den Betrag der Aktivierungsenergie bringt, so daß sie reagieren usw. Die einmal begonnene Reaktion pflanzt sich fort. Dieser Vorgang läuft z.B. sehr rasch ab, wenn ein Wasserstoff/Sauerstoff-Gemisch mit einer Flamme gezündet wird.

Durch die **Anwesenheit eines geeigneten Katalysators** wird die Aktivierungsenergie der Reaktion herabgesetzt und dadurch die Reaktion an der Katalysatoroberfläche in Gang gesetzt (Seite 74). Sie läuft dann meist von alleine weiter, da die frei werdende Reaktionswärme die Reaktanten erwärmt. Beispiel: Zünden von Wasserstoffgas an Platinwolle (Versuch 74/2).

Reaktionsenthalpie

Chemische Vorgänge sind mit Veränderungen des Energieinhaltes der reagierenden Stoffe verbunden.

Bei **exothermen Reaktionen** wird bei der Reaktion die Reaktionswärme ΔH frei **(Bild 73/1, oben)**. Der Energiegehalt der Produktstoffe ist um diesen Betrag geringer als der der Ausgangsstoffe. Deshalb wird die Reaktionswärme ΔH bei exothermen Reaktionen negativ gesetzt.

Beispiel: **$C + O_2 \longrightarrow CO_2$** $\Delta H = -393{,}8$ kJ/mol

Bei **endothermen Reaktionen** wird bei der Reaktion die Reaktionswärme ΔH aufgenommen (Bild 73/1, unten). Der Energiegehalt der Endprodukte ist größer als der der Ausgangsstoffe. Die Reaktionswärme ΔH wird deshalb bei endothermen Reaktionen positiv gesetzt.

Beispiel: **$2\ HgO \longrightarrow 2\ Hg + O_2$** $\Delta H = 90$ kJ/mol

Vielfach gebraucht man in der Chemie für die Reaktionswärme den Ausdruck **Reaktionsenthalpie**. Dieser Name ist nur zulässig, wenn die Reaktion bei konstantem Druck abläuft, was für die Mehrzahl der chemischen Reaktionen zutrifft. Deshalb spricht man in der Regel von Reaktionsenthalpie.

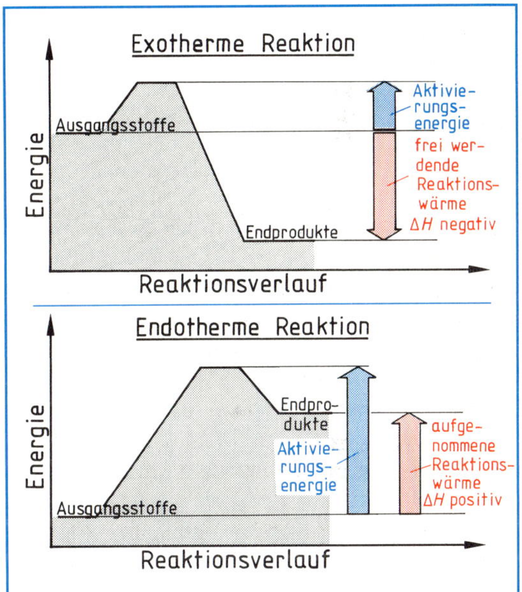

Bild 73/1: Energieveränderungen bei verschiedenartigen Reaktionen

Die Richtung chemischer Reaktionen

Die Richtung, in der eine chemische Reaktion abläuft, kann nicht ohne weiteres vorausgesagt werden. Es lassen sich jedoch Tendenzen aufzeigen:

Bei **niedrigen und mittleren Temperaturen** strebt das reagierende Stoffgemisch einen möglichst energiearmen Zustand an (Energieminimum). Das bedeutet, daß exotherme Reaktionen bevorzugt ablaufen, da der Energieinhalt der Reaktionsprodukte geringer ist, als der der Ausgangsstoffe (Bild 72/1).

Bei **hohen Temperaturen** läuft die Reaktion in der Richtung, bei der die meisten Reaktionsteilchen vorliegen. Es wird der Zustand größerer Unordnung angestrebt. Man nennt dies den Zustand größerer **Entropie**.

Beispiel:

- Bei normalen Temperaturen reagieren Wasserstoff und Sauerstoff zu Wasser, da Wasser H_2O den energieärmeren Zustand darstellt: **$2\ H_2 + O_2 \longrightarrow 2\ H_2O$** (exotherme Reaktion)
- Bei sehr hohen Temperaturen (über 2000 °C) zerfällt Wasser in Wasserstoff und Sauerstoff, da dadurch mehr Teilchen vorliegen, d.h. die Unordnung größer ist: **$2\ H_2O \longrightarrow 2\ H_2 + O_2$** (endotherme Reaktion)

1.12.2 Katalyse

Die katalytische Wirkung einer Substanz kann mit einem einfachen Experiment eindrucksvoll gezeigt werden **(Versuch 74/1)**.

Bei Raumtemperatur zerfällt das instabile Wasserstoffperoxid H_2O_2 erst im Laufe von Tagen bis Monaten, da die Zerfallsgeschwindigkeit sehr gering ist. Durch Zugabe des Katalysators Silberoxid verläuft die Reaktion mit großer Reaktionsgeschwindigkeit in wenigen Sekunden ab:

$$2\,H_2O_2 \xrightarrow{\text{Silberoxid}} 2\,H_2O + O_2\uparrow$$

Nach der Zerfallsreaktion liegt das Silberoxidpulver in Menge und Eigenschaft unverändert vor.

Versuch 74/1: Zersetzung von Wasserstoffperoxid

Versuchsbeschreibung:
In ein Becherglas gibt man ca. $^1/_3$ des Inhalts 30%ige Wasserstoffperoxidlösung. Durch Zugabe einer Spatelspitze Silberoxidpulver wird eine stürmische Reaktion mit Sauerstoffbildung in Gang gesetzt.
(Vorsicht Spritzer, Schutzbrille tragen!)

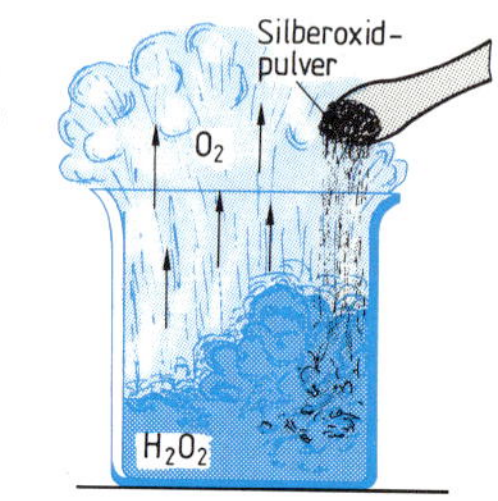

Häufig wird durch die Gegenwart eines Katalysators die Reaktionsgeschwindigkeit erst soweit erhöht, daß die Reaktion überhaupt erkennbar ist. Dies ist z. B. bei einem Wasserstoff/Sauerstoff-Gemisch der Fall. Bei Raumtemperatur ist keine Reaktion erkennbar, es reagieren nur einzelne Moleküle miteinander, die Reaktionsgeschwindigkeit ist praktisch null. Läßt man jedoch Wasserstoff gegen Platinwolle strömen, so glimmt sie an der Anströmstelle auf **(Versuch 74/2)**. Dort startet die Wasserstoff/Luftsauerstoff-Reaktion:

$$2\,H_2 + O_2 \xrightarrow{\text{Platin}} 2\,H_2O$$

Versuch 74/2: Entzündung von Wasserstoff an Platinwolle

Versuchsbeschreibung:
Man läßt Wasserstoff gegen einen Platinwollebausch strömen. Zuerst glimmt die Platinwolle an der Ausströmstelle schwach und dann stärker. An der Glimmstelle entzündet sich der Wasserstoff.

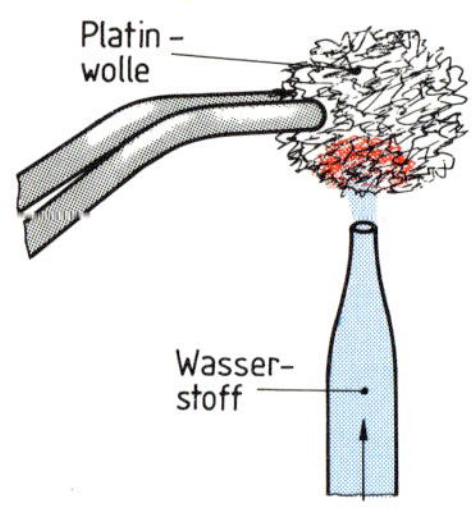

Sie läuft dann durch die frei werdende Reaktionswärme weiter, so daß sich der Wasserstoff entzündet. Die Platinwolle wird durch die Reaktion nicht verändert.

Als Katalyse bezeichnet man die Erhöhung der Reaktionsgeschwindigkeit einer chemischen Reaktion durch die Gegenwart einer geeigneten Substanz, des Katalysators.
Nach der Reaktion liegt der Katalysator unverändert vor.

Bei festen Katalysatoren, man spricht dann von **heterogener Katalyse**, beruht die Wirkung des Katalysators darauf, daß an seiner Oberfläche Teilchen der zur Reaktion kommenden Stoffe adsorbiert und dadurch chemisch aktiviert werden **(Bild 74/1)**.

Beim Wasserstoff/Sauerstoff-Gemisch z. B. werden die H_2-Teilchen an der Platinoberfläche adsorbiert. Die Adsorptionskräfte zwischen den Wasserstoff- und den Platinatomen sind so groß, daß die innermolekularen Bindungen im Wasserstoffmolekül gelockert werden, bis es in Wasserstoffatome zerfällt, die chemisch sehr aktiv sind. Sie reagieren mit auftreffenden Sauerstoffmolekülen zu Wasser.

Man kann sich die katalytische Reaktion auch als eine Reaktionskette über Zwischenprodukte vorstellen, deren einzelne Aktivierungsenergien wesentlich niedriger als die Aktivierungsenergie der Gesamtreaktion sind. Bei der Reaktion von H_2 mit O_2 am Platin-Katalysator z. B. entsteht zuerst als Zwischenprodukt atomarer Wasserstoff H^* und dann mit Sauerstoff Wasser:

$$2\,H_2 + O_2 \longrightarrow 4\,H^* + O_2 \longrightarrow 2\,H_2O$$

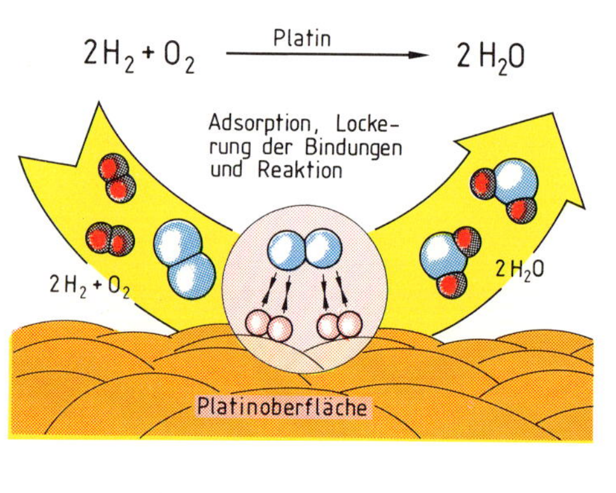

Bild 74/1: Katalyse der Reaktion von H_2 mit O_2 an einem Platinkatalysator

Den Unterschied des **energetischen Verlaufs** einer Reaktion ohne und mit Katalysator kann man in einem Energiediagramm darstellen **(Bild 75/1)**.

Die Aktivierungsenergie AE für die Reaktion z. B. von Wasserstoff und Sauerstoff ohne Katalysator ist sehr hoch, so daß bei Raumtemperatur praktisch keine Reaktion stattfindet. Bei Ablauf der Reaktion von H_2 und O_2 an einem Platinkatalysator wird die Aktivierungsenergie AE* durch die Adsorption und Aufspaltung der Wasserstoffmoleküle stark herabgesetzt. Die niedrige Aktivierungsenergie AE* wird von vielen Teilchen überschritten, so daß dann eine Reaktion eintritt.

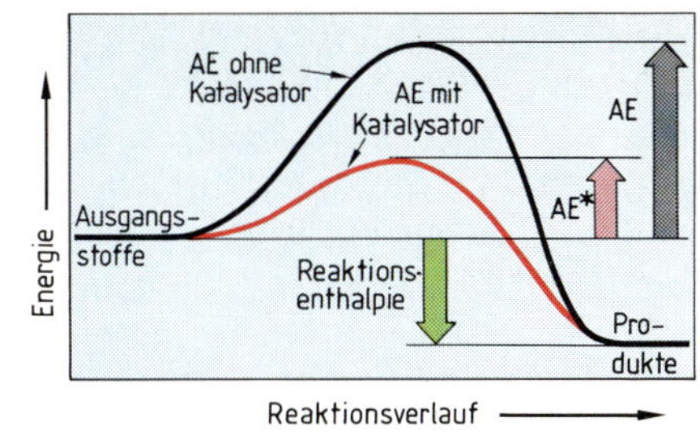

Bild 75/1: Aktivierungsenergie einer Reaktion ohne und mit Katalysator

Katalysatorselektivität. Aus einem Reaktionsgemisch, z. B. dem Synthesegas CO + H_2, können bei Verwendung verschiedener Katalysatoren unterschiedliche Produkte entstehen **(Bild 75/2)**. So ist es z. B. möglich, aus Synthesegas selektiv die Produkte Methan, Methanol oder Benzin herzustellen. Neben dem geeigneten Katalysator müssen bei der jeweils gewünschten Reaktion auch die geeigneten Temperatur- und Druckbedingungen herrschen.

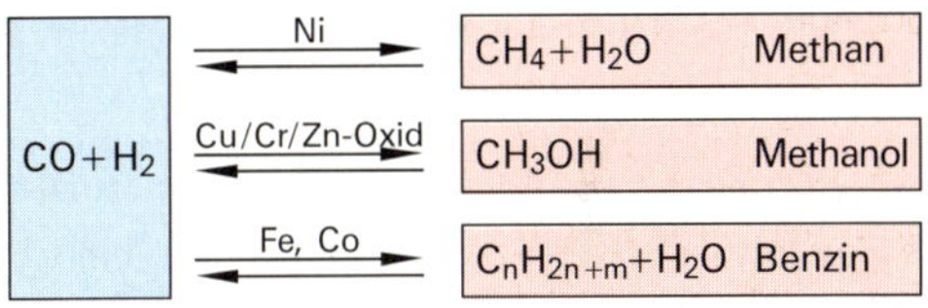

Bild 75/2: Katalysatorselektivität

Katalysatoren können Feststoffe (heterogene Katalysatoren) oder Flüssigkeiten bzw. Gase sein.

Feststoffkatalysatoren bestehen häufig aus einem Trägermaterial mit großer Oberfläche, auf das die Katalysatorsubstanz dünn aufgebracht ist **(Bild 75/3)**. Die flüssigen bzw. gasförmigen Reaktanten durchströmen die Katalysatorschüttung. Die Katalysatorsubstanzen sind meist Metalle und Metalloxide.

Homogene Katalysatoren sind molekulardispers in Lösungen oder Gasgemischen verteilt, z. B. in einer Behälterfüllung (Bild 75/3). Es sind meist metallorganische Verbindungen.

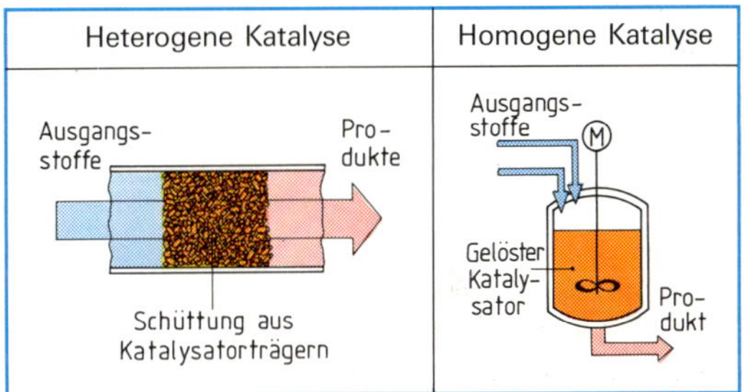

Bild 75/3: Katalysearten

Industrielle Katalysen

Ammoniak-Synthese. Ammoniak ist ein wichtiger Grundstoff der Chemieindustrie und wird aus Stickstoff und Wasserstoff synthetisiert. Zum Einsatz kommt ein Mischkatalysator mit dem Hauptanteil Fe_3O_4 sowie Al-, Mg-, Ca- und K-Oxiden.

$$N_2 + 3\,H_2 \xrightarrow[450\,°C,\ 300\,bar]{Fe_3O_4,\ Al_2O_3\ldots} 2\,NH_3$$

Cracken von Kohlenwasserstoffen. In Erdöl ist ein hoher Anteil von langkettigen Kohlenwasserstoffen (Schmieröl) vorhanden. Sie werden durch Cracken in kurzkettige Kohlenwasserstoffe (Benzin) umgewandelt. Katalysator ist eine Al_2O_3/SiO_2-Mischung.

$$C_{16}H_{34} \xrightarrow[400\,°C,\ 1\,bar]{Al_2O_2\,/\,SiO_2} C_8H_{18} + C_8H_{16}$$

Alkoholische Gärung. Unter dem Einfluß von Hefeenzymen entsteht aus vergärbaren Kohlehydraten, z. B. Zucker, Ethylalkohol. Diese Art der Katalyse nennt man **enzymatische Katalyse**.

$$\underset{\text{Zucker}}{C_6H_{12}O_6} \xrightarrow{\text{Enzyme}} \underset{\text{Ethylalkohol}}{2\,C_2H_5OH} + 2\,CO_2$$

Auch im Umweltschutz, wie z. B. bei der **Entgiftung von Autoabgasen** (Seite 265) oder der **Entstickung von Abgasen aus Feuerungsanlagen** (Seite 264) spielen Katalysatoren eine wichtige Rolle.

1.12.3 Geschwindigkeit chemischer Reaktionen

Chemische Reaktionen laufen unterschiedlich schnell ab. So reagieren z. B. Säuren und Laugen bei der Neutralisation in Millisekunden. Das Rosten von Eisen, eine Oxidation, braucht dagegen Jahre.

Als geeignete Größe, die den zeitlichen Verlauf einer Reaktion beschreibt, benutzt man die **Konzentration *c*** eines an der Reaktion teilnehmenden Stoffes. Sie sinkt, beginnend von einer *Ausgangskonzentration* c_0, ständig ab **(Bild 76/1)**.

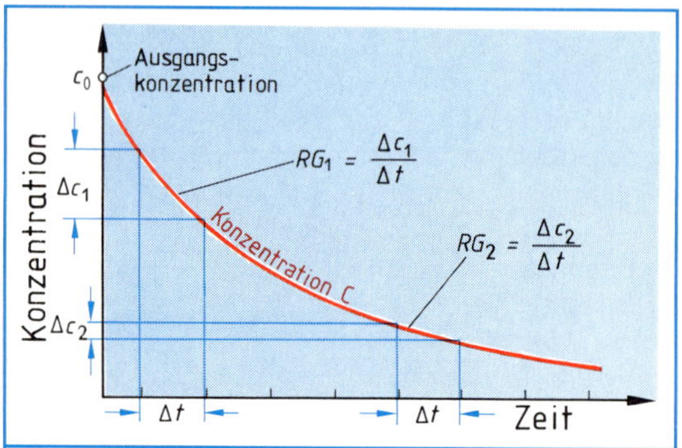

Bild 76/1: Konzentrationsverlauf während einer Reaktion

Als **Reaktionsgeschwindigkeit *RG*** definiert man die Änderung der Konzentration Δc pro Zeiteinheit Δt:

$$RG = \frac{\Delta c}{\Delta t}$$

Zu Beginn einer Reaktion ist die Reaktionsgeschwindigkeit groß (z. B. $RG_1 = \Delta c_1 / \Delta t$), im Laufe der Reaktion nimmt sie immer mehr ab (z. B. $RG_2 = \Delta c_2 / \Delta t$).

Einflußgrößen der Reaktionsgeschwindigkeit

Die Reaktionsgeschwindigkeit wird durch eine Reihe von Faktoren beeinflußt:

- Die **Art der Reaktionsteilnehmer** spielt eine wesentliche Rolle. Jede Stoffpaarung besitzt ein charakteristisches Reaktionsgeschwindigkeits-Verhalten.
- Die **Temperatur** ist ein bestimmender Faktor. Bei hohen Temperaturen ist die Reaktionsgeschwindigkeit groß, bei niedrigen Temperaturen ist sie klein. Viele Reaktionen laufen erst ab einer bestimmten Temperatur mit wahrnehmbarer Geschwindigkeit ab, darunter erfolgt praktisch kein Umsatz.

  Als grobe Faustregel gilt, daß sich die Reaktionsgeschwindigkeit bei Temperaturerhöhung um 10 K verdoppelt.
- Geeignete **Katalysatoren** beschleunigen die Geschwindigkeit einer Reaktion durch Herabsetzen der Aktivierungsenergie (Seite 74).
- Die Reaktionsgeschwindigkeit steigt mit der **Größe der reagierenden Oberflächen**. *Beispiel:* Magnesiumband (kleine Oberfläche) brennt ruhig, Magnesiumpulver (große Oberfläche) verpufft schlagartig.
- Je größer die **Konzentration** der Reaktionsteilnehmer ist, um so größer ist die Reaktionsgeschwindigkeit. *Beispiel:* In reinem Sauerstoff verläuft die Verbrennung sehr viel schneller als in Luft (21% O_2).

Teilchenvorstellung und Reaktionsgeschwindigkeit

Einen formelmäßigen Zusammenhang zwischen der Reaktionsgeschwindigkeit und der Konzentration der reagierenden Stoffe kann man aus den Vorgängen bei der Reaktion im Teilchenbereich erhalten: Die Zahl der chemisch wirksamen Zusammenstöße Z ist um so größer, je größer die Teilchenzahl der Ausgangsstoffe N_A und N_B ist **(Bild 76/2)**.

$$Z \sim N_A, \quad Z \sim N_B \quad \Rightarrow \quad Z \sim N_A \cdot N_B$$

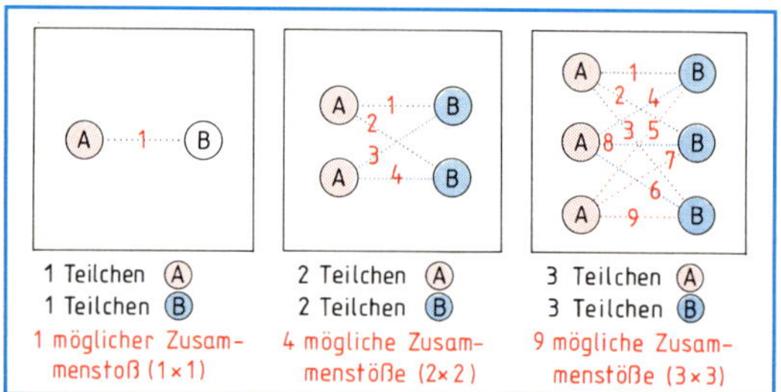

Bild 76/2: Zahl der Zusammenstöße in Abhängigkeit der Teilchenzahl

Da die Stoßzahl Z der Reaktionsgeschwindigkeit RG proportional ist ($Z \sim RG$) und die Teilchenzahl N den jeweiligen Konzentrationen c (A) bzw. c (B) proportional ist ($N_A \sim c(A)$, $N_B \sim c(B)$), kann man schreiben:

$$RG = k \cdot c(A) \cdot c(B)$$

k ist eine temperaturabhängige Geschwindigkeitskonstante

Der bestimmende Einfluß der Temperatur auf die Reaktionsgeschwindigkeit kann mit der Teilchenvorstellung erklärt werden: Mit steigender Temperatur bewegen sich die Teilchen schneller, so daß es zu mehr und heftigeren Zusammenstößen kommt. Da jeder wirksame Zusammenstoß zur Bildung eines neuen Stoffteilchens führt, wächst damit auch die Reaktionsgeschwindigkeit.

1.12.4 Chemisches Gleichgewicht

Beobachtet man den zeitlichen Verlauf verschiedener chemischer Reaktionen, so stellt man fest, daß es zwei Arten von Reaktionstypen gibt:

- Es gibt chemische Reaktionen, die laufen so lange, bis der in der geringeren Menge vorhandene Ausgangsstoff völlig aufgebraucht ist. *Beispiel:* Die Verbrennung von Kohlenstoff: $C + O_2 \rightarrow CO_2$. Man spricht dann von einer **vollständig** oder **quantitativ verlaufenden chemischen Reaktion**.
- Andere chemische Reaktionen verlaufen nicht bis zum vollständigen Verbrauch eines der Ausgangsstoffe. Man nennt diese Reaktion **nicht quantitativ verlaufende Reaktionen**. Dies beobachtet man vor allem bei Gasreaktionen und Reaktionen in wäßrigen Lösungen. *Beispiel:* Die Oxidation von Schwefeldioxid zu Schwefeltrioxid $2\,SO_2 + O_2 \rightleftarrows 2\,SO_3$.

Die nicht quantitativen Reaktionen verlaufen bis zu einer ganz bestimmten Zusammensetzung der Ausgangsstoffe und Reaktionsprodukte. Ändern sich die äußeren Bedingungen nicht, dann bleibt diese Zusammensetzung erhalten. Man sagt: die Reaktion befindet sich im **chemischen Gleichgewicht**.

Beispiel: Die Reaktion von SO_2 mit O_2 zu SO_3 bei 600 °C. Das nach der Reaktion vorliegende Gasgemisch enthält neben 65% des Reaktionsprodukts SO_3 noch Anteile der Ausgangsstoffe SO_2 (25%) und O_2 (10%). Auch bei beliebig langer Reaktionsdauer ist es nicht möglich, die SO_3-Konzentration über 65% zu steigern. Läßt man der Reaktion genügend Zeit, so stellt sich letztendlich immer die Zusammensetzung ein, die dem chemischen Gleichgewicht bei dieser Temperatur entspricht (65% SO_3, 25% SO_2, 10% O_2).

Eine Reaktion befindet sich im chemischen Gleichgewicht, wenn sich nach genügend langer Reaktionsdauer eine unveränderliche Zusammensetzung von Ausgangsstoffen und Produkten eingestellt hat.

Beeinflussung des chemischen Gleichgewichts

Ändert sich die **Temperatur**, bei der die Reaktion abläuft, so verändert sich das chemische Gleichgewicht. Das bei der Reaktion entstehende Gasgemisch hat eine andere Zusammensetzung **(Bild 77/1)**.

Beispiele: Bei 800 °C entspricht das chemische Gleichgewicht der Reaktion $2\,SO_2 + O_2 \rightleftarrows 2\,SO_3$ der Zusammensetzung: 20% SO_3, 52% SO_2, 28% O_2. Bei 500 °C hat das chemische Gleichgewicht die Zusammensetzung: 93% SO_3, 5% SO_2, 2% O_2. Fast reines SO_3 erhält man, wenn die Reaktion unter 400 °C abläuft.

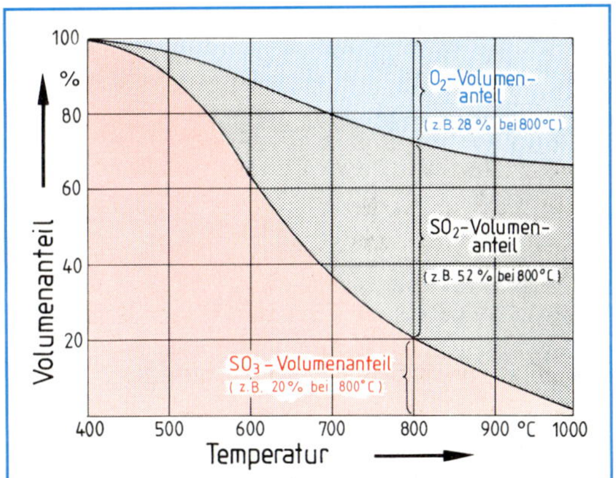

Bild 77/1: Chemische Gleichgewichte der Reaktion $2\,SO_2 + O_2 \rightleftarrows 2\,SO_3$

Es erscheint deshalb auf den ersten Blick sinnvoll, die Reaktion von SO_2 zu SO_3 bei einer Temperatur unter 400 °C ablaufen zu lassen, um reines SO_3 zu erhalten. Dies scheitert allerdings an der Tatsache, daß die Reaktion unter 400 °C mit einer sehr langsamen Reaktionsgeschwindigkeit abläuft und sich die Zusammensetzung des chemischen Gleichgewichts erst nach Monaten einstellen würde. Dies ist produktionstechnisch nicht vertretbar.

Man muß deshalb die Reaktion bei höherer Temperatur ablaufen lassen, z. B. bei 600 °C. Man erhält dann zwar nur rund 65% SO_3, jedoch bereits nach kurzer Reaktionsdauer. Der SO_3-Anteil muß anschließend mit Hilfe eines Trennverfahrens (z. B. Absorbieren) aus dem Gasgemisch abgetrennt werden (Seite 126).

Die Temperatur ändert die Lage des chemischen Gleichgewichts sowie die Geschwindigkeit, mit der sich das Gleichgewicht einstellt.

Erhöhen läßt sich die Reaktionsgeschwindigkeit und damit die zeitliche Einstellung der Zusammensetzung des chemischen Gleichgewichts ebenfalls durch Verwendung eines Katalysators. Er beeinflußt jedoch nicht die Lage des chemischen Gleichgewichts.

Ein Katalysator beschleunigt das Erreichen des chemischen Gleichgewichtes. Er verändert jedoch nicht die Lage des Gleichgewichtes.

Teilchenvorstellung des chemischen Gleichgewichts

Erklären läßt sich das chemische Gleichgewicht mit der Teilchenvorstellung der Reaktion: Produktteilchen (C) entstehen beim Zusammenstoß von Ausgangsteilchen: **A + B ⟶ C** (Hinreaktion). Durch die Bildung von immer mehr Produktteilchen verschwinden Ausgangsteilchen (A, B), so daß die Zusammenstöße von Ausgangsteilchen immer seltener werden. Die Reaktionsgeschwindigkeit der Hinreaktion nimmt ab. Mit der Zunahme von Produktteilchen ereignen sich immer mehr Zusammenstöße zwischen Produktteilchen. Dabei zerfallen sie in die Ausgangsteilchen: **C ⟶ A + B** (Rückreaktion).

Hinreaktion und Rückreaktion wirken gegenläufig, man schreibt die Reaktionsgleichung mit einem Hin- und einem Rückpfeil

A + B $\rightleftarrows$ **C** oder **A + B** $\rightleftharpoons$ **C**

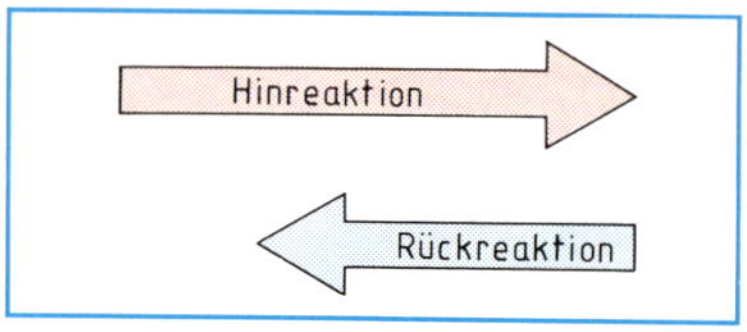

Läßt man der Reaktion genügend Zeit, dann stellt sich ein Zustand ein, bei dem genausoviel Produktteilchen gebildet werden, als Produktteilchen zerfallen. Es herrscht ein *dynamisches Gleichgewicht* zwischen Hin- und Rückreaktion. Makroskopisch entspricht dieser Zustand dem *chemischen Gleichgewicht*. Es ist makroskopisch keine Änderung der Konzentration festzustellen, obwohl die chemischen Vorgänge unter den Teilchen weitergehen.

Das chemische Gleichgewicht ist ein dynamisches Gleichgewicht von Hin- und Rückreaktionen.

Beeinflussung der Lage des chemischen Gleichgewichts

Die Lage des chemischen Gleichgewichtes hängt von äußeren Bedingungen ab:

- von der Temperatur, die bei der Reaktion herrscht
- vom Druck, bei dem die Reaktion stattfindet
- von der Konzentration der Reaktionsteilnehmer

Durch die Veränderung dieser äußeren Bedingungen ändert sich auch die Lage des chemischen Gleichgewichtes. Die Tendenz der Änderung der Gleichgewichtslage läßt sich mit dem sogenannten **Prinzip des kleinsten Zwangs***, einem allgemein gültigen Naturgesetz, vorhersagen. Es lautet sinngemäß:

Wird auf ein im Gleichgewicht befindliches Stoffsystem durch Änderung der äußeren Bedingungen ein Zwang ausgeübt, so verändert sich die Lage des Gleichgewichtes derart, daß der äußere Zwang vermindert wird.

Beispiel: *Veränderung der Gleichgewichtslage bei der Ammoniaksynthese durch Änderung der äußeren Bedingungen.*

$$\underbrace{N_2 + 3\,H_2}_{\text{4 Volumeneinheiten}} \rightleftharpoons \underbrace{2\,NH_3}_{\text{2 Volumeneinheiten}} \qquad \Delta H = -92\ \text{kJ}$$

(exotherme Reaktion)

Die Reaktion wird technisch bei 400 °C und 200 bar durchgeführt.

1. Temperaturänderung: Führt man Wärme zu (Temperaturerhöhung), so versucht die wärmeverbrauchende Rückreaktion $2\,NH_3 \longrightarrow N_2 + 3\,H_2$ die Temperaturerhöhung zu vermindern. Steigerung der Temperatur bedeutet also Veränderung der Gleichgewichtslage zu den Ausgangsstoffen N_2 und H_2.

Entzieht man Wärme (Temperaturerniedrigung), so versucht die wärmeerzeugende Hinreaktion $N_2 + 3\,H_2 \longrightarrow 2\,NH_3$ die Temperaturerniedrigung zu vermindern. Absenkung der Temperatur führt also zur Veränderung der Gleichgewichtslage zum Produkt Ammoniak NH_3.

2. Druckänderung: Druckerhöhung führt zur Verschiebung der Gleichgewichtslage nach rechts, da das gebildete Ammoniak nur die Hälfte des Volumenbedarfs der Ausgangsstoffe hat und somit der Druckerhöhung entgegenwirkt. Druckverminderung verschiebt das Gleichgewicht nach links, da die Ausgangsstoffe den doppelten Volumenbedarf wie Ammoniak haben und somit die Druckerniedrigung vermindert.

3. Konzentrationsänderung: Erhöhung der H_2-Konzentration z. B. führt zur verstärkten Bildung von NH_3, da so H_2 verbraucht wird und damit die äußere Veränderung gemindert wird.

Heterogene und homogene Gleichgewichtsreaktionen

Nach den Aggregatzuständen der Reaktionsteilnehmer unterscheidet man *heterogene* und *homogene* Reaktionen. Bei **heterogenen Gleichgewichten** liegen die an der Umsetzung beteiligten Stoffe in verschiedenen Aggregatzuständen (Phasen) vor, z. B. flüssig/gasförmig oder flüssig/fest.

Beispiel: Brennen von Kalkstein $(CaCO_3)_{fest} \rightleftharpoons (CaO)_{fest} + (CO_2)_{gasförmig}$

Bei **homogenen Gleichgewichten** haben alle beteiligten Stoffe den gleichen Aggregatzustand.

Beispiel: Ammoniaksynthese $(N_2)_{gasförmig} + 3\,(H_2)_{gasförmig} \rightleftharpoons 2\,(NH_3)_{gasförmig}$

* Entdeckt 1888 von **Le Chatelier** und **Braun**, einem französischen und einem deutschen Naturwissenschaftler.

1.12.5 Massenwirkungsgesetz

Bei einer chemischen Reaktion im Gleichgewicht stehen die Konzentrationen der beteiligten Stoffe in einem festen Verhältnis zueinander (Seite 77). Dieses Konzentrationsverhältnis läßt sich berechnen.

Beispiel: Eine Reaktion des Typs $A + B \rightleftharpoons C + D$ — A, B sind Ausgangsstoffe; C, D sind Produktstoffe

Die Reaktionsgeschwindigkeit der *Hinreaktion* $A + B \longrightarrow C + D$ ist $\overrightarrow{RG} = k_1 \cdot c(A) \cdot c(B)$

Die Reaktionsgeschwindigkeit der *Rückreaktion* $A + B \longleftarrow C + D$ ist $\overleftarrow{RG} = k_2 \cdot c(C) \cdot c(D)$

Herrscht Gleichgewicht, dann sind Hinreaktionsgeschwindigkeit und Rückreaktionsgeschwindigkeit gleich groß:

$$\overrightarrow{RG} = \overleftarrow{RG} \quad \Rightarrow \quad k_1 \cdot c(A) \cdot c(B) = k_2 \cdot c(C) \cdot c(D) \quad \Rightarrow \quad \frac{k_1}{k_2} = \frac{c(C) \cdot c(D)}{c(A) \cdot c(B)}$$

Aus dem Quotient k_1/k_2 bildet man eine neue Konstante, die **Gleichgewichtskonstante** K_c, und erhält damit das **Massenwirkungsgesetz***, kurz **MWG** genannt:

$$K_c = \frac{c(C) \cdot c(D)}{c(A) \cdot c(B)}$$

In Worten lautet das Massenwirkungsgesetz:

Im chemischen Gleichgewicht ist das Produkt der Konzentrationen der Reaktionsprodukte dividiert durch das Produkt der Konzentrationen der Ausgangsstoffe eine Konstante.

Weitere Beispiele zur Berechnung des MWG:

1. Für die Bildung von gasförmigem Wasser aus Wasserstoff und Sauerstoff nach $2\,H_2 + O_2 \rightleftharpoons 2\,H_2O$ lautet das MWG:
(ausführlich heißt die Reaktionsgleichung $H_2 + H_2 + O_2 \rightleftharpoons H_2O + H_2O$)

$$K_c = \frac{c(H_2O) \cdot c(H_2O)}{c(H_2) \cdot c(H_2) \cdot c(CO_2)} = \frac{c^2(H_2O)}{c^2(H_2) \cdot c(O_2)}$$

2. Für die Bildung von Ammoniak nach $N_2 + 3\,H_2 \rightleftharpoons 2\,NH_3$ lautet das MWG:
(ausführlich heißt die Reaktionsgleichung $N_2 + H_2 + H_2 + H_2 \rightleftharpoons NH_3 + NH_3$)

$$K_c = \frac{c(NH_3) \cdot c(NH_3)}{c(N_2) \cdot c(H_2) \cdot c(H_2) \cdot c(H_2)} = \frac{c^2(NH_3)}{c(N_2) \cdot c^3(H_2)}$$

Übungsaufgabe: Wie lautet das Massenwirkungsgesetz für die Reaktionen?

a) $H_2 + Cl_2 \rightleftharpoons 2\,HCl$ b) $2\,CO + O_2 \rightleftharpoons 2\,CO_2$

Die Massenwirkungskonstante K_c hat bei konstanter Temperatur für jede chemische Reaktion einen bestimmten konstanten Zahlenwert. Für die gebräuchlichsten chemischen Gleichgewichtsreaktionen wurde die Konstante K_c bestimmt. Sie kann aus Tabellenbüchern entnommen werden.

Aus dem Massenwirkungsgesetz einer chemischen Reaktion kann man, vorausgesetzt konstante Temperatur, die Auswirkung der Änderung der Konzentration eines Stoffes auf die Lage des Gleichgewichtes ableiten.

Beispiel: Bei der Ammoniaksynthese wird im Ausgangs-Gasgemisch die Wasserstoffkonzentration erhöht. Da K_c konstant ist und somit der Bruch des MWG immer denselben Zahlenwert ergeben muß, muß bei Erhöhung der H_2-Konzentration (im Nenner) auch die NH_3-Konzentration (im Zähler) ansteigen. Diese Tatsache macht man sich bei der technischen Herstellung von Ammoniak zu Nutze (Seite 128). Die H_2-Konzentration hat einen höheren Wert, als es aufgrund der stöchiometrischen Verhältnisse erforderlich wäre.

Wiederholungsfragen

1. **Was versteht man unter der Aktivierungsenergie?**
2. **Welches Vorzeichen hat die Reaktionsenthalpie bei exothermen bzw. bei endothermen Reaktionen?**
3. **Wie erklärt man die Wirkung eines Katalysators?**
4. **Wie ist die Reaktionsgeschwindigkeit definiert?**
5. **Wodurch läßt sich die Reaktionsgeschwindigkeit beeinflussen?**
6. **Wie bemerkt man (makroskopisch) das Erreichen des Gleichgewichtszustandes einer Reaktion?**
7. **Welchen Einfluß hat ein Katalysator auf das chemische Gleichgewicht?**
8. **Welche äußeren Bedingungen können die Lage des Gleichgewichts verändern?**
9. **Wie erklärt man sich das chemische Gleichgewicht anhand der Teilchenreaktionen?**
10. **Was besagt das Prinzip vom kleinsten Zwang?**
11. **Wie lautet das Massenwirkungsgesetz der Reaktion $2\,SO_2 + O_2 \rightleftarrows 2\,SO_3$?**

* Aufgestellt 1867 von **Guldberg** und **Waage**, zwei norwegischen Naturwissenschaftlern

1.13 Physikalisch-chemische Stoffeigenschaften

Durch die Erörterung der Vorgänge zwischen den Atomen bzw. Molekülen der Stoffe (der Atomistik) lassen sich wichtige Erkenntnisse für das Verständnis vieler Naturvorgänge erlangen.

1.13.1 Wärme – atomistisch betrachtet

Wärme ist *eine* mögliche Form von **Energie**. Sie wird in der Einheit **Joule* (J)** gemessen. Den Wärmezustand bezeichnet man als **Temperatur**. Ihre Einheit ist das **Kelvin* (K)** oder **Grad Celsius* (°C)**.

Erkenntnisse über das Wesen der Wärmeenergie gewinnt man, wenn man die kleinsten Stoffteilchen betrachtet **(Bild 80/1)**.

Mit Hilfe von Versuchen stellte man fest, daß sie sich fortwährend bewegen. Man nennt dies die **Wärmebewegung**. Bei Feststoffen sind es Zitterbewegungen um den festen Gitterplatz, bei Flüssigkeiten und Gasen bewegen sich die Stoffteilchen auf Zickzackbahnen von Zusammenstoß zu Zusammenstoß mit Nachbarteilchen.

Bei niedriger Temperatur sind die Bewegungen schwach, mit steigender Temperatur werden sie immer stärker. Diese Bewegungen spielen sich im Größenbereich der Atome ab, man nennt sie **atomistische Bewegungen**. Mit unseren Augen (optisch) können wir diese Bewegungen der Stoffteilchen nicht erkennen. Sie sind für unseren Tastsinn als Wärme wahrnehmbar.

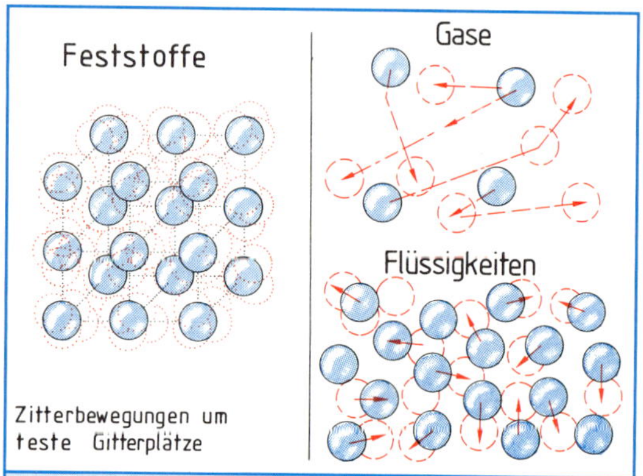

Bild 80/1: Wärmebewegungen bei Feststoffen, Flüssigkeiten und Gasen

Wärme ist atomistisch betrachtet die Bewegungsenergie (kinetische Energie) der Stoffteilchen.

Der Bereich der Wärmelehre, der sich dieser Erkenntnis bedient, wird als **kinetische Wärmelehre** bezeichnet. Mit ihr können viele Eigenschaften der Stoffe anschaulich erklärt werden.

1.13.2 Aggregatzustände der Stoffe

Durch Wärmezufuhr, also durch Erhöhung der kinetischen Energie der Stoffteilchen, lassen sich die Stoffe vom festen über den flüssigen in den gasförmigen Zustand überführen (Seite 13).

Festzustand

Bei festen Stoffen bilden die Atome bzw. Moleküle einen festen Verband, wobei die Teilchen einen bestimmten Gitterplatz einnehmen **(Bild 80/2)**. Anziehungskräfte (Kohäsionskräfte) halten die Teilchen an ihrem Platz. Feststoffe haben deshalb eine bleibende Form und ein bestimmtes Volumen. Die Zerteilung eines Feststoffes erfordert Kraftaufwand, der Stoff hat eine **Festigkeit**. Bei der überwiegenden Zahl der Feststoffe sind die Stoffteilchen in regelmäßigen Abständen und Winkeln zueinander angeordnet. Man nennt dies einen **kristallinen Aufbau**. Den Aufbau der wenigen, nicht regelmäßig geordneten Feststoffe, nennt man **amorph**. Die Teilchen der Feststoffe liegen in dichter Packung, so daß Feststoffe nicht zusammendrückbar sind. Bei Temperaturerhöhungen werden die Zitterbewegungen der Teilchen stärker. Sie brauchen mehr Platz, der Feststoff dehnt sich geringfügig aus. Bei der Schmelztemperatur wird die Bewegung so heftig, daß die Anziehungskräfte zwischen den Teilchen nicht mehr ausreichen, um sie auf ihren Plätzen zu halten. Der feste Zusammenhalt geht verloren. Der Stoff schmilzt und wird flüssig.

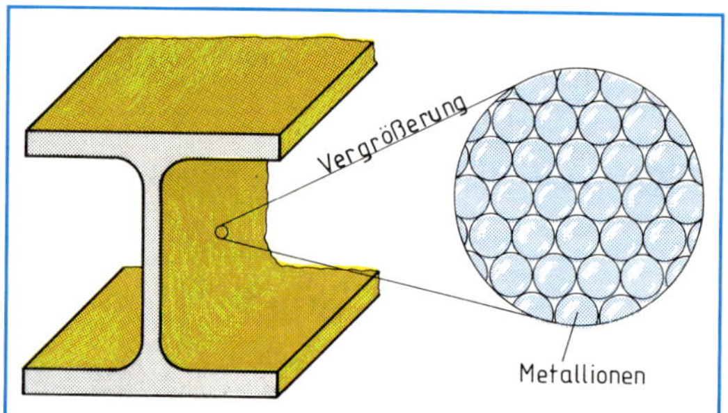

Bild 80/2: Festzustand

* James Joule, Lord Kelvin, Anders Celsius: Naturwissenschaftler, die die Temperatur und Wärme erforschten (17. und 18. Jahrhundert)

Flüssigzustand

Bei flüssigen Stoffen liegen die Stoffteilchen locker aneinander und sind leicht verschiebbar **(Bild 81/1)**. Flüssigkeiten haben deshalb keine bestimmte Form. Sie nehmen die Form des Gefäßes an, in dem sie sich befinden. Nach oben bilden sie eine ebene Oberfläche. Flüssigkeiten haben ein bestimmtes Volumen und sind praktisch nicht zusammendrückbar.

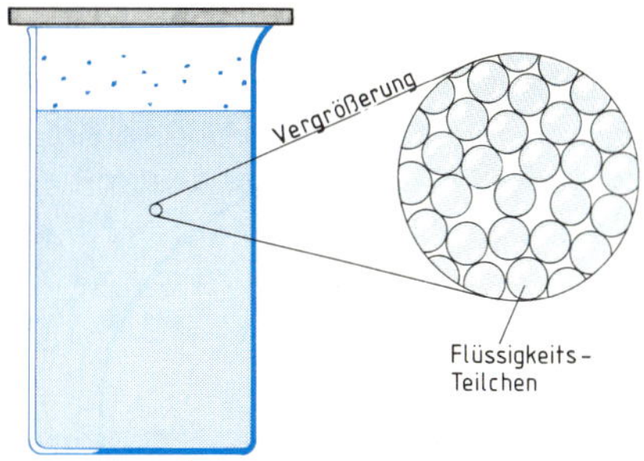

Bild 81/1: Flüssigzustand

Zwischen den Stoffteilchen bestehen geringe Anziehungskräfte. Die Zerteilung von Flüssigkeiten bereitet deshalb einen relativ kleinen Kraftaufwand. Das Fließverhalten einer Flüssigkeit wird durch die sogenannte **Viskosität** beschrieben.

Infolge der Wärmebewegung und der Verschiebbarkeit bleiben die Teilchen in einer Flüssigkeit nicht an einem Platz. Übereinandergeschichtete Flüssigkeiten vermischen sich. Diese Erscheinung nennt man **Diffusion**.
Die Wärmebewegung des überwiegenden Teils der Stoffteilchen ist gering, so daß sie den Wirkungsbereich der Anziehungskräfte nicht verlassen können. Nur einzelne Teilchen haben eine große Geschwindigkeit, so daß sie die Anziehungskräfte überwinden. Sie fliegen in den Gasraum über der Flüssigkeit. Man spricht vom **Verdunsten** der Flüssigkeit. Mit steigender Temperatur wird die Wärmebewegung stärker. Es können mehr Teilchen die Flüssigkeit verlassen, die Verdunstung verstärkt sich. Bei weiterer Temperatursteigerung bis zur *Siedetemperatur* haben viele Teilchen eine so große Geschwindigkeit, daß sie in großer Zahl aus der Flüssigkeit austreten und eine Gasphase bilden. Die Flüssigkeit **verdampft** und wird zum Gas.

Gaszustand

Bei Gasen haben die Stoffteilchen große Abstände zueinander und sind frei beweglich **(Bild 81/2)**.

Die Anziehungskräfte kommen nicht mehr zur Wirkung. Gase haben deshalb keine bestimmte Form und kein bestimmtes Volumen. Sie nehmen sofort jeden zur Verfügung gestellten, größeren Raum ein, sie *expandieren*. Wegen der Zwischenräume zwischen den Gasteilchen kann man Gase durch äußere Krafteinwirkung zusammendrücken *(komprimieren)*.

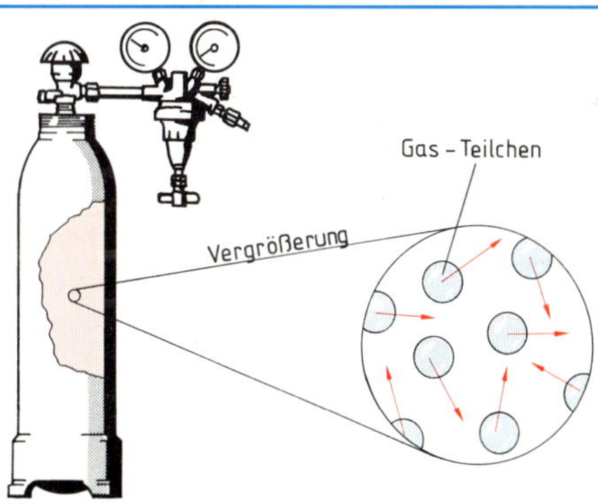

Bild 81/2: Gaszustand

Die Gasteilchen bewegen sich mit großer Geschwindigkeit geradlinig durch den Raum, bis sie mit einem anderen Gasteilchen zusammenprallen oder auf die Behälterwand stoßen. Beim Zusammenstoß verhalten sie sich wie elastische Kugeln. Sie prallen zurück und bewegen sich mit veränderter Geschwindigkeit und Richtung weiter. Jedes Molekül bewegt sich auf einer Zickzackbahn von Zusammenstoß zu Zusammenstoß.

Die Geschwindigkeit der Gasteilchen beträgt bei Raumtempertur 100 bis 2000 Meter pro Sekunde. Die Zahl der Zusammenstöße pro Gasteilchen beläuft sich auf etwa 1 Milliarde pro Sekunde.

Mit Hilfe der Wärmebewegung der Gasteilchen läßt sich der Druck erklären, den Gase auf die sie eingrenzende Gefäßwand ausüben: Gasteilchen, die sich in der Nähe der Behälterwand befinden, stoßen auf ihrer Zickzackbahn auch mit der Behälterwand zusammen und übertragen dabei ihre Stoßkraft auf die Behälterwand. Die Summe der Stoßkräfte sämtlicher Gasteilchen, die an die Behälterwand stoßen, wirkt sich makroskopisch als Druck aus. Die Druckzunahme bei Temperaturerhöhung ist die Folge der dann vergrößerten Geschwindigkeit und damit erhöhten Stoßkraft der Gasteilchen.

Beim Unterschreiten einer für jede Gasart typischen Temperaturgrenze, der *Verflüssigungstemperatur*, wird die Wärmebewegung so schwach, daß die Gasteilchen zusammenrücken und damit die Anziehungskräfte wirksam werden. Das Gas wird flüssig, es kondensiert.

1.13.3 Eigenschaften der Gase

Gasgesetze

Der physikalische Zustand einer Gasportion kann mit den drei **Zustandsgrößen** *Volumen V, Druck p* und *Temperatur T* beschrieben werden. Ändert sich *eine* Zustandsgröße, dann ändern sich auch die anderen Zustandsgrößen. Die Art der Änderung beschreiben die **Gasgesetze**.

Das **Gesetz von Boyle und Mariotte*** beschreibt den Zusammenhang zwischen Druck und Volumen einer Gasportion bei konstanter Temperatur **(Bild 82/1)**. Es lautet:

Bei konstant gehaltener Temperatur hat bei einer Gasportion das Produkt aus Druck und Volumen immer denselben Wert.

$\boldsymbol{p_1 \cdot V_1 = p_2 \cdot V_2 =}$ **konstant** $\quad (T = \text{konst.})$

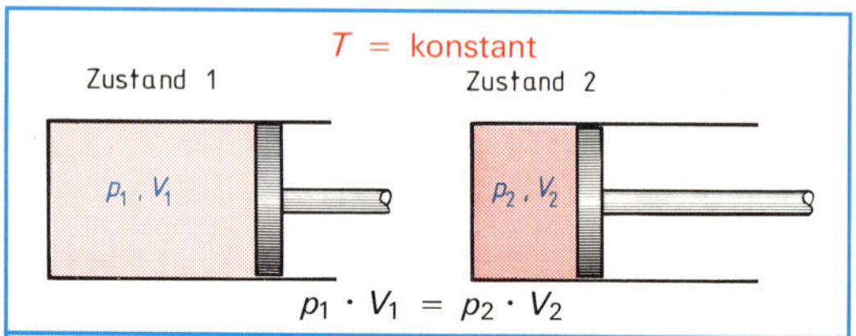

Bild 82/1: Gesetz von Boyle und Mariotte

Das **Gesetz von Gay-Lussac*** stellt den Zusammenhang zwischen Volumen und Temperatur einer Gasportion bei konstantem Druck dar. Es kann in zwei Aussageformen formuliert werden:

Bei konstant gehaltenem Druck ist das Volumen der Temperatur (in K) proportional. $\boldsymbol{V \sim T}$

Bei allen Gasen nimmt das Volumen pro Grad Temperaturerhöhung um $^1/_{273}$ des Volumens zu, das es bei 0 °C einnimmt **(Bild 82/2)**.

Als Gleichung geschrieben: $\boldsymbol{V = V_0 \cdot \frac{1}{273\,K} \cdot T} \quad (p = \text{konst.})$

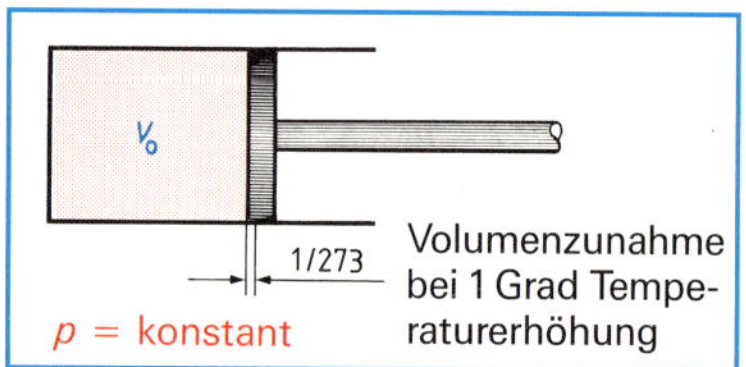

Bild 82/2: Gesetz von Gay-Lussac

Überraschend ist, daß bei allen Gasen die Ausdehnung gleich groß ist. Bei flüssigen und festen Stoffen hat jeder Stoff seinen charakteristischen Ausdehnungskoeffizienten.

Das **Gesetz von Amontons*** beschreibt den Zusammenhang zwischen Druck und Temperatur einer Gasportion bei konstantem Volumen. Es lautet:

Bei konstant gehaltenem Volumen ist der Druck der Temperatur proportional. $\boldsymbol{p \sim T}$

Bei allen Gasen nimmt der Druck pro Grad Temperaturerhöhung um $^1/_{273}$ des Druckes zu, den es bei 0 °C hat (p_0).

$$\boldsymbol{p = p_0 \cdot \frac{1}{273\,K} \cdot T} \qquad (V = \text{konst.})$$

Die Zustandsgleichung der Gase erfaßt die Änderung *einer* Zustandsgröße bei gleichzeitiger Änderung der beiden anderen Zustandsgrößen **(Bild 82/3)**.

Sie lautet: $\boldsymbol{\frac{p_1 \cdot V_1}{T_1} = \frac{p_2 \cdot V_2}{T_2} =}$ **konstant**

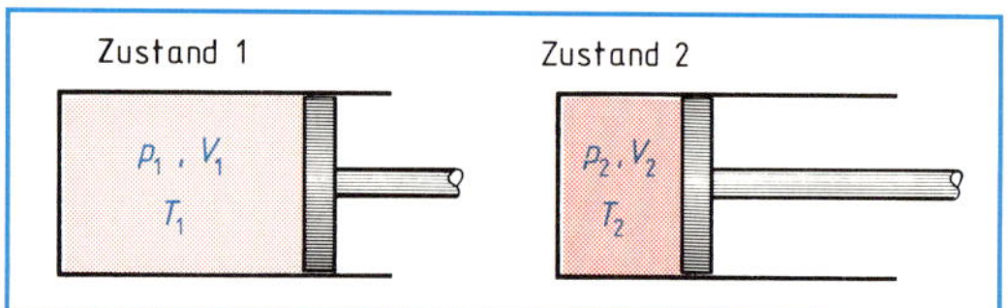

Bild 82/3: Zustandsgleichung der Gase

Der Bruch $\frac{p \cdot V}{T}$ hat für alle Zustände einer Gasportion denselben Zahlenwert. So kann man z. B. aus den Zustandsgrößen einer Gasportion bei beliebigen Bedingungen das Volumen der Gasportion im Normzustand (p_o = 1,013 bar, T_o = 273 K) berechnen.

Beispiel: Eine Gasportion hat bei 25 °C und 1,5 bar das Volumen 5,6 l. Wie groß ist ihr Volumen im Normzustand?

Lösung: $\frac{p_1 \cdot V_1}{T_1} = \frac{p_0 \cdot V_0}{T_0} \quad \Rightarrow \quad V_0 = \frac{T_0}{p_0} \cdot \frac{p_1 \cdot V_1}{T_1} = \frac{273\text{ K}}{1{,}013\text{ bar}} \cdot \frac{1{,}5\text{ bar} \cdot 5{,}6\text{ l}}{298\text{ K}} = \mathbf{7{,}596\ l}$

Für die Stoffmenge ***n* mol** eines beliebigen Gases **bei Normbedingungen** vereinfacht sich die Zustandsgleichung zu $\boldsymbol{p \cdot V = n \cdot R \cdot T}$ wobei R = 8,314 J/mol · K die *molare Gaskonstante* ist.

Die Gasgesetze gelten für alle Gase. Sie stimmen annähernd nur bei niedrigem Druck. Bei höheren Drücken weicht das Zustandsverhalten von diesem sogenannten *idealen Verhalten* der Gase immer mehr ab.

* Boyle, Mariotte, Gay-Lussac, Amontons: Englische und französische Naturwissenschaftler (17. und 18. Jahrhundert)

Diffusion in Gasen

Unter Diffusion versteht man das Eindringen von Stoffteilchen in einen anderen Stoff infolge der Wärmebewegung der Atome bzw. Moleküle.

Die Geschwindigkeit, mit der das Eindringen erfolgt, die **Diffusionsgeschwindigkeit**, ist um viele Zehnerpotenzen kleiner als die Eigengeschwindigkeit der Gasteilchen, weil das Vorwärtskommen der Gasteilchen im Gasraum auf einer Zickzackbahn mit vielen Zusammenstößen erfolgt. Da die Teilchen verschiedener Gase unterschiedliche Eigengeschwindigkeit besitzen, ist auch die Diffusionsgeschwindigkeit verschiedener Gase unterschiedlich groß **(Versuch 83/1)**. Eine Erhöhung der Temperatur führt zu schnellerer Diffusion, da dann die Eigengeschwindigkeit der Gasteilchen größer ist.

Versuch 83/1: Diffusionsgeschwindigkeiten

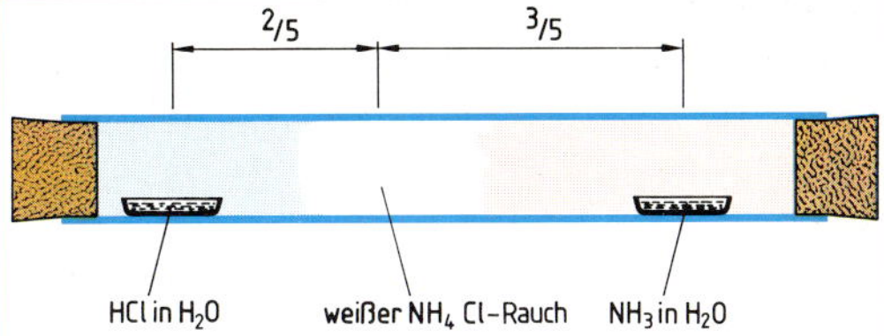

Versuchsbeschreibung: In ein waagerechtes Glasrohr stellt man an den Enden je eine konzentrierte HCl-Lösung und eine NH_3-Lösung. Aus den Lösungen entweichen HCl- bzw. NH_3-Moleküle und diffundieren in der Luftatmosphäre im Glasrohr. Dort, wo sie zusammentreffen, entsteht ein weißer Rauch:

$$HCl_{(g)} \quad + \quad NH_{3(g)} \longrightarrow NH_4Cl_{(s)}$$

Der weiße Rauch entsteht nicht in der Mitte des Glasrohres. Ursache: die Gase HCl bzw. NH_3 haben unterschiedliche Diffusionsgeschwindigkeiten in Luft.

1.13.4 Eigenschaften der Flüssigkeiten

Dampfdruck

Die Wärmebewegung in Flüssigkeiten führt dazu, daß einige Flüssigkeitsteilchen aus der Flüssigkeit austreten **(Bild 83/1)**. Ist der Raum über der Flüssigkeit geschlossen, so entsteht in ihm eine Gasphase aus den Teilchen der Flüssigkeit. Diese Teilchen stoßen an die Gefäßwand und erzeugen einen Druck, den sogenannten **Dampfdruck**.

Ein Teil der Teilchen trifft nach vielen Zusammenstößen auch auf die Flüssigkeitsoberfläche und gelangt wieder in die Flüssigkeit. Es stellt sich im Laufe der Zeit ein Gleichgewicht zwischen aus der Flüssigkeit austretenden und wieder eintretenden Gasteilchen ein. In diesem Gleichgewichtszustand nennt man den Dampfdruck **Sättigungsdampfdruck**. Der Sättigungsdampfdruck über einer Flüssigkeit ist umso größer, je höher die Temperatur ist **(Bild 83/2)**.

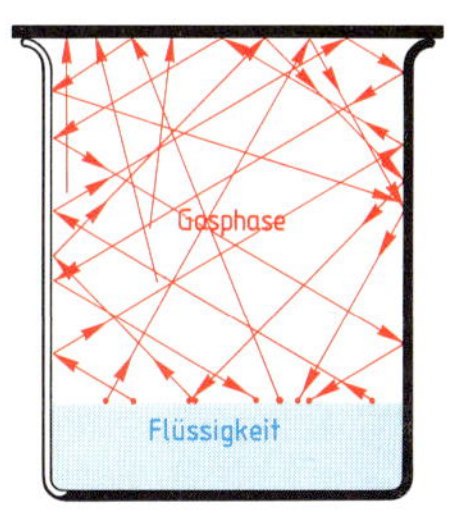

Bild 83/1: Gasphase

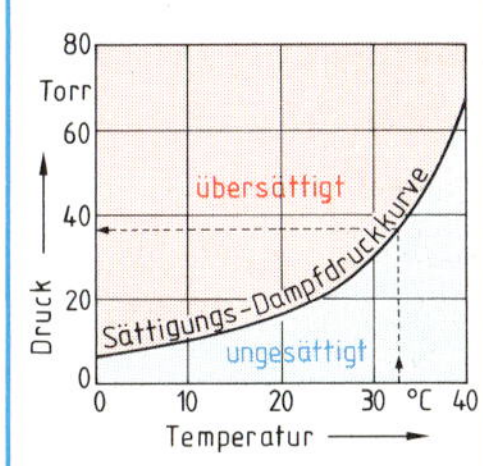

Bild 83/2: Dampfdruck

Umwandlungstemperaturen, Umwandlungsenergien

Durch den Austritt besonders energiereicher Teilchen aus der Flüssigkeit, man nennt dies **Verdunsten**, kühlt sich die zurückbleibende Flüssigkeit ab. Diese Abkühlung ist bei schnell verdunstenden Flüssigkeiten, wie z. B. Ether oder Alkohol, besonders deutlich.

Bei Temperaturerhöhung verdunstet immer mehr Flüssigkeit, bis bei der Siedetemperatur große Mengen an Stoffteilchen die Flüssigkeit verlassen: Die Flüssigkeit siedet, sie **verdampft**. Damit die Flüssigkeit siedet, muß ihr fortlaufend Wärme zugeführt werden. Um 1 kg einer bestimmten Flüssigkeit zu verdampfen, ist ein ganz bestimmter Energiebetrag erforderlich. Man nennt ihn **spezifische Verdampfungswärme (Tabelle 83/1)**.

Kühlt man den entstandenen Dampf wieder ab, so kondensiert er. Dabei wird die beim Sieden in den Dampf gesteckte Wärme wieder frei. Sie heißt **Kondensationswärme** und ist genauso groß wie die Verdampfungswärme. Beim Verdampfen bzw. beim Kondensieren bleibt die Temperatur konstant.

Tabelle 83/1: Spezifische Verdampfungswärme

Wasser	2263 kJ/kg
Benzol	394 kJ/kg
Ethanol	905 kJ/kg

Tabelle 83/2: Spezifische Erstarrungswärme

Wasser	335 kJ/kg
Eisen	270 kJ/kg
Kupfer	205 kJ/kg

Kühlt man die Füssigkeit immer mehr ab, so wird die Wärmebewegung der Teilchen immer schwächer. Bei der **Erstarrungstemperatur** verharren die Stoffteilchen letztlich an einem festen Platz: die Flüssigkeit ist zum Feststoff erstarrt. Während des Erstarrens muß fortlaufend Wärme entzogen werden. Man nennt diese, pro 1 kg zu entziehende Wärme, **spezifische Erstarrungswärme (Tabelle 83/2)**.

Erwärmt man einen Feststoff, so schmilzt er bei Erreichen der **Schmelztemperatur**. Sie ist identisch mit der Erstarrungstemperatur. Auch die zum Schmelzen benötigte **Schmelzwärme** hat denselben Betrag wie die Erstarrungswärme. Während des Erstarrens bzw. während des Schmelzens bleibt die Temperatur konstant.

Den Temperaturverlauf und die dabei ablaufenden Stoffumwandlungen beim Zuführen bzw. Entziehen von Wärme kann man anschaulich in einem Diagramm darstellen **(Bild 84/1)**. Man erhält einen Kurvenzug, der Steilstücke und waagrechte Bereiche aufweist. Die waagrechten Kurvenstücke entsprechen den Aggregatzustandsänderungen (bei konstanter Temperatur). Die Länge der waagrechten Bereiche ist ein Maß für die Größe der Umwandlungsenergie. In den steilen Kurvenbereichen erwärmt sich der Stoff durch die Wärmezufuhr.

Beim Erwärmen wird die Kurve von links unten nach rechts oben durchlaufen, beim Abkühlen umgekehrt.

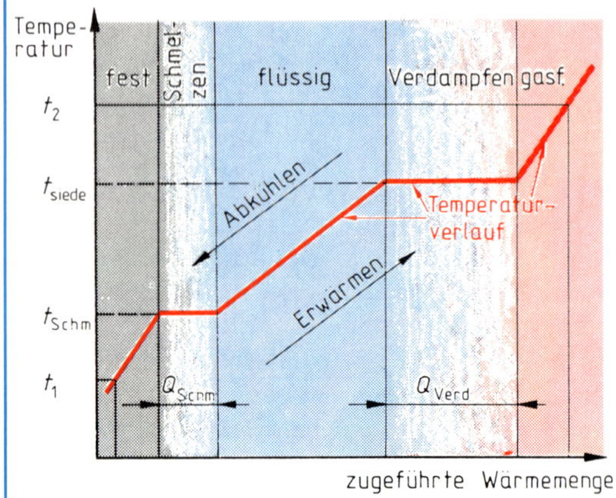

Bild 84/1: Temperaturverlauf bei Wärmezufuhr bzw. Wärmeentzug

Diffusion in Flüssigkeiten

Auch Flüssigkeiten diffundieren ineinander, wenn sie in Kontakt gebracht werden **(Versuch 84/1)**. Ursache ist die Wärmebewegung der frei beweglichen Flüssigkeitsteilchen. Die Folge der Diffusion ist die gleichmäßige Vermischung der beiden Flüssigkeiten. Die Diffusion in Flüssigkeiten verläuft wesentlich langsamer als in Gasen. Je größer die Moleküle der Flüssigkeit sind, umso langsamer ist die Diffusion. Flüssigkeiten mit sehr großen Molekülen diffundieren praktisch nicht.

Die Diffusion ist auch die Ursache, daß ein lösbarer Feststoff in einem Lösungsmittel gleichmäßig verteilt wird.

Versuch 84/1: Diffusion in Flüssigkeiten

Versuchsbeschreibung: In ein Becherglas wird zuerst Wasser gefüllt, das mit Kongorot gefärbt ist. Dann wird vorsichtig wasserklares Ethanol darüber geschichtet. ①

Im Laufe der Zeit färbt sich das Ethanol langsam und dann immer stärker rötlich, bis beide Flüssigkeiten dieselbe rote Farbe haben. ②

Die Farbstoffmoleküle sind entgegen der Schwerkraft in die andere Flüssigkeit diffundiert.

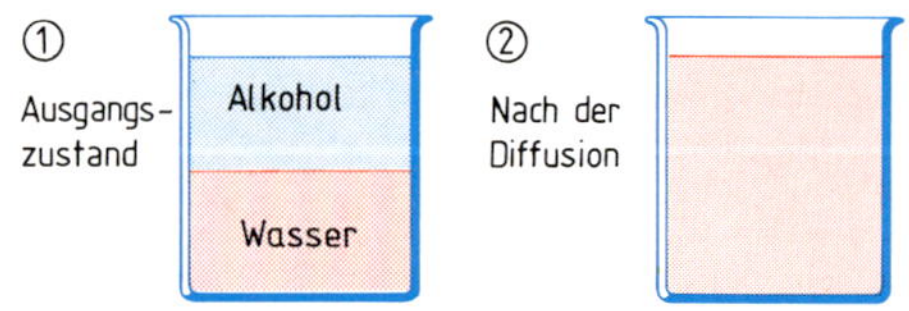

Osmose

Der Vorgang einer Osmose tritt ein, wenn zwei Lösungen unterschiedlicher Konzentration durch eine *halbdurchlässige Membran* (semipermeable Wand) miteinander in Kontakt gebracht werden **(Bild 84/2)**. Es laufen folgende Vorgänge ab: Die Diffusion versucht, den Konzentrationsunterschied der beiden Lösungen auszugleichen. Dies erfolgt dadurch, daß Lösungsmittelmoleküle durch die halbdurchlässige Wand von der Lösung niedriger Konzentration in den Raum der Lösung höherer Konzentration eindringen, so daß deren Konzentration erniedrigt wird. Die gleichmäßige Verteilung der Teilchen des gelösten Stoffes kann nicht stattfinden, da die Teilchen zu groß sind, um durch die Poren der halbdurchlässigen Wand zu wandern.

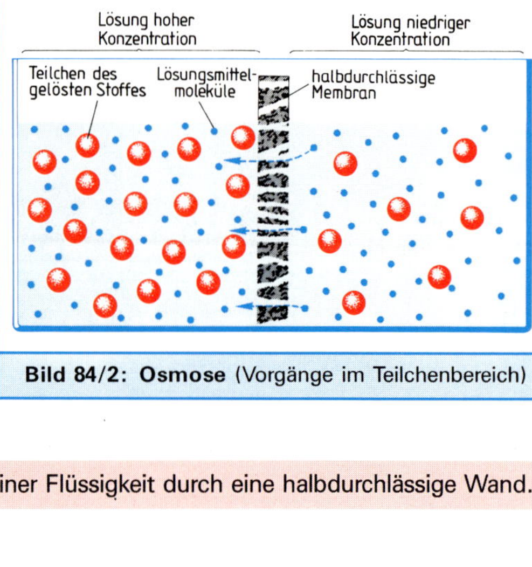

Bild 84/2: Osmose (Vorgänge im Teilchenbereich)

Als Osmose bezeichnet man die einseitige Diffusion einer Flüssigkeit durch eine halbdurchlässige Wand.

Das Einströmen von Lösungsmittel in den Raum höherer Konzentration erzeugt dort einen Druck, den man **osmotischen Druck** nennt **(Versuch 85/1)**. Er kommt dadurch zustande, daß aus dem Raum niedriger Konzentration mehr Lösungsmittelmoleküle auf die halbdurchlässige Wand prallen, als von der Seite der hohen Konzentration. Dort sind die Lösungsmittelmoleküle zum Teil durch Teilchen des gelösten Stoffes ersetzt, die nicht durch die Poren der Wand dringen können.

Osmotische Vorgänge spielen in der Biologie und Medizin eine bedeutende Rolle: Die Aufnahme von Wasser durch die Pflanzenwurzeln oder der Flüssigkeitsaustausch in den Körperzellen werden z. B. durch Osmose bewirkt.

Versuch 85/1: Osmotischer Druck

Versuchsbeschreibung:
In ein Trichterrohr, das unten mit einer Cellophanfolie verschlossen ist und in ein Wasserbad taucht, wird von oben Zuckerlösung gefüllt, bis Wasser und Zuckerlösung gleich hoch stehen.
Es beginnt sofort ein Ansteigen der Zuckerlösung im Trichterrohr, bis der Druck der Flüssigkeitssäule gleich dem osmotischen Druck ist.

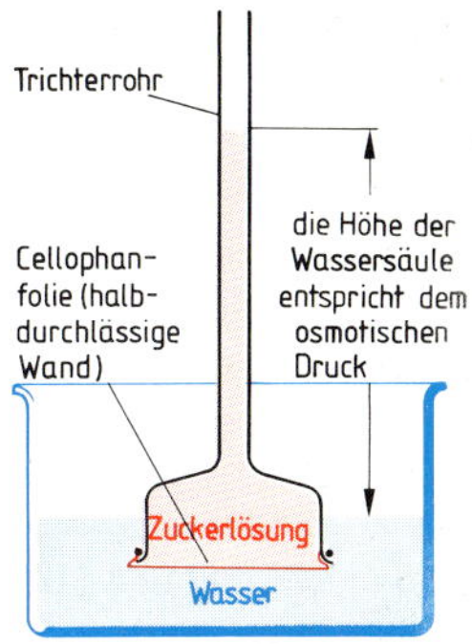

1.13.5 Eigenschaften der Feststoffe

Feststoffe sind, von wenigen Ausnahmen abgesehen, **kristallin** aufgebaut. Besonders deutlich ist das z. B. an Bergkristallen oder gezüchteten Salzkristallen (Bild 59/3). Aber auch die feinkörnigen Salze (z. B. Kochsalz) bestehen aus Kristallen, was mit Hilfe einer Lupe erkennbar ist. Nur unter dem Mikroskop erkennbar ist der kristalline Aufbau der Metalle **(Bild 85/1)**.

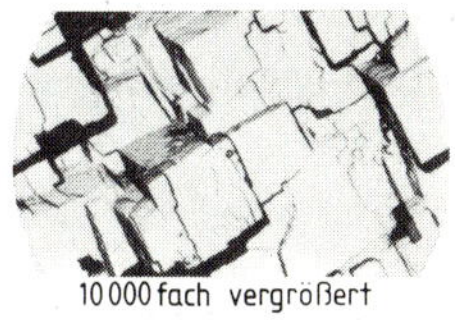

Bild 85/1: Metallaufbau

Die nicht kristallinen Feststoffe haben eine **amorphe** Struktur. Diesen ungeordneten Aufbau haben z. B. Glas, Schlacke und einige Kunststoffe.

Kristalliner Aufbau bedeutet, daß die Stoffteilchen nach einem festgelegten Baumuster (Abstände und Winkel) angeordnet sind.

Stellt man nur die Mittelpunkte der Stoffteilchen dar und verbindet sie mit Linien, so erhält man ein nach geometrischen Gesetzen aufgebautes Gitter. Die kleinste, charakteristische Einheit eines solchen **Kristallgitters** nennt man **Elementarzelle**.

Jeder Feststoff hat eine für ihn typische Kristallform. Er ist aus lauter Kristallen dieser *einen* Sorte aufgebaut. Es gibt eine Vielzahl von Kristallformen, die sich geometrisch auf 6 Grundtypen zurückführen lassen **(Bild 85/2)**. Sie unterscheiden sich in den Atomabständen und den Winkeln.

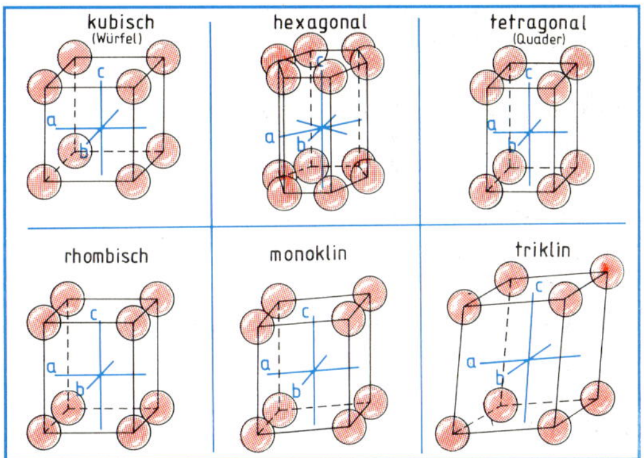

Bild 85/2: Elementarzellen der Kristalltypen

Festigkeit, Härte

Aufgrund der Anziehungskräfte zwischen den Stoffteilchen haben Feststoffe einen festen Zusammenhalt. Ein Maß für die Fähigkeit der Feststoffe, äußeren Kräften zu widerstehen, sind die *mechanisch-technologischen Eigenschaften* der Stoffe. Sie entscheiden über den praktischen Einsatz der Werkstoffe (Seite 140). Zwei der wichtigsten mechanisch-technologischen Eigenschaften sind die *Zugfestigkeit* und die *Härte* **(Bild 85/3)**.

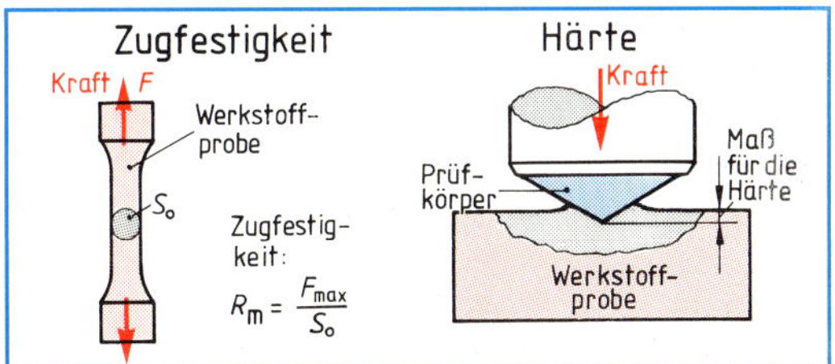

Bild 85/3: Mechanische Eigenschaften

Wiederholungsfragen

1. **Was ist atomistisch betrachtet Wärme?**
2. **Wie ist der Bewegungszustand der Stoffteilchen im gasförmigen, flüssigen und festen Zustand?**
3. **Wie lautet die Zustandsgleichung der Gase?**
4. **Wie kommt der Dampfdruck zustande?**
5. **Was versteht man unter Osmose?**

1.14 Kernchemie

1.14.1 Natürliche Radioaktivität

Beim Umgang mit Uranmineralien wurde festgestellt, daß von ihnen eine unsichtbare Strahlung ausgeht. Diese Stoffeigenschaft, Strahlung auszusenden, nennt man **Radioaktivität**.

Eigenschaften der Strahlung. Versuche mit radioaktiven Stoffen brachten folgende Ergebnisse:

- Die Strahlung schwärzt lichtdicht verpackte Filme und macht die umgebende Luft leitend.
- Die Strahlenaussendung erfolgt gleichmäßig in alle Raumrichtungen.
- Die Strahlenaussendung radioaktiver Stoffe wird durch Temperatur und Druck nicht beeinflußt.
- Die Strahlung erfolgt unabhängig davon, ob der radioaktive Stoff als Element oder Verbindung vorliegt.
- Beim Durchlaufen radioaktiver Strahlung durch elektrische oder magnetische Felder zeigt sich, daß es drei Strahlenarten gibt **(Bild 86/1)**. Man bezeichnet sie als α-, β- und γ-Strahlung.

Die **α-Strahlen** werden im magnetischen Feld nur schwach abgelenkt. Ihre Reichweite in Luft beträgt nur wenige Zentimeter, ein Papierblatt können sie nicht durchdringen. Es handelt sich bei der α-Strahlung um schnell bewegte, positiv geladene *Heliumkerne* $\mathbf{He^{2+}}$ und $\mathbf{He^{+}}$.

Die **β-Strahlen** werden im magnetischen Feld in entgegengesetzter Richtung abgelenkt. Ihre Reichweite in Luft beträgt 30 cm bis 50 cm, sie durchdringen noch dünne Aluminiumbleche. Es handelt sich bei den β-Strahlen um *schnell bewegte Elektronen* $\mathbf{e^{\ominus}}$.

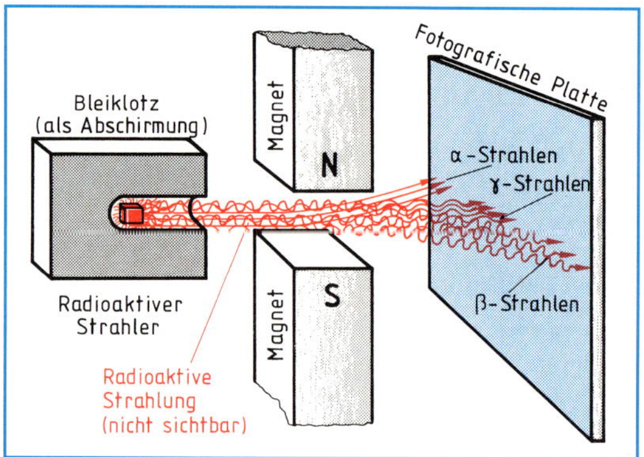

Bild 86/1: Radioaktive Strahlung im Magnetfeld

Die **γ-Strahlen** werden im magnetischen Feld nicht beeinflußt. Ihr Durchdringungsvermögen ist sehr groß: sie durchstrahlen meterdicke Betonwände. Zu ihrer Abschirmung braucht man dicke Bleiplatten. Es handelt sich bei der γ-Strahlung um eine energiereiche, kurzwellige *elektromagnetische Strahlung*, die der Röntgenstrahlung ähnlich ist. Während die α- und β-Strahlen leicht abgeschirmt werden können, ist die γ-Strahlung sehr gefährlich. Sie bewirkt unmittelbar Gewebezerstörung und führt langfristig zu Krebserkrankungen.

Ursachen der natürlichen Radioaktivität. Der radioaktiven Strahlenaussendung liegen Zerfallsprozesse in den Atomkernen der radioaktiven Elemente zugrunde. In den Atomkernen (Seite 47) stoßen sich die Protonen wegen ihrer positiven Ladung gegenseitig ab. Diese Abstoßung wird durch zusammenhaltende *Kernkräfte* zwischen den Neutronen und Protonen ausgeglichen, so daß die Atomkerne in der Regel stabil sind. Von diesem Normalzustand gibt es einige Ausnahmen. Bei diesen Elementen sind die abstoßenden Kräfte zwischen den Protonen größer als die bindenden Kernkräfte: es kommt zum Zerfall der Atome.

Der Alphazerfall. *Beispiel: Radium* — Der Kern des Radiumatoms besteht aus 88 Protonen und 138 Neutronen. Er sendet spontan einen Heliumkern $^{4}_{2}\mathbf{He}$ (α-Strahlen) aus und verändert sich dadurch zum *Radon* **Rn**.

Man beschreibt solche radioaktiven Zerfallsvorgänge mit *Kernreaktionsgleichungen:*

$$^{226}_{88}\mathbf{Ra} \longrightarrow {}^{222}_{86}\mathbf{Rn} + {}^{4}_{2}\mathbf{He}$$

Der Betazerfall. *Beispiel: Thorium* — Der Kern des Thoriumatoms besteht aus 90 Protonen und 144 Neutronen. Durch Zerfall eines Neutrons in ein Proton und ein Elektron (β-Strahlen) $^{1}_{0}\mathrm{n} \longrightarrow {}^{1}_{1}\mathrm{p} + {}^{0}_{-1}\mathrm{e}$ entsteht ein neuer Atomkern mit 91 Protonen und 143 Neutronen:

Das entstehende Element heißt *Protactinium* **Pa**.

$$^{234}_{90}\mathbf{Th} \longrightarrow {}^{234}_{91}\mathbf{Pa} + {}^{0}_{-1}\mathbf{e}$$

Die meisten radioaktiven Substanzen sind entweder α- oder β-Strahler. Nur wenige radioaktive Stoffe senden eine Strahlung aus, die sowohl α- als auch β-Strahlen enthält.

Die Gammastrahlung. Bei manchen α- oder β-Zerfallsvorgängen wird gleichzeitig elektromagnetische Strahlung frei, die γ-Strahlen. Durch die Aussendung von γ-Strahlen ändert sich nicht die Zusammensetzung der Atomkerne, sondern nur ihr Energieinhalt.

Gesetzmäßigkeit des radioaktiven Zerfalls. Der Zerfall der einzelnen Atomkerne eines radioaktiven Elementes erfolgt spontan und in zufälligen Zeitabständen. Für eine Stoffportion (sehr viele Atome) läßt sich eine Gesetzmäßigkeit des radioaktiven Zerfalls feststellen: in einer bestimmten Zeit zerfällt immer ein bestimmter Bruchteil der Atomkerne. Um ein Maß für den zeitlichen Verlauf des radioaktiven Zerfalls zu erhalten, hat man die sogenannte **Halbwertszeit** eingeführt. Darunter versteht man die Zeit, in der die Hälfte der vorliegenden radioaktiven Atomkerne zerfallen ist. Die Halbwertszeit der radioaktiven Elemente ist sehr unterschiedlich **(Tabelle 87/1)**.

Tabelle 87/1: Halbwertszeiten radioaktiver Stoffe		
Uran 238	$^{238}_{92}\mathrm{U}$	4 510 000 000 Jahre
Radium 226	$^{226}_{88}\mathrm{Ra}$	1 620 Jahre
Radon 222	$^{222}_{86}\mathrm{Rn}$	3,82 Tage
Polonium 212	$^{212}_{84}\mathrm{Po}$	$0{,}3 \cdot 10^{-6}$ Sekunden

1.14.2 Kernprozesse

Durch Beschuß mit Neutronen können die Atomkerne von Elementen mit großer Massenzahl gespalten werden. Dabei spaltet sich ein schwerer Atomkern in zwei mittelschwere Kerne und zwei oder drei Neutronen. Technologisch von großer Bedeutung ist die Kernspaltung von Uran-Atomkernen **(Bild 87/1)**.

Uran besteht im wesentlichen aus den Isotopen $^{238}_{92}\mathbf{U}$ und $^{235}_{92}\mathbf{U}$. Durch Beschuß mit Neutronen laufen zwei wichtige Vorgänge ab:

Der Spaltprozeß. Ein Neutron trifft auf einen Uran-Atomkern **U 235**. Der Urankern zerfällt in einen Barium- und einen Kryptonkern sowie drei Neutronen. Dabei wird Energie frei:

$$^{235}_{92}\mathbf{U} + {}^{1}_{0}\mathbf{n} \longrightarrow {}^{144}_{56}\mathbf{Ba} + {}^{89}_{36}\mathbf{Kr} + 3\,{}^{1}_{0}\mathbf{n} + \textbf{Energie}$$

Die entstandenen drei Neutronen fliegen mit großer Geschwindigkeit davon und führen beim Auftreffen auf andere **U 235**-Kerne wieder zu Kernspaltungen. Durch die fortlaufende Kernspaltung entstehen immer mehr Neutronen. Es setzt eine *Kettenreaktion* ein, die mit großer Energieabgabe verbunden ist.

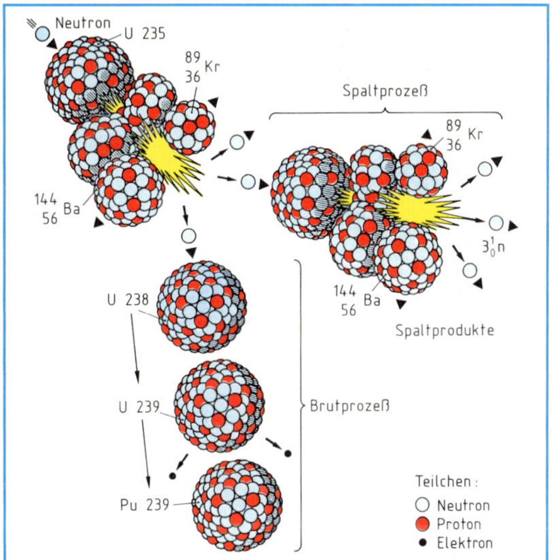

Bild 87/1: Der Spalt-Brut-Prozeß

Natürliches Uran besteht nur zu 0,7% aus dem spaltbaren **U 235** und zu 99,3% aus dem nicht spaltbaren **U 238**. Bei Neutronenbeschuß von natürlichem Uran treffen die bei einer Kernspaltung entstehenden drei Neutronen nur selten auf **U 235**-Kerne. Eine Kettenreaktion kann deshalb bei natürlichem Uran nicht zustande kommen. Verwendet man Uran, das auf über 3% **U 235** *angereichert* ist, so reichen die pro Kernspaltung entstehenden drei Neutronen aus, um wieder mindestens einen **U 235**-Kern zu treffen und damit die Kettenreaktion aufrecht zu erhalten. Dieser Vorgang läuft in **Kernreaktoren** ab.

Benützt man *hoch angereichertes* **Uran 235**, so treffen die bei einem Kernspaltungsvorgang entstehenden drei Neutronen vermehrt auf **U 235**-Kerne und erzeugen wieder je Spaltprozeß drei Neutronen, so daß eine sich rasch vermehrende Kettenreaktion eintritt. Dieser Vorgang läuft in **Atombomben** ab.

Der Brutprozeß. Ein Teil der beim Spaltprozeß entstehenden Neutronen trifft auf **U 238**-Atomkerne (Bild 87/1). Es entsteht **U 239**, daß durch sofortigen Zerfall von zwei Neutronen in zwei Protonen und zwei Elektronen zu *Plutonium* $^{239}_{94}\mathbf{Pu}$ wird:

$$^{238}_{92}\mathbf{U} + {}^{1}_{0}\mathbf{n} \longrightarrow {}^{239}_{92}\mathbf{U} \xrightarrow{(2\,{}^{1}_{0}\mathrm{n} \,\rightarrow\, 2\,{}^{1}_{1}\mathrm{p} + 2\,{}^{0}_{-1}\mathrm{e})} {}^{239}_{94}\mathbf{Pu} + 2\,{}^{0}_{-1}\mathbf{e}$$

Bei diesem Vorgang entsteht aus nicht spaltbarem *Uran* **U 238** das spaltbare *Plutonium* **Pu 239**, das als Kernbrennstoff für Kernreaktoren sowie als Atombombensprengstoff verwendet werden kann. Dieser *Brutprozeß* läuft in geringem Maß in allen Kernreaktoren ab und wird gezielt in einem neuen Kernkraftwerkstyp, dem **Schnellen Brüter**, durchgeführt. Bei erfolgreichem Betrieb des Brüters liefert der Kernbrennstoff 60 mal mehr Energie als ein üblicher Kernreaktor. Die Brüter-Technologie und die damit verbundenen Entsorgungsprobleme des hochgiftigen Plutoniums sind jedoch noch nicht vollständig gelöst.

2 Anorganische Chemie

Die Erde — unser Rohstofflieferant

Ausgangspunkt aller Chemie auf der Erde sind die Stoffe, aus denen die Erde aufgebaut ist **(Bild 88/1)**.

Von der Gesamtmasse der Erde ist jedoch nur ein Teil der Nutzung durch den Menschen zugänglich:

1. Die Erdkruste, das heißt die äußere Gesteinsschicht der Erde, die man auch **Lithosphäre** nennt. Man zählt dazu eine rund 20 km dicke Schicht. Hiervon können zur Zeit Rohstoffe bis in etwa 2000 m Tiefe abgebaut werden.

Die Erdkruste besteht zum ganz überwiegenden Teil aus chemischen Verbindungen. Sind die Verbindungen weitgehend einheitlich, so nennt man sie **Minerale**. Stellt man daraus Metalle her, so heißen sie **Erze**.

2. Die Ozeane der Erde, die etwa $^3/_4$ der Erdoberfläche bedecken und bis 10000 m tief sind. Diesen Nutzungsbereich bezeichnet man als **Hydrosphäre**. Sie besteht zum großen Teil aus Wasser, sowie einem kleinen Anteil gelöster Salze.

3. Die Atmosphäre, das heißt die Gashülle der Erde, besteht vorwiegend aus den Gasen Stickstoff und Sauerstoff sowie geringen Anteilen der Edelgase.

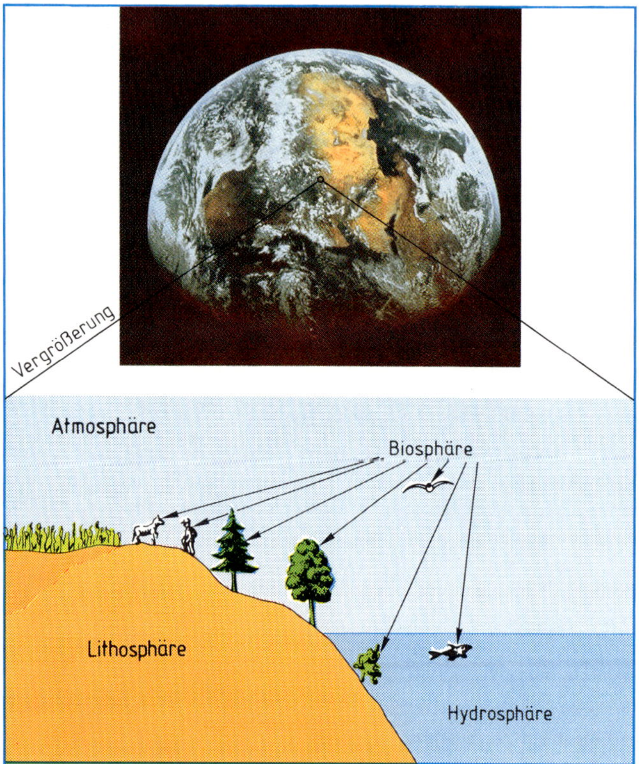

Bild 88/1: Fundortbereiche auf der Erde

4. Die Biosphäre, d.h. die organische Substanz der Pflanzen und Tiere.

Der Massenanteil der Elemente in der zugänglichen Masse der Erde ist sehr unterschiedlich **(Bild 88/2)**: Sauerstoff nimmt etwa die Hälfte der Masse ein, da er sowohl in den Gesteinen der Erdkruste (zum Großteil Oxide) als auch im Wasser (H_2O) sowie in der Luft (N_2/O_2-Gemisch) mit einem wesentlichen Anteil vertreten ist. Der Silicium-Anteil der zugänglichen Erdmasse beträgt 27,5%, was auf den SiO_2-Gehalt der Gesteine zurückzuführen ist. Auch die sechs nächsthäufigsten Elemente, nämlich Aluminium, Eisen, Calcium, Natrium, Kalium und Magnesium sind Bestandteil der Gesteine.

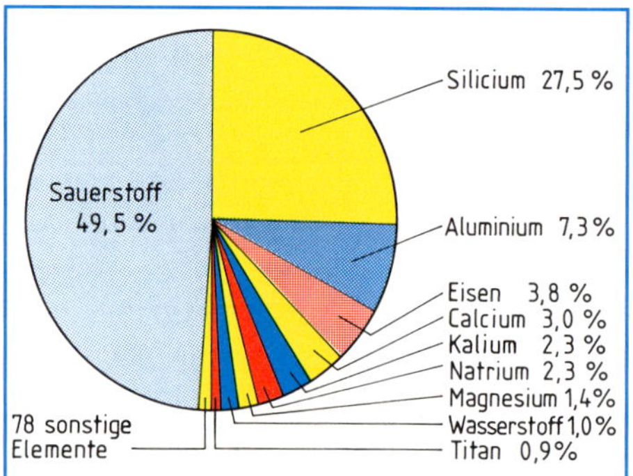

Bild 88/2: Massenanteil der Elemente an der Erdkruste

Für die kostengünstige Gewinnung eines Elementes ist aber nicht nur sein Massenanteil an der Erdmasse ausschlaggebend, sondern seine Verteilung. So ist z.B. der Anteil der Metalle Kupfer (0,01%), Zink (0,004%) oder Blei (0,0016%) an der Erdmasse gering. Da sie aber an einigen Stellen der Erde konzentriert in Lagerstätten aufzufinden sind, ist ihre Gewinnung kostengünstig. Anders hingegen z.B. bei Titan. Es ist mit 0,58% zu einem beachtlichen Teil an der Erdmasse vertreten. Da es aber nicht konzentriert, sondern mit nur geringem Gehalt in Mineralien vertreten ist, ist seine Gewinnung aufwendig.

Überblick über die Chemie

Die Chemie befaßt sich mit den Elementen, den chemischen Verbindungen, sowie den stofflichen Umwandlungen der Elemente und Verbindungen. Durch deren große Anzahl und Vielfältigkeit hat man, der Übersichtlichkeit wegen, das Gebiet der Chemie in Teilgebiete unterteilt **(Bild 89/1)**.

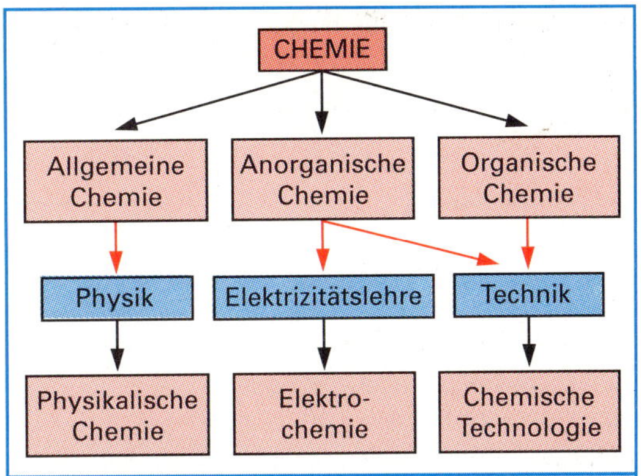

Bild 89/1: Teilgebiete der Chemie

In der **allgemeinen Chemie** wird ein Überblick über das gesamte Gebiet der Chemie gegeben, einfache chemische Vorgänge werden vorgestellt sowie erläutert und allgemein gültige Grundregeln und Erkenntnisse werden daraus abgeleitet (Seite 12 bis Seite 87 dieses Buches).

Die **anorganische Chemie**, auch *Anorganik* genannt, behandelt vertieft, ausführlich und systematisch die Elemente und ihre chemischen Verbindungen (Seite 88 bis Seite 123).

Eine besonders umfangreiche Verbindungsklasse, die organischen Verbindungen des Kohlenstoffs, werden wegen ihrer Sonderstellung innerhalb der Chemie, in einem eigenen Teilgebiet zusammengefaßt: in der **organischen Chemie**, auch *Organik* genannt (Seite 186 bis Seite 217).

Darüber hinaus haben sich weitere Spezialgebiete entwickelt, die besondere Teilgebiete der Chemie behandeln: Die **chemische Technologie** befaßt sich mit den chemischen Umsetzungen im industriellen Maßstab (Seite 124 bis Seite 167 und Seite 219 bis Seite 249), die **analytische Chemie** mit den Methoden zur Bestimmung der Zusammensetzung von Stoffen, die **physikalische Chemie** mit Zustandsbeschreibungen und -änderungen bei chemischen Vorgängen (Seite 72 bis Seite 85), die **Elektrochemie** mit den Wechselwirkungen zwischen Elektrizität und chemischen Vorgängen (Seite 168 bis 185).

Systematische Behandlung der anorganischen Chemie

Bei der systematischen Behandlung der Elemente und ihrer Verbindungen geht man vom **Periodensystem der Elemente (PSE)** aus **(Bild 89/2)**. Dadurch ist es möglich, die Elemente gruppenweise abzuhandeln und auf die gemeinsamen, gruppenspezifischen Eigenschaften einzugehen. Dies ermöglicht eine rasche und zeitsparende Bearbeitung ganzer Elementgruppen.

Hauptgruppenelemente (HG → I, II, III–VIII); Nebengruppenelemente (IIIa–IIa)

P	I	II	IIIa	IVa	Va	VIa	VIIa	VIIIa	VIIIa	VIIIa	Ia	IIa	III	IV	V	VI	VII	VIII
1	H																	He
2	Li	Be											B	C	N	O	F	Ne
3	Na	Mg											Al	Si	P	S	Cl	Ar
4	K	Ca	Sc	Ti	V	Cr	Mn	Fe	Co	Ni	Cu	Zn	Ga	Ge	As	Se	Br	Kr
5	Rb	Sr	Y	Zr	Nb	Mo	Tc	Ru	Rh	Pd	Ag	Cd	In	Sn	Sb	Te	J	Xe
6	Cs	Ba	La	Hf	Ta	W	Re	Os	Ir	Pt	Au	Hg	Tl	Pb	Bi	Po	At	Rn
7	Fr	Ra	Ac	Ku	Ha		Ns	Hs	Mt									

Lanthaniden und Actiniden (Unternebengruppenelemente)

P														
6	Ce	Pr	Nd	Pm	Sm	Eu	Gd	Tb	Dy	Ho	Er	Tm	Yb	Lu
7	Th	Pa	U	Np	Pu	Am	Cm	Bk	Cf	Es	Fm	Md	No	Lw

Bild 89/2: Periodensystem der Elemente PSE

Die **Elemente der Hauptgruppen** sind von größtem Interesse. Ihre Behandlung nimmt den weitaus größten Raum ein. Zum Teil wurde auf sie schon im Buchteil *1 Allgemeine Chemie* eingegangen.

Die **Nebengruppenelemente** werden in einer Übersicht dargestellt. Da es alles Metalle sind, von denen mehrere große technische Bedeutung haben, wird auf sie im Kapital *3.2 Chemie und Technologie der Metalle* vertieft eingegangen (Seite 140).

Von den Elementen der **Lanthaniden** und **Actiniden** sind nur wenige von technischen Interesse. Auf diese wird jeweils nur kurz hingewiesen.

2.1 I. Hauptgruppe: Wasserstoff und Alkalimetalle

Zu den Elementen der I. Hauptgruppe gehören *Wasserstoff* **H** sowie die **Alkalimetalle** *Lithium* **Li**, *Natrium* **Na**, *Kalium* **K**, *Rubidium* **Rb**, *Caesium* **Cs** und *Francium* **Fr (Tabelle 90/1)**.

Der Wasserstoff nimmt innerhalb der I. Hauptgruppe eine Sonderstellung ein: er ist ein Gas mit tiefem Schmelz- und Siedepunkt, während die übrigen Elemente alles Metalle sind.

Der Wasserstoff wurde bereits im Buchteil *1 Allgemeine Chemie* behandelt (Seite 32).

Das radioaktive Francium ist extrem selten. Es wird deshalb nicht erörtert.

Tabelle 90/1: Physikalische Eigenschaften der Elemente der I. Hauptgruppe

Element	Symbol	Aussehen im Normzustand	Schmelzpunkt in °C	Siedepunkt in °C	Dichte in g/cm^3
Wasserstoff	**H**	farbloses Gas	−255	−253	0,00009
Lithium	**Li**	silberglänzendes Metall	179	1340	0,54
Natrium	**Na**	silberglänzendes Metall	98	884	0,97
Kalium	**K**	silberglänzendes Metall	64	760	0,86
Rubidium	**Rb**	silberglänzendes Metall	39	696	1,53
Caesium	**Cs**	goldglänzendes Metall	28	708	1,90

Die Alkalimetalle

Eigenschaften. Alle Alkalimetalle sind weiche Metalle mit niedriger Dichte (Tabelle 90/1). Ihre frische Schnittfläche ist silberhell bzw. goldgelb glänzend, sie wird jedoch nach kurzer Zeit stumpf und grau. Ursache ist das starke Verbindungsbestreben der Alkalimetalle mit anderen Elementen, wie z. B. mit Sauerstoff, Chlor usw. An der Luft oxidieren sie rasch. Sie werden deshalb unter Petroleum aufbewahrt. Die Reaktionsfähigkeit nimmt stufenweise mit steigender Periodennummer vom Lithium zum Caesium zu.

In der Natur kommen die Alkalimetalle wegen ihrer großen Reaktivität nur chemisch gebunden vor, z. B. als Chloride, Sulfate, Nitrate, Phosphate, Carbonate. Sie sind fast alle wasserlöslich. Die Alkalihydroxide bilden als wäßrige Lösungen starke Laugen (Seite 37).

Atombau. Die Atome der Alkalimetalle haben *ein* Außenelektron, das sich leicht abspalten läßt. Die dadurch entstehenden Ionen haben die Elektronen-Achterschale des im PSE vorausgehenden Edelgases. Alle Alkalimetalle haben deshalb die *Ionenwertigkeit* plus eins (+I).

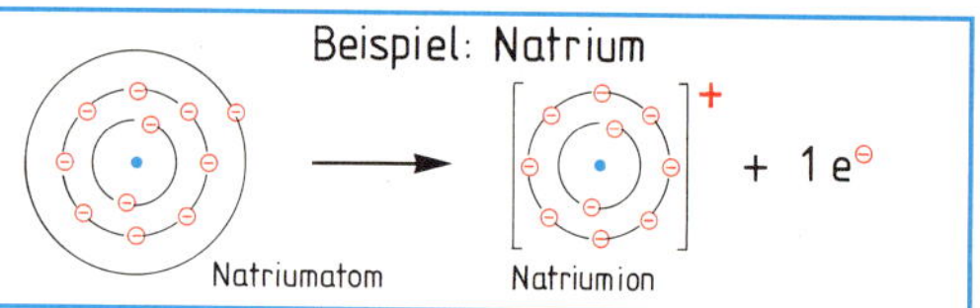

Nachweis. Substanzen, die Alkalimetall-Stoffteilchen enthalten, können mit einem einfachen Nachweisverfahren, der sogenannten **Flammenfärbung** auf ihren Gehalt an Alkalimetallen geprüft werden **(Versuch 90/1)**. Jedes Alkalimetall färbt die Flamme in einer charakteristischen Farbe ein:

Lithium	Natrium	Kalium	Rubidium	Caesium
rot	gelb-orange	violett	violett-rosa	violett-rosa

Versuch 90/1: Nachweis mit Flammenfärbung

Versuchsbeschreibung:
Eine kleine Probe der zu prüfenden Substanz wird in Salzsäure gelöst. Ein keramisches Stäbchen wird in die Lösung getaucht und anschließend in die farblos-bläuliche Flamme eines Bunsenbrenners gehalten. Oberhalb des Keramikstäbchens färbt sich die Flamme in einer charakteristischen Farbe.

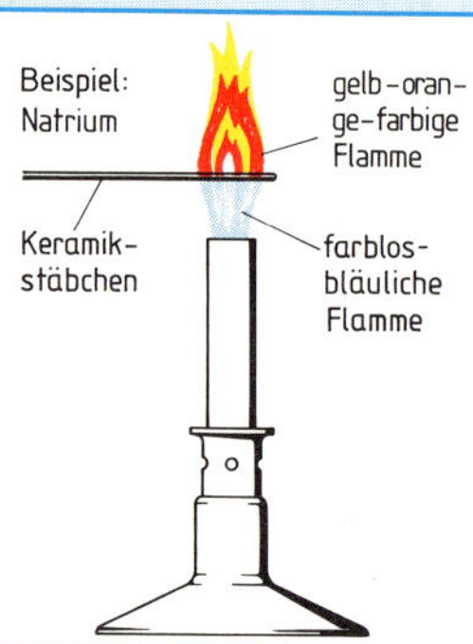

Mit der Flammenfärbung eindeutig bestimmbar sind Substanzen, die nur *ein* Alkalielement enthalten. Bei einem Gemisch mehrerer Alkalielemente überdecken sich die Farben. Besonders die gelbe Natriumflamme deckt alles andere zu.

Die Alkalimetalle *Lithium, Rubidium* und *Ceasium* sind seltene Elemente, die nur für Spezialzwecke, wie z. B. die Halbleitertechnik, verwendet werden. Auf ihre vertiefte Behandlung wird hier verzichtet.

Alkali-Eigenschaften hat das **Ammonium-Ion NH_4^+**. Es wird deshalb hier im Zusammenhang mit den Alkalimetallen behandelt (Seite 94).

2.1.1 Natrium

Eigenschaften. Natrium ist ein weiches, mit dem Messer schneidbares Metall **(Bild 91/1)**. Seine Dichte ist geringer als die von Wasser, sie beträgt 0,97 g/cm^3. Die frische Schnittfläche von Natrium ist silberhell, wird jedoch rasch matt. Natrium wird unter Petroleum aufbewahrt, da es mit der Luft und der darin enthaltenen Feuchtigkeit (Wasser) reagiert.

> **Natrium**
>
> Weiches, silberglänzendes Metall geringer Dichte und hoher Reaktionsfähigkeit

An der Luft oxidiert es beim Erhitzen zum gelben Natriumperoxid:

$$2\,Na + O_2 \longrightarrow Na_2O_2$$

Mit Wasser reagiert es heftig unter Bildung von Natronlauge und Wasserstoff:

$$2\,Na + 2\,H_2O \longrightarrow 2\,(Na^+ + OH^-) + H_2\uparrow$$

Auch mit vielen anderen Substanzen reagiert Natrium heftig, so z. B. mit Chlorgas zu Natriumchlorid: $2\,Na + Cl_2 \longrightarrow 2\,NaCl$

mit Quecksilber zu Natriumamalgam: $3\,Na + Hg \longrightarrow Na_3Hg$

Mit halogenhaltigen organischen Flüssigkeiten, wie z. B. Tetrachlormethan CCl_4, reagiert es explosionsartig (Vorsicht!).

Beim Arbeiten mit Natrium sind eine Schutzbrille, Schutzhandschuhe und Schutzkleidung zu tragen.

Bild 91/1: Frische Schnittfläche von Natrium

Verwendung. Metallisches Natrium findet nur wenig Verwendung, z. B. als Legierungselement.

Vorkommen. Natrium kommt in der Natur nur chemisch gebunden vor. Die wichtigsten natriumhaltigen Mineralien sind *Steinsalz* **NaCl** und *Salpeter* **$NaNO_3$**. Außerdem enthält *Meerwasser* rund 3% NaCl.

Darstellung. Metallisches Natrium wird durch Schmelzflußelektrolyse (Seite 178) einer wasserfreien Salzschmelze aus NaCl gewonnen: $2\,NaCl \xrightarrow{} 2\,Na + Cl_2\uparrow$

Natriumverbindungen

Natriumverbindungen sind zum Teil von großer industrieller Bedeutung. Sie werden entweder direkt verbraucht oder sind Ausgangsstoff für andere wichtige Chemikalien und Gebrauchsgüter. Ausgangsstoff der meisten Natriumverbindungen ist Natriumchlorid NaCl.

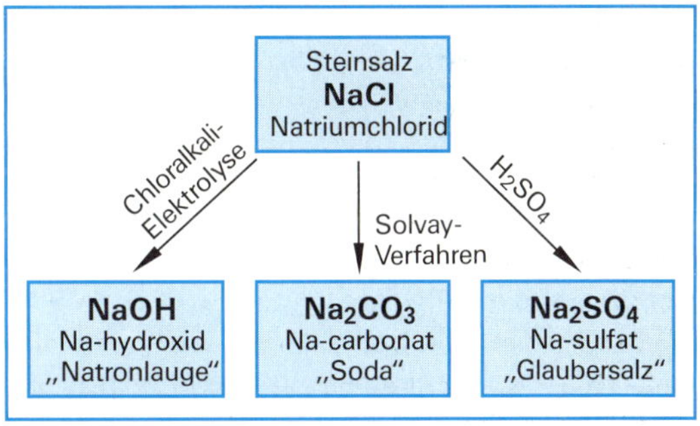

Natriumchlorid NaCl

Reines **Natriumchlorid NaCl** ist das aus dem Haushalt bekannte Kochsalz. Es besteht aus farblosweißen, wasserlöslichen Kristallen.

Natriumchlorid NaCl wird aus Steinsalz-Lagerstätten gewonnen, wo es in schichtweiser Lagerung mit anderen Salzen vorkommt **(Bild 91/2)**.

Das Steinsalz wird zum Teil direkt abgebaut und zu Tage gefördert. Zerkleinert dient es als Vieh- oder Streusalz.

Der überwiegende Teil wird unter Tage in Hohlräumen des Salzstockes (Kavernen) mit Wasser aufgelöst. Die entstandene Salzlösung, *Sole* genannt, wird nach oben gepumpt und ist Ausgangsstoff wichtiger chemischer Grundstoffe, wie z. B. von Natronlauge, Chlor und Wasserstoff (Seite 131).

Um für den menschlichen Verzehr geeignetes, reines NaCl, das Kochsalz, zu erhalten, wird die Sole eingedampft und man erhält kristallisiertes NaCl.

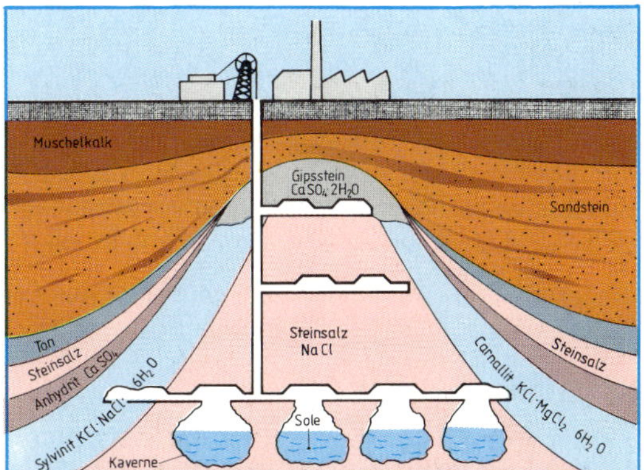

Bild 91/2: Steinsalz-Lagerstätte (im Schnitt)

Natriumhydroxid NaOH

Natriumhydroxid NaOH ist ein farbloser Feststoff, der in Form von eisartig aussehenden Plättchen, Schuppen oder Stangen im Handel ist **(Bild 92/1)**.

Es ist stark hygroskopisch **(Versuch 1)** und wird deshalb in geschlossenen Polyethylenbehältern aufbewahrt.

Hergestellt wird Natriumhydroxid NaOH mit der großtechnischen **Chloralkali-Elektrolyse** (Seite 131), bei der es neben Wasserstoff und Chlor als wässrige Lösung (Natronlauge) anfällt.

Die Chloralkali-Elektrolyse verläuft nach folgender Reaktionsgleichung:

$$\underbrace{2\,(Na^+ + Cl^-)}_{\text{Steinsalz-Sole}} + \underbrace{H_3O^+ + OH^-}_{\text{protolysiertes Wasser}} \xrightarrow{\text{Strom}} \underbrace{2\,(Na^+ + OH^-)}_{\text{Natronlauge}} + \underset{\text{Chlor}}{Cl_2\uparrow} + \underset{\text{Wasserstoff}}{H_2\uparrow}$$

Durch Eindampfen der Natronlauge erhält man das feste Natriumhydroxid.

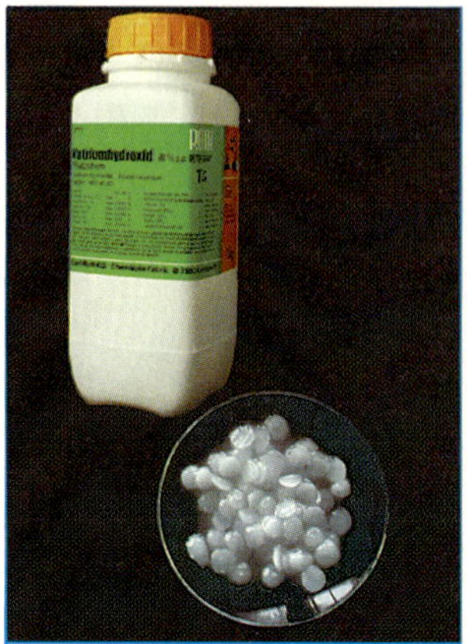

Bild 92/1: Natriumhydroxid NaOH

Natronlauge $(Na^+ + OH^-)$

Im chemischen Labor und auch in der chemischen Industrie wird NaOH überwiegend in Form der **Natronlauge** eingesetzt. Im chemischen Labor stellt man sich die benötigte Menge und Konzentration der Natronlauge durch Lösen von festem NaOH in Wasser her.

$$NaOH \xrightarrow{\text{Wasser}} Na^+ + OH^-$$

In der Industrie verwendet man die in Tanks gelagerte Natronlauge.

Natriumhydroxid und Natronlauge verätzen die Haut und lösen viele organische Stoffe auf **(Versuch 2)**.

Beim Umgang mit Natronlauge oder Natronlauge-haltigen Substanzen sind Schutzbrille und Schutzhandschuhe zu tragen. Kommt es trotzdem zu Hautkontakt, so muß die betroffene Stelle sofort mit viel Wasser abgespült werden.

Natronlauge ist einer der wichtigsten Grundstoffe der chemischen Industrie und wird großtechnisch hergestellt (Seite 131).

Wegen ihrer auflösenden Wirkung organischer Stoffe ist sie z.B. in Abflußreinigern enthalten.

In der chemischen Industrie dient sie zur Aufbereitung und als Reaktionsstoff bei vielen chemischen Produktionsverfahren, z.B. bei der Herstellung von Seife, Kunststoffen, Aluminiumoxid und Papier.

Versuche mit NaOH

Versuch 1: Auf ein Uhrglas gibt man einige Plättchen Natriumhydroxid und läßt es ca. 30 Minuten offen stehen.

Ergebnis: Das hygroskopische NaOH hat Wasser angezogen, so daß die NaOH-Plättchen in Wasser schwimmen.

Versuch 2: In einer Porzellanschale wird konzentrierte Natronlauge zum Sieden erhitzt. (Achtung: Im Abzug arbeiten, Schutzbrille aufsetzen, Schutzhandschuhe tragen). Dort hinein gibt man Haare, eine Feder, einen Wollfaden und einen dünnen Streifen Fleisch.

Ergebnis: Die organischen Substanzen lösen sich in der siedenden Natronlauge auf.

Natriumcarbonat Na_2CO_3

Natriumcarbonat $\mathbf{Na_2CO_3}$, auch **Soda** genannt, ist ein weiterer, wichtiger Grundstoff der chemischen Industrie. Es wird bei der Glasfabrikation, zur Herstellung von Seifen, zur Wasserenthärtung und für viele andere chemische Prozesse gebraucht. Wasserfreie oder kalzinierte Soda ist ein trockenes, weißes, körniges Pulver, das sich nur langsam in Wasser löst. Die Lösung reagiert infolge Protolyse alkalisch. Durch Eindampfen der Lösung erhält man die sogenannte *Kristallsoda* $\mathbf{Na_2CO_3 \cdot 10\,H_2O}$. Sie bildet glasklare große Kristalle. Durch Erwärmen auf 200 °C kann daraus wieder wasserfreie Soda erzielt werden.

Die großtechnische Herstellung von Soda erfolgt mit dem sogenannten **Solvay-Verfahren** aus den Rohstoffen Steinsalz, Kalk und Ammoniak in mehreren Verfahrensschritten (Seite 134).

Natriumsulfat Na_2SO_4

Natriumsulfat $\mathbf{Na_2SO_4}$, auch **Glaubersalz** genannt, entsteht als Nebenprodukt bei der Herstellung von Salzsäure aus Kochsalz und Schwefelsäure: $2\,(Na^+ + Cl^-) + 2\,H^+ + SO_4^{2-} \longrightarrow Na_2SO_4 + 2\underbrace{(H^+ + Cl^-)}_{\text{Salzsäure}}$

Natriumsulfat wird in großen Mengen bei der Glasherstellung benötigt (Seite 166).

2.1.2 Kalium

Kalium

Weiches, silberhell glänzendes Metall mit äußerst hoher Reaktionsfähigkeit

Eigenschaften. Kalium ist ähnlich wie Natrium ein weiches, silberhell glänzendes, mit dem Messer schneidbares Metall (Bild 91/1). Es zeigt ähnliche chemische Reaktionen wie Natrium, die jedoch heftiger ausgeprägt sind.

So verbrennt Kalium an der Luft durch Selbstentzündung.

Mit Wasser reagiert Kalium äußerst heftig: Legt man ein Stück Kalium auf Wasser (wegen der geringen Dichte von 0,86 g/cm^3 schwimmt es), so schmilzt es zu einer Kugel. Der entstehende Wasserstoff entzündet sich spontan und verbrennt mit violetter Flamme. Außerdem entsteht wasserlösliches Kaliumhydroxid KOH, das das Wasser alkalisch macht.

$$2\,K + 2\,H_2O \longrightarrow 2\,(K^+ + OH^-) + H_2\uparrow$$

Alle Reaktionen mit Kalium verlaufen unter starker Wärmeentwicklung, zum Teil explosionsartig. Vorsicht beim Umgang mit Kalium! Um unerwünschte Reaktionen zu verhindern, wird Kalium unter Petroleum aufbewahrt **(Bild 93/1)**.

Bild 93/1: Kalium

Verwendung. Metallisches Kalium hat keine technische Verwendung im industriellen Maßstab.

Vorkommen. Wichtige kaliumhaltige Mineralien sind *Sylvin* = Kaliumchlorid **KCl**, *Sylvinit* **$KCl \cdot NaCl \cdot 6\,H_2O$** und *Carnallit* **$KCl \cdot MgCl_2 \cdot 6\,H_2O$**.

Darstellung. Metallisches Kalium wird durch Elektrolyse einer wasserfreien Mischschmelze aus **KCl** und **KOH** hergestellt:

$$2\,KCl \xrightarrow{\text{↯}} 2\,K + Cl_2\uparrow$$

Kaliumverbindungen

Kaliumchlorid KCl ist die wichtigste Kaliumverbindung. Es dient als Ausgangsstoff aller anderen Kaliumverbindungen. Wirtschaftlich besonders bedeutend ist es zur Herstellung von *Mineraldüngern* (Kalidünger Seite 136). Es wird in großen Mengen technisch hergestellt, man spricht von einem ganzen Industriezweig, der *Kaliindustrie*.

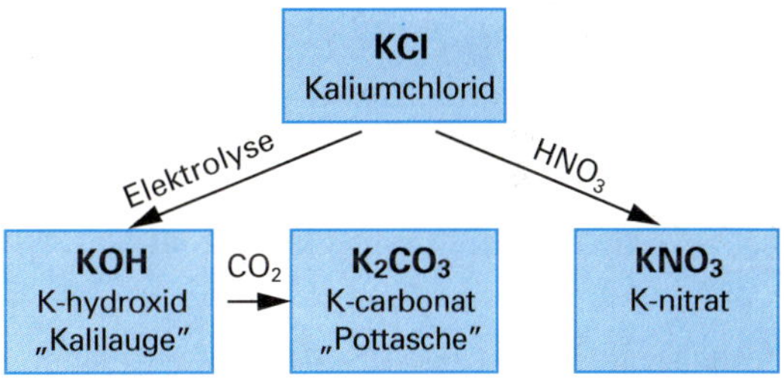

Ausgangsstoff der Kaliumchloridherstellung sind die als *Rohsalze* gewonnenen kaliumhaltigen Minerale Sylvin, Sylvinit und Carnallit (Bild 91/2). Sie enthalten Kaliumchlorid KCl neben anderen Chloriden und erdigen Beimengungen. Die Abtrennung des KCl von den anderen Bestandteilen erfolgt entweder mit Hilfe der unterschiedlichen Löslichkeit der verschiedenen Chloride durch Lösen und Auskristallisieren oder durch Zerkleinern des Rohsalzes und anschließende Schaum-Aufschwimm-Trennung (Flotation). Man erhält KCl von 95% bis 99% Reinheit. Kaliumchlorid ist eine farblos-weiße, kristalline Substanz.

Kaliumhydroxid KOH wird durch Elektrolyse einer wäßrigen KCl-Lösung gewonnen:

$$2\,(K^+ + Cl^-) + 2\,H_2O \xrightarrow{\text{↯}} 2\,(K^+ + OH^-) + H_2\uparrow + Cl_2\uparrow$$

Die entstehende wäßrige Lösung, die *Kalilauge* **($K^+ + OH^-$)**, ist eine starke Lauge. Durch Eindampfen erhält man daraus festes KOH, auch **Ätzkali** genannt. Es hat ähnliche Eigenschaften wie NaOH: eisartiges Aussehen, stark hygroskopisch und die Haut ätzend.

Die wässrige Lösung von Kaliumhydroxid ist **Kalilauge**.

Kaliumcarbonat K_2CO_3 (Pottasche) erhält man durch Reaktion von KOH mit Kohlenstoffdioxid:

$$2\,KOH + CO_2 \longrightarrow K_2CO_3 + H_2O$$

Kaliumcarbonat ist ein weißes, körniges, hygroskopisches Pulver. Es findet bei der Seifen- und Glasherstellung Verwendung.

Kaliumnitrat KNO_3 ist ein starkes Oxidationsmittel. Es ist deshalb sauerstoffliefernder Bestandteil des Schießpulvers.

2.1.3 Ammonium

Darstellung und **Eigenschaften**. Das Ammonium-Ion NH_4^+ bildet sich beim Einleiten von Ammoniak in Wasser durch Anlagerung eines Protons (H^+) an das Ammoniakmolekül:

$$NH_3 + H_2O \longrightarrow NH_4^+ + OH^-$$

> **Ammonium**
>
> Ion der Zusammensetzung NH_4^+
> Hat ähnliche Eigenschaften wie die Ionen der Alkalimetalle

Das Ammonium-Ion besitzt eine positive Ladung. Seine Größe entspricht in etwa der des Kalium-Ions. Es hat ganz ähnliche Eigenschaften wie die Ionen der Alkalimetalle, was sich an der Ähnlichkeit der Ammoniumverbindungen mit den übrigen Alkaliverbindungen erkennen läßt. So bildet Ammonium z. B. mit Quecksilber ein silberweiß glänzendes Amalgam, wie alle anderen Alkalimetalle auch.
In reiner Form ist Ammonium nicht darstellbar. Als Ion ist es Bestandteil wichtiger chemischer Verbindungen.

Ammoniumverbindungen

Die Ammoniumsalze sind farblos-weiße, kristalline Substanzen, die meist in Wasser löslich sind. Diese Eigenschaft teilen sie mit den Alkalisalzen. Die Darstellung der Ammoniumverbindungen geht vom Ammoniak **NH_3** oder seiner wäßrigen Lösung **($NH_4^+ + OH^-$)** aus. Die Ammonium-Verbindungen entstehen durch Reaktion mit den entsprechenden Säuren.

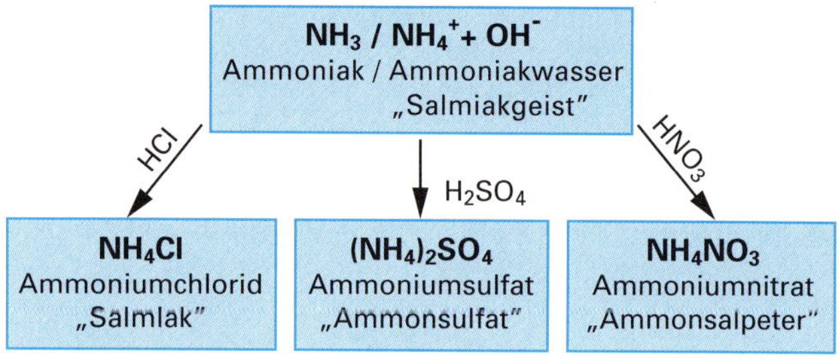

Da die Ammoniumverbindungen in großen Mengen (meist als Düngemittel) gebraucht werden, hat sich ihre Produktion und die Herstellung der benötigten Ausgangsstoffe zu einem Industriezweig entwickelt.

Ammoniak NH_3 wird durch Synthese aus den Gasen Wasserstoff und Stickstoff gewonnen:

$$3\,H_2 + N_2 \xrightarrow[\text{Katalysator}]{Fe_3O_4} 2\,NH_3$$

Die Reaktion wird bei rund 500 °C und 300 bar durchgeführt und ist technisch aufwendig (Seite 128).

Ammoniakwasser $NH_4^+ + OH^-$ entsteht, wenn Ammoniak in Wasser geleitet wird:

$$NH_3 + H_2O \longrightarrow NH_4^+ + OH^-$$

Bei 15 °C sind 730 l NH_3-Gas in 1 l Wasser lösbar, mit steigender Temperatur nimmt die Löslichkeit stark ab. Bei Erhitzen auf 100 °C ist nach kurzer Zeit praktisch alles NH_3 ausgetrieben.

Das im Labor meist verwendete 25%ige Ammoniakwasser wird auch **Salmiakgeist** genannt.

Ammoniumchlorid NH_4Cl (Salmiak) entsteht durch Reaktion von Salzsäure mit Ammoniakwasser:

$$NH_4^+ + OH^- + H^+ + Cl^- \longrightarrow NH_4^+ + Cl^- + H_2O$$

Beim Eindampfen der Lösung erhält man farblose (weiße) NH_4Cl-Kristalle. Durch Erhitzen auf 250 °C zerfällt NH_4Cl in Ammoniak und Chlorwasserstoff: $NH_4Cl \longrightarrow NH_3 + HCl$

Ammoniumsulfat $(NH_4)_2SO_4$ (Ammonsulfat) erhält man durch Neutralisation von Ammoniakwasser mit Schwefelsäure: $2\,(NH_4^+ + OH^-) + 2\,H^+ + SO_4^{2-} \longrightarrow 2\,NH_4^+ + SO_4^{2-} + 2\,H_2O$

Ammoniumsulfat ist ein wichtiger Stickstoffdünger, der großtechnisch hergestellt wird (Seite 137).

Ammoniumnitrat NH_4NO_3 (Ammonsalpeter) wird in großen Mengen durch Umsetzung von Ammoniakwasser mit Salpetersäure hergestellt: $NH_4^+ + OH^- + H^+ + NO_3^- \longrightarrow NH_4^+ + NO_3^- + H_2O$

Es ist ein wichtiger Stickstoffdünger. Das kristalline **NH_4NO_3** ist hygroskopisch und explosiv. Deshalb müssen ihm mindestens 30% inerter Stoffe, wie z. B. Kalksteinmehl, beigemischt sein (Seite 138).

Wiederholungsfragen

1. **Welche gemeinsamen Eigenschaften haben die Alkalimetalle?**
2. **Welche Flammenfärbungen bewirken die einzelnen Alkalimetalle?**
3. **Wie reagieren Natrium und Kalium mit Wasser? Formulieren Sie die Reaktionsgleichungen.**
4. **Wie wird Natronlauge großtechnisch hergestellt?**
5. **Nach welchem Verfahren wird Soda hergestellt?**
6. **Wie wird Kaliumchlorid hergestellt?**
7. **Wozu dient Kaliumnitrat?**
8. **Warum ordnet man das Ammonium-Ion den Alkalimetall-Ionen zu?**
9. **Welche Ammoniumverbindungen sind wichtige Stickstoffdünger?**

2.2 II. Hauptgruppe: Erdalkalimetalle

Der Name **Erdalkalimetalle** für die Elemente der II. Hauptgruppe beruht auf der Tatsache, daß Verbindungen dieser Elemente am Aufbau der Erdkruste wesentlich beteiligt sind und daß sie Ähnlichkeit mit den Alkalimetallen besitzen.

Zu den Erdalkalimetallen gehören die Elemente *Beryllium* **(Be)**, *Magnesium* **(Mg)**, *Calcium* **(Ca)**, *Strontium* **(Sr)**, *Barium* **(Ba)** und *Radium* **(Ra) (Tabelle 95/1)**.

Das radioaktive Radium ist ein sehr seltenes Element und wird hier nicht behandelt.

Tabelle 95/1: Physikalische Eigenschaften der Erdalkalimetalle

Element	Symbol	Aussehen im Normzustand	Schmelzpunkt in °C	Siedepunkt in °C	Dichte in g/cm^3
Beryllium	**Be**	silberglänzendes Metall	1280	2967	1,85
Magnesium	**Mg**	silberglänzendes Metall	657	1102	1,74
Calcium	**Ca**	silberglänzendes Metall	850	1420	1,55
Strontium	**Sr**	silberglänzendes Metall	771	1385	2,60
Barium	**Ba**	silberglänzendes Metall	1726	1696	3,74

Eigenschaften. Die Erdalkalimetalle sind silberglänzende Metalle. Wegen ihrer geringen Dichte zählen sie zu den Leichtmetallen. Die größte Bedeutung als metallischer Werkstoff hat Magnesium erlangt, das meist als Legierung im Leichtbau verwendet wird (Seite 97). Die anderen Erdalkalimetalle finden als Werkstoffe keine oder nur ganz seltene Verwendung. Sie dienen in wenigen Fällen als Legierungselement.

Die Erdalkalimetalle haben eine wesentlich geringere Reaktionsfähigkeit als die Alkalimetalle. Beryllium und Magnesium reagieren nicht spontan mit Wasser und Sauerstoff, während Calcium, Strontium und Barium Reaktion zeigen. Die Reaktionsfähigkeit nimmt mit der Periodennummer zu. Calcium, Strontium und Barium müssen deshalb unter Petroleum aufbewahrt werden.

Die Wasserlöslichkeit der Verbindungen der Erdalkalimetalle ist unterschiedlich: Während sich die Chloride, Bromide, Iodide und Nitrate der Erdalkalimetalle leicht in Wasser lösen, sind die Carbonate, Sulfate und Phosphate schwerlöslich oder unlöslich.

Atombau. Die Atome der Erdalkalimetalle haben zwei Außenelektronen, die sich realtiv leicht abspalten lassen (siehe rechts). Die entstehenden Ionen haben die Achterschale des im **PSE** vorangehenden Edelgases. Alle Erdalkalimetalle haben deshalb die Ionenwertigkeit zwei (+II).

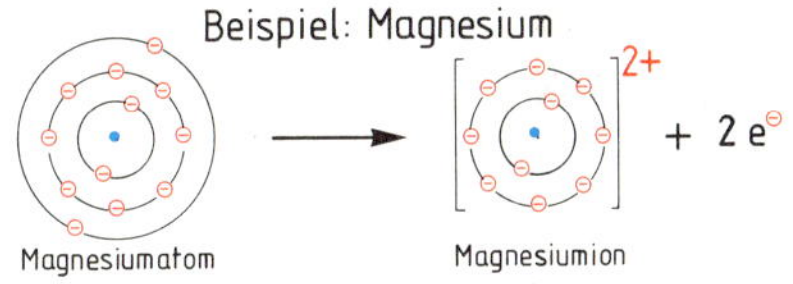

Nachweis. Ein Teil der Erdalkalimetalle, nämlich Calcium, Strontium und Barium lassen sich mit der **Flammenfärbung** nachweisen. Beryllium und Magnesium färben die Flamme nicht.

Calcium	Strontium	Barium
ziegelrot	karminrot	grün

2.2.1 Beryllium

Eigenschaften und **Verwendung.** Beryllium ist ein silberglänzendes, hartsprödes und giftiges Metall. Beim Umgang mit Beryllium ist große Vorsicht geboten. Beryllium ist für Röntgenstrahlen durchlässig und wird deshalb für Austrittsfenster an Röntgengeräten verwendet.

Beryllium

Silberglänzendes, hartsprödes und giftiges Metall.

Außerdem findet es als Legierungsbestandteil Anwendung, da es die Härte, die Korrosionsbeständigkeit und die Temperaturbeständigkeit von Kupfer-, Aluminium-, Nickel- und Eisenlegierungen wesentlich erhöht. Eine Spezialität sind nichtfunkenbildende Werkzeuge, die aus Beryllium-haltigen Kupfer-Legierungen (z.B. CuBe 2) hergestellt werden. Diese Werkzeuge finden in explosionsgefährdeten Betrieben und im Bergbau Verwendung.

Vorkommen. Das wichtigste Beryllium-Mineral ist **Beryll**, ein Beryllium-Aluminium-Silikat der Zusammensetzung $Be_3Al_2(Si_6O_{18})$.

Darstellung. Die Herstellung des Metalls erfolgt durch Schmelzflußelektrolyse von Berylliumsalzen.

Berylliumverbindungen haben in der Technik keine wesentliche Bedeutung erlangt.

2.2.2 Magnesium

Magnesium

Silberhell glänzendes Gebrauchsmetall niedriger Dichte.

Eigenschaften. Magnesium ist ein silberhell glänzendes Metall mit einer Dichte von 1,74 g/cm^3. Es ist das leichteste, technisch bedeutende Gebrauchsmetall. An der Luft ist Magnesium recht korrosionsbeständig, da es sich wie Aluminium mit einer dünnen, aber schützenden Oxidschicht überzieht.

Verwendung. Als Reinmetall wird Magnesium in Stabform als Opferanoden zum Korrosionsschutz eingesetzt (Seite 185). Als Legierung mit rund 90% Magnesium und Bestandteilen an Aluminium, Zink, Silicium und Mangan dient es im Flugzeug- und Fahrzeugbau als Konstruktions-Leichtbauwerkstoff. Außerdem findet Magnesium als Pulver oder Gries in Feuerwerkskörpern und Blitzlichtbirnen Verwendung, da es mit einer besonders hellen und intensiven Lichtentfaltung verbrennt **(Bild 96/1)**.

Bild 96/1: Feuerwerks-Brennmasse aus Magnesium

Vorkommen. Magnesium ist mit 1,4% am Aufbau der Erdkruste beteiligt. Das wichtigste Magnesium-Mineral ist *Magnesit* mit dem Wertanteil Magnesiumcarbonat $\mathbf{MgCO_3}$. Andere Magnesium-Mineralien sind *Dolomit* $\mathbf{MgCO_3 \cdot CaCO_3}$ und *Carnallit* $\mathbf{KCl \cdot MgCl_2}$.

Darstellung. Die Herstellung von metallischem Magnesium erfolgt je nach Ausgangsmineral nach verschiedenen Verfahren. Das technisch am häufigsten angewandte Herstellungsverfahren geht vom Magnesit aus.

Zuerst erhält man durch Calcinieren (Brennen) MgO:

$$\mathrm{MgCO_3 \xrightarrow{1200\,^\circ C} MgO + CO_2\uparrow}$$

Durch Umsetzen mit Chlor und Koks gewinnt man Magnesiumchlorid:

$$\mathrm{MgO + Cl_2 + C \longrightarrow MgCl_2 + CO\uparrow}$$

Die Gewinnung des metallischen Magnesiums erfolgt dann durch Schmelzflußelektrolyse von $MgCl_2$:

$$\mathrm{MgCl_2 \xrightarrow[700\,^\circ C]{Strom} Mg + Cl_2\uparrow}$$

Das anfallende Chlor wird in den Prozeß zur $MgCl_2$-Herstellung zurückgeführt.

Magnesiumverbindungen

Magnesiumcarbonat $\mathbf{MgCO_3}$ (Mineralname *Magnesit*) ist der Ausgangsstoff fast aller Magnesiumverbindungen.

Es wird aber auch selbst verwendet: Fein gemahlen zu Pulver bildet es die Grundmasse von Zahnpasten, Scheuermitteln sowie kosmetischen Pudern. Außerdem dient es als Füllstoff für Farben und Papier.

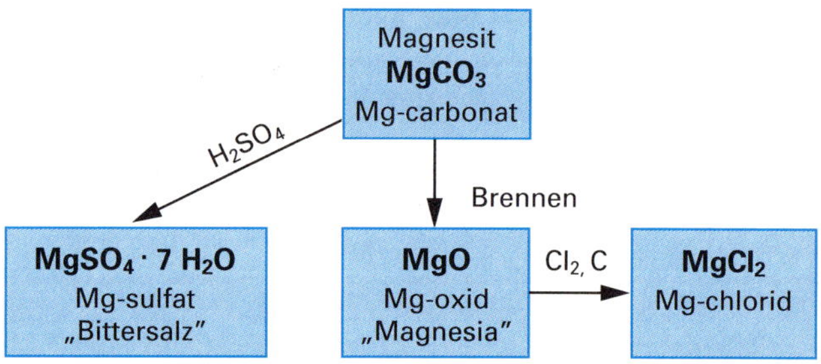

Magnesiumsulfat $\mathbf{MgSO_4 \cdot 7\,H_2O}$, wegen seines bitteren Geschmacks auch als *Bittersalz* bezeichnet, wird, vermischt mit Kaliumsulfat $\mathbf{K_2SO_4}$, als chloridfreies Düngemittel „Kalimagnesia" (Kalium-Magnesium-Sulfat) verwendet.

Magnesiumsulfat $\mathbf{MgSO_4 \cdot 7\,H_2O}$ kann aus $\mathbf{MgCO_3}$ durch Umsetzung mit Schwefelsäure gewonnen werden:

$$\mathrm{MgCO_3 + H_2SO_4 + 6\,H_2O \longrightarrow MgSO_4 \cdot 7\,H_2O + CO_2\uparrow}$$

Es ist auch als Verbindung **($\mathbf{MgSO_4 \cdot 7\,H_2O}$)** Bestandteil der bergmännisch gewonnenen Kalisalze.

Magnesiumoxid MgO gewinnt man durch Brennen von $\mathbf{MgCO_3}$ bei 1200 °C. Es ist ein lockeres, weißes Pulver. **MgO** hat einen hohen Schmelzpunkt von 2650 °C und wird deshalb zur Herstellung feuerfester Geräte und Bauteile verwendet. Dazu sintert man das formgepreßte MgO-Pulver und erhält einen keramikartigen, feuerfesten aber schlagempfindlichen Werkstoff. Er ist unter dem Namen *Magnesia* im Handel. Man fertigt daraus Glühtiegel, feuerfeste Platten, Formteile, Auskleidungen usw.

Magnesiumchlorid gibt es in wasserfreier Form $\mathbf{MgCl_2}$ sowie als kristallwasserhaltige Verbindung $\mathbf{MgCl_2 \cdot 6\,H_2O}$. Wasserfreies $\mathbf{MgCl_2}$ ist der Ausgangsstoff zur Herstellung von metallischem Magnesium und wird deshalb großtechnisch hergestellt (siehe oben). Wasserhaltiges $\mathbf{MgCl_2 \cdot 6\,H_2O}$ ist sehr hygroskopisch. Es ist in Spuren im Kochsalz enthalten und bewirkt dadurch das Feuchtwerden von Kochsalz an der Luft.

2.2.3 Calcium

Eigenschaften und Verwendung. Calcium ist ein weiches, an frischer Schnittfläche silberglänzendes Metall, das wegen seiner Reaktionsfähigkeit keine technische Bedeutung als Gebrauchsmetall hat. Es reagiert langsam mit der Luft; Ca-Stückchen werden deshalb unter Petroleum aufbewahrt. Es ist dem Natrium ähnlich, mit geringerer Reaktionsfreudigkeit. Bei starker Erhitzung brennt Calcium mit heller Flamme und weißer Rauchbildung: $\mathbf{2\,Ca + O_2 \longrightarrow 2\,CaO}$

Gibt man ein Stück Calcium in Wasser, so sinkt es auf den Boden (ϱ = 1,55 g/cm^3). Aufsteigende Gasblasen und das sich trübende Wasser zeigen eine chemische Reaktion an **(Bild 97/1)**:

$$\mathbf{Ca + 2\,H_2O \longrightarrow Ca^{2+} + 2\,OH^- + H_2\uparrow}$$

Es entsteht Wasserstoffgas und eine wässrige alkalische Lösung von Calciumhydroxid $Ca(OH)_2$, die man **Kalkwasser** nennt. Sie wird zum Nachweis von CO_2-Gas verwendet (Versuch 27/1) und in der chemischen Technik als Lauge eingesetzt.

Vorkommen. Calcium kommt in einer Reihe von Mineralien vor. *Kalkstein* bzw. *Marmor* ist Calciumcarbonat $\mathbf{CaCO_3}$, *Dolomit* ist $\mathbf{CaCO_3 \cdot MgCO_3}$. Der in Salzlagerstätten vorkommende *Gips* ist $\mathbf{CaSO_4 \cdot 2\,H_2O}$, der dort ebenfalls gefundene *Anhydrit* ist wasserfreier Gips $\mathbf{CaSO_4}$ **(Bild 91/1)**. Weitere calciumhaltige Mineralien sind *Phosphorit* $\mathbf{Ca_3(PO_4)_2}$ und *Flußspat* $\mathbf{CaF_2}$, die zur Herstellung von Phosphorsäure $\mathbf{H_3PO_4}$ bzw. Flußsäure **HF** dienen.

Darstellung. Metallisches Calcium wird durch Schmelzflußelektrolyse aus einer $CaCl_2$-Schmelze gewonnen:

$$\mathbf{CaCl_2 \xrightarrow{\text{Strom}} Ca + Cl_2\uparrow}$$

Calcium

Silberglänzendes, weiches Metall mit mäßiger Reaktionsfähigkeit

Bild 97/1: Reaktion von Calcium mit Wasser

Calciumverbindungen

Ausgangsstoff vieler Calciumverbindungen ist **Kalkstein**, ein gelblich bis rötlich-weißes Mineral, das zu den häufigsten Gesteinsarten gehört. Es besteht im wesentlichen aus **Calciumcarbonat** $\mathbf{CaCO_3}$. Der Kalkstein wird zu Kalksteinmehl gemahlen und dann durch Brennen zu Kalk verarbeitet. Eine Mischung aus Kalksteinmehl und Ton ergibt durch Brennen Zement (Seite 162).

Calciumoxid CaO, auch *gebrannter Kalk* genannt, wird durch Brennen aus Kalkstein gewonnen:

$$\mathbf{CaCO_3 \xrightarrow{1200\,°C} CaO + CO_2\uparrow}$$

Es ist ein weißes Pulver.

Calciumoxid CaO, im allgemeinen Sprachgebrauch und in der Landwirtschaft „Kalk“ genannt, wird als Bodenverbesserer zur Neutralisation saurer Böden eingesetzt.

Es bildet mit Wasser Hydroxidionen:

$$\mathbf{CaO + H_2O \longrightarrow Ca^{2+} + 2\,OH^-},$$

die vorhandene Hydroniumionen H_3O^+ (Säuren) im Boden neutralisieren.

Die überwiegende Menge des **CaO** ist Zwischenprodukt zur Herstellung von Calciumhydroxid $\mathbf{Ca(OH)_2}$.

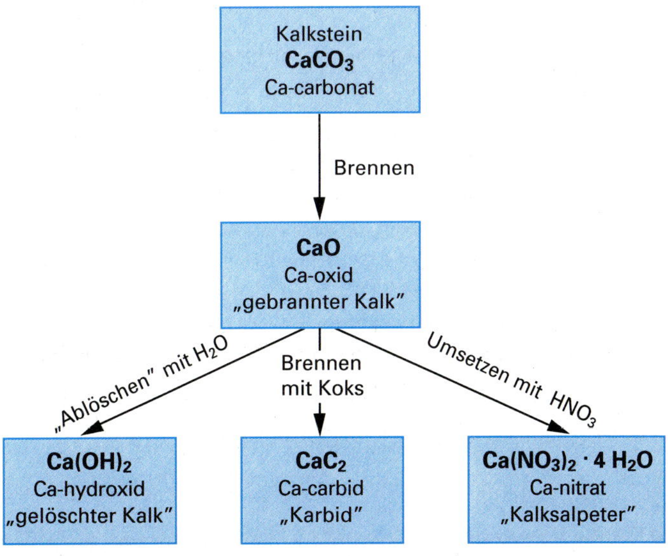

Calciumhydroxid $Ca(OH)_2$, auch **gelöschter Kalk** genannt, entsteht durch Zugabe von wenig Wasser zu **CaO**:

$$CaO + H_2O \longrightarrow Ca(OH)_2$$

Getrocknet ist es ein weißes Pulver. Vermischt mit Sand und Wasser zu einem Brei wird es als **Kalkmörtel** zur Verbindung von Steinen sowie zum Verputzen von Außenwänden auf dem Bau in großen Mengen verbraucht. Die Härtung des Kalkmörtels erfolgt durch Reaktion mit dem in der Luft enthaltenem Kohlenstoffdioxid:

$$Ca(OH)_2 + CO_2 \longrightarrow CaCO_3 + H_2O$$

Es entsteht im Laufe von Stunden **$CaCO_3$** in Form eines Nadelgeflechtes, das die Sandpartikel und Steine miteinander verbindet (Seite 160).

Eine wäßrige Aufschlämmung von **$Ca(OH)_2$** nennt man *Kalkmilch*. Man verwendet sie vor allem in südeuropäischen Ländern als preiswerte weiße Anstrichfarbe.

Das klare Filtrat einer **$Ca(OH)_2$**-Aufschlämmung, *Kalkwasser* genannt, ist die billigste Lauge der Technik und wird deshalb in vielen chemischen Großprozessen eingesetzt.

Calciumcarbid CaC_2, im allgemeinen meist einfach **Karbid** genannt, ist eine grau-weiße, körnige Masse. Es wird durch Reaktion von **CaO** mit Koks bei Temperaturen von 2100 °C im Lichtbogenofen gewonnen:

$$CaO + 3\,C \xrightarrow{2100\,°C} CaC_2 + CO\uparrow$$

Mit Wasser reagiert Calciumcarbid zu **Acetylen C_2H_2 (Ethin)**:

$$CaC_2 + 2\,H_2O \longrightarrow C_2H_2\uparrow + Ca(OH)_2$$

Acetylen (Ethin) wird als Schweißgas und als wichtiger Ausgangsstoff für organische Synthesen verwendet.

Bei hohen Temperaturen reagiert Calciumcarbid mit dem Stickstoff der Luft und bildet **Calciumcyanamid $CaCN_2$**, einem Dünger, der unter dem Namen *Kalkstickstoff* bekannt ist:

$$CaC_2 + N_2 \longrightarrow CaCN_2 + C$$

Calciumnitrat $Ca(NO_3)_2 \cdot 4\,H_2O$ entsteht durch Umsetzen von Calciumoxid mit Salpetersäure:

$$CaO + 2\,HNO_3 + 3\,H_2O \longrightarrow Ca(NO_3)_2 \cdot 4\,H_2O$$

Die Calciumnitratlösung wird mit Kalksteinmehl vermischt und zu erbsengroßen Körnern geformt. Es ist unter der Bezeichnung **Kalksalpeter** als Düngemittel im Handel.

Calciumbicarbonat $Ca(HCO_3)_2$ ist in Quell- und Brunnenwasser enthalten. Es verleiht dem Trinkwasser seinen angenehmen, frischen Geschmack. $Ca(HCO_3)_2$ bildet sich bei der Bodenpassage, wenn CO_2-haltiges Wasser durch Kalkstein-Gestein sickert:

$$CaCO_3 + CO_2 + H_2O \longrightarrow Ca(HCO_3)_2$$

Im Wasser liegt es gelöst als Ionen vor: **$Ca^{2+} + 2\,HCO_3^-$**. Beim Verdampfen und Kochen des Wassers läuft die Reaktion umgekehrt ab und es bildet sich fester Kesselstein $CaCO_3$:

$$Ca^{2+} + 2\,HCO_3^- \longrightarrow CaCO_3\downarrow + CO_2\uparrow + H_2O$$

Gips

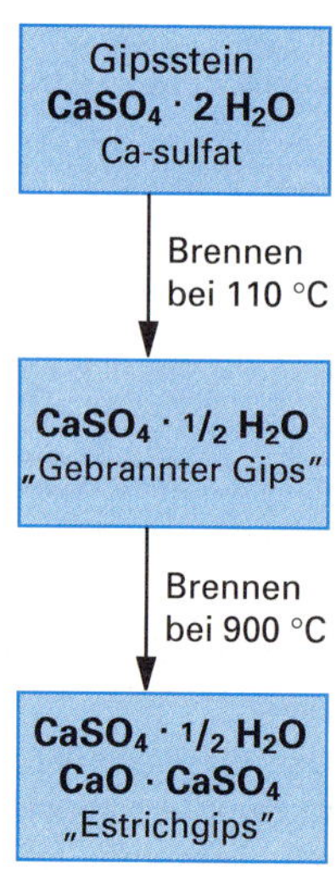

Ausgangsstoff der verschiedenen Gipssorten ist das Mineral **Gipsstein**, chemisch **Calciumsulfat $CaSO_4 \cdot 2\,H_2O$**, das in großen Mengen in Salzlagerstätten in der Natur vorkommt (Bild 91/1).

Durch Erhitzen auf verschiedene Temperaturen, und damit Austreiben eines Teils des Kristallwassers, stellt man daraus verschiedene Gipssorten her.

Beim Erhitzen auf 110 °C entsteht sogenannter **gebrannter Gips** mit der Zusammensetzung **$CaSO_4 \cdot 1/2\,H_2O$**. Er ist der einfache Bau- und Putzgips, der zum Verputzen von Innenwänden in Häusern verwendet wird.

Angerührt mit Wasser bindet er wieder zu Gipsstein ab:

$$CaSO_4 \cdot 1/2\,H_2O + 1\,1/2\,H_2O \longrightarrow CaSO_4 \cdot 2\,H_2O$$

Stuckgips erhält man durch Erhitzen auf 150 °C. Er enthält etwas weniger Kristallwasser und bildet einen festeren Gipsstein.

Durch Erhitzen auf rund 900 °C entsteht **Estrichgips**, der noch weniger Kristallwasser enthält und zum Teil in **CaO** umgewandelt ist:

$$2\,CaSO_4 \xrightarrow{900\,°C} CaO \cdot CaSO_4 + SO_3\uparrow$$

2.2.4 Strontium

Strontium ist ein seltenes Element. Das wichtigste Mineral ist *Strontianit* **$SrCO_3$**. Metallisches Strontium hat keine technische Bedeutung.

Strontiumverbindungen haben Ähnlichkeit mit den entsprechenden Calciumverbindungen. Wegen ihres seltenen Vorkommens und des hohen Preises haben Strontiumverbindungen nur für Spezialanwendungen Bedeutung.

2.2.5 Barium

Eigenschaften. Barium ist ein weiches, an frischer Schnittfläche silberhell glänzendes Metall, das sich schnell mit einer matten Reaktionsschicht überzieht. Es ist dem Calcium recht ähnlich, mit einer etwas stärkeren Reaktionsfähigkeit. Die Reaktion mit Wasser ergibt eine stärkere Wasserstoffbildung und es entsteht eine Bariumhydroxidlösung $Ba(OH)_2$, das *Barytwasser*.

Vorkommen. Das wichtigste Barium-Mineral ist *Schwerspat* **$BaSO_4$**, das in ausreichender Menge in Deutschland und in anderen Ländern vorkommt.

Darstellung. Barium wird analog der Mg-Gewinnung durch Schmelzflußelektrolyse aus einer $BaCl_2$-Schmelze gewonnen (Seite 96). Metallisches Barium hat keine technische Bedeutung.

Bariumverbindungen

Bariumverbindungen haben nur geringe chemisch-technische Bedeutung. Eine Besonderheit unter den Erdalkaliverbindungen ist die Giftigkeit der löslichen Bariumverbindungen. Beim Umgang mit ihnen ist Vorsicht geboten.

Ausgangsstoff der Bariumverbindungen ist das Mineral *Schwerspat*, Bariumsulfat **$BaSO_4$**.

Durch Brennen mit Koks bei 800 °C entsteht Bariumsulfid BaS:

$$BaSO_4 + 2\,C \longrightarrow BaS + 2\,CO_2\uparrow$$

Es ist Zwischenprodukt für andere Bariumverbindungen.

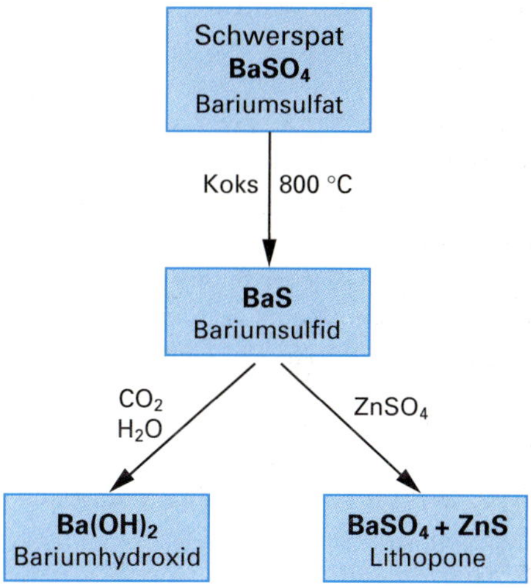

Bariumhydroxid $Ba(OH)_2$ ist als wäßrige Lösung eine starke Lauge. Man nennt sie *Barytwasser*. Sie dient als Nachweisreagenz für Kohlenstoffdioxid CO_2:

$$Ba^{2+} + 2\,OH^- + CO_2 \longrightarrow BaCO_3\downarrow + H_2O$$

Das entstehende Bariumcarbonat $BaCO_3$ ist schwerlöslich und bildet einen weißen Niederschlag (Versuch 27/1).

Bariumsulfat $BaSO_4$ in hochreiner Form, wird wegen seiner hohen Absorption von Röntgenstrahlen in der Medizin als Kontrastbrei verwendet. Es muß vor dem Röntgen vom Patienten eingenommen werden. Es füllt den Magen und Darm und macht dadurch krankhafte Veränderungen, wie z.B. Geschwüre und Tumore, sichtbar. Bariumsulfat ist unlöslich und deshalb ungiftig.

Ein Gemisch von Bariumsulfat und Zinksulfid ist eine häufig verwendete, weiße Malerfarbe (Lithopone). Sie wird durch Umsetzen von BaS mit $ZnSO_4$ hergestellt:

$$BaS + ZnSO_4 \longrightarrow ZnS + BaSO_4$$

Wiederholungsfragen

1. **Welche Wertigkeit besitzen die Erdalkalimetalle?**
2. **Welche Elemente gehören zu den Erdalkalimetallen?**
3. **In welcher Reihenfolge nimmt die Reaktionsfähigkeit der Erdalkalimetalle zu?**
4. **Nach welchem Verfahren werden die Erdalkalimetalle hergestellt?**
5. **Welche Gebrauchseigenschaften hat Magnesium und welche Verwendung findet es?**
6. **Welche Gegenstände werden aus Magnesiumoxid gefertigt?**
7. **Wie wird gebrannter Kalk hergestellt? Formulieren Sie die Reaktionsgleichung!**
8. **Was ist chemisch gelöschter Kalk und wie wird er hergestellt?**
9. **Welche Gipsarten gibt es und wie werden sie hergestellt?**
10. **Welchen Nachweis führt man mit Barytwasser durch?**

2.3 III. Hauptgruppe: Erdmetalle

Zu der Gruppe der Erdmetalle gehören die Elemente *Bor* **B**, *Aluminium* **Al**, *Gallium* **Ga**, *Indium* **In** und *Thallium* **Tl** **(Tabelle 100/1)**. Die Elemente dieser Hauptgruppe kommen ausschließlich chemisch gebunden in der Natur vor.

Die Atome der Erdmetalle haben, wie die Nummer der Hauptgruppe angibt, drei Außenelektronen. Die Erdmetalle sind deshalb meist *dreiwertig* (+III).

Tabelle 100/1: Physikalische Eigenschaften der Erdmetalle

Element	Symbol	Aussehen im Normzustand	Schmelzpunkt in °C	Siedepunkt in °C	Dichte in g/cm^3
Bor	**B**	dunkelgrau	2050	2550	2,34
Aluminium	**Al**	silberglänzend	658	2467	2,70
Gallium	**Ga**	silberglänzend	30	2403	5,91
Indium	**In**	silberglänzend	157	2000	7,31
Thallium	**Tl**	silberglänzend	304	1457	11,83

Das **Bor** als erstes Element dieser Gruppe nimmt eine gewisse Sonderstellung ein: es ist ein *Halbmetall*. Alle übrigen Elemente der III. Hauptgruppe sind Metalle.

Aluminium ist das mit Abstand technisch wichtigste Metall dieser Gruppe. Es ist nach den Eisen/Stahl-Werkstoffen der am häufigsten verwendete, metallische Werkstoff. Aluminium zählt zu den Leichtmetallen.

Gallium, Indium und *Thallium* sind seltene Elemente und haben als Metallwerkstoff sowie in Verbindungen nur für Spezialzwecke technische Bedeutung. Sie werden deshalb hier nicht weiter behandelt.

Die *Reaktionsfähigkeit* der Erdmetalle ist gegenüber den Erdalkalimetallen noch weiter abgeschwächt. Auch der basische Charakter ihrer Hydroxide ist nur noch schwach.

2.3.1 Bor

Eigenschaften und Verwendung. Bor ist ein dunkelgrau aussehendes Element geringer Dichte ($\varrho = 2{,}34\ g/cm^3$) mit sowohl metallischen als auch nichtmetallischen Eigenschaften. Es ist nach dem Diamant (Kohlenstoff) das härteste Element und besitzt hohe chemische Widerstandsfähigkeit. In Form dünner Fäden besitzt es große Festigkeit und wird zur Herstellung hochfester Verbundwerkstoffe für den Flugzeug- und Raumfahrzeugbau verwendet. In geringem Umfang dient es als Legierungselement für Speziallegierungen.

Bor

Dunkelgraues Halbmetall mit niedriger Dichte, großer Härte und hoher chemischer Widerstandsfähigkeit.

Vorkommen. In der Natur kommt Bor ausschließlich als Mineral vor. Bormineralien sind *Borax* $Na_2B_4O_7 \cdot 10\ H_2O$ sowie *Kernit* $Na_2B_4O_7 \cdot 4\ H_2O$.

Darstellung. Die Darstellung elementaren Bors erfolgt mit mehrstufigen chemischen Umsetzungen.

Borverbindungen

Ausgangsstoff für die Borverbindungen ist das Mineral *Borax* $Na_2B_4O_7 \cdot 10\ H_2O$.

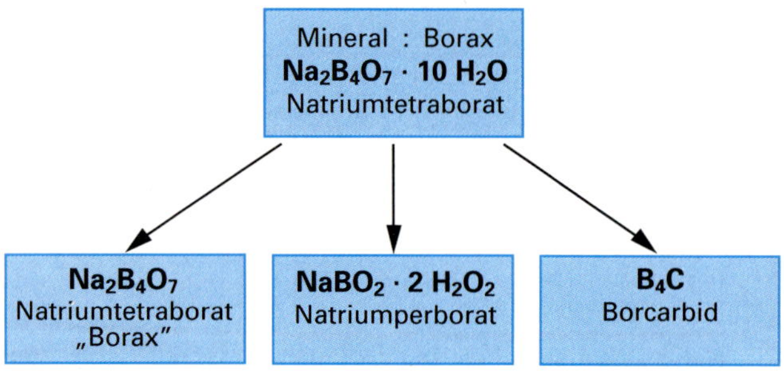

Wasserfreies Borax $Na_2B_4O_7$ wird durch Erhitzen des Minerals Borax gewonnen. Durch anschließendes Schmelzen bildet es eine glasartige Masse. Borax löst Metalloxide an. Man verwendet es deshalb als Zugabe zu Glasschmelzen, die als *Glasur* oder *Email* auf einen anderen Werkstoff aufgebracht werden. Sie lösen den Grundwerkstoff an und verbinden damit Grundwerkstoff und Glasur fest miteinander. Auch zum Löten wird Borax wegen seiner Lösefähigkeit für Metalloxide verwendet: Das geschmolzene Borax löst die anhaftende Oxidschicht auf dem Metall und ermöglicht damit eine feste Lötverbindung ohne Metalloxid-Trennschicht.

Natriumperborat $NaBO_2 \cdot 2\ H_2O_2$ ist ein wichtiger Bestandteil von Wasch- und Bleichmitteln (Seite 249).

Borcarbid B_4C ist ein kristalliner, schwarzer Stoff, der fast so hart wie Diamant ist. B_4C entsteht durch Zusammenschmelzen von B_2O_3 und Koks bei 2500 °C. Borcarbid wird als Schleifmittel verwendet.

2.3.2 Aluminium

Eigenschaften. Aluminium ist ein silberglänzendes, unedles Metall mit einer Dichte von 2,7 g/cm^3. Es ist der gebräuchlichste Metall-Leichtbauwerkstoff. Es bildet an der Luft eine dünne Oxidschicht, die das darunterliegende Metall vor weiterer Reaktion schützt (Passivierung) und es witterungsbeständig macht.

Aluminium ist ein guter Leiter für Elektrizität und Wärme.

Durch Legieren lassen sich Aluminiumlegierungen herstellen, deren Festigkeit der von unlegiertem Stahl nahekommt.

Verwendung. Als Leichtbauwerkstoff (z. B. Pkw-Felgen, Flugzeugteile), als elektrischer Leiterwerkstoff (z. B. Stromzuführungen) sowie in der Lebensmitteltechnik für Dosen und Folien **(Bild 101/1)**.

Vorkommen. Aluminium kommt wegen seiner großen Affinität zu Sauerstoff, in der Natur an dieses Element chemisch gebunden vor. 7,3% der Erdkruste bestehen aus oxidisch gebundenem Aluminium. Damit ist es das häufigste Metall überhaupt. Viele Gesteine (z. B. die Feldspate $\mathbf{NaAlSi_3O_8}$ oder die Tone $\mathbf{Al_2O_3 \cdot 2\,SiO_2 \cdot 2\,H_2O}$ bestehen aus Aluminiumverbindungen.

Darstellung. Das für die technische Aluminiumgewinnung geeignete Mineral ist **Bauxit**, ein Gemisch aus *Aluminiumoxid* $\mathbf{Al_2O_3 \cdot H_2O}$ und anderen Oxiden.

> **Aluminium**
>
> Silberglänzendes Leichtmetall mit hoher Festigkeit, Witterungsbeständigkeit und elektrischer Leitfähigkeit

Bild 101/1: Getränkedosen und Folien aus Aluminium

In einem ersten Verfahrensschritt wird aus dem Mineral Bauxit hochreines $\mathbf{Al_2O_3}$, die *Tonerde*, gewonnen. Im zweiten Verfahrensschritt stellt man daraus durch Schmelzflußelektrolyse das metallische Aluminium her:

$$2\,Al_2O_3 \xrightarrow{\text{Strom}} 4\,Al + 3\,O_2\uparrow$$

Näheres zum technischen Herstellungsrozeß von Aluminium auf Seite 146.

Aluminiumverbindungen

Hochreines **Aluminiumoxid** $\mathbf{Al_2O_3}$, auch **Tonerde** genannt, ist der Ausgangsstoff für die Gewinnung von Aluminiummetall und Aluminiumverbindungen. Es wird deshalb technisch in großen Mengen hergestellt und ist eine feinkörnige, weiße, wasserunlösliche Substanz.

Die Herstellung des hochreinen Aluminiumoxids erfolgt durch Auflösen von Bauxit in Natronlauge, Abtrennen der unlöslichen Bestandteile, Auskristallisieren von $\mathbf{Al(OH)_3}$ und Brennen des Hydroxids $Al(OH)_3$ zum Oxid $\mathbf{Al_2O_3}$ (Seite 146).

Aus der Tonerde Al_2O_3 wird durch Schmelzflußelektrolyse das Metall Aluminium hergestellt (Seite 147).

Für die Schmelzflußelektrolyse benötigt man **Kryolith** $\mathbf{Na_3[AlF_6]}$. Es wird durch Umsetzung von Al_2O_3 mit konzentrierter HF-/Na_2CO_3-Lösung hergestellt.

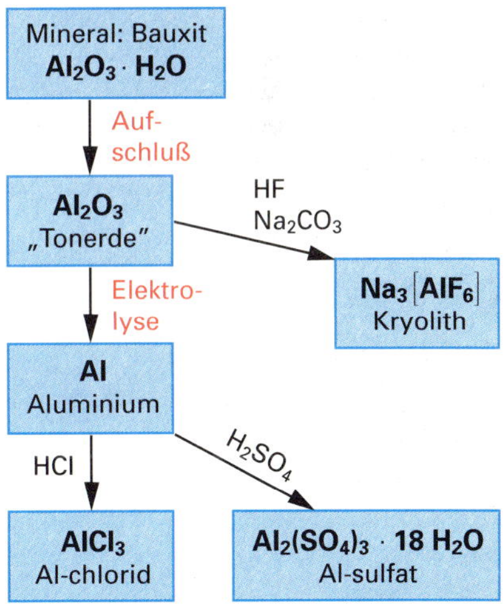

Aluminiumchlorid $\mathbf{AlCl_3}$ ist ein wichtiger Katalysator für organische Synthesen, wie z. B. die Erdöl-Crackung.

Man gewinnt es durch Überleiten von HCl-Gas über glühenden Aluminiumgries:

$$2\,Al + 6\,HCl \longrightarrow 2\,AlCl_3 + 3\,H_2\uparrow$$

Aluminiumsulfat $\mathbf{Al_2(SO_4)_3 \cdot 18\,H_2O}$ ist eine farblose, wasserlösliche, kristalline Substanz. Sie findet in der Papierindustrie als Leim Verwendung und dient zum Gerben von Häuten und Fellen.

Wiederholungsfragen

1. **Wodurch nimmt Bor in der III. Hauptgruppe eine Sonderstellung ein?**
2. **Wozu wird wasserfreies Borax verwendet?**
3. **Welche besondere Eigenschaft hat Borcarbid?**
4. **Wie erfolgt die Darstellung von Aluminium?**
5. **Welche Eigenschaften ermöglichen die vielseitigen technischen Anwendungen von Aluminium?**
6. **Was versteht man unter Passivierung?**

2.4 IV. Hauptgruppe: Kohlenstoff-Silicium-Gruppe

Zur IV. Hauptgruppe gehören die Elemente *Kohlenstoff* **C**, *Silicium* **Si**, *Germanium* **Ge**, *Zinn* **Sn** und *Blei* **Pb (Tabelle 102/1)**.

Kohlenstoff ist ein *Nichtmetall*, Silicium und Germanium sind *Halbmetalle*, Zinn und Blei sind *Metalle*.

Wie die Nummer der Hauptgruppe angibt, haben ihre Elemente vier Außenelektronen. Kohlenstoff ist ±IV-wertig oder +II-wertig, Silicium und Germanium sind +IV-wertig. Zinn und Blei sind +IV- oder +II-wertig.

Tabelle 102/1: Physikalische Eigenschaften der Elemente der IV. Hauptgruppe

Element	Symbol	Aussehen im Normzustand	Schmelzpunkt in °C	Siedepunkt in °C	Dichte in g/cm^3
Kohlenstoff	C	Graphit: schwarz Diamant: farblos	3350	3850	2,25 3,51
Silicium	Si	metallisch hell	1413	2355	2,40
Germanium	Ge	grauweiß	959	2830	5,35
Zinn	Sn	silberweiß	232	2270	7,28
Blei	Pb	grauweiß	327	1744	11,34

2.4.1 Kohlenstoff

Kohlenstoff	
Graphit	**Diamant**
grauschwarz, glänzend, weich	farblos, glasartig, hart

Vorkommen. Kohlenstoff kommt in der Natur elementar vor, und zwar in zwei Modifikationen (Erscheinungsformen): als *Graphit* und als *Diamant*. Chemisch gebunden findet sich Kohlenstoff in der Erdkruste in Gesteinen, z.B. in Kalkstein $\mathbf{CaCO_3}$, sowie in fossilen Rückständen, z.B. Kohle, Erdöl, Erdgas **(Bild 102/1)**. In der Atmosphäre ist Kohlenstoff als 0,03%iger CO_2-Anteil der Luft vorhanden und auch das Wasser der Meere (Hydrosphäre) enthält Kohlenstoff als $\mathbf{CO_2}$ in gelöster Form. Darüber hinaus ist Kohlenstoff in der Biomasse der Pflanzen und Tiere (Biosphäre) enthalten.

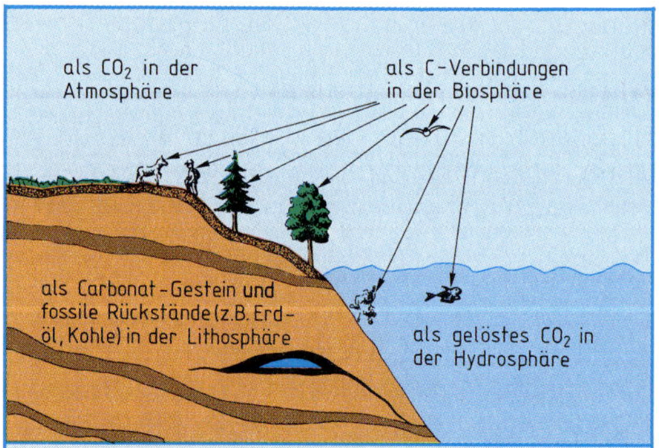

Bild 102/1 Vorkommen des Kohlenstoffs

Darstellung. Elementaren Kohlenstoff in Form von Kohle oder Graphit gewinnt man durch Verkohlen kohlenstoffhaltiger Substanzen. Dazu wird die Substanz unter Luftabschluß hohen Temperaturen ausgesetzt: die Bestandteile zersetzen sich in flüchtige Bruchstücke (H_2O, CO, CO_2, NH_3) und festen Kohlenstoff. Er bleibt als Kohlenstoff-Stoffgerüst zurück. So wird z.B. aus Holz *Holzkohle*, aus Tierknochen *Knochenkohle* und aus Bitumen-Koksmischungen sogenannte *Kohlemasse* oder *Graphitmasse* hergestellt.

Diamant läßt sich synthetisch aus Graphit bei extrem hohen Temperaturen und Drucken herstellen.

Eigenschaften. Die beiden Kohlenstoff-Modifikationen haben sehr unterschiedliche Eigenschaften. **Graphit** ist ein grauschwarz glänzender, relativ weicher Stoff, der bei Berührung schwarz abfärbt. Ursache dafür ist seine Kristallstruktur **(Bild 102/2)**: Er besteht aus Sechsringschichten, die leicht gegeneinander verschieblich und trennbar sind. Die technisch hergestellten Kohlenstoffsorten, wie *Ruß, Koks, Aktivkohle* und *Kohlemassen* bestehen aus unregelmäßig angeordneten Graphitteilchen, die von Poren durchzogen sind. **Diamant** ist ein farbloser, glasartiger, sehr harter und spröder Stoff. Diese Eigenschaften beruhen auf der äußerst starren Kristallgitterstruktur des Diamanten (Bild 102/2).

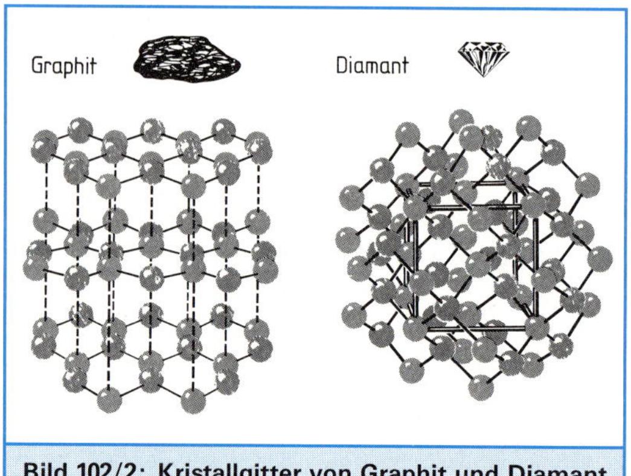

Bild 102/2: Kristallgitter von Graphit und Diamant

Kohlenstoff (Graphit und Diamant) ist reaktionsträge. Erst bei hohen Temperaturen (ab 600 °C) besteht z. B. Verbindungsbestreben mit Sauerstoff. Kohlenstoff löst sich nicht in Lösungsmitteln und reagiert nicht mit den meisten Säuren und Laugen. Graphit leitet den elektrischen Strom, Diamant leitet nicht.

Verwendung. Die verschiedenen Kohlenstoffsorten haben breite Anwendung gefunden: **Kohlemassen** dienen als Elektrodenwerkstoff **(Bild 103/1)** und als elektrischer Schleifkontakt in Elektromotoren. Bei besonders hoher Temperatur geglühte Kohlemasse, auch *synthetischer Graphit* genannt, dient als Reaktor- und Tiegelmaterial für konzentrierte Schwefelsäure. **Ruß** wird verwendet als schwarzer Farbstoff sowie als Füllstoff für Gummi (Reifen). **Aktivkohle** dient als Adsorptionsmittel. **Koks** wird als Reduktionsmittel verwendet, **Kohlenstoffasern** verstärken Kunststoffe. **Naturdiamanten** werden zu Schmuckstücken verarbeitet. Synthetische Diamanten werden als Härteprüfkörper sowie in Splitter- und Pulverform als Bohr-, Schleif- und Poliermittel verwendet.

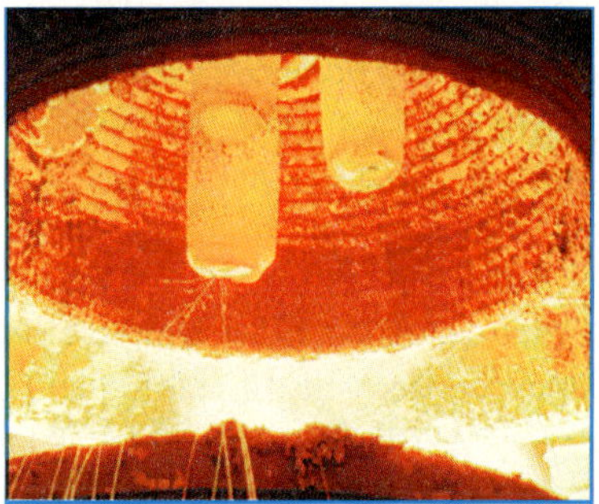

Bild 103/1: Kohle-Elektroden

Kohlenstoffverbindungen

Die Kohlenstoffverbindungen sind zahlenmäßig die größte Verbindungsklasse der Chemie. Der ganz überwiegende Teil dieser Stoffe sind organische Verbindungen. Sie werden in einem großen und wichtigen Teilgebiet der Chemie, der **organischen Chemie**, behandelt (ab Seite 186).

Zu den anorganischen Kohlenstoffverbindungen zählen *Kohlenstoffmonoxid* **CO**, *Kohlenstoffdioxid* **CO_2**, *Kohlensäure* **H_2CO_3**, die *Carbonate* und die *Carbide*.

Anorganische Kohlenstoff-Verbindungen		Organische C-Verbindungen
CO C-monoxid	**Carbonate** z. B. $CaCO_3$ Na_2CO_3	Kohlenwasserstoffe Alkohole Phenole Ether Amine Carbonsäuren usw.
CO_2 C-dioxid		
H_2CO_3 Kohlensäure	**Carbide** z. B. CaC_2 B_4C, WC	

Kohlenstoffmonoxid CO ist ein brennbares, farb- und geruchloses, aber stark giftiges Gas. Es ist für unsere Sinne nicht wahrnehmbar und deshalb besonders gefährlich. Es entsteht als Nebenprodukt bei der Verbrennung von Kohlenstoff oder kohlenstoffhaltigen Stoffen bei unzureichender Sauerstoffzufuhr.

Die technische Herstellung von Kohlenstoffmonoxid erfolgt durch Reaktion von Koks und Luftsauerstoff bei ca. 1000 °C: $\mathbf{2\,C + O_2 \longrightarrow 2\,CO}$.

In der chemischen Technik ist Kohlenstoffmonoxid von großer Bedeutung. Es dient als Synthesegas (Gasgemisch aus CO und H_2) zur großtechnischen Herstellung vieler Stoffe.

Beispiele: **Methanolsynthese** $\mathbf{CO + 2\,H_2 \longrightarrow CH_3OH}$

Benzinsynthese $\mathbf{n\,CO + (2\,n+1)\,H_2 \longrightarrow C_nH_{2n+2} + H_2O}$

Synthesegas, auch **Wassergas** genannt, wird durch Reaktion von Wasserdampf mit glühendem Koks erzeugt: $\mathbf{H_2O + C \longrightarrow CO + H_2}$

Kohlenstoffdioxid CO_2 ist ein nicht brennbares, farb- und geruchloses sowie ungiftiges Gas. Es entsteht bei der Verbrennung kohlenstoffhaltiger Stoffe: $\mathbf{C + O_2 \longrightarrow CO_2}$. Da es rund 1,5mal schwerer als Luft ist, sammelt es sich in Räumen am Fußboden. Dadurch besteht Erstickungsgefahr. Kohlenstoffdioxid gefriert, ohne vorher flüssig zu werden, bei −78,5 °C zu einem weißen Schnee, der *Trockeneis* oder *Kohlensäureschnee* genannt wird. Er sublimiert bei Erwärmung direkt zu CO_2-Gas, ohne vorher flüssig zu werden.

Im Labor wird **CO_2** im *Kippschen Apparat* (Seite 32) aus Kalkstein und Salzsäure hergestellt: $\mathbf{CaCO_3 + HCl \longrightarrow CaCl_2 + H_2O + CO_2\uparrow}$

In der Technik fällt **CO_2** in großen Mengen als Nebenprodukt beim Brennen von Kalkstein an: $\mathbf{CaCO_3 \xrightarrow{1400\,°C} CaO + CO_2\uparrow}$

Kohlenstoffdioxid kommt in Druckflaschen in den Handel. Es wird als Treibgas und Geschmacksstoff Getränken aufgepreßt (Sprudel, Bier) und dient als Füllmittel für Feuerlöscher.

Das in großen Mengen bei der Verbrennung fossiler Brennstoffe entstehende CO_2 ist umweltverändernd (Seite 262). Es wird für die Aufheizung der Erdatmosphäre verantwortlich gemacht.

Kohlensäure H_2CO_3

Kohlensäure entsteht, wenn CO_2-Gas in Wasser geleitet wird und sich dort löst. Formal kann man diesen Vorgang mit der Gleichung $\mathbf{CO_2 + H_2O \longrightarrow H_2CO_3}$ beschreiben. In der Lösung liegen Hydrogencarbonationen vor: $\mathbf{H_2CO_3 + H_2O \longrightarrow H_3O^+ + HCO_3^-}$. In sehr geringem Maß entstehen auch Carbonationen $\mathbf{CO_3^{2-}}$.

Da sich unter normalen Bedingungen (20 °C, 1,013 bar) nur rund 1 l CO_2-Gas in 1 l Wasser löst und davon nur rund 0,1% zu $\mathbf{H_3O^+ + HCO_3^-}$ protolysiert, ist Kohlensäure eine schwache Säure (siehe auch Seite 68).

Um Mineralwasser einen frischen und leicht säuerlichen Geschmack zu geben, preßt man ihm CO_2-Gas auf, das sich darin löst. Das entstehende perlende Mineralwasser (Sprudel) ist eine so schwache Säure, daß es beim Trinken die Mundschleimhaut nicht schädigt.

Einige Vorgänge in der **Umwelt** sind auf die Wirkung der Kohlensäure zurückzuführen:

Regenwasser und die meisten anderen Wässer lösen einen Teil des in der Luft vorhandenen CO_2-Gases und sind deshalb schwache Kohlensäure-Lösungen. Dadurch wird z. B. die Korrosion von Eisenwerkstoffen beschleunigt (Seite 180). Auch an der Bildung der Patina, dem grünen Belag auf alten Kupferdächern, ist kohlensaures Regenwasser beteiligt (Seite 149). Ebenso ist die beschleunigte Verwitterung und Zerstörung von Bauten und Denkmälern aus Kalkstein auf die Einwirkung kohlensauren Regenwassers zurückzuführen (Bild 35/3). Es löst den Kalkstein in einem über Jahre dauernden Vorgang auf:

$$\mathbf{CaCO_3 + H_2CO_3 \longrightarrow Ca^{2+} + 2\,HCO_3^-}$$

Carbonate und Hydrogencarbonate

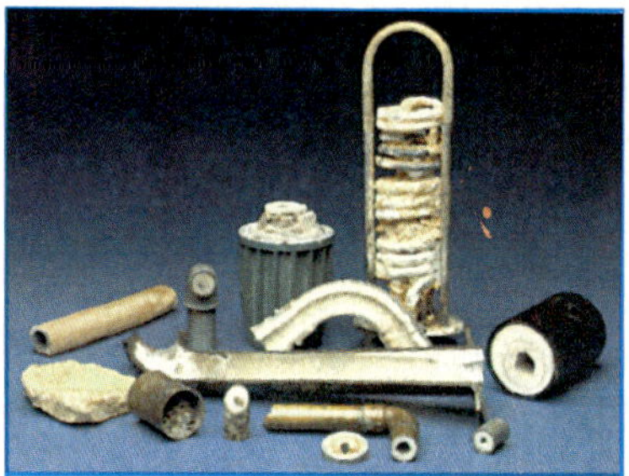

Bild 104/1: Kalkablagerungen

Das **Mineral Kalkstein**, das in Form ganzer Gebirge in der Natur vorkommt (Kalkalpen, Kalkjura, Schwäbische Alb, Travertin, Marmor), besteht zum überwiegenden Teil aus Calciumcarbonat $CaCO_3$. Es ist der Ausgangsstoff vieler Kalk-Baustoffe (Seite 97 und 160).

Unerwünscht und äußerst störend sind die Kalkablagerungen ($CaCO_3$), die in Heizkesseln und Wasserleitungen auftreten. Sie entstehen, wenn in Wasser Ca^{2+}-Ionen sowie HCO_3^--Ionen enthalten sind und ein Teil des Wassers verdunstet oder verdampft:

$$\mathbf{Ca^{2+} + 2\,HCO_3^- \longrightarrow CaCO_3\downarrow + H_2O + CO_2\uparrow}$$

Das anfallende $CaCO_3$ scheidet sich als Kesselstein ab **(Bild 104/1)**.

Durch saure Lösungen werden Carbonate und Hydrogencarbonate zersetzt, z. B. $\mathbf{CaCO_3 + 2\,H_3O^+ \longrightarrow Ca^{2+} + 3\,H_2O + CO_2\uparrow}$

Die deutliche CO_2-Bildung bei dieser Reaktion (Schäumen) dient als **Nachweisreaktion** für Kalkstein und andere Carbonate (**Versuch 104/1**).

Versuch 104/1: Nachweis von Calciumcarbonat $CaCO_3$

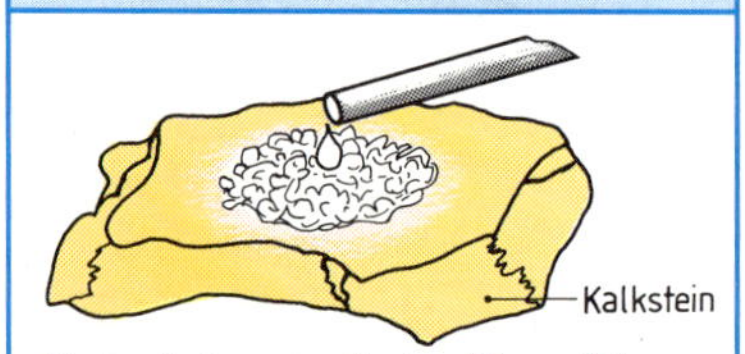

Versuchsbeschreibung: Man gibt wenige Tropfen Salzsäure-Lösung auf ein Stück Kalkstein. Es tritt heftiges Schäumen der Salzsäure-Lösung auf.

Zum Entfernen von Kalkablagerungen in Behältern und Apparaten (Entkalken) verwendet man ebenfalls Säurelösungen. Dadurch tritt ein Auflösen des Kesselsteins nach obiger Reaktion ein.

Die Carbonate **Soda Na_2CO_3** und **Pottasche K_2CO_3** werden großtechnisch hergestellt (Seite 134). Sie sind wichtige Ausgangs- bzw. Hilfsstoffe bei der Glaserzeugung (Seite 166) und Seifenherstellung.

Carbide

Carbide sind Verbindungen von Metallen bzw. Halbmetallen mit Kohlenstoff. Technische Bedeutung haben:

- **Calciumcarbid CaC_2** z. B. als Ausgangsstoff für Düngemittel
- **Siliciumcarbid SiC**, Borcarbid **B_4C**, Titancarbid **TiC**, Tantalcarbid **TaC** und Wolframcarbid **WC** als Hartstoffe. Aus ihnen stellt man zusammen mit einem Bindemetall (Kobalt oder Nickel) den Verbundwerkstoff **Hartmetall** her **(Bild 104/2)**.

Bild 104/2: Spanen von Stahl mit Hartmetall-Schneidplättchen

2.4.2 Silicium

> **Silicium**
>
> Silberhell glänzendes Halbmetall, elektrischer Halbleiter

Eigenschaften. Silicium ist ein hartes, silberhell metallisch glänzendes Element. Es ist ein Halbmetall und besitzt als hochreines Silicium, dotiert mit genau dosierten, kleinsten Legierungsbestandteilen Halbleiter-Eigenschaften. Es leitet oder sperrt den Stromfluß in Abhängigkeit von der Temperatur oder der angelegten elektrischen Spannung. Chemisch ist Silicium ein recht widerstandsfähiges Element. In seinen Verbindungen ist es vierwertig.

Verwendung. Silicium hat als Konstruktionswerkstoff keine Bedeutung. Als Legierungselement für Eisen-Gußwerkstoffe sowie für Aluminiumlegierungen kommt ihm große Wichtigkeit zu.

Reinstes Silicium wird wegen seiner Halbleiter-Eigenschaften in der Elektronik zu Gleichrichtern und anderen elektronischen Bauteilen, z. B. Dioden, Transistoren oder Mikrochips, verarbeitet **(Bild 105/1)**.

Vorkommen. Der Silicium-Anteil der Erdkruste beträgt 27,5%. Es kommt in der Natur als Verbindung mit Sauerstoff und anderen Elementen vor. Viele Gesteine und Böden bestehen aus Siliciumverbindungen. Silicium-Minerale sind *Quarz* sowie die *Feldspate* und *Glimmer*. Quarz (Quarzsand, Bergkristall) besteht aus *Siliciumdioxid* $\mathbf{SiO_2}$, Feldspate und Glimmer sind *Silicate* der Alkali-, Erdalkali- und Erdmetalle, z. B. *Kalifeldspat* (Orthoklas) $\mathbf{K(AlSi_3O_8)}$ oder z. B. *Kaliglimmer* (Muskowit) $\mathbf{KAl_2(AlSi_3O_{10})(OH)_2}$. Quarz, Feldspate und Glimmer bilden in verschiedenen Zusammensetzungen den Hauptbestandteil der Gesteine Granit, Gneis und Basalt.

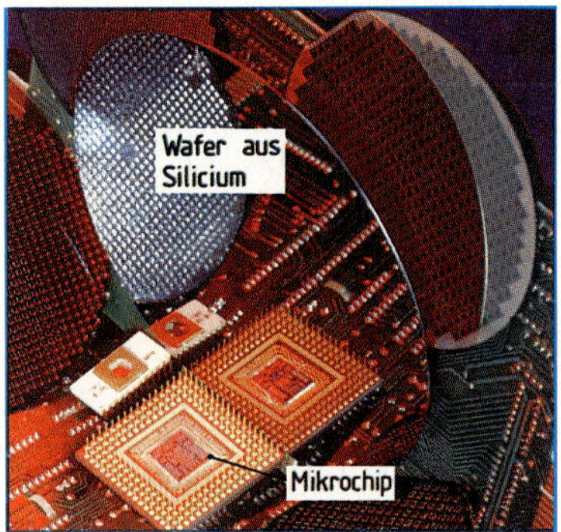

Bild 105/1: Platte (Wafer) und Mikrochip aus hochreinem Silicium

Darstellung. Die Darstellung von technischem Silicium erfolgt durch Reduktion aus Siliciumdioxid:

$$\mathbf{SiO_2 + 2\,C \longrightarrow Si + 2\,CO\uparrow}$$

Reinstes Silicium für die Elektronik gewinnt man aus Trichlorsilan:

$$\mathbf{HSiCl_3 + H_2 \longrightarrow Si + 3\,HCl}$$

Siliciumdioxid SiO_2

Siliciumdioxid SiO_2 kommt in der Natur in vielen Mineral- und Erscheinungsformen vor:

Weißer Quarzsand ist reines SiO_2, gewöhnlicher Sand oder Sandstein ist eine Mischung aus Quarzsand, Metalloxiden, z. B. Fe_2O_3, und Ton $Al_2O_3 \cdot SiO_2 \cdot 2\,H_2O$.

Die Halbedelsteine Bergkristall, Amethyst und Achat bestehen aus Quarz SiO_2 mit geringen Beimengungen farbiger Minerale.

Aus Quarzkristallen stellt man durch Schmelzen Quarzglasprodukte her. Sie dienen im Labor und Betrieb als chemisch und thermisch sehr widerstandsfähiger, bis rund 1000 °C einsetzbarer Hochtemperaturwerkstoff **(Bild 105/2)**. Sie können bei Rotglut in Wasser getaucht werden, ohne zu zerspringen.

SiO_2 (Quarzsand) ist auch der Hauptausgangsstoff des normalen Glases (Seite 166).

Bild 105/2: Quarzglas-Laborgeräte

Siliciumverbindungen

Ausgangsstoff vieler Siliciumverbindungen ist das in der Natur reichlich vorkommende Siliciumdioxid SiO_2.

Silicate entstehen durch Zusammenschmelzen von Quarz $\mathbf{SiO_2}$ und Alkalicarbonaten, z. B. Natriumcarbonat Na_2CO_3:

$$\mathbf{2\,SiO_2 + Na_2CO_3 \longrightarrow Na_2Si_2O_5 + CO_2\uparrow}$$

Die Silicate sind die Vorprodukte wichtiger Siliciumverbindungen.

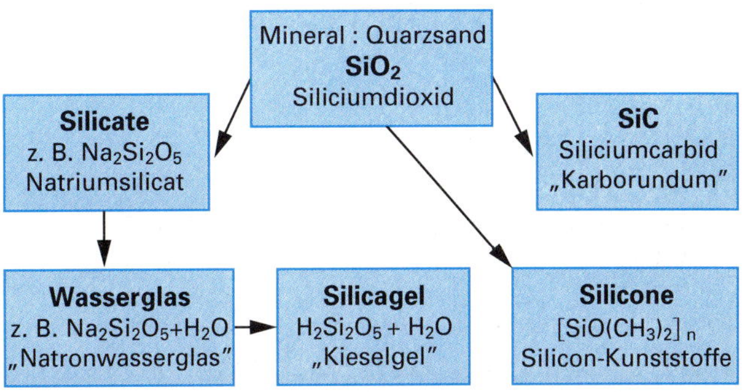

Wasserglas ist eine dickflüssige, wäßrige Lösung von Alkalisilicaten. Es wird durch Auflösen der Alkalisilicate in Heißdampf unter Druck und hoher Temperatur hergestellt. *Natronwasserglas* ist z. B. die wäßrige Lösung des Natriumsilicats: $Na_2Si_2O_5 + H_2O$. Wasserglas wird in der Papierindustrie als Imprägniermittel sowie als Füllstoff für Seifen und Waschmittel verwendet. Außer den Alkalisilicaten sind alle anderen Silicate praktisch unlöslich.

Bild 106/1: Silica-Gel

Silicagel entsteht durch Versetzen von Wasserglas mit verdünnter Säure oder Einleiten von CO_2. Es entsteht eine gallertartige, zähe Masse (ein Gel), die aus $H_2Si_2O_5$ und Wasser besteht. Durch Zerteilen der Gallertmasse und Trocknen der Gelstückchen entsteht eine körnige Substanz, die ein hohes Adsorptionsvermögen für Gase, Dämpfe und Flüssigkeiten besitzt. Sie findet als Trockenmittel und Adsorptionsmittel breite Anwendung **(Bild 106/1)**. Bei der Verwendung als Trockenmittel wird dem Silica-Gel ein wenig Cobaltchlorid $CoCl_2$ zugemischt. Es ist im wasserfreien Zustand blau und wird durch Wasseraufnahme rosarot. Mit Feuchtigkeit beladenes Silica-Gel (rosa) kann durch Trocknen im Trockenschrank regeneriert werden (blau).

Bild 106/2: Schleifkörper aus SiC

Siliciumcarbid SiC wird durch Schmelzen von Quarzsand und Koks bei 2000 °C hergestellt: $SiO_2 + 3\,C \longrightarrow SiC + 2\,CO\uparrow$. Dieser, unter dem Namen synthetischer Korund oder **Karborundum** im Handel befindliche Stoff ist fast so hart wie Diamant und sehr temperaturbeständig. Er wird zu körnigen Haufwerken zerkleinert und zu Schleifkörpern verpreßt oder als Schleifschicht auf Schleifpapier aufgetragen **(Bild 106/2)**.

Zu Stäben gesintert, dient Karborundum (SiC) als elektrischer Heizstab in Hochtemperaturöfen.

Bild 106/3: Rechner-Tastatur aus Silikon-Kunststoff

Silikone sind hochmolekulare Siliciumverbindungen, in denen Silicium mit Sauerstoff und CH_3-Gruppen Kettenmoleküle bildet, ähnlich wie Kohlenstoff in den organischen Verbindungen (Seite 243). Silikone mit fadenförmigen, unvernetzten Makromolekülen sind ölartige Flüssigkeiten, die als synthetische Schmieröle verwendet werden. Silikone mit vernetzten Makromolekülen sind Kunststoffe **(Bild 106/3)**. Sie zeichnen sich durch Temperaturbeständigkeit sowie Schmutz- und Wasserabweisung aus.

2.4.3 Zinn

Eigenschaften. Zinn ist ein silberweiß glänzendes, bis matt schimmerndes, gut umformbares Metall mit niedrigem Schmelzpunkt (232 °C). Bei normalen Temperaturen ist es gegen Luft und Wasser sowie verdünnte Säuren und Laugen beständig. Bei tiefen Temperaturen (unter + 13 °C) kann es zu einem grauen Pulver, einer amorphen Form des Zinns, zerfallen (Zinnpest). Beim Biegen von Zinn ist ein knirschendes Geräusch, der sogenannte *Zinnschrei*, zu hören. Er wird durch das Aneinanderreiben der Zinnkristalle beim Biegen hervorgerufen.

Zinn

Silberweiß glänzendes, gut umformbares Gebrauchsmetall mit niedrigem Schmelzpunkt

Verwendung. Reines Zinn wird nur im Kunsthandwerk verarbeitet (Zinngeschirr). In der Industrie wird Zinn zur Verzinnung von dünnem Eisenblech verwendet. Dieses sogenannte **Weißblech** wird zu Konservendosen verarbeitet. Außerdem dient Zinn als Legierungselement für Weichlote (Bild 107/1) und Lagermetalle.

Vorkommen. Das häufigste Zinnmineral ist *Zinnstein* SnO_2.

Darstellung. Metallisches Zinn wird, wie Eisen, durch Reduktion im Schachtofen hergestellt:

$$SnO_2 + 2\,C \longrightarrow Sn + 2\,CO\uparrow$$

Zinnverbindungen. Zinnverbindungen haben keine wesentliche technische Bedeutung erlangt.

2.4.4 Blei

> **Blei**
>
> Weiches, gut umformbares, mit dem Messer schneidbares Schwermetall geringer Festigkeit

Eigenschaften. Blei ist ein weiches Schwermetall ($\varrho = 11{,}34\ g/cm^3$). Es läßt sich mit dem Messer schneiden und ausgezeichnet umformen. Seine Festigkeit ist gering, so daß es nicht als Konstruktionswerkstoff verwendbar ist.

Die frische, silberhell glänzende Schnittfläche wird schnell matt. Es bildet sich eine dünne Oberflächenschicht aus Bleicarbonat, die das Metall vor weiterem Angriff schützt. Gegen Schwefelsäure, Salzsäure und Flußsäure ist Blei beständig, von Essigsäure, Salpetersäure und Laugen wird es angegriffen.

Verwendung. Ein großer Teil des produzierten Bleis wird zu Akkumulatorenplatten verarbeitet (Bild 150/2). In der Chemietechnik werden Apparate und Gefäße mit Blei ausgekleidet, in denen Schwefelsäure hergestellt oder aufbewahrt wird. In der Kern- und Röntgentechnik dient es als Abschirmung gegen Strahlen.

Daneben ist Blei Legierungselement für Weichlote (Pb/Zn) und Lagermetalle (Pb/Sb/Zn) sowie für Aluminiumlegierungen und Stähle **(Bild 107/1)**. Ein Bleigehalt von rund 1% in Stählen bewirkt die Bildung kurzbrechender Späne beim Drehen (Automatenstähle).

Bild 107/1: Blei-Zinn-Weichlot

Achtung: Blei ist giftig. Bei der Verarbeitung von Blei sind die Vorschriften der Berufsgenossenschaft zu beachten. Insbesondere das Einatmen von Bleistaub kann zu schweren gesundheitlichen Schäden führen. Lebensmittel dürfen nicht mit Blei in Kontakt kommen.

Vorkommen. Wichtigstes Bleierz ist der sulfidische *Bleiglanz* **PbS**. Es kommt nicht rein, sondern als Mischerz mit Zinksulfid **ZnS**, Kupfersulfid **CuS** und Bariumsulfat **$BaSO_4$** vor.

Darstellung. Vor der chemischen Umsetzung wird das Bleierz von den Beimengungen getrennt. Dann wird es in Röstöfen mit Luftsauerstoff zu **PbO** umgesetzt: $2\ PbS + 3\ O_2 \longrightarrow 2\ PbO + 2\ SO_2\uparrow$

Das erhaltene **PbO** wird im Schachtofen mit Koks zum Metall reduziert:

$$PbO + C \longrightarrow Pb + CO\uparrow$$
$$PbO + CO \longrightarrow Pb + CO_2\uparrow$$

Bleiverbindungen

Blei ist in seinen Verbindungen zweiwertig (z.B. in PbO) oder vierwertig (z.B. in PbO_2).

Bleiverbindungen sind giftig.

Technische Bedeutung haben nur wenige Bleiverbindungen erlangt.

Das Mischoxid **$2\ PbO \cdot PbO_2$**, das als Farbpigment unter dem Namen **Mennige** bekannt ist, hat eine leuchtend rote Farbe. Vermischt mit einem flüssigen Kunstharz dient es als Rostschutzfarbe für Stahlkonstruktionen, wie Brücken, Tanks, Maschinen usw. Auf seine Verwendung soll in Zukunft aus Gesundheitsgründen (Giftigkeit) verzichtet werden.

In beträchtlichen Mengen wird auch die metallorganische Verbindung **Bleitetraethyl $Pb(C_2H_5)_4$** hergestellt. Sie ist den bleihaltigen Motorkraftstoffen als Antiklopfmittel zugemischt und verleiht dem Benzin ein besseres Verbrennungsverhalten im Motor (Seite 225). Bei der Verbrennung im Motor zerfällt das Bleitetraethyl teilweise in Bleistaub und belastet durch das giftige Blei und die giftigen Bleiverbindungen die Umwelt. Deshalb wird es nach einer Übergangszeit kein bleihaltiges Benzin mehr geben.

Wiederholungsfragen

1. **Welche Elemente gehören zur IV. Hauptgruppe?**
2. **Welche Eigenschaften haben die beiden Modifikationen des Kohlenstoffs?**
3. **Welche Stoffe zählt man zu den anorganischen Kohlenstoffverbindungen?**
4. **Worauf beruht die besondere Gefährlichkeit des Kohlenstoffmonoxids?**
5. **Nennen Sie 4 technisch wichtige Carbonate und ihre chemische Formel!**
6. **Woraus besteht Quarzglas?**
7. **Welche Formel hat Siliciumcarbid und wozu wird es verwendet?**
8. **Welche chemische Formel haben Mennige und Bleitetraethyl?**

2.5 V. Hauptgruppe: Stickstoff-Phosphor-Gruppe

Zur V. Hauptgruppe gehören die Elemente *Stickstoff* **N**, *Phosphor* **P**, *Arsen* **As**, *Antimon* **Sb** und *Bismut* **Bi (Tabelle 108/1)**.

Stickstoff und Phosphor sind Nichtmetalle, Arsen und Antimon Halbmetalle. Bismut ist ein Metall. Die Atome der Elemente der V. Hauptgruppe haben fünf Außenelektronen. In Verbindungen sind sie vor allem drei- und fünfwertig (±III, +V).

Bis auf den weißen Phosphor sind die Elemente der V. Hauptgruppe relativ reaktionsträge.

Tabelle 108/1: Physikalische Eigenschaften der Elemente der V. Hauptgruppe

Element	Symbol	Aussehen im Normzustand	Schmelzpunkt in °C	Siedepunkt in °C	Dichte in g/cm^3
Stickstoff	**N**	farbloses Gas	−210	−196	1,25 (g/dm^3)
Phosphor	**P**	weiße Masse rotes Pulver	+44 +620	+280	1,82 2,36
Arsen	**As**	metallisch grau		+633 (Sublimieren)	5,72
Antimon	**Sb**	silberweiß glänzend	+631	+1640	6,69
Bismut	**Bi**	silberweiß glänzend	+271	+1560	9,80

Arsen, Antimon und Bismut haben als Element sowie als Verbindung nur für Spezialanwendungen in der Medizin und Metallegierungstechnik eine Bedeutung. Sie werden hier nicht weiter behandelt.

2.5.1 Stickstoff

Vorkommen. Stickstoff ist in elementarer Form der Hauptbestandteil der Luft (Volumenanteil 78,08%). In chemisch gebundener Form ist Stickstoff im Mineral Salpeter (Natriumnitrat **$NaNO_3$**) enthalten, das an vielen Stellen der Erde vorkommt (z. B. Chile, Nordafrika).

> **Stickstoff**
>
> Farbloses, geruchloses, reaktionsträges, ungiftiges Gas.

Darstellung. Stickstoff wird in großen Mengen durch Verflüssigen der Luft und anschließendes Auftrennen in die Bestandteile hergestellt (Linde-Verfahren, **Bild 108/1**):

Frischluft wird in einem Kompressor auf 200 bar komprimiert und erhitzt sich dabei stark (Kompressionswärme). Sie gelangt anschließend in einen Wasserkühler, wo ihr die Kompressionswärme entzogen wird und sie dadurch auf 25 °C abkühlt.

Sie strömt dann durch einen Gegenluftkühler, wo sie weiter abkühlt.

In einem Entspannungsventil wird die komprimierte, vorgekühlte Luft entspannt. Dabei kühlt sie sich weiter ab (Entspannungsabkühlung), so daß ein Teil der stark unterkühlten Luft flüssig wird **(Bild 108/2)**.

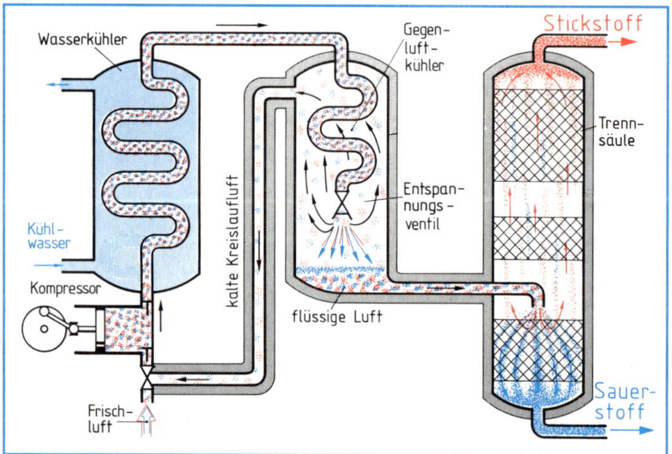

Bild 108/1: Luftverflüssigung nach Linde (schematisch)

Die verflüssigte Luft fließt in eine Trennsäule (Bild 108/1) und läuft über eine Füllkörperschüttung nach unten. Dabei trennen sich die Luftbestandteile nach ihrer Siedetemperatur, so daß oben Stickstoff (ϑ_s = −196 °C) mit Argon und unten flüssiger Sauerstoff (ϑ_s = −183 °C) mit Krypton und Xenon erhalten wird.

Der im Gegenluftkühler nicht verflüssigte, aber stark abgekühlte Luftanteil mit Ne und He strömt als Kühlmittel durch den Gegenluftkühler und gelangt als vorgekühlte Kreislaufluft wieder in den Kompressor.

Bild 108/2: Flüssige Luft

Eigenschaften. Stickstoff ist ein farbloses, geruchloses, reaktionsträges und ungiftiges Gas. Elementarer Stickstoff tritt nur molekular als N_2 (Halbstrukturformel $N \equiv N$) auf.

Verwendung. Die weitaus größte Menge des hergestellten Stickstoffs wird zur großtechnischen Synthese von Ammoniak NH_3 verbraucht (siehe unten). Außerdem wird Stickstoff wegen seiner Reaktionsträgheit als Schutzgas (Inertgas) bei chemischen Reaktionen verwendet, bei denen eine Reaktion mit Luftsauerstoff vermieden werden soll. Stickstoff kommt in grün gekennzeichneten Druckgasflaschen in den Handel.

Stickstoffverbindungen

NH_3 Ammoniak	HNO_3 Salpetersäure	**Nitrate** z. B. KNO_3	N_2O, NO, N_2O_3, NO_2, N_2O_5 Stickstoffoxide

Ammoniak NH_3

Ammoniak ist ein farbloses, stechend riechendes, brennbares Gas. Seine Dichte beträgt 0,7714 g/dm^3; es ist wesentlich leichter als Luft (ϱ_{Luft} = 1,29 g/dm^3). Sein Siedepunkt liegt bei −33,4 °C. Es läßt sich deshalb leicht verflüssigen. Bereits bei einem Druck von 10 bar ist es bei Zimmertemperatur flüssig. Ammoniakdämpfe verätzen die Augen und die Atemwege, konzentrierte NH_3-Lösungen verätzen die Haut.

Ammoniak entsteht in der Natur bei der Zersetzung tierischer und pflanzlicher Stoffe, die Stickstoff enthalten, wie z. B. Schweinegülle (beißender Geruch).

Die N-H-Bindungen im Ammoniakmolekül sind polare Atombindungen. Das HN_3-Molekül ist ein Dipol mit tetraedischer Anordnung **(Bild 109/1)**. Die Polarität ist so stark, daß zwischen den NH_3-Molekülen Wasserstoffbrückenbindungen vorliegen (Seite 62). Sie sind die Ursache für die leichte Verflüssigbarkeit des Ammoniakgases.

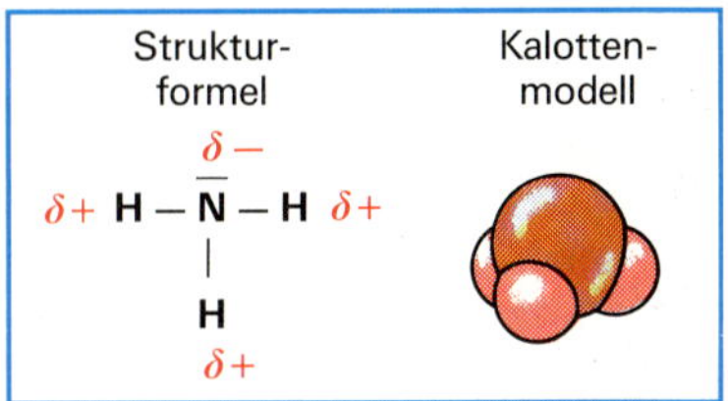

Bild 109/1: Ammoniakmolekül

Ammoniak ist sehr gut in Wasser löslich. Es entsteht eine alkalisch reagierende Lösung, die Ammoniumionen NH_4^+ enthält:

$$NH_3 + H_2O \longrightarrow NH_4^+ + OH^-$$

Man nennt die Lösung **Ammoniakwasser** oder **Salmiakgeist**. Sie wird als Reinigungsmittel verwendet. Stellt man je ein Schälchen mit konzentrierter Ammoniaklösung und konzentrierter Salzsäure im Abzug nebeneinander und fächelt die aus ihnen aufsteigenden Gase zueinander, so entsteht ein weißer Rauch aus NH_4Cl-Kristallen:

$$NH_3 + HCl \longrightarrow NH_4Cl$$

Diese Reaktion wird als einfache **Nachweisreaktion** für Ammoniak bzw. Salzsäure verwendet.

Ammoniak ist die wichtigste Stickstoffverbindung. Fast alle anderen Stickstoffverbindungen werden auf der Basis von NH_3 hergestellt. Ammoniak wird deshalb großtechnisch produziert **(Bild 109/2)**.

Die Darstellung erfolgt aus den Elementen Stickstoff und Wasserstoff:

$$N_2 + 3\,H_2 \rightleftharpoons 2\,NH_3$$

Sie werden in Kompressoren auf 300 bar verdichtet und strömen in einen 450 °C heißen Synthesereaktor, der gasdurchlässige Schüttungen eines Eisen-Mischkatalysators enthält. Bei diesen Bedingungen bildet sich Ammoniak, dessen Volumenanteil gemäß dem chemischen Gleichgewicht etwa 20% beträgt. Es wird in einem Kühler verflüssigt und in einen Drucktank geleitet. Der nicht reagierte Anteil der Gase N_2 und H_2 wird als Kreislaufgas in den Reaktor zurückgeführt. Näheres zur Technik der Ammoniaksynthese auf Seite 128.

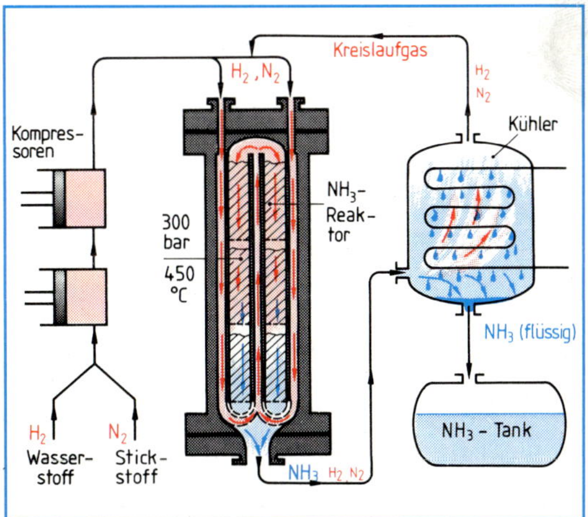

Bild 109/2: Ammoniaksynthese nach dem Haber-Bosch-Verfahren (schematisch)

Salpetersäure HNO_3

Reine, 100%-ige Salpetersäure ist eine farblose Flüssigkeit mit einem Siedepunkt von 84,1 °C. Meist ist sie durch gelöstes Stickstoffdioxidgas NO_2 aber gelb bis rotbraun. Sie bildet an der Luft einen rotbraunen Nebel und heißt deshalb rauchende Salpetersäure.

Salpetersäure ist eine starke Säure. Viele Metalle, wie Kupfer, Zink und Silber werden von ihr aufgelöst. Nur Gold und Platin werden nicht gelöst, so daß man Salpetersäure zum Trennen von Silber und Gold verwendet. Sie wird daher auch als *Scheidewasser* bezeichnet.

Bild 110/1: Reaktion von konzentrierter Salpetersäure mit Holzkohle

Salpetersäure gibt leicht Sauerstoff ab und ist deshalb ein sehr starkes Oxidationsmittel. Sie oxidiert viele organische Substanzen, wie z. B. Holz oder Stroh. Die Reaktion ist so heftig, daß die Stoffe in Brand geraten **(Bild 110/1)**. Dabei entstehen braune Dämpfe aus NO_2, die sehr giftig sind. Auf der Haut verursacht verdünnte Salpetersäure gelbe Flecken (Seite 255). In Kleidung frißt sie Löcher. Konzentrierte Salpetersäure wirkt ätzend. Beim Umgang mit Salpetersäure sind Schutzbrille und Schutzkleidung zu tragen. Die Arbeit sollte im Abzug ausgeführt werden.

Salpetersäure ist eine der wichtigsten Grundchemikalien. Haupteinsatzgebiet ist die Düngemittelherstellung (Seite 137).

Die großtechnische Produktion der Salpetersäure erfolgt durch katalytische Oxidation von Ammoniak nach dem **Ostwald-Verfahren (Bild 110/2)**: Ein Ammoniak/Luft-Gemisch wird in einem Reaktor über heiße Platindrahtnetze (Katalysator) geleitet. Es entsteht zunächst **NO**, das mit dem Luftsauerstoff zu $\mathbf{NO_2}$ weiterreagiert:

$$4\,NH_3 + 5\,O_2 \longrightarrow 4\,NO + 6\,H_2O$$

$$2\,NO + O_2 \longrightarrow 2\,NO_2$$

Durch Lösen des $\mathbf{NO_2}$-Gases in Wasser erhält man in einer Absorptionskolonne die Salpetersäure:

$$4\,NO_2 + 2\,H_2O + O_2 \longrightarrow 4\,HNO_3$$

Näheres zum Ostwald-Verfahren auf Seite 130).

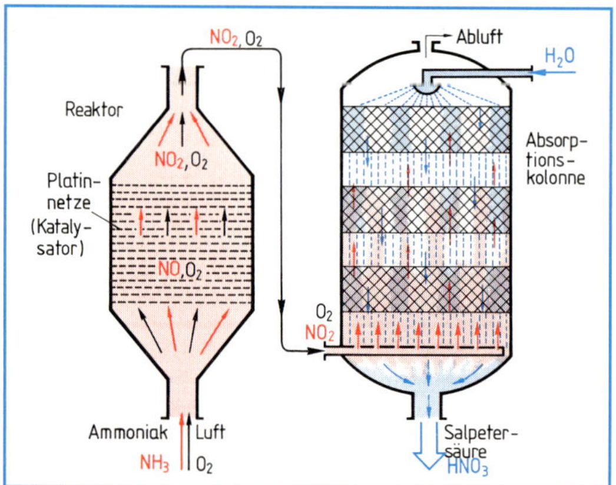

Bild 110/2: Salpetersäureherstellung nach dem Ostwald-Verfahren (schematisch)

Nitrate sind die Salze der Salpetersäure. Sie sind alle leicht wasserlöslich. Wie die Salpetersäure, sind die Nitrate Oxidationsmittel. Da die Oxidationen sehr heftig ablaufen können, ist beim Umgang mit Nitraten Vorsicht geboten. Sie dürfen keiner Reibung, Druck, Schlag oder Erwärmung ausgesetzt werden. Wichtige Nitrate sind z. B. Ammoniumnitrat $\mathbf{NH_4NO_3}$ und Kaliumnitrat $\mathbf{KNO_3}$, die als Düngemittel Verwendung finden (Seite 137).

Stickstoffoxide

Es gibt mehrere Stickstoffoxide: $\overset{+I}{N_2O}$, $\overset{+II}{NO}$, $\overset{+III}{N_2O_3}$, $\overset{+IV}{NO_2}$ und $\overset{+V}{N_2O_5}$. Der Stickstoff liegt jeweils in unterschiedlichen Oxidationsstufen vor. Die Stickstoffoxide werden häufig mit dem Sammelnamen *nitrose Gase* oder *Stickoxide* NO_x bezeichnet.

Eine eigene, technische Bedeutung hat nur **Distickstoffoxid** $\mathbf{N_2O}$ erlangt. Es ist ein farbloses, süßlich riechendes Gas, das beim Menschen rauschartige Zustände hervorruft. Ein $\mathbf{N_2O/O_2}$-Gasgemisch wird in der Medizin unter dem Namen *Lachgas* als Narkosemittel verwendet.

Stickstoffoxid **NO** und Stickstoffdioxid $\mathbf{NO_2}$ sind Zwischenprodukte bei der Salpetersäureherstellung (siehe oben). $\mathbf{N_2O_3}$ und $\mathbf{N_2O_5}$ haben keine technische Bedeutung erlangt.

Stickstoffoxide entstehen bei Hochtemperatur-Verbrennungsprozessen, z. B. in Fahrzeugmotoren oder Feuerungsanlagen. Bei ungünstiger Witterung (Inversionswetterlage) kann es zur gefährlichen Ansammlung, der zum Teil giftigen nitrosen Gase sowie anderer Schadstoffe in der Luft kommen. Man nennt diese, als gelblich-braune Dunstglocke über Millionenstädten sich sammelnde Abluft, Smog (Bild 24/2).

2.5.2 Phosphor

Phosphor gibt es in der Natur nicht als Element, sondern nur in chemischen Verbindungen.

Phosphor	
Weißer Phosphor	**Roter Phosphor**
Weiche, weißliche Masse, sehr reaktionsfähig, giftig	Dunkelrotes Pulver, reaktionsträge, ungiftig

Eigenschaften. Phosphor kommt in mehreren Modifikationen vor. Von technischer Bedeutung ist vor allem weißer Phosphor sowie in geringerem Maß roter Phosphor **(Bild 111/1)**.

Weißer Phosphor ist bei Zimmertemperatur eine weiche, weißliche Masse, die bei +44 °C flüssig wird. Er ist chemisch außerordentlich reaktionsfähig. In feiner Verteilung entzündet er sich an der Luft von selbst und brennt mit leuchtend gelber Flamme, die schwer löschbar ist und sich immer wieder selbst entzündet. Deshalb ist er in Form kompakter Stangen im Handel, die unter Wasser aufbewahrt und geschnitten werden müssen. An der Luft leuchtet weißer Phosphor schwach im Dunkeln. Diese Erscheinung nennt man *Phosphoreszenz*. Weißer Phosphor ist sehr giftig. Wegen seiner Brandgefährlichkeit sowie der Giftigkeit ist beim Umgang mit weißem Phosphor Vorsicht geboten. Er darf nicht mit bloßen Händen angefaßt werden.

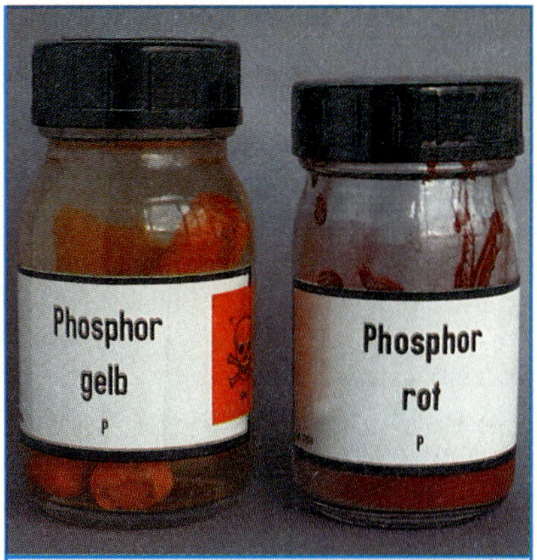

Bild 111/1: Weißer und roter Phosphor

Roter Phosphor ist ein dunkelrotes Pulver, das ungiftig und reaktionsträge ist. Er entzündet sich erst bei Temperaturen über 400 °C. Bei der Handhabung von rotem Phosphor brauchen keine besonderen Vorkehrungen getroffen werden.

Verwendung. Weißer Phosphor hat elementar keine zivile technische Verwendung. Er wird in großen Mengen zu Phosphorverbindungen, vor allem zu Phosphorsäure und damit weiter zu den Phosphaten (Düngern) sowie zu rotem Phosphor weiterverarbeitet.

Roter Phosphor ist in der Reibfläche von Zündholzschachteln enthalten.

Vorkommen. Phosphorminerale sind *Phosphorit* (Calciumphosphat $\mathbf{Ca_3(PO_4)_2}$) und *Apatit* (Calciumphosphat/Calciumchlorid/fluorid $\mathbf{3\ Ca_3(PO_4)_2 \cdot Ca(Cl/F)_2}$). Von Bedeutung ist auch der Phosphorgehalt der Eisenerze: bei der Stahlherstellung fällt als Nebenprodukt Schlacke an (Seite 141), die phosphathaltig ist. Sie wird gemahlen und kommt als Phosphordünger in den Handel.

Großtechnische Darstellung. Ausgangsstoffe für die Darstellung des weißen Phosphors sind die Minerale Phosphorit und Quarzsand sowie Koks. Sie werden in einem Lichtbogenofen zusammengeschmolzen **(Bild 111/2)**, wobei die Stoffe miteinander reagieren:

$$\mathbf{Ca_3(PO_4)_2 + 3\ SiO_2 + 5\ C \longrightarrow 2\ P + 5\ CO + 3\ CaSiO_3}$$

Es entsteht gasförmiger weißer Phosphor, Kohlenstoffmonoxid und Silicatschlacke. Die Schlacke wird am Boden des Ofens abgelassen. Der gasförmige Phosphor und das CO-Gas strömen durch einen Entstauber und anschließend in einen Wäscher, wo sie sich abkühlen. Der Phosphor wird dabei flüssig und sammelt sich am Boden des Wäschers, von wo er in einen temperierten Behälter gelangt.

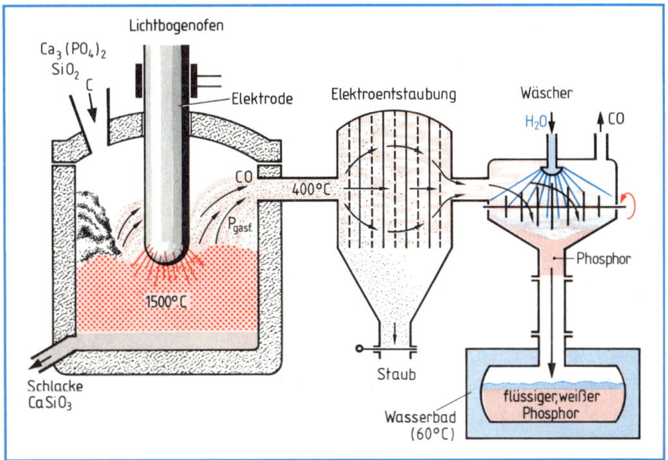

Bild 111/2: Großtechnische Darstellung von weißem Phosphor

Phosphorverbindungen

Da weißer Phosphor sehr reaktionsfähig ist, gibt es eine Vielzahl von Phosphorverbindungen. Technische Bedeutung haben jedoch nur einige davon erlangt.

P_4O_{10} Phosphor(V)-oxid	H_3PO_4 Phosphorsäure	Phosphate z. B. Na_3PO_4

Phosphor(V)-oxid P_4O_{10}, früher Phosphorpentoxid genannt, entsteht beim Verbrennen von weißem Phosphor mit Luft:

$$8\,P + 10\,O_2 \longrightarrow 2\,P_4O_{10}$$

Früher verwendete man für Phosphorpentoxid die Formel P_2O_5.

Phosphor(V)-oxid ist ein weißes Pulver, das stark hygroskopisch (wasseranziehend) ist. Es wird deshalb als Trockenmittel verwendet. Außerdem ist P_4O_{10} Zwischenprodukt in der Phosphorsäureherstellung. Da P_4O_{10} mit Wasser Phosphorsäure bildet, ist P_4O_{10} das Anhydrid der Phosphorsäure.

Phosphorsäure H_3PO_4

Eigenschaften. Wasserfreie, reine Phosphorsäure ist ein weißer, kristalliner Feststoff, der bei +39 °C schmilzt. Er ist stark hygroskopisch und bildet durch Wasseraufnahme flüssige Phosphorsäure. Die im Chemielabor verwendete flüssige, konzentrierte Phosphorsäure ist eine farblose, ölige Flüssigkeit mit einem Massenanteil von ca. 85% Phosphorsäure. Ihre Dichte beträgt ca. 1,7 g/cm^3. Die flüssige Phosphorsäure ist eine schwache bis mittelstarke Säure. Sie enthält Hydroniumionen H_3O^+ und die Säurerestionen Phosphat (PO_4^{3-}), Hydrogenphosphat (HPO_4^{2-}) und Dihydrogenphosphat ($H_2PO_4^-$). Entsprechend bildet Phosphorsäure drei Reihen von Salzen.

Phosphorsäure ist ungiftig und aufgrund ihres geringen Protolysegrades nicht ätzend.

Verwendung. Phosphorsäure wird nur in geringem Umfang direkt verwendet, z. B. als Phosphatierungsbad zur Erzeugung einer Phosphatgrundierung auf Stahlblechen (Korrosionsschutz, Seite 184) oder in starker Verdünnung als Säuerungsmittel in Getränken.

Der überwiegende Teil der Phosphorsäure wird zur Herstellung von Düngemitteln (Seite 137) und Waschmittelzusatzstoffen (Seite 248) verwendet.

Technische Darstellung. Phosphorsäure wird in einem Reaktor durch Verbrennen von weißem Phosphor mit Luftsauerstoff zu Phosphor(V)-oxid P_4O_{10} und anschließendem Lösen des P_4O_{10} in verdünnter Phosphorsäure hergestellt **(Bild 112/1)**:

$$8\,P + 10\,O_2 \longrightarrow 2\,P_4O_{10}$$
$$P_4O_{10} + 6\,H_2O \longrightarrow 4\,H_3PO_4$$

Die Verbrennung erfolgt in einem Phosphorbrenner. Der weißliche **P_4O_{10}**-Rauch wird in einem Absorber in verdünnter Phosphorsäure absorbiert. Den Reaktor verläßt eine 85%-ige, konzentrierte Phosphorsäure.

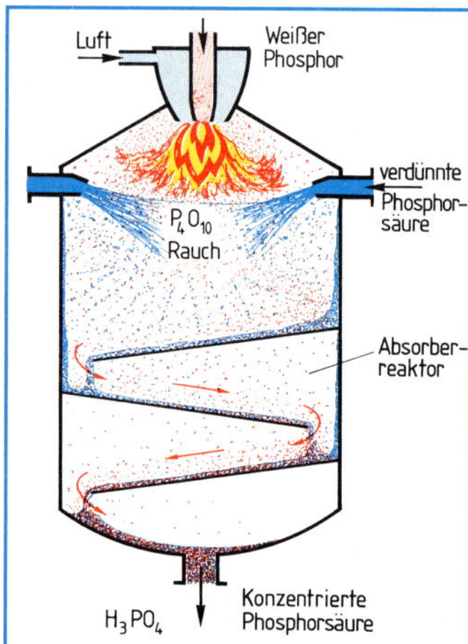

Bild 112/1: Phosphorsäureherstellung

Salze der Phosphorsäure

Phosphorsäure bildet drei Reihen von Salzen: Dihydrogenphosphate ($-H_2PO_4$), Hydrogenphosphate ($-HPO_4$) und Phosphate ($-PO_4$). Sie finden als Mineraldünger Verwendung. Wichtige Vertreter sind Calciumhydrogenphosphat $CaHPO_4$, Calciumdihydrogenphosphat $Ca(H_2PO_4)_2$ (Superphosphat), Calciumphosphat $Ca_3(PO_4)_2$, Ammoniumhydrogenphosphat $(NH_4)_2HPO_4$.

Wiederholungsfragen

1. **Welche Reaktionsfähigkeiten haben die Elemente der V. Hauptgruppe?**
2. **Wie wird Stickstoff großtechnisch hergestellt?**
3. **Nach welchem Verfahren wird Ammoniak hergestellt?**
4. **Wozu wird Ammoniak verwendet?**
5. **Was versteht man unter Smog?**
6. **Was ist Ammoniakwasser und wie entsteht es?**
7. **Welche Eigenschaften hat Salpetersäure?**
8. **Welche Eigenschaften hat weißer bzw. roter Phosphor?**
9. **Was versteht man unter Phosphoreszenz?**
10. **Nennen Sie drei Phosphorverbindungen, ihre chemische Formel und Verwendung.**

2.6 VI. Hauptgruppe: Sauerstoff-Schwefel-Gruppe

Hierzu gehören die Elemente: *Sauerstoff* **O**, *Schwefel* **S**, Selen **Se**, *Tellur* **Te** und *Polonium* **Po** **(Tabelle 113/1)**.

Die Elemente dieser Gruppen werden als **Chalkogene** bezeichnet. Dieser Name bedeutet *„Erzbildner"* und bringt zum Ausdruck, daß viele Erze Sauerstoff- und Schwefelverbindungen sind.

Sauerstoff ist ein Gas, Schwefel ein nichtmetallischer Feststoff.

Selen und Tellur gibt es in einer nichtmetallischen und einer metallischen Modifikation. Polonium ist ein Metall.

Tabelle 113/1: Physikalische Eigenschaften der Elemente der Sauerstoff-Schwefel-Gruppe

Element	Symbol	Aussehen im Normzustand	Schmelzpunkt in °C	Siedepunkt in °C	Dichte in g/cm^3	Elektronegativität
Sauerstoff	**O**	farbloses Gas	−218	−183	1,4289 (g/dm^3)	3,5
Schwefel	**S**	gelber Feststoff	119	445	2,07	2,5
Selen	**Se**	roter Feststoff grauer Feststoff	180 217	685	4,80	2,4
Tellur	**Te**	grauer Feststoff	450	990	6,24	2,1
Polonium	**Po**	graues Metall	282	962	9,32	2,0

Selen, Tellur und das radioaktive Polonium haben keine technische Bedeutung erlangt. Sie werden hier nicht behandelt.

Sauerstoff und Schwefel sind für die Chemie von großer Bedeutung. Die Elemente, und noch mehr ihre Verbindungen, gehören zu den wichtigen Grundchemikalien der chemischen Industrie.

Wie die Nummer der Hauptgruppe angibt, haben die Atome der Chalkogene sechs Außenelektronen. Durch Aufnahme von zwei bzw. Abgabe von sechs Elektronen (außer Sauerstoff) erreichen sie die Achterschale des im PSE benachbarten Edelgases.

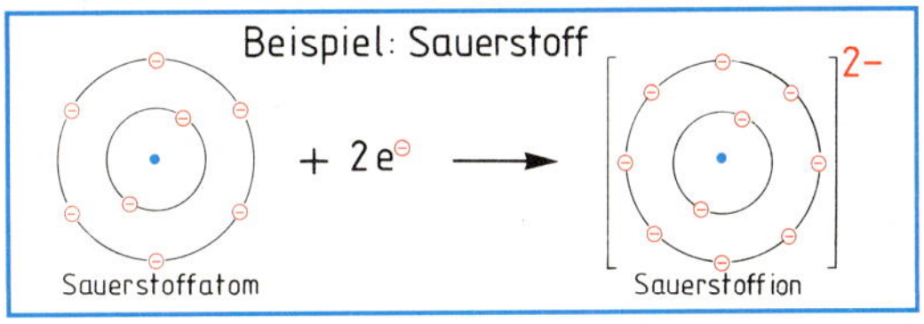

Sauerstoff ist −II-wertig. Schwefel und die anderen Chalkogene können ±II-, +IV- und +VI-wertig sein.

Verbindungen mit Sauerstoff und Schwefel finden sich in großen Mengen in der Natur: zu ihnen gehören eine Reihe wichtiger Erze, wie z.B. das Eisenerz Magneteisenstein $\mathbf{Fe_2O_3}$ und das Aluminiumerz Bauxit $\mathbf{Al_2O_3}$ sowie die Sulfiderze Bleiglanz **PbS** und Zinkblende **ZnS**.

2.6.1 Sauerstoff

Sauerstoff

Farb- und geruchloses, reaktionsfähiges Gas.

Vorkommen. Sauerstoff ist mit einem Massenanteil von 50,5% das Element mit dem größten Anteil an der Erdkruste: Er kommt elementar (O_2) als 21%iger Volumenanteil der Luft vor. Chemisch gebunden ist Sauerstoff wesentlicher Bestandteil des Wassers H_2O sowie vieler Gesteinsarten.

Darstellung. Elementarer Sauerstoff wird großtechnisch durch Luftverflüssigung und anschließendes Trennen in die Luftbestandteile hergestellt (Seite 108).

Eigenschaften. Sauerstoff ist ein farb- und geruchloses Gas. Es liegt molekular als O_2-Molekül mit der Strukturformel **O═O** vor. Es ist ein reaktionsfähiges Gas, das mit fast allen anderen Elementen reagiert, wenn auch zum Teil erst bei höheren Temperaturen. Die chemische Reaktion mit Sauerstoff heißt *Oxidation*, die Sauerstoffverbindungen *Oxide* (Seite 27).

Verwendung. Sauerstoff dient in einer Vielzahl von Anwendungsfällen als Oxidationsmittel, so z.B. der Luftsauerstoff bei Verbrennungsprozessen in Industrie, Haushalt und Verbrennungsmotoren. Technisch reiner Sauerstoff wird zum Schweißen und Brennschneiden **(Bild 113/1)** sowie zur Stahlherstellung (Seite 142) in großen Mengen verbraucht. Hochreiner Sauerstoff wird in Atmungsgeräten der Medizin und in der Tauchtechnik verwendet.

Bild 113/1: Brennschneiden mit Sauerstoff

Für das Leben auf der Erde ist Sauerstoff von zentraler Bedeutung, da viele Stoffwechselvorgänge in Organismen langsame Oxidationen sind (Seite 28).

Ozon

Neben der beständigen Form des zweiatomigen Sauerstoffs O_2, gibt es eine unbeständige, dreiatomige Modifikation: das Gas **Ozon O_3**. Es entsteht bei elektrischen Entladungen sowie bei starker UV-Licht-Bestrahlung von Luft oder Sauerstoff:

$$3\,O_2 \xrightarrow{\text{ϟ UV}} 2\,O_3$$

Ozon hat einen charakteristischen, beißenden Geruch. Es reizt die Schleimhäute und ist giftig.

Es zersetzt sich nach kurzer Zeit unter Abspaltung von atomarem, sehr reaktionsfähigem Sauerstoff O*:

$$O_3 \longrightarrow O_2 + O^*$$

Deshalb ist Ozon ein starkes Oxidationsmittel. Es wird als Bleichmittel, zur Desinfektion von Trink- und Schwimmbadwasser sowie in der Medizin verwendet.

Ozon spielt heute in der **Umweltdiskussion** eine wichtige Rolle.

Durch die intensive UV-Strahlung an Sommertagen und unter dem katalytischen Einfluß des bei Verbrennungsprozessen entstehenden Stickstoffdioxids kommt es besonders an heißen Sommertagen zu schädlichen Ozonkonzentrationen in der Atemluft ($> 300\ \mu g/m^3$). Es reizt die Atemwege und wird mit dem „Waldsterben" in Verbindung gebracht.

In einer 20 bis 40 km hohen Atmosphärenschicht, der Stratosphäre, herrscht von Natur aus eine bestimmte Ozonkonzentration. Diese „Ozonschicht" absorbiert einen Teil der von der Sonne auf die Erde treffenden, harten ultravioletten Strahlung. Durch in die Stratosphäre gelangende Fluorchlorkohlenwasserstoffe (FCKW) wird die Ozonkonzentration herabgesetzt (Ozonkiller). In der Umweltdiskussion spricht man vom „Ozonloch" der Stratosphäre. Die Folge ist eine stärkere UV-Strahlung auf der Erde. Dies kann zu Erkrankungen der Haut, bis hin zum Hautkrebs führen. Die Schädigung der natürlichen Ozonschicht der Stratosphäre soll durch ein Verbot der FCKW rückgängig gemacht werden.

Sauerstoffverbindungen

Die Verbindungen des Sauerstoffs heißen **Oxide**. Alle Elemente, mit Ausnahme von Fluor und den Edelgasen, bilden mit Sauerstoff Oxide. Die wichtigsten sind in **Tabelle 114/1** aufgetragen.

Tabelle 114/1: Oxide der Elemente der 1., 2. und 3. Periode des PSE

Hauptgruppe →	I	II	III	IV	V	VI	VII	VIII
1. Periode	H_2O H_2O_2							—
2. Periode	Li_2O	BeO	B_2O_3	CO CO_2	N_2O NO N_2O_3 NO_2 N_2O_5	O_2 O_3	—	—
3. Periode	Na_2O	MgO	Al_2O_3	SiO_2	P_2O_3 P_4O_{10}	SO_2 SO_3	Cl_2O ClO_2 Cl_2O_6 Cl_2O_7	—

Wasser H_2O ist die wichtigste Sauerstoffverbindung. Es ist sowohl unentbehrlicher Stoff bei der Mehrzahl der chemischen und technologischen Vorgänge, als auch Grundlage aller pflanzlichen, tierischen und menschlichen Lebensvorgänge. Wegen dieser zentralen Bedeutung des Wassers wurden seine chemischen und physikalischen Eigenschaften bereits zu Beginn des Buches behandelt (Seite 26). Die chemisch-technologischen Eigenschaften des Wassers werden im Kapital 3.4 *Chemie und Technologie des Wassers* vertieft ausgeführt (Seite 152).

Wasserstoffperoxid H_2O_2 ist eine farblose, relativ zähe Flüssigkeit mit einem Siedepunkt von 150,2 °C. Das H_2O_2-Molekül hat die Strukturformel **H — O — O — H**.

Wasserstoffperoxid zeigt große Neigung sich zu zersetzen:

$$2\,H_2O_2 \longrightarrow 2\,H_2O + O_2\uparrow$$

Der frei werdende Sauerstoff ist sehr reaktionsfähig. H_2O_2 ist deshalb ein Oxidationsmittel. Der Zerfall des H_2O_2-Moleküls ist mit großer Energieabgabe verbunden. Konzentriertes H_2O_2 kann deshalb explodieren. Im Labor und Betrieb verwendet man meist nichtexplosible, wäßrige H_2O_2-Lösungen mit 3% bis 30%. Wegen der Oxidationswirkung werden Wasserstoffperoxid-Lösungen als Bleichmittel in der Textilindustrie, in gebundener Form als Natriumperborat $Na_2B_2O_4 \cdot 2\,H_2O_2$ in Waschmitteln sowie im Friseurhandwerk verwendet. Auf die Haut wirkt H_2O_2 reizend bis ätzend. Konzentriertes H_2O_2 dient als Raketentreibstoff.

Die Oxide der anderen Elemente werden, falls sie chemisch-technische Bedeutung haben, bei den entsprechenden Elementen behandelt. Sie sind unter ihrem Namen im Sachwortverzeichnis zu finden.

2.6.2 Schwefel

Eigenschaften. Schwefel ist bei Raumtemperatur ein geruchloser, gelber, kristalliner, brennbarer Feststoff **(Bild 115/1)**. Er kann aus rhombischen oder monoklinen Kristallen bestehen und hat einen Schmelzpunkt von 119 °C.

Schwefel hat im flüssigen Zustand bei verschiedenen Temperaturen unterschiedliche Erscheinungsformen mit stark voneinander abweichenden Eigenschaften. Um sie zu erhalten, erhitzt man Schwefel in einem Reagenzglas und beobachtet seine Veränderungen **(Tabelle 115/1)**.

Ursache der Eigenschaftsveränderungen ist die Zusammenlagerung der Schwefelatome zu verschieden großen und unterschiedlich geformten Molekülverbänden.

Bei langsamem Abkühlen des flüssigen Schwefels laufen die Eigenschaftsveränderungen in umgekehrter Reihenfolge ab. Ausnahme: Beim Abschrecken von 400 °C entsteht gummielastischer Schwefel.

Schwefel

Geruchloser, gelber Feststoff mit mäßiger Reaktionsbereitschaft

Bild 115/1: Schwefelpulver

Tabelle 115/1: Erscheinungsformen, Eigenschaften und innerer Aufbau von Schwefel

Temperatur	Aussehen	Eigenschaften bzw. Eigenschaftsänderung beim Erwärmen	Anordnung der Atome im Molekül	Beschreibung der Anordnung und daraus folgende Eigenschaften
bis 119 °C	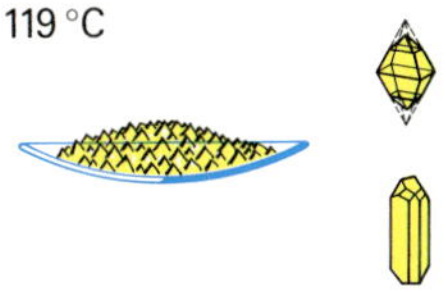	**fest, spröde, gelb rhombische Kristalle** (Doppelpyramide)	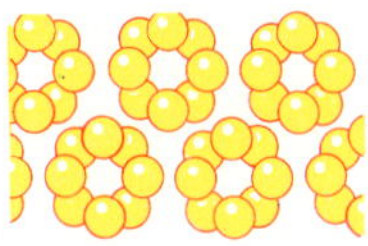	Ringförmige Moleküle aus 8 Schwefelatomen, dicht gepackt im Kristall angeordnet
		fest, spröde, gelb monokline Kristalle (Nadeln)		Moleküle gehen bei Wärmezufuhr in weniger dichte Packung über
119 °C bis 160 °C		**hellgelb dünnflüssig**	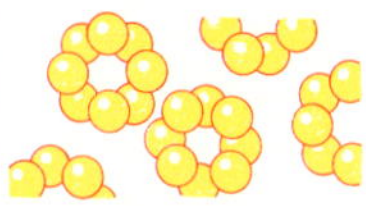	Ordnung im Kristallverband wird aufgehoben Ringmoleküle sind gegenseitig verschiebbar: Verflüssigung
160 °C bis 200 °C		**braun** zunehmend **zähflüssig**	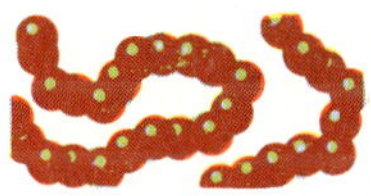	Ringmoleküle werden durch Energiezufuhr aufgebrochen und lagern sich zu langen **Kettenmolekülen** zusammen
200 °C bis 250 °C		**rotbraun größte Zähflüssigkeit**		**Molekülketten** verknäueln sich
250 °C bis 445 °C		**allmähliche Abnahme der Zähflüssigkeit bis zur Dünnflüssigkeit**	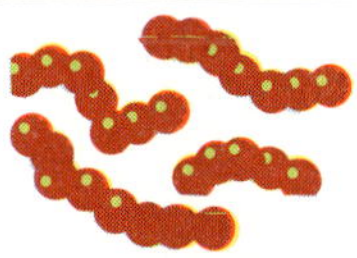	**Kettenmoleküle** werden beweglicher und **beginnen sich in Bruchstücke aufzuspalten**
	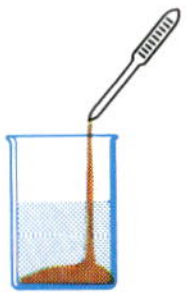	**Plastischer Schwefel** bei raschem Abkühlen der hocherhitzten Schmelze (z.B. im Wasserbad) entsteht fester, gummielastischer Schwefel	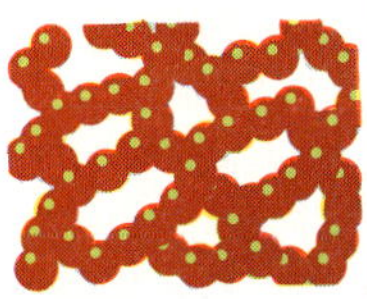	Die verknäulten **Kettenmoleküle** des zähflüssigen Schwefels **bleiben** beim raschen Abkühlen **erhalten** und verleihen dem Stoff gummielastische Eigenschaften
über 445 °C		**Gasförmiger Schwefel bis 500 °C gelb 500 °C bis 600 °C rot über 600 °C gelb** Sublimiert zu gelber Schwefelblüte	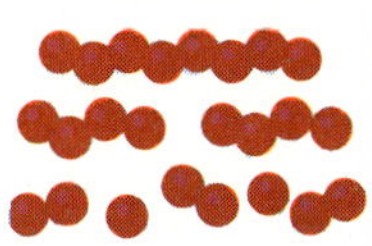	Die **Molekülketten-Bruchstücke** werden mit steigender Temperatur immer **kürzer**. Ab 1800 °C liegen Schwefelatome vor.

Schwefel ist in Wasser und den üblichen Lösungsmitteln, wie Trichlorethen und Tetrachlormethan, nicht löslich. Er kann jedoch in Kohlenstoffdisulfid CS_2 (auch Schwefelkohlenstoff genannt), einer giftigen, feuergefährlichen Flüssigkeit, gelöst werden.

Das chemische Reaktionsbestreben von elementarem Schwefel ist eher schwach. An der Luft z.B. verbrennt er mit ruhiger, blauer Flamme erst nach Zünden bei Temperaturen von über 250 °C. Dabei entsteht Schwefeldioxid SO_2.

$$S + O_2 \longrightarrow SO_2$$

Vorkommen. Schwefel kommt sowohl elementar als auch chemisch gebunden in der Natur vor.

Elementare Schwefelvorkommen sind Gesteinsformationen, die Schwefelkristalleinschlüsse enthalten sowie der im Erdöl gelöste Schwefel.

Chemisch gebunden kommt Schwefel in den Sulfiderzen (z.B. FeS_2, PbS) sowie in den Sulfatgesteinen (z.B. in $CaSO_4$) vor. Außerdem ist Schwefel als Schwefel-organische Verbindungen in Erdöl enthalten.

Die wichtigsten schwefelhaltigen Minerale sind die Sulfide. Sie werden nach ihrem Aussehen als *Kiese, Glanze* oder *Blenden* bezeichnet, z.B. *Eisenkies* (Pyrit) **FeS_2**, *Kupferkies* **$CuFeS_2$**, *Bleiglanz* (Galenit) **PbS** oder *Zinkblende* (Wurtzit) **ZnS**.

Gewinnung. Schwefel wird nach mehreren Gewinnungsverfahren hergestellt:

1. Verfahren, bei denen Schwefel als Nebenprodukt anfällt. Hierzu gehören die Entschwefelung des Erdgases und des Erdöls sowie das Abrösten schwefelhaltiger Erze.

Erdöl bzw. Erdgas enthalten bis zu 3% Schwefel, der entweder gelöst oder chemisch gebunden vorliegt. Er muß abgetrennt werden, um leistungsfähige Benzine und nicht umweltbelastendes Heizöl (SO_2) zu erhalten.

Die Entschwefelung des Erdöls erfolgt in Hydrofinern (Bild 222/1). Unter Mitwirkung eines Co/Mo-Katalysators wird der Schwefel mit Wasserstoff aus den schwefelhaltigen Erdölbestandteilen verdrängt und an den Wasserstoff gebunden. Es entsteht Schwefelwasserstoff H_2S. Anschließend wird nach dem **Claus-Verfahren** in einem zweistufigen Prozeß der Schwefelwasserstoff mit Luftsauerstoff zu elementarem Schwefel umgesetzt.

$$\boxed{\text{Schwefelhaltige Erdölbestandteile}} + H_2 \xrightarrow{Co,\,Mo} H_2S + \boxed{\text{Schwefelfreie Erdölbestandteile}}$$

$$2\,H_2S + 3\,O_2 \longrightarrow 2\,SO_2 + 2\,H_2O$$

$$SO_2 + 2\,H_2S \longrightarrow 3\,S + 2\,H_2O$$

Wegen der großen verarbeiteten Erdölmengen ist auch die erzeugte Schwefelmenge sehr groß.

Bei der Herstellung einiger Metalle, wie z.B. Kupfer, Blei und Zink, geht man von den sulfidischen Erzen aus: Kupferkies $CuFeS_2$, Bleiglanz PbS, Zinkblende ZnS.
Ein Teil ihres Schwefelgehalts wird durch Abrösten in einem Röstofen an den Luftsauerstoff gebunden (Seite 148).

$$CuFeS_2 + {}^3/_2\,O_2 \longrightarrow CuS + FeO + SO_2\uparrow$$

Das entstandene SO_2-Gas wird anschließend nach dem Claus-Verfahren zu Schwefel umgesetzt.

2. Ausschmelzen aus schwefelhaltigem Gestein.

Hierbei wird Schwefel nach dem **Frasch-Verfahren** aus Lagerstätten gewonnen, die mehrere hundert Meter tief unter der Erde liegen **(Bild 116/1)**. Das elementaren Schwefel enthaltende Gestein wird durch eine Bohrung erreicht. In das Bohrloch wird ein Doppelrohr verlegt, durch dessen äußeres Rohr Heißdampf (ca. 200 °C) in das Bohrloch gepreßt wird. Er erhitzt das Gestein, schmilzt den Schwefel aus dem Gestein aus und preßt ihn durch das innere Rohr an die Erdoberfläche.

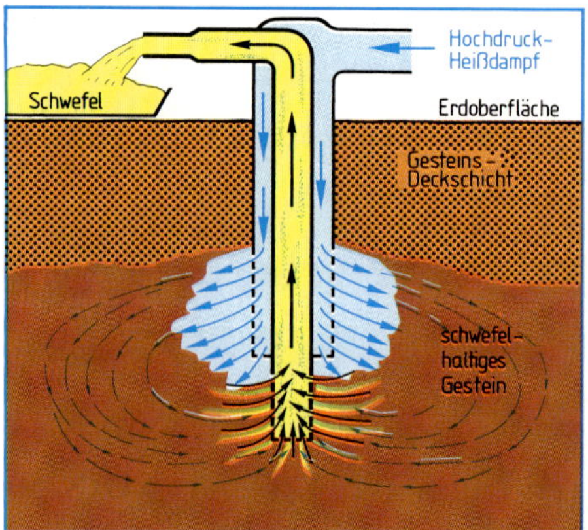

Bild 116/1: Schwefelgewinnung nach dem Frasch-Verfahren

Verwendung. Elementarer Schwefel wird in großen Mengen zur Herstellung von Schwefelsäure benötigt (Seite 126). Sie ist eine wichtige Grundchemikalie der chemischen Industrie: Düngemittel, Waschmittel, Farbstoffe.

In der Gummiindustrie wird Schwefel als Vernetzungsmittel für Kautschuk verwendet (Vulkanisieren).

Schwefelverbindungen

Schwefelverbindungen gehören zu den Grundchemikalien der chemischen Industrie. Es gibt eine Vielzahl von Schwefelverbindungen. Auf dieser Seite werden nur die wichtigsten anorganischen Schwefelverbindungen behandelt werden.

SO_2 Schwefeldioxid	**H_2SO_4** Schwefelsäure	**H_2S** Schwefelwasserstoff
SO_3 Schwefeltrioxid	**Sulfate** z. B. $CaSO_4$	**Sulfide** z. B. FeS, PbS

Schwefeldioxid SO_2 (Schwefel(IV)-oxid) ist ein farbloses, stechend riechendes, nicht brennbares, giftiges Gas. Es ist Vorprodukt für die Schwefelsäureherstellung und wird in großen Mengen hergestellt.

Dies geschieht, je nach Rohstoffverfügbarkeit, durch Verbrennen von Schwefel $S + O_2 \longrightarrow SO_2$ oder durch Abrösten sulfidischer Erze, z. B. $4\,FeS_2 + 11\,O_2 \longrightarrow 2\,Fe_2O_3 + 8\,SO_2$.

SO_2 löst sich leicht in Wasser (1 l Wasser löst bei 20 °C 40 l SO_2). Die entstehende Lösung nennt man *schweflige Säure*: $SO_2 + H_2O \longrightarrow H_2SO_3$. Sie reagiert schwach sauer. In schwefliger Säure liegen Sulfitionen (SO_3^{2-}) und Hydrogensulfitionen (HSO_3^-) vor.

Der weitaus größte Teil des SO_2 wird zu Schwefelsäure weiterverarbeitet (Seite 126). Daneben wird SO_2 zur Waschmittelherstellung, zum Bleichen und zum Desinfizieren (Ausschwefeln) eingesetzt.

Schwefeldioxid entsteht unerwünscht bei der Verbrennung fossiler Brennstoffe, wie Steinkohle, Braunkohle und Erdöl, da diese Stoffe einige Prozent Schwefel enthalten. Gelangt das SO_2 mit den Verbrennungsgasen in die Umwelt, so kann es zu schweren Schäden für die Gesundheit (Erkrankung der Atmungsorgane) und die Pflanzen (Waldsterben) kommen. Die weitgehende Beseitigung des SO_2 aus den Verbrennungsabgasen ist deshalb heute gesetzlich vorgeschrieben (Seite 263).

Schwefeltrioxid SO_3 (Schwefel(VI)-oxid) ist das Anhydrid der Schwefelsäure. Es wird durch katalytische Oxidation von SO_2 hergestellt $2\,SO_2 + O_2 \rightleftharpoons 2\,SO_3$ und zu Schwefelsäure weiterverarbeitet (Seite 126).

Schwefelsäure H_2SO_4 (konzentriert) ist eine farblose, wasserklare, ölige Flüssigkeit mit einem Siedepunkt von 338 °C und einer Dichte von 1,84 g/cm^3. Verdünnte Schwefelsäure ist etwa 10%ig. Beim Verdünnen konzentrierter Schwefelsäure mit Wasser wird viel Lösungswärme frei. Um ein Spritzen der Säure zu vermeiden, ist das Verdünnen so vorzunehmen, daß zuerst das Wasser vorgelegt wird und dann langsam die Säure tropfenweise zugegeben wird.

Schwefelsäure ist eine starke Säure: $H_2SO_4 + 2\,H_2O \longrightarrow 2\,H_3O^+ + SO_4^{2-}$, unedle Metalle werden von ihr unter H_2- und H_2S-Bildung aufgelöst. Konzentrierte Schwefelsäure hat starke wasseranziehende Wirkung (hygroskopisch). Sie dient deshalb als Trockenmittel, z. B. von feuchtem Chlorgas. Die wasseranziehende Wirkung ist so stark, daß die Säure aus organischen Substanzen, wie z. B. Papier oder Holz, das gebundene Wasser entzieht, so daß die organischen Stoffe verkohlen. Konzentrierte Schwefelsäure ist ein starkes Oxidationsmittel. Oxidierbare Substanzen dürfen deshalb nicht mit Schwefelsäure getrocknet werden.

Die Herstellung von Schwefelsäure erfolgt großtechnisch aus Schwefeldioxid über das Zwischenprodukt Schwefeltrioxid: $SO_3 + H_2O \longrightarrow H_2SO_4$ (Seite 126). Hauptanwendungsgebiet der Schwefelsäure ist die Düngemittelproduktion (Sulfate) sowie die Herstellung schwefelhaltiger organischer Substanzen. Beträchtliche Mengen an Schwefelsäure werden zum Füllen von Akkumulatoren (Seite 173) verbraucht.

Die **Sulfate** und die **Hydrogensulfate** sind die Salze der Schwefelsäure. Sulfate sind wichtige technologische Stoffe, wie z. B. Gips $CaSO_4 \cdot {}^1/_2\,H_2O$, Kupfersulfatlösung $CuSO_4$, Kaliumhydrogensulfat $KHSO_4$.

Schwefelwasserstoff H_2S ist ein farbloses, übel riechendes, stark giftiges Gas. Es löst sich in begrenzten Mengen in Wasser: bei 20 °C 2,6 l H_2S in 1 l Wasser. Die wäßrige Lösung ist eine schwache Säure: $H_2S + H_2O \longrightarrow H_3O^+ + HS^-$. Sie heißt *Schwefelwasserstoffsäure*. Schwefelwasserstoff hat vor allem in der analytischen Chemie Bedeutung. Die Salze der Schwefelwasserstoffsäure sind die **Sulfide** und die **Hydrogensulfide**.

Wiederholungsfragen

1. **Welche Eigenschaften hat Ozon?**
2. **Welche Oxide bildet Wasserstoff?**
3. **Wie wird Schwefel gewonnen?**
4. **Wie verändert sich Schwefel beim Erwärmen?**
5. **Wie wird SO_2 hergestellt? Formulieren Sie die Reaktionsgleichungen.**
6. **Wie wird Schwefelsäure hergestellt?**
7. **Mit welchen Oxidationszahlen tritt Schwefel in seinen Verbindungen auf?**

2.7 VII. Hauptgruppe: Halogene

Der Gruppenname **Halogene** kommt aus dem Griechischen und bedeutet *„Salzbildner"*. Damit kommt zum Ausdruck, daß die Halogene Salze bilden.

Zu den Halogenen gehören die Elemente: *Fluor* **F**, *Chlor* **Cl**, *Brom* **Br**, *Iod* **I**, und *Astat* **At** **(Tabelle 118/1)**.

Das radioaktive Astat kommt nur in Spuren vor und wird nicht behandelt.

Tabelle 118/1: Physikalische Eigenschaften der Halogene

Element	Symbol	Aussehen im Normzustand	Schmelzpunkt in °C	Siedepunkt in °C	Dichte	Elektronegativität
Fluor	**F**	schwach gelbliches Gas	−219	−188	1,69 g/dm^3	4,0
Chlor	**Cl**	schwach grüngelbes Gas	−101	− 34	3,21 g/dm^3	3,0
Brom	**Br**	rotbraune, verdunstende Flüssigkeit	− 7	+ 59	3,14 g/cm^3	2,8
Iod	**I**	grau-schwarzer Feststoff	113	+185 (sublimiert)	4,94 g/cm^3	2,5

Die Halogene sind Nichtmetalle. Bei Raumtemperatur und Atmosphärendruck sind Fluor und Chlor gasförmig, Brom ist flüssig und Iod ist fest. Das Nichtmetall Brom ist neben dem Metall Quecksilber das einzige bei Normbedingungen flüssige Element. Im Gaszustand liegen die Halogene als zweiatomige Moleküle vor: F_2, Cl_2, Br_2, I_2.

Die Intensität der Färbung der Halogene nimmt in der Gruppe von oben nach unten zu: Fluor ist ganz schwach gelblich, Chlor leicht grüngelb, Brom rotbraun. Festes Iod ist grau-schwarz glänzend, seine Dämpfe sind violett.

Fluor, Chlor und Brom sind im gasförmigen Zustand starke **Atemgifte**. Flüssiges Brom führt auf der Haut zu schweren Verätzungen. Iod ist nur in höheren Konzentrationen giftig.

Besonders die Atemwege und die Augen, aber auch die Haut sind vor dem Kontakt mit Halogengasen oder -dämpfen zu schützen. Bei der Arbeit mit gasförmigen Halogenen ist im Abzug mit Gesichtsschutz und Schutzhandschuhen zu arbeiten.

In der Natur kommen die Halogene nicht elementar, sondern nur in chemischen Verbindungen vor.

Reaktionen mit Metallen. Fluor und Chlor reagieren z. B. mit Natrium ähnlich wie Sauerstoff mit einer hellen, gelben Flamme **(Bild 118/1)**.

$$2\,Na + Cl_2 \longrightarrow 2\,NaCl$$

Mit Eisen verläuft die Reaktion weniger heftig. Läßt man dieselben Metalle mit Brom bzw. Iod reagieren, so kommt es zu noch schwächeren Reaktionen.

Daraus läßt sich schließen: Die Halogene sind **reaktionsfähige Elemente**. Die Reaktionsfreudigkeit ist bei Fluor und Chlor am größten und nimmt zu Brom und Iod in Stufungen ab. Dies läßt sich auch an der abnehmenden Elektronegativität ablesen (Tabelle 118/1).

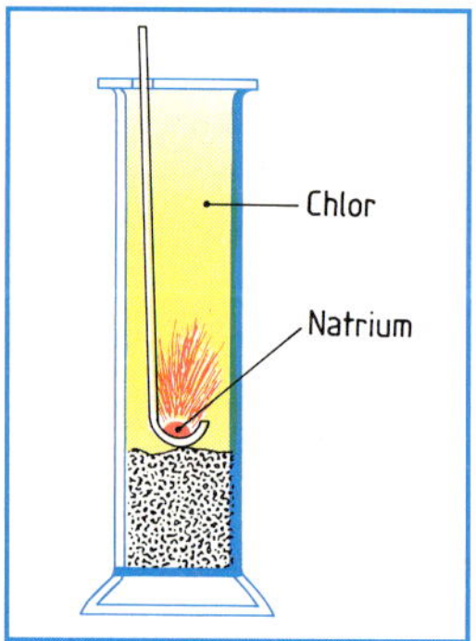

Bild 118/1: Reaktion von Chlor mit Natrium

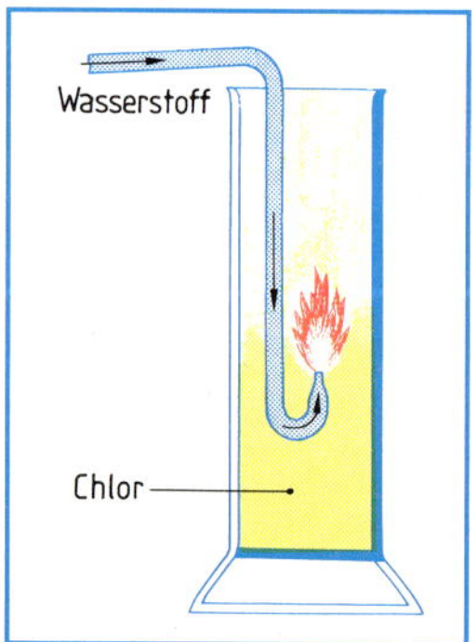

Bild 118/2: Reaktion von Chlor mit Wasserstoff

Reaktion mit Wasserstoff. Wasserstoff reagiert mit Fluor, Chlor und Brom ähnlich wie mit Sauerstoff: sie bilden eine Flamme **(Bild 118/2)**:

$$Cl_2 + H_2 \longrightarrow 2\,HCl$$

Die Ähnlichkeit der Reaktionen mit der von Sauerstoff läßt vermuten, daß es sich hierbei ebenfalls um Oxidationen handelt und daß die Halogene **Oxidationsmittel** sind. Eine Bestätigung hierfür liefert eine Betrachtung der Vorgänge im Elementarteilchen-Bereich.

Die Atome der Halogene haben sieben Außenelektronen. Durch Aufnahme eines Elektrons erreichen sie die Achterschale (siehe rechtes Beispiel).

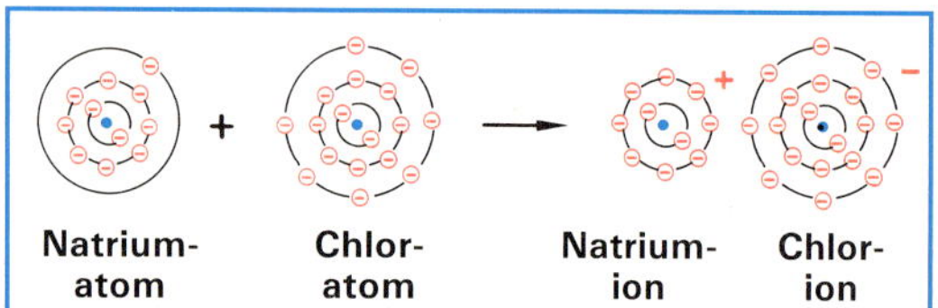

Die Halogenatome nehmen bei diesem Vorgang Elektronen auf, werden also selbst reduziert. Der Reaktionspartner gibt Elektronen ab, er wird oxidiert.

Ihre Stärke als Oxidationsmittel nimmt innerhalb der Hauptgruppe von oben nach unten ab: Fluor ist ein stärkeres Oxidationsmittel als Chlor, dieses wiederum oxidiert stärker als Brom usw.

Die Abnahme der Oxidierfähigkeit läßt sich in einem Versuch zeigen **(Versuch 119/1)**: Das jeweils stärkere Oxidationsmittel „vertreibt" das schwächere Oxidationsmittel aus seinen Verbindungen: Chlor vertreibt Bromid, Brom vertreibt Iodid.

Versuch 119/1: Stufenweise Vertreibung der Halogene aus den Halogeniden

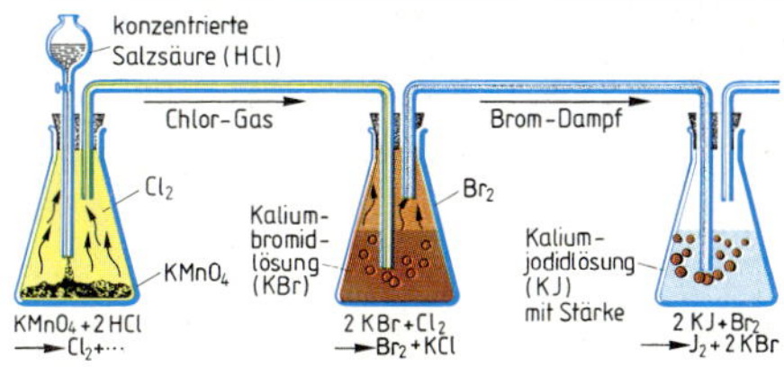

Versuchsbeschreibung: Im 1. Erlenmeyerkolben wird mit Kaliumpermanganat aus konzentrierter Salzsäure elementares Chlor entwickelt. Dieses wird in den 2. Erlenmeyerkolben geleitet, der eine Kaliumbromidlösung enthält. Das Chlor reagiert mit den Bromidionen zu Brom, dessen Dämpfe in den 3. Erlenmeyerkolben strömen. In diesem Kolben befindet sich eine Kaliumiodidlösung, versetzt mit Stärke.

Die Lösungen in den Kolben 2 und 3 sind zu Beginn des Versuches farblos. Während des Versuches beobachtet man im 2. Kolben eine Gelbfärbung durch in geringen Mengen freiwerdendes Brom, anschließend im 3. Kolben eine intensive blau-schwarze Färbung durch die Iod-Stärke-Nachweisreaktion: Das Brom hat mit Iodidionen zu Iod reagiert.

2.7.1 Fluor

Eigenschaften. Fluor ist ein schwach gelbliches, giftiges Gas mit äußerst großer Reaktionsfähigkeit. Es reagiert besonders heftig mit unedlen Metallen sowie organischen Stoffen wie Gummi oder Schliffett und greift die meisten Werkstoffe an. Es muß in Kupferbehältern gelagert werden.

> **Fluor**
> schwach gelbliches, giftiges Gas mit äußerst großer Reaktionsfreudigkeit

Verwendung. Es dient zur Herstellung fluorhaltiger Kunststoffe, wie z. B. Polytetrafluorethylen PTFE, sowie Kühlflüssigkeiten (FCKW) für die Elektrotechnik (heute verboten).

Vorkommen. Die wichtigsten Fluormineralien sind *Flußspat* (**CaF_2**) und *Kryolith* (**Na_3AlF_6**).

Darstellung. Fluor kann wegen seiner extremen Reaktionsfähigkeit nur auf elektrochemischem Weg aus fluorhaltigen Salzschmelzen dargestellt werden. Die Bruttoumsatzgleichung lautet:

$$2\,KF \xrightarrow{ϟ} F_2\uparrow + 2\,K$$

Fluorverbindungen

Fluorwasserstoff HF ist bei 0 °C eine farblose Flüssigkeit, die bei + 19,4 °C siedet. Gasförmiges HF löst sich leicht in Wasser. Die wäßrige Lösung ist **Flußsäure:** $HF + H_2O \longrightarrow H_3O^+ + F^-$. Ihre besondere Eigenschaft ist das Zersetzen des ansonsten widerstandsfähigen Quarz **SiO_2**. Flußsäure kann deshalb nicht in Glasgefäßen aufbewahrt werden und dient zum Ätzen SiO_2-haltiger Gläser.

Weitere technisch wichtige Fluorverbindungen sind das **Aluminiumfluorid AlF_3** sowie der **Kryolith Na_3AlF_6**, die bei der Aluminiumherstellung durch Schmelzflußelektrolyse gebraucht werden (Seite 146).

2.7.2 Chlor

Eigenschaften. Chlor ist ein schwach grüngelbes, giftiges, erstickendes und ätzendes Gas (ϱ = 3,21 g/dm^3, 2,5mal so schwer wie Luft). Es löst sich mäßig in Wasser. Mit **N_2**, **O_2** und Kohlenstoff reagiert es nicht. Mit anderen Stoffen reagiert es zum Teil heftig, wie z. B. mit **H_2**, **NH_3** und den unedlen Metallen.

> **Chlor**
> schwach grüngelbes, giftiges, erstickend riechendes Gas mit großer Reaktionsbereitschaft

Verwendung. Chlor wird für viele Verwendungszwecke eingesetzt. Man kann es deshalb als wichtigstes Halogen bezeichnen. *Beispiele* für die Verwendung: die HCl-Herstellung, zum Desinfizieren von Trink- und Badewasser, zum Bleichen, zur Herstellung organischer Lösungsmittel wie z. B. Tetrachlormethan **CCl_4**, zur Herstellung von Kunststoffen, wie z. B. PVC, als Zwischenprodukt organischer Synthesen usw.

Vorkommen. Chlorhaltige Minerale sind *Steinsalz* (Natriumchlorid **NaCl**), *Sylvin* (Kaliumchlorid **KCl**), *Carnallit* (**$KCl \cdot MgCl_2 \cdot 6\,H_2O$**).

Darstellung. *Im Labor* wird Chlor durch Reaktion von Salzsäure **HCl** mit einem Oxidationsmittel, z. B. Braunstein **MnO_2**, hergestellt:

$$4\,HCl + MnO_2 \longrightarrow MnCl_2 + Cl_2\uparrow + 2\,H_2O$$

Großtechnisch wird Chlor durch die Chloralkali-Elektrolyse gewonnen (Seite 131):

$$2\,(Na^+ + Cl^-) + H_3O^+ + OH^- \xrightarrow{ϟ} 2\,(Na^+ + OH^-) + Cl_2\uparrow + H_2\uparrow$$

Chlorverbindungen

Chlorwasserstoff	Salzsäure	Chloride	Chloroxide	Chlorsäuren	Chlorate
HCl	$H_3O^+ + Cl^-$	z. B. NaCl, KCl	z. B. Cl_2O, ClO_2	z. B. $HClO_3$	z. B. $NaClO_3$

Chlorwasserstoff HCl ist ein farbloses, stechend riechendes Gas, das an feuchter Luft stark raucht, weil sich mit der Luftfeuchtigkeit Nebeltröpfchen bilden. Es löst sich in großen Mengen in Wasser (1 l Wasser kann ca. 500 l HCl-Gas lösen). Das starke Lösungsvermögen kann mit dem sogenannten *Springbrunnenversuch* demonstriert werden (Versuch 34/2). Die entstehende wäßrige Lösung heißt **Salzsäure.**

Die *Herstellung* von Chlorwasserstoff erfolgt großtechnisch durch Reaktion der Gase Wasserstoff und Chlor. Außerdem entsteht Chlorwasserstoff als Nebenprodukt bei vielen organischen Produktionsverfahren. Unerwünscht ist die Chlorwasserstoffbildung beim Verbrennen von PVC-haltigem Müll (Seite 271).

Konzentrierte Salzsäure enthält rund 38% HCl und hat eine Dichte von 1,19 g/cm^3. Sie hat einen stechenden Geruch und raucht an der Luft. Reine Salzsäure ist eine farblose Flüssigkeit, meist ist sie aber leicht verunreinigt und dann gelblich. Salzsäure und Salzsäuredämpfe verätzen die Haut.

Salzsäure ist eine starke Säure, die annähernd vollständig protolysiert: $\mathbf{HCl + H_2O \longrightarrow H_3O^+ + Cl^-}$. Sie löst unedle Metalle wie Eisen und Zink rasch auf. Edle und säurebeständige Metalle werden langsam bzw. nicht angegriffen. Salzsäure ist eine der gebräuchlichsten Säuren und deshalb in jedem Labor vorhanden (Seite 35). In der Metalltechnik wird Salzsäure zum Metallätzen und Beizen verwendet. In der chemischen Industrie dient sie als Reaktionspartner bei vielen chemischen Produktionsverfahren.

Chloride sind die Salze der Salzsäure. Das bekannteste Chlorid ist **Natriumchlorid NaCl** (Steinsalz, Kochsalz). Es kommt in großen Mengen auf der Erde vor: in Steinsalzlagerstätten (Bild 91/1) sowie im Meerwasser. Natriumchlorid ist als Rohstoff für die chemische Industrie von großer Bedeutung (Seite 131).

Ein weiteres chemisch bedeutendes Chlorid ist **Kaliumchlorid KCl** (Kali), das bei der Düngemittelproduktion in großen Mengen gebraucht wird (Seite 138).

Der **Nachweis der Chloride** erfolgt durch Zugabe einer Silbernitrat-Lösung zur wäßrigen Chloridlösung. Es bildet sich unlösliches AgCl, das als weißer, käsiger Niederschlag ausfällt (Seite 71).

Die **Oxide des Chlors**, wie z. B. $\mathbf{Cl_2O}$, $\mathbf{ClO_2}$, $\mathbf{Cl_2O_6}$ sind alle sehr unbeständig und zerfallen zum Teil explosionsartig. Sie spielen deshalb nur als Zwischenprodukte eine Rolle.

Chlorsäuren nennt man die sauerstoffhaltigen Säuren des Chlors, z. B. Chlor(V)-Säure $HClO_3$ (Chlorsäure) oder Chlor(VII)-Säure $HClO_4$ (Perchlorsäure). Es sind starke Säuren und starke Oxidationsmittel. Die Salze der Chlorsäuren heißen **Chlorate.** Kaliumchlorat $KClO_3$ ist z. B. im Zündholzköpfchen enthalten.

2.7.3 Brom

Eigenschaften. Brom ist bei Normbedingungen eine rotbraune Flüssigkeit, die an der Luft Dämpfe entwickelt. Es hat die für eine Flüssigkeit hohe Dichte von $\varrho = 3{,}14$ g/cm^3. Das Element ist giftig und stark ätzend. Beim Umgang mit Brom ist im Abzug zu arbeiten, es sind Gummihandschuhe und Schutzbrille zu tragen. Brom ist nicht ganz so reaktionsfähig wie Chlor. Mit Alkalimetallen sowie Aluminium, Antimon und Arsen reagiert es heftig.

> Brom
>
> schwere, rotbraune Flüssigkeit, die bei +59 °C siedet. Brom ist giftig und ätzend.

Verwendung. Brom wird zur Herstellung organischer Bromverbindungen verwendet. Wie beim Chlor entsteht dabei als Nebenprodukt der entsprechende Halogenwasserstoff, hier also *Bromwasserstoff* **HBr**.

Vorkommen. Brom kommt chemisch gebunden in den Bromiden vor. Sie treten in Massenanteilen von 1% bis 5% in den Chlorid-Mineralien *Sylvin* und *Carnallit* auf.

Darstellung. Brom wird aus Bromsalzlösungen mit Hilfe von gasförmigem Chlor hergestellt:

$$\mathbf{2\,KBr \quad + \quad (Cl_2)_g \longrightarrow 2\,KCl \quad + \quad Br_2\uparrow}$$

Bromverbindungen

Bromwasserstoff HBr ist ein Gas, das sich in großen Mengen in Wasser löst (500 l pro 1 l). Die entstehende, wäßrige Lösung ist die **Bromwasserstoffsäure.** Sie hat ähnliche Eigenschaften wie Salzsäure, wird wegen des hohen Preises aber nur für Spezialzwecke verwendet. Ihre Salze sind die **Bromide.**

Silberbromid AgBr ist eine lichtempfindliche Substanz und ist in der lichtempfindlichen Schicht von Filmen enthalten. Bei Lichteinwirkung zerfällt es in schwarzes Silber: $\mathbf{AgBr \longrightarrow Ag + Br}$

2.7.4 Iod

Iod

grau-schwarzer, metallisch glänzender Feststoff. Bildet violetten Ioddampf.

Eigenschaften. Iod ist ein grau-schwarzer, metallisch glänzender Feststoff ($\varrho = 4{,}94$ g/cm^3). Er liegt in Plättchen vor und hat einen chlorähnlichen Geruch. Der Schmelzpunkt beträgt 113 °C, der Siedepunkt 184 °C. Es ist bei Zimmertemperatur schon merklich flüchtig und bildet violetten Ioddampf, der die Schleimhäute stark reizt (Achtung auf die Augen).

Der **Nachweis von Iod** erfolgt mit der sogenannten *Iod-Stärke-Nachweisreaktion* **(Versuch 121/1)**. Sie spricht auf kleinste Mengen Iod an.

Versuch 121/1: Nachweis von Iod

Versuchsbeschreibung:

Die Substanz, von der vermutet wird, daß sie elementares Iod enthält, wird in eine Stärkelösung gegeben, die farblos ist.

Ist Iod vorhanden, so färbt sich die Stärkelösung dunkelblau.

Zum Nachweis von iodhaltigen Lösungen verwendet man Papierstreifen, die mit Stärkelösung getränkt sind.

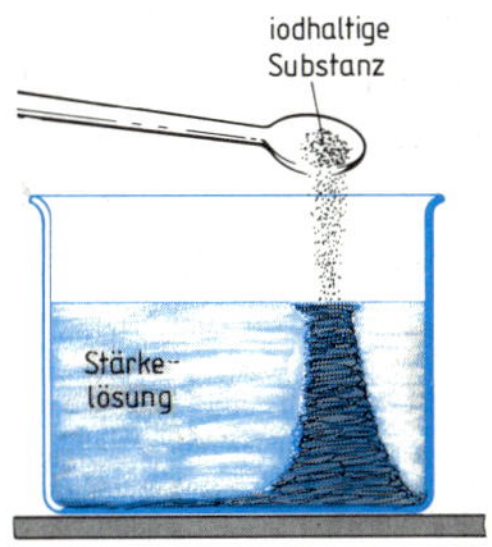

Iod ist in Wasser nur geringfügig lösbar, löst sich jedoch gut in organischen Lösungsmitteln, wie z. B. Alkohol, Ether und Aceton.

Iod ist chemisch weniger reaktionsfähig als Chlor und Brom. Spontan reagiert es mit Schwefel, Phosphor, Quecksilber, Antimon und Ammoniak.

Verwendung. Iod ist eine teure Substanz und hat deshalb nur spezielle Verwendungen. In der Medizin dient es als Wunddesinfektionsmittel. Iodtinktur ist eine Lösung aus 7% Iod und 3% Kaliumiodid KI in Ethanol. In der Ernährung wird Iod zur Verhinderung von Kropfbildungen bei iodarmer Kost dem Speisesalz beigemischt. Außerdem dient es zur Herstellung organischer Iodverbindungen.

Vorkommen. Iod findet sich chemisch gebunden als Natriumiodat **$NaIO_3$** zu etwa 0,1% im Mineral *Salpeter*, dessen Hauptbestandteil **$NaNO_3$** ist.

Darstellung. Die Darstellung von Iod erfolgt aus der $NaIO_3$-haltigen Endlauge des Salpeters mit Natriumhydrogensulfit:

$$2\,NaIO_3 + 5\,NaHSO_3 \longrightarrow 3\,NaHSO_4 + 2\,Na_2SO_4 + H_2O + I_2$$

Iodverbindungen

Iodwasserstoff HI ist ein farbloses Gas, das sich in großen Mengen (ca. 350 l pro 1 l) in Wasser löst. Die entstehende wäßrige Lösung heißt **Iodwasserstoffsäure**. Sie ist eine starke Säure und hat ähnliche Eigenschaften wie Salzsäure.

Von den Salzen der Iodwasserstoffsäure, den **Iodiden**, ist besonders *Kaliumiodid* **KI** wichtig. Es wird in einem Teilgebiet der analytischen Chemie, der sogenannten **Iodometrie**, gebraucht.

Iodsäuren nennt man die sauerstoffhaltigen Säuren des Iods (neue Nomenklatur), wobei die Oxidationszahl des Iodatoms dem Namen zugefügt wird **(Tabelle 121/1)**. Daneben werden noch häufig die alten Namen verwendet.

Die **Salze** der sauerstoffhaltigen Iodsäuren heißen Iodate-I (Hypoiodite), Iodate-V (Iodate) und Iodate-VII (Periodate).

Tabelle 121/1: Iodsäuren

Moderner Name	Formel	alter Name	Oxidationszahl des Iodatoms
Iod(I)-säure	HIO	Unteriodige Säure	+ I
Iod(V)-säure	HIO_3	Iodsäure	+ V
Iod(VII)-säure	HIO_4	Periodsäure	+ VII

Wiederholungsfragen

1. **Welche Farben und Aggregatzustände haben die elementaren Halogene im Normzustand?**
2. **Formulieren Sie die Reaktionsgleichungen von Natrium bzw. Wasserstoff mit Chlor.**
3. **NaF und H_2SO_4 reagieren zu HF. Wie lautet die Reaktionsgleichung?**
4. **Welche chemischen Formeln haben Magnesiumfluorid, Magnesiumbromid und Magnesiumiodid?**
5. **Wozu wird Chlor verwendet?**
6. **Wie reagiert Kaliumbromid KBr mit Chlor Cl_2? Wie lautet die Reaktionsgleichung?**
7. **Silbernitrat $AgNO_3$ reagiert mit Salzsäure HCl unter Bildung von schwerlöslichem Silberchlorid AgCl. Wie lautet die Reaktionsgleichung?**
8. **Was ist beim Umgang mit Brom zu beachten?**
9. **Wie reagiert Chlor Cl_2 mit Natriumiodid NaI? Wie lautet die Reaktionsgleichung?**
10. **Was passiert beim Lösen von HCl in Wasser?**
11. **Wie weist man Iod nach?**

2.8 VIII. Hauptgruppe: Edelgase

Die Elemente der VIII. Hauptgruppe nennt man *Edelgase*, weil diese Stoffe Gase sind, die keine chemischen Reaktionen mit anderen Stoffen eingehen. Zu ihnen gehören die Elemente *Helium* **He**, *Neon* **Ne**, *Argon* **Ar**, *Krypton* **Kr**, *Xenon* **Xe** und *Radon* **Rn (Tabelle 122/1)**.

Tabelle 122/1: Eigenschaften der Edelgase

Element	Symbol	Volumenanteil in der Luft in %	Siedepunkt in °C	Dichte in g/dm^3
Helium	He	0,00046	−269	0,1785
Neon	Ne	0,00161	−246	0,8999
Argon	Ar	0,9325	−186	1,7839
Krypton	Kr	0,000108	−153	3,7400
Xenon	Xe	0,000008	−107	5,8900
Radon	Rn	nur Spuren	–	–

Vorkommen. Die Edelgase sind mit einem Volumenanteil von insgesamt rund 0,94 Vol% in der atmosphärischen Luft vorhanden. Den größten Anteil davon hat Argon, der Anteil der anderen Edelgase ist gering. Helium kommt außerdem als ca. 1%-Anteil in manchen Erdgasen vor.

Gewinnung. Die Edelgase werden durch Verflüssigen der Luft und Auftrennen in die Luftbestandteile gewonnen (Seite 108).

Eigenschaften. Die Edelgase sind farb- und geruchlose, einatomige Gase, die praktisch keine chemischen Reaktionen mit anderen Stoffen eingehen. Man bezeichnet sie deshalb auch als Inertgase. Die Atome der Edelgase haben eine stabil besetzte Elektronenhülle mit 2 Elektronen beim Helium und jeweils 8 Außenelektronen bei den anderen Edelgasen (Bild 48/2). Diese sogenannte *Edelgas-Konfiguration* ist die Ursache für das Nichtreagieren mit anderen Stoffen.

Verwendung. *Helium* dient wegen seiner geringen Dichte als Traggas für Luftschiffe und Ballons. *Argon* wird als Schutzgas bei den Schutzgas-Schweißverfahren (MIG, MAG, WIG) und als Inertgas bei chemischen Reaktionen verwendet. *Neon* und *Krypton* werden als Füllgas für Leuchtstoffröhren eingesetzt. Die nur in geringer Menge vorkommenden Gase *Xenon* und *Radon* haben keine technische Bedeutung.

2.9 Nebengruppenelemente

Die Nebengruppenelemente umfassen insgesamt 33 Elemente **(Bild 122/1)**. Es sind alles Metalle. Außer dem flüssigen Quecksilber sind sie bei Normbedingungen Feststoffe.

Die wichtigsten Eigenschaften (Ordnungszahl, Dichte, Schmelzpunkt, Siedepunkt, Oxidationszahl) der Nebengruppenelemente sind in der Übersicht (Bild 122/1) aufgeführt. Die nebenstehende Skizze mit dem Beispiel Eisen Fe erläutert die Position der Daten.

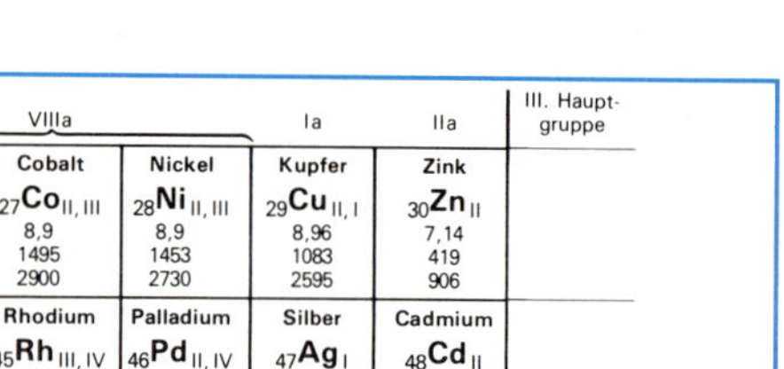

II. Hauptgruppe	IIIa		IVa	Va	VIa	VIIa	VIIIa	VIIIa	VIIIa	Ia	IIa	III. Hauptgruppe
4. Periode	Scandium $_{21}Sc_{III}$ 3,0 1539 2882		Titan $_{22}Ti_{IV, III}$ 4,51 1668 3260	Vanadium $_{23}V_{V, IV}$ 6,1 1900 3450	Chrom $_{24}Cr_{VI, III}$ 7,19 1875 2665	Mangan $_{25}Mn_{VII, II}$ 7,43 1245 2150	Eisen $_{26}Fe_{II, III}$ 7,86 1536 3000	Cobalt $_{27}Co_{II, III}$ 8,9 1495 2900	Nickel $_{28}Ni_{II, III}$ 8,9 1453 2730	Kupfer $_{29}Cu_{II, I}$ 8,96 1083 2595	Zink $_{30}Zn_{II}$ 7,14 419 906	
5. Periode	Yttrium $_{39}Y_{III}$ 4,47 1509 2927		Zirkon $_{40}Zr_{IV}$ 6,49 1852 3580	Niob $_{41}Nb_{V, III}$ 8,4 2468 3300	Molybdän $_{42}Mo_{VI}$ 10,2 2610 5560	Technetium $_{43}Tc_{VII}$ 11,5 2140 –	Ruthenium $_{44}Ru_{III, IV}$ 12,2 2500 4900	Rhodium $_{45}Rh_{III, IV}$ 12,4 1966 4500	Palladium $_{46}Pd_{II, IV}$ 12,0 1552 3980	Silber $_{47}Ag_{I}$ 10,5 961 2210	Cadmium $_{48}Cd_{II}$ 8,65 321 765	
6. Periode	Lanthan $_{57}La_{III}$ 6,17 920 3470	Lanthanide	Hafnium $_{72}Hf_{IV}$ 13,1 2222 5400	Tantal $_{73}Ta_{V}$ 16,6 2996 5425	Wolfram $_{74}W_{VI}$ 19,3 3410 5930	Rhenium $_{75}Re_{VII}$ 21,0 3180 5900	Osmium $_{76}Os_{IV}$ 22,6 3000 5500	Iridium $_{77}Ir_{IV}$ 22,5 2454 5300	Platin $_{78}Pt_{IV, II}$ 21,4 1769 4530	Gold $_{79}Au_{III, I}$ 19,3 1063 2970	Quecksilber $_{80}Hg_{II, I}$ 13,6 −38,4 357	
7. Periode	Actinium $_{89}Ac_{III}$ – 1050 –	Actinide	Kurtschatovium $_{104}Ku_{IV}$ – – –	Hahnium $_{105}Ha_{V}$ – – –	(106)	Nielsbohrium $_{107}Ns$ – – –	Hassium $_{108}Hs$ – – –	Meitnerium $_{109}Mt$ – – –				

Bild 122/1: Die Nebengruppenelemente

Die Stellung der Nebengruppenelemente im Periodensystem zwischen der II. und III. Hauptgruppe ergibt sich aus ihrem Atombau (Seite 52). Sie gehören nach der Reihenfolge der Ordnungszahl an diese Stelle. Der Bau ihrer Atomhülle weist gegenüber den voranstehenden Elementen der Hauptgruppen allerdings eine Besonderheit auf. Es werden nicht, wie bei den Hauptgruppenelementen, nacheinander die äußeren Elektronenschalen besetzt, sondern bei den Nebengruppenelementen erfolgt das Auffüllen innerer Elektronenschalen, und zwar der d-Orbitale (Seite 49). So sind in der 4. Periode vom *Scandium* bis zum *Zink* die 3 d-Orbitale, in der 5. Periode vom *Yttrium* bis zum *Cadmium* die 4d-Orbitale und in der 6. Periode vom *Lanthan* bis zum *Quecksilber* die 5d-Orbitale nacheinander besetzt worden. Auf ihrer äußeren Elektronenschale haben sie alle ein oder zwei Elektronen, worauf sich ihr ähnliches chemisches Verhalten zurückführen läßt.

Für die Technik sind die Nebengruppenelemente von überragender Bedeutung. Außer Magnesium und Aluminium sind alle bedeutenden metallischen Werkstoffe Nebengruppenelemente (Bild 122/1), wie z.B. Eisen, Kupfer, Zink, Nickel usw. Die Hauptanwendung der Nebengruppenelemente ist deshalb die Werkstofftechnik. Hierauf wird in einem besonderen Kapitel des Buches vertieft eingegangen (ab Seite 140).

Aber auch viele chemische Verbindungen der Nebengruppenelemente haben breite technische Anwendung gefunden, wie z.B. *Silberbromid* **AgBr** in der Fototechnik, *Amalgame* (Quecksilberverbindungen) in der Zahnmedizin, *Titanoxid* **TiO_2** als weißes Pigment, *Chromverbindungen* zum Ledergerben, *Vanadiumverbindungen* als Katalysatoren und viele andere mehr. Auf diese Verbindungen wird zum Teil bei den technischen Anwendungen in den *Kapiteln 3, 5 und 6* des Buches eingegangen.

2.10 Lanthaniden- und Actinidenelemente

Zu den Lanthaniden- und Actinidenelementen gehören 28 Elemente, die zum Teil künstlich hergestellt sind **(Bild 123/1)**. Es sind alles Metalle.

Lanthanide													
$_{58}$**Ce** Cer	$_{59}$**Pr** Praseodym	$_{60}$**Nd** Neodym	$_{61}$Pm Promethium	$_{62}$**Sm** Samarium	$_{63}$**Eu** Europium	$_{64}$**Gd** Gadolinium	$_{65}$**Tb** Terbium	$_{66}$**Dy** Dysprosium	$_{67}$**Ho** Holmium	$_{68}$**Er** Erbium	$_{69}$**Tm** Thulium	$_{70}$**Yb** Ytterbium	$_{71}$**Lu** Lutetium
Actinide													
$_{90}$**Th** Thorium	$_{91}$**Pa** Protactinium	$_{92}$**U** Uran	93 Np Neptunium	94 Pu Plutonium	95 Am Americium	96 Cm Curium	97 Bk Berkelium	98 Cf Californium	99 Es Einsteinium	100 Fm Fermium	101 Md Mendelevium	102 No Nobelium	103 Lw Lawrencium

Bild 123/1: Die Lanthaniden- und Actinidenelemente (Hohlschrift = künstlich hergestellte Elemente)

Aus dieser Elementgruppe hat vor allem *Uran* technische Bedeutung erlangt. Es ist der Betriebsstoff für Kernreaktoren sowie Explosivstoff für Atombomben (Seite 87). Wegen der großen Bedeutung für die Energiewirtschaft ist die Urangewinnung, die Anreicherung bestimmter Uranisotope sowie die Aufarbeitung verbrauchter Uranbrennstäbe zu einem eigenen Industriezweig herangewachsen.

Uran kommt im Mineral *Pechblende* als **U_3O_8** mit einem Massenanteil von 0,03% bis 3% vor. Durch mehrfache Flotation, einem speziellen Trennverfahren, wird ein Erzkonzentrat von 70% bis 80% U_3O_8 hergestellt. Die Darstellung des Uranmetalls erfolgt durch Schmelzflußelektrolyse.

Natürliches Uran ist ein Gemisch aus den Uranisotopen **U 234** (0,006%), **U 235** (0,72%) und **U 238** (99,27%). Als Reaktorbrennstoff geeignet ist nur das spaltbare Isotop **U 235**. Durch komplizierte physikalisch-chemische Verfahren wird das natürliche Uran auf einen **U 235**-Gehalt von 20% bis 50% angereichert. Zu Tabletten gepreßt wird es in die Reaktorbrennstäbe gefüllt.

Plutonium Pu 239 entsteht beim *Brutprozeß* in Kernreaktoren (Seite 87). Es ist ein künstliches, spaltbares Element, das als Reaktorbrennstoff und Atombombensprengstoff technische Bedeutung hat.

Wiederholungsfragen

1. **Was sagt der Name Edelgase über die chemischen Eigenschaften dieser Stoffe aus?**
2. **Welche Verwendung finden die Edelgase?**
3. **Wo kommen die Edelgase vor?**
4. **Welche Bedeutung haben die Nebengruppenelemente für die Technik?**
5. **Welche Besonderheit bezüglich des Baus der Atomhülle weisen die Nebengruppenelemente auf?**
6. **Welche Nebengruppenelemente werden technisch häufig verwendet?**
7. **Welches Uranisotop wird in Kernreaktoren verwendet?**

3 Anorganische Technologie

Die anorganische chemische Technologie ist *ein* großer Bereich der chemischen Industrie. Sie umfaßt die großtechnische Produktion der anorganischen *Grundchemikalien* sowie eine Vielzahl *chemisch-industrieller Produktionssparten.* Dazu gehören viele, nicht direkt der Chemie zugehörige Industriebereiche, die chemische Vorgänge zur Grundlage haben, wie z. B. die Herstellung der Metalle, der Baustoffe, der Keramiken, der Gläser und der Mineraldünger aber auch die Wasseraufbereitung und Abwasserreinigung sowie die Elektrolyse oder die Herstellung galvanischer Elemente **(Bild 124/1)**.

Bild 124/1: Industrien mit anorganisch-chemischen Grundverfahren

3.1 Großtechnische Produktion anorganischer Grundchemikalien

Vom *Rohstoff* führt ein langer Weg über eine Reihe von chemischen Reaktionen und Verfahren sowie Zwischenprodukten zum fertigen *Chemieprodukt* **(Bild 125/1)**.

Dabei fällt auf, daß die unübersehbare Fülle der chemischen Fertigprodukte aus einer recht begrenzten Anzahl von Rohstoffen entsteht.

Die meisten dieser Rohstoffe, wie z.B. Sand, Kalkstein, Gipsstein, Steinsalz, Wasser, Luft, Schwefel, Eisenerz, Bauxit, Erdgas und Erdöl sind in großen Mengen an vielen Orten der Erde zu finden und bilden ein schier unerschöpfliches Rohstoff-Reservoir.

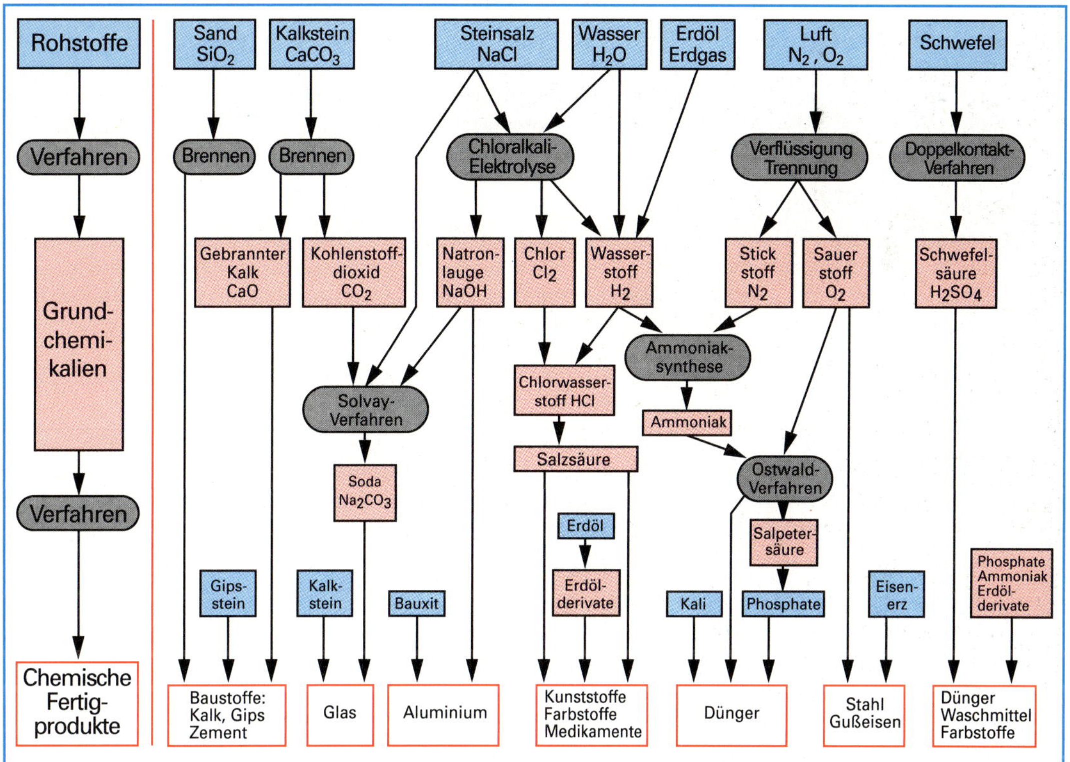

Bild 125/1: Rohstoffe, Verfahren, Grundchemikalien, Fertigprodukte

Grundchemikalien

Als Zwischenglied zwischen den Rohstoffen und den Chemie-Fertigprodukten tauchen immer wieder die gleichen Stoffe auf, die eine Schlüsselstellung in jeder Chemieindustrie einnehmen.

Dazu gehören Salzsäure **HCl**, Schwefelsäure **H_2SO_4**, Natronlauge **NaOH**, Chlor **Cl_2**, Stickstoff **N_2**, Wasserstoff **H_2**, Ammoniak **NH_3**, Salpetersäure **HNO_3**, Sauerstoff **O_2**, Kohlenstoffdioxid **CO_2**, Soda **Na_2CO_3**, Phosphorsäure **H_3PO_4** sowie die Abkömmlinge des **Erdöls (Bild 125/1)**.

Diese sogenannten **Grundchemikalien** werden in gewaltigen Mengen benötigt. Ihre großtechnische Produktion ist *eine* wichtige Aufgabe der chemischen Grundstoffindustrie.

Die Herstellung der Grundchemikalien erfolgt mit **großtechnischen Produktionsverfahren**. Sie werden teilweise nach der hergestellten Grundchemikalie benannt, wie z.B. die Ammoniaksynthese, oder nach dem Ausgangsstoff, wie die Chloralkali-Elektrolyse. Andere großtechnische Produktionsverfahren tragen den Namen ihres Entdeckers, wie z.B. die Haber-Bosch-Synthese (Ammoniak) und das Solvay-Verfahren (Soda).

In den folgenden Kapiteln werden die großtechnischen Produktionsverfahren einiger wichtiger Grundchemikalien näher beschrieben.

3.1.1 Schwefelsäureherstellung nach dem Doppelkontakt-Verfahren

Schwefelsäure gehört zu den wichtigsten Grundchemikalien. Die Weltproduktion beträgt über 100 Millionen Tonnen jährlich. Die großtechnische Herstellung der Schwefelsäure erfolgt in drei Schritten:

1. der Gewinnung von SO_2
2. der Oxidation von SO_2 zu SO_3
3. der Umsetzung von SO_3 zu H_2SO_4

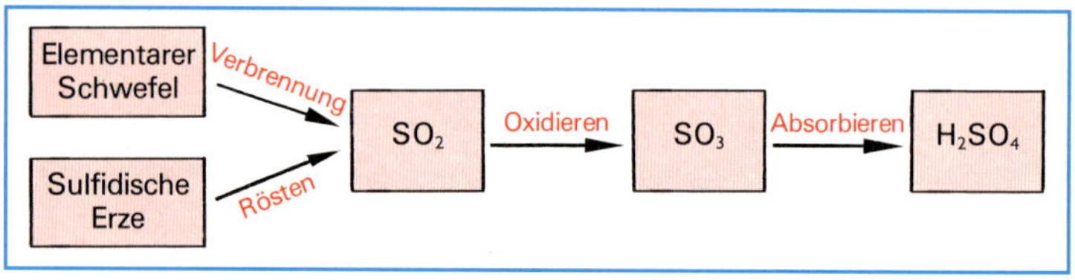

Rohstoffe. Der vorteilhafteste Rohstoff für die Schwefelsäureherstellung ist **elementarer Schwefel**. Er fällt bei der Entschwefelung von Erdöl und Erdgas in Raffinerien oder beim Abrösten sulfidischer Erze sowie bei der Entschwefelung der Rauchgase von Kohlekraftwerken in großen Mengen an. An einigen Standorten, wie z.B. in den USA wird Schwefel auch kostengünstig durch Herausschmelzen aus schwefelhaltigem Gestein gewonnen (Seite 116).

Verfahren zur Herstellung von SO_2

Schwefelverbrennung. Bei Schwefel als Rohstoff erfolgt die SO_2-Herstellung durch die Verbrennung des Schwefels in Zerstäubungsbrennern (Bild 127/3). Der flüssige Schwefel wird unter hohem Druck in die Brennerdüse gepreßt. Beim Austritt aus der Düse verdüst der Schwefel und verbrennt mit Luftsauerstoff:

$$S_{(fl)} + O_2 \longrightarrow SO_2\uparrow \qquad \Delta H = -296{,}9\ \mathrm{kJ}$$

Die Brenngase haben eine Temperatur von rund 1600 °C und einen Volumenanteil von rund 10% SO_2. Mit den heißen Brenngasen wird ein Abhitzekessel zur Dampferzeugung betrieben.

Rösten sulfidischer Erze. Das Rösten sulfidischer Erze wird meist in Drehrohröfen (Bild 162/1) oder Etagenöfen durchgeführt (Bild 148/1). Walnußgroße Erzstücke werden am oberen Ofenende aufgegeben und rollen unter ständigem Umwälzen in einem Erzhaufwerk zum unteren Ofenende. Im Ofen herrschen rund 600 °C. Während der Verweildauer im Ofen reagiert das Erz mit dem Luftsauerstoff zu SO_2:

$$4\ FeS_2 + 11\ O_2 \longrightarrow 2\ Fe_2O_3 + 8\ SO_2\uparrow \qquad \Delta H = -3310\ \mathrm{kJ}$$

Der exotherme Abröstvorgang setzt Wärme frei, so daß sich der Vorgang nach einmaligem Zünden selbst unterhält. Aus dem Abbrand Fe_2O_3 wird durch Verhüttung Eisen gewonnen. Das Röstgas ist stark verunreinigt und muß anschließend entstaubt und getrocknet werden.

Oxidation von SO_2 zu SO_3 nach dem Doppelkontakt-Verfahren

Die Oxidation des Schwefeldioxids SO_2 zum Schwefelsäureanhydrid SO_3 erfolgt nach dem **Doppelkontakt-Verfahren (Bild 126/1).**

Das von der Herstellung noch heiße SO_2-Gasgemisch wird mit 450 °C oben in einen Horden-Reaktor geleitet. Auf jedem Hordenboden befindet sich eine Katalysatorschüttung aus Kieselsäure-Strangpreßlingen von rund 5 mm Durchmesser, auf die eine dünne Lage aus **Vanadiumpentoxid V_2O_5** und Alkalisulfaten aufgetragen ist. Die katalytische Umsetzung von SO_2 zu SO_3 lautet:

$$2\ SO_2 + O_2 \underset{}{\overset{V_2O_5}{\rightleftharpoons}} 2\ SO_3 \qquad \Delta H = -198\ \mathrm{kJ}$$

Es ist eine exotherme Reaktion, so daß sich die Temperatur des Gases während des Durchströmens der Katalysatorschüttung erhöht. Damit die Temperatur in den nachfolgenden Horden nicht zu stark ansteigt, ist jeder Horde eine Zwischenkühlung nachgeschaltet, die das Gas auf etwa 450 °C zurückkühlt.

Die Oxidation von SO_2 zu SO_3 ist eine chemische Gleichgewichtsreaktion (Seite 77). Der maximal

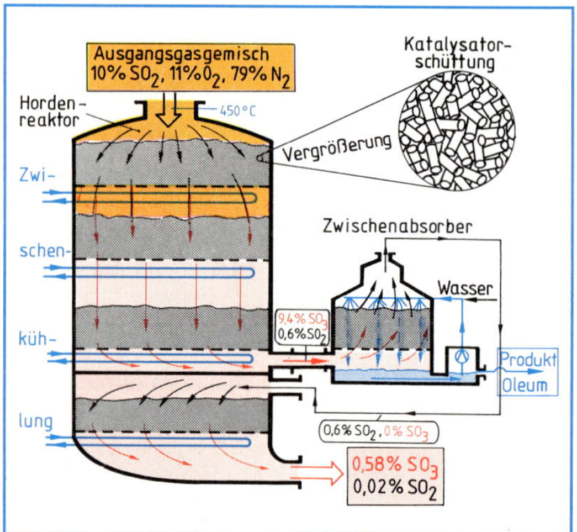

Bild 126/1: Horden-Reaktor (Kontaktofen)

erreichbare Umsatz wird durch die Gleichgewichtskurve (blau) im **Umsatz/Temperatur-Schaubild** begrenzt **(Bild 127/1)**. Den tatsächlichen Verlauf des Umsatzes beschreibt die *Umsatzkurve* (rot). Sie beginnt bei 450 °C/0% Umsatz und verläuft stufenartig. In der ersten Katalysatorschüttung wird vom anfangs vorhandenen SO_2 etwa 60% zu SO_3 umgesetzt. Nach Kühlung auf erneut 450 °C erfolgt in der 2. Katalysatorschüttung eine Umsetzung bis auf rund 85% des eingesetzten SO_2. Die 3. Schüttung bringt dann noch eine Steigerung auf ca. 94% Umsatz. Dann wird das Gasgemisch in den Zwischenabsorber geleitet (Bild 126/1), wo das entstandene SO_3 entfernt wird. Das von SO_3 befreite Restgasgemisch mit etwa 0,6% SO_2 wird dann in die letzte Horde des Reaktors zurückgeführt, wo dann nochmals eine Umsetzung stattfindet, so daß im abströmenden Gas etwa 99,8% des anfangs vorhandenen SO_2 oxidiert sind. Die in der Abluft verbleibenden 0,02% SO_2 sind umweltbelastend und werden deshalb in Nachreinigern abgeschieden.

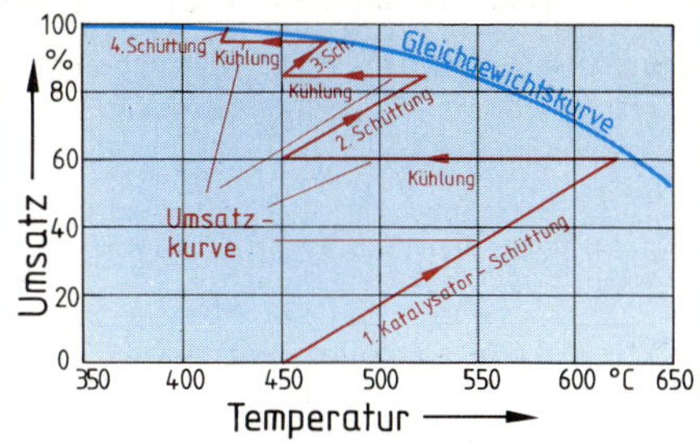

Bild 127/1: Umsatzkurve der SO_3-Bildung im Horden-Reaktor

Umsetzung von SO_3 zu Schwefelsäure

Das aus dem Kontaktofen kommende SO_3-haltige Gasgemisch wird auf ca. 120 °C heruntergekühlt und von unten in einen Absorber geführt **(Bild 127/2)**. Er enthält eine Füllkörperschüttung, die von oben mit im Kreislauf geführter Schwefelsäure (98%ig) berieselt wird (Wasser ist als Lösungsmittel ungeeignet, da es SO_3 nur langsam löst). Das im Gegenstrom strömende SO_3-Gas wird von der Schwefelsäure absorbiert und setzt sich mit dem vorhandenen Wasser zu Schwefelsäure um:

$$SO_3 + H_2SO_4 + H_2O \longrightarrow 2\,H_2SO_4 \qquad \Delta H = -104 \text{ KJ}$$

Ist alles Wasser der Schwefelsäure aufgebraucht, so wird weiter SO_3 absorbiert und Dischwefelsäure gebildet: $H_2SO_4 + SO_3 \longrightarrow H_2S_2O_7$. Das Gemisch aus Schwefel- und Dischwefelsäure wird **Oleum** oder **rauchende Schwefelsäure** genannt. Durch Verdünnen mit Wasser wird daraus wieder Schwefelsäure.

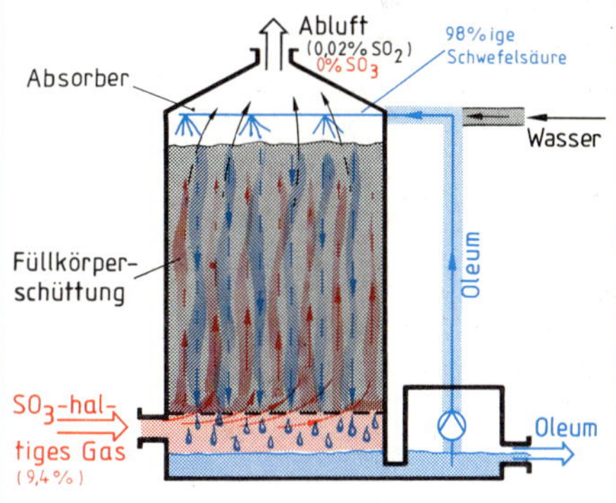

Bild 127/2: SO_3-Absorption

Schwefelsäure-Produktionsanlage (Foto der Anlage: Bild 124/1, links oben)

Eine Schwefelsäure-Produktionsanlage auf Basis Elementarschwefel besteht aus den drei Anlagebereichen Schwefelverbrennung, Kontaktofen und den Absorbern **(Bild 127/3)**. Der Großteil der Schwefelsäure wird im Zwischenabsorber gebildet, der Endabsorber dient zum Auswaschen der SO_3-Reste.

Arbeitet die Schwefelsäure-Produktion auf der Basis von SO_2 aus sulfidischen Erzen, so ist dem Kontaktofen eine aufwendige Röstgas-Reinigung vorgeschaltet, da Verunreinigungen den Katalysator vergiften.

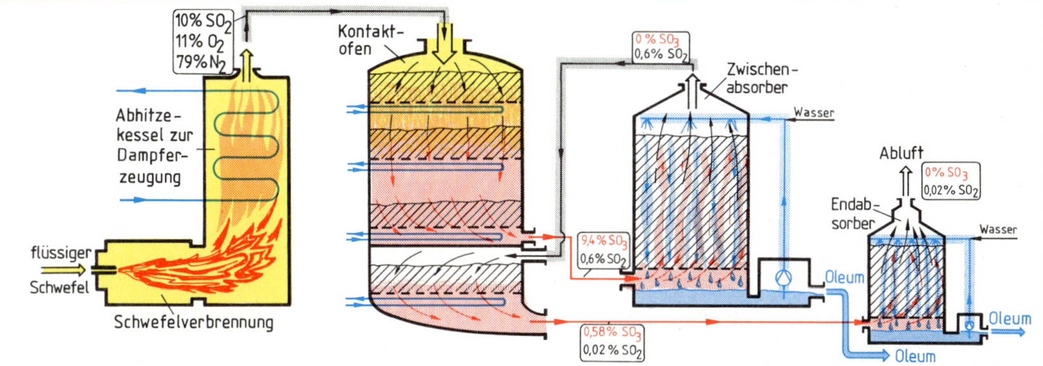

Bild 127/3: Fließbild einer Schwefelsäure-Produktionsanlage (vereinfacht)

3.1.2 Ammoniaksynthese nach dem Haber-Bosch-Verfahren

Ammoniak ist Ausgangsstoff für die Herstellung vieler stickstoffhaltiger Chemieprodukte, insbesondere der stickstoffhaltigen Mineraldünger (Seite 137). Die jährliche Ammoniakproduktion beträgt weltweit rund 150 Millionen Tonnen.

Die Synthese von Ammoniak NH_3 erfolgt aus den Elementen Stickstoff und Wasserstoff nach dem sogenannten **Haber-Bosch-Verfahren***. Es besteht aus mehreren Produktionsschritten **(Bild 128/1)**.

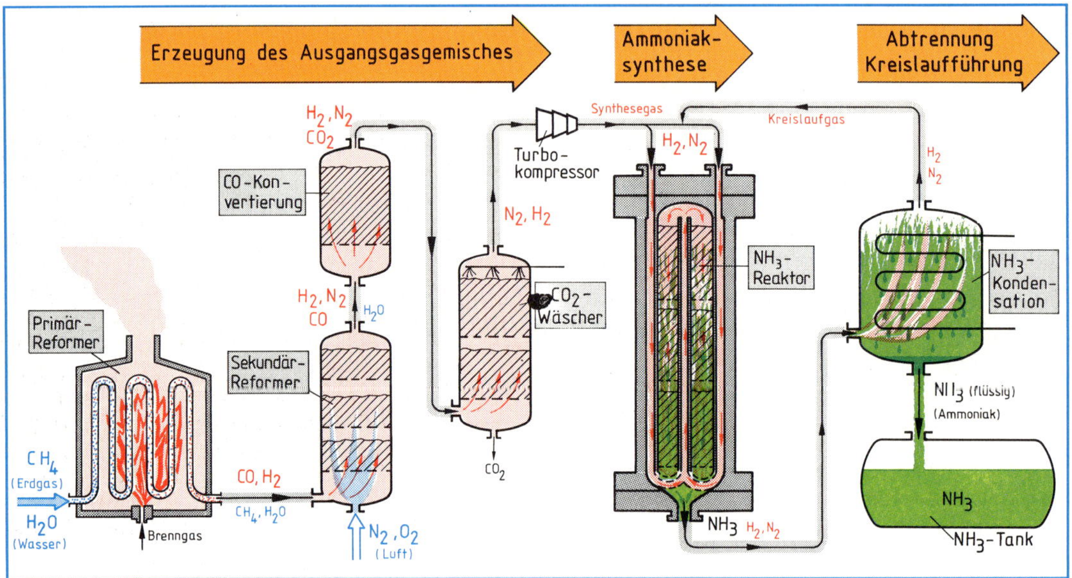

Bild 128/1: Schema einer Ammoniak-Produktionsanlage

Erzeugung und Aufbereitung des Ausgangsgasgemisches

Ausgangsstoffe für die Ammoniaksynthese sind Erdgas, das vor allem aus *Methan* $\mathbf{CH_4}$ besteht, sowie *Wasser* $\mathbf{H_2O}$ und *Luft* (Volumenanteile: ~ 21% $\mathbf{O_2}$ und ~ 78% $\mathbf{N_2}$).

Im ersten Verfahrensschritt wird das entschwefelte Erdgas mit Wasserdampf gemischt, auf 35 bar komprimiert und durch die mit Nickel-Katalysator gefüllten Rohre eines 900 °C heißen Ofens (**Primärreformer**) geleitet. Dabei reagieren die Stoffe zum sogenannten Spaltgas:

$$\mathbf{CH_4 + H_2O \underset{900\,°C}{\overset{Ni}{\rightleftharpoons}} CO + 3\,H_2} \qquad \Delta H = +205{,}2\ \mathrm{kJ}$$

Der Vorgang wird **Primär-Reformierung** (engl. steam reforming) genannt. Die Umsetzung ist dabei nicht vollständig. Im Spaltgas liegt neben dem gebildeten CO und H_2 noch etwa 7% Methan sowie H_2O-Dampf vor.

Im zweiten Verfahrensschritt, der sogenannten **Sekundär-Reformierung**, wird dem Spaltgas Luft beigemischt und damit im **Sekundär-Reformer** das Restmethan verbrannt:

$$\mathbf{2\,CH_4 + \underbrace{O_2 + 4\,N_2}_{Luft} \underset{900\,°C,\ 35\,bar}{\overset{Ni}{\rightleftharpoons}} 2\,CO + 4\,H_2 + 4\,N_2} \qquad \Delta H = -71{,}5\ \mathrm{kJ}$$

Das nunmehr CH_4-freie Spaltgas wird dann in einen **CO-Konverter** geleitet, wo die Gasanteile CO und H_2O-Dampf in einem Katalysatorbett miteinander reagieren:

$$\mathbf{CO + H_2O \underset{250\,°C}{\overset{Cu,\,Zn}{\rightleftharpoons}} CO_2 + H_2} \qquad \Delta H = -40{,}9\ \mathrm{kJ}$$

Das Spaltgas enthält jetzt H_2, N_2 und CO_2. Das CO_2 wird in einem **Gaswäscher** ausgewaschen, so daß dann ein Gasgemisch aus H_2 und N_2 im Volumenverhältnis 3 : 1, das **Synthesegas**, vorliegt.

* **Fritz Haber** (1868—1934), **Carl Bosch** (1874—1940): zwei deutsche Chemiker

Ammoniaksynthese

Das Synthesegas aus 3 Teilen Wasserstoff und 1 Teil Stickstoff wird in einem mehrstufigen Turbokompressor auf rund 300 bar komprimiert und dann in einem Hochdruckreaktor bei 400 °C bis 500 °C an einem Eisenoxid-Mischkatalysator zu Ammoniak umgesetzt:

$$3\,H_2 \quad + \quad N_2 \quad \underset{450\,°C,\ 300\ bar}{\overset{Fe_3O_4,\ Al_2O_3...}{\rightleftharpoons}} \quad 2\,NH_3 \qquad \Delta H = -92{,}1\ kJ$$

Die Reaktion ist exotherm. Die Reaktionswärme dient zum Vorheizen des Synthesegases. Dazu wird das Synthesegas im Reaktor zuerst durch den Mantelspaltraum und das Zentralrohr geführt (Bild 128/1), wo es auf die richtige Temperatur vorgeheizt wird. Dann durchströmt es eine Reihe von Katalysatorschüttungen, wo die NH_3-Bildung erfolgt.

Die Ammoniaksynthese ist eine chemische Gleichgewichtsreaktion (Seite 77). Je nach Temperatur und Druck verläuft die Reaktion bis zu einem bestimmten maximalen Umsatz **(Bild 129/1)**.

Da die Reaktion **$3\,H_2 + N_2 \rightleftharpoons 2\,NH_3$** exotherm ist und die NH_3-Bildung zur Volumenverminderung führt, wird das Reaktionsgleichgewicht nach dem *Prinzip* des *kleinsten Zwangs* zugunsten der NH_3-Bildung verschoben, wenn bei niedriger Temperatur und hohem Druck gearbeitet wird.

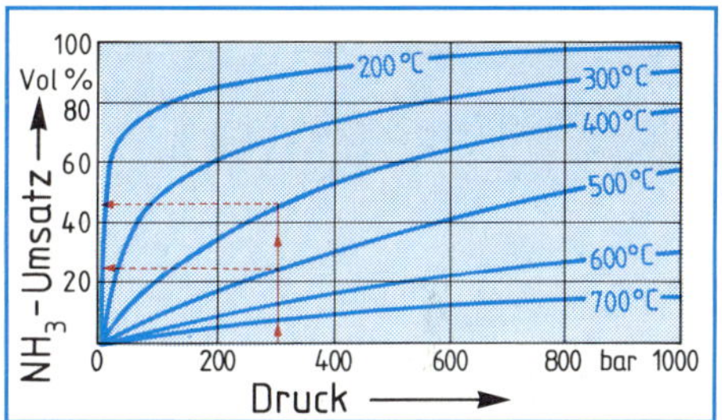

Bild 129/1: Maximalumsatzkurven der NH_3-Bildung

Als am günstigsten und technisch durchführbar hat sich eine Reaktionsführung bei einem Druck von rund 300 bar und einer Temperatur von 400 °C bis 500 °C erwiesen. Obwohl der maximal mögliche Umsatz im chemischen Gleichgewicht dann 25% bis 48% beträgt, werden bei einem Reaktordurchgang tatsächliche NH_3-Umsätze von rund 17% erreicht. Die Ursache des verminderten Umsatzes ist das Nichterreichen des Gleichgewichtszustandes der Reaktion.

Ammoniak-Abtrennung

In einem nachgeschalteten Kühler wird das Reaktions-Gasgemisch abgekühlt. Dadurch wird das gebildete Ammoniak flüssig und scheidet sich aus (Bild 128/1). Es wird aus der Anlage abgezogen und in einem Tank gesammelt. Das nicht umgesetzte Restgasgemisch aus H_2 und N_2 wird wieder in den Reaktor eingespeist, so daß ein Teil des Synthesegases im Kreislauf geführt wird.

Produktionsanlagen

Großtechnische Anlagen haben eine Tagesproduktion von 1500 Tonnen Ammoniak. Die dazu erforderlichen Stoff- und Energieströme sowie die hohen Temperaturen und Drücke bedingen riesige Apparate und Maschinen **(Bild 129/2)**.

Der Ammoniak-Reaktor z.B. hat einen Durchmesser von rund 3 m und eine Länge (Höhe) von ca. 35 m. Die zum Teil exothermen bzw. endothermen Einzelreaktionen machen zudem zahlreiche Wärmeaustauschappparate zwischen den verschiedenen Reaktoren erforderlich. Dadurch kann der enorme Energiebedarf der Primär-Reformierung und der Kompressoren zum Teil aus der Prozeßwärme zurückgewonnen werden.

Bild 129/2: Großtechnische Ammoniak-Produktionsanlage

3.1.3 Salpetersäureherstellung nach dem Ostwald-Verfahren

Salpetersäure HNO_3 wird überwiegend nach dem **Ostwald*-Verfahren** durch Oxidation von Ammoniak mit Luftsauerstoff hergestellt **(Bild 130/1)**.

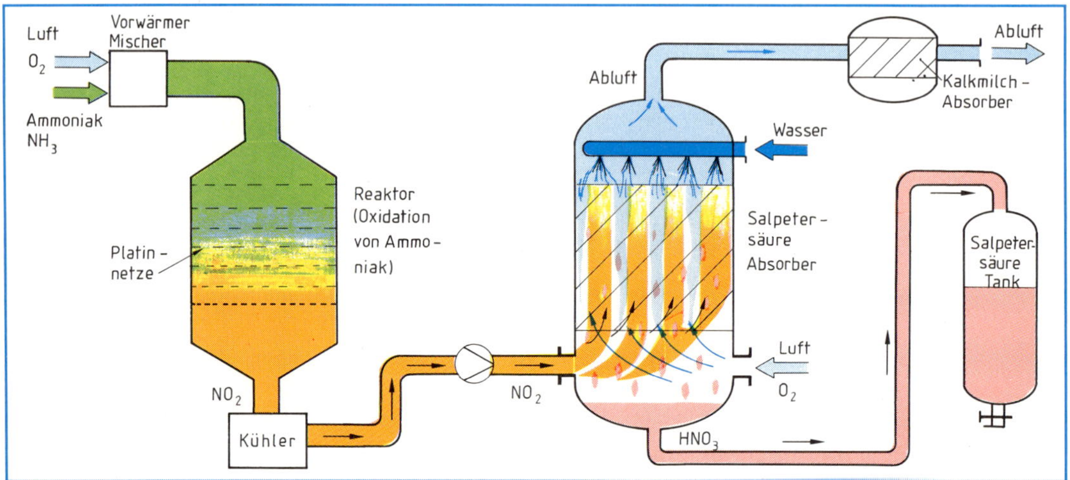

Bild 130/1: Schema der Salpetersäureherstellung nach Ostwald

Gasförmiges Ammoniak $\mathbf{NH_3}$ und Luft ($\mathbf{N_2}$, $\mathbf{O_2}$) werden in einem Vorheizer im Volumenverhältnis 1 : 10 gemischt und auf rund 200 °C vorgeheizt. Sie strömen in einem Reaktor mit großer Geschwindigkeit durch feinmaschige Platindrahtnetze und reagieren bei rund 700 °C zuerst zu Stickoxid **NO** und dann weiter zu Stickstoffdioxid $\mathbf{NO_2}$.

$$4\,NH_3 + 5\,O_2 \xrightarrow[800\,°C]{Platin} 4\,NO + 6\,H_2O \quad \text{(exotherm)}$$

$$2\,NO + O_2 \xrightarrow[800\,°C]{Platin} 2\,NO_2 \quad \text{(exotherm)}$$

Beide Reaktionen (Oxidationen) sind exotherm, so daß die erforderliche Reaktionstemperatur von selbst aufrechterhalten wird. Die hohe Strömungsgeschwindigkeit garantiert eine kurze Verweildauer am Platinkatalysator und verhindert den bei längerer Einwirkdauer eintretenden Zerfall von Stickstoffoxid in Stickstoff und Sauerstoff.

Nach Abkühlung des Stickstoffdioxids in einem Kühler wird es zusammen mit Luft in Absorptionssäulen geleitet, wo es im Gegenstrom mit Wasser zu Salpetersäure reagiert.

$$4\,NO_2 + O_2 + 2\,H_2O \longrightarrow 4\,HNO_3$$

Nicht umgesetztes Stickstoffdioxid wird im Kreislauf in die Absorptionskolonne zurückgeführt. Die aus dem Absorber abfließende Salpetersäure ist etwa 50%ig. Sie kann durch Abdestillieren von Wasser auf maximal etwa 68% konzentriert werden. Das Hochkonzentrieren auf ca. 98% erfolgt durch Mischen mit konzentrierter Schwefelsäure. Sie bindet das Wasser stärker als die Salpetersäure. In einer Vakuum-Destillationskolonne wird dann die Schwefelsäure abgetrennt. Man erhält eine ca. 98%ige Salpetersäure.

Die in der Abluft enthaltenen NO_2-Reste werden in Kalkmilch-Absorbern bis auf Hunderstel Prozent ausgewaschen: $\mathbf{4\,NO_2 + 2\,Ca(OH)_2 \longrightarrow Ca(NO_3)_2 + Ca(NO_2)_2 + 2\,H_2O}$

Wegen der Giftigkeit des NO_2 stellen auch diese Reste eine Umweltbelastung dar. Neuere Verfahren versprechen eine weitere Absenkung des NO_2-Abluftgehalts.

Verwendung: Haupteinsatzgebiet (75%) der Salpetersäure ist die Düngemittelherstellung (Seite 137). Daneben findet Salpetersäure in der organischen Chemie (Nitroverbindungen), in der Metallverarbeitung (Beizen) und in der Edelmetallerzeugung (Scheidewasser) Verwendung.

* **W. Ostwald** (1853–1932), deutscher Chemiker

3.1.4 Chloralkali-Elektrolyse

Das Mineral Steinsalz, das neben Verunreinigungen vor allem aus Natriumchlorid **NaCl** besteht, ist der Ausgangsstoff zur Herstellung der Grundchemikalien **Chlor Cl_2, Wasserstoff H_2** und **Natronlauge NaOH**.

Die Herstellung erfolgt durch Elektrolyse einer wäßrigen NaCl-Lösung, der sogenannten *Sole*, die durch Lösen von Steinsalz in Wasser erzeugt wird. Das Elektrolyse-Verfahren ist unter dem Namen **Chloralkali-Elektrolyse** bekannt. (Logischer wäre der Name **Alkalichlorid-Elektrolyse**).

Der bei der Elektrolyse ablaufende chemische Stoffumsatz kann summarisch durch die folgende Reaktionsgleichung beschrieben werden:

$$\underbrace{2\,(Na^+ + Cl^-)}_{\text{dissoziertes NaCl}} + \underbrace{H_3O^+ + OH^-}_{\text{protolysiertes Wasser}} \xrightarrow[\text{Strom}]{\lightning} \underbrace{2\,(Na^+ + OH^-)}_{\text{Natronlauge}} + \underbrace{Cl_2\uparrow}_{\text{Chlor}} + \underbrace{H_2\uparrow}_{\text{Wasserstoff}} \quad \Delta H = +454\ \text{kJ}$$

Die Alkalichlorid-Elektrolyse ist eine endotherme (energieverbrauchende) Reaktion. Die benötigte Energie wird durch den elektrischen Strom zugeführt.

Zur technischen Durchführung der Alkalichlorid-Elektrolyse gibt es drei großtechnische Verfahren: das **Amalgam-Verfahren**, das **Diaphragma-Verfahren** und das **Membran-Verfahren**.

Amalgam-Verfahren

Den grundsätzlichen Aufbau einer Amalgam-Zelle zeigt **Bild 131/1**. Die Zelle hat einen leicht schrägen Boden, über den Quecksilber fließt. Es ist als Kathode (—) geschaltet. Die Anode (+) ist eine parallel dazu gestellte Graphitplatte. An ihr scheidet sich Chlorgas ab:

$$2\,Cl^- \longrightarrow Cl_2\uparrow + 2\,e^-$$

An der Quecksilberkathode scheidet sich Natrium ab, das zu Natriumamalgam $NaHg_x$ gebunden wird:

$$Na^+ + e^- + xHg \longrightarrow NaHg_x$$

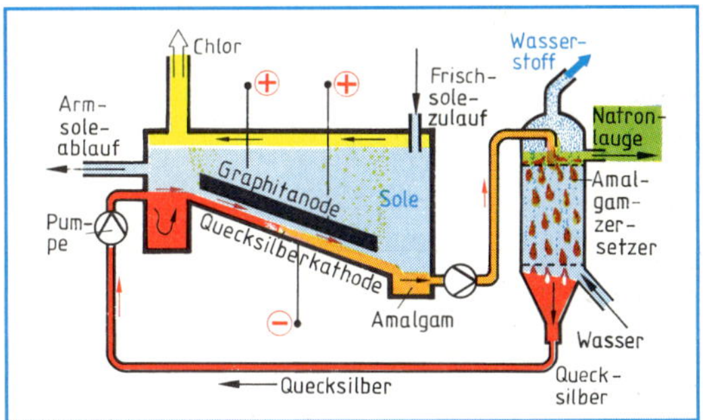

Bild 131/1: Prinzip des Amalgam-Verfahrens

Der flüssige Natriumamalgamstrom wird in einen Amalgamzersetzer geführt und zersetzt sich dort an einem Graphitkatalysator mit Wasser zu Natronlauge, Wasserstoffgas und Quecksilber. Das Quecksilber wird der Elektrolyse im Kreislauf wieder zugeführt.

$$2\,NaHg_x + 2\,H_2O \xrightarrow{\text{Graphit}} 2\,(Na^+ + OH^-) + H_2\uparrow + 2\,x\,Hg$$

Endprodukte der Alkalichlorid-Elektrolyse nach dem Amalgam-Verfahren sind das an der Graphitanode entstehende Chlorgas sowie das im Amalgamzersetzer entstehende Wasserstoffgas und die Natronlauge. Die Natronlauge fällt mit einem Massenanteil von 50% NaOH an und ist Natriumchlorid-frei. Sie kann unmittelbar weiterverarbeitet werden.

Eine **technische Produktionsanlage** nach dem Amalgam-Verfahren besteht aus der Soleaufbereitung, der Elektrolyse in Batterien von Amalgam-Zellen sowie Amalgam-Zersetzern **(Bild 131/2)**.

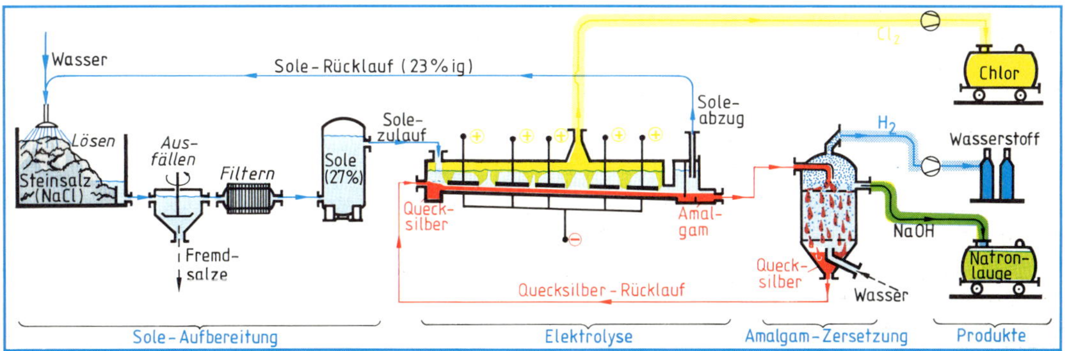

Bild 131/2: Fließbild einer Alkalichlorid-Elektrolyse nach dem Amalgam-Verfahren

Die Amalgam-Elektrolysezellen sind zu Hunderten in einer Produktionshalle, dem Zellensaal, angeordnet **(Bild 132/1)**. Aus dem Zellendach ragen die Graphitanoden, die mit kupfernen Stromzuführungen verbunden sind. Das gebildete Chlor wird durch eine gelbe Sammelleitung abgeführt.

Nachteil des Amalgam-Verfahrens ist der Anfall von Quecksilber-haltigem Abwasser und Quecksilber-Verunreinigungen in den Produkten Chlor, Wasserstoff und Natronlauge. Wegen der Giftigkeit des Quecksilbers müssen die Produkte und das Abwasser mit großem Kostenaufwand gereinigt werden.

Bild 132/1: Zellensaal einer Amalgam-Elektrolyse

Diaphragma-Verfahren

Die Elektrolyse nach dem *Diaphragma-Verfahren* wird in einer Elektrolysezelle mit einer Graphit- oder Titananode und einer Eisen-Hohlraumkathode durchgeführt **(Bild 132/2)**.

Die Anode ist eine Graphitplatte und die Kathode ein Stahlnetz-Hohlkörper, der mit einer Trennschicht, dem Diaphragma, umgeben ist. In der Sole befinden sich die vom gelösten Steinsalz stammenden Ionen $\mathbf{Na^+}$ und $\mathbf{Cl^-}$ sowie aus dem protolysierten Wasser die Ionen $\mathbf{H_3O^+}$ und $\mathbf{OH^-}$. Bei Anlegen einer Spannung an die Elektroden scheiden sich diejenigen Ionen ab, die am leichtesten entladbar sind (Seite 175). Dies ist an der Graphitanode das Cl^--Ion, das sich als Chlorgas abscheidet:

$$2\,Cl^- \longrightarrow Cl_2\uparrow + 2\,e$$

und an der Eisenkathode das H_3O^+-Ion, das zu Wasserstoff reduziert wird:

$$2\,H_3O^+ + 2\,e \longrightarrow H_2\uparrow + 2\,H_2O$$

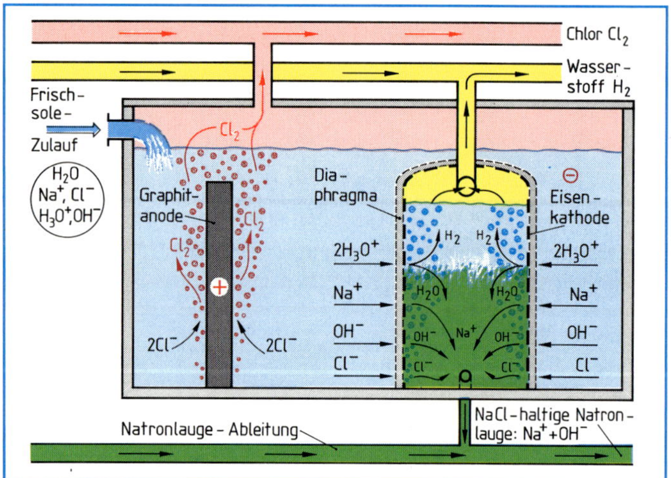

Bild 132/2: Prinzip des Diaphragma-Verfahrens

Diese beiden Gase ergeben zusammen das hochexplosive *Chlorknallgas*. Um das Entstehen dieses gefährlichen Gasgemisches zu vermeiden, ist die Eisenkathode mit einer Trennschicht, dem sogenannten **Diaphragma**, ummantelt. Es besteht aus einem mehrschichtigen Asbestgewebe und läßt die NaCl-Lösung (Na^+, Cl^-, H_3O^+, OH^-, H_2O) durchtreten, hält das in der Hohlkathode entstehende Wasserstoffgas aber zurück.

Von den in der Lösung vorliegenden Ionen werden bei der Elektrolyse durch die Chlorabscheidung Cl^--Ionen und durch die Wasserstoffabscheidung H_3O^+-Ionen verbraucht. Zurück in der Sole bleiben Na^+- und OH^--Ionen, also *Natronlauge*.

Das an der Anode abgeschiedene Chlor perlt in der Sole hoch, sammelt sich und wird in einer Sammelleitung weggeführt. Um das Austreten von Chlorgas zu vermeiden, steht die Leitung unter Unterdruck.

Der Wasserstoff scheidet sich an der Eisenkathode ab, sammelt sich im oberen Teil des Kathoden-Hohlraums und wird nach außen abgeleitet. Um das Eindringen von Luftsauerstoff und damit die Bildung von explosivem Knallgas zu verhindern, steht die Leitung unter geringem Überdruck.

Im unteren Teil des Kathoden-Hohlraumes reichert sich Natronlauge an, die ebenfalls nach außen abgezogen wird. Sie enthält beachtliche Mengen an gelöstem Steinsalz ($Na^+ + Cl^-$).

In einer **technischen Diaphragma-Zelle** sind eine Vielzahl von Anode/Kathode-Paaren nebeneinander in einem Betongehäuse angeordnet **(Bild 133/1)**. Das Chlor sammelt sich im Raum über der Sole. Jeder Kathoden-Hohlraum hat einen oberen Abzug für das Wasserstoffgas und einen unteren Abzug für die Natronlauge. Beide werden über Sammelleitungen abgeführt.

Die aus der Diaphragmazelle abfließende Natronlauge enthält ca. 150 g/l NaOH und ca. 180 g/l NaCl.

Durch Eindampfen wird das NaCl aus der Natronlauge auskristallisiert und der Ausgangssole wieder zugegeben. Die Natronlauge ist dann etwa 50%ig und enthält noch einen Rest von rund 1% NaCl.

Die Nachteile des Diaphragma-Verfahrens sind die NaCl-Verunreinigung der Natronlauge und der gesundheitsgefährliche Umgang mit dem Diaphragmamaterial Asbest. Andere Materialien werden erprobt.

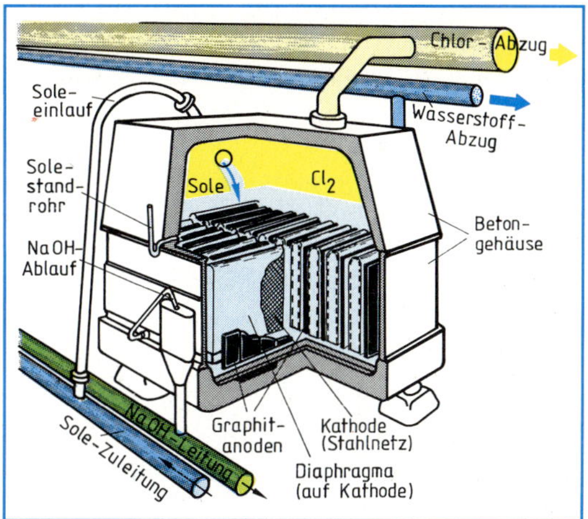

Bild 133/1: Technische Diaphragma-Zelle

In einer **Alkalichlorid-Elektrolyse-Produktionsanlage** sind Hunderte von Diaphragma-Zellen in Farbrikhallen zusammengefaßt (Bild 124/1 rechts oben). Der Elektrolyse vorgeschaltet ist die Soleherstellung, nachgeschaltet ist die Natronlauge-Konzentrierung in einer Verdampferanlage.

Membran-Verfahren

Das Membran-Verfahren versucht, die Nachteile des Amalgam-Verfahrens (Hg-Emission) und des Diaphragma-Verfahrens (NaCl-haltige Natronlauge, Asbest-Emission) zu vermeiden.

Das Membranverfahren wird in ähnlichen Elektrolysezellen wie beim Diaphragma-Verfahren durchgeführt **(Bild 133/2)**.

Wesentlicher Unterschied des Membran-Verfahrens ist die nur ca. 1 mm dicke Kationenaustauschermembran aus mehreren Lagen poröser Kunststoffolien. Sie läßt nur Metallionen (Na^+) durch und ist für Anionen (Cl^-, OH^-) undurchlässig. Dadurch können keine Cl^--Ionen in den Kathodenhohlraum eindringen und die dort entstehende Natronlauge ist NaCl-frei.

An der Anode reagieren die Cl^--Ionen zu Chlor: $\mathbf{2\,Cl^- \longrightarrow Cl_2\uparrow + 2\,e^-}$

Die übriggebliebenen Na^+-Ionen durchdringen die Membran und gelangen in den Kathodenraum.

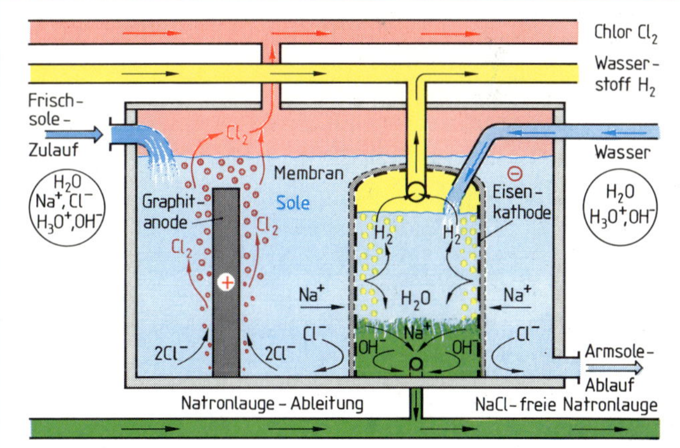

Bild 133/2: Prinzip des Membran-Verfahrens

An der Kathode entsteht aus dem Frischwasser (H_3O^+, OH^-) Wasserstoff: $\mathbf{2\,H_3O^+ + 2\,e^- \longrightarrow H_2\uparrow + 2\,H_2O}$

Zurück bleiben die OH^--Ionen, die nicht aus dem Kathodenhohlraum entweichen können. Zusammen mit den eingeströmten Na^+-Ionen bilden sie die Natronlauge. Sie wird am Boden des Kathodenraums abgezogen und hat einen Massenanteil von 33% NaOH und rund 0,01% NaCl.

Den Anodenraum verläßt eine an NaCl verarmte Sole (Armsole).

Der Vorteil des Membranverfahrens ist die weitgehend NaCl-freie und hochkonzentrierte Natronlauge, ihr Nachteil ist die begrenzte Lebensdauer der Membran.

Eine technische Membranzelle hat, abgesehen von der Membran, denselben technischen Aufbau wie eine Diaphragmazelle (Bild 133/1).

Die Produkte der Chloralkali-Elektrolyse: Chlor, Wasserstoff und Natronlauge, fallen in einem festen Verhältnis zueinander an und werden deshalb **Koppelpunkte** genannt. Mit einer Tonne Chlor entstehen gleichzeitig 1,13 t Natriumhydroxid und 0,028 t Wasserstoff.

Chlor ist heute das wichtigste der drei Produkte und wird **Führungsprodukt** genannt. Aus ihm stellt man Kunststoffe (z. B. PVC), Bleichmittel (NaOCl), Lösungsmittel (Tri, Per, Tetra), Chlorbenzol und viele andere chlororganische Verbindungen her, die zu Arzneimitteln, Pflanzenschutzmitteln, Farbstoffen, usw. verarbeitet werden.

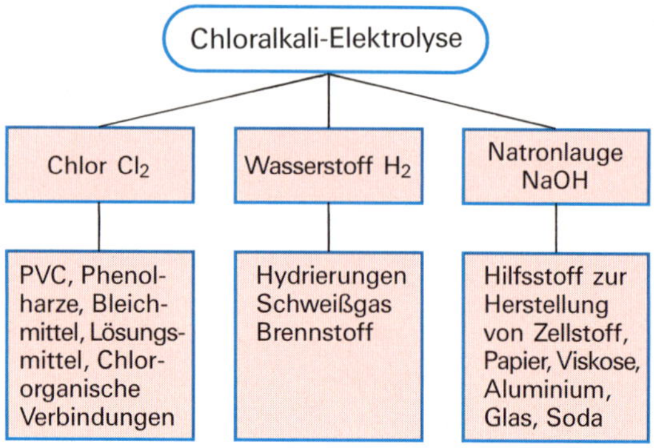

Natronlauge wird zur Neutralisation sowie als Reaktionspartner und Hilfsstoff bei einer Vielzahl von Herstellungsverfahren benötigt.

Wasserstoff dient als Reaktionspartner bei Hydrierungen und wird als Schweiß- und Brenngas sowie als Brennstoff eingesetzt.

3.1.5 Salzsäureherstellung

Ausgangsstoff für die Salzsäureherstellung ist Chlorwasserstoffgas HCl, das gelöst in Wasser die Salzsäure $H_3O^+ + Cl^-$ ergibt.

Das Chlorwasserstoffgas HCl kann durch Oxidation von Wasserstoff mit Chlor in einem Brenner erzeugt werden: $\mathbf{H_2 + Cl_2 \longrightarrow 2\,HCl}$

Der größere Teil des Chlorwasserstoffgases stammt aus chemischen Prozessen, bei denen es als Nebenprodukt anfällt.

Beispiel: Glaubersalzherstellung (Na_2SO_4)

$$\mathbf{2\,NaCl + H_2SO_4 \longrightarrow Na_2SO_4 + 2\,HCl}$$

Beispiel: Chlorbenzolherstellung (C_6H_5Cl)

$$\mathbf{C_6H_6 + Cl_2 \longrightarrow C_6H_5Cl + HCl}$$

Die eigentliche Herstellung der Salzsäure erfolgt durch Lösen des HCl-Gases in Wasser in einer Absorberkolonne **(Bild 134/1)**: $\mathbf{HCl + H_2O \longrightarrow H_3O^+ + Cl^-}$

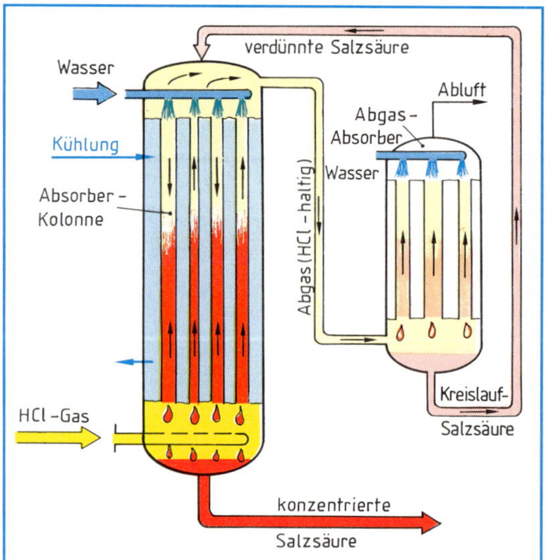

Bild 134/1: Chlorwasserstoff-Absorption zur Salzsäureherstellung

Die Absorption ist mit starker Wärmeentwicklung verbunden, so daß der Absorber Kühlrohre enthält. Wegen der Aggressivität der entstehenden Salzsäure bestehen der Absorber und die Kühlrohre aus korrosionsbeständigem Graphit. In einem nachgeschalteten Abgas-Absorber werden HCl-Reste ausgewaschen.

3.1.6 Sodaherstellung nach dem Solvay-Verfahren

Natriumcarbonat Na_2CO_3, auch **Soda** genannt, ist ein wichtiger Grundstoff der chemischen Industrie, der für eine Vielzahl von weiterverarbeitenden Herstellungsverfahren benötigt wird (Seite 92).

Soda wird nach dem **Solvay-Verfahren*** hergestellt **(Bild 135/1)**.

Ausgangsstoffe sind eine gesättigte Kochsalzlösung (Na^+, Cl^-), *Sole* genannt, sowie Kalkstein **$CaCO_3$**. Außerdem benötigt man zum Brennen des Kalksteins als Brennstoff Koks **C** sowie als Reaktionsstoff Ammoniak **NH_3**, das im Kreislauf geführt wird und dessen Verluste ersetzt werden müssen.

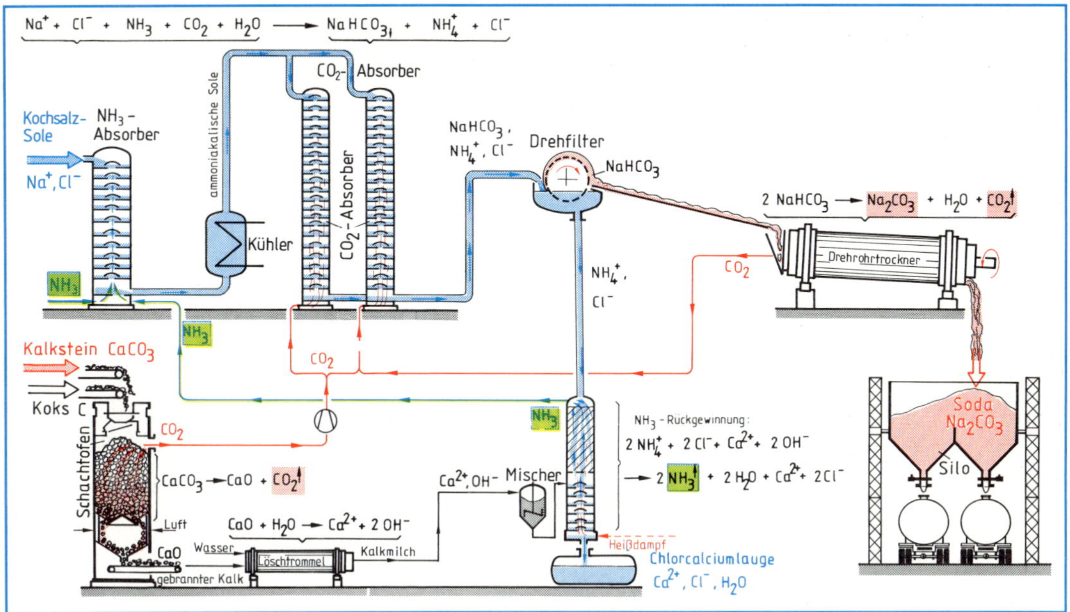

Bild 135/1: Fließbild der Sodaherstellung

Die Sole wird in einem NH_3-Absorber zuerst mit Ammoniak gesättigt und dann von oben in einen CO_2-Absorber geleitet, der von unten mit $\mathbf{CO_2}$ durchströmt wird. Dabei bildet sich *Natriumhydrogencarbonat* $\mathbf{NaHCO_3}$, das aufgrund seiner hohen Konzentration als Niederschlag ausfällt:

$$Na^+ + Cl^- + NH_3 + CO_2 + H_2O \longrightarrow NaHCO_3\downarrow + NH_4^+ + Cl^-$$

In einem nachgeschalteten Drehfilter wird das ausgefällte Natriumhydrogencarbonat von der Ammoniumchloridlösung abgetrennt.

Das $NaHCO_3$ wird in einen Drehrohrtrockner geführt und durch Erhitzen in Soda umgewandelt.

$$2\,NaHCO_3 \xrightarrow{180\,°C} Na_2CO_3 + H_2O + CO_2\uparrow$$

Die im Trommelfilter zurückbleibende Ammoniumchloridlösung wird in eine Kolonne geleitet, wo durch Vermischen mit Kalkmilch ($Ca^{2+} + 2\,OH^-$) und Erhitzen mit Heißdampf das Ammoniak ausgetrieben wird:

$$2\,NH_4^+ + 2\,Cl^- + Ca^{2+} + 2\,OH^- \longrightarrow 2\,NH_3\uparrow + 2\,H_2O + Ca^{2+} + 2\,Cl^-$$

Es wird in den Prozeßkreislauf zum NH_3-Absorber zurückgeleitet.

Das zum Ausfällen des Natriumhydrogencarbonats benötigte $\mathbf{CO_2}$ wird durch Brennen von Kalkstein in einem Schachtofen gewonnen. $CaCO_3 \longrightarrow CaO + CO_2\uparrow$

Dabei fällt auch gebrannter Kalk **CaO** an, aus dem die zur NH_3-Rückgewinnung benötigte Kalkmilch hergestellt wird: $CaO + H_2O \longrightarrow Ca^{2+} + 2\,OH^-$

Wiederholungsfragen

1. **Beschreiben Sie die Herstellungsschritte mit den dabei ablaufenden Reaktionen bei der Schwefelsäureherstellung.**
2. **Wie werden die Ausgangsgase N_2 und H_2 für die Ammoniaksynthese hergestellt?**
3. **Warum wird die Ammoniaksynthese bei 300 bar und 450 °C durchgeführt?**
4. **Welcher Katalysator wird bei der Salpetersäureherstellung nach Ostwald verwendet?**
5. **Wie lautet die summarische Reaktionsgleichung der Chloralkali-Elektrolyse?**
6. **Welche Vor- bzw. Nachteile haben das Amalgam-, das Diaphragma- und das Membranverfahren?**
7. **Welches Produkt der Chloralkali-Elektrolyse ist das Führungsprodukt?**
8. **Aus welchen Prozessen stammt das Chlorwasserstoffgas zur Salzsäureherstellung?**
9. **Beschreiben Sie das Solvay-Verfahren.**

* **Ernest Solvay**, belgischer Chemiker und Industrieller (1838—1922)

3.2 Chemie und Technologie der Mineraldünger

Mineraldünger sind heute ein wichtiger Bestandteil einer ertragreichen Landwirtschaft. Ohne Mineraldünger wäre nur ein Bruchteil der heutigen Ernteerträge möglich und die wachsende Weltbevölkerung wäre nicht mit ausreichenden Nahrungsmitteln zu versorgen.

3.2.1 Grundlagen der Pflanzenernährung

Neben geeigneten Umweltbedingungen mit ausreichend Licht (Energie), Wärme und gesunder Bodenstruktur, benötigen die Pflanzen zum Gedeihen und Wachsen eine Reihe von chemischen Elementen, die den Pflanzen in Form löslicher Verbindungen zur Verfügung stehen müssen **(Bild 136/1)**. Dies sind:

1. Die **organischen Baustoffe** Kohlenstoff C, Sauerstoff O und Wasserstoff H. Sie bezieht die Pflanze aus der Luft (CO_2) und aus dem Wasser.
2. Die **Hauptpflanzennährstoffe** Stickstoff N, Phosphor P, Kalium K, Calcium Ca und Magnesium Mg. Sie nimmt die Pflanze aus dem Boden.
3. Die **Spurennährstoffe** Eisen Fe, Kupfer Cu, Mangan Mn, Bor B, Zink Zn, Molybdän Mo und Kobalt Co. Auch sie kommen aus dem Erdboden.

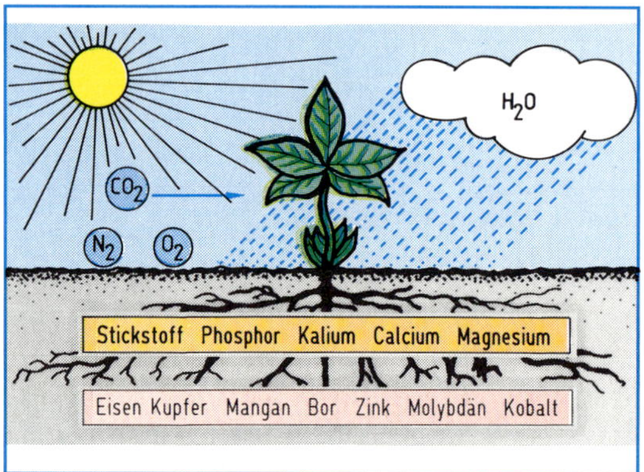

Bild 136/1: Nährstoffbedarf der Pflanzen

Die *organischen Baustoffe* C, O und H stehen in ausreichender Menge als Bestandteile von Luft und Wasser zur Verfügung.

Die *Spurennährstoffe* werden nur in geringen Mengen benötigt. Sie sind im Boden meistens ausreichend vorhanden.

Der Engpaß der Pflanzenernährung liegt bei den *Hauptpflanzennährstoffen*. Sie werden von den Pflanzen dem Boden entzogen und können durch die Rückstandsrückführung (Stallmist, Kompost) und die natürliche Regenerierung (Lösen von Bodenmineralien, Stickstoffeintrag durch Bakterien) nicht vollständig ausgeglichen werden **(Bild 136/2)**.

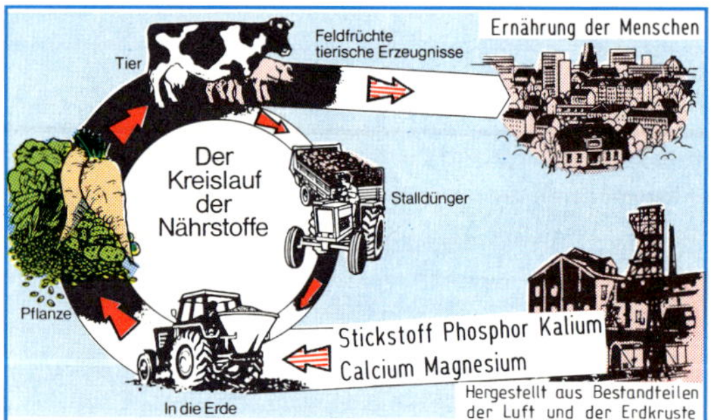

Bild 136/2: Kreislauf der Nährstoffe

Für ein optimales Pflanzenwachstum müssen die fehlenden Pflanzennährstoffe durch die Düngung mit Mineraldüngern zugeführt werden.

In welchen Mengen die einzelnen Nährstoffe benötigt werden, hängt von der Bodenbeschaffenheit und der Pflanzenart ab. Es genügt nicht die Düngung mit einigen Elementen. Jeder Nährstoff muß in ausreichender Menge vorhanden sein. Dieser Sachverhalt wird durch das sogenannte **Minimumgesetz von Liebig*** beschrieben: Es besagt, daß sich die Höhe des Pflanzenertrags nach dem in geringster Menge vorhandenem Nährstoff richtet. Bildlich dargestellt wird dies an einer Tonne, deren Bretter die Gehalte der Hauptnährstoffe darstellen **(Bild 136/3)**. Die Höhe des Wasserstandes in der Tonne, sie entspricht dem Pflanzenertrag, wird durch das kürzeste Brett bestimmt.

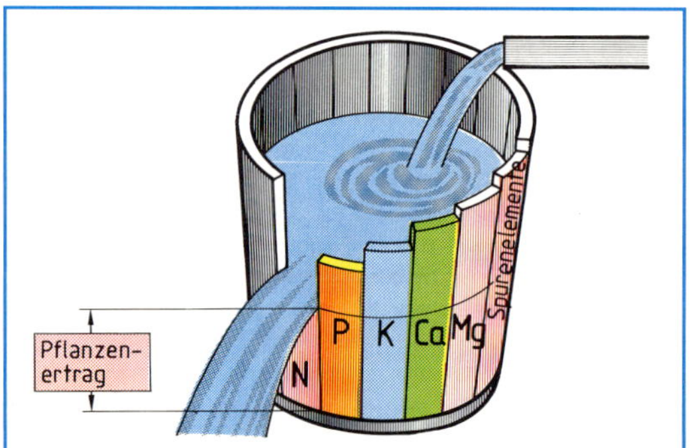

Bild 136/3: Minimumtonne nach Liebig

* **Justus von Liebig**, deutscher Chemiker (1803–1873)

3.2.2 Mineraldünger und ihre Herstellung

Der Name Mineraldünger ist historisch entstanden und bringt zum Ausdruck, daß es sich hierbei um Dünger handelt, die aus anorganischen Naturstoffen, den Mineralien, hergestellt werden.

Mineraldünger sind keine naturfremden, „künstlichen" Produkte, wie der abwertende Name Kunstdünger glauben macht. Die Bestandteile der Mineraldünger sind genau dieselben Stoffe, die auch in der Natur vorhanden sind bzw. gebildet werden, und die Pflanze ernähren. Werden die Mineraldünger in einem Maß dem Boden zugeführt, das einer natürlichen Düngung entspricht, so sind auch die darauf wachsenden Pflanzen naturidentisch.

Der Stickstoff kommt aus der Luft und wird der Pflanze als wasserlösliche Verbindung zugänglich gemacht.

Der Phosphor stammt aus Phosphatmineralien, die aus urzeitlichen Tierskelett-Ablagerungen entstanden.

Kalium und Magnesium stammen aus Salzlagerstätten (KCl, $KCl \cdot MgCl_2$), Calcium wird aus Kalkstein ($CaCO_3$) gewonnen.

So wie die Dünger-Rohstoffe in der Natur vorkommen, können sie von den Pflanzen nicht aufgenommen werden. Der gasförmige Stickstoff der Luft z.B. kann nicht direkt von den Pflanzen aufgenommen und eingebaut werden, ebensowenig, wie die natürlichen schwerlöslichen Verbindungen des Phosphors, Calciums usw.

Die Herstellung der Mineraldünger hat deshalb zum Ziel, die Dünger-Rohstoffe so umzuwandeln, daß wasserlösliche und damit für die Pflanze aufnehmbare Verbindungen entstehen. Außerdem werden sie als Granulat aufbereitet, so daß sie für den Endverbraucher (Landwirt) gut handhabbar sind **(Bild 137/1)**.

Bild 137/1: Mineraldüngergranulat

Die Mineraldünger kann man in zwei Gruppen einteilen **(Tabelle 137/1)**:

1. **Einnährstoff-Dünger**, wie z.B. Stickstoffdünger (N-Dünger), Phosphatdünger (P-Dünger), Kalkdünger (Ca-Dünger), usw.
2. **Mehrnährstoff-Dünger**, auch Volldünger oder Komplexdünger genannt, wie z.B. NP-Dünger oder NPK-Dünger.

Während die Einnährstoff-Dünger einen oder z.T. zwei Hauptpflanzenstoffe beinhalten, enthalten die Mehrnährstoff-Dünger mehrere, bei den NPK-Düngern alle Pflanzennährstoffe. Damit ist mit einem Dünger eine Vollversorgung der Pflanzen möglich. Durch verschiedene Anteile der einzelnen Nährstoff-Elemente kann eine genau auf den Boden und die Pflanzenart abgestimmte Düngung vorgenommen werden.

Tabelle 137/1: Wichtige Mineraldünger

	Wert-Bestandteil	Chemische Formel
Einnährstoffdünger		
Stickstoffdünger z.B. Kalkammonsalpeter	26% N	$NH_4NO_3 + CaCO_3$
Phosphatdünger z.B. Superphosphat	18% P_4O_{10}	$Ca(HPO_4)_2 + CaSO_4$
Kalidünger z.B. Kalimagnesia grob	30% K_2O, 10% MgO	$K_2SO_4 + MgSO_4$
Kalkdünger z.B. Branntkalk	70% bis 95% CaO	CaO
Mehrnährstoffdünger		
NP-Dünger z.B. Nitrophos	20% N, 20% P_4O_{10}	NH_4NO_3, $NH_4H_2PO_4$
NPK-Dünger z.B. Nitrophoska	24% N, 8% P_2O_5, 8% K_2O, 2% MgO, Spurenelemente	NH_4NO_3, $Ca(H_2PO_4)_2$, usw.

Stickstoffdünger

Die mineralischen Stickstoffdünger enthalten den Stickstoff als Ammonium (NH_4^+), als Nitrat (NO_3^-) oder als Amid ($-NH_2$). Stickstoffdünger sind z.B. Kalkammonsalpeter (NH_4NO_3, $CaCO_3$), Ammonsulfat $(NH_4)_2SO_4$, Kalkstickstoff $CaCN_2$, Harnstoff $H_2N\text{-}CO\text{-}NH_2$.

Der Stickstoff in den Stickstoffdüngern stammt ursprünglich aus dem Ammoniak NH_3. Er ist die Basis der Stickstoffdüngerherstellung.

Beispiel: Herstellung von Kalkammonsalpeterdünger (KAS)

Kalkammonsalpeter ist eine Mischung aus **Ammoniumnitrat NH_4NO_3**, auch **Ammonsalpeter** genannt, und **Kalkstein $CaCO_3$**. Die Vermischung mit Kalksteinpulver ist erforderlich, da reines Ammoniumnitrat explosionsfähig ist.

Die Herstellung von Ammoniumnitrat erfolgt durch Reaktion von Salpetersäure und Ammoniak in wäßriger Lösung: $HNO_3 + NH_3 \longrightarrow NH_4NO_3$

Die entstehende Ammoniumnitratlösung wird erhitzt, durch Eindampfen konzentriert und neutralisiert. Die heiße, konzentrierte Ammoniumnitratlösung wird dann in einer rotierenden Granuliertrommel versprüht, in die gleichzeitig Kalksteinmehl dosiert zugegeben wird **(Bild 138/1)**.

Das Kalksteinmehl saugt die Ammoniumnitratlösung auf und es entstehen durch die Drehbewegung der Trommel etwa erbsengroße Granulatkörner (Bild 137/1). Sie werden getrocknet, mit Kalksteinmehl gepudert, damit sie nicht zusammenbacken und gesiebt. Abgepackt in Säcke gelangen sie zum Verbraucher.

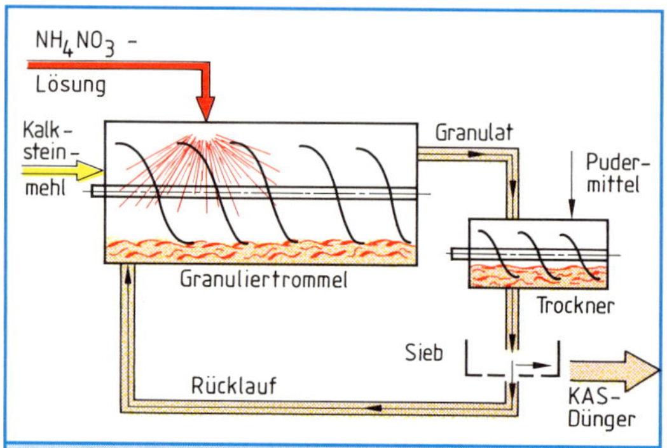

Bild 138/1: Herstellung von Kalkammonsalpeterdünger

Phosphatdünger

Ausgangsstoff der Phosphatdünger sind überwiegend Natur-Rohphosphate, die aus Lagerstätten im Tagebau abgebaut werden. Die Zusammensetzung der Rohphosphate ist unterschiedlich. Eine Rohphosphatsorte läßt sich annähernd mit der Formel $3\,Ca_3(PO_4)_2 \cdot CaF_2$ beschreiben. Aus den wasserunlöslichen Rohphosphaten werden durch verschiedene Aufschlußverfahren die wasserlöslichen und damit für die Pflanzen erschließbaren Phosphatdünger hergestellt.

Phosphatdünger sind z.B. Superphosphat und Ammonphosphat.

Beispiel: Herstellung von Superphosphat

Der Aufschluß des Rohphosphats erfolgt durch Vermischen von feingemahlenem Rohphosphat mit 70%iger Schwefelsäure. Es entsteht Calciumhydrogenphosphat sowie Gips und Flußsäure.

$$3\,Ca_3(PO_4)_2 \cdot CaF_2 + 7\,H_2SO_4 + 3\,H_2O \longrightarrow 3\,Ca(H_2PO_4)_2 \cdot H_2O + 7\,CaSO_4 + 2\,HF$$

Das entstehende pastenartige Produkt wird zu einer dünnen Schicht ausgewalzt. Sie härtet durch den Gipsanteil ($CaSO_4$) aus und wird zu einem körnigen Endprodukt zerkleinert. Durch den wasserunlöslichen Gipsanteil hat Superphosphat eine langsame, dosierte Düngerabgabe.

Kalidünger

Die Rohstoffe der Kalidünger sind die Rohsalze Carnallit ($KCl \cdot MgCl_2 \cdot 6\,H_2O + NaCl$) und Sylvinit ($KCl + NaCl$). Sie kommen in Salzlagerstätten zusammen mit Steinsalz und Gips vor (Bild 91/2) und werden durch Untertagebergbau gewonnen. Aus dem Rohsalz muß durch Abtrennen des NaCl-Anteils der **Kalidünger KCl** gewonnen werden, (NaCl würde den Boden versalzen). Dies erfolgt durch Flotation (Seite 93) oder durch Auskristallisieren. Dazu löst man Rohsalz in warmer NaCl-Lösung auf und kühlt sie anschließend ab. Da KCl bei niedriger Temperatur eine geringere Löslichkeit als NaCl hat, fällt das KCl in Kristallform aus. Es wird von der Sole abgetrennt, getrocknet und kommt als kristallines Pulver zum Verbraucher.

Kalkdünger

Kalkdünger dient zur Versorgung der Pflanzen mit dem Pflanzennährstoff Calcium und verhindert durch seine milde alkalische Wirkung die Versauerung des Bodens. Kalkdünger sind kohlensaurer Kalk ($CaCO_3$), Kalkmergel ($CaCO_3$), gebrannter Kalk (CaO), gelöschter Kalk ($Ca(OH)_2$) und Hüttenkalk (Calciumsilikate).

Ausgangsstoff der Kalkdünger ist Kalkstein, der als Gebirge vorkommt und in Steinbrüchen abgebaut wird. Der Kalkstein wird entweder zu Mehl zermahlen ($CaCO_3$) oder durch Brennen in CaO umgewandelt: $CaCO_3 \longrightarrow CaO + CO_2$. Kalkdünger kommt als feinkörniges Düngemehl zum Endverbraucher.

Mehrnährstoffdünger

In Mehrnährstoffdüngern sind mehrere oder alle Pflanzennährstoffe in pflanzengerechter Zusammenstellung enthalten. NP-Dünger sind Stickstoff-Phosphor-Dünger, NK-Dünger sind Stickstoff-Kali-Dünger. NPK-Dünger ist der Sammelbegriff für Dünger, die alle Hauptpflanzennährstoffe und zusätzlich Spurenelemente enthalten.

Beispiel: Herstellung von NPK-Dünger (Stickstoff/Phosphor/Kalium-Dünger)

Ausgangsstoffe sind Rohphosphat (z. B. $Ca_5(PO_4)_3OH$), Salpetersäure HNO_3, Phosphorsäure H_3PO_4, Ammoniak NH_3, Kaliumchlorid KCl sowie Kalkstein $CaCO_3$ und Spurenelementsalze **(Bild 139/1)**.

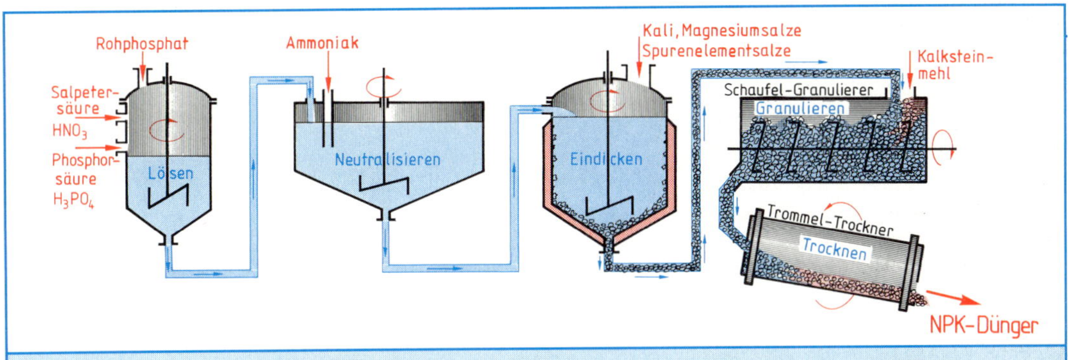

Bild 139/1: Produktionsschema eines NPK-Düngers

Feingemahlenes Rohphosphat wird mit Salpetersäure und Phosphorsäure versetzt und damit aufgelöst:

$$Ca_5(PO_4)_3OH + 18\ HNO_3 + 5\ H_3PO_4 + 32\ H_2O \longrightarrow 32\ H_3O^+ + 5\ Ca^{2+} + 8\ PO_4^{3-} + 18\ NO_3^- + H_2O$$

Durch Einleiten von gasförmigem Ammoniak (N-Anreicherung) neutralisiert sich die vorhandene Säure:

$$32\ H_3O^+ + 5\ Ca^{2+} + 8\ PO_4^{3-} + 18\ NO_3^- + 22\ NH_3 \longrightarrow 5\ Ca^{2+} + 22\ NH_4^+ + 6\ HPO_4^{2-} + 2\ H_2PO_4^- + 18\ NO_3^- + 32\ H_2O$$

Durch Zugabe von Kali (KCl), Magnesium-Mineralsalzen und Spurenelementsalzen werden auch wasserlösliche Ionen dieser Elemente gebildet. Die dann vorliegende Lösung wird durch Verdampfen eingedickt. Dabei kristallisieren die Salze aus: (Formeldarstellung ohne K, Mg und die Spurenelemente)

$$5\ Ca^{2+} + 22\ NH_4^+ + 6\ HPO_4^{2-} + 2H_2PO_4^- + 18\ NO_3^- \longrightarrow 5\ CaHPO_4 + (NH_4)_2HPO_4 + 2\ NH_4H_2PO_4 + 18\ NH_4NO_3$$

Der Kristallbrei wird in einem rotierenden Granulierer mit Kalksteinmehl versetzt. Es bilden sich dabei erbsengroße Körner (Granulat), die anschließend getrocknet, mit $CaCO_3$-Mehl gepudert und verpackt werden.

3.2.3 Düngung und Umwelt

Die dem Boden zugeführten Pflanzennährstoffe werden bei richtig bemessener Düngergabe von den Pflanzen aufgenommen. Bei überschüssiger Düngung, die in der intensiv betriebenen Landwirtschaft eingesetzt wird, verbleiben Düngeranteile im Boden. Besonders die leicht wasserlöslichen Nitrate (NO_3^-) werden vom Sickerwasser in das Grundwasser eingetragen oder in Hanglagen vom Regenwasser abgeschwemmt und gelangen in Flüsse und Seen.

Durch die Trinkwassergewinnung aus Grundwasser und Uferfiltratwasser gelangt Nitrat in das Trinkwasser. Da ein Nitratgehalt im Trinkwasser gesundheitsschädlich ist, darf sein Gehalt im Trinkwasser einen Grenzwert nicht überschreiten. Der EG-Grenzwert für Nitrate im Trinkwasser beträgt 50 mg/l. Durch verminderte Düngung in Trinkwassereinzugsgebieten kann die Nitratbelastung vermieden werden.

Wiederholungsfragen

1. **Was besagt das Minimumgesetz von Liebig?**
2. **Was ist ein NPK-Dünger?**
3. **Beschreiben Sie die chemische Umsetzungsgleichung, die Zusammensetzung und die Herstellung von Kalkammonsalpeterdünger.**

3.3 Chemie und Technologie der Metallwerkstoffe

Die Darstellung, Veredelung und Verarbeitung der Metalle, in besonderem Maße die Eisen- und Stahlgewinnung, ist ein wichtiger Zweig der Industrie jedes hochindustrialisierten Landes. Trotz der starken Steigerung der Kunststoffproduktion sind die Metalle noch immer die wichtigsten Konstruktionswerkstoffe.

3.3.1 Übersicht und Einteilung

Von den 88 natürlichen Elementen auf der Erde sind 67 Metalle. Hiervon wiederum sind etwa 20 Metalle als Werkstoffe von Bedeutung. Sie sind im mittleren Bereich des Periodensystems zu finden **(Bild 140/1)**.

Dazu gehört an erster Stelle *Eisen* **Fe**, sowie *Magnesium* **Mg**, *Aluminium* **Al**, *Titan* **Ti**, *Vanadium* **V**, *Chrom* **Cr**, *Mangan* **Mn**, *Cobalt* **Co**, *Nickel* **Ni**, *Kupfer* **Cu**, *Zink* **Zn**, *Cadmium* **Cd**, *Niob* **Nb**, Molybdän **Mo**, *Tantal* **Ta**, *Wolfram* **W**, *Blei* **Pb**, *Silber* **Ag**, *Gold* **Au**, *Platin* **Pt** und *Quecksilber* **Hg**.

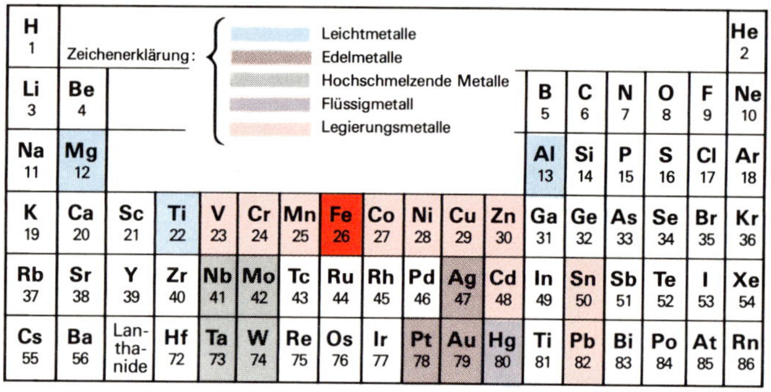

Bild 140/1: Die technologisch wichtigen Metalle im PSE

Eigenschaften. Allen Metallen gemeinsam ist die spezielle Art des Zusammenhalts, die man *Metallbindung* nennt (Seite 63) sowie die kristalline Struktur (Bild 77/2). Sie sind die Ursache für eine Reihe von gemeinsamen technologischen Eigenschaften der Metalle:

- dem metalltypischen Glanz der frischen Schnittflächen
- der guten elektrischen Leitfähigkeit (frei bewegliche Elektronen zwischen den Metallionen)
- der großen Festigkeit (große Anziehungskräfte zwischen den negativen Elektronen und den positiven Metallionen).
- der guten Umformbarkeit (einzelne Kristallgitterebenen können sich gegeneinander verschieben)

Technologische Einteilung. Nach technologischen Gesichtspunkten teilt man die Metalle in Gruppen ein **(Bild 140/2)**. Eisen ist das technisch wichtigste Metall. Deshalb unterteilt man in die große Gruppe der *Eisenwerkstoffe* sowie in die *Nichteisenmetalle* (NE-Metalle). Die Eisenwerkstoffe untergliedert man dann nochmal in die *Eisen-Gußwerkstoffe* sowie die *Stähle*. Sie unterscheiden sich im Kohlenstoffgehalt, der bei Stählen kleiner als 2,2% ist und bei Eisen-Gußwerkstoffen mehr als 2,2% beträgt. Die Nichteisenmetalle (NE-Metalle) unterteilt man nach der Dichte in *Schwermetalle* und *Leichtmetalle*. Als Grenze zwischen Schwer- und Leichtmetallen ist eine Dichte von 5 g/cm^3 festgelegt. Kupfer, Zink und Blei sind z. B. Schwermetalle. Aluminium, Magnesium und Titan sind Leichtmetalle.

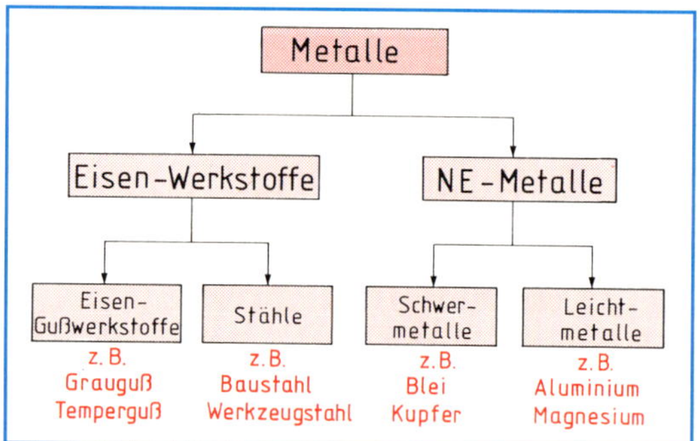

Bild 140/2: Technologische Einteilung der Metalle

Metallgewinnung

Außer den Edelmetallen kommen die Metalle auf der Erde nicht als Element vor, sondern chemisch gebunden als chemische Verbindung. Meist handelt es sich um Verbindungen der Metalle mit Sauerstoff, also *Oxide*, oder um Verbindungen der Metalle mit Schwefel, also *Sulfide*. Diese Rohstoffe für die Metallgewinnung nennt man **Erze**. Zur Gewinnung der Metalle aus den Erzen wird den Metalloxiden bzw. -sulfiden der Sauerstoff bzw. der Schwefel entzogen. Dieser chemische Vorgang ist als *Reduktion* bekannt (Seite 29).

3.3.2 Roheisengewinnung

Roheisengewinnung im Hochofen

Ausgangsstoff der Roheisengewinnung ist *Eisenerz*, das vermengt mit erdigen Beimengungen (Gangart) in Lagerstätten über und unter Tage gefördert wird. Der Großteil der Gangart wird durch Sortieren am Förderort abgetrennt. Die in Deutschland vorkommenden Erzlagerstätten sind weitgehend abgebaut. Die bei uns verarbeiteten Erze kommen heute vor allem aus Schweden, Brasilien und Westafrika. Die wichtigsten Eisenerze sind *Magneteisenstein* (Magnetit), *Roteisenstein* (Hämatit) und *Spateisenstein* (Siderit) **(Tabelle 141/1)**.

Tabelle 141/1: Eisenerz, Wertbestandteil und Gehalt

Magneteisenstein	**Fe_3O_4**;	60% bis 70% Eisengehalt
Roteisenstein	**Fe_2O_3**;	40% bis 60% Eisengehalt
Spateisenstein	**$FeCO_3$**;	30% bis 40% Eisengehalt

In der Bundesrepublik Deutschland wird das Roheisen zum überwiegenden Teil in *Hochofenanlagen* hergestellt **(Bild 141/1)**. Diese Anlagen bestehen aus dem *Hochofen* mit seinen Einzelbauteilen sowie *Winderhitzern* zur Erzeugung heißer Verbrennungsluft und der *Erzaufbereitung* und *Zuschlagsdosierung*.

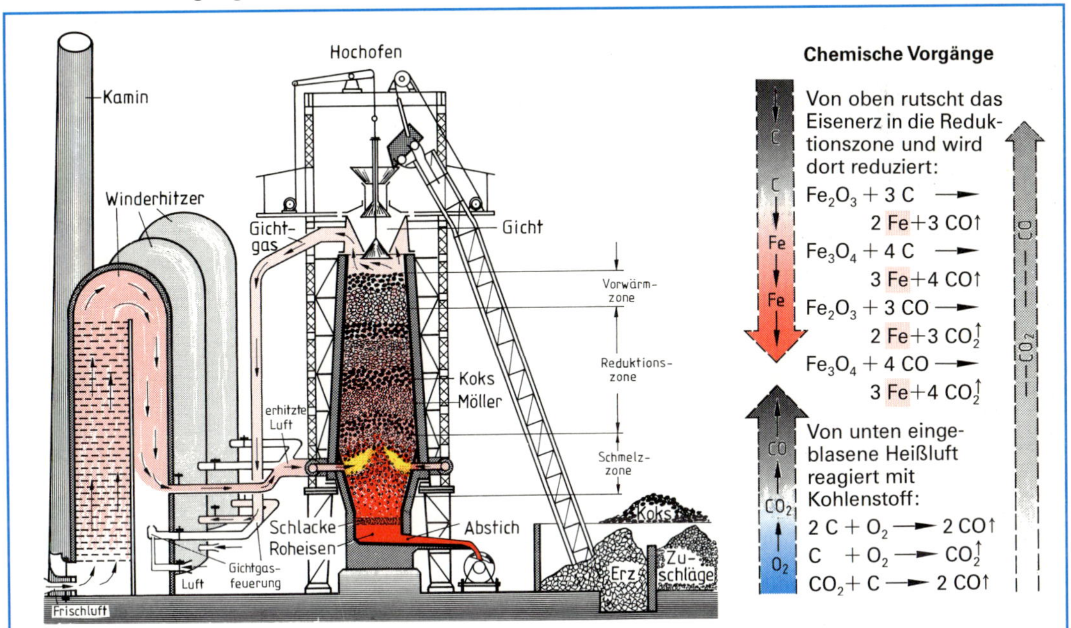

Bild 141/1: Hochofenanlage zur Roheisengewinnung, Stoffströme und chemische Vorgänge

Der Hochofen wird von oben durch den Gichtverschluß schichtweise mit *Erz* und *Kalk* (Möller) sowie *Koks* beschickt. Der Kalk setzt den Schmelzpunkt der erdigen Bestandteile herab, so daß eine flüssige Schlacke entstehen kann. Der Koks dient als Reduktionsmittel sowie zur Wärmeerzeugung.

Im unteren Teil des Hochofens wird Heißluft eingeblasen. Dadurch verbrennt ein Teil des Kokses zu Kohlenstoffdioxid- (CO_2) und Kohlenstoffmonoxidgas (CO), das als Reduktionsmittel in die Erzschüttung hochsteigt. Von oben rutscht das Füllgut in immer heißere Zonen des Hochofens nach unten. Dabei wird das Eisenerz **Fe_2O_3** von den aufsteigenden, reduzierenden Gasen und heißem Koks (C) zum metallischen Eisen **Fe** reduziert (Reduktionszone: 600 bis 1100 °C). Es liegt zunächst als poröser Eisenschwamm vor und schmilzt beim weiteren Abrutschen in die rund 1600 °C heiße Schmelzzone des Hochofens. Es tropft in den geschlossenen Boden des Hochofens und bildet die Roheisenschmelze.

Die mit abgesunkenen, erdigen Erzbestandteile und der Kalk schmelzen ebenfalls. Sie schwimmen als Schlacke auf dem flüssigen Roheisen. Schlacke und Roheisen werden von Zeit zu Zeit abgelassen (Abstiche). Das flüssige Roheisen wird anschließend entweder zu Masseln (knüppelartige Eisenstäbe) vergossen und ist der Ausgangsstoff für **Eisen-Gußwerkstoffe** oder wird flüssig in fahrbaren Pfannenwagen zur Weiterverarbeitung ins Stahlwerk transportiert. Dort erfolgt die Umwandlung des Roheisens in **Stahl**.

Nebenprodukte des Hochofens sind die Hochofenschlacke sowie das Gichtgas, das zur Luftvorwärmung dient.

Roheisengewinnung durch Direktreduktion

Beim Direktreduktions-Verfahren besteht der Ausgangsstoff aus walnußgroßen, porösen Klumpen aus gemahlenem Erzpulver, den Erzpellets. Sie werden von oben in einen Schachtofen gefüllt und rutschen langsam durch den Schachtofen nach unten **(Bild 142/1)**. Von unten strömt ein Reduktionsgas aus **CO** und $\mathbf{H_2}$ durch die Erzschüttung und reduziert das Eisenerz bei 700 bis 1050 °C zu Eisen. Die gebildeten Eisenpartikel im Pellet backen zu porösen, schwammartig aussehenden Klumpen zusammen, was zu dem Namen **Eisenschwamm** für das Endprodukt geführt hat. Es besteht zu rund 85% aus Eisen, der Rest ist Schlacke.

Der Eisenschwamm wird anschließend im Elektro-Schmelzofen zu Roheisen aufgeschmolzen. Das Direktreduktions-Verfahren ist vorteilhaft, wo preisgünstig Erdgas oder Erdöl zur Verfügung steht, aus dem das Reduktionsgas $\mathbf{CO + H_2}$ hergestellt wird.

Direktreduktions-Schachtofen

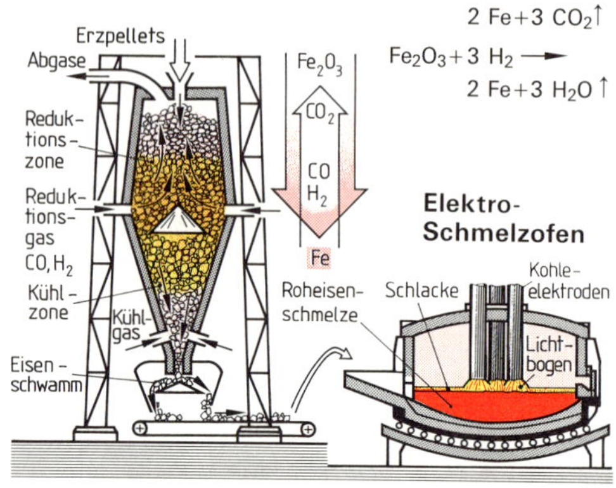

Chemische Vorgänge

$Fe_2O_3 + 3\ CO \longrightarrow 2\ Fe + 3\ CO_2\uparrow$

$Fe_2O_3 + 3\ H_2 \longrightarrow 2\ Fe + 3\ H_2O\uparrow$

Bild 142/1: Direktreduktions-Verfahren

3.3.3 Stahlherstellung

Das aus dem Hochofen oder der Direktreduktion gewonnene Roheisen besteht zu rund 90% aus Eisen, 3% bis 5% Kohlenstoff sowie wenigen Prozent Mangan, Silicium, Phosphor und Schwefel **(Bild 142/2)**. Die *Eisenbegleiter* C, P und S machen das Roheisen hart, spröde und nicht schmiedbar.

Chemisch betrachtet besteht die Stahlherstellung darin, den Gehalt an Kohlenstoff und anderen unerwünschten Eisenbegleitern zu vermindern.

Dies erfolgt durch Verbrennen, d.h. durch Oxidieren der Eisenbegleiter. Der dadurch entstandene Werkstoff **Stahl** ist zäh, besitzt hohe Festigkeit, ist schmiedbar und härtbar.

Die **technische Durchführung** der Verbrennung der Eisenbegleiter erfolgt heute mit dem **Sauerstoffaufblas-Verfahren (Bild 142/2)**. Hierbei wird das flüssige Roheisen zusammen mit Stahlschrott sowie Zuschlägen (CaO zur Schlackebildung) in einen Konverter gefüllt. Dann fährt ein wassergekühltes Rohr von oben in den Konverter und bläst Sauerstoff auf die Schmelze. Der Sauerstoff reagiert heftig mit den Eisenbegleitern in der Schmelze. Die entstehenden gasförmigen Oxide (CO_2, SO_2) sowie die freiwerdende Verbrennungswärme lassen die Schmelze kochen. Die festen Oxide (P_4O_{10}, MnO_2, SiO_2) werden in die Schlacke aufgenommen.

Dieser Blasvorgang dauert rund 20 Minuten. Danach werden gegebenenfalls Legierungselemente zugegeben und dann wird der fertige Stahl in Gießpfannen gefüllt.

Im Anschluß daran durchläuft der Stahl noch eine Reihe von technologischen Bearbeitungsvorgängen: Stahlveredelung, Vergießen, Vorwalzen, Fertigwalzen usw. **(Seite 143)**. Das Endprodukt des Stahlwerks sind die sogenannten **Halbzeuge:** Formstähle, Rohre, Bleche, Stäbe, Drähte, Profile.

Zusammensetzung von Roheisen

Roheisen (90...95% Eisen, Rest: Eisenbegleiter)	Gehalt der Eisenbegleiter: Kohlenstoff	Silicium	Mangan	Phosphor	Schwefel
	3,5%	0,4%	1%	2%	0,05%

Füllgut:
Roheisen
Stahlschrott
Zuschläge
Legierungselemente

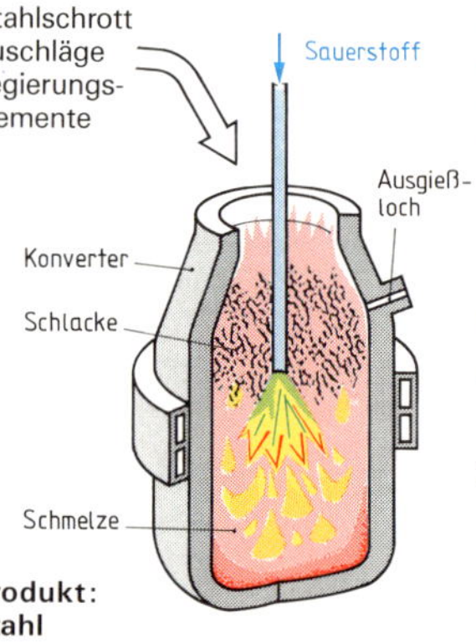

Chemische Vorgänge:
Verbrennen der Eisenbegleiter:

$C + O_2 \longrightarrow CO_2\uparrow$

$Si + O_2 + 2\ CaO \longrightarrow 2\ CaO \cdot SiO_2$

$Mn + O_2 \longrightarrow MnO_2$

$4\ P + 5\ O_2 + 6\ CaO \longrightarrow 6\ CaO \cdot P_4O_{10}$

$2\ S + 2\ CaO \longrightarrow 2\ CaS + O_2$

Produkt:
Stahl

Zusammensetzung von Stahl

Stahl z.B. St 37-3	Gehalt der Eisenbegleiter: Kohlenstoff	Silicium	Mangan	Phosphor	Schwefel
	0,2%	0,4%	0,6%	0,05%	0,05%

Bild 142/2: Stahlherstellung mit dem Sauerstoffaufblas-Verfahren

Übersicht: Technologie der Roheisengewinnung und Stahlherstellung

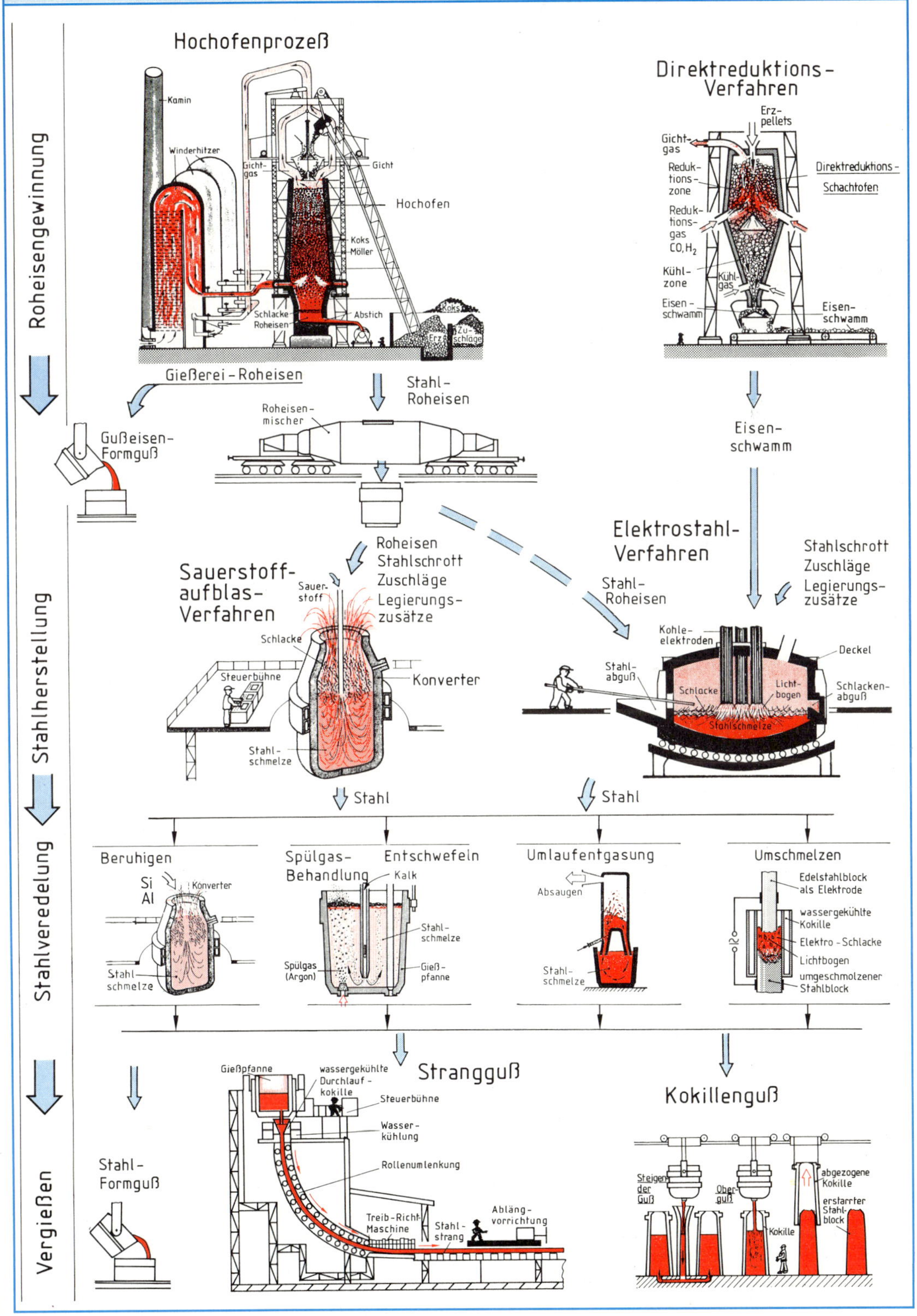

3.3.4 Wichtige Eisen/Stahl-Werkstoffe

Die Eisen/Stahl-Werkstoffe sind die wichtigsten Bau- und Konstruktionswerkstoffe für Maschinen, Apparate, Geräte und Werkzeuge. Die Ursache hierfür sind die guten mechanischen Eigenschaften, wie hohe Festigkeit, Härte und Verschleißfestigkeit bei einem relativ niedrigen Herstellungspreis. Die hochlegierten Stähle sind zudem rost- und säurebeständig.

Eisen ist ein silberhell glänzendes Schwermetall, das sich in feuchter Umgebung in wenigen Tagen mit einer braunen Rostschicht aus FeOOH überzieht.

Reines Eisen, das man durch aufwendige Reinigungsverfahren aus Roheisen herstellen kann, hat technisch keine Bedeutung.

Eisen

Dichte: 7,86 g/cm^3
Schmelztemperatur: 1536 °C

Zur technischen Verwendung kommen die Eisen-Gußwerkstoffe und die Stähle (Seite 142). Ihre Eigenschaften können durch die Zugabe anderer Metalle (Legieren) noch zusätzlich verbessert werden.

Um den verschiedenen Verwendungszwecken und Anforderungen gerecht zu werden, sind eine Vielzahl von Eisen/Stahl-Werkstoffen entwickelt worden. Nach ihrer Verwendung lassen sie sich in drei Gruppen einteilen: *Eisen-Gußwerkstoffe, Baustähle* und *Werkzeugstähle*. Innerhalb jeder Gruppe gibt es unlegierte und legierte Werkstoffe **(Bild 144/1)**.

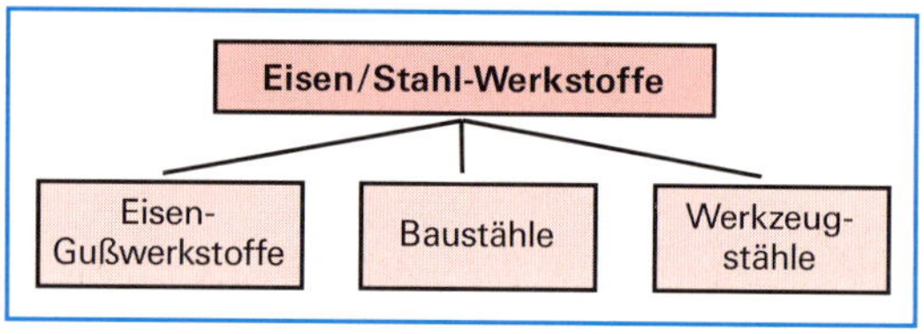

Alle Eisen/Stahl-Werkstoffe enthalten aus dem Herstellungsprozeß Kohlenstoff **(Tabelle 144/1)**. Er bestimmt wesentlich ihre Eigenschaften, insbesondere die Festigkeit, Härte und Zähigkeit.

Tabelle 144/1: Kohlenstoffgehalt

	% C (Skala 0 – 4)
Baustähle	0,2 – 0,6
Werkzeugstähle	0,5 – 1,6
Eisen-Gußwerkstoffe	2,0 – 3,7

Bei den Stählen liegt der Kohlenstoff chemisch gebunden als feinverteilter Gefügebestandteil *Eisenkarbid* **Fe_3C** vor. Er verleiht den Stählen die Festigkeit und Härte. Die Eisen-Gußwerkstoffe enthalten den Kohlenstoff überwiegend in Form von **Graphit**, einer weichen Modifikation des Kohlenstoffs.

Eisen-Gußwerkstoffe sind gut vergießbar und werden zu Werkstücken verarbeitet, die eine komplizierte Form haben und deshalb am besten durch Gießen herstellbar sind. Aus Eisen-Gußwerkstoffen fertigt man z. B. Maschinengehäuse.

Baustähle dienen zur Herstellung von Maschinenteilen, Apparaten und Baukonstruktionen. Es gibt eine Vielzahl von Baustählen:

Unlegierte Baustähle sind der übliche Werkstoff für allgemeine Anforderungen.

Vergütungsstähle, Einsatzstähle, Nitrierstähle und *Federstähle* sind niedrig legierte Baustähle. Diese Stähle werden vergütet oder gehärtet, d. h. erhitzt und abgeschreckt. Sie erlangen dadurch ihre besondere Festigkeit, Härte und Verschleißbeständigkeit. Man fertigt daraus Maschinenteile.

Die *nichtrostenden Stähle* sind hochlegierte Baustähle mit Chrom, Nickel und Molybdän. Beispiel: X 5 CrNiMo 17 12 2. Sie werden bevorzugt im Chemieanlagenbau verwendet.

Werkzeugstähle dienen zur Herstellung von Werkzeugen aller Art. Sie enthalten 0,5% bis 1,6% Kohlenstoff sowie die karbidbildenden Legierungselemente Wolfram, Chrom, Molybdän, Vanadium.

Bild 144/1: Bauteile aus Eisen/Stahl-Werkstoffen

3.3.5 Innerer Aufbau der Metalle

Ohne Vergrößerung erscheinen die Metalle als einheitlicher Stoff ohne Untergliederung. Man sieht lediglich die typische, hell glänzende Metalloberfläche **(Bild 145/1,** oberstes Bild).

Den komplizierten inneren Aufbau der Metalle erkennt man erst durch stufenweises Vergrößern, z.B. mit einem Elektronenmikroskop (Bild 145/1, untere Bilder). Bei 1000facher Vergrößerung sieht man, daß das Metall in **Körnern**, den **Kristalliten** gegliedert ist. Die Begrenzungsflächen der Körner heißen **Korngrenzen**. Das Bild, das sich bei etwa 1000facher Vergrößerung bietet, nennt man das **Gefüge** des Werkstoffs.

Betrachtet man einen kleinen Ausschnitt eines Korns bei noch stärkerer Vergrößerung, z.B. 100 000fach, so erkennt man einen stufenartigen Aufbau des Metalls aus lauter ähnlich geformten Würfeln, den **Kristallen** des Metalls.

Vergrößert man die Ecke eines Würfels noch stärker, auf 10 000 000 fache Vergrößerung, so erkennt man die atomare Feinstruktur: die kleinsten Bausteine der Metalle, die Metallionen, umgeben von einer zusammenhängenden Elektronenwolke. Die Metallionen sind in regelmäßigen Abständen und Winkeln zueinander angeordnet, wodurch sich der würfelartige Metallaufbau ergibt. Einen solchen Aufbau aus regelmäßig angeordneten Teilchen nennt man **kristalline Struktur**.

Das Gegenteil, einen ungleichmäßigen Feinbau, wie er z.B. bei Glas vorliegt, nennt man eine **amorphe** Struktur.

Verbindet man zeichnerisch die Mittelpunkte der Metallionen, so ergeben die Verbindungslinien ein räumliches Gitter, das man **Raumgitter** oder **Kristallgitter** nennt. Es ist gekennzeichnet durch immer gleiche Gitterabstände und Gitterwinkel.

Die kleinste Einheit eines Kristallgitters bezeichnet man als **Elementarzelle**. Sie gibt die typische Anordnung der Metallionen einer Metallart an und wird zur Kennzeichnung der verschiedenen Kristallgittertypen benutzt (Bild 85/2).

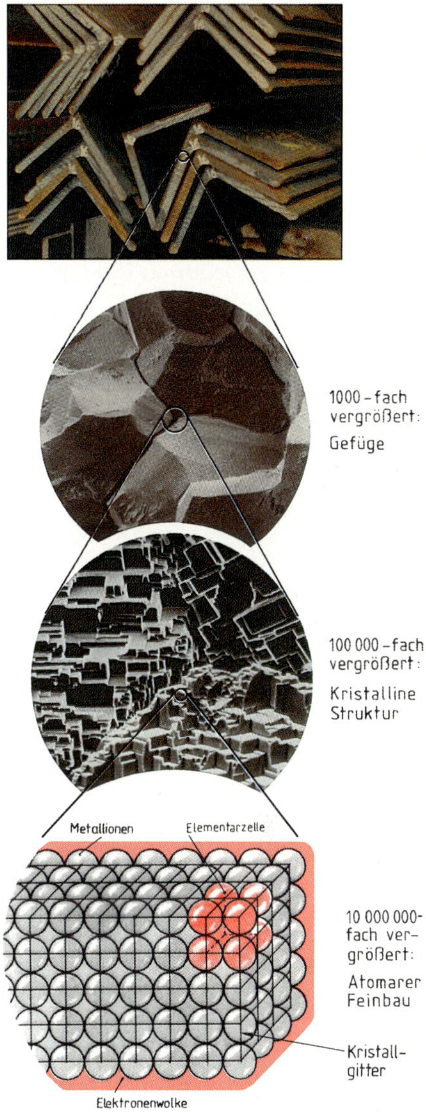

Bild 145/1: Innerer Aufbau der Metalle

Die kristalline Struktur und das Metallgefüge bilden sich nach dem Vergießen bei der Erstarrung der Schmelze zu einem festen Körper. **Bild 145/2** zeigt schematisch die Vorgänge im atomaren Größenbereich.

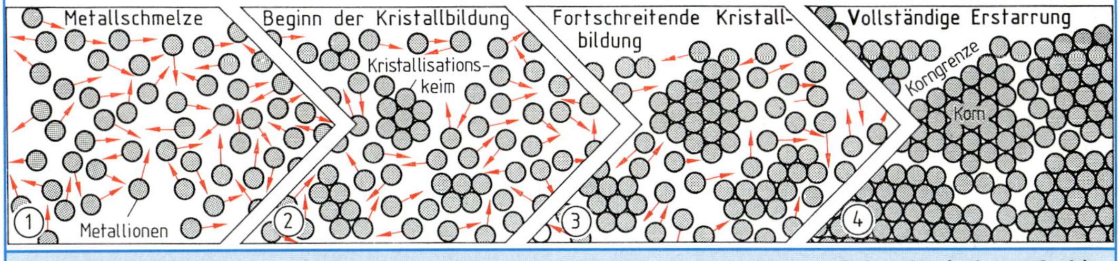

Bild 145/2: Atomare Vorgänge bei der Bildung des Metallgefüges aus einer Schmelze (schematisch)

3.3.6 Aluminium

Ausgangsstoff für die Aluminium-Gewinnung ist rotbrauner **Bauxit**, ein Erz mit ca. 60% Aluminiumoxid $\mathbf{Al_2O_3}$ sowie dem Rest aus Eisenoxid Fe_2O_3, Siliciumdioxid SiO_2 und anderen Gesteinen **(Bild 146/1)**.

Bild 146/1: Bauxit, Tonerde, Aluminium

Die Gewinnung des Aluminiums erfolgt in zwei Verfahrensschritten:

1. Die Herstellung von reinem $\mathbf{Al_2O_3}$ aus Bauxit nach dem Bayer-Verfahren (Bild 146/2)

Der grob zerkleinerte Bauxit wird zuerst mit 50%iger Natronlauge vermischt und in einer Rohrmühle naß gemahlen. Die entstandene Bauxit-Suspension wird dann in einen Rohrreaktor gepumpt und dort auf 250 °C und 30 bar gebracht. Bei diesen Bedingungen löst sich das Aluminiumoxid Al_2O_3 in der Natronlauge zu Aluminat:

$$Al_2O_3 + 2\,Na^+ + 2\,OH^- + 3\,H_2O \xrightarrow{250\,°C,\ 30\,bar} 2\,Na^+ + 2\,[Al\,(OH)_4]^-$$

Das aus dem Ausgangsstoff Bauxit in der Suspension enthaltene Eisenoxid und Siliciumdioxid lösen sich nicht. Sie werden nachfolgend in einem Kläreindicker als Rotschlamm abgetrennt.

Aus der nun klaren, übersättigten Aluminatlösung wird in einem Kristallisationsgefäß durch Zugabe von $Al(OH)_3$-Impfkristallen Aluminiumhydroxid $Al(OH)_3$ auskristallisiert:

$$Na^+ + [Al\,(OH)_4]^- \longrightarrow Al\,(OH)_3\downarrow + Na^+ + OH^-$$

In einem Trommelfilter werden die $Al(OH)_3$-Kristalle aus der Suspension abgetrennt.

Das Aluminiumhydroxid wird dann in einem Wirbelschichtofen zu Aluminiumdioxid geglüht (kalziniert):

$$2\,Al(OH)_3 \xrightarrow{1100\,°C} Al_2O_3 + 3\,H_2O\uparrow$$

Das anfallende, reine Aluminiumoxid ist ein feinkörniges weißes Pulver, das **Tonerde** genannt wird.

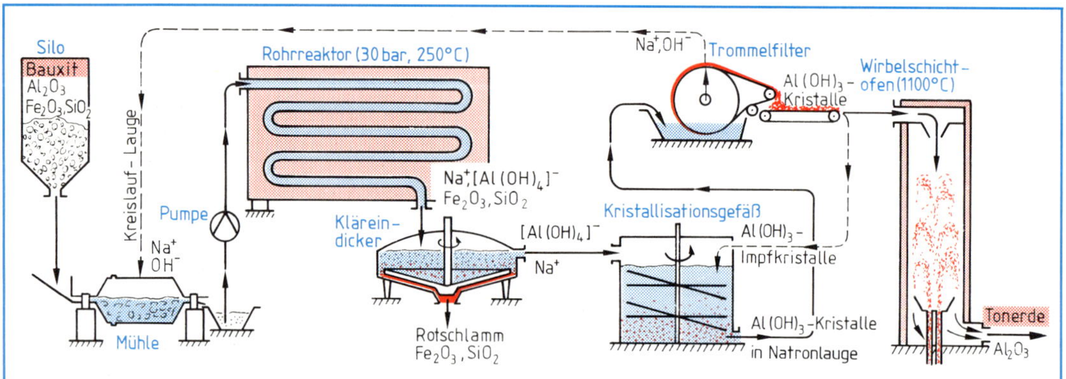

Bild 146/2: Produktion von Tonerde (reines $\mathbf{Al_2O_3}$) nach dem Bayer-Verfahren

2. Die Reduktion des Aluminiumoxids durch Schmelzflußelektrolyse zu Aluminium

Die Reduktion der Tonerde (Al_2O_3) zu metallischem Aluminium (Al) erfolgt durch Elektrolyse einer Al_2O_3-Schmelze. Reduktionsmittel ist die Kathode (Erläuterung Seite 64, unten).

Die Elektrolyse wird in einer speziellen Elektrolysezelle durchgeführt **(Bild 147/1)**. Die mit Kohlesteinen ausgekleidete Wanne ist die Kathode (Minuspol). In die Schmelze ragen Kohle-Elektroden, sie sind die Anode (Pluspol). Angelegt wird eine Gleichspannung von rund 5 Volt, die Stromstärke beträgt etwa Hunderttausend Ampère.

Durch die hohe Stromdichte bildet sich an der Kohle-Elektrode ein Lichtbogen, der die Wärme für das Schmelzbad liefert. Die Schmelze besteht aus rund 5% Al_2O_3, die in 95% Kryolith $Na_3(AlF_6)$ gelöst sind. Sie enthält die Ionen: Al^{3+}, O^{2-}, Na^+, F^-.

Durch die Schmelzpunkt-erniedrigende Wirkung des Kryoliths kann die Schmelzflußelektrolyse bei rund 950 °C durchgeführt werden. Eine reine Al_2O_3-Schmelze hat eine Schmelztemperatur von 2050 °C und leitet zudem den Strom schlecht, so daß sie zur Elektrolyse ungeeignet ist.

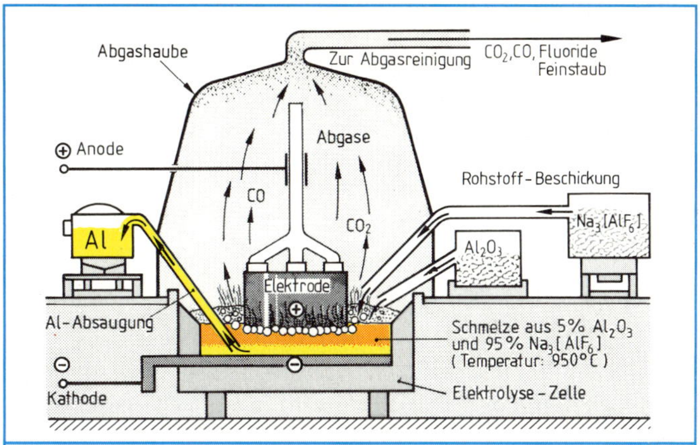

Bild 147/1: Schmelzflußelektrolyse von Al_2O_3

An den Elektroden im Schmelzbad laufen komplizierte physikalische und chemische Vorgänge ab. Vereinfacht lassen sich die chemischen Vorgänge wie folgt darstellen:

an der Kathode: $4\,Al^{3+} + 12\,e \longrightarrow 4\,Al$

an der Anode: $6\,O^{2-} - 12\,e \longrightarrow 3\,O_2$

Gesamtreaktion: $2\,Al_2O_3 \longrightarrow 4\,Al + 3\,O_2 \quad \Delta H = +2160\ \text{kJ/mol}$

Das gebildete Aluminium bleibt wegen seiner größeren Dichte auf dem Zellenboden (Kathode) stehen und wird in regelmäßigen Zeitintervallen abgesaugt.

Der an der Kohleanode entstehende Sauerstoff reagiert bei der hohen Schmelzbad-Temperatur heftig mit den Kohle-Elektroden. Dabei entstehen die Gase CO und CO_2. Der stetige Abbrand der Kohle-Elektroden wird durch langsames Nachschieben der Elektroden ausgeglichen.

Bei den hohen Temperaturen im Lichtbogen und der dort stattfindenden heftigen Abbrandreaktion an den Kohleelektroden werden auch giftige Fluorverbindungen, wie z. B. Fluorwasserstoff HF gebildet. Sie werden zusammen mit Feinstaub in den Abgasstrom mitgerissen.

Wegen der gesundheitsschädlichen Wirkung der Substanzen im Abgasstrom muß eine aufwendige Abgasreinigung erfolgen.

Das mit der Elektrolyse gewonnene Rohaluminium wird zur Reinigung nochmals umgeschmolzen und dann in Barren und Stränge vergossen. Der Großteil wird anschließend zu Halbzeugen ausgewalzt.

Die endotherme Reduktion zum Metall und die bei der Schmelzflußelektrolyse erforderlichen hohen Temperaturen bedingen den hohen Energieverbrauch bei der Aluminiumherstellung: pro 1 t Aluminium müssen ca. 15 500 kWh elektrische Energie aufgewendet werden (ca. 3,5mal soviel wie für Stahl).

Eigenschaften und Verwendung

Aluminium ist ein silberhell glänzendes Metall, dessen Oberfläche im Laufe der Zeit matt wird. Es besitzt eine dünne, durchsichtige, aber dichte und fest haftende Oxidschicht und ist deshalb an der Luft korrosionsbeständig. Seine Schmelztemperatur beträgt 658 °C, seine Dichte 2,7 g/cm³. Damit hat ein Aluminiumbauteil nur $^1/_3$ des Gewichtes eines gleich großen Stahlbauteiles, so daß Aluminium vor allem zu Leichtbauteilen verarbeitet wird. Aluminium besitzt gute elektrische Leitfähigkeit und ist ein guter Wärmeleiter. Es läßt sich gut umformen: walzen, ziehen, pressen und stanzen sowie gießen und schweißen.

> **Aluminium**
>
> *Dichte:* 2,7 g/cm³; *Schmelztemperatur:* 658 °C
>
> Gute Witterungsbeständigkeit, hohe elektrische Leitfähigkeit.

Unlegiertes Aluminium, wie z. B. Al 99,5, wird zu Drähten und Stromschienen, zu Bauverkleidungen, zu Folien, Reflektoren, Dosen und Behältern für Nahrungsmittel verarbeitet (Bild 101/1).

Aluminiumlegierungen besitzen insbesondere verbesserte Festigkeitswerte, die annähernd die Werte von unlegiertem Stahl erreichen. Sie werden zu Fensterrahmen, Türen, Maschinen-, Fahrzeug- und Flugzeugteilen sowie im Leichtbau verwendet (Bild 185/2).

3.3.7 Kupfer

Kupfer-Gewinnung (Bild 148/1)

Wichtigstes Kupfererz ist *Kupferkies* **$CuFeS_2$**. Sein Kupfergehalt beträgt rund 1% Kupfer, der Rest sind Begleitstoffe und Gangart. Das Roherz wird durch Flotation von der Gangart getrennt.

Das Erz durchläuft einen Etagenofen, wobei ein Teil des Schwefels ausgetrieben (abgeröstet) wird:

$$CuFeS_2,\ O_2 \overset{600\,°C}{\Rightarrow} Cu_2S,\ FeS,\ Fe_2O_3,\ SO_2\uparrow$$

Das Röstgut (Cu_2S, FeS, Fe_2O_3) wird zusammen mit Koks und Quarzsand (SiO_2) von oben in einen Schachtofen gefüllt. Durch Verbrennen eines Teils des Kokses im unteren Teil steigt die Temperatur auf 1500 °C. Dort schmilzt der Ofeninhalt. Es entsteht eine flüssige Silikatschlacke, die das Eisenoxid Fe_2O_3 bindet:

$$Fe_2O_3 + C + SiO_2 \longrightarrow Fe_2SiO_4 + CO\uparrow$$

Cu_2S und FeS schmelzen ebenfalls und bilden den sogenannten **Kupferstein**. Er wird in einen Konverter abgelassen (900 °C), Quarzsand wird zugegeben und die Schmelze wird von unten mit Preßluft durchgeblasen. Dabei reagiert das Eisensulfid und bildet eine Silikatschlacke sowie Schwefeldioxid:

$$2\,FeS + 3\,O_2 + SiO_2 \longrightarrow Fe_2SiO_4 + 2\,SO_2\uparrow$$

Das Kupfersulfid wird teilweise oxidiert

$$\mathbf{2\,Cu_2S + 3\,O_2 \longrightarrow 2\,Cu_2O + 2\,SO_2\uparrow}$$

und reagiert mit noch vorhandenem Kupfersulfid weiter zu metallischem Kupfer:

$$\mathbf{2\,Cu_2O + Cu_2S \longrightarrow 6\,Cu + SO_2\uparrow}$$

Das erhaltene **Rohkupfer** ist technisch nicht verwendbar und wird im Anschluß in einem Flammofen nachbehandelt. Dort reinigt eine auf das Schmelzbad gerichtete, oxidierende Flamme das Kupfer von unerwünschten Bestandteilen. Es wird **Garkupfer** genannt, besteht zu 99% aus Kupfer und wird zu Platten vergossen.

Für die meisten technischen Anforderungen (rund 90%), besonders aber für Elektrotechnikkupfer, benötigt man ein besonders reines Kupfer. Es wird durch Elektrolyse hergestellt. Dazu werden Platten aus Garkupfer in ein schwefelsaures Kupfersulfat-Elektrolysebad gehängt und als Anode geschaltet. Bei Anlegen einer Gleichspannung geht das Kupfer in Lösung: $\mathbf{Cu \longrightarrow Cu^{2+} + 2\,e^-}$

Als Kathode dienen dünne Bleche aus Elektrolytkupfer. An ihr scheidet sich hochreines **Elektrolytkupfer** ab: $\mathbf{Cu^{2+} + 2\,e^- \longrightarrow Cu}$

Die Verunreinigungen des Garkupfers setzen sich als Anodenschlamm ab. Er enthält die Edelmetalle Silber, Gold und Platin, die durch spezielle Trennverfahren aus ihm gewonnen werden können.

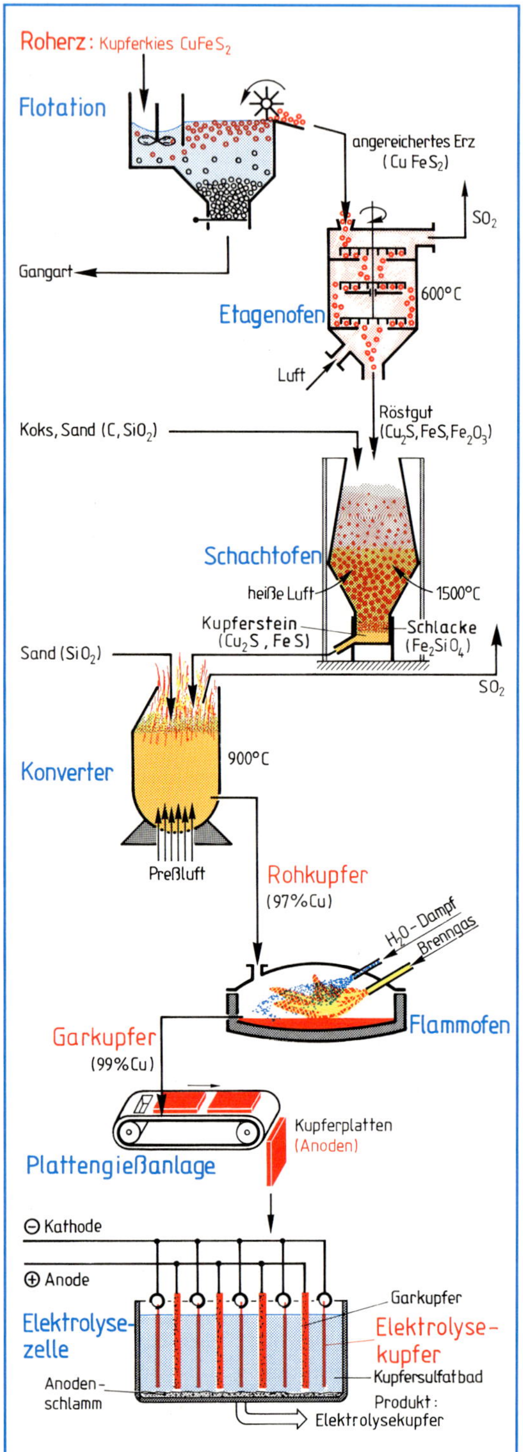

Bild 148/1: Kupfer-Gewinnung

Eigenschaften und Verwendung

Kupfer hat an frischen Flächen eine metallisch glänzende, lachsrote Farbe. Im Laufe der Zeit bildet sich eine dünne, aber dichte Oxidschicht aus CuO, die das Metall braunrot aussehen läßt **(Bild 149/1)**. Nach Jahren entsteht an der Luft, mit der darin enthaltenen Feuchtigkeit und Kohlenstoffdioxid (CO_2), grünes *Kupferhydroxidcarbonat* $\mathbf{Cu_2(OH)_2CO_3}$, die sogenannte *Patina*. Sie schützt das Metall vor weiterer Korrosion und gibt alten Kupferdächern ihr typisches dekoratives Aussehen.

Kupfer ist ein Halbedelmetall, es ist jedoch unbeständig gegen Säuren. Seine Dichte beträgt 8,93 g/cm^3, seine Schmelztemperatur 1083 °C. Kupfer besitzt sehr gute elektrische Leitfähigkeit und gute Wärmeleitfähigkeit. Die Verwendung von Kupfer als Werkstoff beruht auf diesen besonderen Eigenschaften.

Besondere Eigenschaften	→	Verwendung
Sehr gute elektrische Leitfähigkeit	→	Kabel, Leitungen, Stromschienen, Kontakte
gute Wärmeleitfähigkeit	→	Wärmetauscher, Heizschlangen
Dekoratives Aussehen, Korrosionsbeständigkeit	→	Verkleidungen, Dächer, Braukessel, Kunstgegenstände

Kupfer

Dichte: 8,93 g/cm^3
Schmelztemperatur: 1083 °C
Dekoratives Aussehen und Witterungsbeständigkeit
Gute elektrische Leitfähigkeit

Bild 149/1: Anwendungen von Kupfer

Kupfer ist nach dem Glühen weich, zäh, dehnbar und gut umformbar. Durch Kaltrecken kann Kupfer hart und fest gemacht werden, die Dehnbarkeit nimmt dabei aber ab.

Kupfer-Zink-Legierungen (Messing)

Durch Legieren von Kupfer mit Zink (Zn) werden Werkstoffe mit wesentlich verbesserten mechanischen Eigenschaften gewonnen die im Volksmund als Messinge bezeichnet werden. Sie haben eine dekorative, gold-gelbe Farbe und ähnlich gute Korrosionsbeständigkeit wie Kupfer **(Bild 149/2)**.

Beispiel: CuZn 35, eine Kupferlegierung mit 35% Zink.

Besonders die mechanischen Eigenschaften der CuZn-Legierungen (Messinge) können in weiten Grenzen durch einen unterschiedlichen Zinkgehalt variiert werden. Mit steigendem Zinkgehalt nimmt die Festigkeit zu.

Bild 149/2: Teile aus Messing

Kupfer-Zinn-Legierungen (Zinnbronze)

Kupfer-Zinn-Legierungen enthalten neben dem Basismetall Kupfer 2% bis 15% Zinn (Sn), sowie teilweise geringe Zusätze anderer Legierungselemente. Sie sind noch korrosionsbeständiger als Kupfer-Zink-Legierungen und besitzen hohe Verschleißfestigkeit und gute Gleiteigenschaften.

Beispiel: CuSn 6, eine Kupferlegierung mit 6% Zinn.

Kupfer-Zinn-Nickel-Legierungen (Neusilber)

Kupfer-Zinn-Nickel-Legierungen (**Beispiel:** CuSn 23 Ni 12) zeichnen sich durch eine silbrige, metallisch glänzende, blanke Oberfläche aus, die dauerhaft blank bleibt und an der Luft sowie von schwachen Säuren und Laugen nicht angegriffen wird. Deshalb wird dieser Werkstoff zu Bestecken, Spülen, Thekenbeschichtungen, Münzen usw. verarbeitet **(Bild 149/3)**.

Bild 149/3: Münzen aus Neusilber

3.3.8 Weitere technisch wichtige Metalle

Neben Eisen, Kupfer und Aluminium sowie deren Legierungen werden noch zahlreiche andere Metalle und Metallegierungen in der Technik verwendet. Sie erfüllen aufgrund besonderer Eigenschaften meist ganz spezielle Aufgaben oder dienen als Legierungselement für Stähle und andere Metallegierungen.

Zink

Zink ist ein niedrig schmelzendes Schwermetall mit geringer Festigkeit aber guten Korrosionseigenschaften.

Dichte: 7,14 g/cm^3, Schmelzpunkt: 419 °C.

An frischen Schnittflächen ist Zink leicht bläulich-metallisch glänzend. An der Luft überzieht es sich im Laufe von Wochen mit einer dünnen, grauen Deckschicht, die es gegen atmosphärischen Korrosionsangriff für mehrere Jahre bis Jahrzehnte schützt. Etwa die Hälfte des erzeugten Zinks wird als Beschichtung für den Korrosionsschutz von Stahlbauteilen verbraucht **(Bild 150/1)**. Weitere Anwendungen sind Hausbedachungen aus Zinkblech und Druckgußteile.

Bild 150/1: Feuerverzinktes Stahlgeländer

Die Herstellung von Zink geht von dem Erz **Zinkblende ZnS** aus. Es wird zuerst durch Rösten in Zinkoxid überführt:

$$2\,ZnS + 3\,O_2 \longrightarrow 2\,ZnO + 2\,SO_2\uparrow$$

und dann in einem Schachtofen mit Koks zu Zink reduziert:

$$2\,ZnO + C \longrightarrow 2\,Zn + CO_2\uparrow$$

Bei einem anderen Herstellungsverfahren wird das durch Rösten gewonnene Zinkoxid mit Schwefelsäure zu Zinksulfat umgesetzt und aus der Lösung elektrolytisch Zink abgeschieden.

Blei

Blei ist ein mattgrau aussehendes Schwermetall, das nur kurzzeitig an frischen Schnittflächen metallisch glänzt.

Dichte: 11,3 g/cm^3, Schmelzpunkt: 327 °C.

Es ist so weich, daß es mit dem Fingernagel geritzt werden kann. Eine besondere Eigenschaft des Bleis ist seine abschirmende Wirkung für Röntgen- und Gammastrahlen. Einsatzgebiete des Bleis sind Bleiakkumulatorplatten für Autobatterien **(Bild 150/2)**, Weichlote und Lagermetalle.

Bild 150/2: Bleiplatten für Auto-Batterien

Bleierz ist der **Bleiglanz PbS**. Er wird, ähnlich wie bei Zink, geröstet: $2\,PbS + 3\,O_2 \longrightarrow 2\,PbO + 2\,SO_2$ und das Oxid mit Koks reduziert: $2\,PbO + C \longrightarrow 2\,Pb + CO_2\uparrow$

Vorsicht: Blei und Bleiverbindungen sind giftig.

Zinn

Zinn ist ein silberhell glänzendes, weiches und geschmeidiges Metall mit niedrigem Schmelzpunkt.

Dichte: 7,3 g/cm^3, Schmelzpunkt: 232 °C.

Die Hauptanwendungen des Zinns liegen in der Kombination mit anderen Werkstoffen:

- Dünnes Stahlblech mit einer Zinnbeschichtung ist Weißblech. Es wird zu Konservendosen verarbeitet.
- Zinn-Blei-Legierungen sind die **Weichlote**, die beim Löten verwendet werden **(Bild 150/3)**.

Bild 150/3: Löten von Kupferrohren mit Blei-Zinn-Weichlot

Zinn wird aus Zinnstein **ZnO_2** durch Reduzieren mit Koks gewonnen:

$$SnO_2 + C \longrightarrow Sn + CO_2\uparrow$$

Tabelle 151/1: Eigenschaften und Verwendung weiterer technisch wichtiger Metalle				
Metall Symbol	**Dichte** in g/cm^3	**Schmelztemperatur** in °C	**Besondere Eigenschaften**	**Verwendung**
Leichtmetalle				
Magnesium Mg	1,8	650	leichtestes, technisch verwendetes Metall, leicht entzündbar	Legierungselement für Al-Legierungen Mg-Legierungen: Leichtbauteile im Fahrzeug- und Flugzeugbau
Titan Ti	4,5	1668	hohe Festigkeit, zäh, korrosions- und temperaturbeständig	Mechanisch und chemisch belastete Bauteile wie Triebwerksschaufeln, Chemieapparate Ti-Legierungen: Hochleistungs-Leichtbauteile
Legierungsmetalle				
Mangan Mn	7,4	1245	hart, spröde	Legierungsmetall für zähharte Stähle
Nickel Ni	8,9	1453	heller Metallglanz, korrosionsbeständig	Schutzüberzüge (Vernickeln), Legierungselement für korrosionsbeständige Stähle
Cobalt Co	8,9	1495	zäh, korrosionsbeständig	Legierungselement für Stähle Bindemetall für Hartmetalle
Vanadium V	6,1	1900	hart, spröde	Legierungselement für zähharte Stähle, insbesondere Werkzeugstähle
Chrom Cr	7,2	1875	brillanter Metallglanz, korrosionsbeständig	Schutzüberzüge (Verchromen), Legierungselement für nichtrostende Stähle
Hochschmelzende Metalle				
Molybdän Mo	10,2	2610	korrosionsbeständig, zunderbeständig	Heizleiter, Legierungselement für hitzebeständige Stähle
Tantal Ta	16,6	2996	zähhart, korrosionsbeständig gegen Säuren	Spezielle Chemieapparate und Geräte für das Chemielabor
Wolfram W	19,3	3410	zähhart, korrosionsbeständig gegen Säuren, höchste Schmelztemperatur	Spezielle Chemieapparate, Glühfäden für Glühlampen, Legierungselement für warmfeste Stähle
Edelmetalle				
Silber Ag	10,5	961	höchste Leitfähigkeit für Elektrizität, Glanz	Elektrische Leitungen und Kontakte, Reflektoren, Spiegelbeschichtungen
Gold Au	19,3	1063	dekoratives Aussehen, korrosionsbeständig	Schutzüberzüge für besondere elektrische Kontakte, Zahntechnik, Schmuck
Platin Pt	21,4	1769	äußerst korrosionsbeständig gegen Säuren	Tiegel und Kleingeräte für das Chemielabor, Schmuck

Wiederholungsfragen

1. **In welcher Gruppe des Periodensystems stehen die Mehrzahl der technisch wichtigen Metallwerkstoffe?**
2. **In welche Gruppen unterteilt man die Metalle nach technischen Gesichtspunkten?**
3. **Welche chemischen Vorgänge laufen bei der Reduktion von Eisenerz zu Eisen ab?**
4. **Wie wird aus Roheisen Stahl hergestellt?**
5. **Welche Veränderungen bezüglich der Zusammensetzung erfährt die Roheisenschmelze bei der Umwandlung in Stahl?**
6. **Welche Legierungsbestandteile enthalten die nichtrostenden Stähle?**
7. **Was versteht man unter einem Korn (Kristallit) und einer Korngrenze beim Metallgefüge?**
8. **Wie wird aus dem Aluminiumerz Bauxit das Zwischenprodukt Tonerde hergestellt?**
9. **Welche chemischen Vorgänge laufen bei der Al-Schmelzelektrolyse an den Elektroden ab?**
10. **Wie erfolgt bei der Kupferherstellung im Konverter die Umwandlung von Kupferstein in metallisches Kupfer?**
11. **Was ist Messing, Zinnbronze, Neusilber?**
12. **Wie wird Zink hergestellt?**
13. **Woraus bestehen Weichlote?**

3.4 Chemie und Technologie des Wassers

3.4.1 Natürliche Wasserarten und ihre Inhaltsstoffe

In der Natur kommen verschiedene Wasserarten vor. Sie sind die einzelnen Glieder des Wasserkreislaufes der Natur **(Bild 152/1)**.

Bei den natürlichen Wasserarten handelt es sich nicht um chemisch reines Wasser **H_2O**. Sie enthalten vielmehr eine Reihe von Inhaltsstoffen.

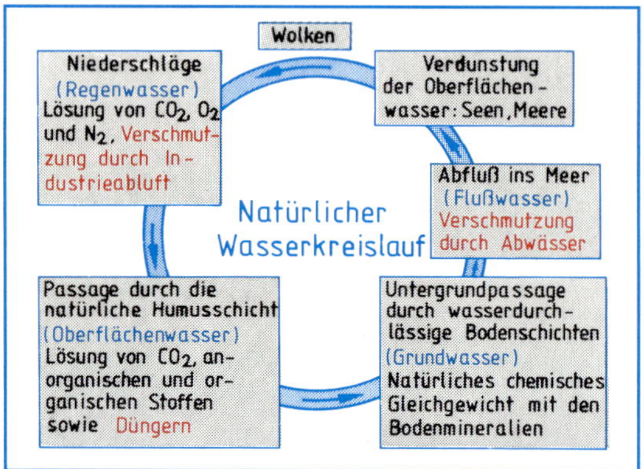

Bild 152/1: Schema des natürlichen Wasserkreislaufs

Regenwasser ist in industriefreien Gebieten unter den natürlichen Wässern das reinste. Es enthält einen geringen Anteil an gelösten Salzionen, die beim Verdunsten aus dem Meerwasser mitgerissen wurden, sowie aus der Luft gelöste Gase (CO_2, O_2, N_2) und Staubpartikel. In industrialisierten Gebieten ist das Regenwasser durch die Industrieabluft, insbesondere durch Schwefeldioxid **SO_2** verschmutzt und enthält dadurch schweflige Säure **($2\,H_3O^+ + SO_3^{2-}$)**. Dieser sogenannte *saure Regen* ist für die Natur (Waldsterben) und die metallischen Werkstoffe (Korrosion) äußerst schädlich.

Grundwasser ist der versickerte Regen, der sich im Boden in wasserdurchlässigen Schichten sammelt. Es enthält demnach die Verunreinigungen des Regenwassers und zusätzlich mitgeschwemmte Stoffe aus der Humusschicht sowie bei der Bodenpassage aus dem Boden gelöste Minerale **(Tabelle 152/1)**.

Tabelle 152/1: Inhaltsstoffe in Grundwasser und Oberflächenwasser

Suspendierte und kolloide Stoffe (Schwebestoffe)	Molekular gelöste Stoffe		
	Nichtelektrolyte	Kationen	Anionen
Tone, Sande, Silikate Humusstoffe Algen, Bakterien, Viren	Kieselsäure ($SiO_2 \cdot nH_2O$) CO_2, O_2, N_2 Huminstoffe	Na^+, Mg^{2+} Ca^{2+}, K^+ Fe^{2+}, Mn^{2+}	HCO_3^-, CO_3^{2-} Cl^-, NO_3^- SO_4^{2-}, HPO_4^{2-}

Die suspendierten und kolloiden Stoffe (feinverteilte Schwebestoffe) werden vom Regenwasser aus der Humusschicht und bei der Passage durch den Erdboden mitgeschwemmt. Die ebenfalls eingeschwemmten Algen, Bakterien und Viren sterben bei langer Untergrundpassage ab. Von den molekular gelösten Stoffen stammen die gelösten Gase CO_2, O_2 und N_2 aus dem Regenwasser. Kieselsäure und Huminstoffe sind aus dem Boden eingeschwemmt. Die enthaltenen Kationen und Anionen sind durch die Einstellung des natürlichen chemischen Gleichgewichts aus den Bodenmineralien gelöst worden. Die am häufigsten vorliegenden Kationen sind die Calcium (Ca^{2+})-, Magnesium (Mg^{2+})-, Natrium (Na^+)-, Kalium (K^+)-, Eisen (Fe^{2+})- und Mangan (Mn^{2+})-Ionen. Die häufigsten Anionen sind die Chlorid (Cl^-)-, Sulfat (SO_4^{2-})-, Nitrat (NO_3^-)- und Hydrogencarbonat (HCO_3^-)-Ionen.

Die aus den Bodenmineralien stammenden Kationen- und Anionengehalte sind gesundheitlich unbedenklich. Durch Überdüngung der Ackerböden mit Nitratdüngern (NO_3^-) sowie durch den sauren Regen ($2\,H_3O^+ + SO_3^{2-}$) können gesundheitlich bedenkliche Ionenmengen in das Grundwasser gelangen.

Quellwasser ist an die Erdoberfläche austretendes Grundwasser.

Fluß- und Seewasser entstehen aus Grundwasser sowie aus Oberflächenwasser. Reines Fluß- und Seewasser enthält gelöste Bodenminerale und Bestandteile der Humusschicht sowie natürliche Verunreinigungen wie erdige Sedimente (Ton, Sand) und Mikroorganismen (Algen, Bakterien, Viren). Das Fluß- und Seewasser in industrialisierten Ländern ist zum großen Teil durch Industrie- und Haushaltsabwässer stark verschmutzt.

Meerwasser enthält rund 3,5% gelöste Inhaltsstoffe, die zum überwiegenden Teil aus Natrium (Na^+)-, Magnesium (Mg^{2+})- und Chlorid (Cl^-)-Ionen bestehen. Außerdem enthält es biologische Bestandteile wie Algen, Plankton usw. Der Salzgehalt des Meerwassers (Na^+, Mg^{2+}, Cl^-) stammt aus ausgeschwemmten Salzlagerstätten. Das küstennahe Meerwasser ist zusätzlich durch Abwasser verschmutzt.

3.4.2 Trinkwassergewinnung

Trinkwasser wird meistens aus Quellwasser und Grundwasser, aber auch aus Stauseewasser, Seewasser (z.B. aus dem Bodensee) und aus Uferfiltrat von Flüssen aufbereitet. Diese, sogenannten *Rohwässer*, enthalten Begleitstoffe und Verunreinigungen verschiedener Art (Tabelle 152/1).

Das Rohwasser muß deshalb einen mehrstufigen Aufbereitungsprozeß durchlaufen. Er besteht aus drei Aufgabenbereichen, die mit den entsprechenden Verfahren gelöst werden müssen:

Entfernung von Verunreinigungen		**Entfernung von Keimen, Geruch, Geschmack**	**Stabilisierung des fertigen Trinkwassers**
Schwebestoffe	**Gelöste Stoffe**		
Sand, Ton, Metallhydroxide, Mikroorganismen	Eisen, Mangan, Härtebildner (im Übermaß) Geschmacksstoffe	Bakterien Viren Organische Stoffe	dient dem Verhindern von Korrosion, Ablagerung und Keimbildung im Verteilungssystem
⇩	⇩	⇩	⇩
Absetzen, Filtrieren Ausflocken, Ausfällen Oxidieren	Ausflocken, Ausfällen Adsorbieren Ionenaustauschen	Chlorieren Ozonieren Adsorbieren	Entgasen (von CO_2) pH-Wert einstellen Chlorieren

Der Aufbereitungsprozeß richtet sich nach der Qualität des zur Verfügung stehenden Rohwassers. Deshalb werden in einem Wasserwerk nicht alle Verfahren eingesetzt, sondern nur die, die zur Erzeugung der Trinkwasserqualität erforderlich sind.

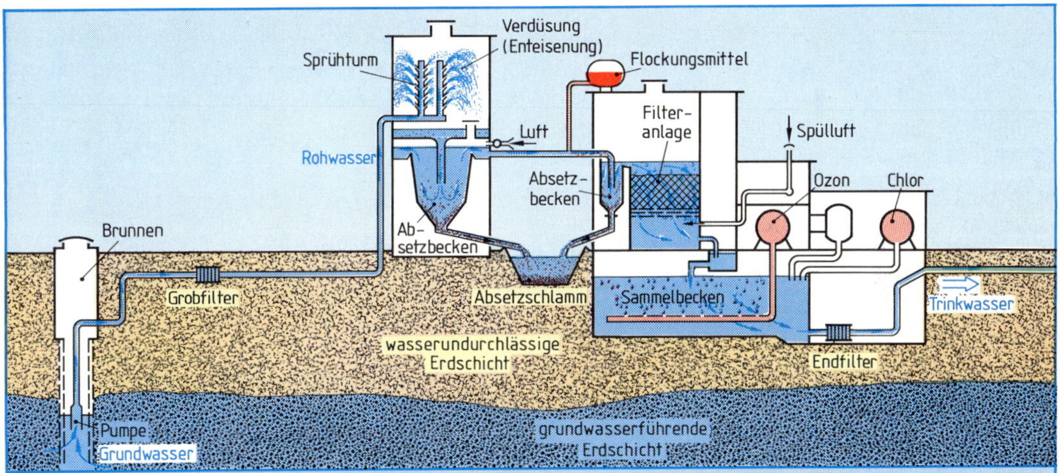

Bild 153/1: Anlage zur Trinkwassergewinnung (Wasserwerk)

In dem in **Bild 153/1** gezeigten Wasserwerk durchläuft das Rohwasser zunächst einen Grobfilter, in dem Grobstoffe abgetrennt werden. Dann wird das Wasser enteisent, da sich bei Kontakt von eisenhaltigem Rohwasser mit Luftsauerstoff unlösliches, gelbbraunes Eisen(III)-hydroxid bildet, das dem Wasser eine unansehnliche Farbe gibt. Dazu wird das Rohwasser verdüst, also innig mit Luft vermischt, so daß sämtliche Eisenionen (Fe^{2+}) als Eisen(III)-hydroxid $Fe(OH)_3$ ausfallen:

$$4\,Fe^{2+} + 8\,HCO_3^- + O_2 + 2\,H_2O \longrightarrow 4\,Fe(OH)_3\downarrow + 8\,CO_2\uparrow$$

Durch Zugabe von Flockungsmitteln (Aluminium- und Eisensalze) wird das kolloiddispers (sehr fein verteilt) ausfallende $Fe(OH)_3$ zu größeren Partikeln zusammengelagert und scheidet sich am Boden eines Absetzgefäßes ab. Das enteisente Wasser strömt dann durch eine Filteranlage, in der letzte Schwebeteilchen abgetrennt werden, und gelangt dann in einen Sammelbehälter. Hier wird Chlor oder Ozon in das Wasser eingeperlt. Dadurch werden die im Wasser noch vorhandenen Keime abgetötet.

Das dann vorliegende Trinkwasser enthält noch eine Reihe von gelösten Bodenmineralsalzen (Seite 154). Falls sie nicht im Übermaß vorliegen, werden sie nicht entfernt, da sie den frischen Geschmack des Trinkwassers ausmachen und für die menschliche Ernährung erwünscht sind.

3.4.3 Die Wasserhärte

Von den gelösten Inhaltsstoffen im Wasser haben besonders die Kationen der Erdalkalimetalle Calcium (Ca^{2+}) und Magnesium (Mg^{2+}) unangenehme Wirkungen. Sie führen bei Erwärmung des Wassers zu Kalkablagerungen und bilden beim Waschen mit Seifen unlösliche Salze, die die Waschwirkung vermindern.

Trinkwasser und industriell verwendetes Brauchwasser wird deshalb mit einer Maßzahl für den Gehalt an Erdalkaliionen, der sogenannten **Gesamtwasserhärte GH**, charakterisiert **(Bild 154/1)**.

Die Gesamthärte eines Wassers ist die Summe der Konzentration der Erdalkaliionen im Wasser.

Sie entspricht im wesentlichen der Ca^{2+}- und Mg^{2+}-Konzentration (Sr^{2+} und Ba^{2+} nur in Spuren).

Wegen ihrer unterschiedlichen Wirkung unterteilt man die Gesamtwasserhärte in die **Carbonathärte**, auch *vorübergehende* oder *temporäre Härte* genannt, und die **Nichtcarbonathärte**, auch als *bleibende* oder *permanente Härte* bezeichnet.

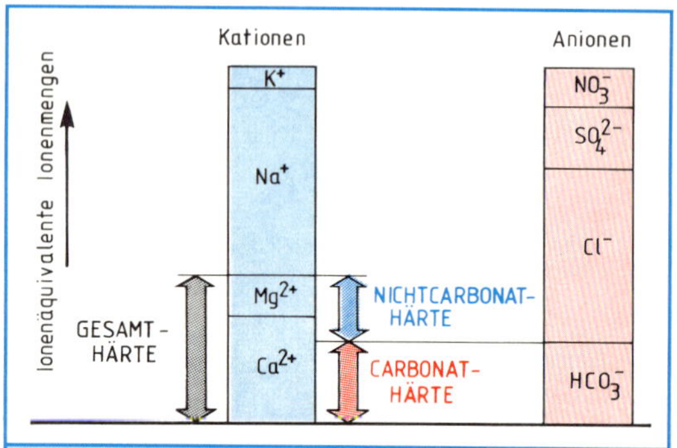

Bild 154/1: Die Wasserhärten, dargestellt am Beispiel der Ionen eines Wassers

Die Carbonathärte **CH** gibt *den* Anteil der Erdalkaliionen an, der den vorhandenen Hydrogencarbonationen äquivalent ist (Bild 154/1).

Der Name *temporäre Härte* hierfür rührt daher, daß sich dieser äquivalente Anteil der Erdalkaliionen, insbesondere die Ca^{2+}-Ionen, durch Kochen des Wassers mit den HCO_3^--Ionen zu wasserunlöslichem Calciumcarbonat umsetzen und sich als sogenannter Kesselstein abscheiden:

$$Ca^{2+} + 2\,HCO_3^- \longrightarrow CaCO_3\downarrow + CO_2\uparrow + H_2O$$

Die Nichtcarbonathärte **NCH** ist der Anteil der Erdalkaliionen, der über der HCO_3^--äquivalenten Erdalkaliionenkonzentration liegt (Bild 154/1).

Sie kann durch Differenzbildung bestimmt werden:

Nichtcarbonathärte = Gesamthärte − Carbonathärte

NCH = GH − CH

Dieser Anteil der Erdalkaliionen läßt sich nicht durch Kochen ausfällen. Deshalb der Name *bleibende* oder *permanente Härte* für die Nichtcarbonathärte.

Ist die Konzentration an HCO_3^--Ionen größer als die äquivalente Konzentration an Erdalkaliionen, so entspricht die Carbonathärte der Gesamthärte des Wassers.

Einheit der Wasserhärte. Die Wasserhärte wird in der Einheit **mol Ca^{2+} pro 1 m^3 Wasser** (Kurzschreibweise mol/m^3) oder der gleichgroßen Einheit **Millimol Ca^{2+} pro 1 l Wasser** (mmol/l) angegeben.

Liegt eine Massenkonzentrationsangabe β (Einheit: mg/l) vor, so kann sie in eine Stoffmengenkonzentration c (mmol/l) umgerechnet werden:

$$c \text{ (in mmol/l)} = \frac{\beta \text{ (in mg/l)}}{\textit{Molare Masse} \text{ (in mg/mmol)}}$$

Die früher gültige Härteeinheit **Deutscher Härtegrad** (°dH) ist nicht mehr zulässig. Noch vorhandene Angaben in der Einheit °dH können in die heute gebräuchliche Einheit mmol/l (Ca^{2+}) umgerechnet werden:

1 °dH = 0,179 mmol/l

Beispiel: Berechnung der Härte eines Wassers aus Analysenwerten

Die Analyse eines Trinkwassers (z. B. Karlsruher Trinkwasser) ergab folgende gelöste Inhaltsstoffe:

Kationen: 100 mg/l Ca^{2+}, 12 mg/l Mg^{2+}, 8 mg/l Na^+, 2 mg/l K^+

Anionen: 16 mg/l Cl^-, 60 mg/l SO_4^{2-}, 280 mg/l HCO_3^-, 6 mg/l NO_3^-

Mit den molaren Massen $M(Ca^{2+}) = 40{,}1$ g/mol, $M(Mg^{2+}) = 24{,}3$ g/mol, $M(HCO_3^-) = 61{,}0$ g/mol (Bild 52/1) folgt:

$$c(Ca^{2+}) = \frac{\beta(Ca^{2+})}{M(Ca^{2+})} = \frac{100 \text{ mg/l}}{40{,}1 \text{ mg/mmol}} = \mathbf{2{,}49\ mmol/l}; \quad c(Mg^{2+}) = \frac{12 \text{ mg/l}}{24{,}3 \text{ mg/mmol}} = \mathbf{0{,}494\ mmol/l}$$

Die **Gesamthärte GH** beträgt demnach: **GH** = 2,49 mmol/l + 0,49 mmol/l = **2,984 mmol/l**
(entsprechend 16,67 °dH)

Die **Carbonathärte CH** errechnet sich nach der Gleichung:

$$\mathbf{CH} = \frac{c(HCO_3^-)}{2} = \frac{\beta(HCO_3^-)/M(HCO_3^-)}{2} = \frac{280\ \text{mg/l} / 61{,}0\ \text{mg/mmol}}{2} = \mathbf{2{,}29\ mmol/l}$$

Die **Nichtcarbonathärte NCH** läßt sich durch Differenzbildung berechnen:

$$\mathbf{NCH} = \mathbf{GH} - \mathbf{CH} = 2{,}984\ \text{mmol/l} - 2{,}290\ \text{mmol/l} = \mathbf{0{,}694\ mmol/l}$$

Wasserhärtebereiche. Um den Verbraucher nicht mit für ihn unverständlichen Zahlenwertangaben zu belasten, wird von den Wasserwerken für den allgemeinen Gebrauch die Härte eines Wassers mit einem Härtebereich bezeichnet **(Tabelle 155/1)**.

Man definiert vier Härtebereiche, denen man Bezeichnungen von *weich* über *mittel* und *hart* bis *sehr hart* zuordnet. Die Unterteilung in vier Härtebereiche entspricht den Anforderungen der Praxis, wie sie z.B. zur Dosierung von Waschmitteln erforderlich ist.

Für Trinkwasser ist eine bestimmte Wasserhärte wegen des Wassergeschmacks erwünscht. Technisch verwendete Wässer dürfen zum Teil keine Erdalkaliionen enthalten. Sie müssen enthärtet werden (Seite 156).

Tabelle 155/1: Wasserhärtebereiche

Härtebereich	Gesamthärte in mmol/l	Gesamthärte in °dH
weich Härtebereich 1	bis 1,3	bis 7,3
mittel Härtebereich 2	1,3–2,5	7,3–14
hart Härtebereich 3	2,5–3,8	14–21,3
sehr hart Härtebereich 4	über 3,8	über 21,3

3.4.4 Wasser für technische Verwendungen (Brauchwässer)

Neben der Verwendung von Wasser im Haushalt als Trinkwasser gibt es eine Reihe spezieller Verwendungen des Wassers in der Industrie und für den allgemeinen Bedarf.

Badewasser für öffentliche Bäder muß Trinkwasserqualität besitzen, das heißt es muß frei von Keimen und Bakterien sein. Als Badewasser in öffentlichen Bädern wird meist Trinkwasser aus dem öffentlichen Trinkwassernetz entnommen, das zusätzlich durch Chlorieren und Umwälzung durch Filter gegen die Bildung von Keimen und Krankheitserregern geschützt wird.

Waschwasser für Wäschereien, Färbereien, die Textilindustrie usw. muß frei von Eisen-, Mangan-, Calcium- und Magnesiumionen sein.

Kühlwasser muß je nach Verwendungszweck unterschiedliche Qualität besitzen. Kühlwasser, das nur einmal verwendet wird, wird meist nicht besonders aufbereitet, sondern nur von Schwebeteilchen befreit. Es sollte möglichst nicht aggressiv gegenüber den Kühlflächen sein und keine organischen oder anorganischen Ablagerungen bilden. Kühlwasser, das in einem geschlossenen Kühlkreislauf geführt wird, muß Kesselspeisewasser-Qualität besitzen.

Kesselspeisewasser dient in Dampfkraftwerken zur Erzeugung von Wasserdampf und wird in geschlossenen Kühlkreislaufsystemen verwendet. Es darf keine gelösten Erdalkaliionen enthalten, die Ablagerungen (z.B. $CaCO_3$) bilden könnten und sein übriger Salzgehalt sollte möglichst gering sein, um Schaumbildung zu vermeiden. Außerdem müssen die Gase (CO_2, O_2, N_2) weitgehend aus dem Wasser entfernt sein, da sie zu verstärkter Korrosion der Apparate und Rohrleitungen führen.

Prozeßwasser ist Wasser, das in Chemiebetrieben zur Synthese eines Stoffes benötigt wird oder das bei der Herstellung eines Stoffes verbraucht wird. Prozeßwasser muß in der Regel enthärtet, entsalzt und entgast sein. Prozeßwasser ist z.B. das Wasser, das bei der Synthese von Schwefelsäure ($SO_3 + H_2SO_4 + H_2O \longrightarrow 2\ H_2SO_4$) in die Verbindung eingebaut wird (Seite 127).

Destilliertes Wasser (aqua dest.) wird durch ein- oder mehrmaliges Verdampfen und Kondensieren (Destillieren) von vorgereinigtem Wasser hergestellt. Da die Herstellung teuer ist, wird es nur für Spezialanwendungen der Chemie, Pharmazie und Medizin verwendet.

Anstelle von destilliertem Wasser kann in den meisten Fällen das billigere, im Ionenaustauscher vollentsalzte Wasser (aqua dem.) verwendet werden.

3.4.5 Wasserenthärtung und Vollentsalzung

Wasserenthärtung

Unter Enthärtung des Wassers versteht man die Beseitigung der im Wasser gelösten Erdalkaliionen (Ca^{2+}, Mg^{2+}), die zur Ablagerung von Kesselstein führen können. Das am häufigsten verwendete Enthärtungsverfahren ist die **Enthärtung mit Ionenaustauschern**.

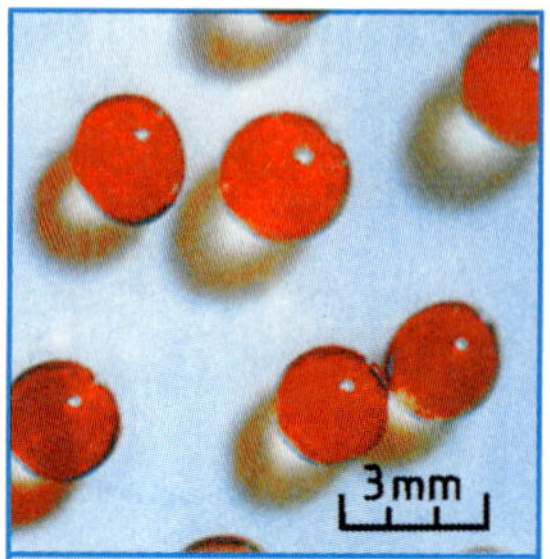

Bild 156/1: Ionenaustauscherkugeln

Ionenaustauscher-Substanzen sind oberflächenaktive Kunststoffe, meist Kügelchen von Stecknadelkopf- bis Erbsengröße (1 bis 3 mm) aus Polystyrol oder Polyacrylat, Handelsname z. B. Lewatit **(Bild 156/1)**.

Sie geben locker an ihrer Oberfläche gebundene Ionen in eine Lösung ab und nehmen dafür äquivalente Mengen anderer Ionen aus der Lösung auf.

Bei Ionenaustauschern erfolgt ein Austausch nur zwischen Ionen mit gleichsinniger Ladung: Kationenaustauscher tauschen nur Kationen aus, Anionenaustauscher nur Anionen.

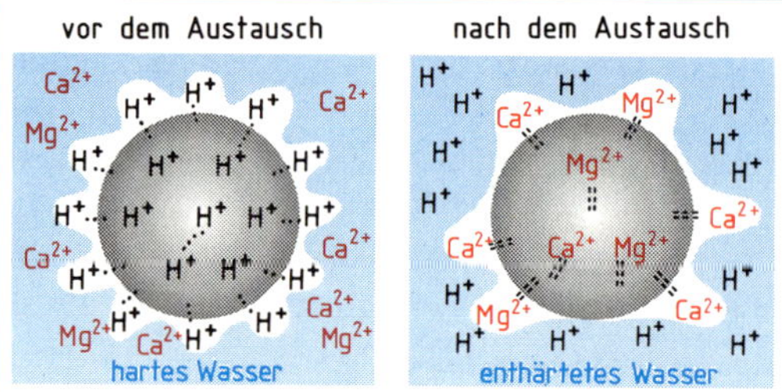

Bild 156/2: Beladen einer Ionenaustauscherkugel

Zur Wasserenthärtung verwendet man ein Haufwerk aus H^+-beladenen Ionenaustauscherkugeln. Läßt man hartes Wasser über sie rieseln, so geben sie ihre H^+-Ionen an das Wasser ab und binden die Ca^+- und Mg^{2+}-Ionen aus dem Wasser **(Bild 156/2)**:

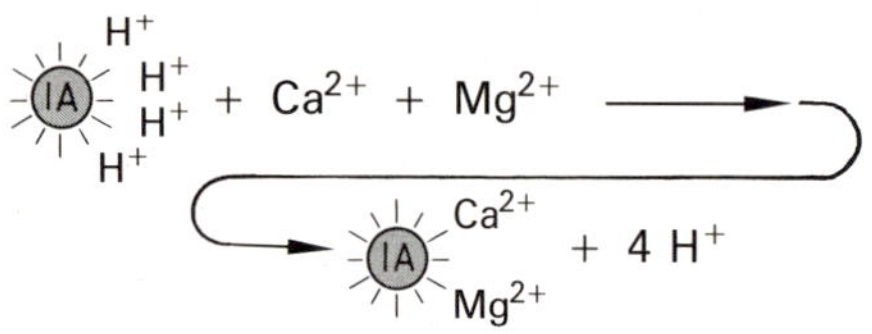

Nach dem Durchlauf enthält das Wasser H^+-Kationen sowie verschiedene Anionen. Die H^+-Kationen bilden mit HCO_3^--Anionen CO_2-Gas, das sich im Wasser löst: $H^+ + HCO_3^- \longrightarrow CO_2\uparrow + H_2O$. Da es korrosionsfördernd wirken würde, wird es in einem CO_2-Riesler ausgetrieben.

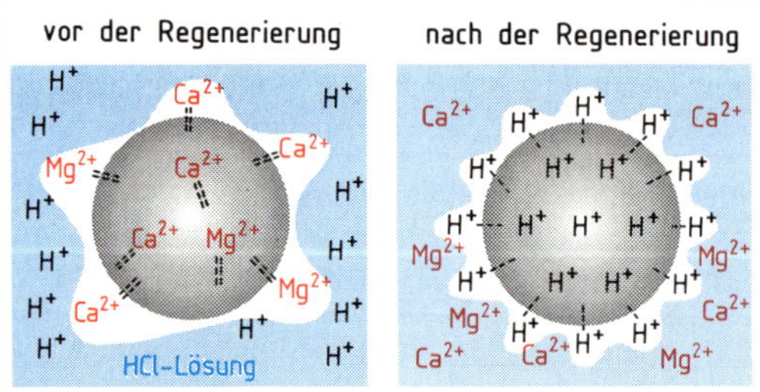

Bild 156/3: Regenerieren einer Austauscherkugel

Sind alle Ionen der Kunststoffkugeln ausgetauscht, so ist der Ionenaustauscher erschöpft. Durch eine **Regenerierung** können die beladenen Kugeln wieder in den austauschfähigen Zustand zurückgeführt werden **(Bild 156/3)**. Dazu werden sie mit einer verdünnten HCl-Lösung gespült. Es findet dann ein Rücktausch der Ionen statt: Die gebundenen Ca^{2+}- und Mg^{2+}-Ionen gehen in die Lösung, an ihrer Stelle werden H^+-Ionen aus der Lösung an die Ionenaustauscherkugeln gebunden. Danach sind die Ionenaustauscherkugeln wieder für die Wasserenthärtung verwendbar.

Die technische Durchführung der Wasserenthärtung erfolgt in Reaktionsgefäßen, die mit einem Haufwerk aus Ionenaustauscherkugeln gefüllt sind **(Bild 156/4)**. Das Rohwasser fließt durch dieses Haufwerk und anschließend durch den CO_2-Riesler.

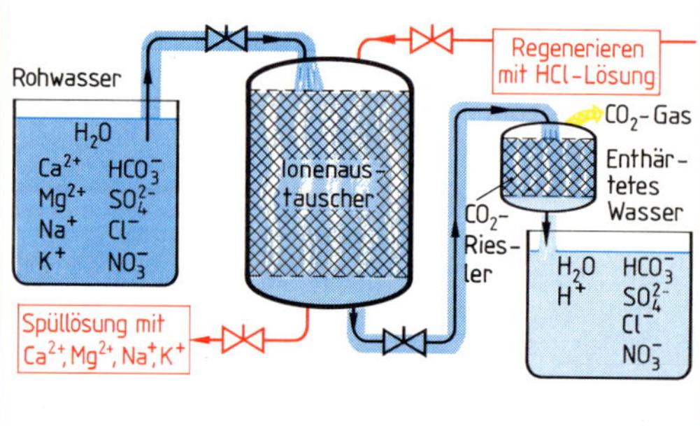

Bild 156/4: Wasserenthärtung mit einer Ionenaustauscheranlage

Ist die Austauschfähigkeit des Haufwerks erschöpft, dann wird auf *Regenerieren* umgestellt. Nach der Regeneration wird wieder auf *Enthärten* geschaltet.

Wasserenthärtung mit Soda oder Polyphosphaten. Kleinere Wassermengen, wie z.B. in Haushaltswaschmaschinen, werden durch die Zugabe von Soda oder Polyphosphaten enthärtet.

Bei **Soda Na_2CO_3** verbinden sich die Ca^{2+}-Ionen im Wasser mit den Carbonationen der Soda und bilden unlösliches Calciumcarbonat, das als feiner Schlamm ausfällt: $Ca^{2+} + CO_3^{2-} \longrightarrow CaCO_3\downarrow$

Polyphosphate in der Waschlauge binden die Ca^{2+}-Ionen in löslichen Komplexsalzen.

Vollentsalzung von Wasser

Die Entfernung sämtlicher im Wasser gelöster Ionen (Vollentsalzung) erfolgt durch zwei hintereinander geschaltete Behälter mit Kationenaustauschern und Anionenaustauschern **(Bild 157/1)**.

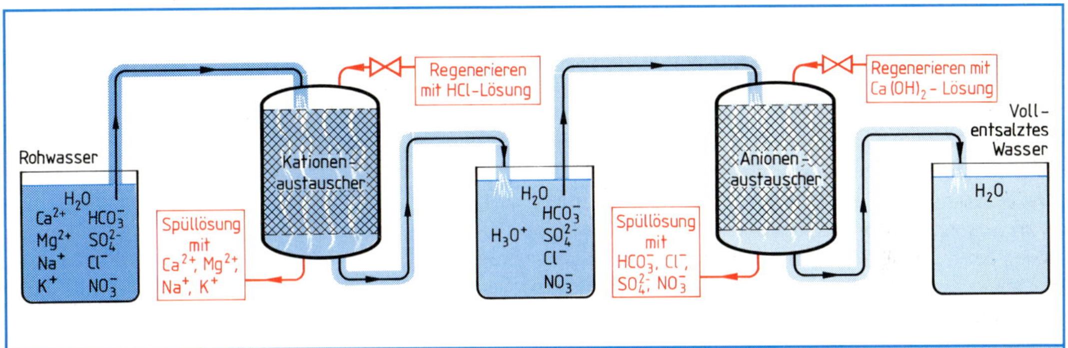

Bild 157/1: Vollentsalzung von Wasser

Die Austauscherkügelchen im Kationenaustauscher sind mit H^+-Ionen beladen und tauschen sie gegen die im Wasser vorhandenen Kationen Ca^{2+}, Mg^{2+}, Na^+, K^+ aus:

$$(KA)\begin{smallmatrix}H^+\\H^+\end{smallmatrix} + Ca^{2+} \longrightarrow (KA){-}Ca^{2+} + 2\,H^+$$

Die Austauscherkügelchen im Anionenaustauscher sind mit OH^--Ionen beladen und tauschen sie gegen die im Wasser vorhandenen Anionen SO_4^{2-}, NO_3^-, Cl^-, HCO_3^- aus:

$$(AA)\begin{smallmatrix}OH^-\\OH^-\end{smallmatrix} + SO_4^{2-} \longrightarrow (AA){-}SO_4^{2-} + 2\,OH^-$$

Die im Kationenaustauscher abgegebenen H^+-Ionen und die im Anionenaustauscher frei gewordenen OH^--Ionen vereinigen sich zu Wasser: $H^+ + OH^- \longrightarrow H_2O$

Der technische Betrieb von Ionenaustauschern

Ionenaustauscheranlagen bestehen aus ein oder mehreren, mit Ionenaustauscherkugeln gefüllten Reaktionsgefäßen, die mit Rohrleitungen und Armaturen verbunden sind (Bild 156/4). Sie werden je nach Betriebsart nach verschiedenen Verfahren betrieben.

Das **diskontinuierliche Verfahren** arbeitet mit einer Eingefäß-Anlage (Bild 156/4) in zwei Arbeitstakten: Es wird solange beladen, bis die Kapazität des Ionenaustauscherhaufwerks erschöpft ist. Dann wird der Wasserstrom abgestellt und Regenerierflüssigkeit durch die Kugelschüttung geleitet. Nach erfolgter Regenerierung wird wieder auf Wasserdurchlauf umgestellt. Während der Regenerierung steht kein enthärteter Wasserstrom zur Verfügung. Durch ein großvolumiges Auffanggefäß (Speicher) kann eine fortlaufende Entnahme von enthärtetem Wasser gewährleistet werden.

Das **alternierende Verfahren** arbeitet mit einer Anlage, die aus jeweils zwei Ionenaustauschergefäßen besteht. Sie sind so geschaltet, daß während der eine Ionenaustauscher das Wasser reinigt, der andere regeneriert wird. Ist der erste Ionenaustauscher beladen, dann wird auf den zweiten umgeschaltet, der vorher regeneriert wurde. Dieser Vorgang wird wiederholt; es steht fortlaufend ein Strom enthärteten Wassers zur Verfügung.

Bild 157/2: Ionenaustauscheranlage

3.4.6 Reinigung industriell verschmutzter Abwässer

Industriell verschmutztes Abwasser, z. B. aus einem metallverarbeitenden Betrieb mit spanabhebender Fertigung, Galvanisieren und Lackieren enthält eine Vielzahl von Schadstoffen. Es muß gereinigt werden, bevor es in eine öffentliche Kläranlage weitergeleitet werden kann. Die Reinigung erfolgt in einer Reihe von Einzelschritten, die sich nach der Art und Menge der Schadstoffe richten. **Bild 158/1** zeigt das *Fließbild* und **Bild 158/2** die *Anlage* zur Reinigung industriell verschmutzten Abwassers.

Zuerst erfolgt eine **Grobklärung** von Feststoffteilchen in einem *Absetzbecken*. Das ist ein großvolumiger Behälter, in dem sich die Feststoffteilchen wegen ihrer größeren Dichte am Boden als Schlamm absetzen **(Bild 159/1)**. Er wird in eine *Filterpresse* geleitet und dort entwässert **(Bild 159/5)**.

Das über den Ringüberlauf des Absetzbeckens ablaufende, geklärte Abwasser ist weitgehend feststofffrei. Dann folgt die **Ölabscheidung** (Bild 158/2). Die Grobölabscheidung wird mit *Tellerzentrifugen* durchgeführt **(Bild 159/2)**. Das Öl sammelt sich wegen seiner geringeren Dichte an der Zentrifugenachse, während das Wasser an den Zentrifugenumfang gepreßt wird. Um eine vollständige Entfernung der Ölverschmutzung zu erreichen, muß noch eine *Membranfiltration* des noch Ölreste enthaltenden Abwassers angeschlossen werden **(Bild 159/4)**. Hierbei strömt das Abwasser durch Membranschläuche. Das Wasser und die gelösten Stoffe treten durch die Membran hindurch und bilden ein ölfreies Filtrat. Das mit Öl angereicherte Rückstandswasser wird zur Ölabtrennung in die Zentrifuge zurückgeleitet.

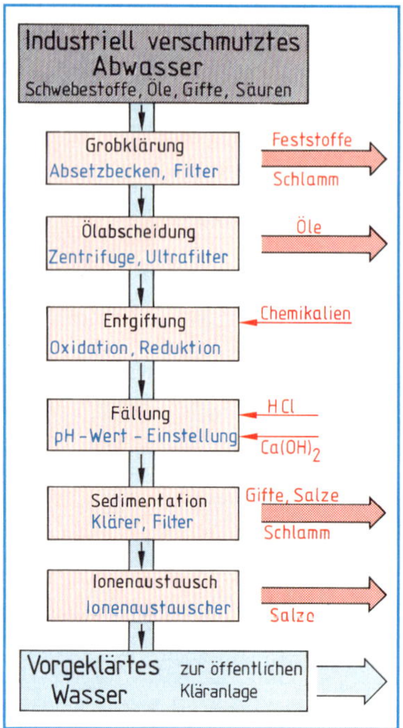

Bild 158/1: Fließbild einer Industrieabwasser-Reinigung

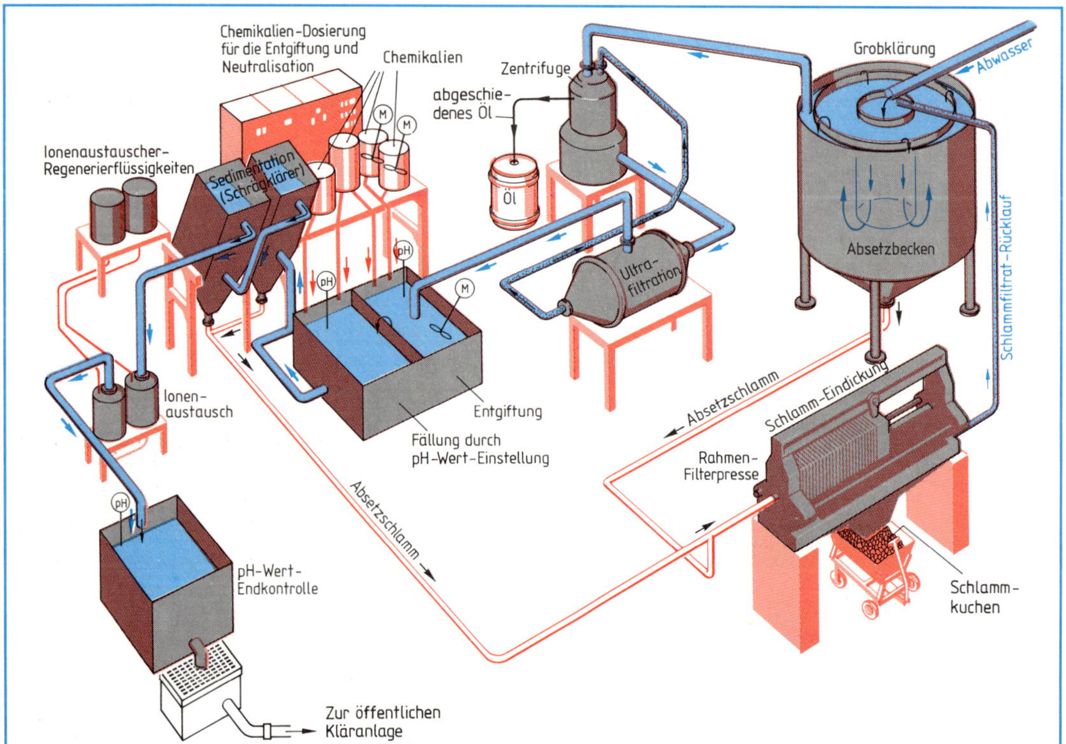

Bild 158/2: Anlage zur Reinigung von industriell verschmutztem Abwasser

Industrielles Abwasser enthält häufig giftige Stoffe, wie *Chromate* (CrO_4^{2-}), *Cyanide* (CN^-) oder *Nitrite* (NO_2^-), die z. B. in Härtereien oder Galvanikbetrieben anfallen. Die **Entgiftung** erfolgt durch Zugabe von Chemikalien, die die giftigen Anionen oxidieren oder reduzieren und als schwerlösliche Salze ausfallen lassen.

Beispiel: *Chromatentgiftung mit Eisen(II)-sulfat*

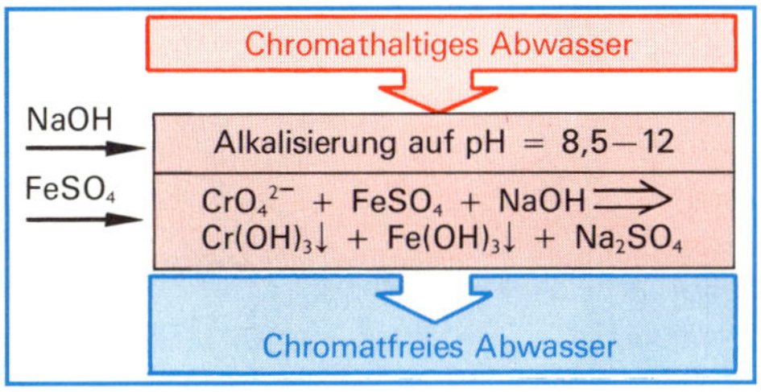

Auch die Metallkationen, wie Cd^{2+}, Zn^{2+}, Fe^{3+}, Cr^{3+}, Pb^{2+} und andere, müssen aus dem Abwasser entfernt werden. Dies geschieht durch **Fällung**. Dazu wird das Abwasser durch Zugabe von Säure oder Lauge auf einen pH-Wert eingestellt, bei dem die Metalle mit dem Fällungsmittel schwerlösliche Verbindungen bilden und ausfallen **(Tabelle 159/1)**. Durch Zugabe von Flockungshilfsmitteln werden die feinkörnigen Ausfällpartikel zusammengelagert, so daß sie schneller absinken.

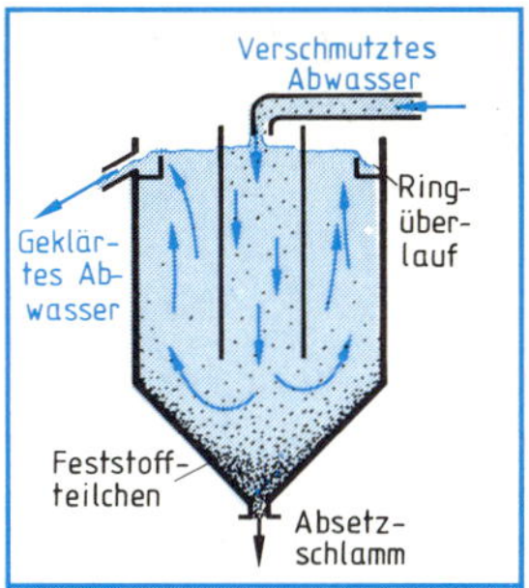

Bild 159/1: Absetzbecken

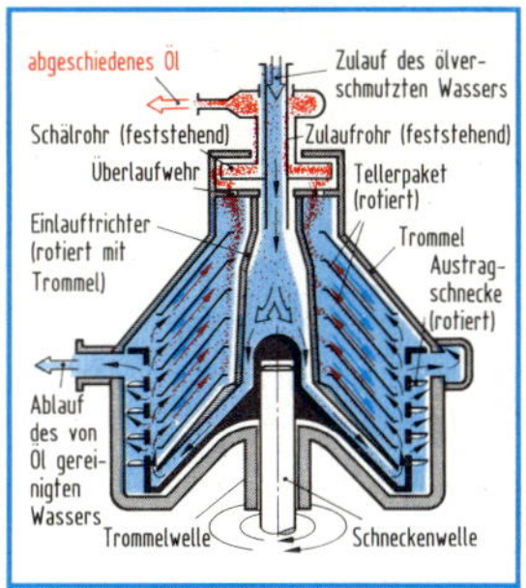

Bild 159/2: Zentrifuge

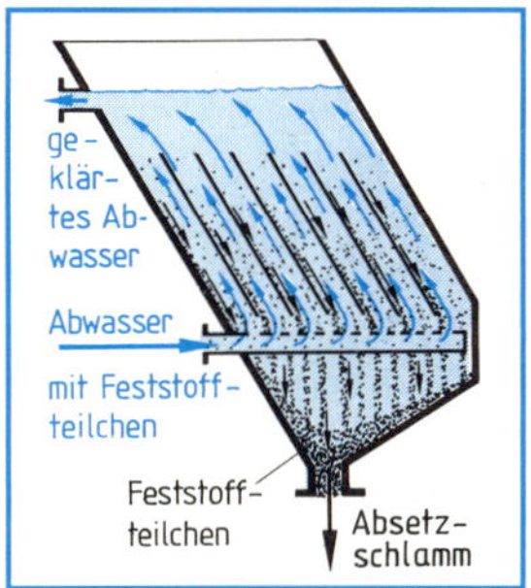

Bild 159/3: Schrägklärer

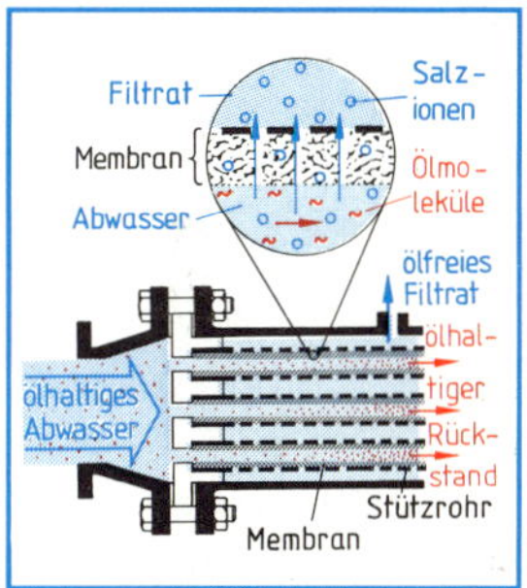

Bild 159/4: Membranfiltration

Tabelle 159/1: Fällungsbereiche von Metallkationen

Ionen	Konzentration nach dem Ausfällen	pH – Wert → (2 3 4 5 6 7 8 9 10 11 12)
Cd^{2+}	<3 mg/l	mit Na_2CO_3
Ni^{2+}	<3 mg/l	
Zn^{2+}	<3 mg/l	mit $Ca(OH)_2$
Cu^{2+}	<1 mg/l	
Cr^{3+}	<2 mg/l	mit $Ca(OH)_2$
Al^{3+}	<2 mg/l	
Fe^{3+}	<2 mg/l	

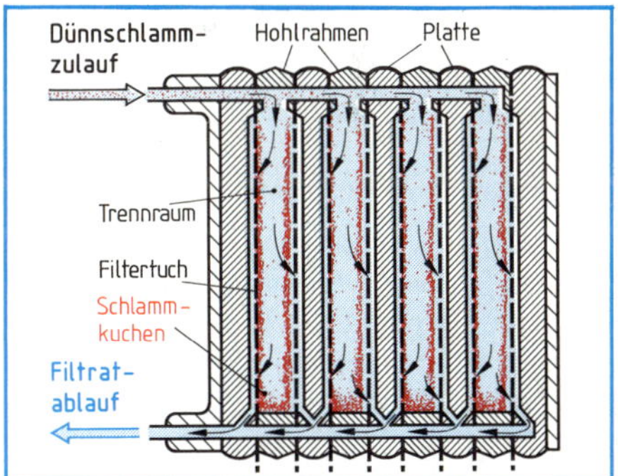

Bild 159/5: Rahmenfilterpresse

Die Abtrennung der Ausfällpartikel erfolgt durch **Sedimentation**, z. B. in einem *Schrägklärer* **(Bild 159/3)**. Der erhaltene Absetzschlamm ist noch sehr dünnflüssig, er enthält nur etwa 1% bis 5% Feststoffanteil. Deshalb erfolgt anschließend eine **Schlammeindickung**, z. B. durch Einpressen des Dünnschlamms in eine *Rahmenfilterpresse* **(Bild 159/5)**. Der Schlammkuchen wird auf einer Sondermülldeponie abgelagert.

Das aus den Schrägklärern abströmende, geklärte Abwasser ist nur noch schwach belastet (Bild 158/2). Falls erforderlich, wird es durch **Ionenaustausch** noch weitgehender von letzten Resten gelöster Ionen befreit (Bild 157/1) und kann dann einer öffentlichen Kläranlage (Seite 268) zugeführt werden.

Wiederholungsfragen

1. **Welche Inhaltsstoffe enthält Grundwasser?**
2. **Was gibt die Gesamthärte eines Wassers an?**
3. **In welcher Einheit wird die Wasserhärte angegeben?**
4. **Was ist Kesselspeisewasser?**
5. **Welche Vorgänge laufen an einer Ionenaustauscherkugel beim Enthärten von Wasser ab?**
6. **Wie wird eine Vollentsalzung von Wasser durchgeführt?**

3.5 Chemie und Technologie der Baustoffe

Die Baustoffe Kalk, Gips und Zement werden in gewaltigen Mengen produziert und verarbeitet. Die Weltproduktion beträgt 1 Milliarde Tonnen im Jahr.

3.5.1 Kalk

Herstellung. Ausgangsstoff für die Herstellung von Kalk ist der in der Natur als Gebirge vorkommende **Kalkstein**. Er besteht zum überwiegenden Teil aus **Calciumcarbonat $CaCO_3$** und kann bis zu 10% Beimengungen an Magnesiumcarbonat $MgCO_3$ sowie Sand SiO_2 und Ton $Al_2O_3 \cdot 2\ SiO_2 \cdot 2\ H_2O$ enthalten.

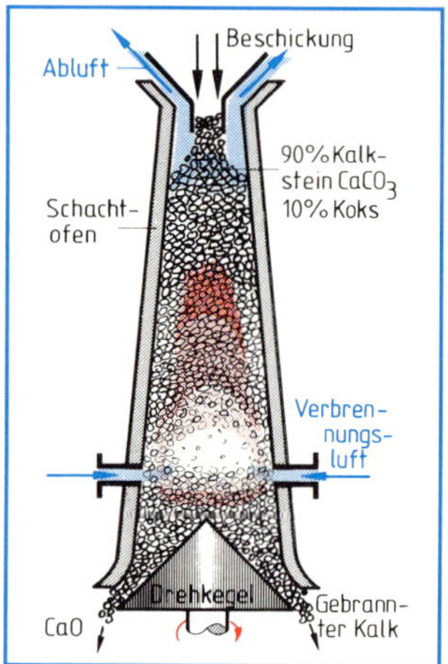

Bild 160/1: Kalkherstellung im Schachtofen

Durch sogenanntes **Brennen**, d.h. Erhitzen auf 1400 °C, erhält man **Calciumoxid CaO**. Es wird **gebrannter Kalk** genannt.

$$CaCO_3 \xrightarrow{1400\,°C} CaO + CO_2\uparrow$$

Die technische Durchführung des Brennens erfolgt meist in großen Schachtöfen **(Bild 160/1)**: Von oben wird fortlaufend ein Gemisch aus 90% Kalkstein und 10% Koks aufgegeben, das langsam im Ofen nach unten rutscht und die verschiedenen Temperaturzonen des Ofens durchläuft. Im unteren und mittleren Bereich des Schachtofens verbrennt der Koks und erzeugt die erforderliche Brenntemperatur. Dort findet die chemische Umsetzung statt. Unten wird der erzeugte gebrannte Kalk von einem Drehkegel ausgetragen.

Der in Nußgröße anfallende, gebrannte Kalk wird dosiert mit Wasser besprüht. Es entsteht **Calciumhydroxid $Ca(OH)_2$, gelöschter Kalk** genannt, ein trockenes, weißes Pulver. Den Vorgang nennt man *Ablöschen des Kalks:*

$$CaO + H_2O \longrightarrow Ca(OH)_2$$

Das Ablöschen des Kalks ist ein stark exothermer Vorgang ($\Delta H = -63$ kJ/mol). Bei der Reaktion von gebranntem Kalk mit wenig Wasser, wird das Wasser durch die Reaktionswärme so heiß, daß es zum Teil zischend verdampft. Deshalb der Ausdruck: *Ablöschen des Kalks.*

Der gelöschte Kalk, in der Umgangssprache häufig einfach **Kalk** genannt, wird in Säcke oder Silos abgefüllt. Er wird mit Sand vermischt und dann mit Wasser zu einem teigigen Brei, dem *Mörtel*, angerührt.

Erhärten des Mörtels

Im Laufe von Tagen wird der Mörtel immer fester, man spricht vom *Abbinden des Mörtels*. Es laufen dabei ineinandergreifende physikalische und chemische Vorgänge ab **(Bild 160/2)**: Das Anrührwasser des Mörtels löst einen Teil des gelöschten Kalks, sowie in der Luft enthaltenes Kohlenstoffdioxidgas. Beide gelösten Stoffe reagieren miteinander:

$$Ca^{2+} + 2\,OH^- + CO_2 \longrightarrow CaCO_3\downarrow + H_2O$$

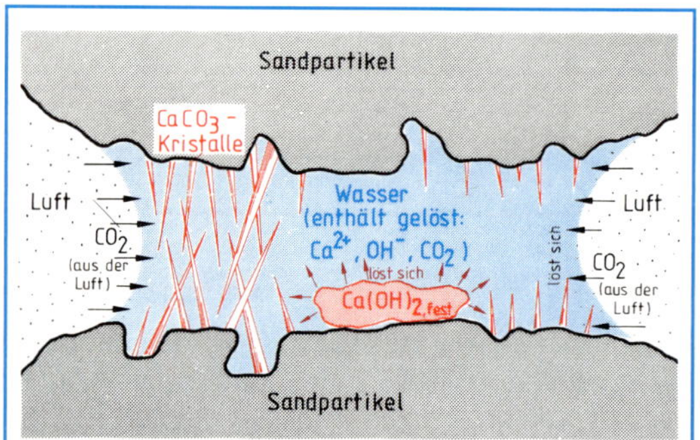

Bild 160/2: Erhärten des Mörtels (schematisch)

Es entsteht wasserunlösliches *Calciumcarbonat* **$CaCO_3$**, das in Form von Nadeln auskristallisiert, die an den Sandpartikeln aufwachsen. Durch das Auskristallisieren von $CaCO_3$ ist das Wasser nun an Ca^{2+}, OH^- und CO_2 verarmt. Es löst sich deshalb erneut $Ca(OH)_2$ und CO_2, die wieder miteinander zu $CaCO_3$ reagieren und als Kristallnadeln ausfallen. Dieser Prozeß des Lösens und Auskristallisierens findet fortlaufend statt. Es bildet sich ein dichtes Kristallnadelgeflecht aus $CaCO_3$, das sich zunehmend verfilzt und die Sandpartikel fest miteinander verbindet.

Da in der Luft nur 0,03 Vol.% CO_2 enthalten ist, müssen große Luftmassen vorbeiströmen, um die zur Reaktion erforderliche CO_2-Menge heranzutransportieren. Deshalb nimmt der Abbindeprozeß des Mörtels längere Zeit in Anspruch. Dünne Mörtelfugen binden innerhalb weniger Wochen ab, bei dicken Mörtelbrocken dauert es Jahre. Gute Lüftung des Mauerwerks beschleunigt das Abbinden.

Das Wasser, mit dem der Mörtel angerührt wurde, nimmt an der chemischen Reaktion des Abbindens des Mörtels nicht teil. Es dient als Lösungsmittel, in dem die chemische Reaktion stattfindet. Da bei der $CaCO_3$-Bildung Wasser entsteht, ist im Mörtelinnern genügend Wasser vorhanden. Mörtel, der nach der Verarbeitung sofort austrocknet, bindet nicht ab.

Beim Abbinden des Mörtels entsteht *Calciumcarbonat* **$CaCO_3$**, identisch mit dem Calciumcarbonat des Ausgangsstoffes *Kalkstein*. Man spricht deshalb auch vom Kreislauf des Kalks **(Bild 161/1)**.

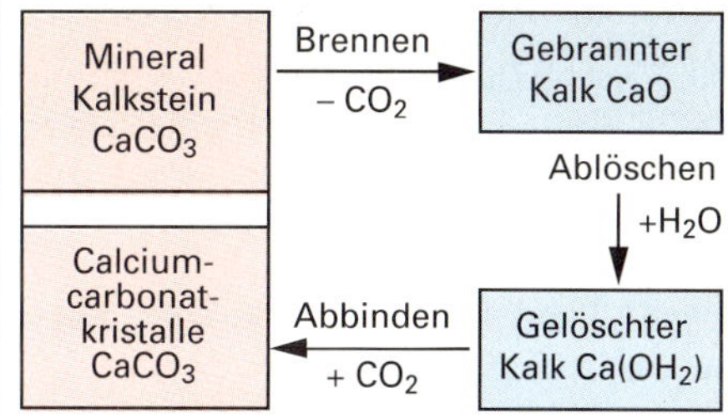

Bild 161/1: Kalk-Kreislauf

Kalksorten

Gewöhnlicher Kalk erhärtet nicht unter Wasser, da der gelöschte Kalk $Ca(OH)_2$ wasserlöslich ist und deshalb ausgewaschen wird. Diesen Kalk bezeichnet man als **Luftkalk**.

Durch rund 20% Tonbeimengungen zum Ausgangsstoff Kalkstein kann ein Kalk gebrannt werden, der auch unter Wasser abhärtet. Man nennt ihn **hydraulischen Kalk**. Ursache der Erhärtung auch unter Wasser ist die Bildung von wasserunlöslichen Silikaten (ähnlich wie bei der Zementhärtung, Seite 163).

Verwendung: Kalk wird mit lehmhaltigem Sand vermischt und dann mit Wasser zu einem teigigen Brei, **Mörtel** genannt, angerührt. Er dient als Bindebaustoff sowie als Außenputz.

Die sogenannten **Kalksandsteine** werden aus einer Kalk-Quarzsand-Mischung durch Aushärten unter Wasserdampf hergestellt.

3.5.2 Gips

Ausgangsstoff für die Herstellung des Baustoffes Gips ist das Mineral **Gipsstein $CaSO_4 \cdot 2\,H_2O$**, das zusammen mit Steinsalzlagerstätten (Bild 91/2) in großen Mengen vorkommt.

Durch Erhitzen des Minerals auf verschiedene Temperaturen, und damit Austreiben eines Teils des Kristallwassers, stellt man verschiedene Gipssorten her.

Bei Erhitzen auf 130 °C entsteht sogenannter **gebrannter Gips $CaSO_4 \cdot \frac{1}{2}\,H_2O$:**

$$CaSO_4 \cdot 2\,H_2O \xrightarrow{130\,°C} CaSO_4 \cdot \tfrac{1}{2}\,H_2O \quad + \quad 1\tfrac{1}{2}\,H_2O$$

Mit Wasser angerührt, bindet er innerhalb weniger Minuten ab. Beim Abbindevorgang löst sich der gebrannte Gips ($CaSO_4 \cdot \frac{1}{2}\,H_2O$) im Anmachwasser, lagert Kristallwasser in die Verbindung ein und scheidet sich als Gips ($CaSO_4 \cdot 2\,H_2O$) in Form eines sich verfilzenden Nadelgeflechtes aus.

$$CaSO_4 \cdot \tfrac{1}{2}\,H_2O \quad + \quad 1\tfrac{1}{2}\,H_2O \longrightarrow CaSO_4 \cdot 2\,H_2O$$

Gebrannter Gips, in der Umgangssprache einfach Gips genannt, wird als Innenputz verarbeitet.

Stuckgips erhält man durch Erhitzen auf rund 150 °C. Er hat etwas weniger Kristallwasser und erhärtet nach Wasserzugabe in rund $^1/_2$ Stunde. Dadurch kann er nach dem Wandauftrag geformt werden (Stuck).

Durch Erhitzen auf rund 900 °C entsteht **Estrichgips**, der nur wenig Kristallwasser enthält und zum Teil in CaO umgewandelt ist:

$$CaSO_4 \cdot 2\,H_2O \xrightarrow{900\,°C} CaSO_4 \quad + \quad 2\,H_2O$$

$$CaSO_4 \cdot 2\,H_2O \xrightarrow{900\,°C} CaO \quad + \quad SO_2 \quad + \quad \tfrac{1}{2}\,O_2 \quad + \quad 2\,H_2O \uparrow$$

Durch Anrühren mit Sand und Wasser entsteht nach mehreren Tagen Aushärtezeit eine feste Baumasse, die unter dem Namen *Estrich* als Fußbodenunterbau verwendet wird. Er besteht aus einem Gips/Kalkstein-Gemisch:

$$CaSO_4 \quad + \quad 2\,H_2O \longrightarrow CaSO_4 \cdot 2\,H_2O$$

$$CaO \quad + \quad H_2O \longrightarrow Ca^{2+} + 2\,OH^- \qquad Ca^{2+} + 2\,OH^- \quad + \quad CO_2 \longrightarrow CaCO_3 \quad + \quad H_2O$$

Die technische Produktion von Gips erfolgt in Drehrohröfen (Bild 162/1). Der stückig anfallende Gips wird fein gemahlen und in Säcke oder Silos abgefüllt.

3.5.3 Zement

Die Ausgangsstoffe der Zementherstellung sind *Kalkstein* ($CaCO_3$) und *Ton* ($Al_2O_3 \cdot 2\,SiO_2 \cdot 2\,H_2O$, SiO_2, Fe_2O_3). Diese Rohstoffe werden meist getrennt abgebaut und dann im gewünschten Verhältnis gemischt. Es kommen jedoch auch Gesteine vor, die ein annähernd richtiges Mischungsverhältnis von Kalkstein und Ton besitzen, wie z.B. *Kalkmergel*.

Herstellung von Zement (Bild 162/1)

Die Ausgangsstoffe werden im Tagebau gewonnen und durchlaufen eine Grobzerkleinerungsanlage. Dann erfolgt eine Vordosierung der Bestandteile auf die ungefähre Zusammensetzung: 77% $CaCO_3$, 14% SiO_2, 4% Al_2O_3, 2% Fe_2O_3, 3% $MgCO_3$. Diese Mischung ergibt sogenannten **Portlandzement**, die Zementsorte mit der größten Festigkeit.

Die Gesteinsmischung gelangt dann in eine Mahl-Trocknungsanlage (Kugelmühle), wo sie getrocknet und auf eine Korngröße unter 90 µm gemahlen wird. Dieses Rohmehl wird in Silos gelagert und in einer Mischanlage exakt auf die erforderliche Zusammensetzung eingestellt. Dann wird das Rohmehl einer Granulieranlage zugeführt. Dies sind schräg gestellte, langsam rotierende Teller, auf die das Gesteinsmehl oben aufgebracht wird. Gleichzeitig wird Wasser aufgesprüht. Es bilden sich dadurch Gesteinsmehl-Klümpchen von rund 10 mm Durchmesser. Sie gelangen auf einen Wanderrost, wo sie von der heißen Ofenabluft getrocknet werden und dadurch zusammenbacken.

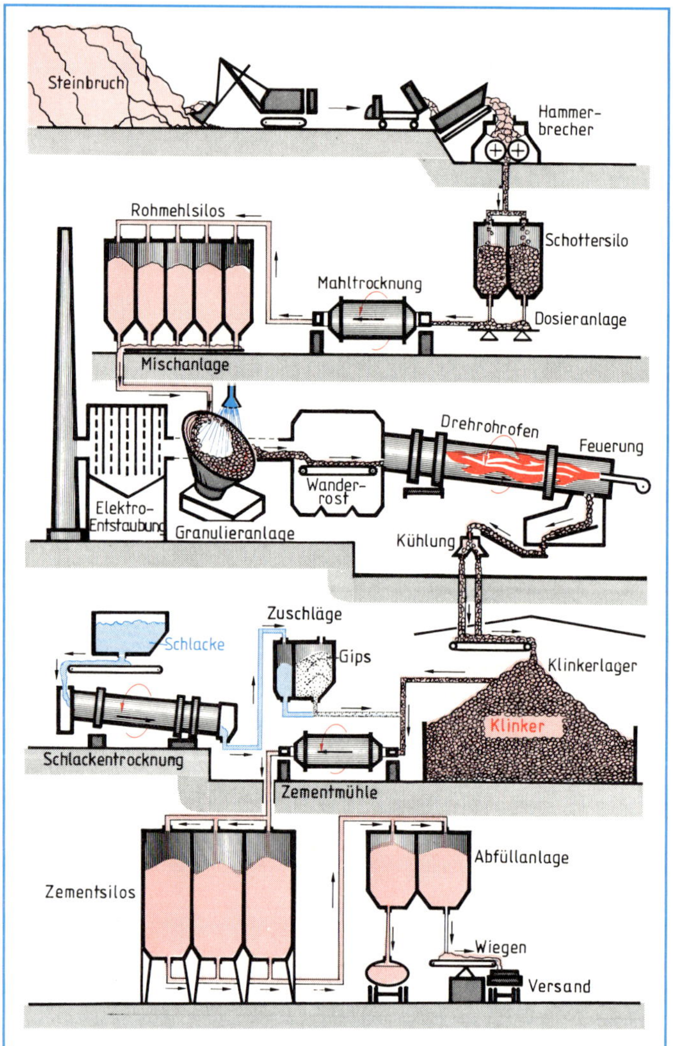

Bild 162/1: Produktionsschema der Zementherstellung

Diese Granalien werden einem Drehrohrofen zugeführt. Dies ist ein schwach geneigtes, rotierendes Metallrohr von mehreren Metern Durchmesser und rund 50 m Länge. Am unteren Ofenende bläst eine Ölflamme in den Ofen und erhitzt das Ofengut. Der Ofen rotiert langsam um seine Längsachse. Dadurch rollen die Gesteinsmehl-Granalien langsam vom Aufgabe-Ofenende zum anderen Ofenende, wobei sie fortlaufend umgewendet werden. Beim Durchlauf durch den Ofen erhitzt sich das Ofengut bis auf ca. 1450 °C und erfährt dabei eine chemische Umwandlung (Seite 163). Das Brennprodukt ist der sogenannte *Klinker*.

Er wird zur Erhöhung der Bindekraft und Einstellung einer bestimmten Abbindezeit mit rund 6% Estrichgips und Hochofenschlacke vermischt und bis auf eine Feinheit von 2500 cm² Oberfläche/Gramm in Kugelmühlen gemahlen. Je feiner der Zement gemahlen wird, um so größer ist die Festigkeit des daraus hergestellten Betons. Das Mahlprodukt ist der fertige Zement. Er gelangt in Zementsilos und von dort zu den Abfüllanlagen.

Chemische Vorgänge bei der Herstellung

Die chemische Umwandlung während des Brennens im Drehrohrofen verläuft stufenweise mit zunehmender Temperatur. Die Verweilzeit des Materials im Ofen beträgt rund 2 Stunden.

Auf dem Wanderrost vor dem Drehrohrofen (Bild 162/1) wird durch die heiße Ofenabluft (200 °C bis 600 °C) die Feuchtigkeit sowie das gebundene Kristallwasser ausgetrieben:

$$Al_2O_3 \cdot 2\ SiO_2 \cdot 2\ H_2O \longrightarrow Al_2O_3 \cdot 2\ SiO_2 + 2\ H_2O\uparrow$$

Am Ofeneingang herrschen 600 °C bis 800 °C. Hier zersetzt sich Calciumcarbonat $CaCO_3$:

$$CaCO_3 \longrightarrow CaO + CO_2\uparrow$$

Im heißesten Ofenteil (1450 °C) reagiert dann CaO mit den Bestandteilen SiO_2, $Al_2O_3 \cdot 2\ SiO_2$ und Fe_2O_3:

$$n \cdot CaO + m \cdot \left\{\begin{matrix} SiO_2 \\ Al_2O_3 \\ Fe_2O_3 \end{matrix}\right\} \Longrightarrow \left\{\begin{matrix} \text{Calciumsilikate: } 2\ CaO \cdot SiO_2,\ 3\ CaO \cdot SiO_2 \\ \text{Calciumaluminate: } 3\ CaO \cdot Al_2O_3 \\ \text{Calciumaluminatferrite: } 4\ CaO \cdot Al_2O_3 \cdot Fe_2O_3 \end{matrix}\right\}$$

Zement besteht im wesentlichen aus einer Mischung aus Calciumsilikaten, Calciumaluminaten und Calciumaluminatferriten.

Erstarrungs- und Erhärtungsvorgänge

Die chemischen Reaktionen beim Erstarren und anschließenden Erhärten von Zement sind sehr kompliziert. Vereinfacht dargestellt handelt es sich dabei um das Lösen der Zementbestandteile in Wasser, die Aufnahme von Wasser in die Bestandteile und das anschließende Auskristallisieren der entstehenden kristallwasserhaltigen Verbindungen. Chemisch ausgedrückt findet eine Hydratation statt.

$$2\ (3\ CaO \cdot SiO_2) + 6\ H_2O \longrightarrow (3\ CaO \cdot 2\ SiO_2 \cdot 3\ H_2O) + 3\ Ca(OH)_2$$

$$3\ CaO \cdot Al_2O_3 + Ca(OH)_2 + 12\ H_2O \longrightarrow 4\ CaO \cdot Al_2O_3 \cdot 13\ H_2O$$

$$3\ CaO \cdot Al_2O_3 \cdot Fe_2O_3 + Ca(OH)_2 + 12\ H_2O \longrightarrow 4\ CaO \cdot Al_2O_3 \cdot Fe_2O_3 \cdot 13\ H_2O$$

Die kristallwasserhaltigen Silikate, Aluminate und Ferrite scheiden sich als feine nadelförmige Kristalle aus, die sich ineinander verfilzen und zu einem äußerst festen Körper zusammenwachsen **(Bild 163/1)**. Zuschlagstoffe, wie Kies, Sand und Stahlarmierungen werden umschlossen und in den Körperverband eingebaut.

Die chemischen und physikalischen Vorgänge der Zementhärtung beginnen unmittelbar beim Anrühren mit Wasser und dauern dann über Jahre.

Die Festigkeit von Beton erreicht nach rund 1 Monat einen hohen Wert, steigt im Laufe von Jahren aber noch leicht an (Bild 163/1).

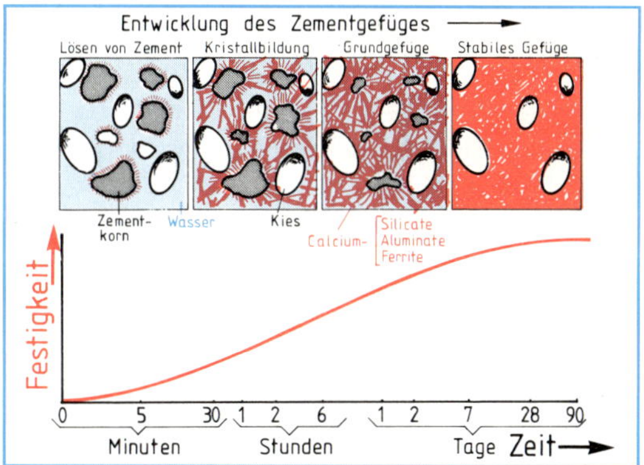

Bild 163/1: Gefüge und Festigkeit von Zement

Verwendung. Zement wird in der Regel nicht rein, sondern zusammen mit Zuschlagsstoffen verarbeitet.

Zementmörtel ist mit feinem Kiessand vermischter Zement, der mit Wasser zu einem teigigen Brei angerührt wird. Er wird als Bindemittel für Betonbauteile verwendet.

Beton ist eine Mischung aus Zement und Kies. Er wird mit viel Wasser zu einem zähflüssigen Brei angerührt und in eine Form oder Schalung vergossen. Beton ist hartspröde und neigt zur Rißbildung.

Stahlbeton ist Beton, der eine Armierung aus Stahl enthält. Die Stahlarmierung ist ein Geflecht aus Stahlstangen und Stahlmatten, die in die Schalung eingelegt wird. Sie wird mit Beton ausgegossen. Stahlbeton hat eine besonders hohe Festigkeit und ist nicht rißempfindlich.

Wiederholungsfragen

1. **Welche physikalischen und chemischen Vorgänge laufen beim Abbinden von Kalkmörtel ab?**
2. **Wie wird Gips hergestellt?**
3. **Was geschieht chemisch bei der Zementherstellung?**
4. **Um welche Art von chemischem Vorgang handelt es sich beim Erhärten von Zement?**

3.6 Chemie und Technologie der keramischen Stoffe und Gläser

Keramische Stoffe und Gläser gehören zu den weitverbreiteten Gebrauchsstoffen. Bei technischen Apparaten und Maschinen treten sie meist nicht augenfällig in Erscheinung, obwohl sie auch dort häufig Verwendung finden: Elektrische Isolierteile, Führungsrollen, Hochtemperaturteile, durchsichtige Teile usw.

3.6.1 Keramische Stoffe

Keramik ist ein aus nichtmetallischen, anorganischen Stoffen bestehendes Material, das seine Form und Eigenschaften durch Brennen erhält.

Die am stärksten verbreiteten keramischen Stoffe sind die *silikatkeramischen Stoffe*, wie Tongut, Steingut, Steinzeug und Porzellan **(Bild 164/1)**.

Bild 164/1: Gegenstände aus Keramik

Herstellung silikat-keramischer Stoffe

Ausgangsstoffe für die silikat-keramischen Stoffe sind **Ton** ($Al_2O_3 \cdot 2\,SiO_2 \cdot 2\,H_2O$), **Quarzsand** ($SiO_2$) und **Feldspat** ($NaAlSi_3O_8$).

Zur Herstellung werden die Rohstoffe mit Wasser versetzt, gemahlen und dann zu einem gleichmäßigen Dünnschlamm gemischt **(Bild 164/2)**. Dieser sogenannte *Schlicker* wird durch Gießen zu komplizierten Formkörpern, wie z.B. Waschbecken, verarbeitet. Dazu wird er in wasseraufsaugende Formen (z.B. aus Gips) vergossen. Zur Herstellung meist rotationssymmetrischer Formkörper wird der Schlicker entwässert. Man erhält eine formbare Masse. Sie wird entweder handwerklich auf Drehscheiben geformt oder maschinell zu Formlingen gepreßt. Anschließend wird getrocknet.

Erst im Anschluß daran beginnt die eigentliche Bildung der Keramik aus den Ausgangsstoffen. Bei zu glasierenden Teilen werden die Formkörper zuerst bei 800 °C bis 1000 °C vorgebrannt. Man erhält einen nur mäßig festen Brennkörper mit porösem Scherben. Er wird in einen Schlicker aus gemahlenen Glasteilchen getaucht, der die spätere Glasur ergibt. Dann erfolgt das Fertigbrennen bei 1200 °C bis 1450 °C. Dabei erhält die Keramik ihre endgültigen Eigenschaften, die Glasur verschmilzt mit dem Keramikkörper. Nicht zu glasierende Teile werden nur einmal gebrannt.

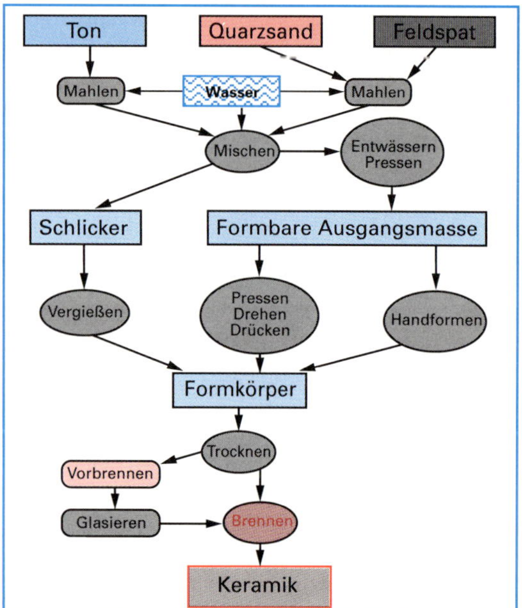

Bild 164/2: Schema der Keramik-Herstellung

Physikalisch-chemische Vorgänge beim Brennen

Beim Brennen laufen folgende Vorgänge ab: Die aneinander liegenden Teilchen der Ausgangsstoffe sintern an den Berührungsstellen zusammen. Das heißt, die Stoffteilchen backen an den Berührungsstellen zusammen und durchdringen einander durch Diffusion der Atome und Moleküle. Bei niedrigen Brenntemperaturen (900 °C bis 1200 °C) sintern die Stoffteilchen nur an den Berührungsstellen zusammen und bilden Feststoffbrücken. Es erfolgt keine Verdichtung des Materials, es hat einen porösen Scherben (Weichkeramik). Bei hoher Brenntemperatur entsteht zusätzlich eine zusammenhängende glasige Phase, die die Poren zwischen den Feststoffbrücken schließt und der Keramik einen dichten Scherben verleiht (Hartkeramik, Porzellan).

Die beim Brennen ablaufenden chemischen Vorgänge sind äußerst komplex. Zusammenfassend lassen sie sich als *Bildung von Silikaten und Aluminaten* beschreiben. Außerdem findet eine teilweise Modifikationsänderung der kristallinen Ausgangsstoffe in eine glasartige Phase statt.

Silikat-Keramikarten

Je nach Anteil der drei Ausgangsstoffe Ton, Quarzsand und Feldspat sowie der angewandten Brenntemperatur erhält man keramische Stoffe mit unterschiedlichen Eigenschaften. Üblich ist eine Unterteilung in vier Sorten **(Bild 165/1)**.

Tongut wird aus sand- und feldspathaltigem Ton (Lehm) bei 900 °C bis 1200 °C gebrannt. Es hat einen rotbraunen, porösen Scherben und nur geringe Festigkeit. Es wird zu Backsteinen, Dachziegeln, Tonrohren usw. verarbeitet.

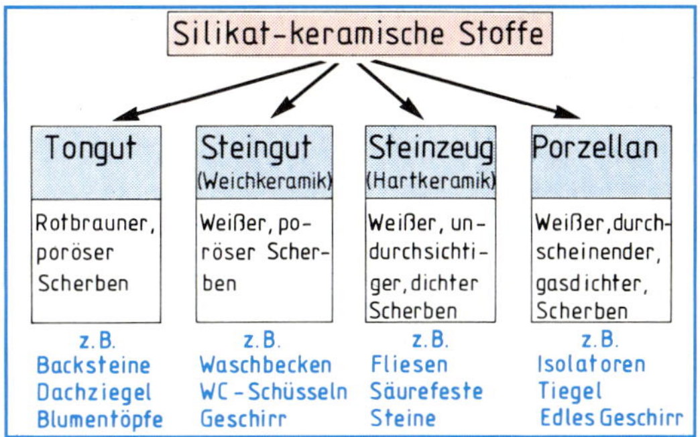

Bild 165/1: Silikat-Keramikarten

Steingut, auch *Weichkeramik* genannt, wird aus 45% Ton, 45% Quarzsand und 10% Feldspat bei Brenntemperaturen von rund 1200 °C hergestellt. Steingut hat einen weißen, porösen Scherben und nur mäßige Festigkeit. Es wird glasiert zu Waschbecken, WC-Schüsseln, Geschirr (Bauernkeramik) usw. verarbeitet.

Steinzeug, auch *Hartkeramik* genannt, besteht als Ausgangsmasse aus rund 30% Ton, 25% Quarzsand und 45% Feldspat. Es wird bei 1300 °C bis 1400 °C gebrannt. Sein Scherben ist weiß, undurchsichtig und flüssigkeitsdicht, seine Festigkeit ist gut. Steinzeug wird unglasiert zu Klinkerfliesen und säurefesten Steinen sowie glasiert zu Wohnraum- und Badfliesen sowie zu robustem Gebrauchsgeschirr verarbeitet.

Porzellan hat als Ausgangsstoffe rund 55% reinen Ton (Kaolin), 20% Quarzsand und 25% Feldspat. Es wird bei rund 1450 °C gebrannt. Sein Scherben ist durchscheinend weiß sowie gas- und flüssigkeitsdicht. Seine besonderen Eigenschaften sind die elektrische Isolierfähigkeit, die Korrosionsbeständigkeit, die Abriebfestigkeit sowie das dekorative Aussehen. Porzellan wird zu Isolatoren, Reaktionstiegeln, Drahtführungen sowie zu edlem Geschirr verarbeitet.

Nichtsilikatische Keramiken

Als nichtsilikatische Keramiken bezeichnet man *die* keramischen Stoffe, die nicht aus dem Dreistoffsystem Ton ($Al_2O_3 \cdot 2\,SiO_2 \cdot 2\,H_2O$), Quarzsand ($SiO_2$), Feldspat ($NaAlSi_3O_8$) gebrannt sind. Nichtsilikat-Keramikstoffe sind feuerfeste und sprödharte Materialien.

Schamotte erhält man beim Brennen einer Mischung aus rund 55% SiO_2 (Quarzsand) und 45% Al_2O_3 (Tonerde). Weitere feuerfeste Keramik-Massen sind **Forsterit** (SiO_2, MgO), **Dolomit** (CaO, MgO), **Chromit** (Cr_2O_3, Al_2O_3), **Mullit** (Al_2O_3, SiO_2, MgO) und **Spinell** (MgO/Al_2O_3). Sie werden in Form von Steinen und Formteilen zum Ausmauern von Öfen verwendet. Je nach Zusammensetzung halten sie Temperaturbelastungen bis über 2000 °C stand.

Kohlenstoffmassen, Kunstgraphite

Sie werden aus Koks/Bitumen-Mischungen durch Glühen unter Luftabschluß (1000 bis 3000 °C) hergestellt. Sie sind korrosionsbeständig, feuerfest sowie stromleitend und dienen deshalb zum Ausmauern von Elektrolyse-Zellen und als Elektrodenwerkstoff (Bild 147/1) sowie als Werkstoff in HCl-Absorbern (Bild 134/1). Kohlenstoffmassen und künstlich hergestellte Graphite erleiden in Luftatmosphäre bei Temperaturen über 800 °C einen Abbrand, unter Luftabschluß sind sie bis 3000 °C beständig.

Hartstoffe

Schmelzkorund wird aus Tonerde (Al_2O_3) durch Zusammenschmelzen im Lichtbogen hergestellt. Beim Schmelzen wandelt sich die Tonerde in die Hochtemperaturmodifikation des Al_2O_3, den *Korund* um. Es ist ein fast diamantharter Stoff und wird zu körnigem Schleifmittel verarbeitet.

Weitere Hartstoffe sind bestimmte Carbide, wie z. B. Wolframcarbid WC, Titancarbid TiC, Tantalcarbid TaC, Siliciumcarbid SiC sowie spezielle Nitride, z. B. Bornitrid BN.

Aus einem Gemisch aus den Hartstoffen WC, TiC, TaC und dem Metall Cobalt bestehen die **Hartmetalle**. Sie eignen sich zum Spanen von Metallwerkstücken und werden zu Schneidplättchen für Spanwerkzeuge verarbeitet **(Bild 165/2)**.

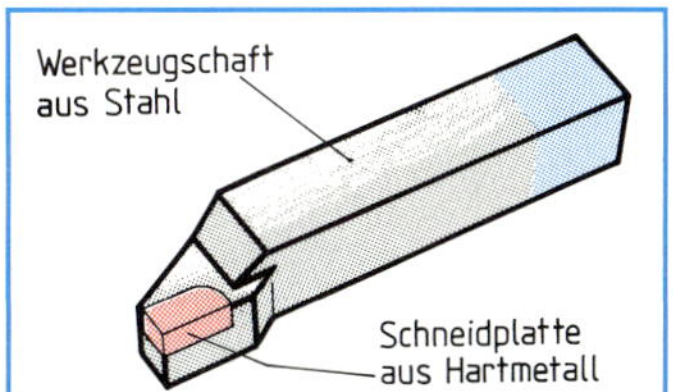

Bild 165/2: Hartmetall-bestückter Drehmeißel

3.6.2 Glas

Glas ist ein lichtdurchlässiges Schmelzprodukt aus anorganischen, mineralischen, glasbildenden Stoffen **(Bild 166/1)**.

Es gibt eine Vielzahl verschiedener Glasarten. Das mit Abstand gebräuchlichste Glas ist das sogenannte *Kalknatronglas*. Es ist gemeint, wenn man allgemein von *Glas* oder von *Massenglas* spricht. Aus ihm bestehen Getränkeflaschen, Fensterscheiben, Haushaltsglas. Weitere Glasarten sind z. B. Bleikristallglas, Borsilikatglas.

Ausgangsstoff für die Herstellung von Kalknatronglas ist ein Gemisch aus *Quarzsand* $\mathbf{SiO_2}$ (71% bis 75%), *Soda* $\mathbf{Na_2CO_3}$ (12% bis 16%) und *Kalk* $\mathbf{CaCO_3}$ (10% bis 15%).

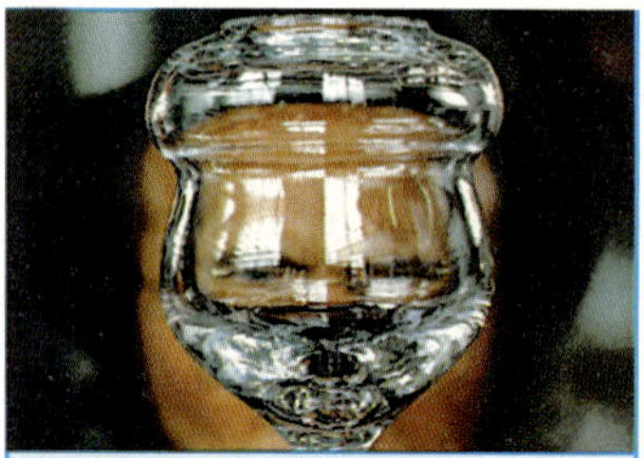

Bild 166/1: Glas

Erzeugung der Glasschmelze

Die industrielle Erschmelzung von Massenglas erfolgt in riesigen Wannenöfen **(Bild 166/2)**. Sie bestehen aus einer nach oben geschlossenen Schmelzwanne von 20 m bis 80 m Länge und bis zu 10 m Breite, in der sich die Schmelze befindet. Auf die Glasschmelze sind Brennerflammen gerichtet, die die Schmelze bis auf 1650 °C erhitzen. Das Ausgangsgemisch wird kontinuierlich am einen Ofenende zugegeben, schmilzt in der Ofenwärme und fließt zähflüssig unter weiterem Erhitzen langsam zum anderen Ofenende zu den Entnahmestellen. Dort wird das Glas verarbeitet.

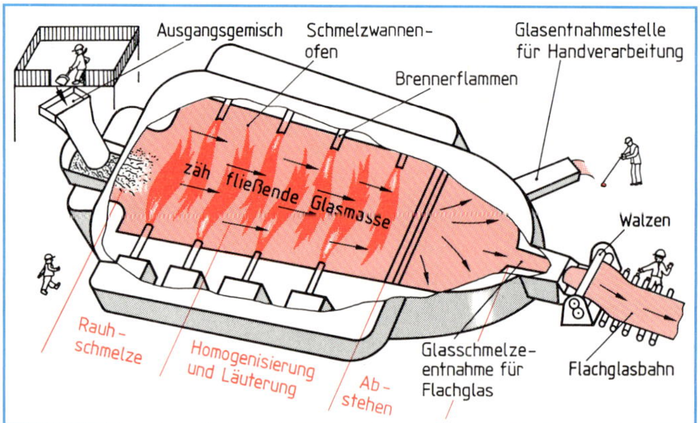

Bild 166/2: Wannenofen zur Erschmelzung von Massenglas

Physikalisch-chemische Vorgänge beim Schmelzen

Rauhschmelze. Nach Zugabe des Ausgangsstoff-Gemisches in den Ofen verdampft zuerst dessen Feuchtigkeit und oberflächlich anhaftende Gase werden ausgetrieben. Bei 600 °C bis 850 °C zerfallen Soda und Kalk:

$$\mathbf{Na_2CO_3 \xrightarrow{600\,°C\ bis\ 850\,°C} Na_2O + CO_2\uparrow} \qquad \mathbf{CaCO_3 \xrightarrow{600\,°C\ bis\ 850\,°C} CaO + CO_2\uparrow}$$

Bei 900 °C bis 1200 °C schmelzen dann Na_2O, CaO und SiO_2 zur durchsichtigen Glasmasse zusammen:

$$\mathbf{Na_2O + CaO + n \cdot SiO_2 \xrightarrow{900°\ bis\ 1200\,°C} Na_2O \cdot CaO \cdot n\ SiO_2}$$

Diesen Vorgang nennt man *Rauhschmelze*. Der entstandene Stoff Glas ist chemisch betrachtet ein Doppelsilikat mit der Summenformel $Na_2O \cdot CaO \cdot n\ SiO_2$.

Die **atomare Struktur** des Glases besteht aus einem dreidimensionalen Netzwerk von SiO_4-Tetraedern, zwischen die Natrium- und Calciumionen eingelagert sind **(Bild 166/3)**. Dieses Netzwerk besitzt keine geometrische Regelmäßigkeit, der Stoff Glas hat deshalb eine **amorphe Struktur**, das Charakteristische des Glaszustandes. Weil der ungeordnete, d. h. amorphe Zustand in Flüssigkeiten vorliegt, bezeichnet man den Glaszustand auch als erstarrten Flüssigkeitszustand.

Bei Raumtemperatur ist das SiO_4-Tetraeder-Netzwerk fest ineinander verklammert, das Glas ist sprödhart. Mit steigender Temperatur nimmt die Sprödigkeit immer mehr ab. Bei Temperaturen über 800 °C können die SiO_4-Tetraederfäden gegeneinander abgleiten, das Glas ist dann zähviskos und wird bei weiterer Temperaturerhöhung immer dünnflüssiger.

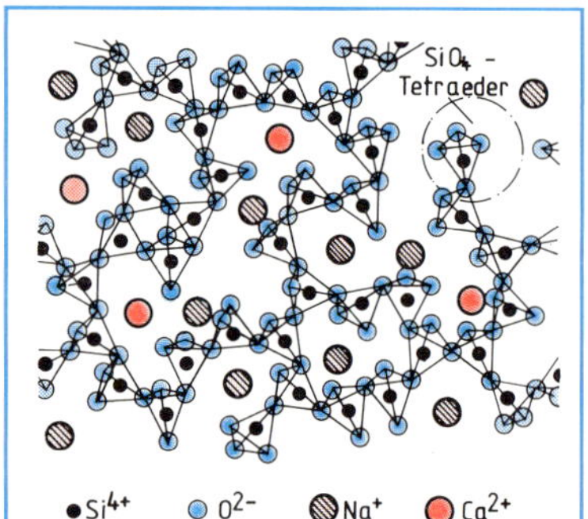

Bild 166/3: Atomare Struktur des Glases

Homogenisierung und Läuterung. Während die frisch geschmolzene Glasmenge im Wannenofen zähflüssig in Richtung auf die Entnahmeseite strömt (Bild 166/2), wird sie weiter bis auf rund 1650 °C erhitzt. Dabei findet eine *Homogenisierung*, d. h. die völlige Auflösung und gleichmäßige Verteilung der Einzelbestandteile (Schlierenfreiheit) und die sogenannte *Läuterung*, d. h. die Entfernung von Gasblasen aus der Schmelze statt. Um diesen Vorgang zu beschleunigen, werden chemische Läuterungsmittel, z. B. Glaubersalz (Natriumsulfat Na_2SO_4) der Schmelze zugesetzt.

Abstehen. Die Glasmasse verläßt dann den heißesten Teil des Ofens und strömt unter einem Unterfließwall hindurch. Dabei werden Verunreinigungen auf der Schmelze zurückgehalten. Auf der restlichen Fließstrecke kühlt die Schmelze auf die Verarbeitungstemperatur von 900 °C bis auf 1200 °C ab.

Einfärben von Glas

Das Einfärben von Glas erreicht man durch Zugabe von Verbindungen der Nebengruppenelemente zur Glasschmelze. Die Verbindungen lösen sich in der Glasmasse auf, ihre gebildeten Metallionen färben das Glas **(Tabelle 167/1)**.

Tabelle 167/1: Farben der Metallionen im Glas

Cu^{2+}:	schwach blau	Fe^{3+}:	gelb-braun
Cr^{3+}:	grün	Fe^{2+}:	blau-grün
Cr^{6+}:	gelb	Co^{2+}:	intensiv blau
Mn^{3+}:	violett	Ni^{2+}:	braun, gelb, grün

Glasarten

Kalknatronglas. Die weitaus größte Masse des industriell hergestellten Glases ist Kalknatronglas, das man auch *Massenglas* nennt (Seite 166). Es ist die am billigsten herzustellende Glassorte.

Borsilikatgläser. Sie werden aus einem Gemisch aus 70% bis 80% Quarzsand (SiO_2), 7% bis 13% Bortrioxid (B_2O_3), 4% bis 8% Soda (Na_2CO_3) bzw. Pottasche (K_2CO_3) sowie 2% bis 7% Tonerde (Al_2O_3) erschmolzen. Ihre besonderen Eigenschaften sind chemische Beständigkeit und Temperaturunempfindlichkeit. Man fertigt daraus Chemieapparate, Glühlampen, Arzneimittelflaschen und sogenanntes feuerfestes Haushalts-Glasgeschirr.

Bleigläser. Ihr Ausgangsgemisch besteht aus 54% bis 65% Quarzsand, 18% bis 38% Bleioxid (PbO), 13% bis 15% Soda bzw. Pottasche. Bleigläser besitzen hohe Lichtbrechung und eignen sich besonders zur Verzierung durch Schliff. Sie werden zu Dekorationsgegenständen und edlem Geschirr verarbeitet.

Spezialgläser. Für die verschiedensten Verwendungszwecke sind Tausende verschiedener Glassorten entwickelt worden: *Quarzglas* für hohe Temperaturen, *optische Gläser, Gläser* für die Elektronik, *Glasfaserglas, Glaskeramik* für Kochfelder, *Emailglas, Lampenglas, Gläser* für spezielle *Chemieapparate* usw.

Verarbeitung und Verwendung von Massenglas

Flachglas wird durch Auswalzen der Glasmasse zu einem dünnen, kontinuierlichen Band hergestellt **(Bild 167/1)**. Dieses sogenannte **Flach-Gußglas** ist optisch verzerrt und ergibt lichtdurchlässige aber *nicht* durchsichtige Glastafeln. **Floatglas** ist Flachglas, das direkt nach dem Auswalzen auf einem rund 60 m langen, flüssigen Zinnbad (ca. 1000 °C) schwimmend ausgezogen wird. Dadurch wird das Glas klar durchsichtig ohne optische Verzerrungen. Man stellt daraus Fenster, Spiegel und Autoglasscheiben her.

Bild 167/1: Flachglas-Herstellung

Sicherheitsglas ist entweder durch thermische Behandlung vorgespanntes Glas, das bei Überbelastung in kleine Krümel zerfällt oder *Mehrscheibenglas*, bestehend aus mehreren Glasscheiben, die durch eine zähelastische Kunststoffolie verklebt sind.

Hohl- oder Behälterglas wird zum überwiegenden Teil durch maschinelles Blasen auf Blasmaschinen hergestellt: Getränkeflaschen, Haushaltsglaswaren, Glasbausteine usw.

Wiederholungsfragen

1. **Aus welchen Stoffen wird Keramik hergestellt?**
2. **Was passiert beim Brennen der Keramik?**
3. **Welche Keramikarten gibt es?**
4. **Welche Zusammensetzung hat Kalknatronglas?**
5. **Welche Glassorten gibt es und welche besonderen Eigenschaften und Anwendungen haben sie?**

4 Elektrochemie

Bei einer Reihe von Vorgängen aus dem Alltag oder dem Berufsleben weiß man, daß es chemische Vorgänge gibt, die von elektrischen Vorgängen bewirkt werden.

So ist bekannt, daß bei Anlegen einer elektrischen Spannung sich aus einer Elektrolytlösung Stoffe abscheiden, wie z. B. beim Vergolden **(Bild 168/1)**.

Andererseits entsteht durch chemische Reaktionen, z. B. in einer Autobatterie (Bleiakku), elektrischer Strom **(Bild 168/1)**.

Zwischen chemischen und elektrischen Vorgängen besteht demnach ein Zusammenhang.

Vergolden | Autobatterie

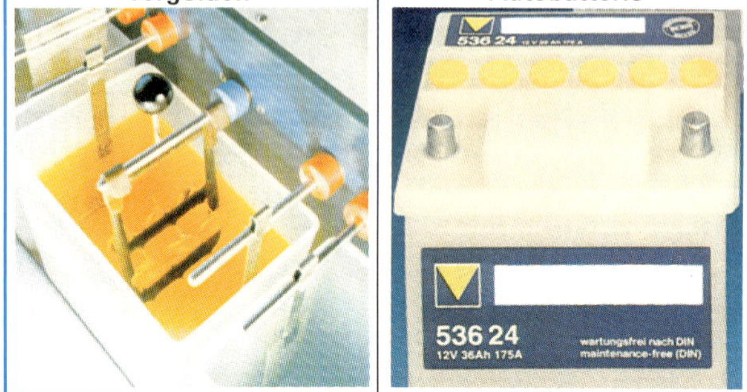

Bild 168/1: Elektrizität — chemische Vorgänge

4.1 Elektrochemische Grundlagen

Bei Redoxreaktionen zwischen Ionenverbindungen verändern Elektronen ihren Platz (Seite 64). Bei der Reaktion von Magnesium und Sauerstoff z. B. fließen zwei Elektronen vom Mg-Teilchen zum O-Teilchen **(Bild 168/2)**. Da der Fluß von Elektronen als elektrischer Strom aufgefaßt werden kann, erkennt man, daß chemische Reaktionen (Redoxreaktionen) mit elektrischen Vorgängen verknüpft sind.

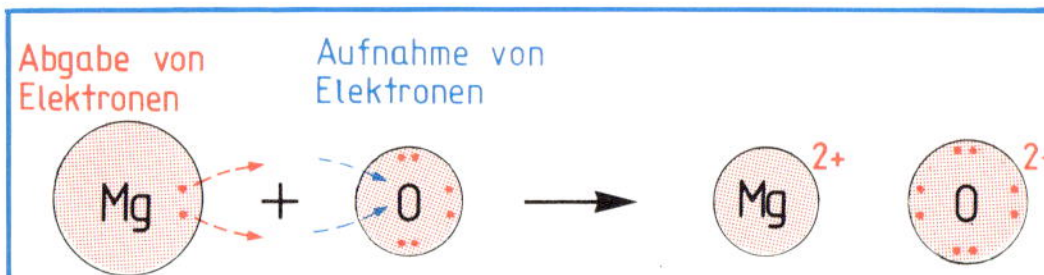

Bild 168/2: Elektronenwechsel bei der Ionenbildung

Abgabe von Elektronen: Ionenbildung

Voraussetzung für das Fließen von Elektronen bei chemischen Reaktionen ist die Bereitschaft der Stoffteilchen Elektronen abzugeben und sich damit zu Ionen zu oxidieren. Diese Bereitschaft ist bei Metallen vorhanden, je nach Metallart aber unterschiedlich stark ausgeprägt. Einige Metalle geben leicht Elektronen ab, d. h. lassen sich leicht oxidieren. Man nennt diese Metalle **unedel**. Zu ihnen gehören z. B. Kalium, Natrium und Magnesium. Andere Metalle geben schwer Elektronen ab, d. h. lassen sich schwer oxidieren. Man bezeichnet diese Metalle als **edel**. Edle Metalle sind z. B. Kupfer, Silber und Gold.

Nach dem verschieden großen Bestreben, sich zu oxidieren, oder anders ausgedrückt, Elektronen abzugeben und in den Ionenzustand überzugehen, kann man die Metalle in einer **Oxidierbarkeitsreihe** ordnen. Diese Oxidierbarkeitsreihe wird meist als **Spannungsreihe der Metalle** bezeichnet **(Bild 168/3)**.

K Ca Na Mg Al Zn Cr Fe Cd Ni Sn Pb H_2 **Cu Ag Hg Pt Au**

unedle Metalle (K … Pb) — edle Metalle (Cu … Au)

abnehmendes Bestreben in den Ionenzustand überzugehen →

Bild 168/3: Spannungsreihe der Metalle (Auszug)

In die Spannungsreihe ist der Wasserstoff aufgenommen. Er kann als Grenze zwischen unedel und edel gelten. Die links vom Wasserstoff stehenden Elemente werden nämlich von verdünnten Säuren merklich angegriffen. Die rechts stehenden Elemente reagieren nicht mit den H_3O^+-Ionen der Säuren.

Verdrängung edler Metalle aus ihrer Ionenform durch unedle Metalle

Das unterschiedliche Bestreben der Metalle in den Ionenzustand überzugehen, zeigt sich an der Verdrängung der edlen Metalle aus ihrer Ionenform durch unedlere Metalle. Dies kann mit einem einfachen Versuch gezeigt werden **(Versuch 169/1)**. Legt man einen Eisennagel in eine Kupfersulfatlösung, so beobachtet man nach kurzer Zeit einen Kupferniederschlag auf dem Eisennagel. Es laufen folgende Vorgänge ab:

Fe^{2+}-Ionen verlassen das Metallgitter des Eisennagels unter Zurücklassung ihrer Elektronen.

$$Fe \longrightarrow Fe^{2+} + 2\,e^{\ominus} \quad \text{(Oxidation)}$$

Die zurückgebliebenen Elektronen entladen Cu-Ionen aus der Lösung (Reduktion). Sie scheiden sich als elementares Kupfer am Eisennagel ab:

$$Cu^{2+} + 2\,e^{\ominus} \longrightarrow Cu \quad \text{(Reduktion)}$$

Versuch 169/1: Eisennagel in Kupfersulfatlösung

Versuchsbeschreibung:

Ein Eisennagel wird in eine Kupfersulfatlösung (blau) gestellt.

Nach kurzer Zeit überzieht sich der in die Lösung eintauchende Teil des Nagels mit einer rotbraunen Kupferschicht.

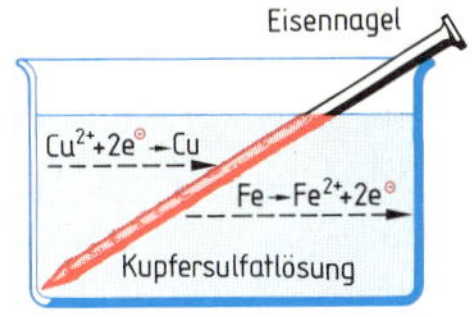

Lösungsdruck, Abscheidungsdruck

Das Bestreben der unedlen Metalle in die Ionenform überzugehen, nennt man **elektrolytischen Lösungsdruck**. Das umgekehrte Bestreben, die Abscheidung von Ionen aus Elektrolytlösungen zu elementaren Stoffen, bezeichnet man als **elektrolytischen Abscheidungsdruck**.

Die Größe des Lösungs- bzw. Abscheidungsdrucks hängt von der Metallart und der Konzentration der Ionen in der Elektrolytlösung ab. In Versuch 169/1 z.B. ist der Lösungsdruck des Eisens größer als der des Kupfers und der Abscheidungsdruck des Kupfers größer als der des Eisens. Die Folge ist die Auflösung des Eisens und die Abscheidung des Kupfers.

Potentiale, Normalspannung

Jedes Metall, das in eine Lösung gebracht wird, hat das Bestreben in Lösung zu gehen. Es bildet dabei Ionen. Auf dem Metall bleiben Elektronen zurück und bauen dort eine elektrische Ladung auf. Es herrscht eine elektrische Spannung zwischen dem aufgeladenen Metall und den Ionen in der Lösung. Diese elektrische Spannung nennt man **elektrisches Potential** oder kurz **Potential**.

Das Potential zwischen den Ionen in der Lösung und dem Metall läßt sich nicht direkt messen. Meßbar ist der Unterschied zwischen den Potentialen zweier verschiedener Metalle in Elektrolytlösungen, also die **Potentialdifferenz**. Man bestimmt sie durch Messung der elektrischen Spannung zwischen einem *beliebigen Halbelement* (so nennt man die Anordnung: Elektrode in einer Elektrolytlösung) und einem *Vergleichs-Halbelement*.

Als Vergleichs-Halbelement dient das sogenannte **Normal-Wasserstoffhalbelement (Bild 169/1)**. Es besteht aus einer von Wasserstoffgas umspülten Platinelektrode, die in eine 1-molare Lösung von H_3O^+-Ionen taucht, z.B. in eine 1-molare HCl-Lösung.

Der Luftdruck hat bei der Messung 1 bar und die Temperatur 25 °C zu betragen. Diesem Normal-Wasserstoffhalbelement wird das Normalpotential Null zugeschrieben.

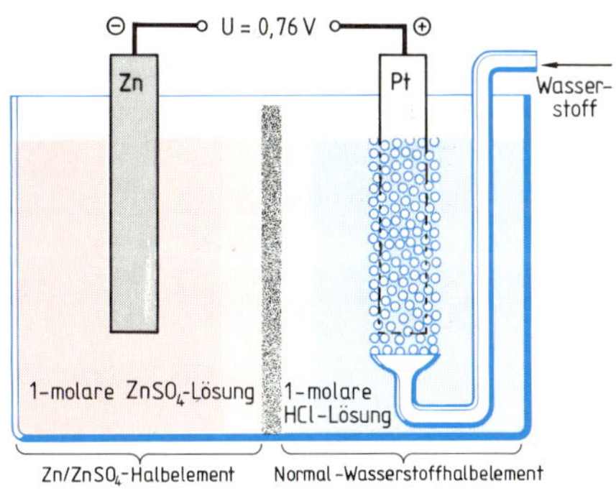

Bild 169/1: Messung des Normalpotentials von Zink

Die Spannung, die ein Metall in einer 1-molaren Lösung seiner Ionen gegen die Normal-Wasserstoffelektrode zeigt, nennt man das **Normalpotential** oder die **Normalspannung** des Metalls.

Beispiel: *Normalpotential von Zink (Zn)*

Schaltet man ein Zink/Zinksulfat-Halbelement gegen ein Normal-Wasserstoffhalbelement (Bild 169/1), so erhält man eine Normalspannung von −0,76 Volt.

Mißt man die Normalspannungen der Metalle und ordnet sie nach der Größe und dem Vorzeichen der Normalspannung, so erhält man die **Spannungsreihe der Metalle (Tabelle 170/1).**

Die unedlen Metalle haben eine negative Normalspannung, die edlen Metalle eine positive Normalspannung. Die Grenze ist der Wasserstoff H_2.

Auch für die Gase läßt sich die Normalspannung ermitteln. Dazu verwendet man eine von dem entsprechenden Gas umströmte Platinelektrode.

Tabelle 170/1: Spannungsreihe und Normalspannungen

Element	Ionenart	Normalspannung in Volt
K	K^+	−2,93
Ca	Ca^{2+}	−2,87
Na	Na^+	−2,71
Mg	Mg^{2+}	−2,37
Al	Al^{3+}	−1,66
Zn	Zn^{2+}	−0,76
Cr	Cr^{3+}	−0,57
Fe	Fe^{2+}	−0,41
Cd	Cd^{2+}	−0,40
Ni	Ni^{2+}	−0,23
Sn	Sn^{2+}	−0,14
Pb	Pb^{2+}	−0,13
H_2	H_3O^+	0
Cu	Cu^{2+}	+0,34
Ag	Ag^+	+0,80
Hg	Hg^{2+}	+0,85
Pt	Pt^{2+}	+1,20
Au	Au^{3+}	+1,50
O_2	OH^-	+0,54
I_2	I^-	+1,07
Cl_2	Cl^-	+0,36

Berechnung der Potentialdifferenz

Aus der Spannungsreihe lassen sich die Normalspannungen ablesen und daraus die Potentialdifferenzen zwischen zwei Elementen ermitteln. Dazu bildet man den Unterschied der Normalspannungen der beiden Elemente.

$$U = U_{\text{e-Akzeptor}} - U_{\text{e-Donator}}$$

Beispiele: *Zwischen Eisen und Zink:*

$$U = -0{,}41\ \text{V} - (-0{,}76\ \text{V}) = +\mathbf{0{,}35\ V}$$

Zwischen Kupfer und Zink:

$$U = +0{,}34 - (-0{,}76\ \text{V}) = +\mathbf{1{,}10\ V}$$

4.2 Galvanische Elemente

Ein **galvanisches Element***, auch **galvanische Zelle** genannt, besteht aus zwei verschiedenen Elektroden in Elektrolytlösungen **(Bild 170/1)**.

Die einzelne Elektrode in der Metallsalzlösung wird als **Halbelement** bezeichnet. Zwei Halbelemente, die leitend miteinander verbunden sind, bilden ein galvanisches Element.

Am Beispiel eines galvanischen Elementes, dem sogenannten **Daniell-Element**, werden die der Strombildung zugrunde liegenden Vorgänge erläutert (Bild 170/1). Das Daniell-Element besteht aus einer Zinkelektrode in einer Zinksulfatlösung (1. Halbelement) und einer Kupferelektrode in einer Kupfersulfatlösung (2. Halbelement). Die Elektrolytlösungen sind durch eine durchlässige Tonwand getrennt, durch die Ionen wandern können, die aber eine Vermischung der beiden Elektrolyte verhindert. Man nennt dies ein **Diaphragma**.

Verbindet man die Elektroden über einen Draht miteinander, so fließt ein Strom, der mit einem Strommeßgerät (Amperemeter) gemessen werden kann.

Es laufen folgende elektrochemische Vorgänge ab **(Bild 170/2)**: Zink ist unedler als Kupfer, es hat deshalb den größeren Lösungsdruck. Von der Zinkelektrode gehen Zn^{2+}-Ionen in Lösung und lassen ihre Elektronen auf der Zinkelektrode zurück:

$$\mathbf{Zn \longrightarrow Zn^{2+} + 2\,e^{\ominus}}.$$

Sie bewirken einen Elektronenüberschuß in der Zinkelektrode, d.h. laden sie negativ auf.

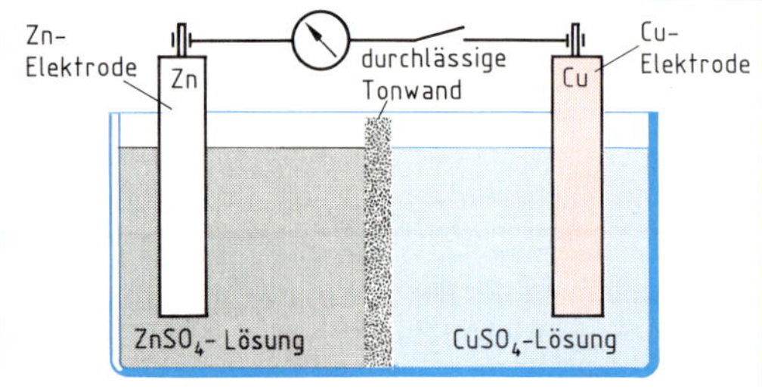

Bild 170/1: Galvanisches Element (Daniell)

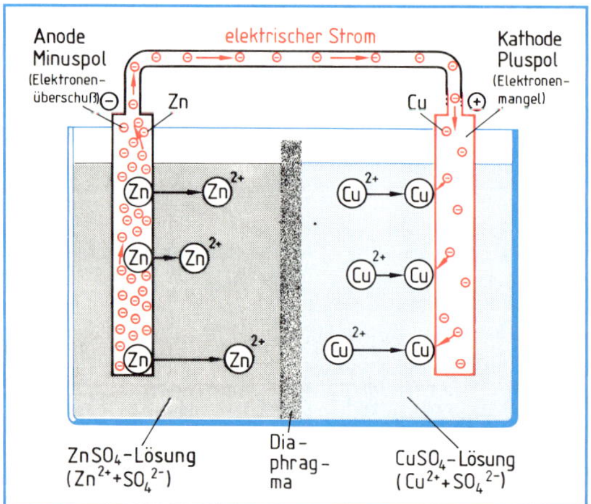

Bild 170/2: Stromfluß im Daniell-Element

* Nach Luigi Galvani: Italienischer Naturwissenschaftler (1737 bis 1798)

An der Kupferelektrode scheiden sich wegen des edlen Charakters des Kupfers Cu^{2+}-Ionen aus der Kupfersulfatlösung als Kupferatome ab: $\mathbf{Cu^{2+} + 2\,e^{\ominus} \longrightarrow Cu}$.

Dies führt an der Kupferelektrode zu Elektronenmangel, d.h. die Kupferelektrode lädt sich positiv auf.

Der Elektronenüberschuß in der Zinkelektrode und der Elektronenmangel in der Kupferelektrode streben zum Ausgleich und führen deshalb zu einem **Stromfluß** von der Zink- zur Kupferelektrode.

Aufgrund der fortlaufenden Bildung von Zinkionen im $Zn/ZnSO_4$-Halbelement lädt sich die Zinksulfatlösung positiv auf, während sich im $Cu/CuSO_4$-Halbelement die Kupfersulfatlösung durch die Abscheidung von Kupfer negativ auflädt. Durch die ionendurchlässige Tonwand können die unterschiedlich geladenen Ionen hindurchwandern und die Aufladung ausgleichen.

Die unterschiedliche Elektronenkonzentration der beiden Elektroden entspricht einer elektrischen Spannung. Man nennt sie **Urspannung U_0** oder, mit einem älteren Namen, **elektromotorische Kraft EMK**. Diese Urspannung U_0 eines galvanischen Elementes ist die Potentialdifferenz der Normalspannungen der beiden Halbelemente, wenn die Metalle in 1-molare Salzlösungen tauchen. Sie kann aus Tabelle 170/1 ermittelt werden.

Die zwischen den Elektroden eines galvanischen Elementes *meßbare* Spannung, die sogenannte **Klemmenspannung U_{Kl}**, ist kleiner als die theoretische Urspannung U_0, da bei Stromfluß (I) im Element und in den Verbindungsleitungen ein Spannungsverlust durch den inneren und äußeren elektrischen Widerstand $R_i + R_a$ entsteht. Bei Kenntnis der Widerstände und des fließenden Stroms kann die Klemmenspannung aus der Urspannung berechnet werden: Es gilt die Gleichung: $\mathbf{U_{Kl} = U_0 - I \cdot (R_i + R_a)}$

Chemisch betrachtet, läuft in einem galvanischen Element eine Redoxreaktion ab: Das Auflösen des Zinks ist wegen der Abgabe von Elektronen eine Oxidation, die Abscheidung des Kupfers ist wegen der Aufnahme von Elektronen eine Reduktion. Gesamtreaktion: $Cu^{2+} + Zn \longrightarrow Cu + Zn^{2+}$

4.3 Technische galvanische Elemente

Galvanische Elemente können für eine bestimmte Zeit einen elektrischen Strom liefern. Man benutzt sie zur elektrischen Versorgung von kleinen elektrischen Geräten, die vom Stromnetz unabhängig sind.

Zink/Kohle-Element

Das **Zink/Kohle-Element**, auch **Leclanché-Element** genannt, besteht aus einer Zink- und einer Kohleelektrode sowie einem Ammoniumchlorid-Elektrolyt ($NH_4^+ + Cl^-$) **(Bild 171/1)**. Die Kohleelektrode ist mit einer porösen Braunsteinmasse (MnO_2) ummantelt.

An der Zinkelektrode gehen Zn^{2+}-Ionen in Lösung: $\mathbf{Zn \longrightarrow Zn^{2+} + 2\,e^{\ominus}}$

Die auf der Zinkelektrode zurückgelassenen Elektronen fließen über die äußere Verbindung zum Kohlestab, um dort Hydroniumionen H_3O^+ zu reduzieren: $\mathbf{2\,H_3O^+ + 2\,e^- \longrightarrow 2\,H + 2\,H_2O}$

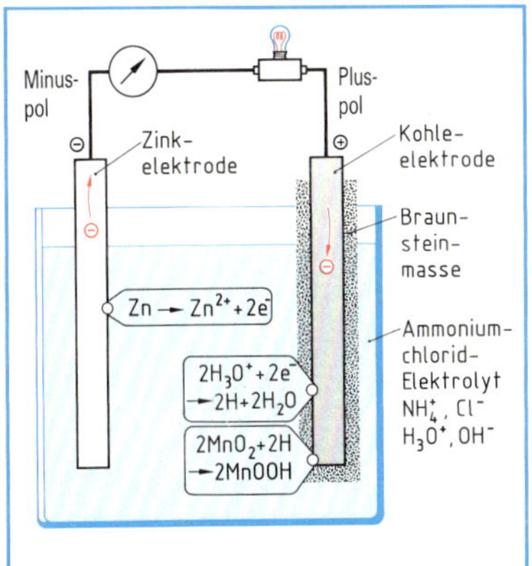

Bild 171/1: Prinzip eines Zink/Kohle-Elementes

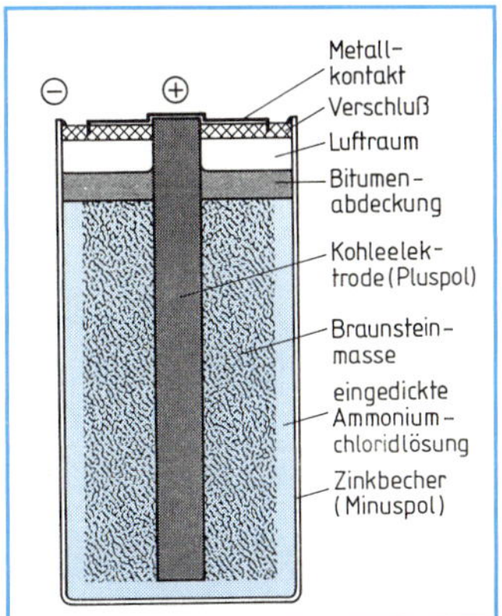

Bild 171/2: Schnitt durch ein technisches Zink/Kohle-Element

Bild 171/3: Technisches Zink/Kohle-Element

Der entstehende atomare Wasserstoff würde sich ohne Gegenwart von Braunstein zu molekularem Wasserstoff zusammenlagern und nach kurzer Zeit den Kohlestab als Haut umgeben. Die Folge wäre ein Spannungsabfall. Man nennt diese Erscheinung **Polarisation**.

Dieser Spannungsabfall wird durch den **Depolarisator** Braunstein MnO_2 verhindert. Er bindet den entstehenden atomaren Wasserstoff. Dabei wird das Mangan reduziert, der Wasserstoff oxidiert:

$$\overset{+IV}{2\,MnO_2} + \overset{\pm 0}{2\,H} \longrightarrow \overset{+III}{Mn_2O_3} + \overset{+I}{H_2O}$$

In der technischen Ausführung ist das Zink/Kohle-Element auf möglichst kleinem Raum untergebracht **(Bilder 171/2** und **171/3)**: Ein Zinkbecher bildet den Minuspol, ein Kohlestab, der mit Braunstein umgeben ist, den Pluspol. Der Ammoniumchlorid-Elektrolyt ist mit Stärkekleister eingedickt, um ein Auslaufen des Elementes bei Undichtigkeit des Gehäuses zu verhindern.

Die Klemmenspannung des Zink/Kohle-Elementes beträgt ca. 1,5 Volt.

Alkali/Mangan-Element

Das Alkali/Mangan-Element hat eine wesentlich höhere Energiedichte und Leistungsdauer als das Zink/Kohle-Element. Es besteht aus einer *Zinkamalgam-Elektrode* (Zink-Quecksilberverbindung) und einer *Braunstein-Elektrode*. Elektrolyt ist *Kalilauge* ($K^+ + OH^-$) **(Bild 172/1)**.

Der Name des Elementes leitet sich vom Alkali-Elektrolyt und der Mangandioxid-Elektrode ab. In der technischen Ausführung (Bild 172/1) befindet sich das poröse Zinkamalgam-Granulat im Innenraum um einen Stahlnagel. Er dient als Stromleiter. Ringförmig darum ist das ebenfalls poröse Mangandioxid angeordnet. Zinkamalgam und Mangandioxid sind mit dem Elektrolyt Kalilauge getränkt.

Die chemischen Vorgänge sind ähnlich wie beim Leclanché-Element. Zink geht in Lösung: $Zn \longrightarrow Zn^{2+} + 2\,e^{\ominus}$

Der Stahlnagel leitet die Elektronen zum Minuspol. An der Mangandioxid-Elektrode werden Hydroniumionen reduziert: $2\,H_3O^+ + 2\,e^{\ominus} \longrightarrow 2\,H + 2\,H_2O$

Der atomare Wasserstoff wird vom Braunstein gebunden (siehe oben).

Die Klemmenspannung des Alkali/Mangan-Elementes beträgt ca. 1,5 Volt. Äußerlich sieht es genauso aus wie ein Zink/Kohle-Element.

Batterien. Da bei vielen elektrischen Geräten eine höhere Spannung als 1,5 Volt erforderlich ist, schaltet man mehrere Elemente in Reihe zu einer **Batterie** zusammen **(Bild 172/2)**. Ihre Spannung ist die Summe der Element-Spannungen.

Beispiel: Eine Batterie aus sechs Elementen mit einer Klemmenspannung von jeweils 1,5 V hat eine Spannung von $6 \cdot 1{,}5\ V = 9\ V$.

Zink/Quecksilber-Element

Beim Zink/Quecksilberoxid-Element besteht der Minuspol (Anode) aus Zink und der Pluspol (Kathode) aus Quecksilberoxid HgO. Der Elektrolyt ist Kalilauge **(Bild 172/3)**.

Zink ist stark unedel und hat deshalb ein starkes Bestreben Elektronen abzugeben. Dies kann es durch Bildung von Zinkoxid:

$$Zn + 2\,OH^- \longrightarrow Zn^{2+} + O^{2-} + H_2O + 2\,e^{\ominus}$$

Die freiwerdenden Elektronen laden die Zinkelektrode negativ auf.

Quecksilberoxid hat das Bestreben Elektronen aufzunehmen. Dies kann es durch Bildung von Quecksilber:

$$Hg^{2+} + O^{2-} + H_2O + 2\,e^{\ominus} \longrightarrow Hg + 2\,OH^-$$

Die entzogenen Elektronen laden die HgO-Elektrode positiv auf.

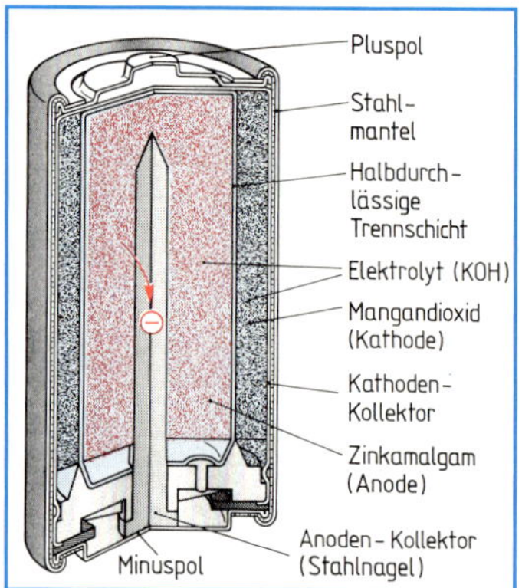

Bild 172/1: Schnitt durch ein Alkali/Mangan-Element

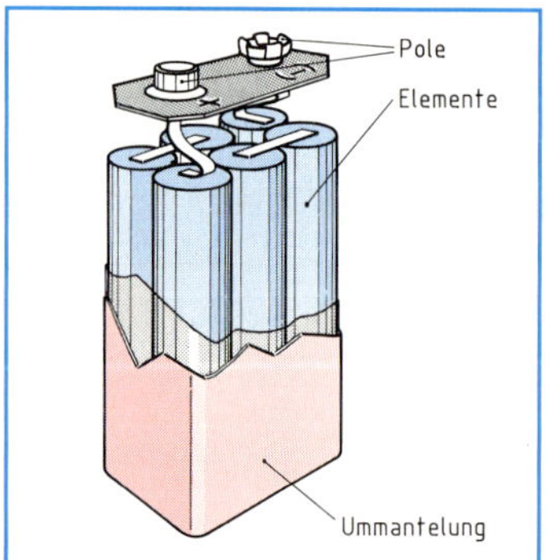

Bild 172/2: 9 Volt-Batterie

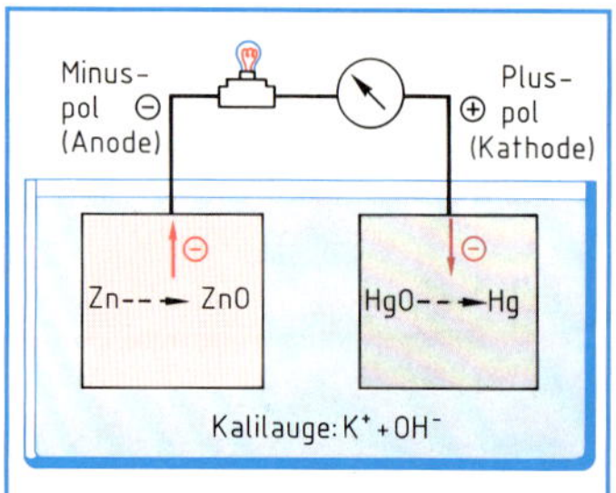

Bild 172/3: Prinzip des Zn/HgO-Elements

Die technische Ausführung des Zink/Quecksilberoxid-Elementes heißt wegen ihrer geringen Größe **Knopfzelle (Bild 173/1)**.

Damit die Elektroden eine möglichst große Oberfläche haben, bestehen sie aus Zink-Granulat (Anode) bzw. Quecksilber-Granulat (Kathode). Anode und Kathode sowie eine textile Trennschicht sind mit der Elektrolytlösung ($K^+ + OH^-$) getränkt. Das ganze Element ist in einem flachen Metallgehäuse von der Größe eines Knopfes untergebracht.

Knopfzellen haben eine große Energiedichte, sind jedoch teuer. Sie werden zur elektrischen Versorgung von Fotoapparaten, Taschenrechnern, Quarzuhren und ähnlichem verwendet. Knopfzellen sind wegen ihres Quecksilbergehalts Sondermüll.

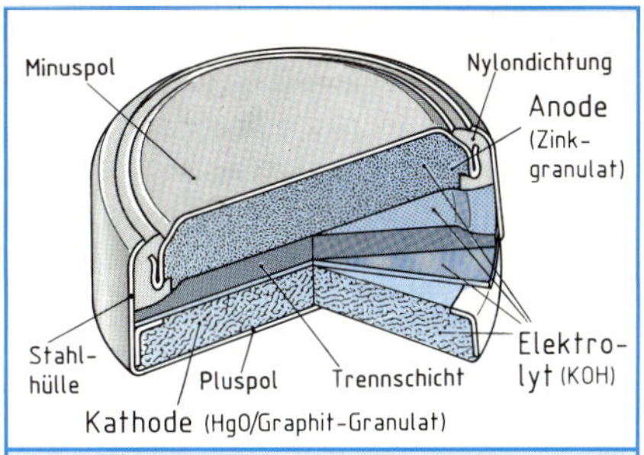

Bild 173/1: Knopfzelle (Zn/HgO-Element)

4.4 Bleiakkumulator (Autobatterie)

Die galvanische Zelle des Bleiakkumulators besteht im geladenen Zustand aus einer Bleielektrode und einer Bleidioxidelektrode **(Bild 173/2**, links). Elektrolyt ist 20%ige Schwefelsäure (H_2SO_4).

Beim **Entladen** geht an der Pb-Elektrode Blei in Lösung: $Pb \longrightarrow Pb^{2+} + 2\,e^{\ominus}$. Elektronen werden freigesetzt, die Bleielektrode ist der Minuspol. Die Elektronen fließen über den Verbraucher zur PbO_2-Elektrode, reduzieren dort PbO_2 zu Pb^{2+}-Ionen unter Verbrauch von H_3O^+-Ionen:

$$\overset{+IV}{PbO_2} + 4\,H_3O^+ + 2\,e^{\ominus} \longrightarrow \overset{+II}{Pb^{2+}} + 6\,H_2O$$

An der PbO_2-Elektrode werden Elektronen gebunden, sie ist der Pluspol.

Die an beiden Elektroden gebildeten Pb^{2+}-Ionen bilden sofort mit SO_4^{2-}-Ionen des Elektrolyts schwerlösliches $PbSO_4$, das sich an den Elektroden niederschlägt. Im entladenen Zustand sind deshalb beide Elektroden mit $PbSO_4$ überzogen. Bei diesem Vorgang wird Schwefelsäure verbraucht.

Bleiakkumulatoren lassen sich wieder aufladen, da der elektrochemische Vorgang umkehrbar ist.

Beim **Aufladen (Bild 173/2**, rechts) wird am Minuspol $PbSO_4$ zu metallischem Blei reduziert:

$$PbSO_4 + 2\,e^{\ominus} \longrightarrow Pb + SO_4^{2-}$$

Am Pluspol wird $PbSO_4$ zu PbO_2 oxidiert:

$$\overset{+II}{PbSO_4} + 6\,H_2O \xrightarrow{+IV} PbO_2 + 4\,H_3O^+ + SO_4^{2-} + 2\,e^{\ominus}$$

Dabei wird Schwefelsäure ($2\,H_3O^+ + SO_4^{2-}$) frei.

Eine Zelle eines Bleiakkumulators (galvanisches Element $Pb/H_2SO_4/PbO_2$) liefert eine Klemmenspannung von rund 2 Volt.

In einer **Autobatterie** sind 6 Zellen in Reihe zu einer Batterie (≙ 12 Volt) geschaltet **(Bild 173/3)**.

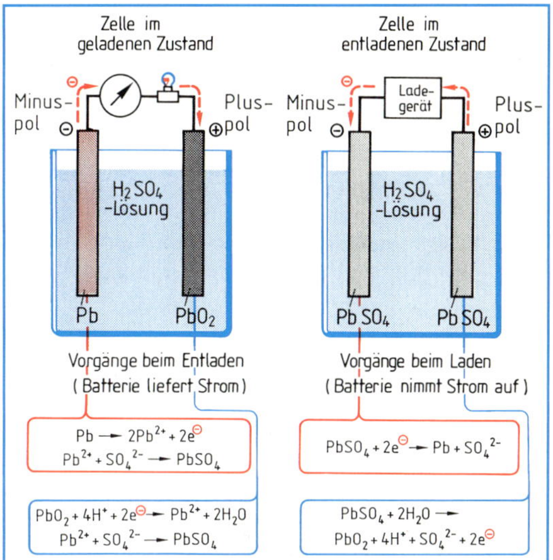

Bild 173/2: Vorgänge im Bleiakkumulator

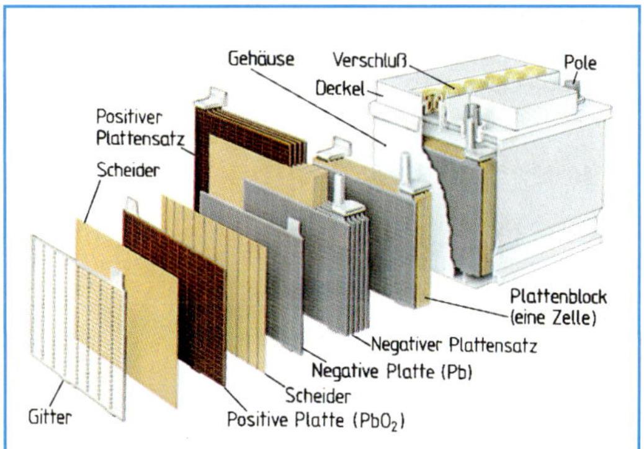

Bild 173/3: Autobatterie

Wiederholungsfragen

1. **Was versteht man unter der Normalspannung?**
2. **Was drückt die Stellung eines Elementes in der Spannungsreihe der Metalle aus?**
3. **Was ist ein Halbelement?**
4. **Woraus besteht ein galvanisches Element?**
5. **Wie entsteht der Stromfluß in einem galvanischen Element?**
6. **Welche galvanischen Elemente werden technisch genutzt?**

4.5 Elektrolyse

In *galvanischen Elementen* wird durch den Ablauf chemischer Reaktionen (Redoxreaktionen) ein elektrischer Strom erzeugt (Seite 170). Bei der *Elektrolyse* wird umgekehrt durch einen elektrischen Strom eine chemische Reaktion durchgeführt.

Die Elektrolyse ist die erzwungene Umkehrung der Vorgänge, die im galvanischen Element ablaufen.

Unter Elektrolyse versteht man die chemische Umsetzung in einem Elektrolyt durch die Wirkung des elektrischen Stroms.

Die bei der Elektrolyse von außen angelegte Spannung muß die Urspannung des entsprechenden galvanischen Elementes um einen bestimmten Betrag übersteigen, damit die Elektrolyse stattfindet. Diese, für die chemische Zersetzung des Elektrolyts erforderliche Spannung, heißt **Zersetzungsspannung**.

Am **Beispiel** der Zinkabscheidung aus einer wäßrigen Zinkchloridlösung werden die bei der Elektrolyse ablaufenden Vorgänge erläutert **(Bild 174/1)**: Um aus einer Lösung Zn^{2+}-Ionen als Zn-Atome abzuscheiden, muß eine so starke äußere Spannung angelegt werden, daß der Lösungsdruck des Zinks überwunden wird. Die eine Elektrode muß so stark negativ sein, daß Zn^{2+}-Ionen angezogen und durch Aufnahme von Elektronen zu Zn-Atomen entladen werden: $\mathbf{Zn^{2+} + 2\,e^{\ominus} \longrightarrow Zn}$

Die gebildeten metallischen Zinkatome scheiden sich in Form eines Belages an der Kathode ab.

An der anderen Elektrode muß eine so starke positive Spannung sein, daß die Cl^--Ionen aus der Lösung angezogen und ihnen die Elektronen entrissen werden: $\mathbf{2\,Cl^- \longrightarrow Cl_2\uparrow + 2\,e^{\ominus}}$

Es bildet sich gasförmiges Chlor, das ausperlt.

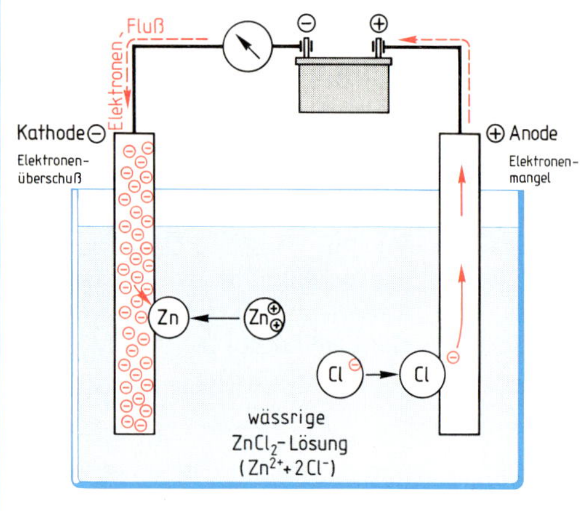

Bild 174/1: Elektrolyse (schematisch)

Die Elektrolyse ist eine Redoxreaktion.
An der negativen Elektrode, der Kathode, läuft eine Elektronenaufnahme, also eine Reduktion ab. An der positiven Elektrode, der Anode, findet eine Elektronenabgabe, d.h. eine Oxidation statt.

Elektrolyse wäßriger Lösungen

Bei der Elektrolyse wäßriger Salzlösungen sind im Elektrolyt neben den Ionen des Salzes die Ionen des Wassers, $\mathbf{H_3O^+}$ und $\mathbf{OH^-}$, vorhanden (Autoprotolyse, Seite 70). Deshalb werden unter Umständen, statt den Bestandteilen des Salzes, Bestandteile des Wassers (H_2 und O_2) abgeschieden. Das tritt ein, wenn das Salz aus einem stark unedlen Metall und einem sauerstoffhaltigen Säurerest aufgebaut ist.

Die Erklärung für diese Erscheinung ist die Tatsache, daß sich in der wäßrigen Salzlösung außer den Ionen des Salzes auch die Ionen des schwach protolysierten Wassers ($2\,H_2O \longrightarrow H_3O^+ + OH^-$) befinden. Das Anlegen einer Spannung an die Elektroden führt dazu, daß sich *die* Ionen abscheiden, zu deren Entladung die niedrigste Spannung ausreicht. Dies sind die Ionen, die in der *Spannungsreihe* am weitesten rechts stehen **(Bild 174/2)**.

Sind in einer Elektrolytlösung mehrere Kationen und Anionen vorhanden, so werden an den Elektroden *die* Ionen abgeschieden, zu deren Entladung die niedrigste Spannung erforderlich ist.

Nach der Spannungsreihe der Metalle dürften deshalb aus wäßrigen Lösungen nur Kupfer und noch edlere Metalle abscheidbar sein (Bild 174/2).

K^+ Ca^{2+} Na^+ Mg^{2+} Al^{3+} Zn^{2+} Cr^{3+} Fe^{2+} Cd^{2+} Ni^{2+} Sn^{2+} Pb^{2+} — unedle Metalle

H_3O^+ ($\rightarrow H_2$)

Cu^{2+} Ag^+ Hg^{2+} Pt^{2+} Au^{3+} — edle Metalle

Bild 174/2: Spannungsreihe der Metalle

Versuche zeigen hingegen, daß auch noch unedlere Metalle, in der Spannungsreihe bis zum Zink, aus Salzlösungen abgeschieden werden. Der Grund hierfür ist die sogenannte **Überspannung** des Wasserstoffs, d. h. zur Entladung der H_3O^+-Ionen wird eine größere Spannung gebraucht, als die Spannungsreihe angibt.

Durch diese erschwerte Abscheidung des Wasserstoffs, die im wesentlichen vom Elektrodenmaterial bestimmt wird, rückt er in der Spannungsreihe nach links, so daß sich eine **Entladbarkeitsreihe** ergibt, in der noch einige weitere Metalle rechts von Hydroniumion (Wasserstoff) stehen **(Bild 175/1)**.

Kationen	K^+	Ca^{2+}	Na^+	Mg^{2+}	Al^{3+}	H_3O^+	Zn^{2+}	Fe^{2+}	Cd^{2+}	Ni^{2+}	Sn^{2+}	Pb^{2+}	Cu^{2+}	Ag^+	Hg^{2+}	Pt^{2+}	Au^{3+}
	↓	↓	↓	↓	↓	↓	↓	↓	↓	↓	↓	↓	↓	↓	↓	↓	↓
Abgeschiedene Stoffe	K	Ca	Na	Mg	Al	H_2	Zn	Fe	Cd	Ni	Sn	Pb	Cu	Ag	Hg	Pt	Au
Anionen	SO_4^{2-}		NO_3^-	CO_3^{2-}	F^-	OH^-	Cl^-	Br^-	I^-								
					↓	↓	↓	↓	↓								
Abgeschiedene Stoffe					F_2	O_2	Cl_2	Br_2	I_2								
	aus wäßriger Lösung nicht abscheidbar					aus wäßriger Lösung durch Elektrolyse abscheidbar											

Bild 175/1: Entladbarkeitsreihe

Aus der Entladbarkeitsreihe kann abgelesen werden, welche Ionen aus einer wäßrigen Lösung mit mehreren Ionen abgeschieden werden.

Aus einer Lösung mit mehreren Ionen werden das Kation und das Anion abgeschieden, das am weitesten rechts in der Entladbarkeitsreihe steht.

Liegen in einer Lösung nicht abscheidbare Salzionen vor, so werden die Ionen des protolysierten Wassers ($H_3O^+ + OH^-$) abgeschieden.

An der *Kathode* werden H_3O^+-Ionen entladen und es scheidet sich Wasserstoff ab:

$$4\,H_3O^+ + 4\,e^{\ominus} \longrightarrow 2\,H_2\uparrow + 4\,H_2O$$

An der *Anode werden* OH^--Ionen entladen und es scheidet sich Sauerstoff ab:

$$4\,OH^- \longrightarrow O_2\uparrow + 2\,H_2O + 4\,e^{\ominus}$$

Bei der Elektrolyse einer wäßrigen Salzlösung mit nicht abscheidbaren Salzionen entsteht Wasserstoff H_2 und Sauerstoff O_2 im Stoffmengen- und Volumenverhältnis 2 : 1.

Beispiele:

1. *Elektrolyse einer H_2SO_4-Lösung*

   Es scheiden sich ab: An der Kathode: Wasserstoff; an der Anode: Sauerstoff.

   Erklärung: Als Kationen liegen nur H_3O^+-Ionen vor, deshalb wird Wasserstoff an der Kathode abgeschieden.
   An der Anode wird Sauerstoff abgeschieden, da die OH^--Ionen weiter rechts in der Entladbarkeitsreihe stehen, als die SO_4^{2-}-Ionen.

2. *Elektrolyse einer NaOH-Lösung*

   Es scheiden sich ab: An der Kathode Wasserstoff, an der Anode Sauerstoff.

   Erklärung: An der Kathode scheidet sich H_2 ab, da die H_3O^+-Ionen in der Entladbarkeitsreihe weiter rechts als die Na^+-Ionen stehen.
   An der Anode scheidet sich Sauerstoff ab, da nur OH^--Anionen vorhanden sind.

Übungsaufgaben

Folgende Elektrolysen werden durchgeführt:

1. *Elektrolyse einer wäßrigen $CuSO_4$-Lösung*
   Es scheiden sich ab: An der Kathode Kupfer, an der Anode Sauerstoff. Geben Sie eine Erklärung dafür!
2. *Elektrolyse einer wäßrigen Lösung aus Na_2SO_4 und $CuCl_2$*
   Welche Stoffe scheiden sich ab? Geben Sie eine Erklärung!

4.6 Schmelzflußelektrolyse

Die unedlen Metalle Kalium, Natrium, Magnesium und Aluminium, die in der Entladbarkeitsreihe (Bild 175/1) links vom Wasserstoff stehen, können nicht aus wäßrigen Lösungen durch Elektrolyse abgeschieden werden. Zu ihrer Herstellung verwendet man die Elektrolyse ihrer Salzschmelzen. Dieses Verfahren heißt deshalb **Schmelzflußelektrolyse**.

Beispiel: Schmelzflußelektrolyse zur Aluminiumherstellung

Die Elektrolyseschmelze (Temperatur 950 °C) besteht aus rund 5% Tonerde Al_2O_3, die zur Schmelzpunkterniedrigung in 95% Kryolith $Na_3[AlF_6]$ gelöst ist **(Bild 176/1)**.

Die Schmelze enthält die Ionen Al^{3+}, O^{2-}, Na^+, F^-.

Es werden *die* Ionen abgeschieden, die in der Entladbarkeitsreihe am weitesten rechts stehen (Bild 175/1).

An der Kathode wird Aluminium abgeschieden:

$$4\ Al^{3+} + 12\ e^- \longrightarrow 4\ Al$$

Es sammelt sich am Zellenboden und wird von Zeit zu Zeit abgesaugt.

An der Anode entsteht Sauerstoff O_2:

$$6\ O^{2-} - 12\ e^- \longrightarrow 3\ O_2$$

(Bei Schmelzen steht in der Entladbarkeitsreihe anstelle OH^- das O^{2-}-Ion.) Der gebildete Sauerstoff verbrennt bei der Schmelzentemperatur von 950 °C die Kohleelektrode zu CO und CO_2.

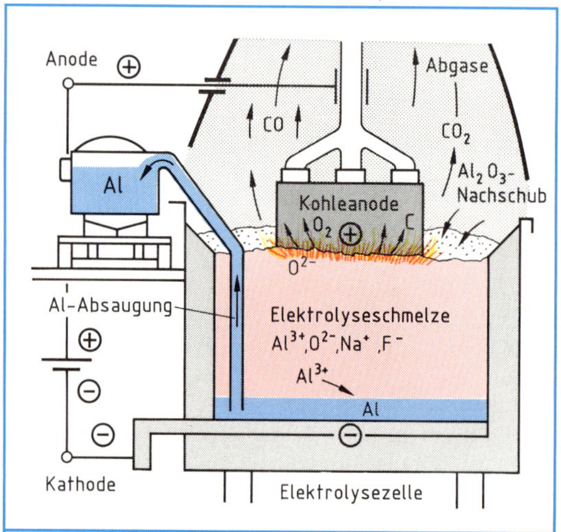

Bild 176/1: Schmelzflußelektrolyse zur Aluminiumherstellung

4.7 Faradaysche Gesetze

Zwischen der, bei der Elektrolyse abgeschiedenen, Stoffmasse *m* und der Elektrizitätsmenge, die dabei durch den Elektrolyt geflossen ist, besteht ein gesetzmäßiger Zusammenhang: Die abgeschiedene Stoffmasse *m* ist der Elektrizitätsmenge *Q* proportional. Sonstige äußere Umstände, wie verschiedene Konzentrationen der Elektrolytlösungen, unterschiedliche Temperaturen oder Elektrodenabstände usw. haben keinen Einfluß. Diese Gesetzmäßigkeit heißt nach ihrem Entdecker **1. Faradaysches Gesetz***.

Die abgeschiedene Stoffmasse *m* ist der durch die Elektrolytlösung hindurchgegangenen Elektrizitätsmenge *Q* proportional. $m \sim Q$

Die abgeschiedene Stoffmenge *n* läßt sich mit Hilfe der bei der Elektrolyse ablaufenden Vorgänge leicht ermitteln **(Bild 176/2)**:

I-wertige Ionen brauchen zur Abscheidung pro Ion ein Elektron.
II-wertige Ionen brauchen zur Abscheidung pro Ion zwei Elektronen.
III-wertige Ionen brauchen zur Abscheidung pro Ion drei Elektronen.

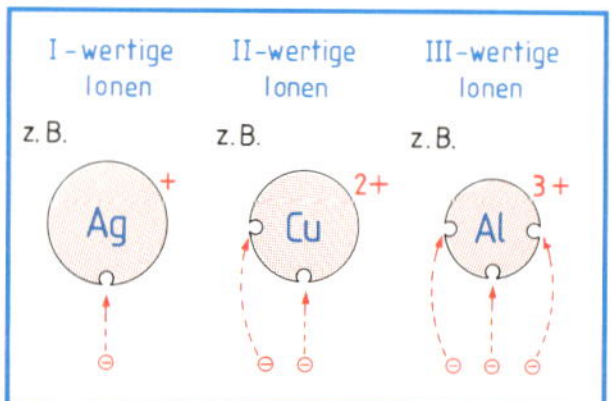

Bild 176/2: Wertigkeit von Ionen

Zur Abscheidung eines Mols ($6{,}022 \cdot 10^{23}$ Teilchen) müssen
bei I-wertigen Ionen $1 \cdot 6{,}022 \cdot 10^{23}$ Elektronen,
bei II-wertigen Ionen $2 \cdot 6{,}022 \cdot 10^{23}$ Elektronen,
bei III-wertigen Ionen $3 \cdot 6{,}022 \cdot 10^{23}$ Elektronen
transportiert werden.

Ermittelt man die Ladungsmenge, die erforderlich ist, um 1 mol eines Stoffes, mit Ionen der Ladungszahl 1, abzuscheiden, so findet man die Zahl $F = 96\,485$ **A·s/mol**. Sie wird **Faraday-Konstante** genannt.

Vergleicht man die Stoffmengen verschiedener Elemente, die bei der Elektrolyse durch die Ladungsmenge $Q = 96\,485$ A·s abgeschieden werden, so erkennt man eine weitere Gesetzmäßigkeit.

Beispiel: Durch die Ladungsmenge $Q = 96\,485$ A·s (1 A·s = 1 Coulomb) werden abgeschieden:
- aus einem Ag^+-Elektrolyt (I-wertig): .... 1 mol Ag
- aus einem Cu^2-Elektrolyt (II-wertig): .... 1/2 mol Cu
- aus einem Al^{3+}-Elektrolyt (III-wertig): ... 1/3 mol Al

* Faraday: Englischer Naturforscher (1791 bis 1867)

Die unterschiedlichen Stoffmengen ergeben sich, da für die Entladung eines Ag^+-Ions *ein* Elektron benötigt wird, während für ein Cu^{2+}-Ion *zwei* Elektronen und für ein Al^{3+}-Ion *drei* Elektronen erforderlich sind. Dieser Sachverhalt führt zur Abscheidung „äquivalenter" Stoffmengen durch eine bestimmte Ladungsmenge. Er wird als **2. Faradaysches Gesetz** bezeichnet.

Die Ladungsmenge $Q = 96\,485$ A·s scheidet aus verschiedenen Elektrolyten jeweils ein Mol eines Stoffes, dividiert durch seine Ladungszahl, ab.

Die Elementarladung

Mit den obigen Zahlen kann man die Ladung errechnen, die ein Ion transportiert: Zur Abscheidung von z.B. 1 Mol Silberatomen ($6{,}022 \cdot 10^{23}$ Teilchen) z.B. benötigt man die Ladungsmenge $F = 96\,485$ A·s

Das I-wertige Silberatom hat somit die Ladung: $\frac{96\,485 \text{ A·s}}{6{,}022 \cdot 10^{23}} = \mathbf{1{,}6 \cdot 10^{-19} \text{A·s}}$

II-wertige Ionen haben die Ladung $2 \cdot 1{,}6 \cdot 10^{-19}$ A·s

III-wertige Ionen haben die Ladung $3 \cdot 1{,}6 \cdot 10^{-19}$ A·s usw.

Eine kleinere elektrische Ladung als $1{,}6 \cdot 10^{-19}$ A·s wurde nie beobachtet. Es ist die Ladung *eines* Elektrons. Man nennt diese Ladung die **elektrische Elementarladung** $\mathbf{e^{\ominus}}$.

Ein Elektron ist die kleinste elektrische Ladungsmenge. Man nennt sie **Elementarladung** $\mathbf{e^{\ominus}}$. Sie beträgt $1{,}6 \cdot 10^{-19}$ A·s.

Aufgaben: 1. Welche Masse an Nickel kann man mit der Ladungsmenge 150 000 A·s abscheiden?
2. Welche Ladungsmenge benötigt man zur Abscheidung von 1 kg Kupfer?

4.8 Technische Anwendungen der Elektrolyse

Die Elektrolyse hat vor allem in der chemischen Industrie zur Gewinnung chemischer Grundstoffe und unedler Metalle sowie in der metallerzeugenden und verarbeitenden Industrie zur Reinigung (Raffination) von Metallen und zur Beschichtung von Metallen breite Anwendung gefunden.

Gewinnung chemischer Grundstoffe

Durch die Elektrolyse wäßriger Salz-Lösungen können die elementaren Halogene und wichtige chemische Grundstoffe, wie z.B. Natronlauge, hergestellt werden.

Beispiel: Die Chloralkali-Elektrolyse nach dem Diaphragmaverfahren

Hierbei wird eine NaCl-Lösung, die Sole, in speziellen Elektrolysezellen elektrolysiert (Bild 132/2).

In der wäßrigen Lösung befinden sich die Ionen Na^+, Cl^-, H_3O^+, OH^-.

Gemäß der Erkenntnis, daß an der Kathode bzw. der Anode jeweils *das* Ion abgeschieden wird, das am weitesten rechts in der Entladbarkeitsreihe (Bild 175/1) steht, erfolgen folgende Reaktionen:

An der Anode (+) wird Chlor abgeschieden: $\mathbf{2\,Cl^- \longrightarrow Cl_2\uparrow + 2\,e^{\ominus}}$

An der Kathode (−) wird Wasserstoff abgeschieden: $\mathbf{2\,H_3O^+ + 2\,e^{\ominus} \longrightarrow H_2\uparrow + 2\,H_2O}$

In der Elektrolytlösung bleiben die Ionen Na^+ und OH^- zurück und ergeben Natronlauge. Sie wird abgezogen und ist ein wichtiger Chemiegrundstoff.

Gewinnung unedler Metalle aus Salzschmelzen

Die unedlen Metalle wie Kalium, Natrium, Magnesium oder Aluminium werden durch Elektrolyse ihrer Salzschmelzen hergestellt. Es ist erforderlich, die Elektrolyse in der Salzschmelze durchzuführen, da sich die unedlen Metalle nicht aus wäßrigen Lösungen abscheiden lassen (siehe Entladbarkeitsreihe).

Die **Schmelzflußelektrolyse zur Aluminiumherstellung** ist aufgrund der technischen Bedeutung des Werkstoffs Aluminium das bedeutendste Schmelzflußelektrolyse-Verfahren.

Auf seine Durchführung wurde bereits bei der Aluminiumgewinnung (Seite 147) und auf die dabei ablaufenden elektrolytischen Vorgänge auf Seite 176 eingegangen.

Auch die **Schmelzflußelektrolyse** einer Steinsalzschmelze (Na^+, Cl^-) zur **Natriumgewinnung** ist ein großtechnisch durchgeführtes Verfahren **(Bild 178/1)**. Die Schwierigkeit dieses Verfahrens liegt darin, die beiden entstehenden Stoffe, gasförmiges Chlor und flüssiges Natrium, getrennt zu halten, da es sonst zu heftiger Reaktion zwischen beiden Stoffen kommt. Deshalb der besondere Bau der Elektrolysezelle: Über der Anode, an der das Chlor entsteht, befindet sich eine Auffangglocke für das in der Schmelze hochperlende Chlorgas. Die Kathode ist ringförmig um die Anode angeordnet und mit einem feinmaschigen Drahtnetz-Hohlring umgeben. Das gebildete flüssige Natrium schwimmt in der Schmelze auf, wird im Drahtnetz-Hohlring gesammelt und abgeleitet.

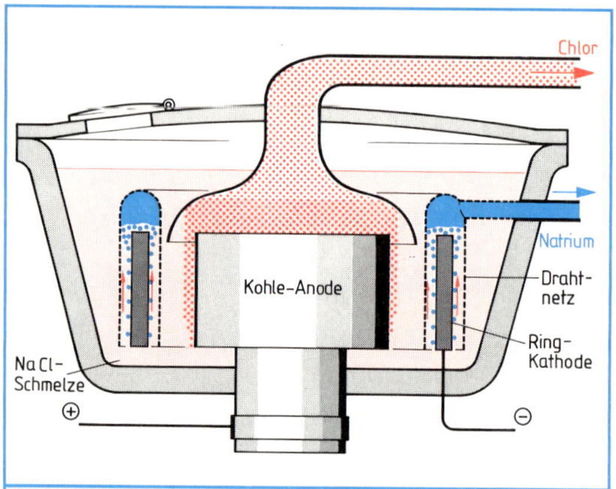

Bild 178/1: Schmelzflußelektrolyse von Natrium

Herstellung von Reinmetallen durch Elektrolyse

Beispiel: Reinigung (Raffination) von Rohkupfer

Durch einen Verhüttungsprozeß gewinnt man aus Kupfererz das Metall Kupfer. Es liegt dann als Garkupfer, mit rund 1% Fremdmetallen und Verunreinigungen vor (Bild 148/1). In einer nachfolgenden elektrolytischen Raffination wird das hochwertige Elektrolytkupfer gewonnen.

Hierzu werden Garkupferplatten als Anode in eine schwefelsaure Kupfersulfatlösung gehängt **(Bild 178/2)**. Die Garkupferplatten enthalten, neben dem Hauptbestandteil Kupfer, Verunreinigungen aus unedlen Metallen, wie Eisen und Zink, sowie geringe Anteile an Edelmetallen, wie Silber, Gold und Platin. Als Kathode sind dünne Elektrolytkupferbleche geschaltet.

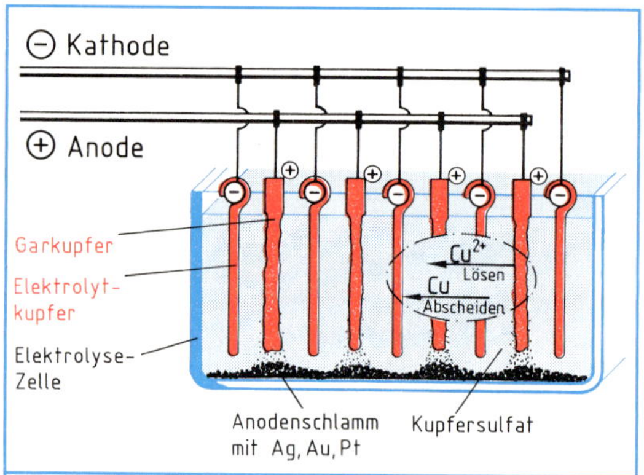

Bild 178/2: Elektrolytische Raffination von Kupfer

Die Spannung ist so geregelt, daß an der Anode sowohl dem Kupfer und auch den unedlen Metallverunreinigungen Eisen und Zink die Elektronen entzogen werden: Es gehen Cu^{2+}-Ionen, Fe^{2+}-Ionen, Zn^{2+}-Ionen usw. in die Badflüssigkeit in Lösung.

Die im Garkupfer enthaltenen Edelmetalle Silber, Gold und Platin werden durch die anliegende Spannung nicht zu Ionen oxidiert und fallen als Anodenschlamm zu Boden. Aus diesem Schlamm werden die Edelmetalle gewonnen. Die anliegende Spannung reicht gerade aus, daß an den als Kathode geschalteten Elektrolytkupferblechen die Cu^{2+}-Ionen, nicht aber die Fe^{2+}- und die Zn^{2+}-Ionen abgeschieden werden. Sie bleiben in der Elektrolytlösung gelöst.

Haben die Elektrolytkupferplatten eine ausreichende Dicke, dann werden sie aus dem Elektrolysebad entnommen und durch dünne ersetzt **(Bild 178/3)**.

Bild 178/3: Wechseln der Bleche aus abgeschiedenem Elektrolytkupfer

Das abgeschiedene Elektrolytkupfer hat eine Reinheit von 99,99%.

Galvanisieren

Die elektrolytische Abscheidung von Metallen aus ihren wäßrigen Salzlösungen wird in der Technik zum Verkupfern, Vernickeln, Verchromen, Versilbern, Vergolden usw. eingesetzt.

Beispiel: Verkupfern (Bild 179/1).

Das zu verkupfernde Werkstück wird als Kathode in ein Kupfersulfatbad (Cu^{2+}, SO_4^{2-}, H_3O^+, OH^-) gehängt. Die Anode ist eine Kupferplatte.

Bei Anlegen der geeigneten Spannung scheidet sich auf dem Werkstück (Kathode) Kupfer ab: $Cu^{2+} + 2\,e^{\ominus} \longrightarrow Cu$.

An der Anode geht Kupfer in Lösung: $Cu \longrightarrow Cu^{2+} + 2\,e^{\ominus}$.

(Die Bildung von Sauerstoff an der Anode unterbleibt, da die Auflösung von Kupfer weniger Energie erfordert, als die Bildung von O_2 aus den OH^--Ionen der Lösung.)

Das einmal vorgelegte $CuSO_4$-Bad erneuert sich stetig, während sich die Kupferanode auflöst.

Anwendung findet die galvanische Beschichtung in vielen Bereichen der Konsumgüter und der Technik. Bauteile, z. B. von Autos, Motor- und Fahrrädern, erhalten durch Verchromen eine dekorative, korrosionsbeständige Oberfläche **(Bild 179/2)**.

Elektrische Kontakte und Modeschmuck werden versilbert oder vergoldet.

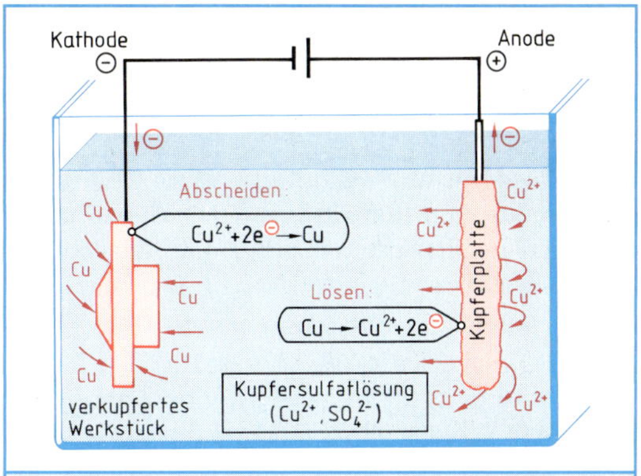

Bild 179/1: Verkupfern

Verchromtes Speichenrad **Vergoldete Chipkontakte**

Bild 179/2: Galvanisch beschichtete Teile

Anodisches Oxidieren von Aluminium (Eloxieren)

Es dient zum Aufbringen einer korrosionsbeständigen und verschleißfesten Al_2O_3-Schicht auf Aluminium-Werkstücken. Dazu werden die Werkstücke als Anode in eine Schwefelsäurelösung gehängt **(Bild 179/3)**.

Die Lösung enthält H_3O^+-, SO_4^{2-}- und OH^--Ionen. Es scheiden sich *die* Ionen ab, die in der Entladbarkeitsreihe (Bild 175/1) am weitesten rechts stehen. Dies ist an der Kathode Wasserstoff:

$$2\,H_3O^+ + 2\,e^{\ominus} \longrightarrow H_2\uparrow + 2\,H_2O$$

und an der Anode Sauerstoff:

$$4\,OH^- \longrightarrow 2\,H_2O + O_2\uparrow + 2\,e^{\ominus}$$

Am Werkstück entsteht zuerst atomarer Sauerstoff, der vor der Zusammenlagerung zu Molekülen sehr reaktionsfähig ist. Er bildet auf dem Aluminium-Werkstück eine dünne (ca. 20 µm), fest haftende Al_2O_3-Schicht. Der Name **Eloxal**-Verfahren ist eine Abkürzung von **el**ektrolytisch **ox**idiertes **Al**uminium.

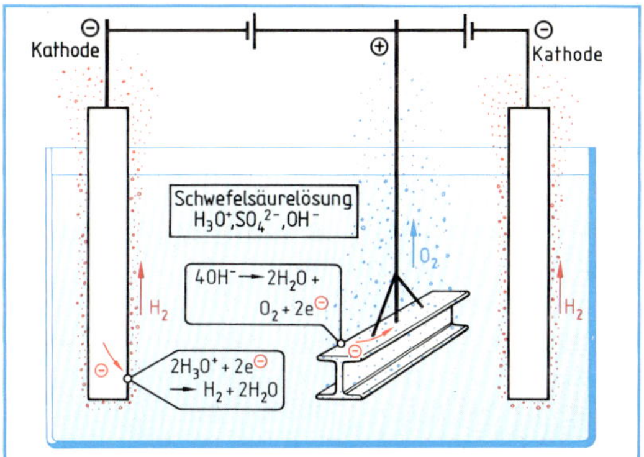

Bild 179/3: Eloxal-Verfahren

Wiederholungsfragen

1. **Welche Vorgänge laufen bei der Elektrolyse an der Kathode bzw. Anode ab?**
2. **Was gibt die Entladbarkeitsreihe an?**
3. **Welche Stoffe werden bei der Elektrolyse einer KOH-Lösung abgeschieden? Erklären Sie.**
4. **Wie lauten die Faradayschen Gesetze?**

4.9 Korrosion

Bild 180/1: Durch Korrosion unbrauchbar gewordenes Bauteil

Unter **Korrosion** versteht man den Angriff und die Zerstörung metallischer Werkstoffe durch chemische oder elektrochemische Reaktionen mit Wirkstoffen der Umgebung.

Korrosives Mittel (Wirkstoffe) sind die Stoffe, die das Bauteil umgeben, auf den Werkstoff einwirken und die Korrosion verursachen: z.B. die Raumluft, Freiluftatmosphäre mit oder ohne Industrieverschmutzung, Meeres-Atmosphäre, Wasser, Erdboden oder Chemikalien.

Die durch Korrosion verursachten Schäden sind gewaltig, in Deutschland etwa jährlich ca. 100 Milliarden DM. Ein Teil dieser Schäden **(Bild 180/1)** kann durch Kenntnis der Korrosionsvorgänge und Anwendung geeigneter Schutzmaßnahmen vermieden werden.

Korrosionsvorgänge laufen, je nach den Gegebenheiten, nach unterschiedlichen Wirkungsmechanismen ab, die man entweder als elektrochemische Korrosion oder chemische Korrosion bezeichnet.

4.9.1 Elektrochemische Korrosionsarten

Bei der **elektrochemischen Korrosion** laufen die Korrosionsvorgänge auf der Metalloberfläche in Verbindung mit einer elektrisch leitenden Flüssigkeit, dem **Elektrolyt** (meist Wasser) ab.

Die Aggressivität eines wäßrigen Elektrolyten ist um so stärker, je größer seine Wasserstoffionenkonzentration (H^+) ist, d.h. um so niedriger sein pH-Wert ist (reines Wasser: pH-Wert = 7).

Die wichtigsten elektrochemischen Korrosionsvorgänge sind die **Sauerstoffkorrosion** auf feuchten Stahloberflächen, die **Säurekorrosion von Metallen** und die **Korrosion an Korrosionselementen.**

Elektrochemische Sauerstoffkorrosion feuchter Stahloberflächen

Die Oberfläche von Metallbauteilen ist in feuchten Räumen und bei feuchter Witterung im Freien mit einem Feuchtigkeitsfilm überzogen. Blanke Bauteile aus unlegierten und niedrig legierten Stählen sind bei diesen Bedingungen nach wenigen Tagen mit Rostflecken übersät **(Bild 180/2)**. Die Vorgänge, die diesem Korrosionsvorgang zugrunde liegen, beruhen auf der Wirkung des Luftsauerstoffs in Verbindung mit dem Wasser auf den Eisenwerkstoff und werden **elektrochemische Sauerstoffkorrosion** genannt.

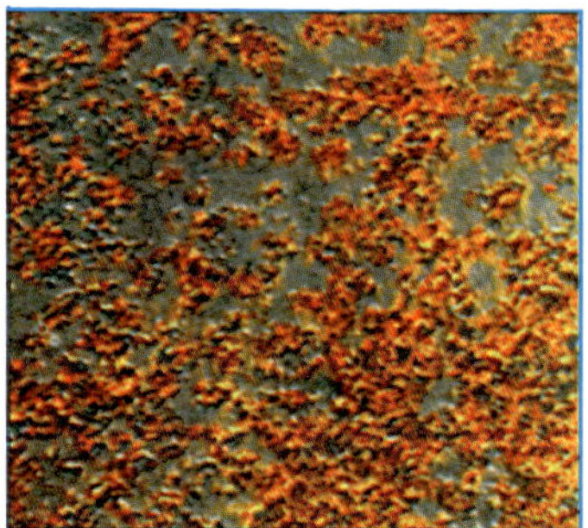

Bild 180/2: Rost auf blankem Stahl

An einem Werkstoffbereich unter einem Wassertropfen auf einem Stahlbauteil kann man die Vorgänge erläutern **(Bild 180/3)**:

In der Mitte des Tropfens geht Eisen als Fe^{2+}-Ionen in Lösung und wandelt sich weiter zu Fe^{3+} um:

$$Fe \longrightarrow Fe^{2+} + 2\,e^- \longrightarrow Fe^{3+} + 3\,e^-$$

Da dieser Werkstoffbereich wie eine örtlich begrenzte Anode wirkt, nennt man ihn **Lokalanode**.

Im Randbereich des Tropfens reagieren die frei gewordenen Elektronen mit dem im Wasser gelösten Sauerstoff und Wasser zu OH^--Ionen:

$$O_2 + 2\,H_2O + 4\,e^- \longrightarrow 4\,OH^-$$

Der Randbereich des Tropfens wirkt wie eine **Lokalkathode**.

Die gebildeten Fe^{3+}- und OH^--Ionen reagieren weiter zu **Rost FeO(OH)**.

$$Fe^{3+} + 3\,OH^- \longrightarrow FeO(OH) + H_2O$$

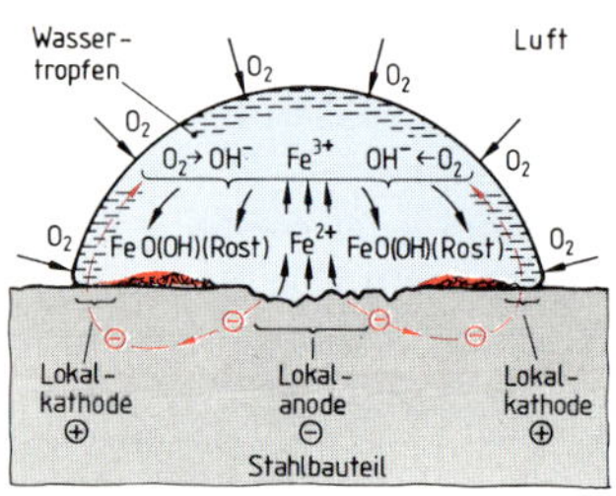

Bild 180/3: Vorgänge bei der elektrochemischen Sauerstoffkorrosion

Der Rost scheidet sich ringförmig am Tropfenrand ab. Die fleckenförmig beginnende Rostbildung kann man auf Stahloberflächen beobachten (Bild 180/2). Im weiteren Verlauf der Korrosion wird die ganze Stahloberfläche von diesen lokalen Korrosionsstellen aus zerfressen.

Elektrochemische Säurekorrosion von Metallen

Die Säurekorrosion von Metallen tritt in sauren Elektrolyten mit einer hohen H^+-Ionen-Konzentration auf **(Bild 181/1)**. Hierbei entziehen H^+-Ionen dem Metall Elektronen und werden zuerst zu atomarem Wasserstoff H* reduziert und lagert sich dann zu Wasserstoffgas H_2 zusammen: $\mathbf{2\,H^+ + 2\,e^- \longrightarrow 2\,H^* \longrightarrow H_2\uparrow}$

Diese Werkstoffstelle ist eine Lokalkathode, es findet hier eine Reduktion (Elektronenaufnahme) statt.

Durch den Elektronenentzug (Oxidation) werden an einer anderen Werkstoffstelle (Lokalanode) Metallatome zu Metallionen oxidiert, die sich im Elektrolyt auflösen: $\mathbf{Me \longrightarrow Me^{2+} + 2\,e^-}$

Die bereichsweise Auflösung von Metallatomen aus dem Materialverband führt zur korrosiven Zerstörung des Werkstoffs.

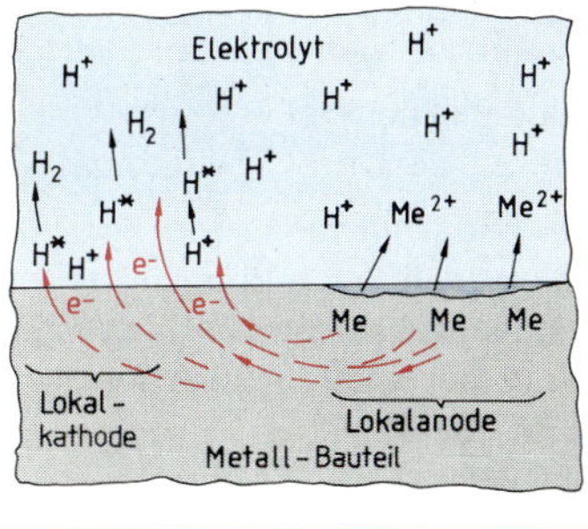

Bild 181/1: Säurekorrosion

Elektrochemische Korrosion an Korrosionselementen

Diese Korrosionsart beruht auf denselben Vorgängen, die in einem **galvanischen Element** ablaufen (Seite 170). Es besteht aus zwei Elektroden aus unterschiedlichen Metallen, die in eine Elektrolytflüssigkeit tauchen **(Bild 181/2)**. In dieser Anordnung löst sich aufgrund des größeren elektrolytischen Lösungsdrucks das in der Spannungsreihe der Metalle (Bild 168/2) weiter links stehende, unedlere der beiden Metalle auf, es wird korrodiert.

Bei dem galvanischen Element Fe/Cu gehen an der Eisen-Elektrode (Anode) Fe^{2+}-Ionen in Lösung ($Fe \longrightarrow Fe^{2+} + 2\,e^-$), während an der Kupfer-Elektrode (Kathode) Wasserstoff entsteht ($2\,H^+ + 2\,e^- \longrightarrow H_2\uparrow$).

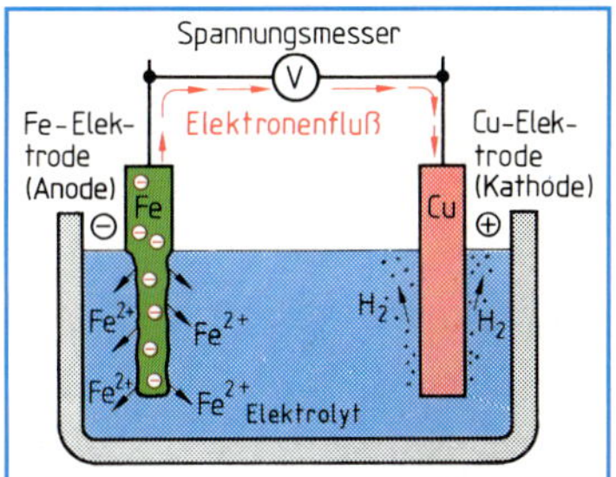

Bild 181/2: Galvanisches Element

Die Bedingungen eines galvanischen Elementes liegen an vielen Stellen bei Maschinen, Apparaten und Bauteilen vor. Man nennt diese Bereiche **Korrosionselemente** oder Lokalelemente. Dazu sind zwei unterschiedliche Werkstoffe bzw. Werkstoffbereiche (Elektroden) und etwas Flüssigkeit als Elektrolyt erforderlich. Als Elektrolytflüssigkeit reicht schon etwas Feuchtigkeit oder Handschweiß.

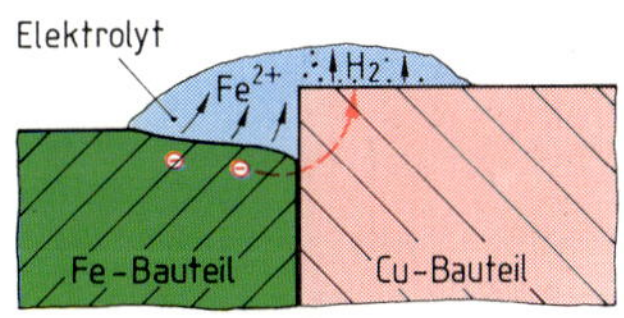

Bild 181/3: Korrosionselement Berührungsstelle zweier Bauteile

Typische Korrosionselemente sind z. B. die Berührungsstellen zweier Bauteile aus unterschiedlichen Werkstoffen, Schadstellen an Metallüberzügen auf Stahlbauteilen oder die verschiedenen Gefügebestandteile von Legierungen **(Bild 181/3** bis **181/5)**. Das jeweils unedlere Metall wird an diesen Stellen durch Auflösen zerstört.

Der Korrosionsangriff ist um so stärker, je größer der Unterschied der elektrochemischen Potentiale (Seite 169) und je kleiner die Oberfläche des unedlen Werkstoffs im Vergleich zu der des edleren ist.

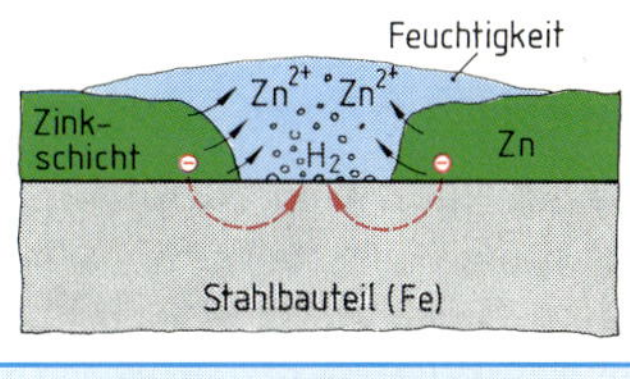

Bild 181/4: Korrosionselement Schadstelle einer Beschichtung

Passivierung

Einige Metalle verhalten sich in der Praxis nicht so, wie es aus der Spannungsreihe der Metalle (Bild 168/2) zu erwarten ist.

Beispiel: Chromschichten auf Stahl. Nach der Spannungsreihe sollte sich das weiter links stehende Metall, also Chrom auflösen. Das Korrosionsbild von verchromtem Stahl ist jedoch durch Rosten des darunter liegenden Eisens und Abplatzen der Chromschicht gekennzeichnet. Ursache ist die Passivierung der Chromoberfläche durch angelagerte Sauerstoffmoleküle. Deshalb wird nicht das unedlere Chrom, sondern der Stahl korrodiert.

Die passivierende Wirkung des Chroms ist auch die Ursache der Korrosionsbeständigkeit chromhaltiger Stähle, z. B. bei den nichtrostenden Stählen wie X 5 CrNi 18 10.

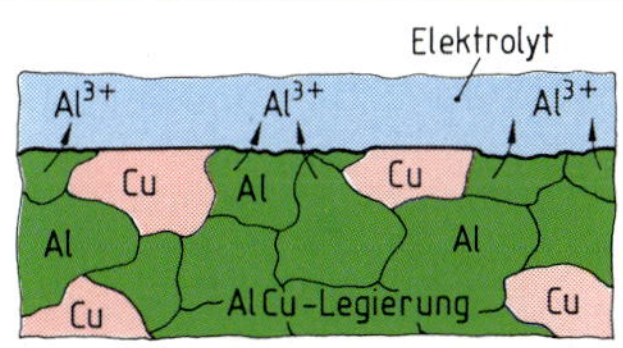

Bild 181/5: Korrosionselement unterschiedliche Gefügekörner

4.9.2 Chemische Korrosion

Unter chemischer Korrosion versteht man die direkte Reaktion des Werkstoffs mit dem einwirkenden Stoff, ohne die Mitwirkung eines Elektrolyten.

Eine erhebliche Rolle spielt die chemische Korrosion beim Kontakt von Bauteilen mit heißen oxidierenden Gasen, z. B. mit heißer Luft, Chlorgas, Schwefeloxidgasen, Verbrennungsgasen. Im allgemeinen werden diese Metall-Gas-Reaktionen als **Verzunderung** und die dabei entstehende Reaktionsschicht als Zunder bezeichnet **(Bild 182/1)**.

Bild 182/1: Verzundertes Schmiedestück

Der Materialabtrag durch Verzunderung bestimmt die Lebensdauer z. B. von Reaktionsöfen, Heißgasleitungen und Hochtemperatur-Reaktoren.

Auch beim Schmieden, beim Glühen und Härten sowie beim Schweißen (Abbrand) tritt Verzunderung auf.

Entscheidend für die Verzunderungsgeschwindigkeit ist die Gasdurchlässigkeit der gebildeten Zunderschicht **(Bild 182/2)**.

Unlegierter Stahl bildet an heißer Luft (>500 °C) eine poröse, luftdurchlässige Fe_2O_3-Zunderschicht, die ein schnelles Wachsen der Schicht ermöglicht.

Hitzebeständige Stähle enthalten neben Chrom noch Al, Si oder Ti und bilden eine gasundurchlässige Al-, Si- oder Ti-haltige Schutzschicht, die die Verzunderung stark verzögert.

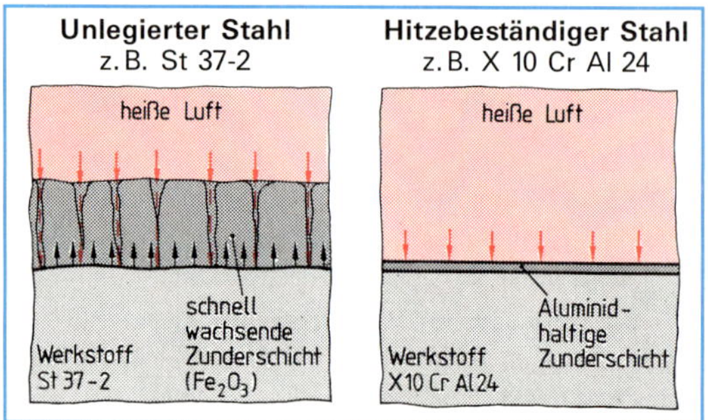

Bild 182/2: Verschiedene Zunderschichten

4.9.3 Erscheinungsformen der Korrosion

Je nach Werkstoff und korrosivem Wirkstoff bildet sich ein Korrosionsschaden mit typischem Erscheinungsbild aus **(Bild 182/3** und **Bild 183/1)**.

Gleichmäßige Flächenkorrosion

Bei der gleichmäßigen Flächenkorrosion wird die Oberfläche annähernd gleichmäßig und langsam vom Korrosionsangriff abgetragen. Diese Korrosionsart tritt bei ungeschützten Baustählen in Reinluftatmosphäre im Freien oder beim Verzundern von Schmiedeteilen auf.

Mulden- und Lochkorrosion

Sie ist meist gekennzeichnet durch einen flächigen Korrosionsabtrag mit zusätzlicher Mulden- und Lochbildung.

Bei nichtrostenden Stählen in Kontakt mit Cl^--haltigem Wirkmedium kommt es auch zu alleinigem Lochfraß mit nadelstichartigen Einkerbungen in den Werkstoff. Diese Korrosionsart ist bei unter Druck stehenden Leitungen und Behältern sehr gefährlich.

Kontaktkorrosion

Kontaktkorrosion entsteht, wenn zwei Bauteile aus unterschiedlichen Werkstoffen direkt aneinander grenzen und Feuchtigkeit (als Elektrolyt) vorhanden ist. Das unedlere der beiden Metalle wird bei diesem Korrosionselement, durch Auflösen zerstört.

Kontaktkorrosion entsteht z. B. an Lagern oder Buchsen in einem Gehäuse aus einem anderen Werkstoff oder bei Verwendung von Verbindungsschrauben eines anderen Werkstoffs als die Fügeteile.

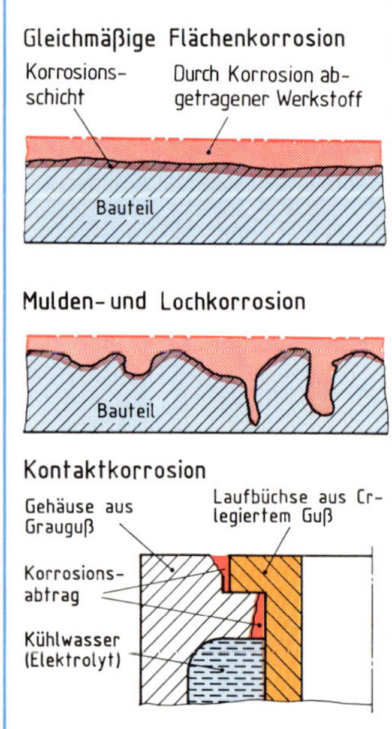

Bild 182/3: Erscheinungsbilder der Korrosion

Spaltkorrosion

Sie tritt auf, wenn durch behinderten Luftzutritt in einem Spalt, im Elektrolyt unterschiedliche Sauerstoffkonzentrationen auftreten. Dies ist z.B. im Passungsspalt zwischen zwei Bauteilen (Passungsrost) oder im Spalt zwischen Durchgangsloch und Schraube oder bei aufeinanderliegenden, punktgeschweißten Blechen der Fall.

Belüftungskorrosion

Sie tritt z.B. bei Behältern auf, die teilweise mit Wasser gefüllt sind. Bevorzugter Korrosionsangriff erfolgt etwas unterhalb des Flüssigkeitsstandes. Ursache ist die unterschiedliche Sauerstoffkonzentration an der Oberfläche und in tieferen Schichten des Wassers.

Selektive Korrosion

Bei der selektiven Korrosion verläuft der Korrosionsangriff bevorzugt (selektiv) entlang bestimmter Gefügebereiche des Werkstoffs. Je nachdem, welcher Gefügebereich zerstört wird, unterscheidet man

- **interkristalline Korrosion**, wenn die Zerstörung entlang der Korngrenzen verläuft
- **transkristalline Korrosion**, wenn sie durch die Körner verläuft.

Da die Korrosion im Korngrößenbereich auftritt, ist sie mit bloßem Auge nicht erkennbar und deshalb besonders gefährlich.

Spannungsriß- und Schwingungsrißkorrosion

Diese Korrosionsformen entstehen beim Zusammenwirken von elektrochemischem Angriff (z.B. in Industrieatmosphäre) und starker mechanischer Belastung eines Bauteils. Die Korrosion verläuft je nach Wirkmedium und Belastungsart interkristallin oder transkristallin.

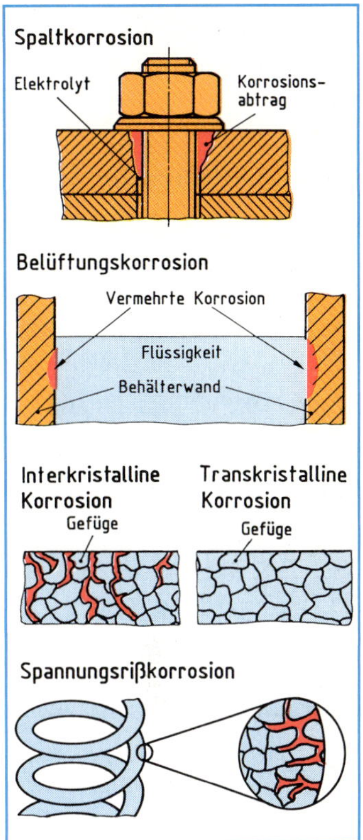

Bild 183/1: Erscheinungsbilder der Korrosion

4.9.4 Korrosionsverhalten der metallischen Werkstoffe

Das Korrosionsverhalten eines Werkstoffs ist in erster Linie vom Werkstoff und dem einwirkenden Medium, wie z.B. Industrieluft, Meerwasser, Säurelösungen, abhängig. Daneben wirken noch die Temperatur, die Strömungsverhältnisse, konstruktive Gegebenheiten und anderes mit.

Die Beständigkeit der metallischen Werkstoffe gegenüber den unterschiedlichen Wirkmedien ist geprüft worden und in Tabellenwerken erfaßt (z.B. DECHEMA-Werkstofftabellen).

Tabelle 183/1 zeigt einen Ausschnitt aus den Korrosionstabellen.

Tabelle 183/1: Korrosionsverhalten der metallischen Werkstoffe

Werkstoffe	Allgemeine Beschreibung des Korrosionsverhaltens	Trockene Raumluft	Industrie-Luft	Meer-Atmosphäre	Meer-wasser	Säure-lösungen
Unlegierte und niedr.leg. Stähle	Wenig korrosionsbeständig. Ohne Schutz nur in trockenen Räumen beständig.	●	◔	○	○	○
Nichtrost. Stahl X 5 CrNi 18 10	Im allgemeinen beständig, Korrosionsgefahr durch aggressive Chemikalien	●	◔	◔	◐…◔	◔
Aluminium und Al-Legierungen	Im Freien recht gut beständig Ausnahme: Cu-haltige Al-Legierungen	●	◔	◔	●…◔	◔
Kupfer und Cu-Legierungen	Recht gut beständig, besonders die Ni-haltigen Cu-Legierungen	●	◐	◐	●…◔	◐
Ni-Legierungen NiCr16Mo16FeW	Hohe Korrosionsbeständigkeit gegen Säurelösungen (HCl, H_2SO_4, H_3PO_4)	●	●	●	●	●

Zeichenerklärung: ● praktisch beständig, ◐ ziemlich beständig, ◔ unbeständig, ○ unbrauchbar

4.10 Korrosionsschutzmaßnahmen

Durch geeignete Korrosionsschutzmaßnahmen läßt sich Korrosion weitgehend vermeiden **(Bild 184/1)**.

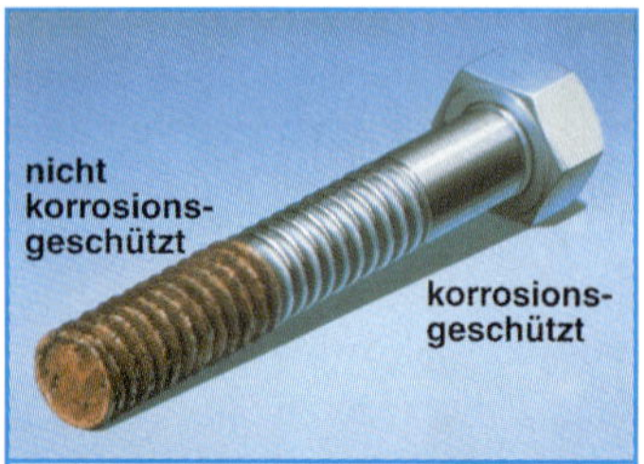

Bild 184/1: Wirkung von Korrosionsschutzmaßnahmen

4.10.1 Chemische Oberflächenbehandlung

Einölen und **Einfetten** mit Korrosionsschutzöl oder -fett ist ein einfacher Korrosionsschutz für Maschinenteile aus Stahl, die blank bleiben müssen, wie z. B. Gleitbahnen, Führungssäulen oder Meßzeuge.

Das Fett überzieht das Bauteil mit einem wasserabweisenden Schutzfilm und schützt es in trockenen Räumen vor Korrosion.

Zum **Phosphatieren** werden die Stahlbauteile bzw. Stahlbleche in eine heiße Zinkphosphatlösung getaucht. Es bildet sich eine wenige µm dicke Zinkphosphatschicht, die fest mit dem Stahlgrundwerkstoff verwächst:

$$Fe + 2\,Zn^{2+} + 2\,H_2PO_4^- + 4\,H_2O \longrightarrow FeZn_2(PO_4)_2 \cdot 4\,H_2O\downarrow + 2\,H_2$$

Phosphatieren wird vor allem bei Karosserie-Stahlblechen angewandt und dient als korrosionsverhindernder Haftgrund für Lackierungen **(Bild 184/2)**.

Das **Chromatieren** ist ein ähnliches Verfahren mit vergleichbarem Anwendungsgebiet. Durch Tauchen der Bauteile in Chromsäure entsteht eine dünne, korrosionsschützende Metallchromat-Schicht.

4.10.2 Organische Korrosionsschutzanstriche

Ein dauerhafter Korrosionsschutz ist durch Anstriche nur zu erreichen, wenn **Korrosionsschutzsysteme**, d.h. mehrschichtige Anstriche aus abgestimmten Grund- und Deckbeschichtungen, aufgebracht werden (Bild 184/2). Zuvor muß die Oberfläche entrostet, entfettet und phosphatiert werden.

Die Gesamtschichtdicke des Beschichtungssystems beträgt 0,2 mm bis 0,8 mm.

Die Beschichtungsstoffe (Lacke) bestehen aus Epoxidharz, ungesättigtem Polyesterharz, Phenacrylharz oder Polyurethanharz und Farbpigmenten.

Das Aufbringen des Schutzanstrichs erfolgt durch Streichen, Tauchen oder Spritzen.

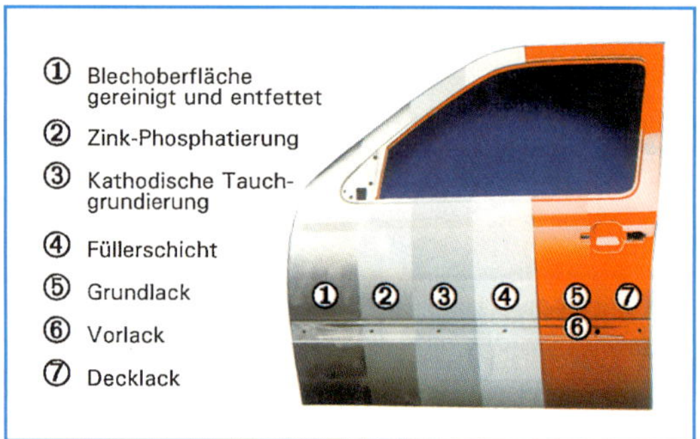

Bild 184/2: Korrosionsschutzsystem auf Pkw-Blech

4.10.3 Metallische Überzüge

Feuerverzinken. Ein preiswerter und sehr beständiger Korrosionsschutz für Stahlbauteile gegen atmosphärische Korrosion ist das Verzinken (Bild 150/1). Es wird durch Tauchen in eine Zinkschmelze (Feuerverzinken) durchgeführt. Die eisblumenartig aussehende Zinkschicht ist über eine Zn-Fe-Reaktionsschicht fest mit dem Stahlbauteil verwachsen **(Bild 184/3)**.

Galvanisch abgeschiedene Metallüberzüge werden zum Korrosionsschutz und wegen ihres dekorativen Aussehens z. B. für Pkw-Zierteile eingesetzt (Bild 184/3). Bevorzugte Schichtmetalle sind Nickel und Chrom sowie Mehrfachschichten aus Cu, Ni und Cr als Deckschicht.

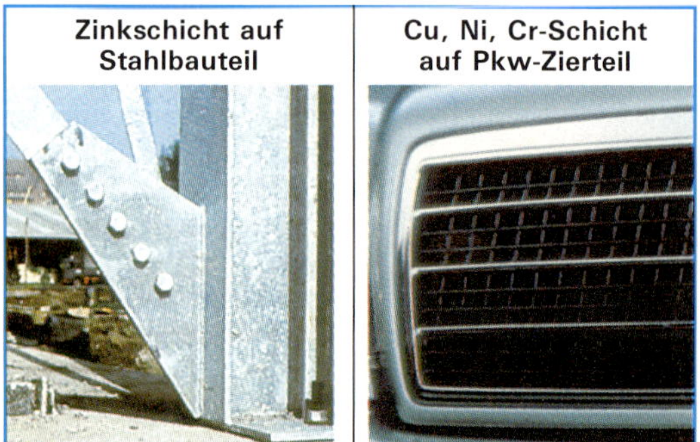

Bild 184/3: Metallbeschichtungen

4.10.4 Kathodischer Korrosionsschutz von Stahl-Bauteilen

Der kathodische Korrosionsschutz wird zusätzlich zum Bitumenanstrich bei erdverlegten Rohren und Tanks sowie bei Stahl-Wasserbauten und Wärmetauschern eingesetzt.

Kathodischer Korrosionsschutz mit Opferanoden (Bild 185/1, oben). Das zu schützende Bauteil ist leitend mit Platten aus einem unedlen Metall, z. B. Magnesium, verbunden. Mit der sauren Bodenfeuchtigkeit als Elektrolyt bilden das Stahlbauteil und die Magnesiumplatten ein galvanisches Element, wobei das Stahlbauteil die edlere Kathode und das Magnesium die unedlere Anode ist. Sie löst sich langsam auf und heißt deshalb Opferanode. Das kathodische Stahlbauteil als edlere Elektrode bleibt unversehrt.

Kathodischer Korrosionsschutz mit Fremdstromanoden (Bild 185/1, unten) wird z. B. zum Schutz der Fehlstellen von emaillierten Speicher-Wassererwärmern eingesetzt. Mit einem Potentiostat (Gleichstrom-Spannungsquelle) wird einer Fremdstromanode ein Schutzstrom aufgeprägt, so daß die zu schützenden Flächen dauerhaft als Kathode geschaltet und damit geschützt sind.

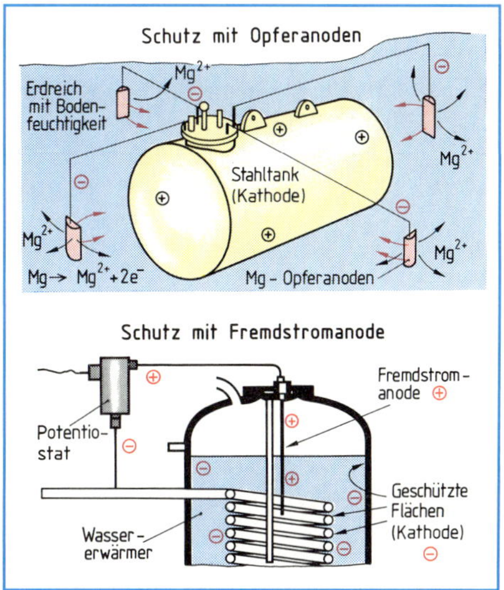

Bild 185/1: Kathodischer Korrosionsschutz

4.10.5 Anodisieren von Aluminium-Bauteilen

Die von Natur aus gute Korrosionsbeständigkeit des Aluminiums kann durch anodische Oxidation zusätzlich verbessert werden. Dazu wird das Al-Bauteil als Anode in ein Schwefelsäure-Anodisierbad gehängt (Bild 179/3).

An dem als Anode (+) geschalteten Bauteil entsteht zunächst atomarer Sauerstoff:

$$4\,OH^- \longrightarrow 2\,H_2O + 2\,O^* + 2\,e^-$$

Er reagiert an der Oberfläche mit dem Aluminium und bildet eine festhaftende Al_2O_3-Schicht:

$$2\,Al + 3\,O^* \longrightarrow Al_2O_3$$

Sie ist etwa 20 µm dick, verschleißfest und korrosionsschützend **(Bild 185/2)**.

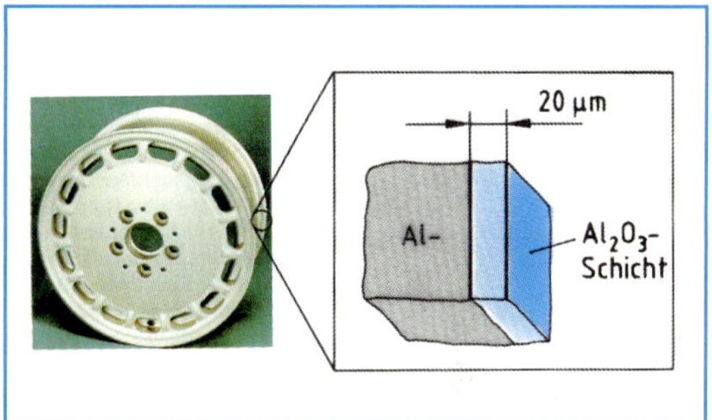

Bild 185/2: Anodisierte Pkw-Felge als Al

4.10.6 Korrosionsinhibitoren

In vielen Fällen ist der einwirkende Stoff nicht insgesamt korrosiv, sondern nur einzelne Bestandteile, wie z. B. die Feuchtigkeit in der Luft oder Chloridionen im Kühlwasser eines Heizsystems.

Durch Zusatz von chemischen Substanzen (Inhibitoren), die die korrosiven Bestandteile aus dem einwirkenden Medium entfernen, kann die Korrosion wesentlich vermindert oder ganz ausgeschaltet werden.

In geschlossenen Kühlwasserkreisläufen z. B. werden der Kühlwasserfüllung **Inhibitoren** beigemischt. Dies sind passivierend wirkende, ölige oder salzartige Stoffe. Sie binden die, in das Kühlsystem eingeschleppten, aggressiven Bestandteile, wie z. B. Salz- oder Säureionen und überziehen die innere Oberfläche des Kühlsystems mit einer wenige Moleküllagen dicken, passivierenden Schutzschicht.

Wiederholungsfragen

1. **Beschreiben Sie die Vorgänge bei der Sauerstoffkorrosion feuchter Stahloberflächen.**
2. **Welche Vorgänge laufen an der Schadstelle einer Zinkschicht auf Stahl ab?**
3. **Was versteht man unter Passivierung?**
4. **Wann tritt chemische Korrosion auf?**
5. **Wozu dient das Phosphatieren?**
6. **Wie wirkt der Korrosionsschutz mit Opferanoden?**

5 Organische Chemie

Schon im Altertum stellte man fest, daß die Stoffe, aus denen Gesteine, Mineralien und Erze bestehen **(Bild 186/1)**, sich deutlich von den Stoffen unterscheiden, aus denen sich Pflanzen und Tierkörper aufbauen **(Bild 186/2)**.

Bild 186/1: Stoffe der unbelebten Natur

Bild 186/2: Stoffe der belebten Natur

Im 18. und frühen 19. Jahrhundert untersuchte man den Unterschied der beiden Stoffgruppen genauer und kam zu dem Ergebnis, daß man die Stoffe unterteilen kann in *eine* Gruppe, die in der unbelebten Natur vorkommt und eine *andere* Stoffgruppe, die der belebten Natur entstammt.

Aus der Tatsache, daß man bis dahin keinen Stoff aus der belebten Natur im chemischen Labor herstellen konnte, schloß man, daß zu ihrem Aufbau eine besondere „Lebenskraft" erforderlich sei, zu der nur ein lebender Organismus fähig ist. Diese Stoffe nannte man **organische Stoffe** und das entsprechende Teilgebiet der Chemie **organische Chemie**. Die Stoffe aus der unbelebten Natur bezeichnete man dementsprechend als **anorganische Stoffe** und das Teilgebiet der sich damit beschäftigenden Chemie als **anorganische Chemie (Bild 186/3)**.

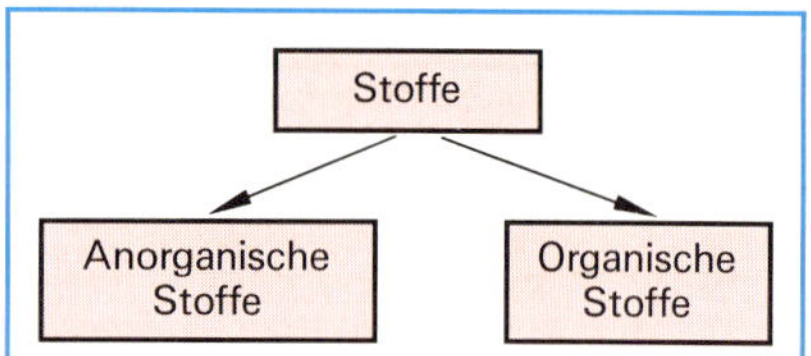

Bild 186/3: Unterteilung der Stoffe

Im Jahre 1828 gelang es jedoch dem deutschen Chemiker *Friedrich Wöhler*, aus Stoffen der unbelebten Natur, im chemischen Labor, den im Urin vorkommenden organischen Stoff *Harnstoff* herzustellen. Damit war bewiesen, daß organische Verbindungen auch außerhalb eines lebenden Organismus aufgebaut werden können und demzufolge denselben Gesetzmäßigkeiten gehorchen, wie die anorganischen Verbindungen und deren Synthese.

Die bis dahin gültige Definition der organischen und anorganischen Stoffe war damit hinfällig.

Eine genaue Untersuchung der organischen Verbindungen zeigt, daß sie andere Gemeinsamkeiten besitzen: Sie enthalten alle als Hauptelement den Kohlenstoff, der mit Wasserstoff, Sauerstoff, Stickstoff usw. verbunden ist. Man hat deshalb die historisch entstandene Unterteilung in organische und anorganische Stoffe beibehalten, sie jedoch mit der Zusammensetzung der Stoffe definiert.

Die organische Chemie ist die Chemie der organischen Kohlenstoffverbindungen.

Nicht zu den organischen Verbindungen zählt man wenige Kohlenstoffverbindungen: Kohlenstoffmonoxid CO, Kohlenstoffdioxid CO_2, Kohlensäure H_2CO_3, deren Salze die Carbonate sowie die Carbide. Es sind von den Eigenschaften her eindeutig anorganische Stoffe.

Die wichtigsten Elemente, aus denen sich die organischen Verbindungen aufbauen: Kohlenstoff und Wasserstoff, kann man mit zwei einfachen Versuchen nachweisen **(Versuch 187/1** und **Versuch 187/2)**.

Versuch 187/1: Erhitzen organischer Substanzen

Versuchsbeschreibung: In einem feuerfesten Reagenzglas werden nacheinander die organischen Stoffe:

Holzspäne, Mehl, Zucker und Baumwolle erhitzt.

Es entweichen brennbare Dämpfe, im oberen Bereich des Reagenzglases setzen sich Teertröpfchen ab, der schwarze Rückstand im Glas ist Kohlenstoff.

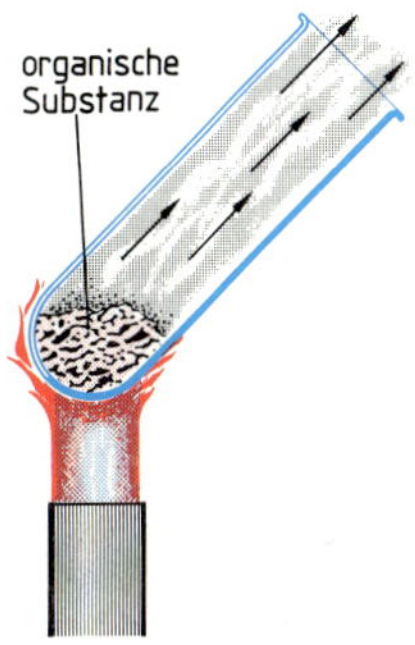

Versuch 187/2: Verbrennen einer Kerze

Versuchsbeschreibung: Eine Stearinkerze wird angezündet und die Verbrennungsprodukte aufgefangen. Aus dem erhaltenen Wasser und Kohlendioxid CO_2 kann auf die Elemente Wasserstoff und Kohlenstoff in der Kerze geschlossen werden.

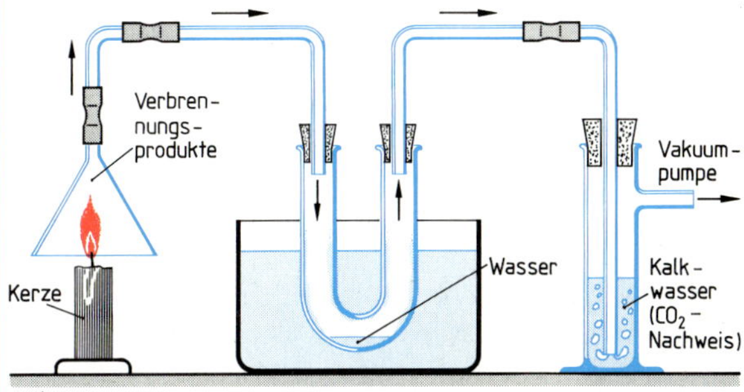

Die besonderen Eigenschaften der organischen Verbindungen

1. Die Vielzahl der organischen Verbindungen baut sich aus nur wenigen Elementen auf: Kohlenstoff und Wasserstoff sind immer vertreten. Dazu können dann noch geringe Anteile an Sauerstoff, Stickstoff, Schwefel, Phosphor und in wenigen Fällen Metalle kommen.
2. Die Elemente in organischen Substanzen verbinden sich mittels **Atombindungen** (Seite 60). Da sich diese Atombindungen bei erhöhten Temperaturen lösen, sind organische Verbindungen wenig temperaturbeständig (Versuch 187/1).
3. Kohlenstoffatome können sich zu Ketten, Ringen, Netzen oder dreidimensionalen Gebilden verbinden **(Bild 187/1)**. Dabei besteht die Möglichkeit der Einfachbindung C — C, der Doppelbindung C = C und der Dreifachbindung C≡C. Verbindungen mit Einfachbindungen nennt man *gesättigt*, solche mit Mehrfachbindung *ungesättigt*. Außerdem können funktionelle Gruppen, wie z. B. -OH oder $-NH_2$ angelagert sein.

   Aus der Vielfalt der Bindungs- und Anlagerungsmöglichkeiten ergibt sich eine Vielzahl von organischen Verbindungen. Man kennt heute mehrere Millionen. Im Vergleich dazu ist die Zahl der bekannten, anorganischen Verbindungen mit rund 400 000 relativ gering.

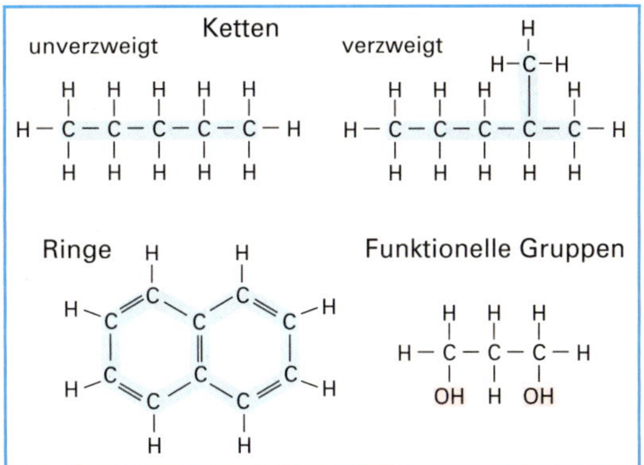

Bild 187/1: Bindungsmöglichkeiten des Kohlenstoffs

4. Bei den organischen Verbindungen gibt es Reihen von Stoffen, die das gleiche Strukturmuster besitzen und sich nur durch die Anzahl der Atome unterscheiden. Diese Stoffe haben ähnliche Eigenschaften, die sich in regelmäßigen Abstufungen ändern. Eine solche Stoffreihe nennt man eine **homologe Reihe**. Die systematische Einteilung und Behandlung der organischen Stoffe erfolgt nach homologen Reihen.

5.1 Kohlenwasserstoffe

Unter den organischen Stoffen gibt es Stoffe, deren Moleküle nur aus den beiden Elementen Kohlenstoff und Wasserstoff bestehen. Man nennt sie Kohlenwasserstoffe. An dieser Stoffgruppe lassen sich viele Erkenntnisse über die organischen Stoffe insgesamt erkennen.

Kohlenwasserstoffe sind wichtige Stoffe im Alltags- und Berufsleben: Die Brenngase Methan und Butan, Benzin, Heizöl, Paraffin, Bitumen, Schweißgas (Acetylen) und der chemische Grundstoff Ethen.

5.1.1 Alkane

Alkane sind organische Verbindungen, die aus den Elementen Kohlenstoff und Wasserstoff bestehen und nur C — C-Einfachbindungen enthalten.

Methan

Die einfachste chemische Verbindung aus Kohlenstoff und Wasserstoff ist **Methan CH_4**, ein farbloses, brennbares Gas. Es ist der Hauptbestandteil des Erdgases sowie des Grubengases in Kohlebergwerken. Außerdem entsteht es bei Fäulnisprozessen, z. B. in Kläranlagen oder Sümpfen.

Das zum überwiegenden Teil aus Methan bestehende Erdgas wird in großen Mengen zum Heizen verbrannt **(Bild 188/1)**.

Im Methanmolekül bilden die vier Außenelektronen des Kohlenstoffs mit den vier Elektronen der vier Wasserstoffatome vier gemeinsame Bindungselektronenpaare **(Bild 188/2)**. So erreicht jedes Atom eine Edelgasschale. In der *Elektronenformel* werden die Bindungselektronenpaare eingezeichnet, in der *Strukturformel* ist ein Bindungselektronenpaar durch einen Bindungsstrich ersetzt. Räumlich betrachtet, bildet das Methanmolekül einen *Tetraeder* (Bild 188/2). Als Modelldarstellung hierzu benützt man das *Kugel/Stab-Modell* oder das *Kalottenmodell*.

Bild 188/1: Methangasbetriebene Brennerflammen

Elektronenformel

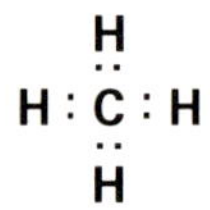

Strukturformel

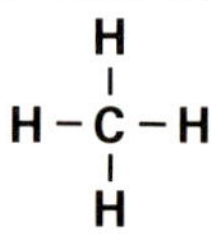

schematische räumliche Darstellung

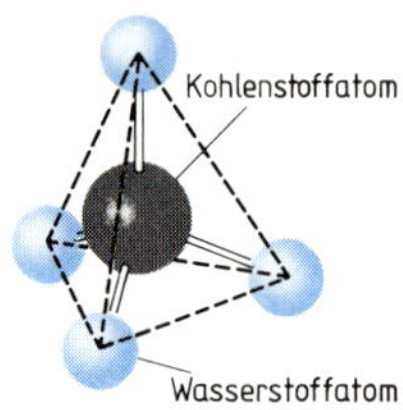

Kugel-Stab-Modell

Kalottenmodell

Bild 188/2: Struktur- und Modellvorstellungen des Methanmoleküls

Die homologe Reihe der Alkane

Ersetzt man rein schematisch in der Formel des Methans ein H-Atom durch eine Methylgruppe CH_3, so erhält man einen Kohlenwasserstoff mit zwei C-Atomen und sechs Wasserstoffatomen: **Ethan $CH_3 - CH_3$**

Der erneute Ersatz eines H-Atoms in der Formel des Ethans, durch eine CH_3-Gruppe, führt zu einem Kohlenwasserstoff mit drei Kohlenstoffatomen und acht Wasserstoffatomen: **Propan $CH_3 - CH_2 - CH_3$**

Diese schematische Erweiterung kann fortgeführt werden.

Das nächste Glied dieser Reihe ist **Butan $CH_3 - CH_2 - CH_2 - CH_3$**

das übernächste **Pentan $CH_3 - CH_2 - CH_2 - CH_2 - CH_3$** usw.

Die Reihe dieser Verbindungen nennt man die **homologe Reihe der Alkane (Bild 183/3)**.

Ihre **allgemeine Summenformel** lautet: $C_n H_{2n+2}$
(n = die Anzahl der C-Atome)

Methan CH_4

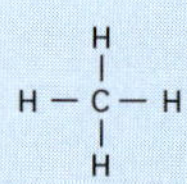

Ethan C_2H_6

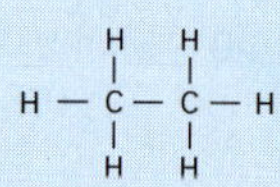

Propan C_3H_8

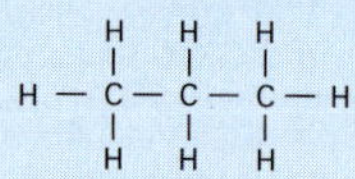

Butan C_4H_{10}

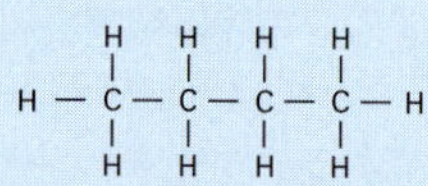

Pentan C_5H_{12}

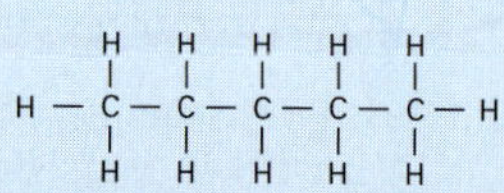

Bild 188/3: Die ersten fünf Glieder der homologen Reihe der Alkane

Namensgebung. Die Namen der Verbindungen der homologen Reihe der Alkane werden aus einem **Namensstamm** und der **Endung -an** gebildet. Die Namensstämme der Alkane mit der Kohlenstoffzahl 1 bis 4 lauten: *Meth-, Eth-, Prop-* und *But-*. Ab der Kohlenstoffzahl 5 werden die Namensstämme von den griechischen Zahlwörtern abgeleitet: *Pentan* (5), *Hexan* (6), *Heptan* (7), *Oktan* (8), *Nonan* (9), *Dekan* (10) usw. Bei Alkanen mit mehr als 10 Kohlenstoffatomen nennt man meist die Summenformel, z. B. $C_{20}H_{42}$ oder spricht vom Alkan mit 20 Kohlenstoffatomen.

Alkylreste. Denkt man sich aus den Alkanmolekülen ein H-Atom weg, so verbleibt jeweils ein Molekülrest, den man *Alkylrest* nennt. Der Name der einzelnen Alkylreste wird aus dem *Alkan-Namensstamm* und der Endsilbe *-yl* gebildet. **Beispiele:** CH_3 — Methylrest, $CH_3 - CH_2$ — Ethylrest usw.

Isomerie der Alkane

Die Alkane können neben unverzweigten auch verzweigte Kohlenstoffketten mit Seitenästen bilden.

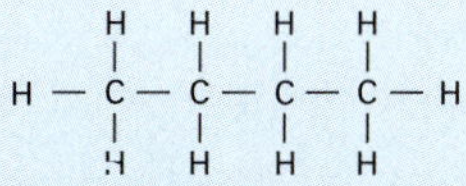

n-Butan
(ϑ_s = + 0,65 °C)

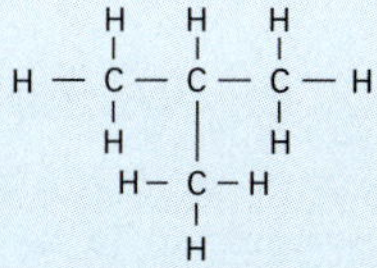

iso-Butan
(ϑ_s = − 10,2 °C)

Beispiel: Das Alkan mit 4 C-Atomen C_4H_{10}. Als geradkettiges Alkan ist es als *Butan* bekannt. Um zum Ausdruck zu bringen, daß es sich hierbei um das normale Butan handelt, nennt man es auch *n-Butan*. Die 4 Kohlenstoffatome können aber auch als Dreierkette mit einem seitenständigen C-Atom angeordnet sein. Es handelt sich hierbei auch um ein Butan. Es hat dieselbe Summenformel, aber eine andere Strukturformel als das n-Butan. Solche Stoffe nennt man **Isomere**. Um dies im Namen deutlich zu machen, nennt man es *iso-Butan* oder Methylpropan. Die Isomere eines Stoffes haben geringfügig voneinander abweichende Eigenschaften, z. B. Siedepunkte.

Stoffe mit gleicher Summenformel, aber unterschiedlicher Molekülstruktur, nennt man Isomere.

Systematische Benennung der verzweigten Alkane

Mit steigender Kettenlänge gibt es nicht nur *ein* Isomer, wie beim Butan. Die Anzahl der Isomere nimmt mit steigender Kettenlänge rasch zu. Vom Pentan C_5H_{12} gibt es z. B. drei Isomere, vom Hexan C_6H_{14} fünf Isomere, vom Heptan C_7H_{16} neun usw. Vom Alkan mit 25 C-Atomen $C_{25}H_{52}$ sind 36 Millionen Isomere möglich.

Um jedes Isomer eindeutig zu benennen, wurde eine systematische Namensgebung vereinbart:

- Die längste, durchlaufende C-Kette gibt dem Isomer den Stammnamen.
- Die Namen der Seitenketten, es sind Alkylreste, werden dem Namen in alphabetischer Reihenfolge vorangestellt.
- Der Ort der Verzweigung der C-Kette wird durch vorgestellte Zahlen angegeben. Die Hauptkette wird so durchnumeriert, daß die Verzweigungsstellen kleinstmögliche Zahlen erhalten.

Beispiele:

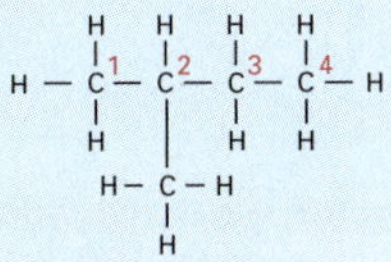

Die längste durchlaufende C-Kette: 4 → Butan
Seitenketten: Methyl
Ort der Verzweigung: am 2. C-Atom
Name: 2-Methylbutan

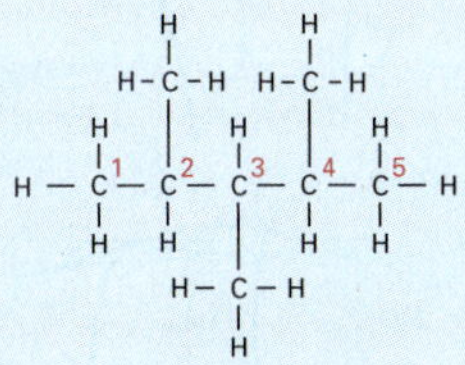

Die längste durchlaufende C-Kette: 5 → Pentan
Seitenketten: drei Methyl
Ort der Verzweigung: am 2., 3. und 4. C-Atom
Name: 2,3,4-Trimethylpentan

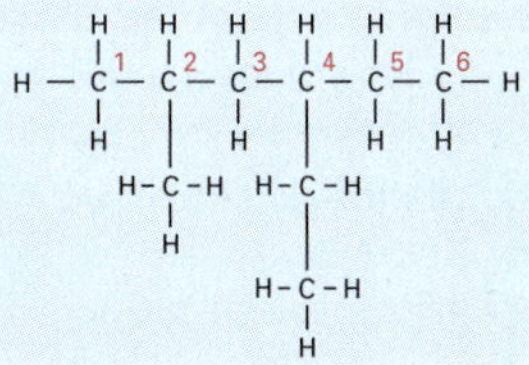

Die längste durchlaufende C-Kette: 6 → Hexan
Seitenketten: Methyl, Ethyl
Ort der Verzweigung: am 2. und 4. C-Atom
Name: 4-Ethyl-2-Methylhexan

Aufgaben

1. Zeichnen Sie die Strukturformel folgender Verbindungen:
   a) 3-Methylpentan
   b) 2,4-Dimethylhexan
2. Benennen Sie:

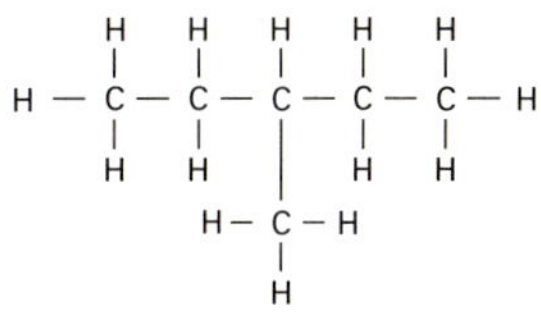

Halbstrukturformel

Die auf Seite 189/unten aufgezeichneten Beispiele der Isomeren zeigen, daß die Strukturformeln mit steigender Molekülgröße sehr aufwendig und platzeinnehmend sind. Deshalb verwendet man eine abgekürzte Schreibweise, die die Molekülstruktur dennoch eindeutig beschreibt: die **Halbstrukturformel**.

Vergleichen Sie mit den Beispielen von Seite 189 unten.

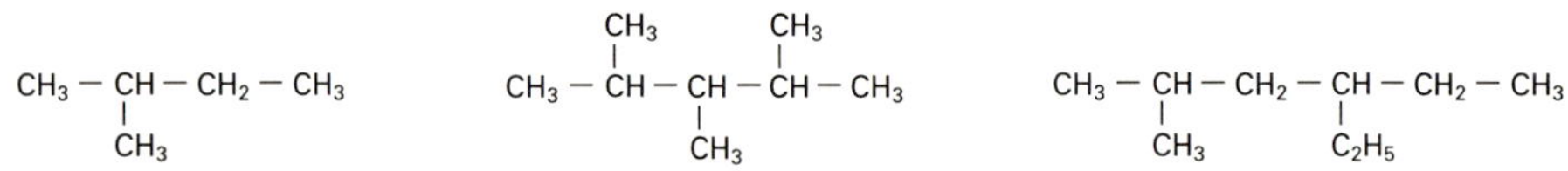

5.1.2 Eigenschaften der Alkane

Vorkommen. Die Alkane sind der Hauptbestandteil des Erdgases und des Erdöls. *Erdgas* besteht zum überwiegenden Teil aus Methan und geringen Anteilen an Ethan, Propan und Butan. *Erdöl* ist ein Vielstoff-Flüssigkeitsgemisch aus den verschiedensten organischen Verbindungen (Seite 220). Der größte Anteil sind Alkane aller Kettenlängen.

Die **Darstellung** der einzelnen Alkane erfolgt aus Erdgas bzw. Erdöl (Seite 221). Am meisten Verwendung finden Alkangemische, wie z. B. Flüssiggas, Benzin, Kerosin, Heizöl usw.

Physikalische Eigenschaften

Die **Schmelz**- und **Siedetemperaturen** der Alkane steigen mit zunehmender Molekülgröße **(Tabelle 190/1)**.

Die ersten vier Alkane der homologen Reihe sind bei Raumtemperaturen gasförmig (farblos). Propan- und Butangas können mit relativ geringem Druck verflüssigt werden. Sie sind als sogenanntes **Flüssiggas** in Druckgasflaschen im Handel und werden zu Heizzwecken verwendet.

Die Alkane mit 5 bis 16 Kohlenstoffatomen sind wasserklare Flüssigkeiten. Gemische aus C_5- bis C_{10}-Alkanen bilden das **Benzin**. Alkangemische aus C_{11}- bis C_{16}-Alkanen sind als **Dieselöl** bzw. **leichtes Heizöl** sowie als **schweres Heizöl** im Handel. Sie werden in Dieselmotoren sowie zum Heizen verbrannt.

Tabelle 190/1: Physikalische Eigenschaften der Alkane

Summenformel	Name	Schmelzpunkt in °C	Siedepunkt in °C	Aggregatzustand bei 20 °C
CH_4	Methan	− 184	− 164	gasförmig
C_2H_6	Ethan	− 172	− 88,5	
C_3H_8	Propan	− 190	− 42	
C_4H_{10}	n-Butan	− 135	+ 0,65	
C_5H_{12}	n-Pentan	− 130	+ 36	flüssig
C_6H_{14}	n-Hexan	− 94,3	+ 68,6	
C_7H_{16}	n-Heptan	− 90	+ 98,4	
C_8H_{18}	n-Oktan	− 56,5	+ 125,8	
C_9H_{20}	n-Nonan	− 53,9	+ 150,6	
$C_{10}H_{22}$	n-Dekan	− 30	+ 173,8	
⋮				
$C_{16}H_{34}$	n-Hexadekan	+ 17,8	+ 280	wachsartig fest
$C_{17}H_{36}$	n-Heptadekan	+ 22,5	+ 303	
⋮				

Die **Viskosität** der flüssigen Alkane steigt mit der Kettenlänge der Moleküle: Benzin ist dünnflüssig, Dieselöl und leichtes Heizöl sind dünnflüssig bis leicht ölig, schweres Heizöl ist dickflüssig.

Alkane mit mehr als 16 Kohlenstoffatomen sind bei Raumtemperatur fest. Ihre Konsistenz ist bei C_{16} bis C_{20} wachsartig, die Alkane ab C_{21} sind paraffinartig fest.

Die **Dichte** der flüssigen und festen Alkane beträgt zwischen 0,6 g/cm^3 und 0,9 g/cm^3 (geringer als Wasser).

Molekülbau. Die Moleküle der Alkane sind **unpolar**, da die C—C-Bindung eine unpolare Atombindung und die C—H-Bindung eine wenig polare Atombindung ist (Seite 60). Zwischen den Molekülen wirken nur schwache *van der Waals-Kräfte**, die durch schwache Anziehungskräfte der Kernladung eines Moleküls auf die Elektronenhülle der Nachbarmoleküle hervorgerufen werden.

Löslichkeit. Unpolare Stoffe lösen sich nicht oder nur wenig in polaren Stoffen. Da die Alkanmoleküle unpolar sind und das Wassermolekül polar ist, lösen sich die Alkane nicht in Wasser. Diese wasserabweisende Wirkung nennt man **hydrophob**. Flüssige Alkane sind dagegen gute Lösungsmittel für Fette und Öle. Diese Eigenschaft nennt man **lipophil** (fettliebend).

* J. D. van der Waals (1837 — 1923); niederländischer Physiker

Chemisches Reaktionsvermögen

Alkane sind bei Raumtemperatur und ohne energetische Aktivierung relativ reaktionsträge. Sie reagieren bei Zimmertemperatur weder mit konzentrierten Säuren und Laugen noch mit Sauerstoff.

Mit starken Oxidationsmitteln, wie Kaliumpermanganat und Kaliumdichromat, reagieren sie langsam.

Spontan reagieren die Alkane explosionsartig mit Fluor; bei UV-Licht-Bestrahlung und bei Erwärmung auch mit den anderen Halogenen Chlor, Brom und Iod (siehe unten).

Bei erhöhten Temperaturen oder in Gegenwart von Katalysatoren laufen auch andere Reaktionen ab.

Mit **Sauerstoff** bzw. mit dem Sauerstoff der Luft reagieren die Alkane nach Überschreiten der Zündtemperatur und brennen dann selbständig weiter. *Beispiel:* $CH_4 + 2\,O_2 \longrightarrow CO_2 + 2\,H_2O$

Die Verbrennung der Alkane (Erdgas, Erdöl) ist die häufigste chemische Reaktion zur Energiegewinnung. Bei vollständiger Verbrennung der Alkane entsteht Kohlenstoffdioxid und Wasser, bei unvollständiger Verbrennung ein Gemisch aus Kohlenstoffdioxid und Kohlenstoffmonoxid, Rußpartikeln sowie Wasser. Die gasförmigen und die leicht flüchtigen Alkane sind leicht entzündbar und bilden mit der Luft explosive Gemische.

5.1.3 Halogenalkane

Bringt man gasförmige oder flüssige Alkane mit Halogenen zusammen und setzt sie ultraviolettem Licht oder Erwärmung aus, so reagieren die Stoffe miteinander und bilden Halogenalkane.

Beispiel: Reaktion von Methan und Chlor

Bei der Reaktion werden H-Atome des Methans von Cl-Atomen ersetzt, man sagt substituiert **(Bild 191/1)**. Solche Reaktionen nennt man **Substitutionsreaktionen**.

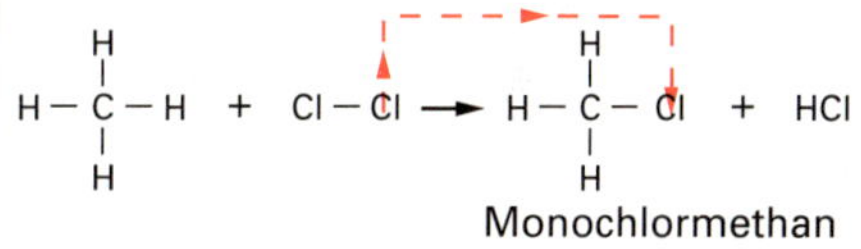

Bild 191/1: Summarische Reaktionsgleichung der Reaktion von Methan mit Chlor

Genaue Untersuchungen ergaben, daß diese Reaktion über Zwischenschritte verläuft **(Bild 191/2)**.

In einer **Startreaktion** werden durch die Energie des Lichts oder der Wärme Chlormoleküle in Chloratome gespalten.

Die Chloratome haben ein ungepaartes Elektron. Solche Teilchen werden als **Radikale** bezeichnet und in der Formel mit einem Stern gekennzeichnet (Cl*).

Es folgt eine **Reaktionskette**, in der die reaktionsbegierigen Chlor-Radikale mit Methanmolekülen Chlorwasserstoff und Methyl-Radikale $CH_3{}^*$ bilden und diese dann weiter mit Chlor zu Chlormethan CH_3Cl und einem Chlor-Radikal reagieren.

In einer **Abbruchreaktion** reagiert ein Methylradikal mit einem Chlor-Radikal zu Chlormethan CH_3Cl oder zwei Methylradikale vereinigen sich zu Ethan C_2H_6.

Da an der Substitutions-Reaktion Radikale als Zwischenprodukte beteiligt sind, bezeichnet man sie als **radikalische Substitution**.

Startreaktion

$$Cl - Cl \xrightarrow{\text{UV-Licht}} Cl^* + Cl^*$$

Reaktionskette

$$Cl^* + CH_4 \longrightarrow HCl + CH_3{}^*$$

$$CH_3{}^* + Cl_2 \longrightarrow CH_3Cl + Cl^*$$

Abbruchreaktion

$$CH_3{}^* + Cl^* \longrightarrow CH_3Cl$$

$$CH_3{}^* + CH_3{}^* \longrightarrow CH_3 - CH_3$$

Bild 191/2: Radikalische Substitution bei der Reaktion von Methan mit Chlor

Je nach den Reaktionsbedingungen werden bei der Reaktion ein oder mehrere H-Atome durch Cl-Atome ersetzt. Es entstehen verschiedene Chlormethane **(Bild 191/3)**.

Halogenisierungsreaktionen sind sogenannte **unspezifische Reaktionen**. Sie führen zu einem Reaktionsgemisch verschiedener Halogenalkane.

Da verschieden viele H-Atome der Alkane durch Halogenatome ersetzt werden können, gibt es eine Vielzahl von Halogenalkanen.

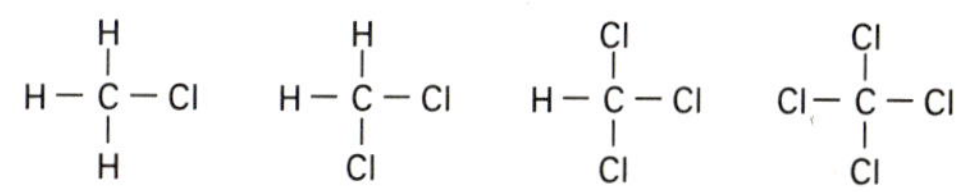

Monochlormethan, Dichlormethan, Trichlormethan, Tetrachlormethan

Bild 191/3: Chlormethane

Eigenschaften. Die Halogenalkane haben eine wesentlich höhere Siedetemperatur und eine größere Dichte als die entsprechenden Alkane (siehe rechts). Die Siedetemperatur und die Dichte sind um so größer, je mehr H-Atome durch Halogenatome substituiert sind.

	Ethan CH_3-CH_3	Chlorethan CH_3-CH_2-Cl
Siedetemperatur	− 88,5 °C	+ 13,1 °C
Dichte	1,356 g/dm³	917 g/dm³ (6 °C)

Die flüssigen Halogenalkane sind untereinander und in Alkanen löslich. Außerdem lösen sie Fette und Öle.

Die meisten Halogenalkane sind giftig oder wirken langfristig gesundheitsschädlich. Einige stehen im Verdacht, krebserregend (kanzerogen) zu sein, andere werden mit Umweltschäden in Verbindung gebracht, z.B. als Ozonkiller **(Tabelle 192/1)**. Beim Umgang mit Halogenalkanen ist große Vorsicht geboten.

- Dämpfe nicht einatmen
- Hautkontakt vermeiden
- Im Abzug arbeiten

Verwendung. Einige der Halogenalkane finden noch in der Technik und im Alltagsleben als Endprodukte Verwendung (Tabelle 192/1). Wo möglich, werden sie jedoch durch weniger problematische Stoffe ersetzt.

Eine große Bedeutung haben die Chloralkane als Zwischenprodukte in der organischen Chemieindustrie, z.B. zur Verarbeitung von Cellulose, zur Herstellung von Silikon-Kunststoffen, waschaktiven Substanzen, Arzneimittel, usw.

Tabelle 192/1: Wichtige Halogenalkane

Name, Formel	Verwendung, Eigenschaften
Trichlormethan (Chloroform) **$CHCl_3$**	Süßlich riechende, betäubende, unbrennbare Flüssigkeit, Lösungsmittel, giftig
Tetrachlormethan (Tetra) **CCl_4**	Frisch riechende Flüssigkeiten, kanzerogen
Trichlorethen (Tri) **$CHCl=CCl_2$**	Lösungsmittel, giftig Verdacht auf Kanzerogenität
Difluordichlormethan (Frigen) **CF_2Cl_2**	Kältemittel, Treibgas Zerstörer der Ozonschicht.

Der **Nachweis** der Halogenalkane erfolgt durch die sogenannte **Beilsteinprobe**. Ein Kupferblechstreifen wird in die zu prüfende Lösung getaucht und dann in eine farblose Bunsenbrennerflamme gehalten. Bei Vorhandensein von Halogenalkanen färbt sich die Flamme grün-blau. Achtung: im Abzug arbeiten!

5.1.4 Ringförmige Alkane: Cycloalkane

Eine eigene homologe Reihe bilden die ringförmigen Alkane, im allgemeinen **Cycloalkane** genannt (von lat. cyclus = Ring). Sie haben eine Ringstruktur und enthalten nur **C — C**-Einfachbindungen. Die einfachste Verbindung dieser Reihe ist das *Cyclopropan* mit drei Kohlenstoffatomen **(Bild 192/1)**. Die folgenden Glieder der Reihe sind *Cyclobutan, Cyclopentan, Cyclohexan* usw. Der Name besteht aus der Vorsilbe *Cyclo* und dem *Alkan-Namensstamm*. Die allgemeine Summenformel lautet: **C_nH_{2n}**.

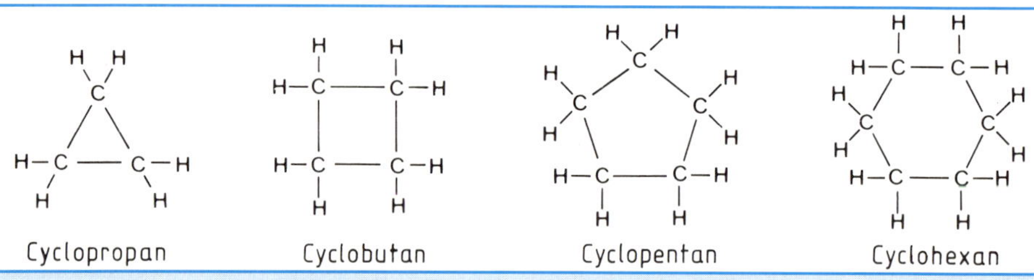

Bild 192/1: Die ersten vier Glieder der homologen Reihe der Cycloalkane

Cyclopropan und Cyclobutan sind wenig stabil. Cyclopentan und Cyclohexan entsprechen in ihren physikalischen und chemischen Eigenschaften annähernd den entsprechenden offenkettigen Alkanen.

Wiederholungsfragen

1. **Was ist eine homologe Reihe?**
2. **Welche Strukturformel und Namen haben die drei Isomeren des Pentans?**
3. **Welche Strukturformel hat 2,2-Dimethylbutan?**
4. **Welche Strukturmerkmale müssen Stoffe haben, damit sie sich in flüssigen Alkanen gut lösen?**
5. **Mit welchen Stoffen reagieren die Alkane spontan?**
6. **Wie heißt die Verbindung C_2H_5Cl?**
7. **Nach welcher Reaktionsgleichung verbrennen Propan bzw. Octan?**

5.1.5 Alkene

Alkene sind Kohlenwasserstoffe mit einer C=C-Doppelbindung.

Man bezeichnet sie als einfach ungesättigte Kohlenwasserstoffe oder in der Petrochemie als Olefine.

Die Alkene sind eine wichtige Verbindungsklasse der organischen Chemie. Sie bilden ebenso wie die Alkane eine homologe Reihe.

Ethen

Der einfachste Vertreter der Verbindungsklasse der Alkene ist das **Ethen**, früher auch Äthylen oder Ethylen genannt. Es ist ein süßlich riechendes Gas, das mit rußender Flamme verbrennt.

Durch Analyse stellt man fest, daß beim Ethen 2 C-Atome mit 4 H-Atomen in einem Molekül verbunden sind. Die Summenformel von Ethen ist C_2H_4.

Im Ethenmolekül sind an jedes der beiden Kohlenstoffatome jeweils nur 2 H-Atome gebunden, so daß zwei Elektronenpaare für die Bindung zwischen den C-Atomen zur Verfügung stehen **(Bild 193/1)**. Sie bilden die C=C-Doppelbindung.

Die chemischen Eigenschaften der Alkene werden durch die C=C-Doppelbindung bestimmt. Sie ist die funktionelle Gruppe der Alkene und wird in der Strukturformel und der Halbstrukturformel angegeben.

Anhand des Kugel-Stab-Modells des Ethens (Bild 193/1) sieht man, daß die C=C-Doppelbindung die beiden Molekülhälften in einer festen Stellung fixiert. Sie sind nicht gegeneinander verdrehbar. Daraus folgt die cis-trans-Isomerie der Alkene (Seite 194).

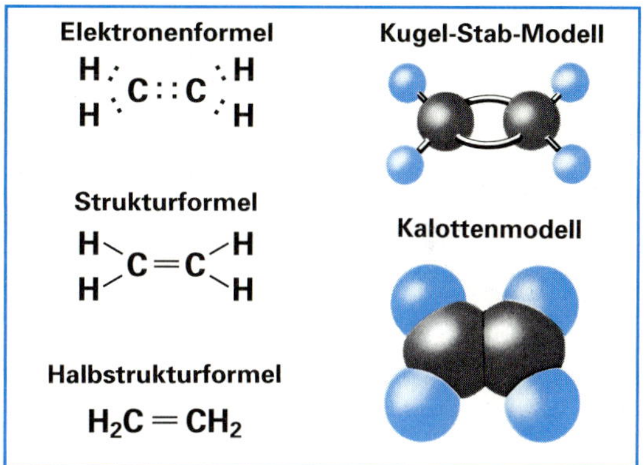

Bild 193/1: Schreibweisen und Strukturvorstellungen des Ethens

Durch die Doppelbindung werden die beiden Molekülhälften dichter aneinander gezogen (siehe Kalottenmodell, Bild 193/1), als dies bei einer C—C-Einfachbindung der Fall ist. Dies bewirkt einen inneren Spannungszustand, der die C=C-Doppelbindung relativ leicht aufbrechen läßt. Ethen ist deshalb wesentlich reaktionsbereiter als Ethan, das entsprechende Alkan. Diese größere Reaktionsbereitschaft gilt allgemein für die Alkene.

Die homologe Reihe der Alkene

Ethen C_2H_4 ist der einfachste Kohlenwasserstoff mit einer C=C-Doppelbindung.

Durch rein formalen Ersatz eines H-Atoms durch eine Methylgruppe erhält man das *Propen* C_3H_6 **(Bild 193/2)**.

Durch Ersatz eines H-Atoms im Propen mit einer Methylgruppe gelangt man zum *Buten* C_4H_8, durch erneuten Ersatz zum Penten C_5H_{10} usw.

Die **allgemeine Summenformel** der Alkene lautet: C_nH_{2n}

Der **Name** der Alkene wird aus dem Namensstamm der Alkane und der Endsilbe **-en** gebildet. Früher verwendete man die Endsilbe *-ylen*, so daß es z. B. anstatt Propen Propylen hieß. In der Petrochemie nennt man die Alkene gelegentlich noch *Olefine*.

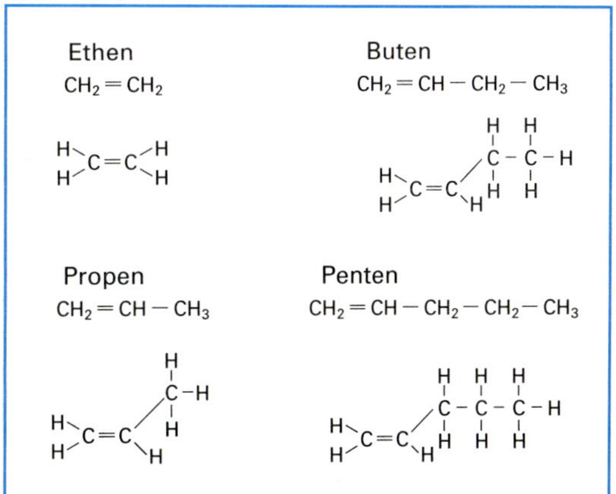

Bild 193/2: Die ersten 4 Glieder der homologen Reihe der Alkene

Die **Alkane** enthalten im Molekül die höchste Anzahl anlagerbarer H-Atome. Man nennt sie deshalb auch **gesättigte Kohlenwasserstoffe.**

Bei den **Alkenen** sind im Vergleich zu den entsprechenden Alkanen zwei H-Atome weniger gebunden. Alkene gehören deshalb zu den **ungesättigten Kohlenwasserstoffen.**

Isomerie der Alkene

Bei den Alkenen mit mehr als drei C-Atomen kann die C=C-Doppelbindung an verschiedenen Stellen der Kohlenstoffkette liegen. Außerdem können die Molekülbauteile auf derselben Seite der C=C-Doppelbindung (cis-Stellung) oder der gegenüberliegenden Seite (trans-Stellung) angeordnet sein. Man spricht von **cis-trans-Isomerie.**

Es gibt deshalb mehrere Isomere eines Alkens mit einer Summenformel (Beispiel: **Bild 194/1**).

Sie haben unterschiedliche physikalische Eigenschaften.

Der Stammname des Alkens ergibt sich entweder aus der Gesamtzahl der C-Atome oder der längsten Kette der C-Atome. Die Stellung der Molekülbauteile wird durch den Vorsatz cis- bzw. trans- gekennzeichnet. Die Lage der C=C-Doppelbindung wird durch eine vorangestellte Zahl angegeben.

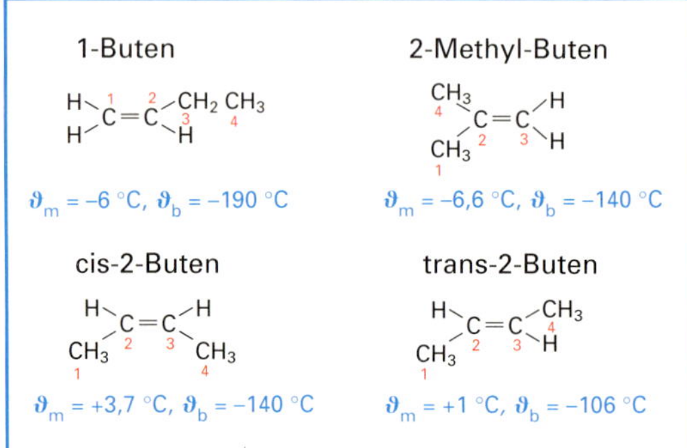

Bild 194/1: Isomere Butene

Herstellung

Alkene kommen nicht in der Natur als Rohstoff vor. Sie werden in der Chemieindustrie aus einem Gemisch aus Alkanen, dem **Naphta**, durch ein großtechnisches Syntheseverfahren, dem **Steamcracking** hergestellt.

Naphta Gemisch aus C_5- bis C_{12}-Alkanen + n H_2O —(800 °C, Katalysator)→ **Reaktionsgemisch** aus Ethen, Propen, Buten, Butadien, Isopren, Ethen, Benzol, Toluol, Xylol...

Dabei entstehen neben den Alkenen noch andere Stoffe: Benzol, Toluol usw. Sie werden durch Destillation getrennt. Die Reaktion kann so gesteuert werden, daß bevorzugt das gewünschte Produkt, z. B. Ethen, entsteht.

Beim einfachsten Alken, dem Ethen, kann man sich rein formal das Ethenmolekül $CH_2 = CH_2$ durch Abspaltung von Wasserstoffatomen aus einem Ethanmolekül entstanden denken.

$$CH_3 - CH_3 \longrightarrow CH_2 = CH_2 + H_2$$

Es handelt sich hierbei um eine **Dehydrierung.**

Physikalische Eigenschaften

Aggregatzustand. Die ersten drei Alkene — Ethen, Propen und Buten — sind bei Zimmertemperatur und Normaldruck farblose, schwach süßlich riechende Gase **(Tabelle 194/1).**

Die Alkene C_5H_{10} bis $C_{15}H_{30}$ sind flüssig, ab $C_{16}H_{32}$ sind sie fest.

Wie bei den Alkanen steigt auch bei den Alkenen die Schmelz- und Siedetemperatur mit der Molekülmasse an. (Außer der Schmelztemperatur bei den ersten drei Alkenen).

Auch die anderen physikalischen Eigenschaften der Alkene, wie *Dichte* und *Löslichkeit*, sind ähnlich denen der entsprechenden Alkane.

Tabelle 194/1: Physikalische Eigenschaften

Summenformel	Name	Schmelzpunkt in °C	Siedepunkt in °C	Aggregatzustand bei 20 °C
C_2H_4	Ethen	−170	−104	gasförmig
C_3H_6	Propen	−185	−47	
C_4H_8	1-Buten	−190	−6	
C_5H_{10}	1-Penten	−166	+30	flüssig
C_6H_{12}	1-Hexen	−140	+63	
⋮	⋮	⋮	⋮	
$C_{15}H_{30}$	1-Pentadeken			
$C_{16}H_{32}$	1-Hexadeken			fest
⋮	⋮	⋮	⋮	

5.1.6 Reaktionen der Alkene

In den chemischen Eigenschaften unterscheiden sich die Alkene wesentlich von den Alkanen. Die Alkene sind aufgrund der ungesättigten C=C-Doppelbindung sehr viel reaktionsbereiter als die Alkane.

Additionsreaktionen

Alkene können Atome oder Atomgruppen anlagern (addieren). Man nennt diese Art von chemischer Reaktion **Additionsreaktionen.** Dabei „geht die C=C-Doppelbindung in den Alkenmolekülen auf". Es entsteht eine C — C-Einfachbindung und zwei weitere Bindungen, an die sich Atome anlagern. Aus den ungesättigten Alkenen werden durch die Additionsreaktion gesättigte Verbindungen.

Ungesättigte Kohlenwasserstoffe addieren leicht Atome und bilden dadurch gesättigte Verbindungen.

So werden die Halogene leicht von Alkenen addiert. Leitet man z. B. Ethen in Bromwasser (braun), so entfärbt sich die Lösung. Erklärung: Das gelöste Brom wird an das Ethenmolekül angelagert, es bildet sich das farblose 1,2-Dibromethan **(Bild 195/1)**.

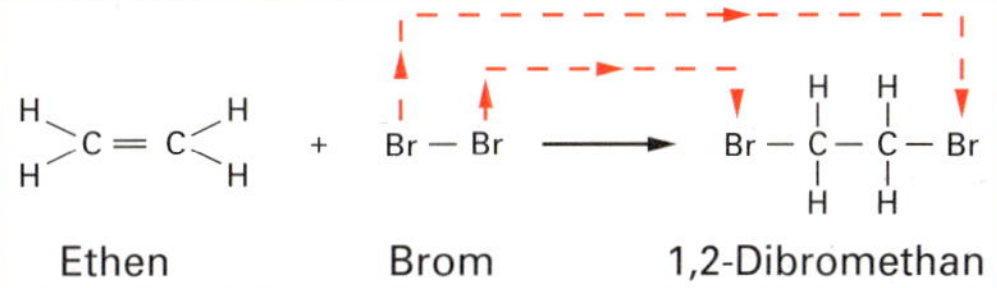

Bild 195/1: Bromierung

Diese Additionsreaktion ist eine Bromierung. (Der Name 1,2-Dibromethan bedeutet, daß ein Br-Atom am 1. C-Atom und ein Br-Atom am 2. C-Atom addiert sind).

Auch H-Atome können an Alkene addiert werden: Diese Reaktion heißt **Hydrierung (Bild 195/2)**. Zur Beschleunigung, der sonst sehr langsam ablaufenden Reaktion, wird sie an einem Nickel-Katalysator durchgeführt.

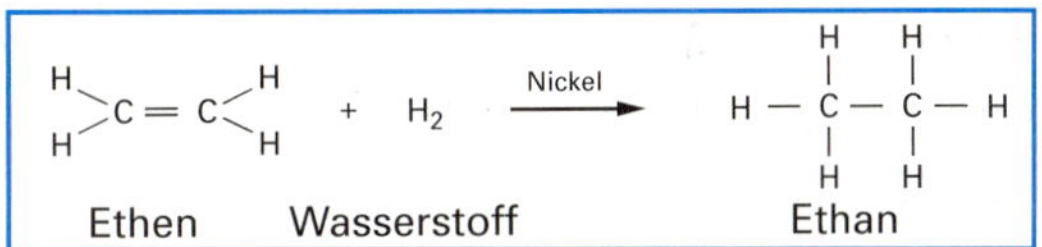

Bild 195/2: Hydrierung

Zum **Nachweis** von ungesättigten Kohlenwasserstoffen (Alkene und Alkine) verwendet man *Bromwasser* (siehe oben) oder alkalische *Permanganatlösung*, die durch die ungesättigten Kohlenwasserstoffe entfärbt werden. Zur Durchführung der letztgenannten Reaktion leitet man das Alken in eine Permanganatlösung. Diese Nachweisreaktion ist unter dem Namen **Baeyersche Probe** bekannt.

Polymerisationsreaktionen

Eine weitere typische Eigenschaft der Alkene ist ihre Fähigkeit zur Polymerisation. Alkene können unter der Wirkung spezieller Katalysatoren ihre C=C-Doppelbindung öffnen und eine C — C-Einfachbindung zu benachbarten Alkenmolekülen ausbilden. Auf diese Weise lagern sich Tausende von Einzelmolekülen (Monomere) zu Makromolekülen (Polymere) zusammen. Nach diesem Reaktionsmechanismus erfolgt die Herstellung vieler Kunststoffe, so z. B. die Herstellung von Polyethen (Polyethylen) aus Ethen:

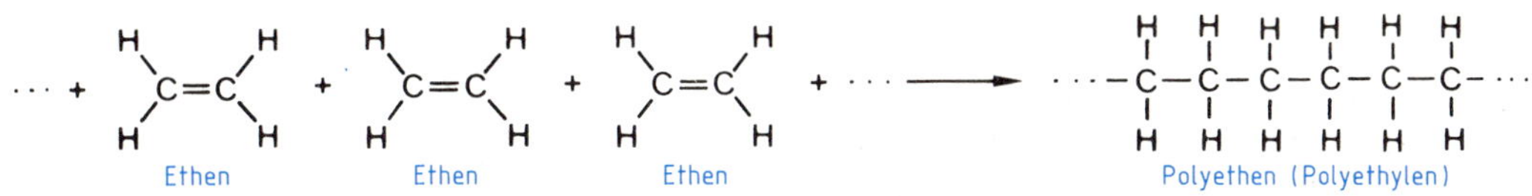

Aufgrund seiner Reaktionsbereitschaft gehört Ethen zu den am meisten verwendeten organischen Grundchemikalien (Seite 227). In Westeuropa gibt es zwischen Ethen-Produzenten und Ethen-Verbrauchern ein Fernleitungsnetz.

Diene, Triene, Polyene

Kohlenwasserstoff-Verbindungen, die zwei, drei oder mehrere C=C-Doppelbindungen enthalten, bezeichnet man als Diene, Triene, Polyene.

Wichtige Vertreter dieser Verbindungsklasse sind 1,3-Butadien $CH_2{=}CH-CH{=}CH_2$ und Isopren $CH_2{=}CCH_3-CH{=}CH_2$ (2-Methylbutadien). Aus ihnen werden synthetische Kautschuke, wie Butadienkautschuk bzw. Butylkautschuk, hergestellt (Seite 243).

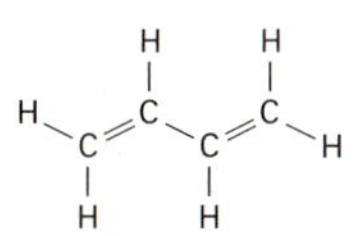

1,3 - Butadien

5.1.7 Alkine

Alkine sind ungesättigte Kohlenwasserstoffe mit einer C≡C-Dreifachbindung.

Sie bilden ebenfalls eine Verbindungsklasse der organischen Chemie.

Ethin (Acetylen)

Ethin, in den technischen Berufen und der Umgangssprache Acetylen genannt, ist das erste und wichtigste Glied der homologen Reihe der Verbindungsklasse der Alkine.

Die Summenformel des Ethins lautet $\mathbf{C_2H_2}$, seine Halbstrukturformel ist **HC≡CH**.

Ethin ist ein schwach süßlich riechendes Gas, das bei der Verbrennung an der Luft eine hell leuchtende und stark rußende Flamme zeigt.

Verbrennt man es mit Sauerstoff in einem Schweiß- oder Schneidbrenner, so hat es, je nach Sauerstoffanteil, eine farblose bis hell leuchtende, sehr heiße Flamme (bis 3000 °C).

Ethin wird deshalb als Schweißgas zum autogenen Schweißen und zum Schneidbrennen von Stahl verwendet **(Bild 196/1)**. Es ist in gelb gestrichenen Stahl-Druckgasflaschen im Handel.

Bild 196/1: Brennschneiden mit Ethin (Acetylen)

Der Umgang mit Ethin ist gefährlich. Ethin-Luft-Gemische im Mischungsbereich von 2% bis 80% Ethin sind explosibel. Unter Druck stehendes oder flüssiges Ethin neigt bei Stoß oder Erwärmung zum explosionsartigen Zerfall. Die frei werdende Energie ist groß. Deshalb liegt das Ethin in den Stahlflaschen nicht als Gas vor, das zur Volumenverminderung unter hohen Druck gesetzt ist (ca. 200 bar), wie es z. B. bei Sauerstoff oder Wasserstoff gemacht wird.

Eine Ethingasflasche (Acetylengasflasche) enthält eine Füllung aus hochporösen Kieselgurkörnern, die mit Aceton getränkt sind. Darin sind große Mengen Ethin gelöst **(Bild 196/2)**. Der Druck in einer Ethingasflasche beträgt maximal 18 bar.

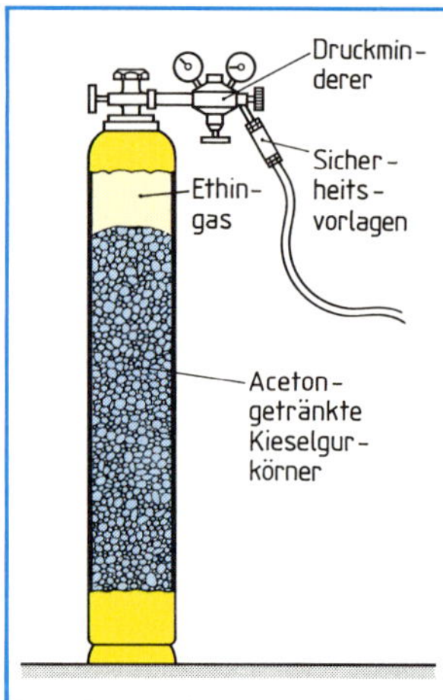

Bild 196/2: Schnitt durch eine Ethingasflasche

Aceton ist eine organische Flüssigkeit (Seite 206), die mit steigendem Druck große Mengen Ethin lösen kann. Bei 20 °C und 12 bar Druck z. B. löst 1 l Aceton rund 300 l Ethingas. Durch Druckverminderung perlt das gelöste Ethin wieder aus dem Aceton aus und steht als Gas zur Verfügung. Die große Oberfläche, des in den Poren der Kieselgurkörner verteilten Acetons, ermöglicht ein rasches Lösen des Ethins und ein rasches Ausperlen des gelösten Ethins.

Bau des Ethinmoleküls. Im Ethinmolekül CH≡CH ist jeweils nur ein H-Atom an das C-Atom gebunden. Für die Bindung zwischen den beiden C-Atomen stehen drei Bindungselektronenpaare zur Verfügung, die die C-Atome miteinander verknüpfen **(Bild 196/3)**. Diese Bindung nennt man C≡C-Dreifachbindung.

Im Kugel-Stab-Modell stellt man die C≡C-Dreifachbindung durch drei, unter 120° zueinander stehende, gebogene Bindungsarme dar.

Es gibt keine freie Drehbarkeit um die C≡C-Bindungsachse. Die C-Atome und die H-Atome liegen auf einer Geraden. Die beiden C-Atome sind sehr eng zueinander gezogen. Die C≡C-Dreifachbindung ist chemisch wenig stabil.

Elektronenformel

H : C ⋮⋮ C : H

Strukturformel

H – C≡C – H

Halbstrukturformel

CH≡CH

Kugel-Stab-Modell

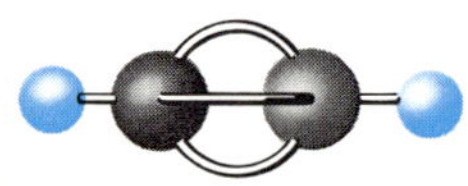

Kalotten-Modell

Bild 196/3: Schreibweisen und Strukturvorstellungen des Ethinmoleküls

Ethin wird großtechnisch aus Erdgas oder Naphta durch Steamcracking produziert (Seite 194). Dabei findet eine Dehydrierung statt:

$$CH_3-CH_3 \xrightarrow[\text{Katalysator}]{800\,°C} CH\equiv CH + 2\,H_2$$

Früher stellte man Ethin aus Calciumcarbid her:

$$CaC_2 + 2\,H_2O \longrightarrow Ca(OH)_2 + C_2H_2\uparrow$$

Nach diesem Verfahren gewinnt man heute kleine Mengen für den Laborgebrauch.

Die homologe Reihe der Alkine

Ethin $H-C\equiv C-H$ ist das einfachste Glied der homologen Reihe der Alkine.

Die weiteren Glieder der homologen Reihe erhält man, indem man im vorangehenden Glied rein formal ein endständiges H-Atom durch eine Methylgruppe ersetzt **(Bild 197/1)**.

Der **Name** der Alkine wird aus dem Namensstamm der Alkane und der **Endsilbe -in** gebildet. Die Lage der Dreifachbindung wird durch eine vorgestellte Zahl gekennzeichnet, z. B. 2-Pentin.

Die Alkine sind ungesättigte Kohlenwasserstoffe mit 4 H-Atomen weniger als die Alkane.

Die **allgemeine Summenformel** der Alkine lautet: C_nH_{2n-2}

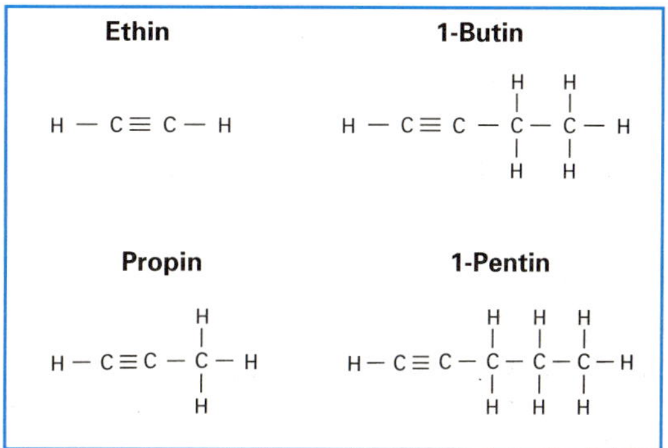

Bild 197/1: Die ersten 4 Glieder der homologen Reihe der Alkine

Chemische Eigenschaften der Alkine

Alkine sind aufgrund der wenig stabilen C≡C-Dreifachbindung recht reaktionsfreudig, aber reaktionsschwächer als die C=C-Doppelbindung.

Da die Alkine ungesättigte Kohlenwasserstoffe sind, bricht die C≡C-Dreifachbindung auf und Wasserstoff- oder Halogenatome werden in einer **Additionsreaktion** angelagert **(Bild 197/2)**.

Beispiel: Leitet man Ethin in eine Bromlösung, so wird in einem 1. Schritt Brom zu 1,2-Dibromethen und dann zu Tetrabromethan angelagert.

Die Nachweisreaktion für ungesättigte Kohlenwasserstoffe, die **Baeyersche Probe** (Seite 195), verläuft bei Alkinen ebenfalls positiv.

Die *Addition von Chlorwasserstoff* an Ethin führt zu **Vinylchlorid**, dem Ausgangsstoff des Massenkunststoffes Polyvinylchlorid (PVC).

Die *Addition von Cyanwasserstoff* (Blausäure) an Ethin ergibt **Acrylnitril**, den Ausgangsstoff des Kunststoffes Polyacrylnitril (PAN).

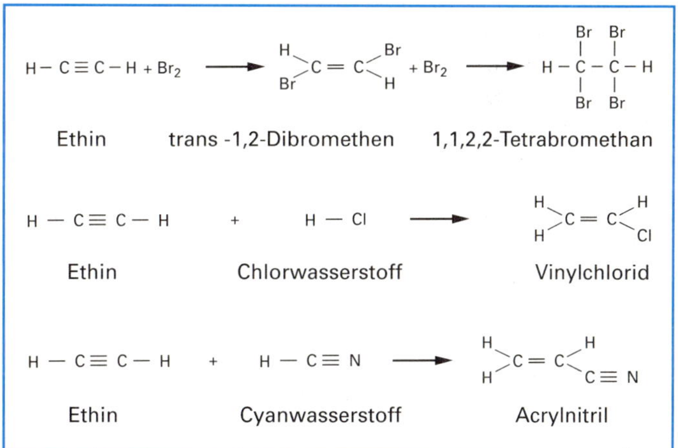

Bild 197/2: Additionsreaktionen des Ethins

Wiederholungsfragen

1. **Wie lautet die allgemeine Summenformel der Alkane, Alkene bzw. Alkine?**
2. **Warum sind Alkene reaktionsfreudiger als Alkane?**
3. **Formulieren Sie die Strukturformel von trans-2-Hexen.**
4. **Beschreiben Sie die Polymerisationsreaktion von Ethen zu Polyethylen.**
5. **Welche Strukturen sind bei dem unverzweigten Dien der Summenformel C_5H_8 möglich?**
6. **Welche Strukturformel hat 1-Hexin?**

5.2 Aromatische Kohlenwasserstoffe

5.2.1 Benzol

Das bei der Verkokung von Steinkohle entstehende Kokereigas (Seite 229) enthält unter anderen einen Kohlenwasserstoff, der bei Abkühlung des heißen Kokereigases kondensiert. Die Flüssigkeit wird **Benzol** oder Benzen genannt und hat die Summenformel $\mathbf{C_6H_6}$.

Strukturformel des Benzols. Die Aufklärung der Strukturformel des Benzols beschäftigte lange Zeit die Wissenschaft. Durch Versuche und Vergleiche konnten bestimmte Schlüsse gezogen werden:

- Benzol reagiert mit Wasserstoff zu Cyclohexan. Folgerung: Benzol hat ein ringförmiges Molekül.
- Die Summenformel C_6H_6 würde vom dreifach ungesättigten Cyclohexatrien erfüllt **(Bild 198/1)**. Diese Formel wurde 1865 von dem deutschen Chemiker August Kekulé vorgeschlagen.
- Da die Baeyersche Probe (Seite 195) negativ verläuft, also keine C=C-Doppelbindung anzeigt, vermutete schon Kekulé eine spezielle Bindung.

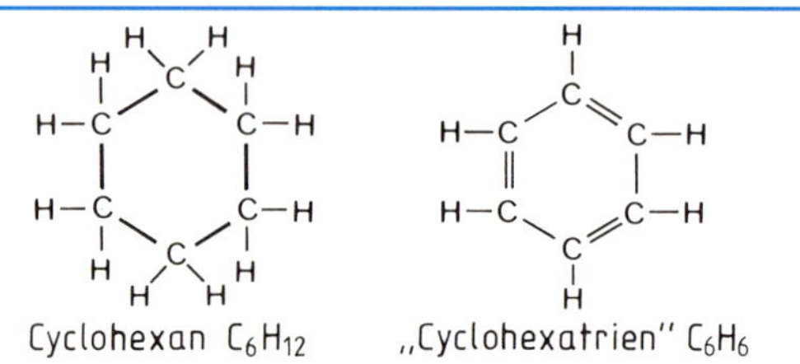

Bild 198/1: Ringförmige Kohlenwasserstoffe

Erst die moderne Atomvorstellung lieferte ein besseres Verständnis der Struktur des Benzolmoleküls. Danach verteilen sich die vier Außenelektronen der Kohlenstoffatome wie folgt **(Bild 198/2a)**:

- Ein Elektron jedes C-Atoms bildet ein Bindungselektronenpaar mit je einem H-Atom (rot).
- Zwei Elektronen eines C-Atoms bilden mit jeweils zwei Elektronen zweier benachbarter C-Atome gemeinsame Elektronenwolken (grau).
- Die jeweils vierten Elektronen der sechs C-Atome bilden eine ringförmige Elektronenwolke aus sechs Elektronen, die sich über alle sechs C-Atome gleichmäßig verteilt (blau). Da sie keinem C-Atom alleine zugeordnet sind, nennt man sie delokalisierte oder mesomere Elektronen.

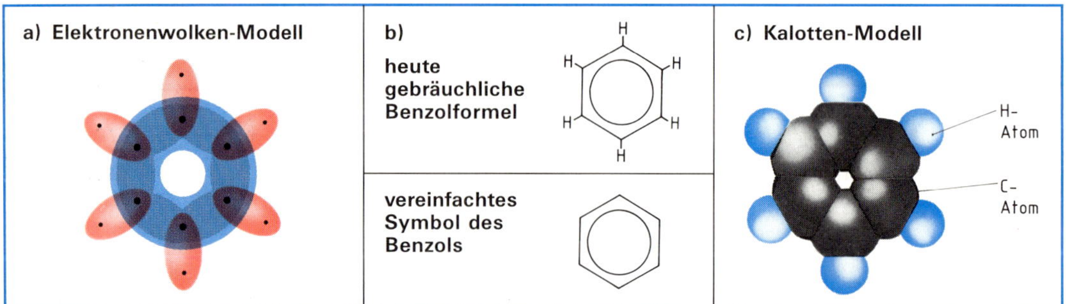

Bild 198/2: Strukturvorstellungen des Benzols

Die heute gebräuchliche Benzolformel besteht aus einem Sechseck mit den sechs Wasserstoffatomen und einem darin eingezeichneten Ring (Bild 198/2b). Der innere Ring symbolisiert die gleichmäßige Verteilung der delokalisierten Elektronen. Häufig wird auch ein vereinfachtes Symbol ohne die H-Atome verwendet. Die H-Atome werden dann nur eingezeichnet, wenn sie an einer Reaktion beteiligt sind.

Der Name Benzol ist historisch entstanden. Benzol ist kein Alkohol, wie die Endsilbe -ol vermuten läßt, und kein Alken, wie sich aus dem ebenfalls gebräuchlichen Namen Benzen ableiten ließe.

Physikalische Eigenschaften

Benzol ist eine farblose, charakteristisch riechende Flüssigkeit mit einer Siedetemperatur von + 80,15 °C und einer Dichte von 0,879 g/cm^3. Es verbrennt mit stark rußender Flamme.

Benzol ist leicht flüchtig, d.h. es verdunstet bei Raumtemperatur. Es ist giftig und krebserregend. Beim Umgang mit Benzol ist äußerste Vorsicht geboten. Keine Dämpfe einatmen und Hautkontakt vermeiden!

Benzol ist unpolar. Es löst sich deshalb nicht in Wasser, wohl aber in unpolaren Lösungsmitteln wie z.B. Benzin, Tetrachlormethan, Fetten usw.

Gewinnung und Verwendung

Benzol ist der einfachste und zugleich wichtigste aromatische Kohlenwasserstoff.

Es wird in einem großindustriellen Prozeß aus einem Aliphatgemisch (Naphta) in einer katalytischen Hochtemperaturreaktion (Steamcracking) gewonnen (Seite 194). Benzol fällt dabei als Gemisch mit anderen Kohlenwasserstoffen (vor allem Ethen) an und wird durch Destillation aus dem Gemisch abgetrennt.

Etwa die Hälfte des produzierten Benzols wird dem unverbleiten Benzin zur Erhöhung der Klopffestigkeit zugesetzt (Seite 225). Es enthält zwischen 1% und 5% Benzol. Wegen der Giftigkeit des Benzols sollte man keine Benzindämpfe einatmen und Hautkontakt mit Benzin vermeiden. Benzol wird außerdem als Extraktions- und Lösungsmittel für Wachse und Kunststoffe verwendet.

Benzol ist zudem Ausgangsstoff einer Vielzahl von Chemieprodukten **(Tabelle 200/1)**.

5.2.2 Chemische Reaktionen und Verbindungen

Die Strukturformel des Benzols (Bild 198/2a) zeigt, daß es keine ungesättigten C=C-Doppelbindungen enthält, die ihm einen ungesättigten Charakter geben könnten. Benzol besitzt durch den Elektronenwolkenring gesättigten Charakter.

Die typischen Reaktionen des Benzols sind deshalb **Substitutionsreaktionen**, wie z. B. die Reaktionen von Benzol mit den Halogenen.

Beispiel: Reaktion von Benzol mit Brom

(Versuch 199/1). Bei Anwesenheit eines geeigneten Katalysators reagiert Benzol mit Brom, wobei H-Atome des Benzols durch Bromatome substituiert werden.

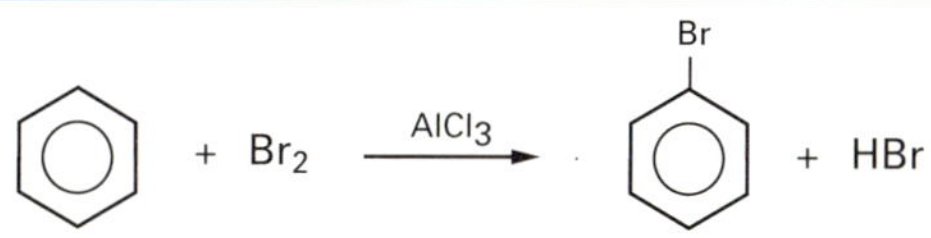

Benzol Brom Monobrombenzol

Versuch 199/1: Reaktion von Benzol mit Brom

Versuchsbeschreibung: In ein Reagenzglas wird etwas Benzol vorgelegt und darin einige Tropfen Brom zugegeben. Sie lösen sich auf, eine Reaktion findet vorerst nicht statt. Nach Zugabe einiger Körnchen $AlCl_3$ als Katalysator setzt eine Reaktion ein, bei der gasförmiger Bromwasserstoff HBr entsteht.

Vorsicht: Im Abzug arbeiten

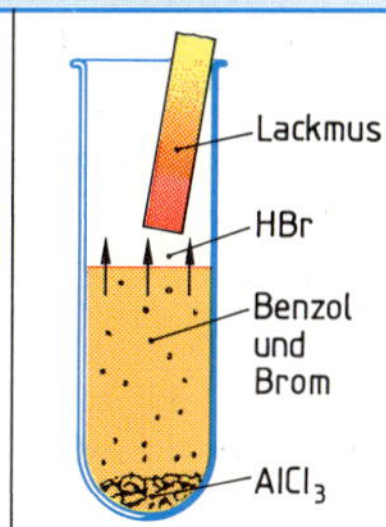

Wird ein H-Atom durch Brom substituiert, so entsteht **Monobrombenzol**.

Bei Substitution von zwei H-Atomen durch Br-Atome können drei **isomere Dibrombenzole** entstehen **(Bild 199/1)**. Der Ort der Substituenten wird im Verbindungsnamen durch vorgestellte Zahlen angegeben. Die Stellung der substituierten Atome kann auch durch die Vorsilben *ortho-* (benachbart), *meta-* (durch ein C-Atom getrennt) und *para-* (gegenüberstehend) gekennzeichnet werden. Sie werden meist nur mit dem ersten Buchstaben benannt.

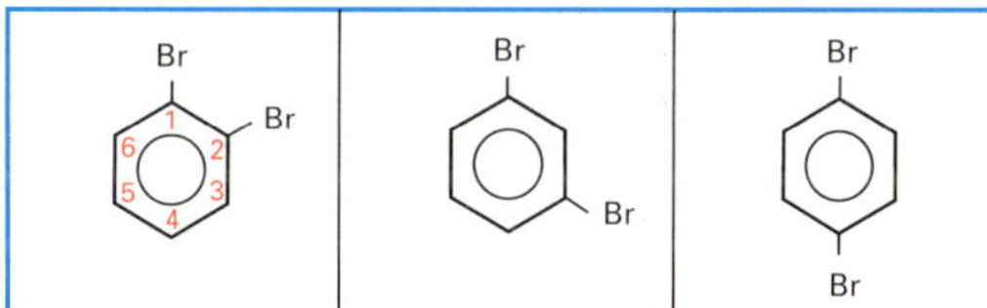

1,2-Dibrombenzol o-Dibrombenzol (ortho-Stellung)	1,3-Dibrombenzol m-Dibrombenzol (meta-Stellung)	1,4-Dibrombenzol p-Dibrombenzol (para-Stellung)

Bild 199/1: Isomere Dibrombenzole

Weitere wichtige Substitutionsreaktionen des Benzols sind:

Alkylierung

Hierbei wird ein H-Atom des Benzols durch einen aliphatischen Rest, der gesättigt oder ungesättigt sein kann, substituiert. Es entstehen **Alkylbenzole**, z. B. Ethylbenzol.

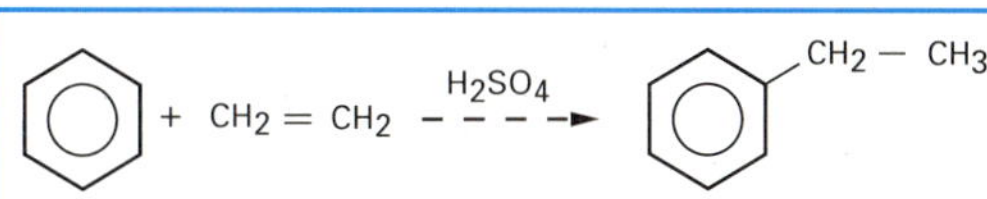

Benzol Ethen Ethylbenzol

Nitrierung

Durch Reaktion von Benzol mit Salpetersäure HNO_3 wird ein H-Atom im Benzolmolekül durch eine Nitrogruppe $-NO_2$ ersetzt. Es entsteht **Nitrobenzol**.

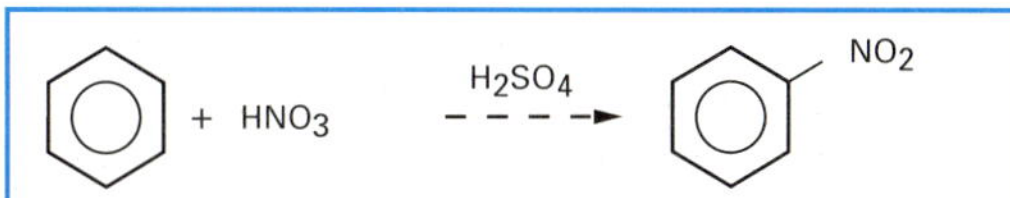

Benzol Salpetersäure Nitrobenzol

Die Verwendung von Benzol als Ausgangsstoff für die Synthese von Zwischen- und Endprodukten ist so umfangreich, daß man von einer **Benzolchemie** sprechen kann **(Tabelle 200/1)**.

Tabelle 200/1: Beispiele für Benzol als Ausgangsstoff wichtiger Endprodukte

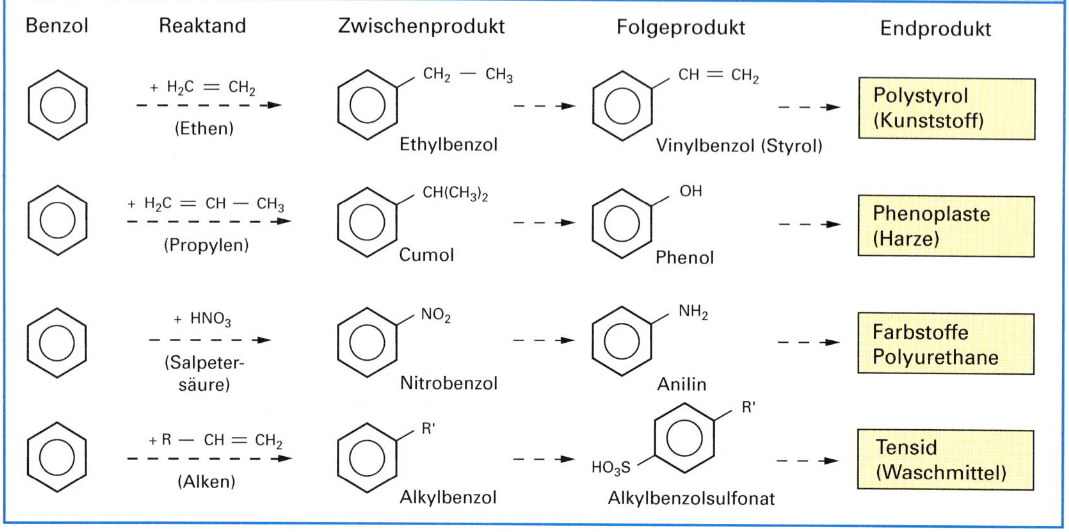

5.2.3 Mehrgliedrige Aromaten

Neben dem einfachsten Aromat, dem Benzol, gibt es Aromate mit mehreren Benzolringen **(Bild 200/1)**. Man nennt sie **mehrgliedrige bzw. mehrkernige aromatische Verbindungen** oder **mehrgliedrige bzw. mehrkernige Aromaten**.

Im Gegensatz dazu bezeichnet man die Kohlenwasserstoffe mit kettenförmiger Molekülstruktur als **aliphatische Kohlenwasserstoffe** oder **Aliphate**.

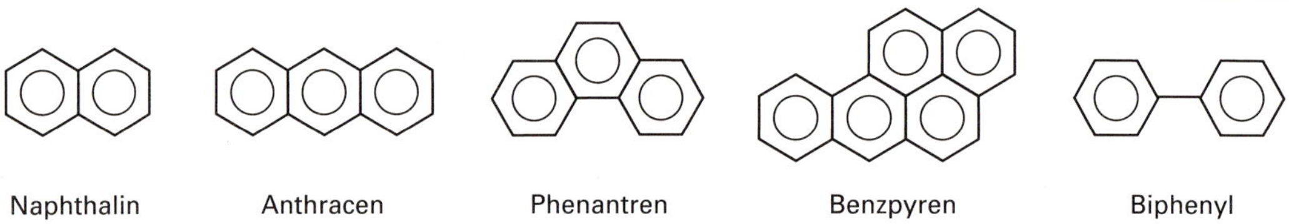

Bild 200/1: Aromaten mit mehreren Benzolringen

Bei den **kondensierten Aromaten** besitzen die Benzolringe zwei gemeinsame C-Atome.

Naphtalin ist das einfachste mehrringige, kondensierte Aromat und besteht aus 2 Ringen. Es ist ein weißer Feststoff mit dem Geruch von Mottenkugeln. Es ist Ausgangsstoff in der Farbenherstellung.

Anthrazen und **Phenantren**, die aus jeweils drei kondensierten Benzolringen bestehen, sind ebenfalls wichtige Grundstoffe für Farbmittel und Pharmaka.

Benzpyren bildet sich beim Schwelen organischer Stoffe. Es ist z. B. in Zigarettenrauch, in Auspuffgasen oder angebranntem Grillfleisch enthalten. Benzpyren ist krebserregend.

Biphenyl ist kein kondensiertes Aromat. Sein Molekül besteht aus zwei Benzolringen, die über eine Einfachbindung verknüpft sind. Biphenyl ist Ausgangsstoff bei der Herstellung des Kunststoffs Epoxidharz.

Wiederholungsfragen

1. **Wie schreibt man heute die chemische Formel von Benzol?**
2. **Hat Benzol eher gesättigten oder ungesättigten chemischen Charakter? Erläutern Sie warum.**
3. **Geben Sie die Namen und Strukturformeln der drei Isomeren des Dimethylbenzols (Xylols) an.**
4. **Schreiben Sie die Strukturformeln von a) Methylbenzol (Toluol) b) Phenol c) Anilin**

5.3 Alkohole

5.3.1 Die Stoffgruppe

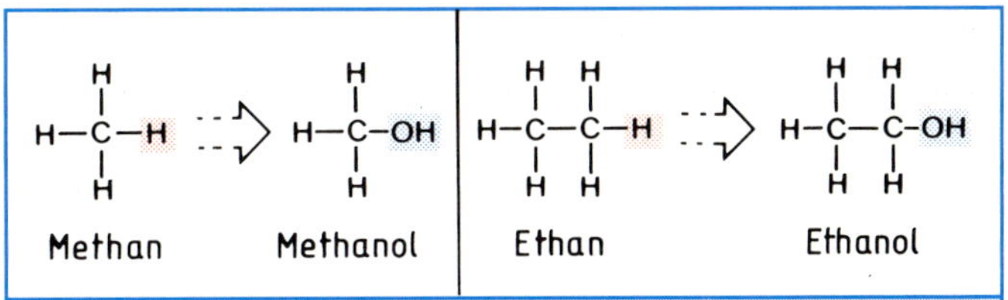

Bild 201/1: Ableitung der Alkohole von den Kohlenwasserstoffen

Die Alkohole lassen sich formal von den Kohlenwasserstoffen ableiten.

Man erhält die Strukturformel eines Alkohols durch Ersetzen eines Wasserstoffatoms in einem Kohlenwasserstoffmolekül durch eine OH-Gruppe **(Bild 201/1)**. Die entstehenden Verbindungen erhalten als Endsilbe **-ol**. So wird aus Methan Methanol, aus Ethan Ethanol usw.

Es können auch mehrere H-Atome durch OH-Gruppen ersetzt werden (Seite 204). An einem C-Atom kann aber jeweils nur eine OH-Gruppe gebunden sein.

Alkohole sind organische Verbindungen mit einer oder mehreren OH-Gruppen.

Aufgrund des Sauerstoffs in den Alkoholen, und ihrer Ableitbarkeit von den Kohlenwasserstoffen, kann man die Alkohole auch als *sauerstoffhaltige Derivate (Abkömmlinge) der Kohlenwasserstoffe* bezeichnen.

Betrachtet man das Alkoholmolekül von der OH-Gruppe ausgehend, so kann man andererseits die Alkohole als *Derivate des Wassers* auffassen: Ein H-Atom des Wassermoleküls ist durch einen Kohlenwasserstoffrest ersetzt. Dieser verschiedenen Ableitbarkeit — zum einen als Derivat eines Kohlenwasserstoffs, zum anderen als Derivat des Wassers — verdanken die Alkohole ihre vielfältigen Eigenschaften.

Die **OH-Gruppe**, auch **Hydroxylgruppe** genannt, bedingt die charakteristischen Eigenschaften der Alkohole. Solche Atomgruppen, die die typischen Eigenschaften einer organischen Verbindung bewirken, nennt man **funktionelle Gruppen**. Die funktionelle Gruppe der Alkohole ist die Hydroxylgruppe (OH-Gruppe). Die Hydroxylgruppe (-OH) der Alkohole ist trotz formaler Gleichheit in ihren Wirkungen nicht mit der Hydroxidgruppe (-OH) der Laugen vergleichbar.

Die Alkohole, die sich von den gesättigten Kohlenwasserstoffen — den Alkanen — durch Ersatz eines H-Atoms durch eine OH-Gruppe ableiten lassen, nennt man **Alkanole** oder **gesättigte Alkohole**. Beispiel: Methanol, Ethanol, Propanol usw.

Auch von den ungesättigten Kohlenwasserstoffen, den Alkenen und Alkinen, lassen sich entsprechende **ungesättigte Alkohole** ableiten. Sie heißen sinngemäß **Alkenole** bzw. **Alkinole**. Sie sind jedoch von geringer Bedeutung. Die weitaus wichtigsten Alkohole sind die Alkanole.

5.3.2 Die homologe Reihe der Alkanole

Da sich die Alkanole von den Alkanen ableiten lassen, bilden sie wie diese eine homologe Reihe **(Tabelle 201/1)**. Die einzelnen Glieder der homologen Reihe unterscheiden sich jeweils durch eine CH_2-Gruppe.

Die *systematischen Namen* der Alkanole werden aus dem Namen des entsprechenden Alkans und der Endsilbe **-ol** gebildet.

Beispiele: Methan ⇒ Methanol, Ethan ⇒ Ethanol, Propan ⇒ Propanol usw.

Die frühere Namensgebung, die auch heute noch gelegentlich benützt wird, bildete den Namen aus dem Alkylrest und der Endsilbe *-alkohol*, wie z. B. Methylalkohol, Ethylalkohol, Propylalkohol usw.

Die Summenformel der Alkanole unterscheidet sich von der der Alkane durch den Ersatz eines H-Atoms durch eine OH-Gruppe.

Dementsprechend lautet die **allgemeine Summenformel** der Alkanole: $C_nH_{2n+1}OH$

Tabelle 201/1: Die ersten Glieder der homologen Reihe der Alkanole

Name	Halbstrukturformel	Siedepunkt in °C
Methanol	CH_3OH	65
Ethanol	CH_3CH_2OH	78
Propanol	$CH_3CH_2CH_2OH$	97
Butanol	$CH_3CH_2CH_2CH_2OH$	118
Pentanol	$CH_3CH_2CH_2CH_2CH_2OH$	138
Hexanol	$CH_3CH_2CH_2CH_2CH_2CH_2OH$	158

5.3.3 Eigenschaften

Aggregatzustand. Die niederen Alkanole mit 1 bis 3 C-Atomen sind dünnflüssige, farblose Flüssigkeiten. Die mittleren Alkanole mit bis zu 11 C-Atomen werden zunehmend dickflüssiger. Ab 12 C-Atomen sind die Alkanole pastenartige Feststoffe, die mit steigender Anzahl der C-Atome immer fester werden.

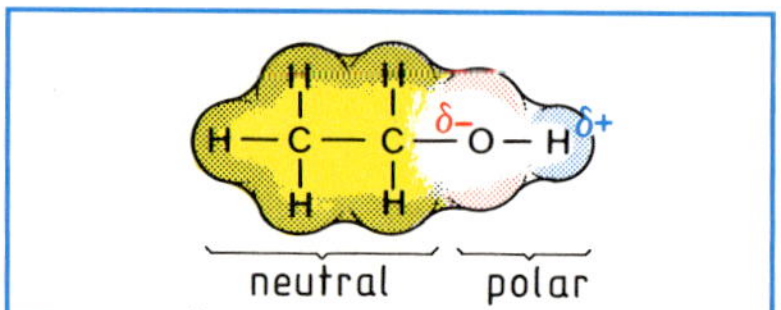

Bild 202/1: Ethanolmolekül

Ein Vergleich der Siedepunkte der Alkane mit den entsprechenden Alkanolen (Tabelle 190/1 und 201/1) zeigt, daß die Alkanole wesentlich höhere Siedepunkte besitzen. Die Ursache hierfür ist die **Polarität** der OH-Gruppe in den Alkanolmolekülen, die durch die unterschiedliche Elektronenanziehung (Elektronegativität, Seite 61) der Atome bewirkt wird: Das Sauerstoffatom zieht die bindenden Elektronen stärker an sich, als das Wasserstoffatom. Das O-Atom im Molekül ist deshalb nach außen leicht negativ geladen, das H-Atom entsprechend leicht positiv **(Bild 202/1)**. Da sich unterschiedliche Ladungen anziehen, herrschen zusätzliche Bindungskräfte zwischen den Molekülen. Die Moleküle lagern sich aufgrund dieser *Wasserstoffbrückenbindung* zu losen Molekülverbänden zusammen **(Bild 202/2)**. Diese Bindungskräfte erschweren das Ablösen von Molekülen aus dem Molekülverband und verschieben dadurch z. B. die Siedetemperaturen zu höheren Werten. Die Alkanole haben deshalb höhere Siedetemperaturen als die Alkane.

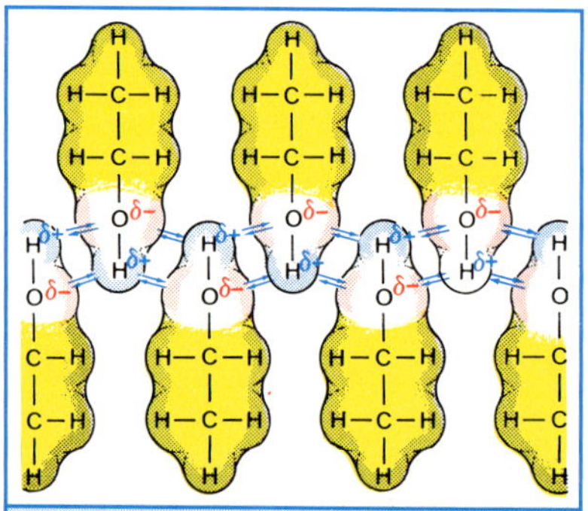

Bild 202/2: Wasserstoffbrückenbindung zwischen Ethanolmolekülen

Löslichkeit. Die niederen Alkanole — Methanol, Ethanol und Propanol — sind gut in Wasser löslich. Sie mischen sich mit Wasser in jedem Verhältnis. Mit steigender C-Zahl wird die Löslichkeit schlechter. Die höheren Alkanole ab C_5 lösen sich nicht in Wasser.

Die Ursache dieses Verhaltens wird durch den molekularen Bau der Alkanole bestimmt: Das Alkanolmolekül besteht aus einem hydrophoben Kohlenwasserstoffrest und der hydrophilen OH-Gruppe **(Bild 202/3)**.

Bei den niederen Alkanolen überwiegt der Einfluß der hydrophilen OH-Gruppe. Sie bildet Wasserstoffbrückenbindungen zu den ebenfalls polaren Wassermolekülen. Folge: sie lösen sich in Wasser.

Bei den höheren Alkanolen ist der Kohlenwasserstoffrest wesentlich größer als die OH-Gruppe, so daß der Einfluß des hydrophoben Kohlenwasserstoffrestes überwiegt. Sie lösen sich nicht in Wasser.

In Benzin und anderen unpolaren Lösungsmitteln sind die Alkanole (außer Methanol CH_3OH) löslich.

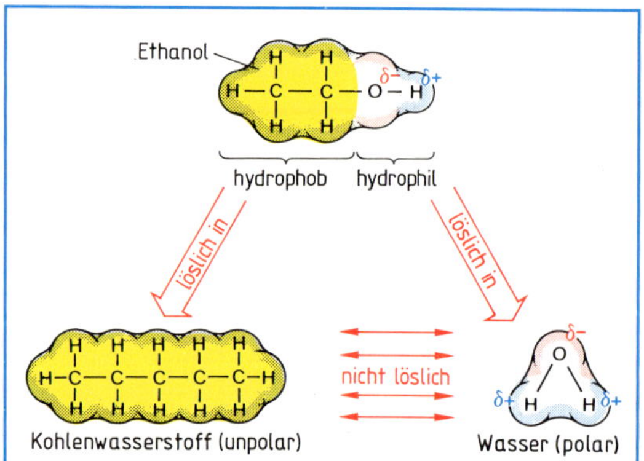

Bild 202/3: Löslichkeit der Alkanole

5.3.4 Chemische Reaktionen

Die Reaktionsfähigkeit der Alkanole beruht auf der funktionellen OH-Gruppe.

Oxidation. Mit einem geeigneten Oxidationsmittel, z. B. $K_2Cr_2O_7$ oder $KMnO_4$, werden Alkanole oxidiert. Die Reaktion läuft unter Wasserabspaltung über einen Aldehyd zur Carbonsäure.

Beispiel:

$$\underset{\text{Ethanol}}{CH_3-CH_2-OH} \xrightarrow[-H_2O]{+O} \underset{\text{Acetaldehyd}}{CH_3-CHO} \xrightarrow{+O} \underset{\text{Essigsäure}}{CH_3-COOH}$$

Dehydratisierung. Bei 400 °C und unter der Wirkung eines geeigneten Katalysators bildet sich unter Wasserabspaltung das Alken.

Beispiel:

$$\underset{\text{Ethanol}}{CH_3-CH_2-OH} \xrightarrow[400\,°C/Al_2O_3]{-H_2O} \underset{\text{Ethen}}{CH_2=CH_2}$$

5.3.5 Wichtige Alkanole

Ethanol C_2H_5OH

Ethanol, in der Umgangssprache einfach *Alkohol* genannt, ist eine wasserklare, brennbare Flüssigkeit mit dem von hochprozentigen alkoholischen Getränken (Korn, Wodka) bekannten, typischen Geruch und Geschmack.

Ethanol ist der berauschende Bestandteil der alkoholischen Getränke. Es ist in geringen Mengen genießbar und erzeugt ein angenehmes Körpergefühl. Die Leistungs- und Konzentrationsfähigkeit wird jedoch vermindert (Verkehrsgefährdung) und die Hemmschwelle herabgesetzt. In größeren Mengen (ab 200 g) kann Alkohol zur Bewußtlosigkeit (Rausch) und zum Tod (Alkoholvergiftung) führen.

Regelmäßiger, übermäßiger Alkoholgenuß zerstört die Persönlichkeit und bewirkt schwere gesundheitliche und seelische Schäden.

Ethanol wird zur Herstellung alkoholischer Getränke, als Lösungs- und Konservierungsmittel für Parfüms, Kosmetika und Pflegemittel sowie als Motorkraftstoff-Zusatz verwendet.

Das in alkoholischen Getränken enthaltene Ethanol wird durch Vergären zucker- oder stärkehaltiger Früchte hergestellt **(Versuch 203/1)**:

$$\underset{\text{Traubenzucker}}{C_6H_{12}O_6} \xrightarrow{\text{Hefe}} 2\ \underset{\text{Ethanol}}{C_2H_5OH} + 2\ CO_2\uparrow$$

Das Vergären von Traubensaft ergibt z. B. Wein mit 8% bis 14% Ethanol, das Vergären von Gerstenmalz Bier mit 4% bis 8% Ethanol usw. Durch mehrmaliges Destillieren können daraus Konzentrate mit höherem Ethanolgehalt hergestellt werden. Dies sind Weinbrand, Korn, Obstler usw. Das zum Trinken bestimmte Ethanol, der sogenannte *„Trinkalkohol"*, ist mit einer hohen Verbrauchssteuer belegt. Dadurch soll der Alkoholkonsum begrenzt und seine gesundheitsschädliche Wirkung vermieden werden.

Versuch 203/1: Alkoholische Gärung

Versuchsbeschreibung:
In einem Erlenmeyerkolben wird 200 ml warmes Wasser, 20 g Zucker und 10 g zerkleinerte Hefe zusammengegeben und warmgestellt (ca. 30 °C). Der Versuch wird mehrere Tage stehen gelassen.

Das entstehende Gas wird in Kalkmilch geleitet. Es ist CO_2. Nach Ablauf mehrerer Tage wird die Flüssigkeit auf Geruch geprüft: ⇒ Es hat sich Alkohol gebildet.

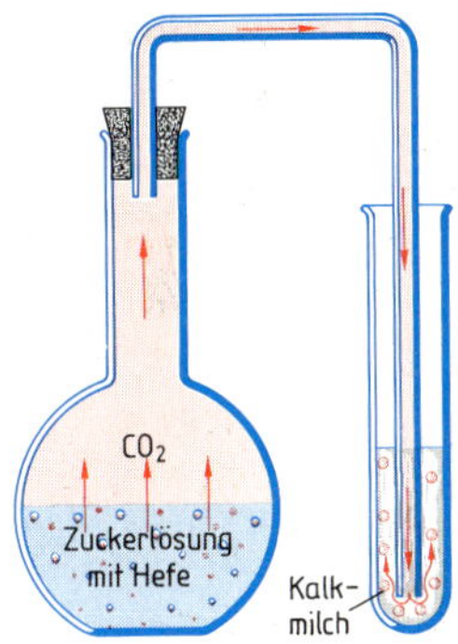

Ethanol, das für technisch-industrielle Zwecke bestimmt ist, wird durch katalytische Wasseranlagerung (Hydratisierung) an Ethen hergestellt: $CH{=}CH_2 + H_2O \xrightarrow{H_2SO_4} CH_3 - CH_2OH$

Das für Reinigungs- und Heizzwecke verwendete, frei verkäufliche Ethanol wird durch Zusatz eines Vergällungsstoffes ungenießbar gemacht. Brennspiritus z. B. ist 94%iges vergälltes Ethanol.

Methanol CH_3OH

Methanol ist eine farblose, leicht flüchtige und brennbare Flüssigkeit mit einem typischen, Ethanol-ähnlichen Geruch und Geschmack. Im Gegensatz zum genießbaren Ethanol, ist Methanol stark giftig. Die tödliche Dosis beträgt ca. 20 g, ein Schnapsglas voll.

Zur Unterscheidung von Methanol und Ethanol benutzt man die sogenannte **Boraxprobe (Versuch 203/2)**.

Methanol findet in großen Mengen als Ausgangsstoff für die Kunststoffherstellung sowie als Lösungsmittel und als Zusatz zu Motorkraftstoffen Verwendung. Die großtechnische Produktion von Methanol erfolgt aus Synthesegas, einem Gasgemisch aus Kohlenstoffmonoxid und Wasserstoff (Seite 230). Bei Temperaturen von ca. 400 °C und einem Druck von 200 bar reagieren die Gase in Anwesenheit eines geeigneten Katalysators zu Methanol: $CO + 2\ H_2 \xrightarrow{ZnO,\ Cr_2O_3} CH_3OH$.

Versuch 203/2: Boraxprobe

Versuchsbeschreibung:
In einer Porzellanschale wird etwas Natriumtetraborat (Borax) mit *Methanol* gemischt. In einer zweiten Schale wird Borax mit Ethanol gemischt. Beiden Gemischen wird etwas konzentrierte H_2SO_4 zugesetzt. Die Gemische werden angezündet und die Flammenfärbung verglichen: Methanol ergibt eine grüne, Ethanol eine gelbe Flamme.

Höhere Alkanole

Die höheren Alkanole **Dodecanol $C_{12}H_{25}OH$** und **Hexadecanol $C_{16}H_{33}OH$** werden in großen Mengen zur Waschmittelherstellung benötigt. Sie sind Ausgangsstoff des Waschmittelrohstoffs Alkylpolyglycolether (Seite 247).

5.3.6 Isomerie bei Alkanolen

Bei den Alkanolen mit mehr als drei Kohlenstoffatomen sind Isomere möglich, je nachdem, an welches C-Atom die OH-Gruppe gebunden ist. Vom Propanol z.B. gibt es zwei Isomere **(Bild 204/1)**, vom Butanol vier, vom Pentanol acht usw. Die Stellung der OH-Gruppe im Molekül wird im Alkanolnamen durch eine vorgestellte Zahl gekennzeichnet.

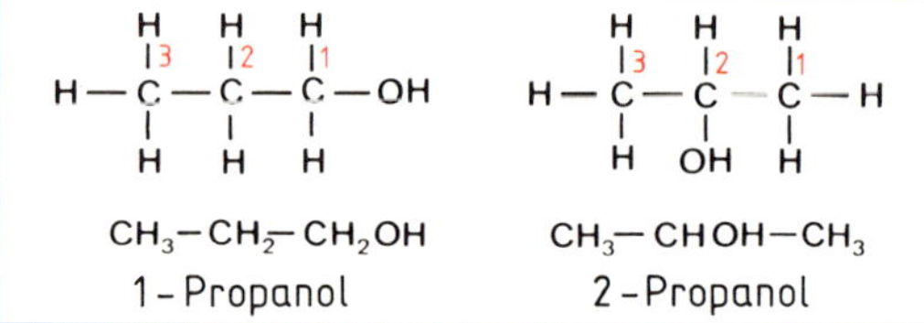

Bild 204/1: Isomere des Propanols

Die chemischen Eigenschaften der isomeren Alkanole sind unterschiedlich. Sie werden davon beeinflußt, ob die OH-Gruppe an ein C-Atom angelagert ist, das mit *einem, zwei* oder *drei* C-Atomen verbunden ist. Man nennt die Verbindungen danach **primäre, sekundäre** bzw. **tertiäre Alkanole (Bild 204/2)**.

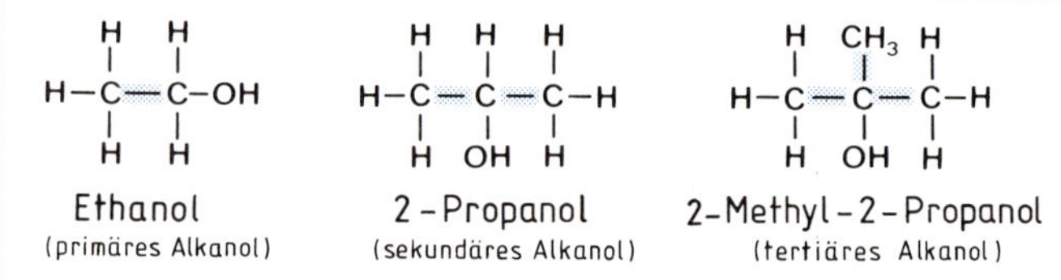

Bild 204/2: Primäre, sekundäre und tertiäre Alkanole

5.3.7 Mehrwertige Alkanole

Es gibt auch Alkohole, die nicht nur eine, sondern mehrere OH-Gruppen besitzen. Diese Alkanole nennt man *mehrwertige Alkanole* oder *Alkanpolyole* **(Bild 204/3)**.

Die OH-Gruppen sind dabei immer an verschiedene C-Atome gebunden, da ein C-Atom nur eine OH-Gruppe binden kann. Ein Alkanol mit zwei OH-Gruppen ist demnach ein *zweiwertiges Alkanol*. Im Verbindungsnamen wird dies durch die Endsilbe **-diol** zum Ausdruck gebracht. *Beispiel:* Propandiol.

Ein Alkanol mit drei OH-Gruppen ist ein *dreiwertiges Alkanol*, sein Name enthält die Endsilbe **-triol**. *Beispiel:* Propantriol.

Aufgrund der mehrfachen hydrophilen OH-Gruppen sind die mehrwertigen Alkanole gut wasserlöslich.

Einige mehrwertige Alkanole werden häufig verwendet. Sie sind unter ihrem Trivialnamen bekannt:

Glycol ist das zweiwertige Alkanol **Ethandiol $CH_2OH - CH_2OH$**. Es ist eine farblose, leicht ölige, giftige Flüssigkeit mit einer Siedetemperatur von + 197 °C und einer Erstarrungstemperatur von − 11,5 °C. Glycol wird als Frostschutzmittel sowie zur Kunststoffherstellung verwendet.

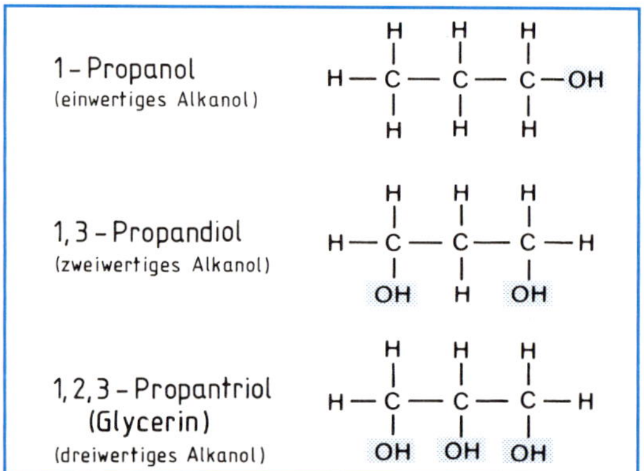

Bild 204/3: Ein-, zwei- und dreiwertiges Propanol

Glycerin ist das dreiwertige Alkanol **1,2,3-Propantriol $CH_2OH - CHOH - CH_2OH$**. Es ist eine farblose, ölige, ungiftige Flüssigkeit, die in Wasser löslich ist und leicht hygroskopisch wirkt. Seine Siedetemperatur beträgt + 290 °C, die Erstarrungstemperatur − 17 °C. Glycerin wird in Autos als Bremsflüssigkeit und Frostschutzmittel verwendet, zur Herstellung von Sprengstoff (Nitroglycerin) und Kunststoffen (Polyester, Polyurethane) benötigt und als Feuchtigkeitshalter z.B. Cremes, Kosmetika und Farben zugemischt.

Sorbit ist das sechswertige Alkanol **Hexanhexol $CH_2OH - (CHOH)_4 - CH_2OH$**. Es ist ein stark süß schmeckender, wasserlöslicher, zuckerähnlicher Feststoff. Sorbit dient als Süßstoff für Diabetiker.

Wiederholungsfragen

1. **Wie lautet die allgemeine Summenformel der Alkanole?**
2. **Wie erklärt man sich die unterschiedliche Löslichkeit von niederen und höheren Alkanolen?**
3. **Wozu wird Methanol verwendet?**
4. **Wie wird Ethanol hergestellt?**
5. **Wie lautet die Strukturformel von 2-Butanol?**
6. **Welche Strukturformel hat Glycerin?**

5.4 Aldehyde

5.4.1 Die Stoffgruppe

Bringt man ein heißes, oxidiertes Kupferdrahtnetz in Methanol **(Versuch 205/1)**, so wird das CuO reduziert und das Methanol oxidiert. Es entsteht ein stechend riechendes Gas, das **Formaldehyd** oder **Methanal** genannt wird.

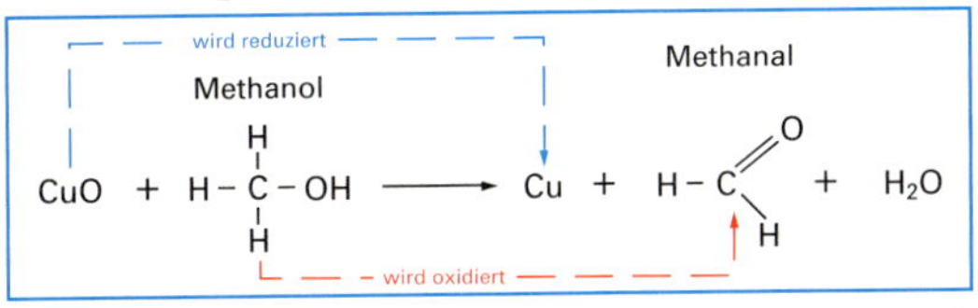

Versuch 205/1: Bildung von Methanal

Versuchsbeschreibung:

Vorsicht! Im Abzug arbeiten.

Eine Rolle aus Kupferdrahtnetz wird in der Bunsenflamme erhitzt, bis sie mit einer schwarzen Kupferoxidschicht überzogen ist.

Die noch heiße Rolle wird in Methanol getaucht. Es erscheint wieder rotes Kupfer. Ein stechender Geruch zeigt die Bildung einer gasförmigen Verbindung an.

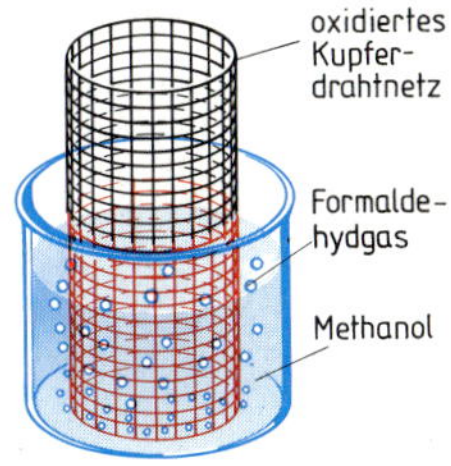

Vergleicht man die Formeln von Methanol und Methanal, so erkennt man, daß es hierbei zu einer Wasserstoffabspaltung kam. Methanal entsteht durch **Dehyd**rierung des primären **Al**kohols Methanol. Aus den beiden Wortteilen bildet man den Namen der entstehenden Stoffgruppe: die **Aldehyde**.

Das Methanalmolekül zeigt eine neue Anordnung des Wasserstoff- und Sauerstoffatoms am Kohlenstoffatom: sie sind einzeln am C-Atom gebunden. Dies ist die funktionelle Gruppe der Aldehyde, die sogenannte **Aldehydgruppe**.

> Aldehyde entstehen durch Dehydrierung der primären Alkohole.
>
> Sie enthalten die funktionelle Aldehydgruppe $-\mathrm{C}\genfrac{}{}{0pt}{}{{\diagup\!\!\!\!=}\,\mathbf{O}}{\diagdown\,\mathbf{H}}$

Um eine Verwechslung mit der alkoholischen OH-Gruppe zu vermeiden, schreibt man die Aldehydgruppe in der Kurzschreibweise $-$CHO. *Beispiel:* Methanal H$-$CHO, im Gegensatz dazu: Methanol CH_3OH.

Die Aldehyde, die durch Oxidation der primären Alkanole entstehen, sind **gesättigte Aldehyde**. Sie enthalten im Kohlenwasserstoffrest nur C$-$C-Einfachbindungen. Man nennt sie nach der systematischen Nomenklatur **Alkanale**. *Beispiel:* die Verbindung Propanal CH_3-CH_2-CHO.

Es gibt auch Aldehyde, die einen ungesättigten Kohlenwasserstoffrest besitzen. Sie enthalten eine oder mehrere C=C-Doppelbindungen, wie z.B. die Verbindung Propenal $CH_2=CH-CHO$. Solche Verbindungen nennt man **ungesättigte Aldehyde** oder nach der systematischen Nomenklatur **Alkenale**.

5.4.2 Die homologe Reihe der Alkanale

Die Alkanale bilden eine homologe Reihe **(Tabelle 205/1)**. Die ersten drei Glieder heißen nach der systematischen Nomenklatur Methanal, Ethanal, Propanal. Häufig sind sie auch unter ihrem Trivialnamen bekannt. Methanal ist gasförmig, Ethanal und Propanal flüssig, aber leicht flüchtig. Die höheren Alkanale sind Aromastoffe mit Himbeer- bzw. Erdbeergeschmack.

Tabelle 205/1: Die ersten drei Alkanale der homologen Reihe

Systematischer Name	Trivial-Name	Formel	Siedepunkt in °C	Geruch
Methanal	Formaldehyd	H$-$CHO	$-$19,3	stechend
Ethanal	Acetaldehyd	CH_3-CHO	20,2	stechend
Propanal	Propionaldehyd	CH_3-CH_2-CHO	48,8	fruchtig
⋮	⋮	⋮	⋮	⋮

Die **allgemeine Summenformel** der Alkanale lautet: $C_nH_{2n+1}-\mathrm{C}\genfrac{}{}{0pt}{}{{=}\mathrm{O}}{-\mathrm{H}}$

Die Alkanale sind sehr reaktionsfähig. Die beiden ersten Alkanale der homologen Reihe — Methanal und Ethanal — sind deshalb häufig verwendete Zwischenprodukte bei organischen Synthesen.

Nachweisreaktionen. Die Nachweisreaktionen der Aldehyde beruhen auf ihrer reduzierenden Wirkung:

- Aldehyde färben **Fehlingsche Lösung** hellrot (Fehlingsche Lösung: Mischung aus $CuSO_4$, KOH, $NaKC_4H_4O_6$). Die blauen Cu^{2+}-Ionen der Fehlingschen Lösung werden zu roten Cu^{+}-Ionen reduziert.
- Aldehyde bilden aus ammoniakalischer Silbersalzlösung (**Tollenssche Lösung**) einen Silberspiegel an der Gefäßwand: Die Ag^{+}-Ionen der Lösung werden zu elementarem Silber reduziert.

5.4.3 Wichtige Aldehyde

Methanal HCHO (Formaldehyd) ist ein farbloses, stechend riechendes Gas, das in Wasser leicht löslich ist. Eine 40%ige wäßrige Methanal-Lösung ist als sogenanntes *Formalin* im Handel. In dieser leicht handhabbaren Form wird Methanal häufig verwendet. Mit Formaldehyd sollte nur im Abzug gearbeitet werden, da es gesundheitsschädlich ist. Hauptanwendungsgebiet für Methanal ist die Kunststoffherstellung (Seite 239). Außerdem dient es zur Konservierung biologischer und anatomischer Präparate. Die großtechnische Herstellung von Methanal erfolgt durch katalytische Oxidation von Methanol mit Luftsauerstoff:

$$2\,CH_3OH \;+\; O_2 \longrightarrow 2\,HCHO \;+\; 2\,H_2O$$

Ethanal CH_3CHO (Acetaldehyd) ist eine fruchtig riechende Flüssigkeit mit einer Siedetemperatur von +20,2 °C. Es ist ein wichtiges Zwischenprodukt der chemischen Industrie und wird zu Ethansäure, Farbstoffen, Arzneimitteln und Kunststoffen weiterverarbeitet. Die großtechnische Herstellung von Ethanal erfolgt durch katalytische Oxidation von Ethen mit Luftsauerstoff:

$$2\,CH_2{=}CH_2 \;+\; O_2 \longrightarrow 2\,CH_3CHO$$

Aromatische Aldehyde

Die Aldehydgruppe kann auch an aromatische Kohlenwasserstoffe gebunden werden und ergibt die Stoffgruppe der aromatischen Aldehyde.

Sie finden wegen ihres frucht- oder gewürzartigen Geruchs und Geschmacks als Aromastoffe Verwendung, wie z. B. Benzaldehyd oder Zimtaldehyd.

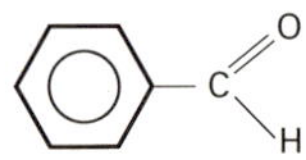

Benzaldehyd
(Mandelgeschmack)

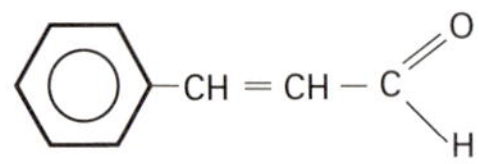

Zimtaldehyd
(Zimtgeschmack)

5.5 Ketone

Oxidiert man einen sekundären Alkohol, wie z. B. 2-Propanol so entsteht eine Verbindung, die unter dem Trivialnamen **Aceton** bekannt ist. Sie besteht aus zwei Kohlenwasserstoffresten, die an eine mittelständige CO-Gruppe gebunden sind. Diese Anordnung nennt man **Ketogruppe**. Es ist die funktionelle Gruppe einer eigenen Stoffklasse, der **Ketone**.

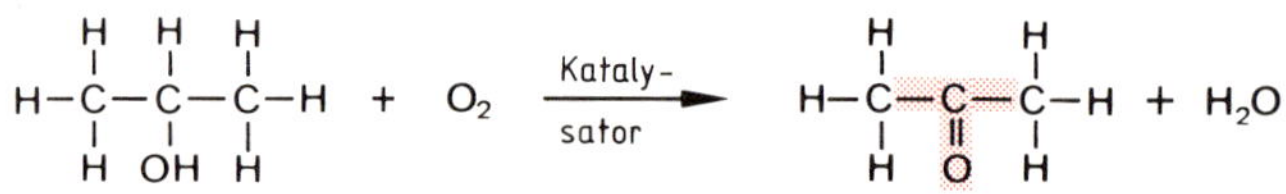

2-Propanol   Aceton (Propanon)

Ketone entstehen durch Dehydrierung sekundärer Alkohole.
Sie enthalten die funktionelle Ketogruppe. — **C** — (mit **=O**)
Kurzschreibweise: — CO —

Ketone, die sich von den Alkanen ableiten, d. h. nur gesättigte Kohlenwasserstoffreste enthalten, nennt man **Alkanone**. Aceton ist z. B. ein Alkanon.

Der *systematische Name* der Alkanone ergibt sich aus dem Alkan-Namen und der Endsilbe **-on**.
Beispiel: Aceton hat drei C-Atome, sein systematischer Name ist **Propanon** oder **Dimethylketon**.

Aceton (Propanon) ist das bekannteste und wichtigste Keton. Es ist eine farblose, wasserlösliche, leicht flüchtige und brennbare Flüssigkeit (Siedetemperatur +56 °C) mit einem frischen Geruch. Wegen seiner guten Lösefähigkeit für Fette, Lacke und Klebstoffe wird es als Reinigungs- und Lösungsmittel verwendet. Außerdem wird es für viele organische Synthesen gebraucht.

Die großtechnische Herstellung von Aceton geht vom Propen aus:

$$\underset{\text{Propen}}{CH_2{=}CH-CH_3} \xrightarrow{H_2O} \underset{\text{2-Propanol}}{CH_3CHOH-CH_3} \xrightarrow{O_2} \underset{\text{Aceton (Propanon)}}{CH_3-CO-CH_3} \;+\; H_2O$$

Wiederholungsfragen

1. **Wie lautet die Strukturformel der vier ersten Alkanale?**
2. **Wie wird Ethanal großtechnisch hergestellt?**
3. **Wie lautet die Strukturformel von Aceton?**
4. **Aldehyde und Ketone enthalten beide die Gruppe >C=O. Wodurch unterscheiden sie sich?**

5.6 Carbonsäuren

Aldehyde lassen sich noch weiter oxidieren **(Versuch 207/1)**. Methanal z. B. wird zu einem Stoff oxidiert, den man wegen seines Alkanstamms Methan und seiner sauren Eigenschaft **Methansäure** nennt (Trivialname **Ameisensäure**).

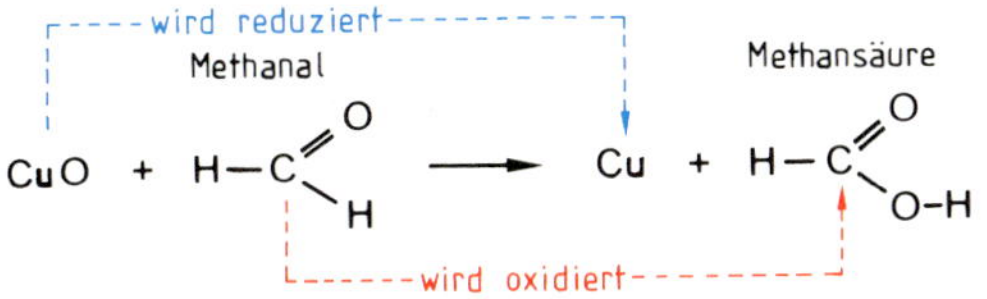

Versuch 207/1: Bildung von Methansäure

Versuchsbeschreibung:
Eine Rolle aus Kupferdrahtnetz wird in der Bunsenbrennerflamme oxidiert und noch heiß in eine Methanallösung (Formalin) getaucht. Aus dem schwarzen Kupferoxid bildet sich rotes Kupfer und es entsteht ein stechend riechender Dampf, der Lackmuspapier rot färbt.

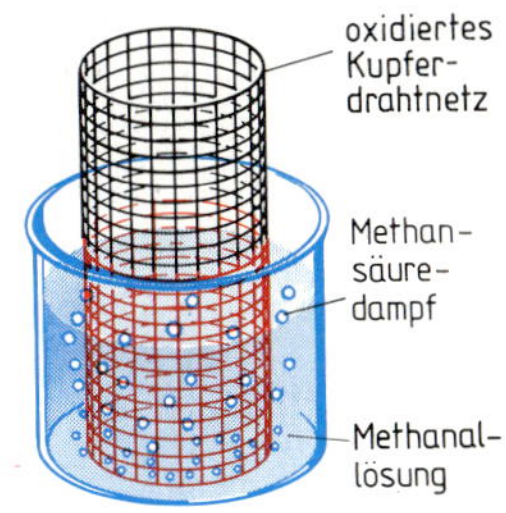

5.6.1 Die Stoffgruppe

Es handelt sich bei der Methansäure um eine organische Säure, da ihr eine kohlenstoffhaltige, organische Verbindung zugrunde liegt. Wegen des Kohlenstoffgerüstes ihrer Moleküle nennt man die Gruppe der organischen Säuren **Carbonsäuren** (von carboneum = lateinisch Kohlenstoff).

Das Methansäuremolekül enthält ein doppelt gebundenes O-Atom sowie eine OH-Gruppe an einem C-Atom. Diese Gruppierung ist kennzeichnend für die Carbonsäuren. Sie heißt **Carboxylgruppe**.

Die Carbonsäuren enthalten als funktionelle Gruppe die Carboxylgruppe

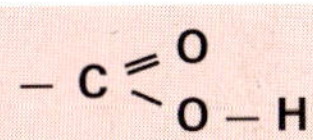

Kurzschreibweise: — COOH

Wie Methanal, so kann auch Ethanal zu einer Carbonsäure oxidiert werden. Es entsteht dabei **Ethansäure**, die unter dem Trivialnamen **Essigsäure** bekannt ist.

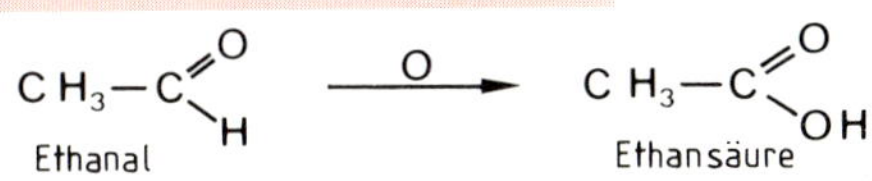

Mit den anderen Gliedern der homologen Reihe der Aldehyde kann die Oxidation ebenso durchgeführt werden. Man erhält auf diese Weise eine neue Verbindungsklasse: *die homologe Reihe der Carbonsäuren.*

allgemein:

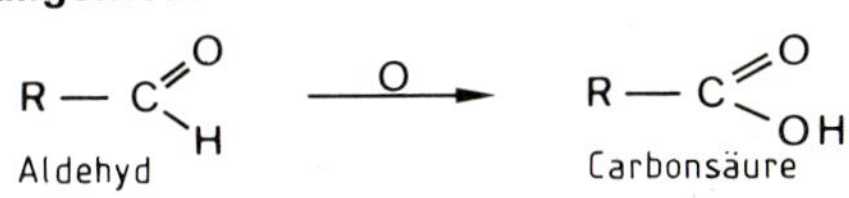

Carbonsäurearten. Die **Stoffgruppe der Carbonsäuren** ist äußerst umfangreich, da eine oder mehrere Carboxylgruppen sowie andere funktionelle Gruppen an die verschiedenen Kohlenwasserstoffreste gebunden sein können.

Alkansäuren (gesättigt)	Alkanrest — COOH
Alkensäuren (ungesättigt)	Alkenrest — COOH
Monocarbonsäuren	R — COOH
Dicarbonsäuren	R_1 — COOH, | R_2 — COOH
Hydroxycarbonsäure	OH — R — C(=O)OH
Aromatische Carbonsäure	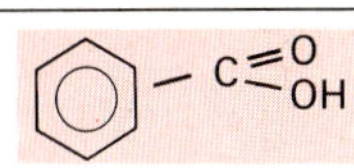

Carbonsäuren, die sich von den gesättigten Kohlenwasserstoffen — den Alkanen — ableiten, heißen **Alkansäuren**. Die systematischen Namen der einzelnen Verbindungen dieser Klasse werden aus dem zugrunde liegenden *Alkannamen* und der Endsilbe *-säure* gebildet. *Beispiele:* Methansäure, Ethansäure, Propansäure usw.

Enthält der Kohlenwasserstoffrest C=C-Doppelbindungen, so handelt es sich um **ungesättigte Carbonsäuren**. Ihr systematischer Name wird aus dem entsprechenden *Alken* und der Endsilbe *-säure* gebildet.

Carbonsäuren können nicht nur eine, sondern zwei oder mehrere Carboxylgruppen enthalten. Dementsprechend heißen die Verbindungen dann **Monocarbonsäuren** bei einer Carboxylgruppe, **Dicarbonsäuren** bei zwei Carboxylgruppen usw.

Hydroxycarbonsäuren sind Carbonsäuren, die neben der Carboxylgruppe zusätzlich eine oder mehrere Hydroxylgruppen enthalten.

Von **aromatischen Carbonsäuren** spricht man, wenn die Carboxylgruppe an einen aromatischen Molekülrest angelagert ist.

Neben den genannten, wichtigsten Arten der Carbonsäuren gibt es noch weitere Arten. Sie entstehen durch Anlagerung anderer funktioneller Gruppen bzw. von Atomen oder Atomgruppen. Einzelne Verbindungen dieser Art sind von großer Wichtigkeit, wie z. B. die *Aminocarbonsäuren* (Seite 215).

5.6.2 Die homologe Reihe der Alkansäuren

Auch die Alkansäuren bilden eine homologe Reihe **(Tabelle 208/1)**.

Neben den *systematischen Namen* der Säuren sind vielfach die *Trivialnamen* im Gebrauch. Die Summenformeln der einzelnen Alkansäuren bestehen aus einem Alkylrest und der Carboxylgruppe. Die **allgemeine Summenformel** der Alkansäuren lautet:

$$C_nH_{2n+1}COOH$$

Bei der Methansäure steht statt eines Alkylrestes lediglich ein H-Atom.

Tabelle 208/1: Die homologe Reihe der Alkansäuren

Systematischer Name	Trivialname	Summenformel	Siedep. in °C
Methansäure	Ameisensäure	$H-COOH$	100
Ethansäure	Essigsäure	CH_3-COOH	118
Propansäure	Propionsäure	C_2H_5-COOH	141
Butansäure	Buttersäure	C_3H_7-COOH	165
Pentansäure	Valeriansäure	C_4H_9-COOH	187
⋮	⋮	⋮	⋮
Hexadecansäure	Palmitinsäure	$C_{15}H_{31}-COOH$	350
⋮	⋮	⋮	⋮
Oktadecansäure	Stearinsäure	$C_{17}H_{35}-COOH$	370
⋮	⋮	⋮	⋮

Spielt die Art des Alkylrestes keine Rolle, so benutzt man auch eine **Kurzschreibweise**, bei der der *Alkylrest* nur mit einem **R** angegeben wird: **R – COOH**

5.6.3 Eigenschaften der Alkansäuren

Die ersten drei Alkansäuren sind farblose Flüssigkeiten mit stechendem Geruch. Die mittleren Alkansäuren sind ebenfalls flüssig, sie riechen unangenehm ranzig und schweißartig. Die höheren Alkansäuren sind pastenartige Feststoffe mit einem leicht fettartigen Geruch.

Die **Schmelz-** und **Siedetemperaturen** der Alkansäuren liegen höher als bei den entsprechenden Alkanen, Alkanolen oder Alkanalen (Vergleiche Tabelle 208/1 mit den Tabellen 190/1, 201/1 und 205/1). Die Ursache hierfür ist die unterschiedliche Anziehung der Bindungselektronen der Sauerstoff-, Wasserstoff- und Kohlenstoffatome, die zu einer starken Polarität der Carboxylgruppe führt. Dadurch bilden sich zwischen den Säuremolekülen Wasserstoffbrückenbindungen aus **(Bild 208/1)**, die einen zusätzlichen Zusammenhalt der Moleküle bewirken.

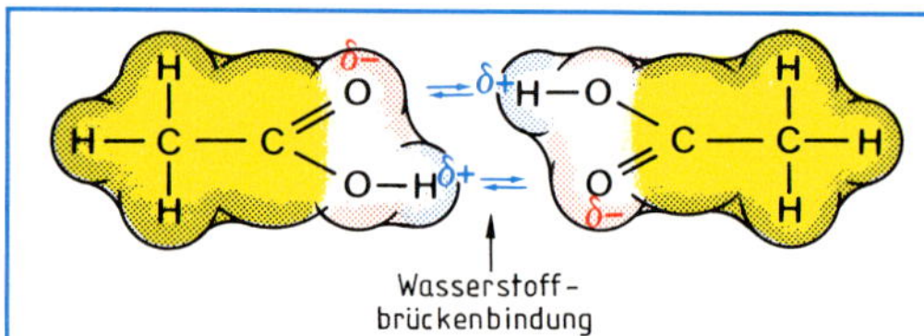

Bild 208/1: Wasserstoffbrückenbindung zwischen Ethansäuremolekülen

Die **Löslichkeit** in Wasser ist bei den niederen Alkansäuren (bis vier C-Atome) gut. Sie nimmt jedoch mit wachsender Kettenlänge ab. Die höheren Alkansäuren sind wasserunlöslich. Dieses unterschiedliche Verhalten wird durch die beiden verschiedenartigen Bestandteile des Alkansäuremoleküls bewirkt: es besteht aus der hydrophilen Carboxylgruppe und dem hydrophoben Kohlenwasserstoffrest **(Bild 208/2)**. Bei den niederen Alkansäuren überwiegt die hydrophile Carboxylgruppe, bei den höheren Alkansäuren der hydrophobe Kohlenwasserstoffrest. In unpolaren Lösungsmitteln sind die Alkansäuren löslich (außer Methansäure).

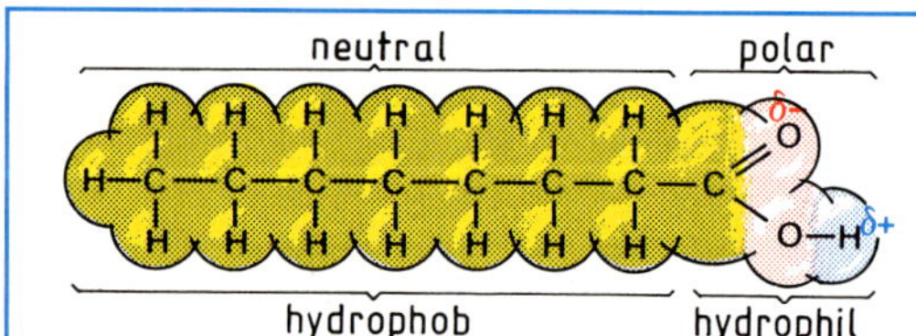

Bild 208/2: Alkansäuremolekül

Protolyse. Beim Lösen in Wasser kann das Alkansäuremolekül ein Proton an ein Wassermolekül abgeben: Es entsteht ein Alkanat-Ion und ein Hydronium-Ion (siehe nebenstehendes Beispiel).

Beispiel: Protolyse von Ethansäure

$$CH_3-C\begin{matrix}{}^{\nearrow\!\!\!\!/ O}\\ {}_{\searrow OH}\end{matrix} + H_2O \longrightarrow CH_3-C\begin{matrix}{}^{\nearrow\!\!\!\!/ O}\\ {}_{\searrow O^-}\end{matrix} + H_3O^+$$

Ethansäure — Ethanat-Ion — Hydronium-Ion

Die Methansäure ist die stärkste Alkansäure. Ethansäure ist bereits eine wesentlich schwächere Säure. Mit steigender Kettenlänge nimmt die Säurestärke rasch ab. Ab der Pentansäure geben die Alkansäuren in Wasser fast keine Protonen mehr ab. Protonenabgabe erfolgt dann nur noch an starke Basen, z. B. bei einer Neutralisation.

5.6.4 Wichtige Alkansäuren

Methansäure HCOOH (Ameisensäure)

Der Trivialname *Ameisensäure* deutet darauf hin, daß die Methansäure im Sekret der Ameisen enthalten ist. Auch das in der Stacheldrüse der Bienen enthaltene Bienengift und die von den Nesselhaaren der Brennessel abgegebene Flüssigkeit enthält Ameisensäure. Methansäure ist eine stechend riechende Flüssigkeit, die auf der Haut ätzend wirkt. Sie ist die stärkste Alkansäure, jedoch schwächer als Salzsäure.

Wäßrige Methansäure löst unedle Metalle, wie z. B. Magnesium, unter Wasserstoffentwicklung auf.

$$\underset{\text{gelöste Methansäure}}{2\,(HCOO^- + H^+)} + Mg \longrightarrow \underset{\text{gelöstes Magnesiummethanat}}{2\,HCOO^- + Mg^{2+}} + H_2\uparrow$$

Dampft man die Lösung ein, so erhält man ein Salz der Methansäure, hier $Mg(HCOO)_2$. Es heißt *Magnesiummethanat* oder mit dem älteren Namen *Magnesiumformiat*. Die Salze der Methansäure heißen **Methanate** oder **Formiate**.

Kalkablagerungen werden von Methansäure aufgelöst:

$$2\,(HCOO^- + H^+) + CaCO_3 \longrightarrow 2\,HCOO^- + Ca^{2+} + H_2O + CO_2\uparrow$$

Da sie edle Metalle, wie z. B. die aus Chrom bestehenden Beschichtungen von Haushaltsgeräten, nicht angreift, werden Methansäurelösungen zum Entkalken verwendet.

Außerdem benützt man Methansäure in geringen Beimengungen als Konservierungsmittel für Fruchtsäfte und andere Lebensmittel.

Ethansäure CH_3COOH (Essigsäure)

Der Trivialname Essigsäure gibt an, daß die Ethansäure der Säurebestandteil des Speiseessigs ist. Konzentrierte Ethansäure wirkt stark ätzend, ihre Dämpfe riechen stechend und verätzen die Schleimhäute. In geringer Konzentration (1% bis 5%) ist Ethansäure unschädlich und wird als Speiseessig zum Ansäuern von Speisen verwendet. Ethansäure protolysiert gering, ist also eine schwache Säure.

Reine Ethansäure ist bei 20 °C eine farblose Flüssigkeit, deren Dämpfe stark ätzend und brennbar sind. Bereits bei geringer Abkühlung von Raumtemperatur auf +16,6 °C erstarrt reine Ethansäure zu eisartigen Kristallen. In dieser Form wird sie als *Eisessig* bezeichnet.

Ethansäurelösungen lösen unedle Metalle auf:

$$2\,(CH_3COO^- + H^+) + Mg \longrightarrow 2\,CH_3COO^- + Mg^{2+} + H_2\uparrow$$

Die Salze der Ethansäure heißen **Ethanate** oder mit dem älteren Namen **Acetate**.

Bekannte Acetate sind *Kupferacetat* = *Grünspan* oder *Aluminiumacetat* = *essigsaure Tonerde*.

Die industriell in großen Mengen benötigte Ethansäure wird, ausgehend von Ethin, durch katalytische Oxidation von Ethanal hergestellt:

$$\underset{\text{Ethin}}{HC{\equiv}CH} \xrightarrow{H_2O} \underset{\text{Ethanal}}{CH_3{-}C{\overset{\displaystyle O}{\underset{\displaystyle H}{\lessgtr}}}} \xrightarrow{\frac{1}{2}O_2} \underset{\text{Ethansäure}}{CH_3{-}C{\overset{\displaystyle O}{\underset{\displaystyle OH}{\lessgtr}}}}$$

Ethansäure ist ein wichtiger Grundstoff der chemischen Industrie. Sie wird in großen Mengen zur Herstellung von Kunststoffen, wie z. B. Acetatseide, sowie Farbstoffen, Arzneimitteln und für viele andere Synthesen benötigt. Die Herstellung von Speiseessig (Weinessig) erfolgt durch Umwandlung des Alkoholanteils von minderwertigem Wein in Essigsäure. Dazu läßt man den Wein über Buchenholzspäne rieseln, die von Essigsäurebakterien besiedelt sind. Sie wandeln den Alkohol in Essigsäure um.

Höhere Alkansäuren (gesättigte Fettsäuren)

Die höheren Alkansäuren, wie die **Hexadecansäure $C_{15}H_{31}$COOH** (Trivialname *Palmitinsäure*) und die **Oktadecansäure $C_{17}H_{35}$COOH** (Trivialname *Stearinsäure*), sind chemisch gebunden die Hauptbestandteile der Fette (S. 250). Man bezeichnet die höheren Alkansäuren deshalb auch als **gesättigte Fettsäuren**.

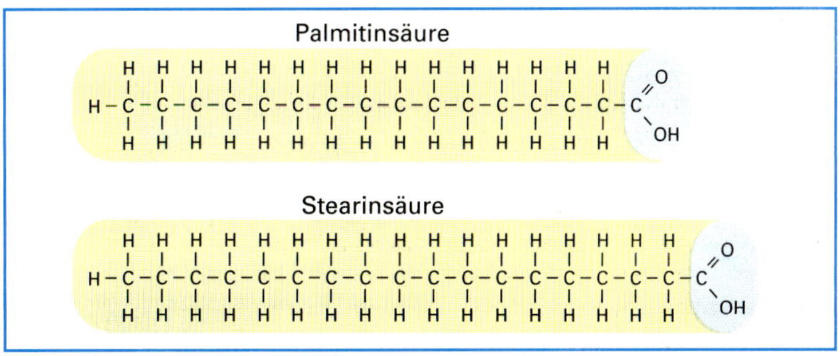

5.6.5 Ungesättigte Carbonsäuren

Ungesättigte Carbonsäuren enthalten eine oder mehrere C=C-Doppelbindungen im Molekül.

Die beiden funktionellen Gruppen der ungesättigten Carbonsäuren, die C=C-Doppelbindung und die Carboxylgruppe COOH, verleihen diesen Stoffen ihre besondere Reaktionsfreudigkeit: die Doppelbindung die Polymerisationsfähigkeit, die Carboxylgruppe die Fähigkeit zur Bildung von Estern.

Die einfachste ungesättigte Carbonsäure ist die **Propensäure $CH_2{=}CH-COOH$**, eine wasserklare Flüssigkeit mit beißendem Geruch, die zumeist unter ihrem Trivialnamen **Acrylsäure** bekannt ist. Aus einem Derivat der Acrylsäure, dem Methylacrylsäuremethylester, stellt man den Kunststoff Acrylglas (Polymethylacrylat) her (Seite 236).

Sorbinsäure $CH_3-CH{=}CH-CH{=}CH-COOH$ ist eine weiße Substanz, die wegen ihrer desinfizierenden Wirkung gegen Schimmelpilze und Fäulniserreger als Konservierungsstoff für Lebensmittel verwendet wird.

Höhere ungesättigte Carbonsäuren (ungesättigte Fettsäuren) sind, chemisch gebunden, Bestandteile der Öle und flüssigen Fette (Seite 250). Dazu gehören die **Ölsäure**, die **Linolsäure** und die **Linolensäure** mit ein, zwei bzw. drei C=C-Doppelbindungen.

Ölsäure $CH_3(CH_2)_7\,CH{=}CH\,(CH_2)_7\,COOH$

Linolsäure $CH_3(CH_2)_4\,CH{=}CH\,CH_2\,CH{=}CH\,(CH_2)_7\,COOH$

Linolensäure

$CH_3CH_2\,CH{=}CH\,CH_2\,CH{=}CH\,CH_2\,CH{=}CH\,(CH_2)_7\,COOH$

5.6.6 Dicarbonsäuren

Dicarbonsäuren enthalten zwei Carboxylgruppen, die an die beiden Enden der Molekülkette gebunden sind **(Bild 210/1)**.

Dicarbonsäuren werden bevorzugt mit ihrem Trivialnamen bezeichnet. Der systematische Name wird aus den entsprechenden Alkan-Grundmolekülen gebildet. Das erste Glied der homologen Reihe ist **Oxalsäure $HOOC-COOH$**, die in manchen Gemüsen und Früchten enthalten ist und an der Bildung von Nierensteinen (Calciumoxalate) beteiligt ist.

Die weiteren Glieder der homologen Reihe sind

Malonsäure $HOOC-CH_2-COOH$

Bernsteinsäure $HOOC-(CH_2)_2-COOH$

Glutarsäure $HOOC-(CH_2)_3-COOH$

Adipinsäure $HOOC-(CH_2)_4-COOH$ usw.

Adipinsäure ist Ausgangsstoff der Polyamid-Kunststoffe (Seite 237).

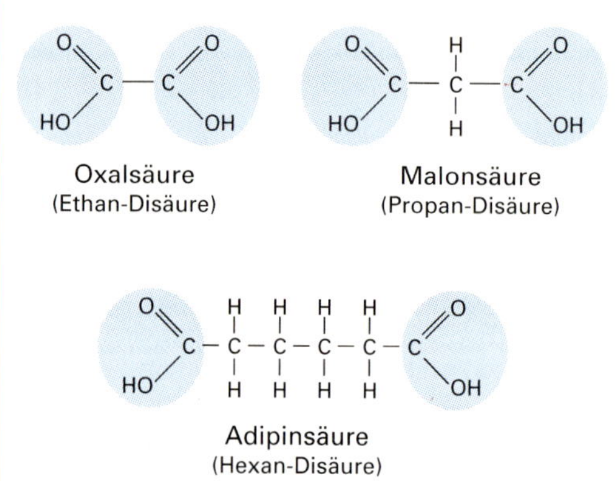

Bild 210/1: Dicarbonsäuren (gesättigt)

Ungesättigte Dicarbonsäuren

Ungesättigte Dicarbonsäuren enthalten neben zwei COOH-Gruppen eine C=C-Doppelbindung im Molekül.

Die beiden wichtigsten Vertreter dieser Stoffgruppe sind die cis-trans-Isomeren Maleinsäure und Fumarsäure **(Bild 210/2)**. Während normalerweise die Isomeren einer Verbindung nur geringfügig voneinander abweichende Eigenschaften haben, sind sie hier stark unterschiedlich. Maleinsäure schmilzt bei 130 °C und ist leicht wasserlöslich, während Fumarsäure erst bei 286 °C schmilzt und schwer löslich ist.

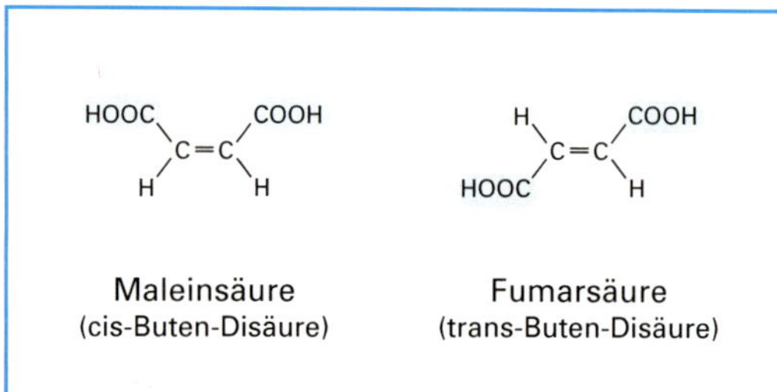

Bild 210/2: Ungesättigte Dicarbonsäuren

5.6.7 Hydroxycarbonsäuren

Hydroxycarbonsäuren enthalten neben Carboxylgruppen – COOH eine oder mehrere Hydroxylgruppen – OH **(Bild 211/1)**. Hydroxycarbonsäuren sind als sauermachende Bestandteile in den Früchten enthalten und spielen bei Stoffwechselvorgängen im Körper eine große Rolle. Sie sind meist unter ihren Trivialnamen bekannt.

Milchsäure bildet sich beim Sauerwerden von Milch durch Bakterien und läßt die Milch gerinnen (Joghurt, Käse). Auch in den Muskeln entsteht bei Belastung Milchsäure, die die Ermüdung und den Muskelkater hervorruft.

Apfelsäure, Weinsäure und **Zitronensäure** sind in den entsprechenden Früchten in unterschiedlichen Gehalten vertreten. In Kombinationen mit weiteren Aromastoffen (Estern) bedingen sie deren Geschmack.

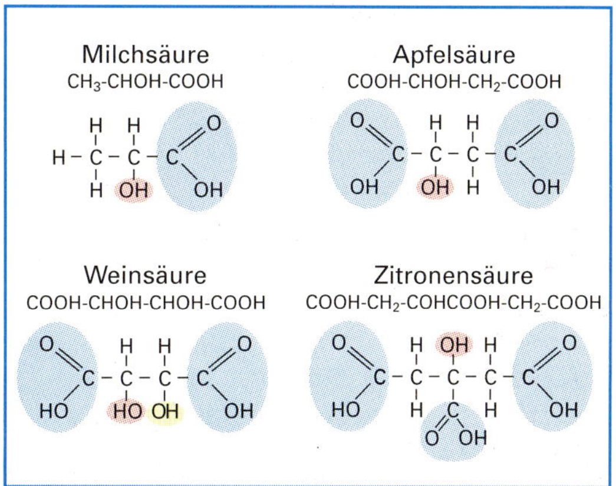

Bild 211/1: Hydroxycarbonsäuren

5.6.8 Aromatische Carbonsäuren

Bei den **aromatischen Carbonsäuren** sind Carboxylgruppen an aromatischen Molekülresten gebunden **(Bild 211/2)**. Wichtige Vertreter der aromatischen Carbonsäuren sind z. B. **Benzoesäure**, die wegen ihrer desinfizierenden Wirkung als Konservierungsmittel für Lebensmittel verwendet wird sowie **Terephtalsäure**, die zur Herstellung von Polyester-Kunststoffen verarbeitet wird (Seite 233).

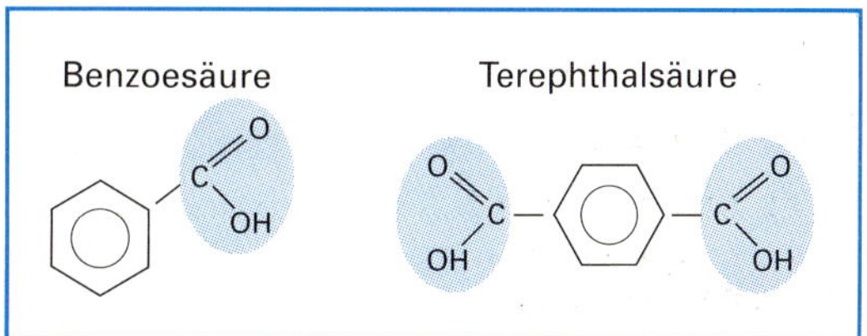

Bild 211/2: Aromatische Carbonsäuren

Wiederholungsfragen

1. **Welche funktionelle Gruppe enthalten Carbonsäuren und wie ist ihre Strukturformel?**
2. **Wie lautet die allgemeine Summenformel der Alkansäuren?**
3. **Wie erklärt sich die unterschiedliche Wasserlöslichkeit der niederen und höheren Alkansäuren?**
4. **Welche höheren Carbonsäuren sind in den Fetten und Ölen enthalten?**
5. **Wie lautet die Formel von Butensäure?**
6. **Schreiben Sie die Strukturformel der Butan-Dicarbonsäure (1,4).**
7. **In welchen Naturstoffen kommen Hydroxycarbonsäuren vor?**

5.7 Ester

Wie bereits bei der Oxidation von Alkoholen zu Aldehyden (Seite 205) und der Oxidation von Aldehyden zu Carbonsäuren (Seite 207) festgestellt wurde, sind die funktionellen Gruppen die Stellen in den Molekülen organischer Stoffe, an denen Reaktionen bevorzugt stattfinden.

Auch *miteinander* können die funktionellen Gruppen zweier organischer Verbindungen reagieren. *Beispiel:* Die Reaktion von Ethansäure mit Ethanol **(Versuch 211/1)**.

Die beiden Stoffe reagieren mit den funktionellen Gruppen und es entsteht unter Wasserabspaltung ein Stoff einer neuen Verbindungsklasse: ein **Ester**.

Versuch 211/1: Bildung von Ethansäureethylester

Versuchsbeschreibung:
In einem Reagenzglas werden 2 cm^3 Ethanol mit 2 cm^3 konzentrierter Ethansäure gemischt und dann unter Schütteln tropfenweise 2 cm^3 konzentrierte Schwefelsäure zugegeben. Nach einiger Zeit entweicht dem Reagenzglas ein angenehm frischer Geruch. Es ist eine neue Verbindung entstanden: ein *Ester*.
Vorsicht: Stoffe ätzen!

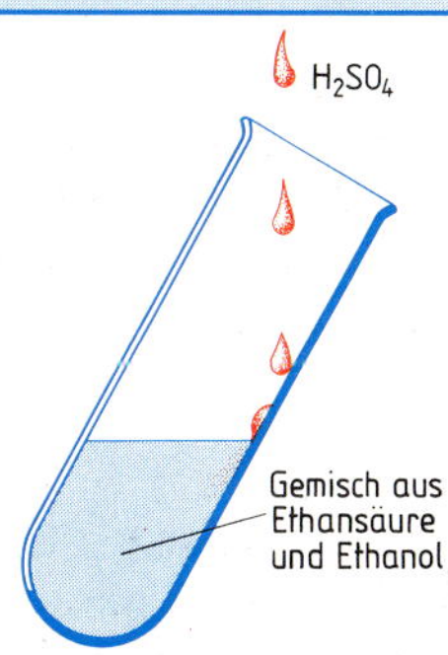

Bei der Reaktion von Ethansäure (Essigsäure) und Ethanol (Versuch 211/1) entsteht Ethansäureethylester:

$$\underset{\text{Ethansäure}}{CH_3C\begin{smallmatrix}\nearrow O\\ \searrow OH\end{smallmatrix}} + \underset{\text{Ethanol}}{HO - C_2H_5} \xrightarrow{H_2SO_4} \underset{\text{Ethansäureethylester}}{CH_3C\begin{smallmatrix}\nearrow O\\ \searrow O - C_2H_5\end{smallmatrix}} + \underset{\text{Wasser}}{H_2O}$$

Auch andere Säuren und andere Alkohole können miteinander reagieren, wie z. B. Butansäure mit Methanol:

$$\underset{\text{Butansäure}}{C_3H_7C\begin{smallmatrix}\nearrow O\\ \searrow OH\end{smallmatrix}} + \underset{\text{Methanol}}{HO - CH_3} \xrightarrow{H_2SO_4} \underset{\text{Butansäuremethylester}}{C_3H_7C\begin{smallmatrix}\nearrow O\\ \searrow O - CH_3\end{smallmatrix}} + \underset{\text{Wasser}}{H_2O}$$

5.7.1 Die Stoffgruppe

Es kann festgestellt werden: Bei der Reaktion von Säuren und Alkoholen spaltet sich Wasser ab und die beiden Molekülreste verknüpfen sich zu einer neuen Verbindung, dem Ester.

Allgemein nennt man eine Reaktion, bei der kleine Moleküle, wie z. B. Wasser, Ammoniak usw. abgespalten werden und sich die großen Molekülreste verknüpfen, eine **Kondensationsreaktion**.

Ester entstehen durch eine Kondensationsreaktion von Carbonsäuren und Alkoholen.

$$\underset{\text{Carbonsäure}}{R_1 - C\begin{smallmatrix}\nearrow O\\ \searrow OH\end{smallmatrix}} + \underset{\text{Alkohol}}{HO - R_2} \longrightarrow \underset{\text{Ester}}{R_1 - C\begin{smallmatrix}\nearrow O\\ \searrow O - R_2\end{smallmatrix}} + \underset{\text{Wasser}}{H_2O}$$

Die Ester der Carbonsäuren enthalten eine mittelständige, für sie typische Atomanordnung, die man als ihre funktionelle Gruppe ansehen kann.

Die funktionelle Gruppe der Carbonsäureester lautet: $- C\begin{smallmatrix}\nearrow O\\ \searrow O -\end{smallmatrix}$

Der *systematische Name* der Ester wird aus dem Namen der Säure, dem Alkylrest des Alkohols und der Endsilbe -ester gebildet. *Beispiele:* Ethansäureethylester, Butansäuremethylester usw.

5.7.2 Eigenschaften

Aggregatzustand. Die Estermoleküle bilden untereinander keine Wasserstoffbrückenbindungen aus. Deshalb haben die Ester eine niedrigere Siedetemperatur als Alkohole oder Carbonsäuren mit gleicher Anzahl von C-Atomen, deren Moleküle durch Wasserstoffbrückenbindungen zusätzlich zusammengehalten werden. Die Ester mit wenigen C-Atomen sind *leichtflüchtige Flüssigkeiten*.

Löslichkeit. Wegen der fehlenden, hydrophilen OH-Gruppen sind die Ester nicht in Wasser löslich. Sie lösen sich jedoch gut in Benzin und anderen unpolaren Flüssigkeiten. Die Ester mit wenigen C-Atomen sind selbst ausgezeichnete Lösungsmittel für Fette, Lacke und andere organische Stoffe.

Hydrolyse. Ester lassen sich unter Aufnahme von Wasser wieder in die Säure und den Alkohol zerlegen. Diese Reaktion wird als **Hydrolyse** oder **Verseifung** bezeichnet. Sie ist die Umkehrreaktion der Kondensation.

$$\text{Säure} + \text{Alkohol} \underset{\textbf{Hydrolyse, Verseifung}}{\overset{\textbf{Kondensation}}{\rightleftharpoons}} \text{Ester} + \text{Wasser}$$

Es handelt sich hierbei um eine chemische Gleichgewichtsreaktion (Seite 77), die sich durch Zugabe geeigneter Stoffe (H_2SO_4 ⇒ Kondensation, NaOH ⇒ Hydrolyse) steuern läßt.

Beispiel einer Verseifung:

$$\underset{\text{Propansäuremethylester}}{C_2H_5 - C\begin{smallmatrix}\nearrow O\\ \searrow O - CH_3\end{smallmatrix}} + H_2O \longrightarrow \underset{\text{Propansäure}}{C_2H_5COOH} + \underset{\text{Methanol}}{CH_3 - OH}$$

5.7.3 Wichtige Ester

Carbonsäureester

Ester aus niederen Carbonsäuren und niederen Alkoholen werden als **Lösungsmittel** für Lacke und Klebstoffe verwendet **(Tabelle 213/1)**.

Ester aus mittleren Carbonsäuren und niederen Alkoholen sowie aus aromatischen Carbonsäuren und niederen Alkoholen sind Aromastoffe mit einem angenehmen, fruchtartigen Geruch und Geschmack **(Tabelle 213/1)**. Sie werden industriell hergestellt und als **Fruchtaromastoffe** für Bonbons, Limonaden, Kaugummi usw. verwendet. Der Duft und Geschmack der natürlichen Früchte wird zum überwiegenden Teil ebenfalls von Estern verursacht. Sie werden in den Früchten gebildet.

Von großer Bedeutung sind die Ester aus den höheren Carbonsäuren (Fettsäuren) und dem dreiwertigen Alkohol Glycerin: die **Fette** (Seite 250).

Tabelle 213/1: Ester und ihre Verwendung

Name	Formel	Verwendung
Ethansäure-methylester	$CH_3-C(=O)-O-CH_3$	Lösungsmittel
Butansäure-methylester	$C_3H_7-C(=O)-O-CH_3$	Himbeeraroma (Bonbon)
Butansäure-ethylester	$C_3H_7-C(=O)-O-C_2H_5$	Pfirsicharoma
Salicylsäure-methylester	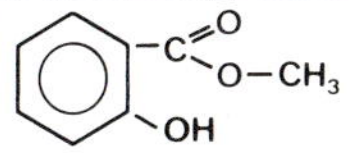	Pfefferminz-aroma (Kaugummi)

Ester anorganischer Säuren

Auch anorganische Säuren können mit Alkoholen zu Ester reagieren. Das unter dem Trivialnamen **Nitroglycerin** bekannte *Glycerintrinitrat* ist z. B. ein Ester, der aus Salpetersäure und Glycerin gebildet wird. Es ist eine ölige Flüssigkeit, die bei Schlag oder Stoß äußerst heftig explodiert. Bringt man Nitroglycerin auf feinkörnigen Kieselgur, so wird es von ihm aufgesaugt und ist dadurch nicht mehr stoßempfindlich. In dieser gut handhabbaren Form ist es unter dem Namen **Dynamit** im Gebrauch und wird als Sprengstoff verwendet. Erfinder des Dynamits war der Schwede *Alfred Nobel* (1833—1896), aus dessen, mit Dynamit verdientem Vermögen, auch heute noch die *Nobelpreise* finanziert werden.

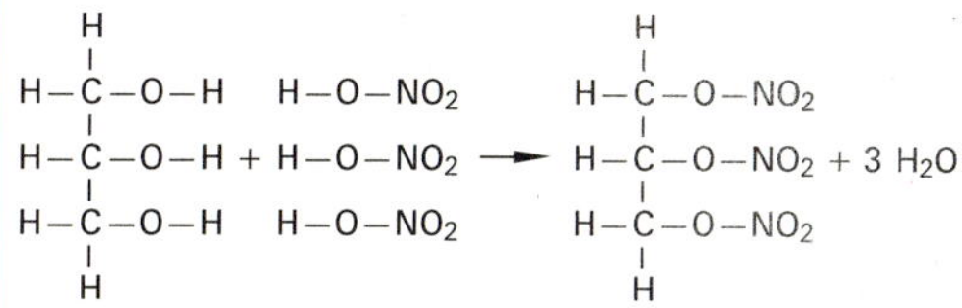

Glycerin Salpetersäure Nitroglycerin

5.8 Ether

Ether entstehen durch Zusammenlagerung von Alkoholen in Anwesenheit einer starken, wasserentziehenden Säure.

So entsteht z. B. Diethylether durch Reaktion von jeweils zwei Ethanolmolekülen bei Zugabe von H_2SO_4 durch Abspaltung von H_2O. Die zwei Alkylreste verknüpfen sich über eine —O— Brücke.

$$\underset{\text{Ethanol}}{C_2H_5OH} + \underset{\text{Ethanol}}{HOC_2H_5} \xrightarrow{H_2SO_4} \underset{\text{Diethylether}}{C_2H_5-O-C_2H_5} + \underset{\text{Wasser}}{H_2O}$$

Im Ethermolekül sind zwei Alkylreste über eine —O— Brücke miteinander verknüpft: R_1-O-R_2

Diethylether $C_2H_5-O-C_2H_5$ ist der wichtigste Ether. Er ist eine leichtflüchtige Flüssigkeit mit niedriger Siedetemperatur (+ 34,6 °C) und einem typischen „etherischen" Geruch. Diethylether ist leicht entzündbar und brennt heftig, seine Dämpfe bilden mit Luft explosible Gemische. Diethylether wird Rennwagenbenzin beigemischt und dient in den Vergaser gesprüht als Starthilfe bei kalten Motoren.

Achtung: Beim Arbeiten mit Diethylether dürfen keine offenen Flammen oder heiße Gegenstände in der Nähe sein. Da er eine größere Dichte als Luft hat, sammelt er sich am Fußboden oder auf Tischflächen.

Diethylether führt beim Einatmen zu Rauschzuständen und zur Bewußtlosigkeit und wird deshalb als Narkosemittel verwendet. (Vorsicht beim Umgang)

Wegen seiner ausgezeichneten Lösefähigkeit für Fette und Öle wird es als Lösungsmittel benützt.

Industrielle Bedeutung hat der langkettige **Alkylpolyglykolether $R-CH_2-O-(CH_2-CH_2-O)_x-H$** erlangt. Er ist ein Tensid und daher in vielen Waschmitteln enthalten (Seite 248).

Wiederholungsfragen

1. **Formulieren Sie die Bildung von Ethansäurebutylester.**
2. **Was ist eine Kondensationsreaktion?**
3. **Wie lautet die Gleichung der Hydrolyse von $C_3H_7COOC_2H_5$?**
4. **Aus welchen Bestandteilen besteht ein Ethermolekül?**

5.9 Stickstoffhaltige organische Verbindungen

Stickstoffhaltige organische Verbindungen sind von großer chemisch-industrieller Bedeutung. Sie sind in Kunststoffen, Farbmitteln, Pharmazeutika und vielen Nahrungsstoffen enthalten.

5.9.1 Amine

Die Amine kann man sich formal von Ammoniak abgeleitet vorstellen **(Bild 214/1)**: Die H-Atome werden durch Alkylreste, z.B. den Methylrest, ersetzt. Je nachdem, ob ein, zwei oder drei H-Atome am zentralen N-Atom ersetzt sind, erhält man *primäre, sekundäre* oder *tertiäre* Amine.

Die primären Amine sind die wichtigsten, Sie enthalten die funktionelle Gruppe – NH_2.

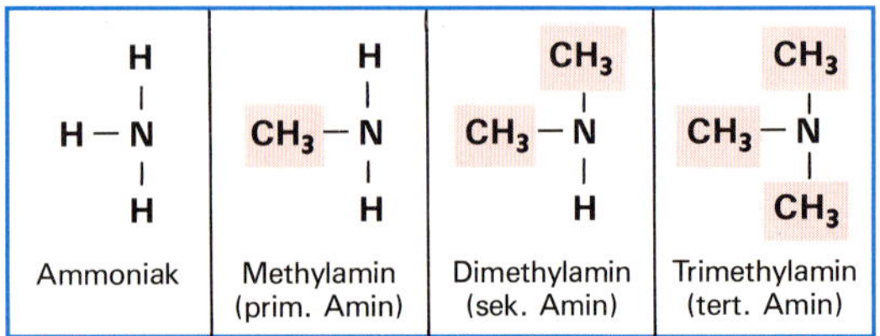

Bild 214/1: Ableitung der Amine vom Ammoniak

Die Amine (primäre) enthalten als funktionelle Gruppe die Aminogruppe – NH_2.

Der *systematische Name* einfacher Amine wird aus dem Alkylrest(en) und der Endsilbe **-amin** gebildet. *Beispiel:* Methylamin CH_3-NH_2. Bei kompliziert gebauten Aminen wird der Name aus der Vorsilbe **Amino**- und dem Alkannamen zusammengestellt. *Beispiel:* 1,2-Diaminoethan $H_2N-CH_2-CH_2-NH_2$. Wichtige Amine haben meist Trivialnamen.

Wie Ammoniak (Seite 69), nehmen auch die Amine bei Anwesenheit von Wasser Protonen auf **(Bild 214/2)**. Sie reagieren als **Base** (Protonennehmer).

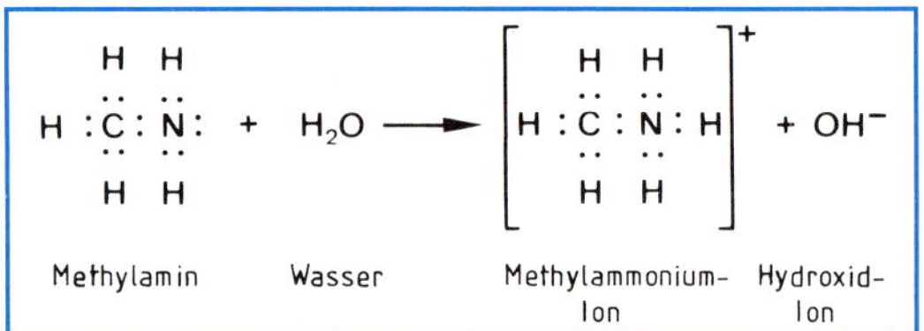

Bild 214/2: Basische Reaktion der Amine

Die niedermolekularen Amine sind Gase oder leicht flüchtige Flüssigkeiten mit einem ammoniak- bzw. fischartigen Geruch. Die einfachen Amine lösen sich gut in Wasser, da sie polar sind. Die aromatischen Amine sind stark giftig. Die chemisch-industriell wichtigsten Amine sind *Harnstoff* und *Anilin*.

Harnstoff $H_2N-CO-NH_2$

Harnstoff wurde als erste organische Substanz synthetisch im Labor hergestellt (Seite 186). Es ist ein weißer, kristalliner, wasserlöslicher Feststoff. Sein Molekül enthält zwei Aminogruppen.

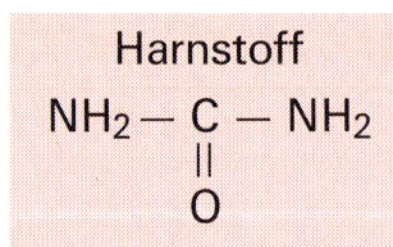

Harnstoff ist das Hauptabbauprodukt des Stoffwechsels von Menschen und Tieren. Ein Mensch scheidet mit dem Urin täglich rund 30 g Harnstoff aus.

In der chemischen Industrie wird Harnstoff in großen Mengen zur Herstellung von Kunststoffen (Aminoplasten) verarbeitet (Seite 239). Die industrielle Herstellung von Harnstoff geht von Ammoniak und Kohlenstoffdioxid aus:

$$2\,NH_3 + CO_2 \xrightarrow[200\ \text{bar}]{150\,°C} H_2N-CO-NH_2 + H_2O$$

Anilin $C_6H_5NH_2$ (Aminobenzol)

Das Anilinmolekül besteht aus einem Benzolring, an den eine Aminogruppe gebunden ist. Anilin ist eine ölige, farblose, giftige, canzerogene Flüssigkeit. Wegen ihres aromatischen Charakters mischt sie sich nicht mit Wasser.

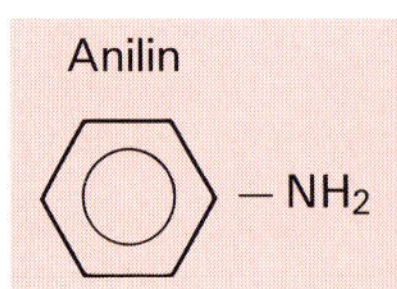

Die Herstellung von Anilin erfolgt in mehreren Stufen vom Benzol ausgehend:

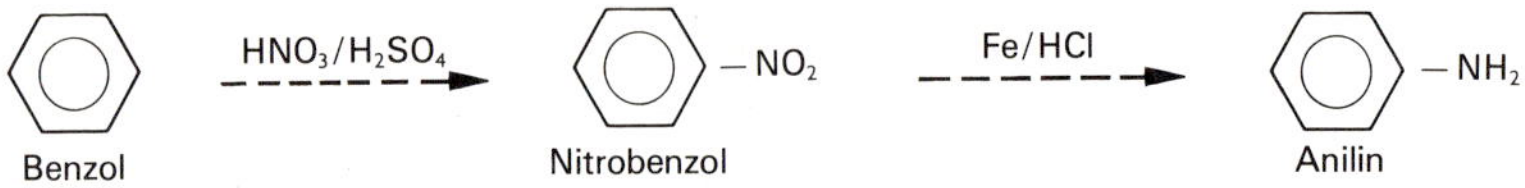

Anilin ist ein wichtiger Ausgangsstoff zur Herstellung von Farbstoffen. Man stellt daraus die **Azofarbstoffe** her (Seite 245). Sie enthalten als typische Atomgruppierung die **Azogruppe** – **N=N** –, die durch Kupplung von Aminoverbindungen entsteht.

5.9.2 Aminocarbonsäuren

Aminocarbonsäuren, meist kurz **Aminosäuren** genannt, enthalten in ihrem Molekül sowohl Amino- als auch Carboxylgruppen **(Bild 215/1)**.

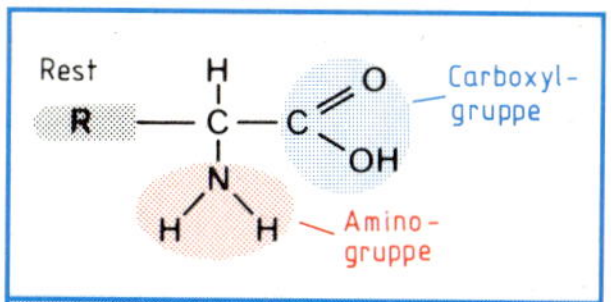

Bild 215/1: Aminosäuren

Aminosäuren haben zwei funktionelle Gruppen:
die Carboxylgruppe —**COOH** und die Aminogruppe —**NH_2**

Die einfachste Aminosäure ist die Aminoethansäure H—CH(NH_2)—COOH, Trivialname **Glycin**. Die nächst höhere Aminosäure ist die Aminopropansäure CH_3—CH(NH_2)—COOH, Trivialname **Alanin**.

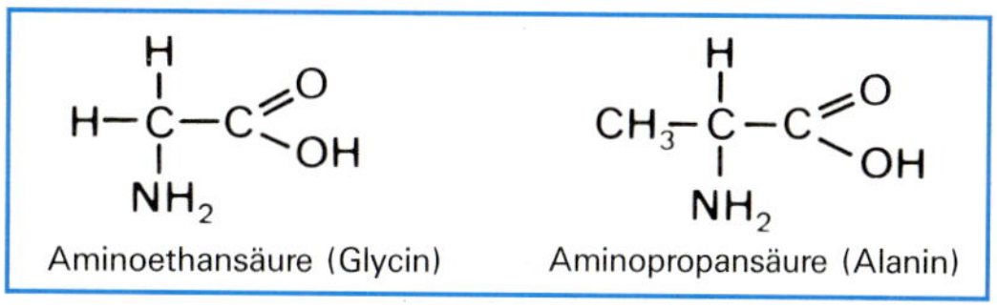

Die Molekülformeln der Aminosäuren werden nur wegen der einfachen Schreibweise benutzt. In Wirklichkeit liegen die Aminosäuren als **Zwitterionen** vor, die sowohl eine positive als auch eine negative Ladung tragen. Sie entstehen durch eine Protonenverschiebung innerhalb des Moleküls: Von der Carboxylgruppe (Protonengeber) spaltet sich ein Proton ab und lagert sich an der Aminogruppe (Protonennehmer) an.

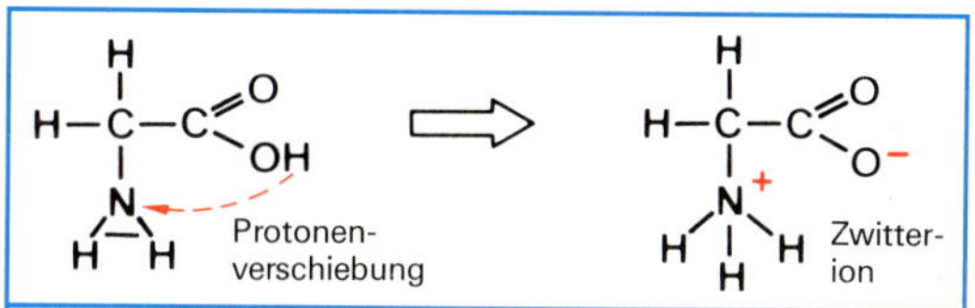

Bild 215/2: Bildung des Zwitterions

Aminosäuren wirken deshalb als **Ampholyte (Bild 215/3)**. Gibt man zu einer Aminosäure eine Säure (H_3O^+) zu, so nimmt das Säurerestion $-COO^-$ ein Proton auf. Das Zwitterion wirkt in diesem Fall als Protonennehmer, also als *Base*. Fügt man eine Base (OH^-) zu Aminosäure, so gibt das Amino-Ion $-NH_3^+$ ein Proton ab. Das Zwitterion wirkt in diesem Fall als Protonenspender, also als *Säure*. Aminosäuren neutralisieren durch Binden der H_3O^+- bzw. OH^--Ionen sowohl eine zugegebene Säure, als auch eine Base: Sie wirken als **Puffer**.

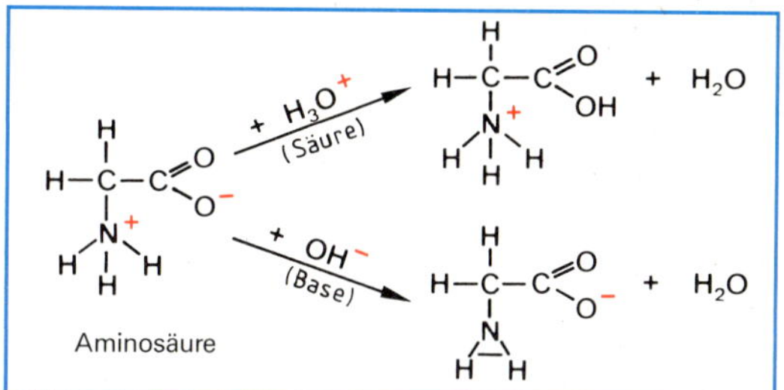

Bild 215/3: Pufferwirkung einer Aminosäure

Die Pufferwirkung von Aminosäuren hält z. B. den pH-Wert des Blutes konstant.

Aminosäuren sind die Bausteine der *Eiweiße* und damit wesentlicher Bestandteil der Nahrung (Seite 255) sowie der Zellsubstanz von Pflanzen, Tieren und Menschen.

5.9.3 Nitroverbindungen

Nitroverbindungen enthalten die —**NO_2**-Gruppe (Nitrogruppe).

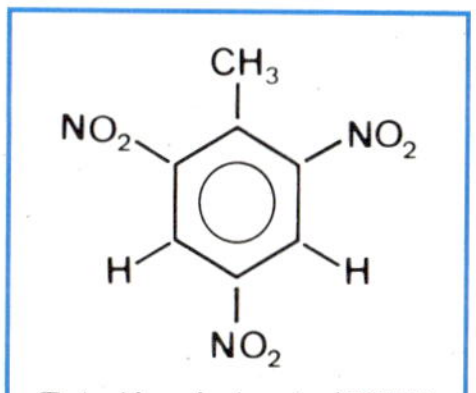

Es gibt aliphatische und aromatische Nitroverbindungen. Sie werden durch Reaktion mit einem Salpetersäure/Schwefelsäure-Gemisch hergestellt. Nitroverbindungen sind meist wenig stabile Verbindungen, die nach Anstoß heftig reagieren. Einige Nitroverbindungen zerfallen explosionsartig und werden als *Explosivstoffe* verwendet, wie z. B. **Trinitrotoluol**, kurz TNT genannt.

5.9.4 Nitrile (Cyanide)

Nitrile enthalten als funktionelle Gruppe die —**C≡N**-Gruppe (Nitrilgruppe).

Das einfachste Nitril ist der Cyanwasserstoff **H—C≡N**, der unter seinem Trivialnamen **Blausäure** bekannt ist. Es ist eine reaktionsfreudige, leicht flüchtige Flüssigkeit (Siedetemperatur +26 °C), die äußerst giftig ist. Cyanwasserstoff ist ein in großen Mengen produziertes und verwendetes Zwischenprodukt.

Auch andere Nitrile, wie z. B. *Acrylnitril* CH_2=CH—C≡N als Ausgangsstoff für den Kunststoff *Polyacrylnitril* (Seite 236), haben chemisch-technische Bedeutung erlangt.

5.10 Schwefelhaltige organische Verbindungen

Schwefelhaltige organische Verbindungen sind in Teilgebieten der organischen Chemie, wie z. B. der Farbstoffherstellung, der Waschmittelherstellung und der Arzneimittelherstellung von großer Bedeutung. Ihre wichtigsten Vertreter sind die *Thiole* und die *Sulfonsäuren* sowie deren Salze.

Thiole
R — SH

Thiole (Mercaptane). Die Thiole sind die den Alkoholen analogen Schwefelverbindungen. Die funktionelle Gruppe der Thiole ist die **SH**-Gruppe. Ihre systematische Bezeichnung ist entsprechend der der Alkohole, wobei die Thiole die Endsilbe **-thiol** haben. *Beispiele:* CH_3—SH Methanthiol, C_2H_5—SH Ethanthiol, C_3H_7— SH Propanthiol.

Die niederen Thiole sind Gase bzw. Flüssigkeiten mit einem widerlichen Geruch.

Sulfonsäuren
R — SO_3H

Sulfonsäuren. Die Sulfonsäuren enthalten als funktionelle Gruppe die **SO_3H**-Gruppe an einem aliphatischen oder aromatischen Molekülrest.

Aromatische Sulfonsäuren, wie z. B. *Toluolsulfonsäure*, besitzen als Zwischenprodukte bei der Herstellung vieler anderer Verbindungen große chemisch-technische Bedeutung.

Viele synthetische Farbstoffe z. B. sind Salze aromatischer Sulfonsäuren (Seite 246). Der Waschmittelrohstoff *Alkylbenzolsulfonat* (Seite 248) ist ebenfalls ein aromatisches Sulfonsalz. Auch zur Herstellung der wichtigen Arzneimittelgruppe der *Sulfonamide* (Antibiotika) benötigt man aromatische Sulfonsäuren.

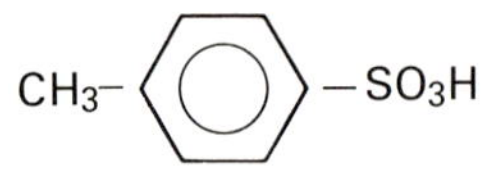

Toluolsulfonsäure

5.11 Heterocyclische Verbindungen

Als *heterocylische Verbindungen* oder *Heterocyclen* bezeichnet man ringförmige Verbindungen, die neben Kohlenstoff auch andere Elemente im Ring enthalten. Dies sind hauptsächlich die Elemente Stickstoff, Sauerstoff und Schwefel.

Die ungesättigten Heterocyclen haben mehr oder weniger ausgeprägten, aromatischen Charakter. Die Strukturformel der Heterocyclen kann deshalb, analog dem Benzolring, mit einem Ring im Vieleck geschrieben werden. Heterocyclen werden mit Trivialnamen bezeichnet. Es gibt eine Vielzahl heterocyclischer Verbindungen. Die nachfolgend aufgeführten Stoffe geben einen kleinen Einblick in die Stoffgruppe.

Fünfgliedrige Heterocyclen mit *einem* Fremdatom sind *Pyrrol, Furan* und *Thiophen*. Sie sind Zwischenprodukte bei der Farbstoff- und Arzneimittelherstellung. Auch mehrere Fremdatome können in den Fünfring eingebaut sein.

Pyrrol Furan Thiophen

Eine häufig verwendete **sechsgliedrige heterocyclische Verbindung** mit *einem* Fremdatom ist *Pyridin*, das als Lösungsmittel bio-chemischer Stoffe Verwendung findet. Auch im Sechsring können mehrere Fremdatome vorliegen, wie z. B. bei *Pyrimidin* und *Pyrazin*.

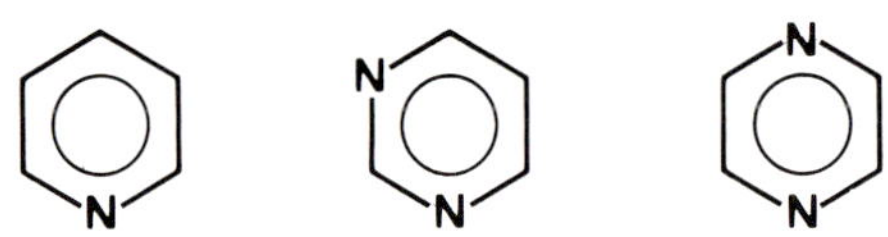

Pyridin Pyrimidin Pyrazin

Die nebenstehend aufgeführten Heterocyclen sind einfache Verbindungen der Verbindungsklasse. Die Vielzahl der Heterocyclen, die vor allem in der Arzneimittelherstellung und der Biochemie verwendet werden, besitzen meist kompliziert gebaute Moleküle, die aus vielen Ringen und funktionellen Gruppen bestehen.

Wiederholungsfragen

1. **Welche funktionelle Gruppe haben die Amine?**
2. **Warum können Amine als Base reagieren?**
3. **Was ergibt die Reduktion von Nitrobenzol?**
4. **Aus welchen Bauteilen bestehen die Moleküle von Aminocarbonsäuren?**
5. **Welche Formel hat Trinitrotoluol?**
6. **Zu welcher Verbindungsklasse gehört $HC{\equiv}N$?**
7. **Welche funktionelle Gruppe haben die Sulfonsäuren?**
8. **Was ist eine heterocyclische Verbindung?**

5.12 Tabellarische Übersicht der organischen Verbindungsklassen

Name der Verbindungsklasse	Typische Atomanordnung/ funktionelle Gruppe	Allgemeine Formel	Typische Vertreter
Kohlenwasserstoffe			
Alkane	C – C-Einfachbindung	C_nH_{2n+2}	Methan $H-\overset{H}{\underset{H}{C}}-H$ Ethan $H-\overset{H}{\underset{H}{C}}-\overset{H}{\underset{H}{C}}-H$
Alkene	C = C-Doppelbindung	C_nH_{2n}	Ethen $\overset{H}{\underset{H}{C}}=\overset{H}{\underset{H}{C}}$ Propen $\overset{H}{\underset{H}{C}}=\overset{H}{C}-\overset{H}{\underset{H}{C}}-H$
Alkine	C ≡ C-Dreifachbindung	C_nH_{2n-2}	Ethin $H-C\equiv C-H$ Propin $H-C\equiv C-\overset{H}{\underset{H}{C}}-H$
Aromatische Kohlenwasserstoffe	 Benzolring		Benzol  Naphthalin 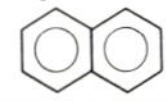 Toluol 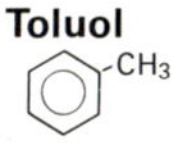
Sauerstoffhaltige organische Verbindungen			
Alkohole	$-OH$ Hydroxylgruppe	$C_nH_{2n+1}OH$	Methanol CH_3OH Ethanol CH_3CH_2OH
Aldehyde	$-C\genfrac{}{}{0pt}{}{=O}{-H}$ Aldehydgruppe	$C_nH_{2n+1}C\genfrac{}{}{0pt}{}{=O}{-H}$	Methanal HCHO Ethanal CH_3CHO
Ketone	$-\underset{\underset{O}{\Vert}}{C}-$ Ketogruppe	$R_1-\underset{\underset{O}{\Vert}}{C}-R_2$	Aceton $CH_3-CO-CH_3$
Carbonsäuren	$-C\genfrac{}{}{0pt}{}{=O}{-OH}$ Carboxylgruppe	$R-C\genfrac{}{}{0pt}{}{=O}{-OH}$	Ethansäure CH_3COOH Benzoesäure 
Ester	$-C\genfrac{}{}{0pt}{}{=O}{-O-}$ Estergruppe	$R_1-C\genfrac{}{}{0pt}{}{=O}{-O-R_2}$	Butansäuremethylester $C_3H_7-C\genfrac{}{}{0pt}{}{=O}{-O-CH_3}$
Ether	$-O-$ Sauerstoffbrücke	R_1-O-R_2	Diethylether $C_2H_5-O-C_2H_5$
Stickstoffhaltige organische Verbindungen			
Amine	$-NH_2$ Aminogruppe		Harnstoff $NH_2-CO-NH_2$ Anilin 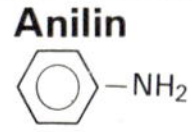
Aminocarbonsäuren	$-COOH$, $-NH_2$		Aminoethansäure $H-\overset{H}{\underset{NH_2}{C}}-C\genfrac{}{}{0pt}{}{=O}{-OH}$
Nitroverbindungen	$-NO_2$ Nitrogruppe		Trinitrotoluol 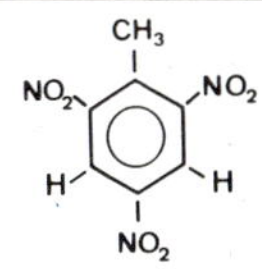
Nitrile	$-C\equiv N$ Nitril gruppe		Blausäure $H-C\equiv N$
Schwefelhaltige organische Verbindungen			
Thiole	$-SH$ Thiolgruppe	$R-SH$	Methanthiol CH_3SH
Sulfonsäuren	$-SO_3H$ Sulfongruppe	$R-SO_3H$	Toluolsulfonsäure 
Heterocyclische Verbindungen	Fünf- oder sechsgliedriger aromatischer Ring mit Fremdatomen		Furan  Thiophen  Pyrimidin 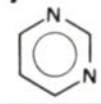

6 Organische Technologie

Viele organische Stoffe sind heute für die Technik und den allgemeinen Konsum von größter Bedeutung. Sie werden großtechnisch in gewaltigen Mengen produziert. Die wichtigsten organischen Technologien sind: Die Verarbeitung des Erdöls und des Erdgases und die darauf sich gründende Petrochemie, die Verwertung der Kohle, die Herstellung der Kunststoffe, die Farbstoff-, Waschmittel- und Arzneimittelproduktion sowie die Herstellung und Veredelung von Nahrungsmitteln **(Bild 218/1)**.

Bild 218/1: Organische Chemieindustrie

6.1 Erdöl und Erdgas

Erdöl und Erdgas sind heute die wichtigsten Basisrohstoffe für die organische Industrie **(Bild 219/1)**. Sie liefern die Elemente Kohlenstoff und Wasserstoff, aus denen die organischen Stoffe hauptsächlich bestehen.

In großem Maß dienen sie auch zu Heizzwecken sowie zum Betrieb von Kraftfahrzeugen und zur Energiegewinnung.

Erdöl und Erdgas stehen heute noch in ausreichender Menge zur Verfügung. Schätzungen sagen eine Erschöpfung der Reserven in rund 100 Jahren voraus.

Bild 219/1: Erdgas, Erdöl

6.1.1 Entstehung und Gewinnung

Entstehung. Man nimmt heute an, daß sich Erdöl und Erdgas aus vor Millionen von Jahren abgestorbenen und zu Boden gesunkenen, pflanzlichen und tierischen Organismen des Meeres gebildet haben. Am Boden des Meeres konnte dieses Material wegen Sauerstoffmangel nicht verwesen. Der entstehende Faulschlamm wurde laufend durch erdiges und toniges Absetzmaterial überdeckt, so daß er im Laufe von Millionen von Jahren unter dicken Erdschichten eingeschlossen wurde. Unter hohem Druck, erhöhter Temperatur und der Mitwirkung von Bakterien wandelte sich der Faulschlamm im Laufe der Zeit in Kohlenwasserstoffe um und es entstand Erdöl und Erdgas. Das flüssige Erdöl durchtränkte die umgebenden erdigen Bestandteile wie einen Schwamm. Vom Grundwasser verdrängt, wanderte es in dem porösen Gestein zum Teil vom Entstehungsort weg, bis undurchlässige Erdschichten die weitere Ausbreitung hemmten **(Bild 219/2)**. Diese „Erdölsammelstellen" gilt es ausfindig zu machen und sie durch eine Bohrung zu erschließen.

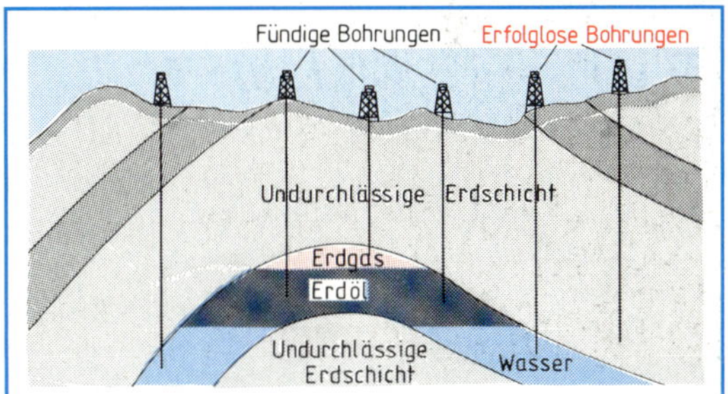

Bild 219/2: Erdöllagerstätte

Vorkommen. Die Erdölvorkommen befinden sich an Stellen, an denen sich zur Zeit der Erdölentstehung flache Binnenmeere ausdehnten. Dies war vor allem im mittleren Osten, in Mittel- und Nordamerika, in Mittelasien, dem Nordseegebiet sowie in Nord- und Westafrika der Fall.

Gewinnung. Das Auffinden der Erdöllagerstätten erfolgt durch geophysikalische Verfahren, wie z. B. die Reflexions-Seismik. Hierbei werden durch eine kleine Explosion im Erdboden Druckwellen erzeugt, die in gleichmäßigen Abständen vom Explosionsherd aufgezeichnet werden. Daraus lassen sich Vermutungen über erdölführende Erdschichten anstellen. Gewißheit bringt dann eine Probebohrung. Dies geschieht mittels einer Bohranlage, die ein Bohrloch durch das Gestein bis zum Erdöl vortreibt **(Bild 219/3)**. Das Bohrloch wird verrohrt und am Bohrlochkopf mit Armaturen abgedichtet. Steht das Erdöl unter Eigendruck, z. B. durch komprimiertes Erdgas, so wird es von selbst durch das Bohrloch an die Erdoberfläche gepreßt. Andernfalls muß daß Erdöl entweder durch Einpressen von Wasser oder Luft an die Erdoberfläche gedrückt oder hochgepumpt werden.

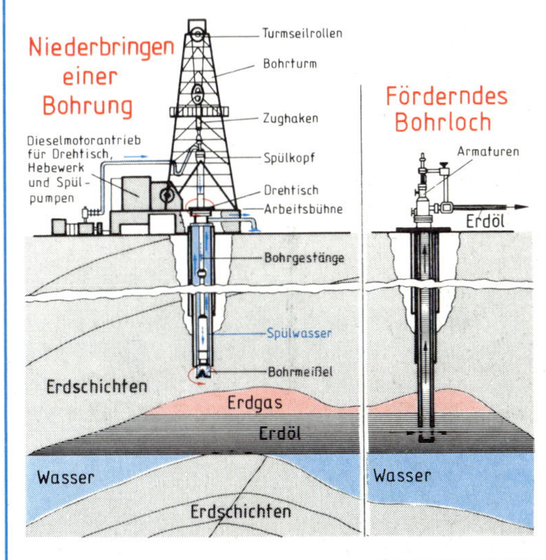

Bild 219/3: Erschließung eines Erdölvorkommens

Zusammensetzung. Erdöl ist eine schwarzbraune, meist dickflüssige Substanz (Bild 219/1) mit einer Dichte von 0,8 g/cm³ bis 0,9 g/cm³. Es ist ein Vielstoff-Flüssigkeitsgemisch aus Tausenden von Einzelflüssigkeiten, die zum größten Teil aus den Elementen Kohlenstoff und Wasserstoff bestehen (Kohlenwasserstoffe). In geringen Mengen enthält Erdöl auch Verbindungen mit Schwefel, Stickstoff und Sauerstoff.

Der Hauptbestandteil des Erdöls sind Alkane (Paraffine) und in geringen Mengen Alkene (Olefine), Cycloalkane (Naphthene) und Aromate. Je nach Erdölart sind die Anteile unterschiedlich groß.

Erdgas besteht aus Methan, Ethan, Propan und Butan, wobei der Methananteil überwiegt.

6.1.2 Fraktionierte Destillation des Erdöls

Grundlagen der fraktionierten Destillation

Die Auftrennung eines Vielstoffgemisches, wie dem Erdöl, erfolgt im Labor durch Sieden des Gemisches in einer Destillationsapparatur **(Versuch 220/1)**.

Im Gemischdampf sind gegenüber dem Rückstand die leichtersiedenden Bestandteile angereichert. Im Rückstand sammeln sich die schwerersiedenden Anteile.

Durch hintereinander geschaltetes Destillieren in verschiedenen Temperaturbereichen (bis 70 °C, 70 °C bis 150 °C usw.) erhält man 4 Destillate. Jedes Destillat enthält ein Flüssigkeitsgemisch mit dem entsprechenden Siedebereich. Man nennt sie **Fraktionen**. Im Siedekolben bleibt ein Rückstand aus Flüssigkeiten, die oberhalb der höchsten angewandten Siedetemperatur (hier 250 °C) sieden.

Versuch 220/1: Erdöldestillation im Labor

Versuchsbeschreibung:

In einer Destillationsapparatur werden ca. 50 ml Erdöl destilliert. Die Temperatur im Destillationskolben steigt fortlaufend an.

Bis 70 °C wird das Destillat im 1. Destillatkolben aufgefangen. Bei Überschreiten von 70 °C wird das Destillat in den 2. Kolben geleitet, bei 150 °C in den 3. Kolben und bei 200 °C in den 4. Kolben. Bei 250 °C wird abgeschaltet.

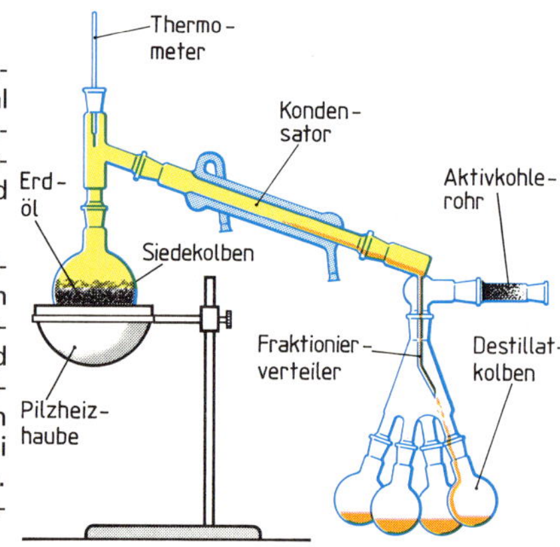

Die technische Auftrennung eines Vielstoff-Flüssigkeitsgemischs, wie dem Erdöl, geschieht in Destillationskolonnen, auch Rektifikationskolonnen genannt **(Bild 220/1)**. Dies sind Apparate mit der Form eines senkrecht aufgestellten Rohres, in das sogenannte *Austauschböden* (z.B. *Glockenböden*) eingebaut sind. In der Destillationskolonne laufen folgende Vorgänge ab:

Das Ausgangsgemisch fließt siedend im unteren Drittel der Kolonne zu und gelangt auf einen Glockenboden. Der aus dem siedenden Gemisch aufsteigende Dampf (mit Leichtersiedendem angereichert) strömt nach oben ab und wird durch den Glockenhals und die Glocke in die auf dem nächsten Boden stehende, siedende Flüssigkeit gelenkt. Dort kondensieren schwerersiedende Dampfanteile und geben ihre Kondensationswärme an die Flüssigkeit ab. Sie läßt die Flüssigkeit weiter sieden, so daß aus ihr Dampf aufsteigt. Er ist wiederum mit Leichtersiedendem angereichert und strömt wieder auf den nächsthöheren Glockenboden. Dieser Vorgang wiederholt sich auf jedem Austauschboden, wobei sich nach oben von Boden zu Boden die leichtersiedenden Bestandteile anreichern.

Von jedem Glockenboden fließt über einen Überlauf Flüssigkeit zum nächst tieferen Boden ab. Da im Siederückstand das Schwersiedende angereichert ist, werden in der Flüssigkeit nach unten von Boden zu Boden die schwerersiedenden Bestandteile angereichert.

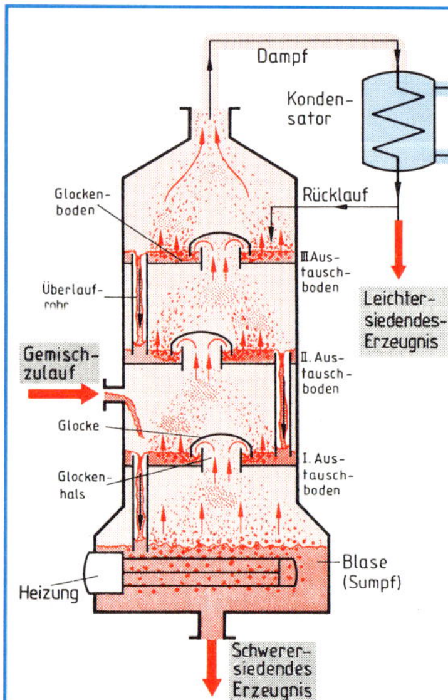

Bild 220/1: Aufbau und Vorgänge in einer Destillationskolonne

Fraktionierte Destillation in der Raffinerie (Bild 221/1)

Das Erdöl wird zunächst in einem Röhrenofen auf Siedetemperatur erhitzt und in die 1. Destillationskolonne der Anlage eingespeist. In dieser Kolonne herrscht etwa Umgebungsdruck, so daß man von *atmosphärischer Destillation* spricht. Das Erdöl gelangt dort auf einen Glockenboden, mit denen die Kolonne von oben bis unten unterteilt ist. In der Kolonne erfolgt die Auftrennung des Vielstoff-Flüssigkeitsgemisches Erdöl. Die am leichtesten siedenden Bestandteile des Erdöls reichern sich am Kopf der Kolonne an. Am Boden der Kolonne sammeln sich die am schwersten siedenden Bestandteile. Im mittleren Bereich der Kolonne besteht das Flüssigkeitsgemisch aus mittelsiedenden Bestandteilen. Auf jedem Boden der Kolonne befindet sich ein Flüssigkeitsgemisch mit einem ganz bestimmten Siedebereich.

Am Kopf der Kolonne strömt ein Dampf ab, der aus gasförmigen und den am leichtesten siedenden Bestandteilen des Erdöls besteht. Dieser Dampf wird in einem Gasabscheider in das *Gas* (Methan, Ethan, Propan, Butan) und in die flüssigen Bestandteile, es ist *Benzin*, getrennt. Das Gas wird zu Heizzwecken verwendet, das Benzin wird zum Teil aus der Kolonne abgezogen, der andere Teil fließt als Rücklauf in die Kolonne zurück.

Von zwei Glockenböden im oberen Bereich der Destillationskolonne werden zwei weitere Flüssigkeitsgemische, *leichtes Heizöl* (Dieselöl) und *schweres Heizöl*, abgezogen. In Seitenkolonnen werden sie gereinigt.

Am Boden der Kolonne wird das schwersiedende Sumpfprodukt abgeleitet. Es besteht aus Kohlenwasserstoffen, die bei Temperaturen über 400 °C sieden. Die Auftrennung dieses hochsiedenden Flüssigkeitsgemisches muß bei Unterdruck (Vakuum) erfolgen, da die Kohlenwasserstoffe sich beim Sieden bei über 400 °C zersetzen würden. Das Sumpfprodukt wird deshalb in eine Vakuum-Destillationskolonne geleitet und dort aufgetrennt. Kopfprodukt ist *schweres Heizöl*, zwei Seitenabzüge ergeben *leichtes* und *schweres Schmieröl*. Sie werden in Seitenkolonnen gereinigt. Sumpfprodukt der Vakuumdestillationskolonne ist *Bitumen*.

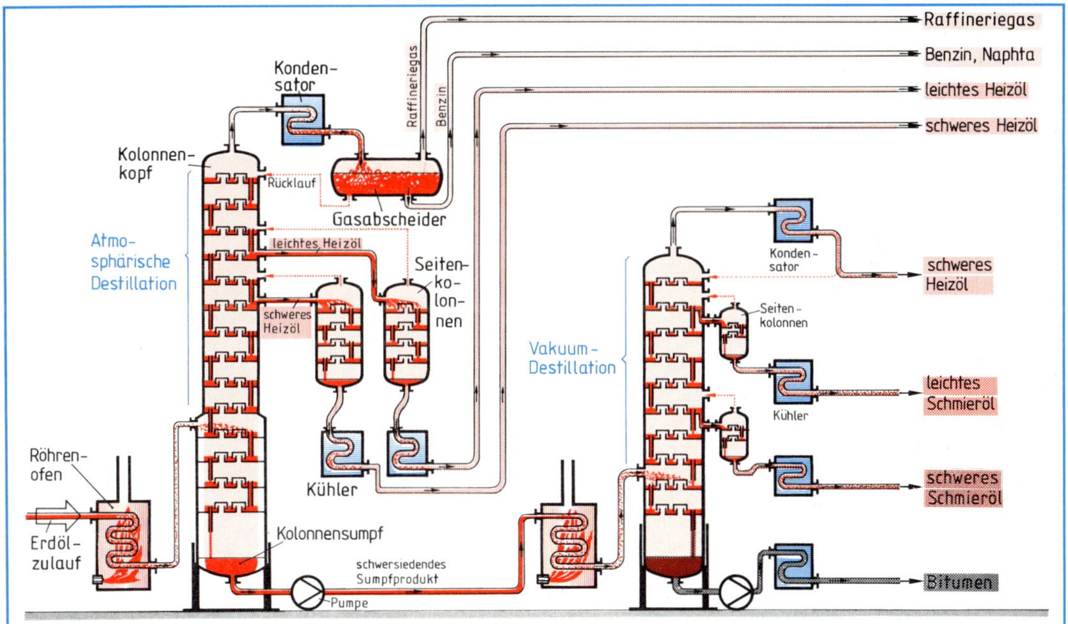

Bild 221/1: Fraktionierte Destillation des Erdöls

Durch die fraktionierte Destillation erfolgt eine Auftrennung des Erdöls in Flüssigkeitsgemische mit bestimmten Siedebereichen. Benzin z. B. hat den Siedebereich 30 °C bis 200 °C, d. h. es sammeln sich in der Benzinfraktion alle Flüssigkeiten, die im Flüssigkeitsgemisch zwischen 30 °C und 200 °C sieden. Dies sind nicht nur die Alkane (ab Butan), sondern auch die Alkene, Cycloalkane und Aromate mit diesem Siedebereich. Dies gilt entsprechend auch für die anderen Erdölfraktionen leichtes und schweres Heizöl, Schmieröle und Bitumen. Auch sie sind Gemische aus Flüssigkeiten eines Siedebereichs.

6.1.3 Veredelung der Erdölfraktionen

Die Auftrennung des Erdöls durch fraktionierte Destillation in Teilgemische ist nur der erste Schritt zur Erzeugung marktgerechter Raffinerieprodukte. Im Anschluß an die Destillation schließen sich meist weitere Behandlungen an **(Bild 222/1)**. Sie dienen zum *Entschwefeln* der Produkte (Hydrofiner), zum *Verbessern bestimmter physikalisch-chemischer Eigenschaften* (Reformieren) sowie zur *chemischen Umwandlung* in geeignete Kohlenwasserstoffe (Cracken, Verkoken).

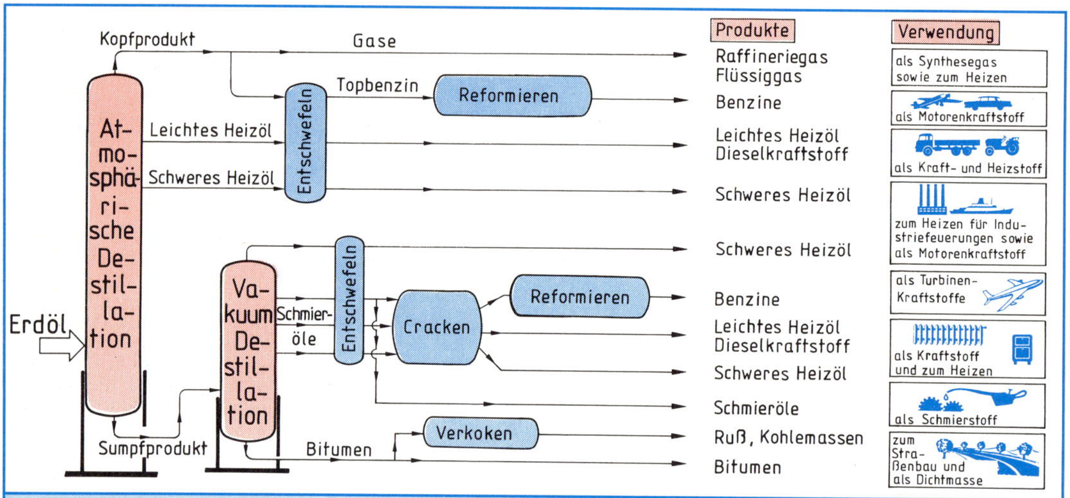

Bild 222/1: Vom Erdöl zu marktgerechten Raffinerieprodukten

Entschwefeln

Die Erdölfraktionen enthalten, chemisch gebunden oder locker assoziiert, beträchtliche Schwefelmengen. Bei der Verbrennung entsteht daraus SO_2 und SO_3, die zusammen mit dem bei der Verbrennung entstehenden Wasser schweflige Säure bzw. Schwefelsäure ergeben. Diese Säuren führen zu Material- und Umweltschäden. Der Schwefel muß deshalb aus den Erdölfraktionen entfernt werden.

Das Entschwefeln geschieht in sogenannten Hydrofiner-Anlagen **(Bild 222/2)**. In ihnen wird die schwefelhaltige Fraktion auf 300 °C erhitzt und auf 60 bar komprimiert. Mit Wasserstoff vermischt, wird sie dann in den **Hydrofiner** geleitet, der mit einer Cobalt/Molybdän-Katalysatorschüttung gefüllt ist. Unter der Wirkung des Katalysators bindet der Wasserstoff den Schwefel aus den organischen Verbindungen und bildet Schwefelwasserstoff H_2S.

$$\text{Schwefelhaltige organische Verbindung} + H_2 \xrightarrow[300\,°C,\ 60\,bar]{Co,\ Mo} H_2S + \text{Schwefelfreie organische Verbindung}$$

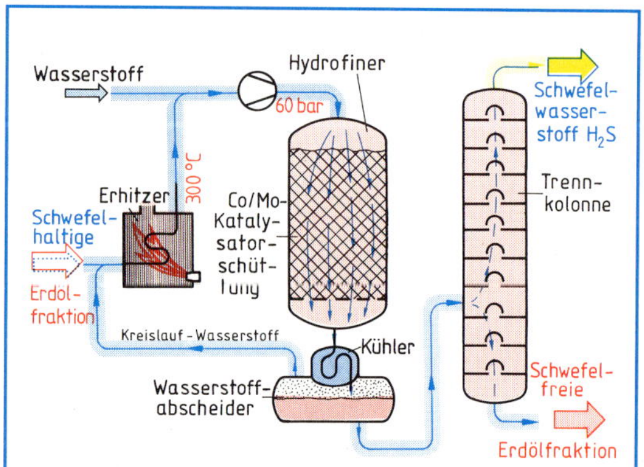

Bild 222/2: Entschwefelungs-Anlage (Hydrofiner)

In einer nachgeschalteten Trennkolonne wird das nunmehr entschwefelte Erdölprodukt und der Schwefelwasserstoff getrennt.

Aus dem Schwefelwasserstoff H_2S wird nach dem **Claus-Verfahren** elementarer Schwefel gewonnen.

$$2\,H_2S + O_2 \longrightarrow 2\,S + 2\,H_2O$$

In Schwefelsäurefabriken wird daraus Schwefelsäure hergestellt (Seite 126).

Aus Umweltschutzgründen müssen heute alle Erdölfraktionen entschwefelt werden.

Reformieren

Das aus dem Erdöl durch Destillation gewonnene Benzin, es wird *Topbenzin* genannt, besteht überwiegend aus geradkettigen Alkanen mit 5 bis 8 Kohlenstoffatomen sowie einem geringen Anteil an Alkenen, Cycloalkanen und Aromaten. Es eignet sich nur bedingt zur Verbrennung in Ottomotoren. Besser geeignet hierzu ist Benzin mit einem hohen Anteil an verzweigten und ringförmigen Alkanen sowie Aromaten. Deshalb wird aus dem Topbenzin mit geradkettigen Alkanen, durch Reformieren *Platformbenzin*, bestehend aus verzweigten und ringförmigen Alkanen sowie Aromaten (Benzol), hergestellt. Der Name **Platformbenzin** leitet sich vom verwendeten Katalysator **Plat**in und dem Verfahrensnamen Re**form**ieren ab.

Der Reformer ist ein Reaktor, der mit platinbeschichteten Füllkörpern gefüllt ist **(Bild 223/1)**. Das Topbenzin wird gasförmig mit 500 °C und 30 bar über den Platinkatalysator geschickt. Dabei werden die Kohlenwasserstoffe umgebaut (reformiert). Es entstehen überwiegend verzweigte und cyclische Alkane sowie Benzol und Wasserstoff. Der Wasserstoff wird abgetrennt und zur Entschwefelung im Hydrofiner verwendet. Das Platformbenzin besitzt eine hohe **Octanzahl**, ein Eignungsmaß für die Verbrennung in Ottomotoren (Seite 224).

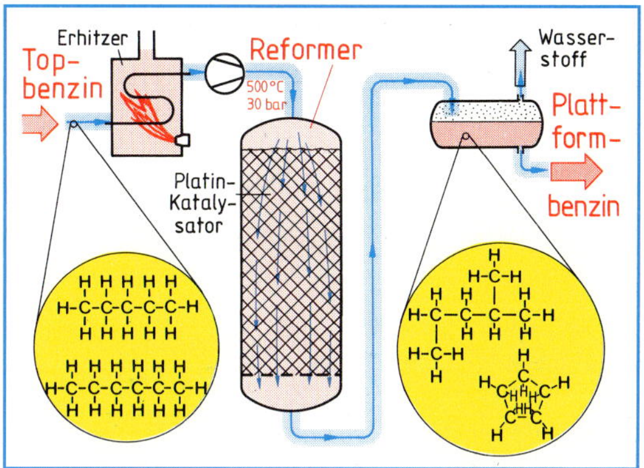

Bild 223/1: Reformier-Anlage (schematisch)

Cracken

Zwischen der durchschnittlichen Zusammensetzung des geförderten Erdöls und dem Bedarf an einzelnen Erdölfraktionen bestehen große Unterschiede. Besonders deutlich ist der Unterschied beim Schmieröl, das mit rund 20% am Erdöl beteiligt ist, aber nur zu 3% benötigt wird. Anders beim Benzin und Heizöl: sie sind insgesamt mit etwa 50% am Erdöl beteiligt, werden aber zu etwa 85% benötigt.

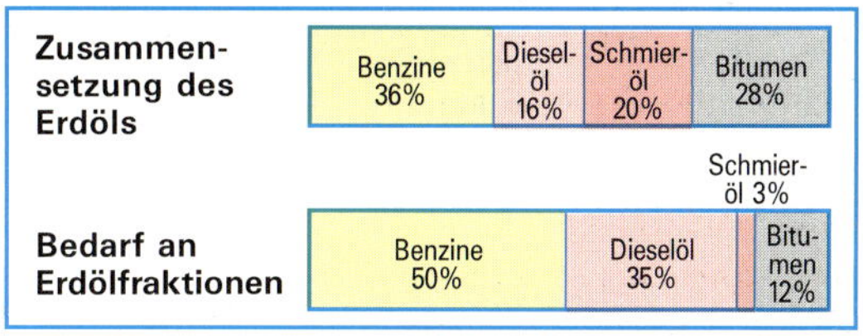

Durch sogenanntes Cracken wird das im Übermaß vorhandene Schmieröl in Benzin und Heizöl umgewandelt **(Bild 223/2)**. Die langkettigen Alkane (Schmieröle) werden in kurzkettige Alkane (Gas, Benzin, Heizöl) gecrackt.

Dazu werden die Schmierölfraktionen auf 500 °C erhitzt (gasförmig) und in einen Wirbelbettreaktor geleitet. Dort reagiert das Schmieröl-Gas an den Katalysatorkugeln ($AlCl_3$ auf Aluminiumsilikat) zu den kurzkettigen Alkanen.

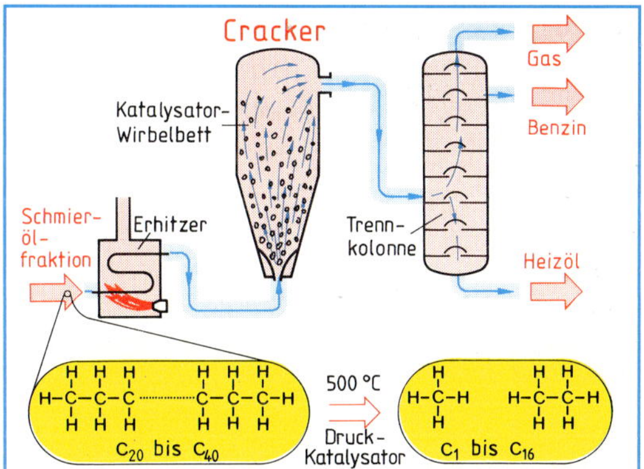

Bild 223/2: Crack-Anlage (schematisch)

Verkoken

Auch der Rückstand der Vakuumdestillation, das Bitumen, kann durch Cracken noch zum Teil in Produkte wie Raffineriegas, Benzin und Heizöl umgewandelt werden. Zum überwiegenden Teil entsteht dabei jedoch Koks. Man spricht deshalb auch von *Verkoken*. Der erzeugte Koks wird zu Kohlesteinen und Kohleelektroden verarbeitet (Seite 165).

Wiederholungsfragen

1. **Welche Vorstellung hat man von der Entstehung des Erdöls?**
2. **Welche Zusammensetzung hat Erdöl?**
3. **Wie wird das Erdöl in seine Bestandteile zerlegt?**
4. **Warum werden die Schmieröle nicht bei Atmosphärendruck destilliert?**
5. **Was versteht man unter Cracken?**
6. **Was passiert beim Reformieren des Benzins?**

6.2 Kraftstoffe für Verbrennungsmotoren

6.2.1 Ottomotoren-Kraftstoffe

Ottomotoren-Kraftstoff, **Benzin**, besteht im wesentlichen aus einem Gemisch aus n-Alkanen, iso-Alkanen, Alkenen, Cycloalkanen und Aromaten mit einem Siedebereich von 30 °C bis 200 °C. Es stammt aus der Benzinfraktion des Erdöls, die im Anschluß an die Destillation durch Reformieren veredelt wurde (Seite 222).

An Ottomotoren-Kraftstoffe werden eine Reihe von Anforderungen gestellt:

Bei 70 °C muß etwa 30% des Benzins verdampft sein, damit die Motoren leicht anspringen. Bei 200 °C müssen mindestens 95% verdampft sein, da schwer verdampfbare Benzinanteile den Schmierölfilm des Kolbendichtringes auflösen und zu sogenannten „Kolbenfressern" führen. Außerdem sollen Ottomotoren-Kraftstoffe einen möglichst großen Heizwert besitzen und rückstandsfrei verbrennen.

Die für den Motorbetrieb wichtigste Kennzahl des Benzins ist die sogenannte **Oktanzahl**. Ihre Bedeutung wird aus der Funktionsweise des Ottomotors verständlich **(Bild 224/1)**.

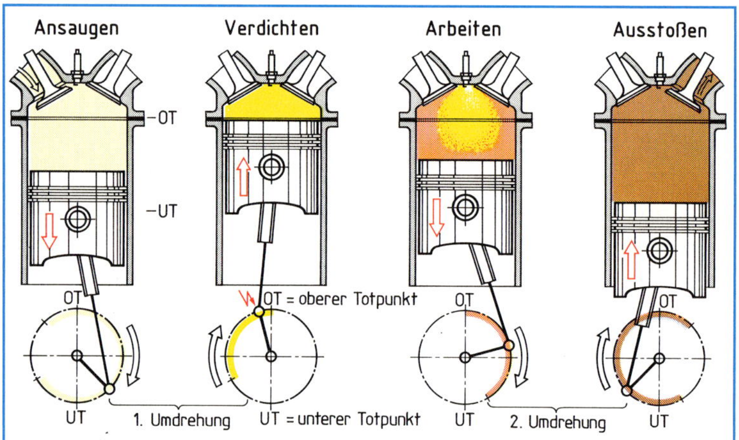

Bild 224/1: Arbeitstakte eines Ottomotors

Der Ottomotor arbeitet in vier Arbeitstakten. Beim **Ansaugen** wird ein im Vergaser erzeugtes Benzintröpfchen/Luft-Gemisch in den Zylinderraum gesaugt. Es wird im 2. Takt vom hochgehenden Kolben **verdichtet**. Das Verdichtungsverhältnis beträgt 7:1 bis 10:1. Kurz vor der maximalen Verdichtung in der oberen Totpunktlage des Kolbens wird das verdichtete Gemisch durch den elektrischen Funken einer Zündkerze gezündet. Bei richtig zusammengesetztem Kraftstoff breitet sich, von der Zündkerze ausgehend, eine Flammenfront über den ganzen Zylinderraum aus und erzeugt einen stetig anwachsenden Druck auf den Kolben: Er treibt die Kurbelwelle des Motors an (**Arbeiten**). Im 4. Arbeitstakt werden die Verbrennungsgase aus dem Zylinderraum **ausgestoßen**. Dann beginnt der Arbeitsablauf wieder mit dem Ansaugen.

Bei ungeeignetem Kraftstoff kommt es bei der Verdichtung des Benzintröpfchen/Luft-Gemisches und der dadurch eintretenden Temperaturerhöhung vor Erreichen des Totpunkts zur explosionsartigen Selbstzündung des Kraftstoffgemisches im ganzen Zylinderraum. Die Folge ist ein abrupter Druckanstieg im Zylinder und eine schlagartige Belastung von Kolben, Zylinderwänden, Ventilen und Lagern. Diese, zur Zerstörung des Motors führende Erscheinung, nennt man „Klopfen", da es sich durch ein klopfendes Geräusch des Motors bemerkbar macht.

Um Kraftstoffe hinsichtlich ihres Klopfverhaltens, der **Klopffestigkeit**, beurteilen zu können, hat man ein Prüfverfahren mit einer Maßzahl, der **Octanzahl ROZ** (**R**esearch **O**ctan**z**ahl) eingeführt (DIN 51 756). Dazu wird ein spezieller Einzylindermotor mit dem zu prüfenden Kraftstoff betrieben. Der Zylinderraum des Prüfmotors, und damit sein Verdichtungsverhältnis, sind während des Betriebs veränderbar. Während des Betriebs erhöht man das Verdichtungsverhältnis schrittweise solange, bis Klopfen eintritt. Mit dieser Kompressionseinstellung betreibt man dann den Motor mit Vergleichskraftstoffgemischen aus *n-Heptan* und *iso-Octan*. Ausgehend von hohen iso-Octan-Anteilen wird der Anteil des n-Heptans im Gemisch solange erhöht, bis das Vergleichskraftstoffgemisch dasselbe Klopfverhalten hat, wie der zu prüfende Kraftstoff. Er hat dann die ROZ-Octanzahl, die dem iso-Octan-Volumenanteil des Vergleichskraftstoffgemisches entspricht.

$$CH_3-CH_2-CH_2-CH_2-CH_2-CH_2-CH_3$$

n-Heptan

Iso-Octan (2,2,4-Trimethylpentan)

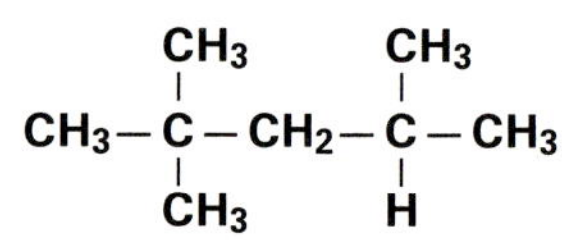

Beispiel: Ein zu prüfender Kraftstoff hat dasselbe Klopfverhalten, wie das Vergleichskraftstoffgemisch mit 92% iso-Octan. Die ROZ-Octanzahl des zu prüfenden Kraftstoffes beträgt damit 92.

n-Heptan ist sehr zündwillig, ihm ordnet man die ROZ-Octanzahl 0 zu. iso-Octan ist sehr klopffest, seine ROZ-Octanzahl ist definitionsgemäß 100.

Die handelsüblichen Benzine haben Octanzahlen von mehr als 91 ROZ **(Tabelle 225/1)**.

Tabelle 225/1: ROZ-Octanzahlen von Kraftstoffen

n-Heptan	iso-Octan	Normalbenzin		Superbenzin	
		verbleit	bleifrei	verbleit	bleifrei
0	100	>91	>91	>98	>95

Eine hohe Octanzahl wird durch einen hohen Anteil von verzweigten und ringförmigen Alkanen sowie einen maximal 5%igen Benzolgehalt im Benzin erreicht. Die verbleiten Benzine enthalten zusätzlich als **Antiklopfmittel** Bleitetraethyl $Pb(C_2H_5)_4$ (maximal 0,15 g/l). Benzol und Bleitetraethyl sind gesundheitsschädliche Stoffe und sollten möglichst gering gehalten bzw. vermieden werden.

6.2.2 Dieselmotoren-Kraftstoffe

Als Dieselmotoren-Kraftstoff wird die Erdölfraktion mit einem Siedebereich von 200 °C bis 360 °C verwendet. Sie enthält vor allem die Alkane $C_{12}H_{26}$ bis $C_{16}H_{34}$ sowie mehrringige aromatische Kohlenwasserstoffe. Dieselmotoren-Kraftstoffe sollen zündwillig sein, einen großen Heizwert besitzen und ohne Rückstand verbrennen. Besonders die Bereitschaft des Kraftstoffes zur Selbstentzündung durch Kompressionserhitzen ist von großer Bedeutung, da Dieselmotoren keine Zündkerze besitzen und die Zündung des Kraftstoffs im Zylinderraum durch Kompressionserhitzen erfolgt.

Auch der Dieselmotor arbeitet in den 4 Arbeitstakten: Ansaugen — Verdichten — Arbeiten — Ausstoßen (Bild 224/1).

Der Dieselmotor besitzt keine Zündkerze. Er hat eine Kraftstoffeinspritzpumpe und eine Vorkammer **(Bild 225/1)**. Der Kolben saugt nur Luft in den Zylinder und verdichtet sie auf einen hohen Druck (Verdichtungsverhältnis 14 : 1 bis 24 : 1). In die, durch die Kompression stark erhitzte Luft, wird kurz vor der oberen Totpunktlage des Kolbens Dieselkraftstoff von der Einspritzpumpe eingespritzt. Der Kraftstoff erhitzt sich an der heißen Luft und den Zylinderwänden und entzündet sich von selbst. Die Zeit zwischen dem Beginn des Einspritzens und dem Einsetzen der Verbrennung heißt **Zündverzug**. Er sollte möglichst klein sein.

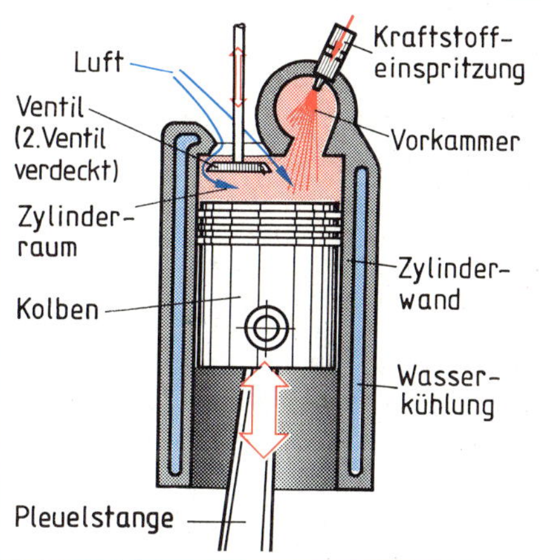

Bild 225/1: Dieselmotor

Dieselkraftstoffe mit kleinem Zündverzug entzünden sich sofort nach dem Einspritzen der ersten Kraftstofftröpfchen, und der nachfolgend eingespritzte Kraftstoff brennt stetig ab. Die sich allmählich über den ganzen Zylinderraum ausbreitende Flammenfront bewirkt einen gleichmäßig anwachsenden Druck auf den Motorkolben.

Ist der Zündverzug des Kraftstoffes groß, so ist bereits eine große Kraftstoffmenge in den Zylinder eingespritzt, bevor die Verbrennung einsetzt. Diese große Kraftstoffmenge verbrennt dann explosionsartig. Damit wird schlagartig ein großer Druck auf Kolben, Zylinderwand, Ventile und Lager wirksam, der den Motor mechanisch stark belastet. Akustisch wahrnehmbar ist dann das „Nageln" des Dieselmotors.

Als Maß für die Zündwilligkeit und damit das Klopfverhalten der Dieselkraftstoffe hat man die sogenannte **Cetanzahl CaZ** eingeführt (DIN 51 773).

Cetan $C_{16}H_{34}$, einem besonders zündwilligen Kohlenwasserstoff, hat man die Cetanzahl 100 zugeordnet. Der sehr zündträge aromatische Kohlenwasserstoff 1-Methylnaphthalin hat definitionsgemäß die Cetanzahl 0.

Cetan $CH_3-(CH_2)_{14}-CH_3$

1-Methylnaphthalin

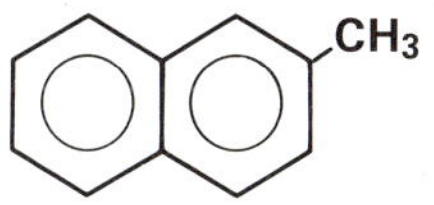

Der zu prüfende Kraftstoff hat die Cetanzahl, die ein Cetan/1-Methylnaphthalin-Gemisch mit gleichem Klopfverhalten besitzt. Hat ein Dieselkraftstoff z. B. die Cetanzahl CaZ 55, so bedeutet das, daß er das gleiche Klopfverhalten besitzt, wie ein Gemisch aus 55 Vol% Cetan und 45 Vol% 1-Methylnaphthalin.

6.3 Petrochemie

Unter Petrochemie versteht man den Teil der chemischen Großindustrie, der Chemiegrundstoffe aus Erdöl und Erdgas herstellt. Die Petrochemie bildet das Bindeglied zwischen der Erdöl-verarbeitenden Industrie (Raffinerien) und der Endprodukte-Chemieindustrie **(Bild 227/1)**.

Etwa 80% des Erdöls und die Hälfte des Erdgases werden gegenwärtig in Kfz-Motoren und Heizanlagen verbrannt. Der Rest, 20% des Erdöls, bzw. 50% des Erdgases, wird zu organischen Chemiegrundstoffen weiterverarbeitet, aus denen dann eine Vielzahl von Chemieprodukten hergestellt werden.

Die Petrochemie läßt sich in zwei Herstellungsstufen unterteilen:

In der ersten Produktionsstufe werden aus den Raffinerieprodukten petrochemische **Primärprodukte** hergestellt. Das sind meist niedermolekulare, zum Teil ungesättigte und damit reaktionsfreudige Verbindungen, wie Ethen, Propen, Benzol, Toluol, Xylol, usw.

In weiteren Reaktionsschritten werden aus den Primärprodukten petrochemische **Sekundärprodukte**, wie Ethylenoxid, Vinylchlorid, Acrylnitril, Alkylbenzol, Terephthalsäure, usw. aufgebaut.

Diese Sekundärprodukte werden dann in der chemischen Großindustrie zu den **Endprodukten**, z. B. Kunststoffen, Synthesekautschuk, Synthesefasern, Farben, Waschrohstoffen, usw. verarbeitet.

Ausgangsstoffe der Petrochemie sind Erdgas, und vor allem sogenanntes Naphta, eine benzinähnliche Erdölfraktion mit einem Siedebereich von 30 °C bis 200 °C.

Die wichtigsten Verfahren zur Herstellung der petrochemischen Primärprodukte sind das Steamcracking, das katalytische Reformieren, das Acetylen-Verfahren und das Steamreforming.

Steamcracking

Beim Steamcracking (deutsch: Dampfspalten) werden in einem Rohrreaktor Naphta und Wasserdampf bei hohen Temperaturen (rund 800 °C) zur Reaktion gebracht. Das Naphta/Wasser-Dampfgemisch durchströmt dabei einen außenbeheizten Rohrreaktor.

Die Reaktion beginnt mit der Spaltung von C — C- oder C — H-Bindungen. Es bilden sich unbeständige Molekülbruchstücke, Radikale, die sofort auf vielfältige Weise weiterreagieren.

In der Summe der Einzelreaktionen entsteht ein Reaktionsgemisch, das neben Wasserstoff und Methan, vor allem aus den gasförmigen, ungesättigten Kohlenwasserstoffen (Olefinen) Ethen, Propen, Buten, Butadien sowie einem Aromat-haltigen Flüssigkeitsgemisch (Pyrolysebenzin) besteht.

Naphta (Alkane) + Wasser —800 °C→ Wasserstoff, Methan; Ethen (Ethylen), Propen, Buten, Butadien, Butin, Isopren; Pyrolysebenzin: Benzol, Toluol, Xylol usw.

Das Reaktionsgemisch wird durch fraktionierte Destillation in die Einzelbestandteile aufgetrennt. Durch Steuerung der Reaktionsbedingungen lassen sich die Gemischbestandteile in Grenzen variieren.

Katalytisches Reformieren

Durch katalytisches Reformieren kann aus Naphta oder Flüssiggas ein Reaktionsgemisch, überwiegend bestehend aus Aromaten, hergestellt werden. Dazu wird Naphta in einem Röhrenofen auf ca. 500 °C erhitzt und durch einen, mit Platinkatalysator gefüllten, Reaktor geschickt. In einer katalytischen Reaktion werden aus den geradkettigen Alkanen die Aromate Benzol, Toluol und Xylol gebildet.

Alkane —500 °C, Platin→ Benzol, Toluol, Xylol

Acetylen-Verfahren

Mit dem **Acetylen-Verfahren** wird aus Alkanen Ethin (traditioneller Name: Acetylen) hergestellt. Dazu wird Naphta durch Einblasen in eine Brennerflamme kurzfristig auf 1400 °C erhitzt und in Sprühwasser sofort abgeschreckt. Es entsteht Ethin C_2H_2 nach folgender Bruttoreaktionsgleichung:

$$4\,CH_4 + 3\,O_2 \xrightarrow{1400\,°C} 2\,C_2H_2 + 6\,H_2O$$

Steamreforming

Hierbei wird aus Erdgas (CH_4) und Wasser sogenanntes Synthesegas (CO, H_2) hergestellt. Die Reaktion läuft bei ca. 900 °C an einem Nickelkatalysator ab.

$$CH_4 + H_2O \xrightarrow[\text{Nickel}]{900\,°C} CO + 3\,H_2$$

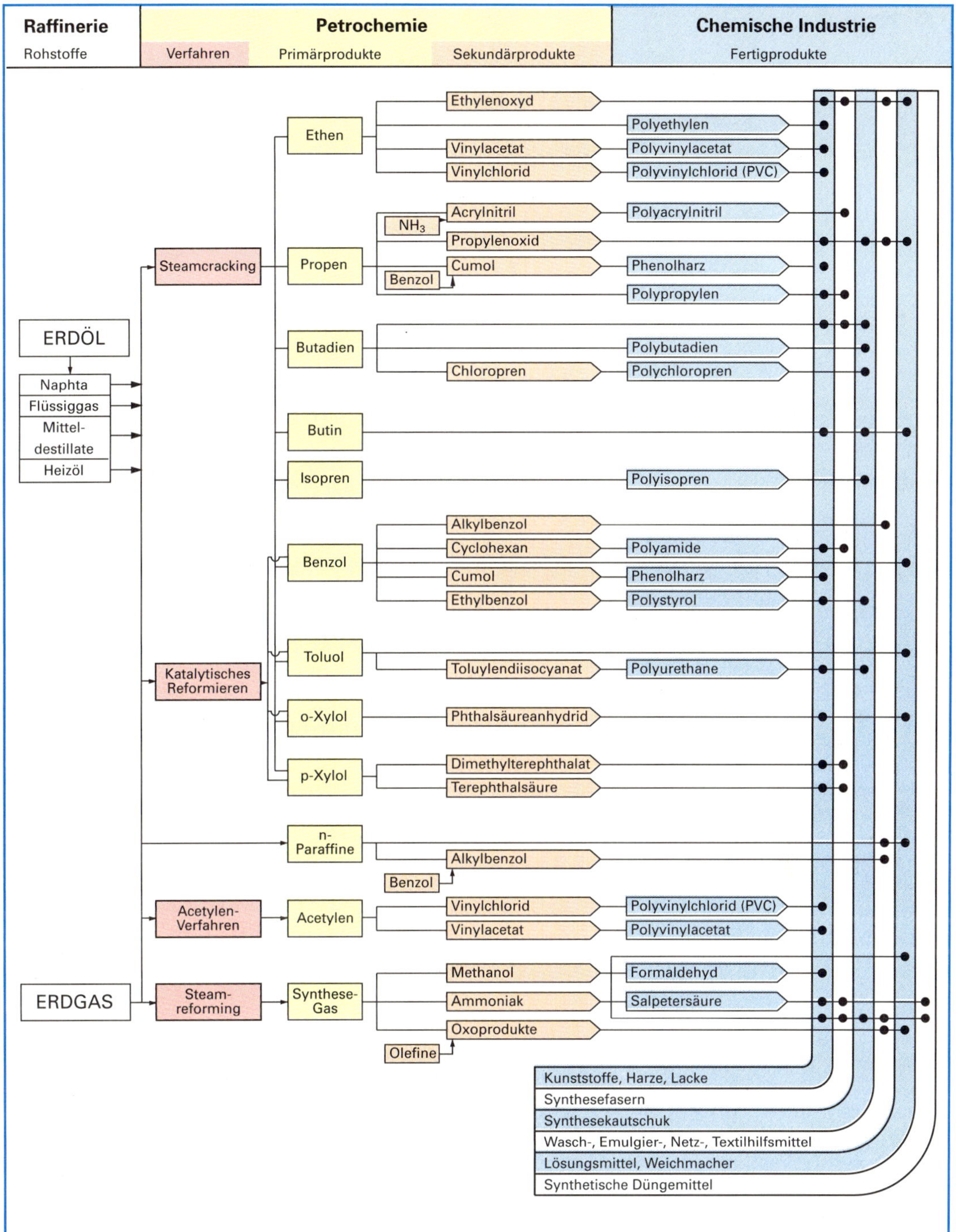

Bild 227/1: Produktionslinien der petrochemischen Industrie

Wiederholungsfragen

1. Woraus besteht Benzin?
2. Was gibt die Octanzahl an?
3. Welche Zusammensetzung hat Dieselkraftstoff?
4. Was versteht man unter Petrochemie?
5. Erläutern Sie die Vorgänge und Produkte beim Steamcracking.

6.4 Kohle

Die Kohle war bis nach dem 2. Weltkrieg in Deutschland der Hauptrohstoff für organische Chemieprodukte und der wichtigste Brennstoff. Auch heute wird sie in großen Mengen zur Energiegewinnung, zur Metallerzeugung und Heizung verbraucht, während sie als Hauptrohstoff für die organische Chemie vom Erdöl verdrängt wurde. Für die Zukunft gewinnt die Kohle als Chemierohstoff wieder mehr Interesse.

6.4.1 Entstehung und Gewinnung

Entstehung. Kohle ist aus Holz entstanden, das vor 50 bis 300 Millionen Jahren in tropischen Sumpfwäldern wuchs. Die niederstürzenden Bäume sanken in den Sumpf und sammelten sich zu meterdicken Schichten, die von Sediment überdeckt wurden. Dieser Vorgang wiederholte sich oftmals in Millionen von Jahren, so daß mächtige Erdschichten über den Holzlagen zu liegen kamen. Unter dem Gesteinsdruck wandelte sich die pflanzliche Masse im Laufe von Jahrmillionen zuerst in Torf, dann zu Braunkohle und zuletzt in Steinkohle um. Diesen Vorgang nennt man **Inkohlung**.

Kohlearten. Neben den natürlichen Kohlearten *Torf, Braunkohle* und *Steinkohle*, die sich durch einen unterschiedlichen Inkohlungsgrad unterscheiden, gibt es technische Kohleprodukte. *Briketts* bestehen aus gepreßter Braunkohle und Teer, *Eierbriketts* aus gepreßtem Steinkohlengries, *Koks* ist entgaste Steinkohle. Die wichtigste Kohleart, die Steinkohle, weist je nach Fundort, ebenfalls starke Unterschiede auf. Man unterteilt sie nach dem Anteil flüchtiger Bestandteile, die bei Erhitzung der Kohle unter Luftabschluß ausgetrieben werden, in *Flammkohle, Gaskohle, Fettkohle, Eßkohle, Magerkohle* und *Anthrazit*.

Tabelle 228/1: Zusammensetzung

Kohlearten	Elemente (in Prozent) C	H	O	Heizwert kJ/kg
Holz (trocken)	50	6,2	43	15 000
Torf (trocken)	59	5,7	33	15 000
Braunkohle	68	5,3	25	8 380
Gaskohle	85	5,4	7,3	30 500
Fettkohle	88	4	6	31 000
Anthrazit	91	3,9	3,1	32 600
Koks	97	0,4	1,1	30 000

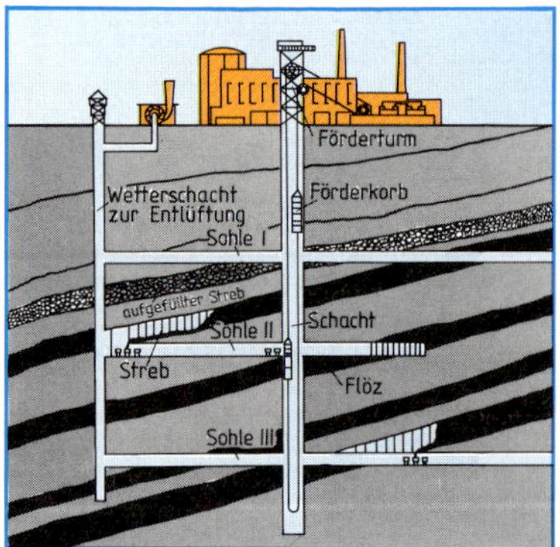

Bild 228/1: Kohleerschließung

Zusammensetzung. Kohle ist ein Gemisch hochmolekularer, kohlenstoffreicher Verbindungen aus den Elementen C, H, O, N und S **(Tabelle 228/1)**. Mit steigendem Inkohlungsgrad der Kohlearten nimmt der Kohlenstoffgehalt zu, während der Wasserstoff- und Sauerstoffanteil abnimmt. Die Kohle besteht überwiegend aus ringförmigen Kohlenwasserstoffen (vielringige Aromate). Kettenförmige Kohlenwasserstoffe (Alkane) sind in geringem Maß vertreten, elementarer Kohlenstoff ist wenig vorhanden. Außerdem enthält Kohle Wasser sowie mineralische Bestandteile, die bei der Verbrennung als Asche zurückbleiben.

Gewinnung. Die **Braunkohle** wird nach Abräumen der Deckschicht mit riesigen Baggern im Tagebau abgebaut. Auch die **Steinkohle** wird zum Teil im Tagebau gewonnen. In Deutschland liegt sie in *Teufen* (Tiefen) von mehreren Hundert bis über Tausend Meter und muß im Untertagebau abgebaut werden **(Bild 228/1)**. Dazu wird ein *Schacht* in die Erde getrieben, von dem aus waagrechte *Sohlen* (Tunnel) zu den Kohleflözen führen. Im Abstand von 200 m werden zwei Tunnel *(Strecken)* parallel in den Flöz vorgetrieben. Zwischen den beiden Tunneln, im sogenannten *Streb*, wird die Kohle maschinell mit einem Kohlehobel abgeschält **(Bild 228/2)** und über Förderbänder und den Förderkorb an die Erdoberfläche gebracht.

Bild 228/2: Kohleabbau

6.4.2 Verwendung der Kohle

Verbrennung der Kohle

Etwa 10% der in Deutschland geförderten Steinkohle wird als Hausbrand verbraucht. Meist wird dazu feinkörnige Anthrazit-Kohle verwandt, die durch Beimischen eines Bindemittels und Brikettieren auf die gut handhabbare Eierbrikettgröße gebracht ist. Rund 30% der heimischen Steinkohle wird verstromt, d. h. zur Gewinnung von elektrischem Strom verbrannt **(Bild 229/1)**.

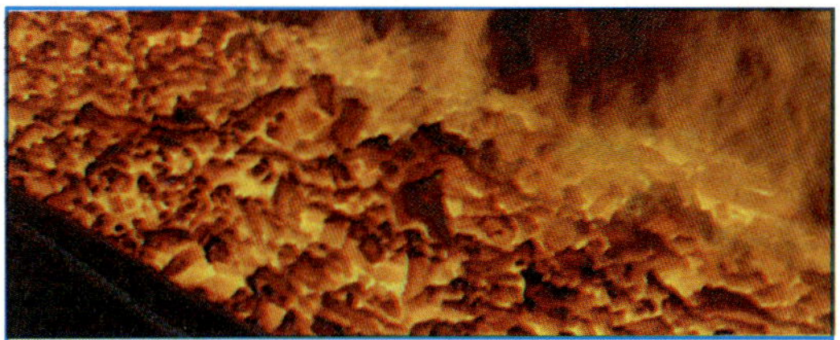

Bild 229/1: Brennende Kohle

Verkokung der Kohle (Kohleentgasung)

Ungefähr die Hälfte der deutschen Steinkohleförderung wird verkokt.

Erhitzt man Steinkohle unter Luftabschluß, so werden die hochmolekularen Verbindungen der Kohle aufgebrochen **(Versuch 229/1)**. Es entsteht ein fester Rückstand, der *Koks*, sowie ein flüssiges Kondensatgemisch aus *Steinkohlenteer* und *Gaswasser* und außerdem das brennbare *Leuchtgas*.

Versuch 229/1: Kohleentgasung

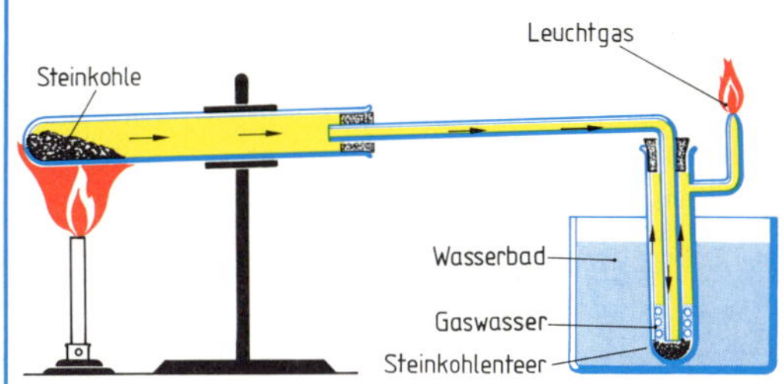

Versuchsbeschreibung: Steinkohlestückchen werden in einem feuerfesten Reagenzglas erhitzt und die entstehenden Gase in einem Wasserbad abgekühlt. Es kondensieren aus dem Gas *Steinkohlenteer* und *Gaswasser*. Als gasförmiger Bestandteil verbleibt *Leuchtgas*. Der Rückstand der ausgeglühten Kohle ist Koks.

- **Koks** besteht überwiegend aus Kohlenstoff. Er wird als Reduktionsmittel verwendet (z. B. Eisengewinnung).
- **Steinkohlenteer** ist ein Gemisch aus aromatischen Kohlenwasserstoffen wie Benzol, Naphthalin, Anthrazen. Diese Stoffe sind wichtige Ausgangsstoffe für Farbstoffe und Pharmazeutika.
- Das **Gaswasser** besteht im wesentlichen aus Wasser und gelöstem Ammoniak NH_3.
- **Leuchtgas** ist ein Gasgemisch aus niedermolekularen Kohlenwasserstoffen wie CH_4, C_2H_6 usw., Kohlenstoffoxid CO und Schwefelwasserstoff H_2S.

Die technische Kohleverkokung erfolgt in der **Kokerei (Bild 229/2)**. Die Kohle wird in 50 cm breite, 5 m hohe und 15 m lange, feuerfest ausgemauerte Kästen, die *Koksöfen*, gefüllt, die dann verschlossen werden. Etwa 40 Koksöfen nebeneinander bilden eine Koksofenbatterie. Zwischen zwei Öfen befindet sich jeweils eine Heizkammer, in der Kokereigas verbrannt wird. Dadurch wird die Kohle in den Koksöfen auf 1200 °C erhitzt. Die Heizperiode dauert rund 15 Stunden, dann ist die Kohle vollständig entgast. Die entstehenden Gase werden über eine Sammelleitung abgeführt. In Trennapparaten werden die Wertstoffe Steinkohlenteer, Gaswasser und Schwefelwasserstoff aus dem Rohgas abgetrennt. Das übrigbleibende Kokereigas (Leuchtgas) dient zum Teil zur Beheizung der Koksöfen, der Überschuß wird in Kraftwerken zur Stromerzeugung verbrannt.

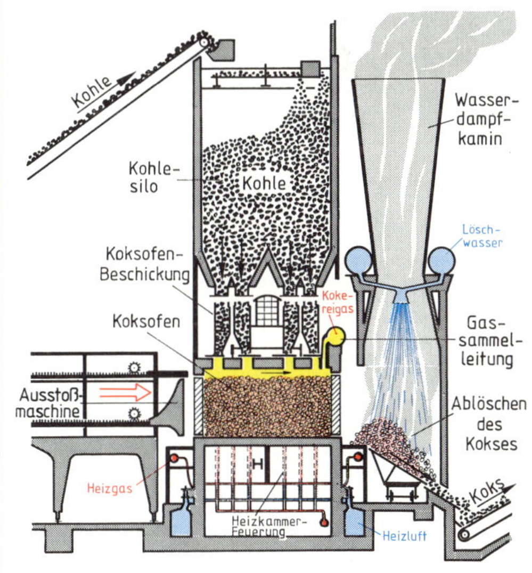

Bild 229/2: Kokerei

Nach Ablauf der Verkokungszeit wird der glühende Kokskuchen aus dem Koksofen ausgestoßen und mit Wasser abgelöscht. Danach wird der Koksofen wieder mit frischer Kohle gefüllt.

6.4.3 Neue Kohletechnologien

Neue Technologien sollen Erdöl durch Kohle ersetzbar machen. Obwohl diese Technologien heute meist noch nicht wirtschaftlich sind, verspricht die zu erwartende Verknappung des Erdöls in der Zukunft eine größere Bedeutung der Kohle als Rohstoff für die organische Chemieindustrie. Deshalb werden heute schon die Verfahren entwickelt, mit denen aus Kohle hochwertige Brenn- und Rohstoffe hergestellt werden können.

Kohlevergasung

Durch Kohlevergasung wird aus Kohle ein Synthesegas, bestehend aus CO und H_2, hergestellt.

Die Reaktion verläuft nach der Bruttogleichung:

$$C + H_2O \xrightarrow{+\text{Wärme}} CO + H_2$$

Da die Reaktion endotherm, d.h. wärmeverbrauchend ist, muß zur Aufrechterhaltung der Reaktion Prozeßwärme zugeführt werden.

Eine wirtschaftlich interessante Möglichkeit, die Prozeßwärme bereitzustellen, besteht in der Nutzung der Abwärme eines Hochtemperatur-Kernreaktors, HTR-Reaktor genannt **(Bild 230/1)**. Die Abwärme aus dem Reaktor wird mittels Helium, das im **HTR** auf 900 °C erhitzt wird, über einen Wärmetauscher in einen Kohle-Wirbelschichtreaktor geleitet. Sie liefert die Reaktionswärme für die dort stattfindende endotherme Reaktion zwischen Kohlepartikeln und dem eingeblasenem Wasserdampf.

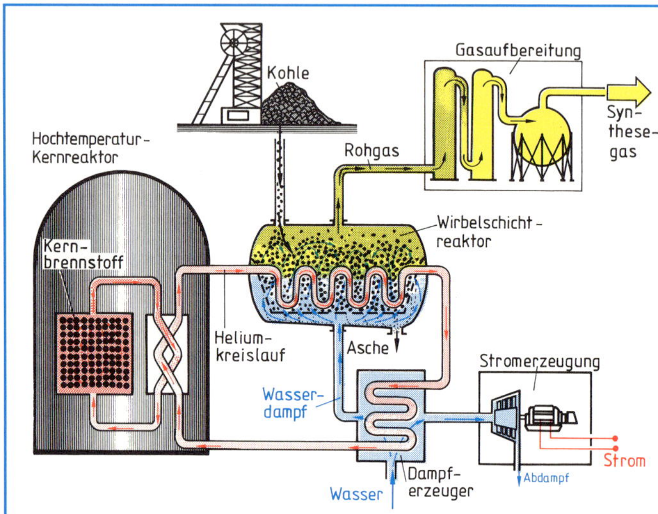

Bild 230/1: Kohlevergasung mit dem HTR

Kohleverflüssigung

Die Kohleverflüssigung hat zum Ziel, aus Kohle erdölähnliche Produkte herzustellen. Dazu müssen die Bausteine der Kohle, überwiegend vielringige Aromate, gespalten werden und daraus kurzkettige Kohlenwasserstoffe gebildet werden. Um dies zu verwirklichen, gibt es mehrere Verfahren:

Die **Fischer-Tropsch-Synthese** erfolgt in zwei Stufen. Zuerst wird aus Kohle Synthesegas (CO + H_2) hergestellt (z.B. durch Kohlevergasung). Das Synthesegas wird dann unter der Einwirkung von Cobalt-Katalysatoren unter hohem Druck in Kohlenwasserstoffe umgewandelt:

$$\boxed{CO} + \boxed{H_2} \xrightarrow[\text{Druck}]{\text{Katalysator (Co)}} \boxed{\text{Aliphate unterschiedlicher Kettenlänge}} + H_2O$$

Beim **Bergius-Verfahren** wird Kohle mit Wasserstoff hydriert. Dazu wird feingemahlene Kohle mit Öl und Katalysatorpulver zu einem Brei angerührt, auf 500 °C erhitzt sowie auf 400 bar komprimiert, und dann in einem Reaktor mit Wasserstoff zur Reaktion gebracht. Dabei entstehen Aliphate unterschiedlicher Kettenlänge:

$$\boxed{\text{Kohle}} + \boxed{H_2} \xrightarrow[\text{Druck, Hitze}]{\text{Katalysator}} \boxed{\text{Aliphate unterschiedlicher Kettenlänge}} + \text{Begleitstoffe}$$

Wiederholungsfragen

1. **Was versteht man unter Inkohlung?**
2. **Welche chemische Zusammensetzung hat Kohle? Vergleichen Sie mit Erdöl.**
3. **Welche Stoffe entstehen bei der Verkokung?**
4. **Welche Stoffe enthält Steinkohlenteer?**
5. **Was passiert chemisch bei der Kohlevergasung?**
6. **Welche Stoffe entstehen bei der Kohleverflüssigung und wozu dienen sie?**

6.5 Kunststoffe (Plaste)

Kunststoffe (Plaste) sind synthetisch hergestellte, makromolekulare, organische Werkstoffe.

6.5.1 Allgemeine Eigenschaften und Verwendung

Kunststoffe sind heute allgegenwärtiger Bestandteil der uns umgebenden Umwelt sowohl im privaten Lebensbereich, als auch in der industriellen Technik. Ihre vielseitige Verwendung beruht auf den besonderen Eigenschaften der Kunststoffe sowie der Möglichkeit, die Eigenschaften in weiten Grenzen zu verändern und dem Verwendungszweck anzupassen **(Tabelle 231/1)**.

Von den anderen Werkstoffen unterscheiden sich die Kunststoffe durch gemeinsame **typische Eigenschaften**:

- Geringe Dichte
- Variable mechanische Eigenschaften
- Elektrische Isolierfähigkeit
- Wärme- und Kältedämmung
- Korrosionsbeständigkeit
- Gute Umformbarkeit und Bearbeitbarkeit
- Einfärbbarkeit und z.T. Verspinnbarkeit
- Glatte, dekorative Oberfläche

Tabelle 231/1: Typische Eigenschaften und Verwendungen der Kunststoffe

Geringe Dichte: 0,9 bis 1,4 kg/dm³ (Ausnahme PTFE: ϱ = 2,2 kg/dm³)	Behälter Kfz-Teile Flugzeugteile	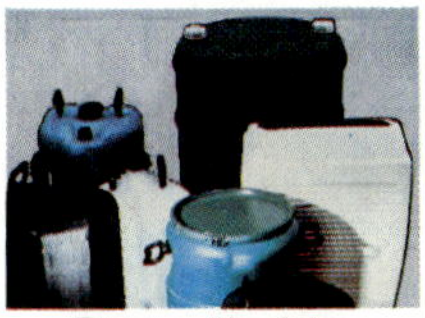 Fässer, Kanister	 Turbinen-Laufrad	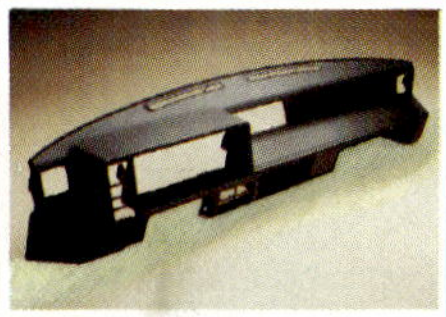 Armaturentafel
Von hart und fest bis weich und elastisch. Gut umformbar und bearbeitbar, vergießbar, zu Fasern verspinnbar	Maschinenteile Gummielastische Bauteile Gehäuse Seile Textilien	 Getriebe	 Pkw-Reifen	 Maschinen-Gehäuse
Elektrisch isolierend, wärmedämmend	Werkzeuge Elektrobauteile Kabelisolierungen Wärmedämmmaterial	 Werkzeuggriffe	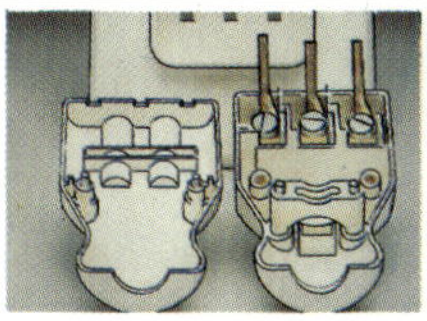 Elektro-Isolierteile	 Dämmplatten
Korrosionsbeständig gegen viele Chemikalien und aggressive Umwelteinflüsse	Chemikaliengefäße Rohrleitungen Armaturen Beschichtungen	 Behälter, Flaschen	 Rohr-Auskleidungen	 Beschichtungen

Kunststoffe besitzen jedoch auch **negative Eigenschaften**, die ihre Einsetzbarkeit begrenzen:

- Geringe Wärmebeständigkeit
- Zum Teil Brennbarkeit
- Keine sehr hohe Festigkeit
- z.T. unbeständig gegen Lösungsmittel

Kunststoffbauteile dürfen deshalb nicht auf Dauer Temperaturen über 100 °C ausgesetzt sein (Ausnahme PTFE, Seite 237), keinen höchsten mechanischen Belastungen unterliegen und nicht langandauernd mit organischen Lösungsmitteln in Berührung kommen. Ein weiteres Problem ist die Beseitigung der Kunststoffabfälle, da sie nicht natürlich verrotten und nur zum Teil wiederverwendbar sind.

6.5.2 Herstellung und innerer Aufbau

Die Herstellung der Kunststoffe erfolgt in einer vielschrittigen Abfolge von komplizierten, chemischen Vorgängen. Diese kann man in zwei wichtige Teilschritte gliedern **(Bild 232/1)**:

1. Aus dem Rohstoff (z.B. Erdgas) wird durch chemische Umwandlung (z.B. Steamcracking) ein reaktionsfähiges Vorprodukt erzeugt. Es besteht aus einem Stoff, dessen Moleküle aus wenigen Atomen zusammengesetzt sind. Diese Vorprodukte aus Kleinmolekülen werden **Monomere** genannt.
2. Das monomere Vorprodukt wird in einer weiteren chemischen Reaktion durch Verknüpfen tausender Kleinmoleküle zu vielgliedrigen **Makromolekülen** zusammengelagert. Die entstehenden Stoffe nennt man **Polymere**.

Die Mehrzahl der Kunststoffe besteht aus Makromolekülen, die neben dem Hauptelement Kohlenstoff das Element Wasserstoff und teilweise Sauerstoff, Stickstoff, Fluor oder Chlor enthalten.

Die Zusammenlagerung der Monomer-Moleküle zu Makromolekülen erfolgt je nach Kunststoffart nach verschiedenen Reaktionsarten: durch Polymerisation, durch Polykondensation oder durch Polyaddition.

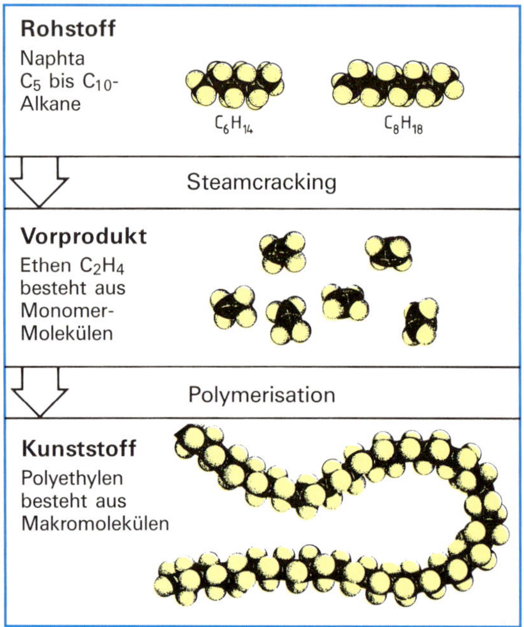

Bild 232/1: Teilschritte bei der Kunststoff-Herstellung (Beispiel: Polyethylen)

6.5.3 Polymerisation

Bei der Polymerisation entstehen Makromoleküle durch Verknüpfung der ungesättigten Monomer-Moleküle unter Aufhebung der Doppelbindung.

Beispiel: Die Bildung von Polyethen (Polyethylen) aus Ethen (Ethylen):

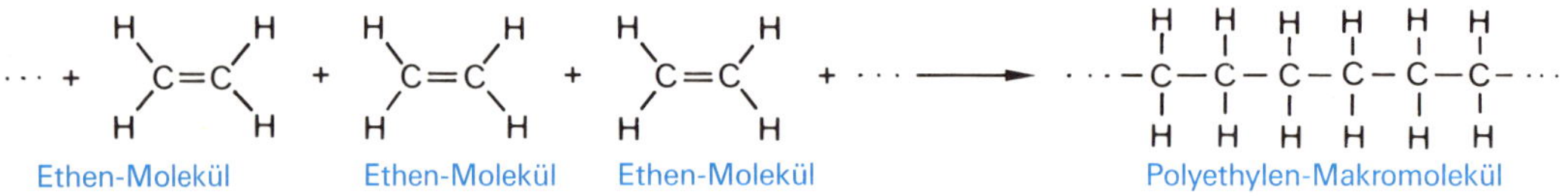

Voraussetzung für die Fähigkeit eines Monomeren zur Polymerisation sind Doppelbindungen im Molekül. Solche, zur Polymerisation geeigneten Verbindungen mit Doppelbindung, sind neben Ethen z.B. Monochlorethen (Vinylchlorid) oder Phenylethen (Styrol).

Kunststoffe, die durch Polymerisation entstanden sind, nennt man **Polymerisate**. Dazu zählen Polyethylen, Polypropylen, Polyvinylchlorid, Polystyrol.

Bei der Polymerisation entstehen fadenartige Makromoleküle. Der feste Zusammenhalt der Polymerisations-Kunststoffe bei Raumtemperatur wird durch Nebenvalenz-Bindungskräfte zwischen den fadenartigen Makromolekülen hervorgerufen **(Bild 232/2)**. Die Nebenvalenzkräfte nehmen mit steigender Temperatur erheblich ab. Dies bewirkt, daß diese Kunststoffe bei Raumtemperatur fest, bei leicht erhöhter Temperatur pastenartig weich und bei weiter erhöhter Temperatur flüssig sind.

Es gibt keine definierten Umwandlungspunkte zwischen den verschiedenen Aggregatzuständen, sondern einen fließenden Übergang.

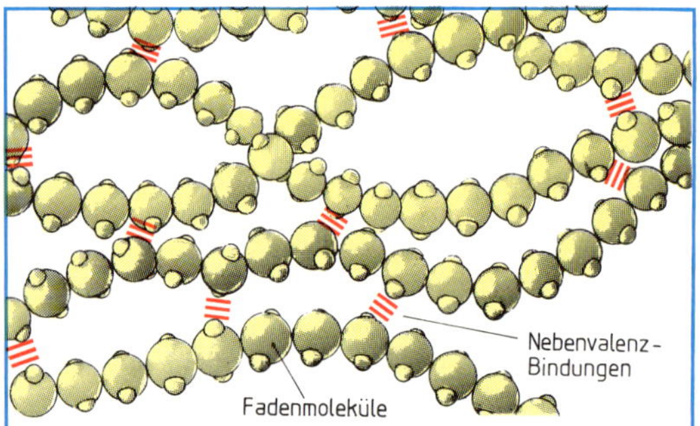

Bild 232/2: Innere Struktur der Polymerisate

Die fadenförmigen Makromoleküle können verschieden angeordnet sein **(Bild 233/1)**:

- Die Makromoleküle sind in völliger Unordnung ineinander verknäult, wie die Fäden in einem Wattebausch. Diese Struktur nennt man **amorph** (gestaltlos). Amorphe Kunststoffe sind transparent und gummi- bis hartelastisch.
- Die Makromoleküle liegen bereichsweise parallel ausgerichtet nebeneinander. Diese Struktur nennt man **teilkristallin**.
  Kunststoffe mit teilkristalliner Struktur sind milchig trüb, aber wärmebeständiger als amorphe Kunststoffe.

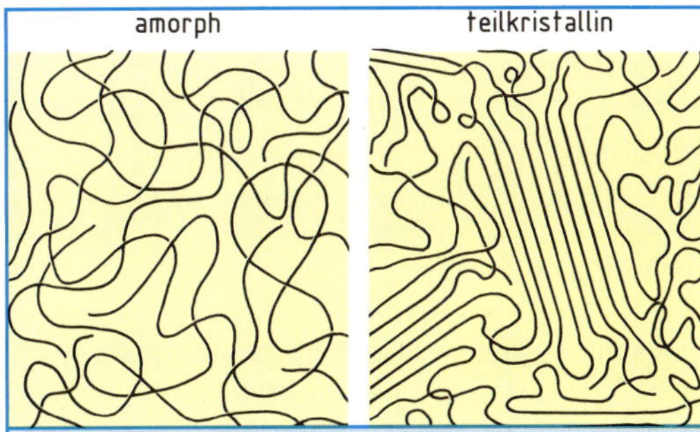

Bild 233/1: Anordnungsmöglichkeiten der fadenförmigen Makromoleküle

6.5.4 Polykondensation

Bei der Polykondensation verbinden sich Monomer-Moleküle zu Makromolekülen unter Abspaltung eines einfachen, niedermolekularen Stoffes, wie z.B. Wasser, Ammoniak oder ähnlichem.

Voraussetzung für die Bildung von Polykondensaten ist, daß die Monomere zwei oder mehr funktionelle Gruppen enthalten. **Beispiel**: Die Bildung von linearem Polyester aus Terephthalsäure und Ethandiol.

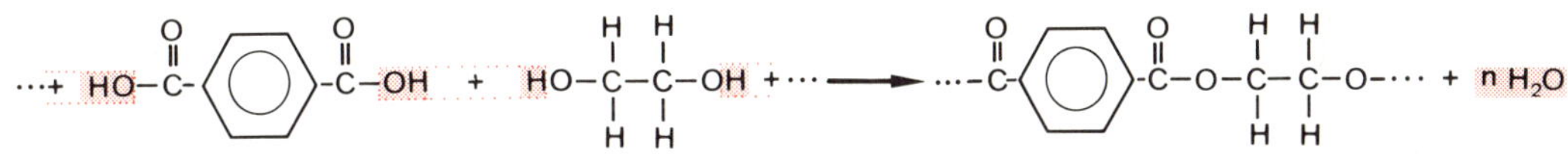

Terephthalsäure (Benzol-1,4-dicarbonsäure) Ethandiol Polyester-Makromolekül Wasser

Kunststoffe, die durch Polykondensation entstehen, nennt man **Polykondensate**.
Dazu zählen: Polyesterharz, Polyamide, Formaldehydharze wie Phenolharz, Harnstoffharz usw.

Bei der Polykondensation entstehen zunächst fadenartige Makromoleküle. In dieser Vorform sind die Polykondensate flüssig. Durch Zugabe eines Härters bei der Ur-Formgebung vernetzen die Makromoleküle dreidimensional untereinander und bilden einen starren Verband **(Bild 233/2)**. Das Polykondensat ist dann ausgehärtet und ein harter, nicht mehr erweichbarer Kunststoff. Wegen ihres Aussehens nennt man sie auch **Harze**.

Bei Erwärmung verändern die ausgehärteten Kunststoffe ihre Struktur nur unmerklich und behalten den starren Zustand bis zur Hitzezersetzung bei.

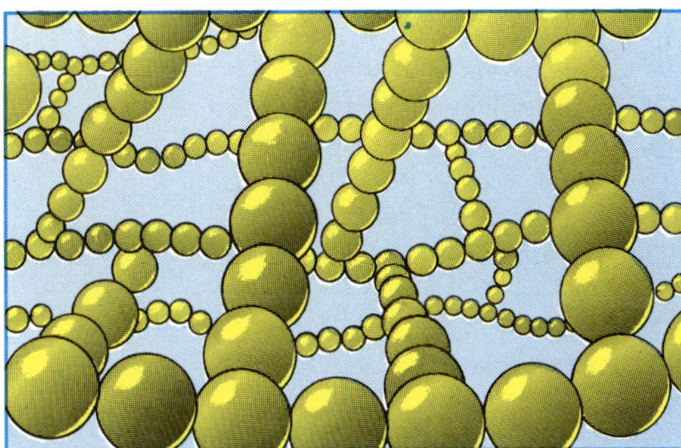

Bild 233/2: Räumliche Vernetzung der Makromoleküle

6.5.5 Polyaddition

Bei der Polyaddition entstehen die Makromoleküle aus gleichen oder verschiedenen Monomer-Molekülen mit funktionellen Gruppen ohne Abspaltung niedermolekularer Stoffe.

Voraussetzung für eine Polyaddition ist, daß reaktionsbereite Monomere mit funktionellen Gruppen vorliegen. **Beispiel**: Die Bildung von Polyurethan aus Diisocyanat und einem Diol.

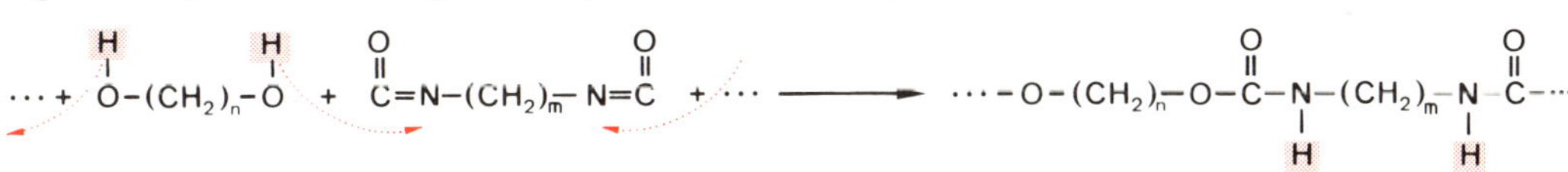

Diol Diisocyanat Polyurethan-Makromolekül

Es entstehen fadenartige Makromoleküle. In dieser Vorform ist Polyurethanharz flüssig. Durch Zugabe eines Härters vernetzen die fadenartigen Makromoleküle zu einem räumlichen Netzwerk (Bild 233/2).
Kunststoffe, die durch Polyaddition entstanden sind, heißen **Polyaddukte**: Polyurethanharze, Epoxidharze.

6.5.6 Technologische Einteilung

Für den Kunststoff-Verwender ist das Festigkeitsverhalten, insbesondere auch bei Erwärmung, die wichtigste Eigenschaft der Kunststoffe. Deshalb unterteilt man die Kunststoffe nach ihrem Festigkeitsverhalten in drei Gruppen: Thermoplaste, Duroplaste und Elastomere.

Die Festigkeit wird im wesentlichen vom inneren Aufbau, der Struktur der Kunststoffe, bestimmt.

Thermoplaste

Die Thermoplaste bestehen aus fadenförmigen, nicht vernetzten Makromolekülen **(Bild 234/1)**. Sie erhalten ihre Festigkeit aus den Nebenvalenzbindungen zwischen den Makromolekülen (Bild 232/2). Bei Raumtemperatur sind sie biegsam oder hart. Bei Erwärmung auf rund 100 °C werden sie weich und leicht umformbar, bei weiterer Erwärmung teigig und schließlich flüssig. Ursache hierfür ist die Lockerung der Nebenvalenzbindungen und damit das Abgleiten der Makromoleküle.

Durch Abkühlen wird die ursprüngliche Härte und Festigkeit wieder erlangt, da dann die Nebenvalenzbindungen wieder stärker wirken.

Thermoplaste sind warm umformbar und schweißbar.

Bei zu starker Erwärmung zersetzen sich die Thermoplaste.

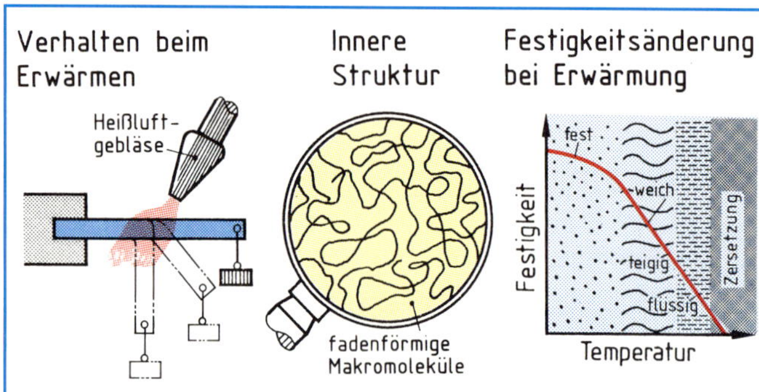

Bild 234/1: Thermoplaste

Duroplaste

Die Duroplaste bestehen im Fertigzustand aus engmaschig vernetzten Makromolekülen **(Bild 234/2)**. Sie sind bei Raumtemperatur fest und hart. Sie erweichen beim Erwärmen nicht und werden nicht flüssig, da die Vernetzungsstellen keine Verschiebung der Makromoleküle zulassen. Bei zu starker Erwärmung zersetzen sie sich.

Duroplaste sind nicht warm umformbar und nicht schweißbar.

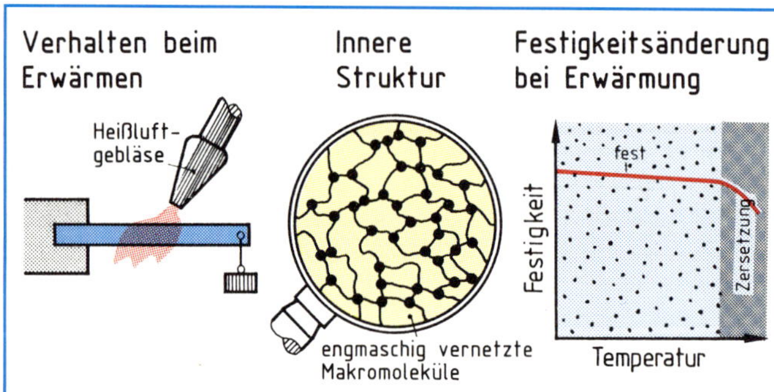

Bild 234/2: Duroplaste

Elastomere

Die Elastomere, auch Elaste oder Gummi genannt, haben im Fertigzustand weitmaschig vernetzte Makromoleküle **(Bild 234/3)**. Sie können sich um mehrere hundert Prozent dehnen und federn zurück: diese Eigenschaft nennt man gummielastisch. Im Ausgangszustand (Kautschuk) sind sie unvernetzt. Sie werden in diesem Zustand warm geformt, vernetzen dabei weitmaschig und sind danach nicht mehr umformbar.

Elastomere sind nicht warm umformbar und nicht schweißbar.

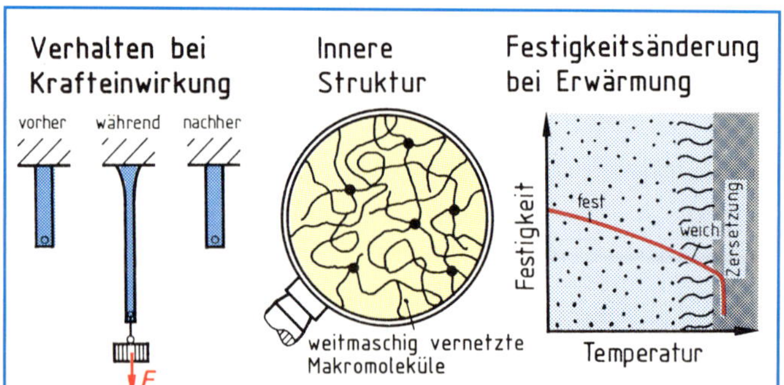

Bild 234/3: Elastomere

6.5.7 Thermoplaste

Thermoplaste liegen nach der Herstellung als mittelfeines Granulat vor. Bei der Verarbeitung wird durch Erwärmen eine formbare Masse erzeugt, die mit Formgebungsmaschinen verarbeitet wird (Seite 240).

Die Thermoplaste stellen mengenmäßig die mit Abstand größte Kunststoffgruppe dar.

Polyethylen PE (Polyethen) *Handelsnamen:* Lupolen Hostalen Vestolen A Supralen	**Eigenschaften:** Durchscheinend, bis milchig weiß, wachsartige Oberfläche, chemikalienbeständig *HD-PE:* weich, biegsam *ND-PE:* steif, schwer biegbar	 Behälter  Sackfolien	**Verwendungen:** **PE-HD** (weich): Chemieflaschen, Schläuche, Folien **PE-LD** (steif): Gehäuse. Behälter, Eimer

Polyethylen entsteht durch Polymerisation des Ethens (Seite 232).

Durch verschiedene Herstellungsverfahren können unterschiedliche Polyethylensorten hergestellt werden:

PE-HD (von engl. **H**igh **D**ensity, hohe Dichte) besteht aus verzweigten Makromolekülen. Es ist weich sowie flexibel und wird nach dem Hochdruckverfahren hergestellt.

PE-LD (von engl. **L**ow **D**ensity, geringe Dichte) enthält fadenförmige Makromoleküle ohne Verzweigungen. Es ist hart, steif, schwer biegbar und wird nach dem Niederdruckverfahren hergestellt.

PE-HD

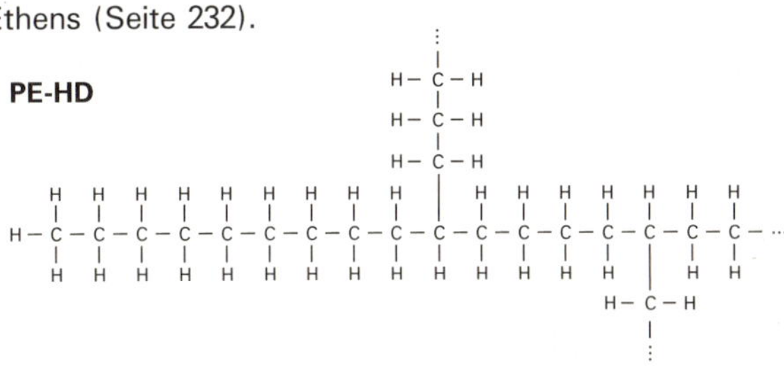

PE-LD

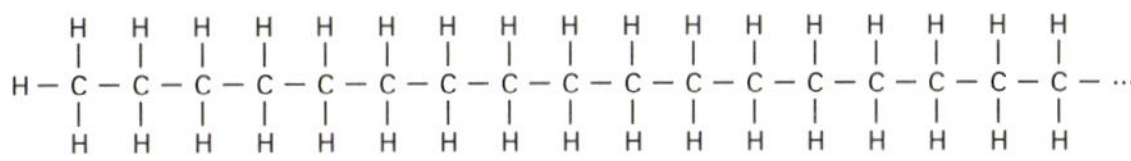

Ethen kann auch zusammen mit anderen ungesättigten Verbindungen, wie z.B. mit Vinylacetat $CH_2 = CHOCOCH_3$ polymerisiert werden und bildet dann sogenannte **Copolymerisate**.

Polypropylen PP (Polypropen) *Handelsnamen:* Luparen Hostalen Vestolen P	**Eigenschaften:** Ähnlich wie Hart-PE (PE-LD), Heißwasserbeständig in kochendem Wasser formstabil, glatte Oberfläche	**Chemische Formel** 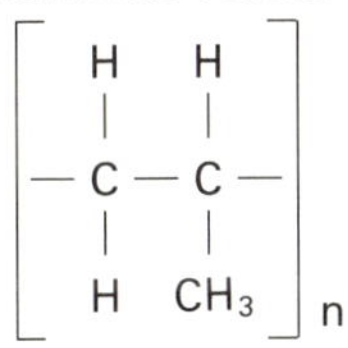	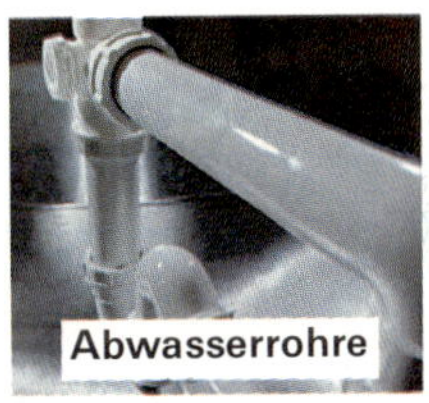 Abwasserrohre	**Verwendungen:** Heißwasserbeständige Haushaltsartikel, wie Eimer, Wannen, Schüsseln sowie Abwasserrohre, Fässer, Behälter und Gehäuse

Polyvinylchlorid PVC *Handelsnamen:* Vinidur Vinoflex Hostalit Vestolit	**Eigenschaften:** Durchscheinend, chemikalienbeständig, *Hart-PVC:* hart, zäh *Weich-PVC:* weichgummiartig bis lederzäh	 Fensterrahmen  Kunstleder	**Verwendungen:** **Hart-PVC:** Gehäuse, Rohre und Profile **Weich-PVC:** Kunstleder (Skai), Stiefel, Dichtungen, Schutzhandschuhe

Polyvinylchlorid entsteht durch Polymerisation aus Vinylchlorid:

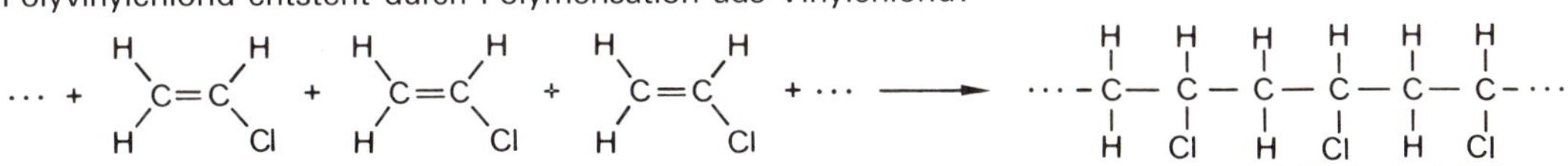

Vinylchlorid-Moleküle — Polyvinylchlorid-Makromolekül

Reines PVC (**Hart-PVC**) ist hart, zäh und schwer zerbrechlich. Durch Zusatz von sogenannten **Weichmachern** zum PVC-Ausgangspulver können weichgummiartige bis lederzähe PVC-Sorten (**Weich-PVC**) hergestellt werden. Weichmacher sind Stoffe, die ein erleichtertes Abgleiten der Moleküle bewirken.

Polystyrol PS

Handelsnamen:
Polystyrol
Hostyren
Vostyren
Luran
Styropor (Schaum)

Eigenschaften:
Glasklar mit Oberflächenglanz, hart, spröde, splittert beim Bruch, chemikalienfest, unbeständig gegen organische Lösungsmittel, schäumbar

Telefon-Gehäuse

Dämmplatten

Verwendungen:
Rückleuchten, Haushaltsgeräte, Abdeckplatten

Polystyrolschaum:
Verpackungen, Wärme- und Kälteisolierungen

Rein-Polystyrol wird durch Polymerisation von Styrol hergestellt:

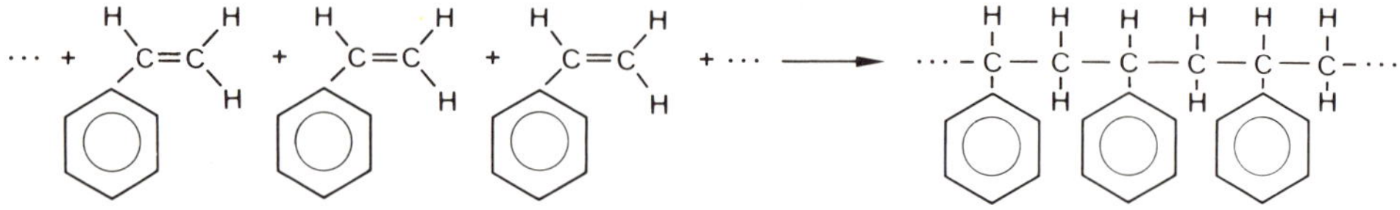
Styrol-Moleküle → Polystyrol-Makromolekül

Styrol-Copolymerisate. Reines Polystyrol ist spröde und splittert. Durch Copolymerisation mit anderen Monomeren können schlagfeste Styrol-Copolymerisate erzielt werden.

SAN-Copolymerisat (**S**tyrol-**A**cryl**n**itril) ist weniger spröde.

ABS-Copolymerisat (**A**crylnitril-1,3-**B**utadien-**S**tyrol) ist hart, dabei schwerzerbrechlich und chemikalienbeständig.

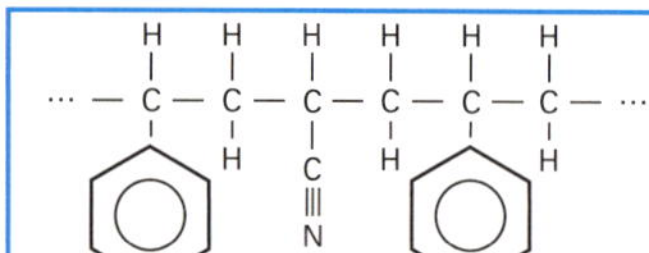
SAN-Copolymerisat

Acrylglas PMMA

(Polymethylacrylsäuremethylester)

Handelsnamen:
Plexiglas
Plexidur
Resartglas

Eigenschaften:
Glasklar mit Oberflächenglanz, hart und zäh, schwer zerbrechlich, witterungsbeständig, beständig gegen schwache Säuren, Laugen, Salzlösungen, Öl, Benzin

Schutzbrille

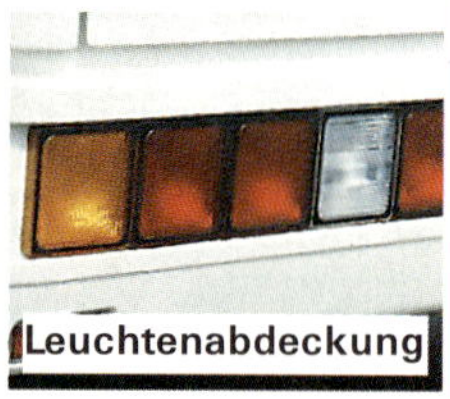
Leuchtenabdeckung

Verwendungen:
Schutzgläser, Schutzbrillen, Splitterschutz, durchsichtige Gehäuse, Dachverglasungen, Sanitärartikel

Acrylglas entsteht durch Polymerisation von Methylacrylsäuremethylester (Methylmethacrylat):

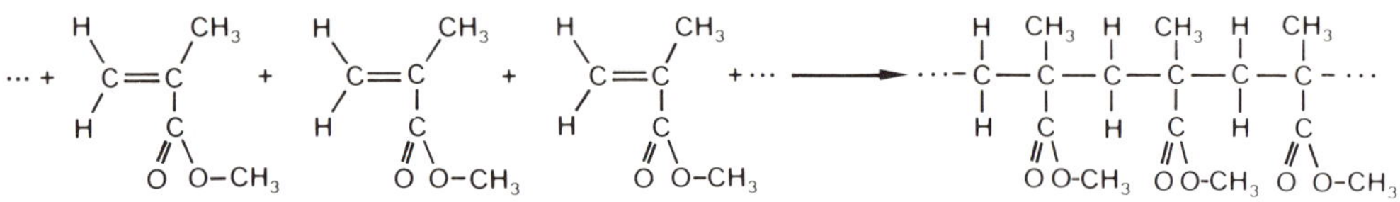
Methylacrylsäuremethylester-Moleküle → Acrylglas-Makromolekül

Polycarbonate PC

Handelsnamen:
Makrolon
Lexan

Eigenschaften:
Glasklar mit Oberflächenglanz, hartelastisch, schlagzäh, unzerbrechlich beständig gegen Bewitterung

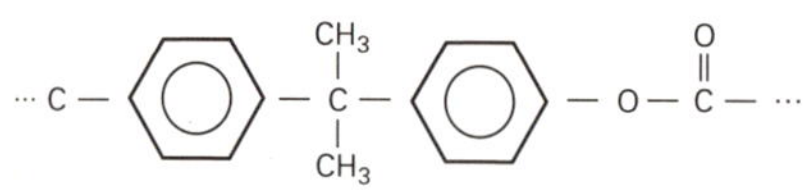

Verglasungen

Verwendungen:
Bruchsichere Verglasungen: Türen, Duschkabinen, Sporthallen, Geländer, Werkzeuggriffe, optische Geräte

Polyacrylnitril PAN

Handelsnamen:
Dralon
Orlon
Acrilan

Eigenschaften:
Läßt sich zu Fasern mit wollähnlichem Charakter verspinnen

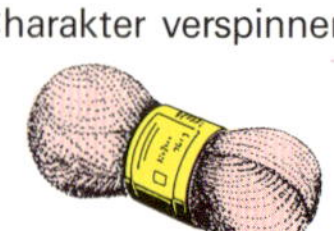

Polyacrylnitril entsteht durch Polymerisation von Acrylnitril:

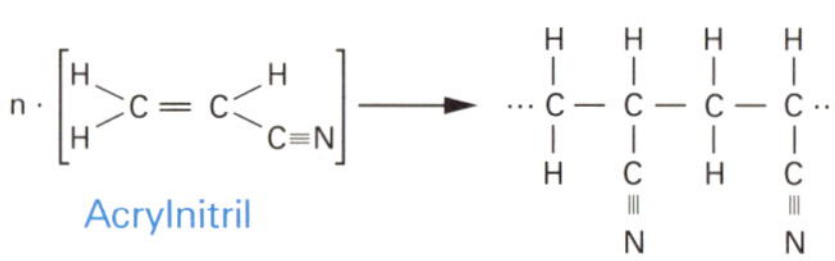
Acrylnitril

Verwendungen:
Textilien, Wolle, Fasern zur Verstärkung von Zement (Eternit)

Polytetrafluorethylen PTFE	Eigenschaften		Verwendungen
Polytetrafluorethylen PTFE *Handelsnamen:* Teflon Hostaflon TF	**Eigenschaften:** Milchig weiß, wachsartige Oberfläche, zäh, abriebfest, Dichte: 2,2 g/cm³ äußerst chemikalienfest, temperaturbeständig von −150 °C bis +280 °C	 Beschichtung 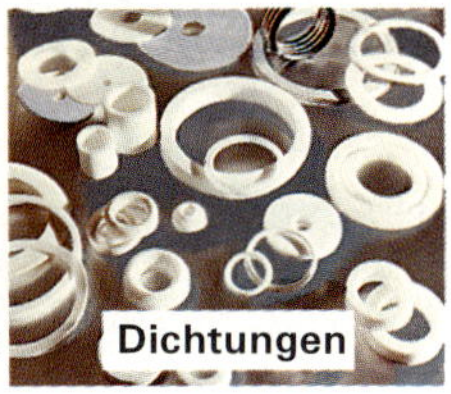 Dichtungen	**Verwendungen:** Wärmebeständige Beschichtungen, Schmiermittel (in Pulverform), Chemiearmaturen, Dichtungen, Lagerschalen

Polytetrafluorethylen entsteht durch Polymerisation aus Tetrafluorethylen (Tetrafluorethen):

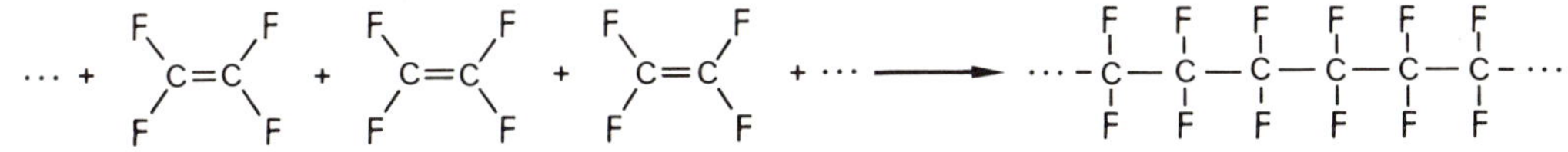

Tetrafluorethylen-Moleküle — Polytetrafluorethylen-Makromolekül

Polyamide PA	Eigenschaften		Verwendungen
Polyamide PA *Handelsnamen:* Durethan Ultramid Vestamid Zytel Rilsan	**Eigenschaften:** Milchig weiß, glatte und verschleißfeste Oberfläche, hohe Festigkeit, zäh, beständig gegen Benzin, Öle, schwache Säuren und Laugen, verspinnbar	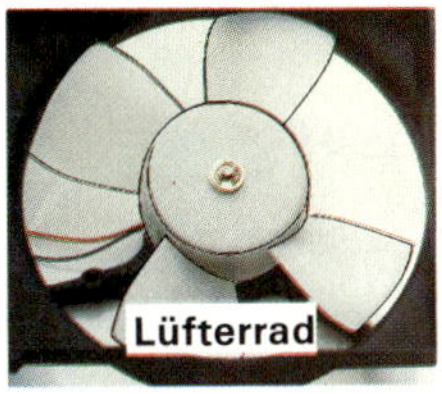 Lüfterrad  Getriebeteile	**Verwendungen:** Zahnräder, Lagerschalen, Gleitschienen, Schutzhelme, Kraftstofftanks *Polyamidfasern:* Nylon, Perlon

Die Herstellung der Polyamide erfolgt durch Polykondensation. Je nach den Ausgangsstoffen können verschiedene Polyamidarten erzeugt werden:

Das Polyamid **PA 66** wird aus Adipinsäure $HOOC-(CH_2)_4-COOH$ oder Sebacinsäure $HOOC-(CH_2)_8-COOH$ und 1,6-Diaminohexan (Hexamethylendiamin) hergestellt:

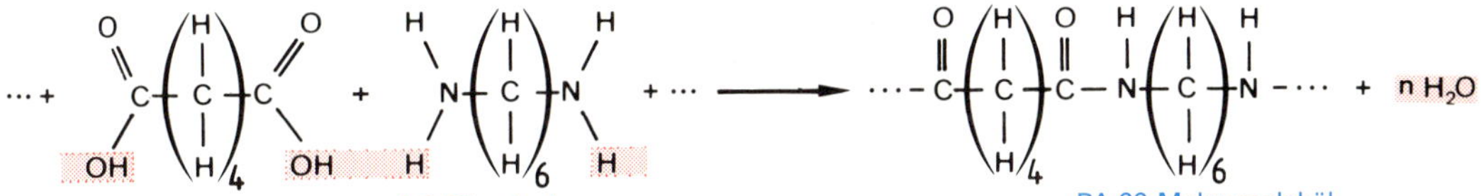

Adipinsäure — 1,6-Diaminohexan — PA 66-Makromolekül

Das Polyamid **PA 6** entsteht durch Polykondensation von 6-Aminohexansäure (Caprolactam):

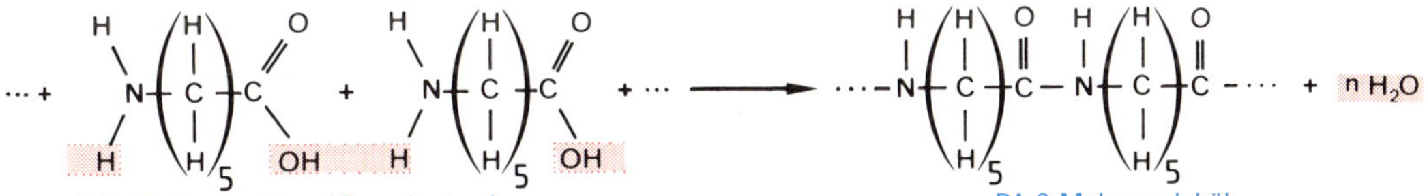

6-Aminohexansäure (Caprolactam) — PA 6-Makromolekül

Die Eigenschaften von PA 6 und PA 66 sind weitgehend ähnlich, was durch die sehr ähnliche chemische Struktur naheliegend ist.

Die Polyamide lassen sich durch Schmelzen und Pressen aus einem Düsenkopf (Schmelzspinnen) zu Fasern verspinnen (Handelsnamen: Nylon, Perlon). Anschließendes Verstrecken der Fasern um das 4- bis 5fache der Länge verleiht den Fasern höchste Festigkeit. Neben Feintextilien, wie z. B. Strumpfhosen, stellt man daraus vor allem technische Güter, wie Seile, Netze, Gurte, Förderbänder usw. her.

Wiederholungsfragen

1. **Nach welchen Reaktionsmechanismen können aus Kleinmolekülen Makromoleküle entstehen? Geben Sie je ein Beispiel.**
2. **In welche Gruppen unterteilt man die Kunststoffe nach technischen Gesichtspunkten? Nennen Sie die Unterschiede.**
3. **Welche umweltschädigenden Stoffe können beim Verbrennen von PVC entstehen?**
4. **Was versteht man unter Copolymerisaten? Nennen Sie ein Beispiel.**
5. **Welche besonderen Eigenschaften hat Polytetrafluorethylen?**

6.5.8 Duroplaste

Duroplaste werden in Form von zwei Komponenten dem Endverarbeiter angeliefert. Entweder besteht die eine Komponente aus dem unvernetzten Polymeren und die andere Komponente aus einem Reaktionsmittel oder die beiden Komponenten sind zwei reaktionsfähige Monomere. Durch Zusammenfügen der beiden Komponenten reagieren sie und es entstehen die vernetzten Polymere. Bei der Reaktion muß der Gegenstand aus Duroplast-Kunststoff seine endgültige Gestalt erhalten, da er danach nicht mehr formbar ist. Duroplaste werden deshalb in Formen gegossen oder gepreßt. Dort erfolgt dann die Vernetzung. Wegen ihres Baumharz-ähnlichen Aussehen werden die Duroplaste auch Harze genannt.

Ungesättigte Polyesterharze UP *Handelsnamen:* Palatal Ultradur Leguval Vestopal	**Eigenschaften:** Glasklar, glänzende Oberfläche, gut vergießbar, starke Klebefähigkeit, hart bis elastisch, chemikalienfest, verspinnbar	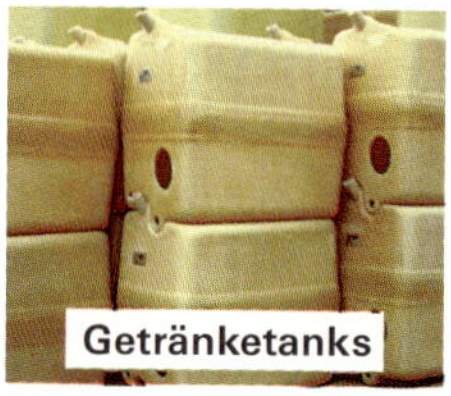 **Getränketanks**  **Pkw-Stoßfänger**	**Verwendungen:** Klebeharz, Lackharz, Gießharz, Karosserieteile, Tanks, Bootskörper *Fasern:* Trevira, Diolen

Lineare Polyester entstehen durch Polykondensation aus einer organischen Säure und einem Alkandiol, z. B.

Ethan-Dicarbonsäure — Ethandiol (Glycol) — Polyester-Makromolekül

Der aus Terephthalsäure und Ethandiol hergestellte lineare Polyester (Seite 233 Mitte) läßt sich besonders gut zu Fasern verspinnen. Aus ihm stellt man Textilgewebe, wie z. B. Trevira, Diolen, her.
Lineare Polyester haben thermoplastische Eigenschaften.

Vernetzte und damit duroplastische **Polyester** stellt man durch Polykondensation aus Maleinsäure und Glycol (Ethandiol) her. Das Polyester-Vorprodukt besteht aus fadenförmigen Polyester-Makromolekülen und wird in Styrol gelöst angeliefert. Durch Zugabe eines Reaktionsmittels (Benzoylperoxid) beim Verarbeiten verknüpfen sich die fadenförmigen Makromoleküle zu engmaschig vernetzten Makromolekülen. Es entsteht das harte, unverformbare Polyesterharz.

Polyurethane PU *Handelsnamen:* Vulkollan Moltopren Bayflex Elastollan Elastopan	**Eigenschaften:** Honiggelb, gute Klebefähigkeit, je nach Vernetzung: hart und zähelastisch bis weich und gummielastisch, chemikalienbeständig, schäumbar	 **Ski-Stiefel**  **Weiche Verkleidungen**	**Verwendungen:** Schuhsohlen, Zahnriemen, Pkw-Stoßstangen, Kleber, Lack, harter und elastischer Schaumstoff *Fasern:* Lycra

Polyurethan wird durch Polyaddition aus Diisocyanaten und Alkandiolen hergestellt, z. B.

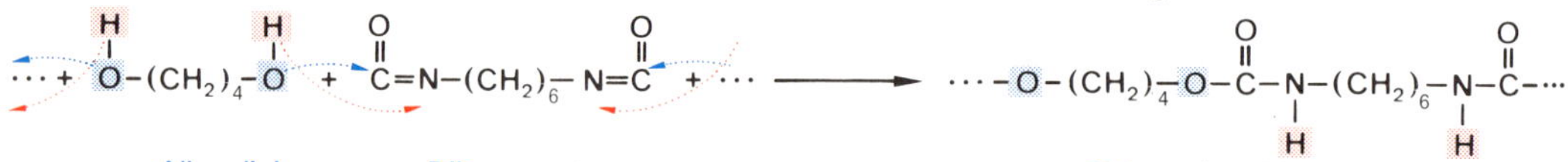

Alkandiol — Diisocyanat — Polyurethan-Makromolekül

Durch geeignete Reaktionsführung und Auswahl der Monomere können Polyurethane mit unterschiedlichem Vernetzungsgrad entstehen. Stark vernetztes Polyurethan ist hart und zähelastisch (Duroplast). Weitmaschig vernetztes Polyurethan ist weich und gummielastisch (Elastomer). Nicht vernetztes Polyurethan ist ein Thermoplast.
Durch Zusatz von Wasser zum Polyurethan-Ausgangsgemisch kann Polyurethan aufgeschäumt werden.
Je nach Wahl der verwendeten Monomere kann harter Schaumstoff (z. B. für Wärmedämmung oder Formteile) oder elastischer Schaumstoff (z. B. für Polstermöbel) erhalten werden.
Weitmaschig vernetztes Polyurethan wird auch zu hochelastischen Fasern (Lycra) versponnen.

Epoxidharze EP	**Eigenschaften:**		**Verwendungen:**
Handelsnamen: Epoxin, Araldit, Epikote, Lekutherm	Honiggelb, durchsichtig, gute Klebefähigkeit, gut vergießbar, hart, zähelastisch, beständig gegen Säuren, Laugen, Salzlösungen und Lösungsmittel	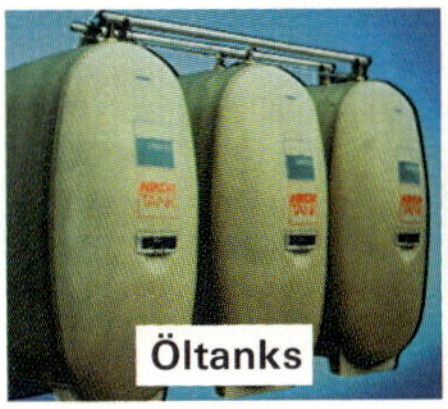 Öltanks  Konstruktions-Kleber	Klebeharz, Lackharz, Gießharz Ausgangsharz für faserverstärkte Kunststoffe *Mit Fasern verstärkt:* Karosserieteile, Flugzeugteile, Tanks

Epoxidharze werden in zwei Reaktionsschritten gebildet. Das Epoxidharz-Vorprodukt mit fadenförmigen Makromolekülen entsteht aus Bisphenol und Epichlorhydrin:

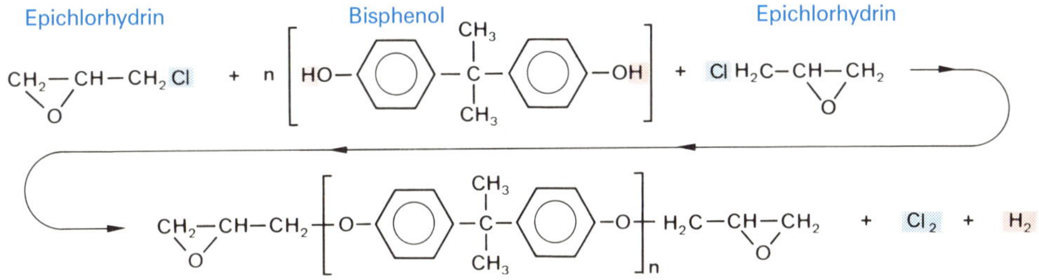

Epoxidharz-Makromolekül

Epoxidharze sind je nach Kettenlänge der Makromoleküle im unvernetzten Zustand honigartige Flüssigkeiten oder pulvrige Feststoffe. Durch Zusatz von Diaminen (zwei NH_2-Gruppen) oder Dicarbonsäuren (zwei COOH-Gruppen) werden die fadenförmigen Makromoleküle durch Polyaddition vernetzt.

Phenoplaste Aminoplaste	**Eigenschaften:**		**Verwendungen:**
Handelsnamen: Bakelit, Albamit, Resopal, Kaurit, Kauresin	Farblos bis gelb-braun, durchscheinend, hart und spröde, beständig gegen Wasser und Lösungsmittel, unbeständig gegen starke Säuren und Laugen	 Pkw-Bauteile 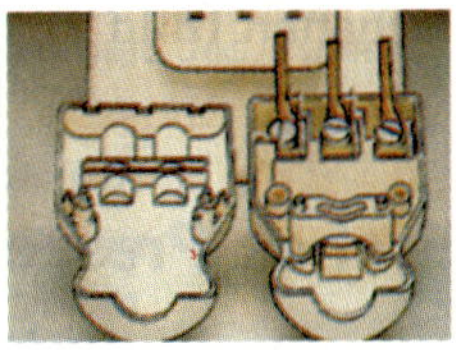 Elektro-Isolierteile	Bindemittel für Holz und Lack *Mit Füll- oder Schichtstoffen:* Elektroteile, Pkw-Teile, Beschichtungen

Phenoplaste werden durch Polykondensation von Phenol und Formaldehyd (Methanal) hergestellt:

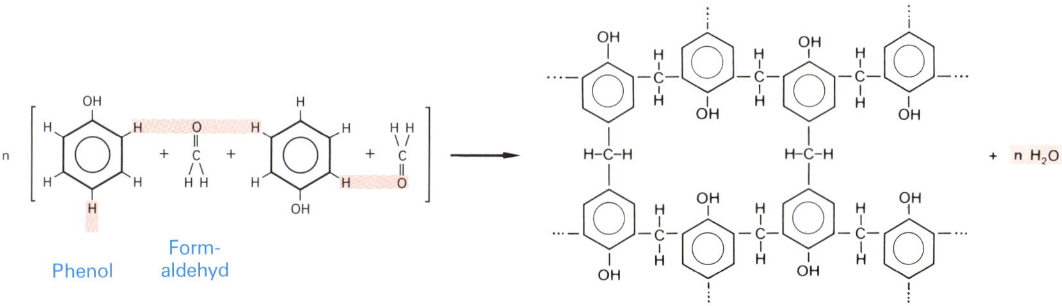

Phenoplast-Makromolekül

Aminoplaste werden durch Polykondensation aus Harnstoff und Formaldehyd (Methanal) hergestellt:

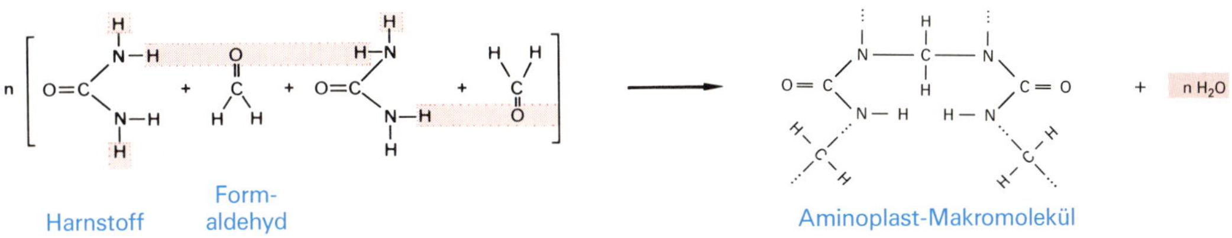

Aminoplast-Makromolekül

6.5.9 Verarbeitung der Kunststoffe

Extrudieren

Extrudieren ist das vielseitigste Urformverfahren für Thermoplaste sowie nicht vernetzte Elastomere. Eine Extrusionsanlage besteht aus dem Extruder sowie einer Reihe von Zusatzeinrichtungen **(Bild 240/1)**.

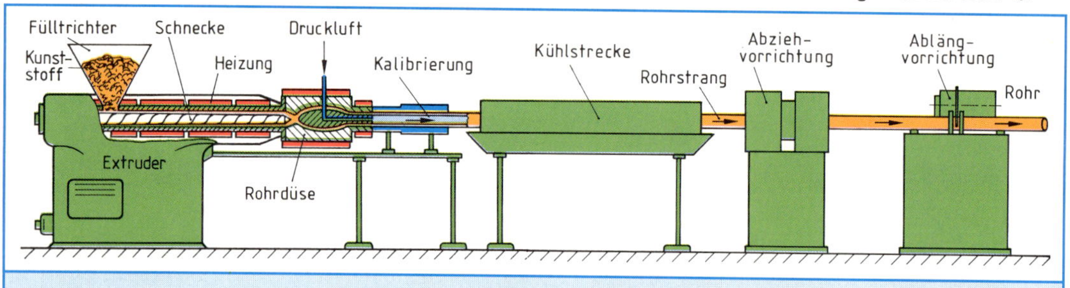

Bild 240/1: Rohr-Extrusionsanlage

Der Extruder ist eine stetig arbeitende Schneckenstrangpresse mit einem vorgesetzten Formwerkzeug. Die im Extruder erwärmte, teigige Kunststoff-Formmasse wird von der langsam rotierenden Schnecke fortlaufend durch das Formwerkzeug gepreßt und tritt als Endlosstrang aus. In einer nachgeschalteten Kühlstrecke erstarrt es. Durch Extrudieren werden Rohre, Stäbe, Tafeln, Profile und Bahnen hergestellt.

Extrusionsblasen

Hohlkörper, wie Fässer, Tanks und Kanister werden durch Extrusionsblasen in einem mehrschrittigen Arbeitszyklus gefertigt **(Bild 240/2)**: Ein aus einem Extruder austretendes, noch warmes und plastisch formbares Kunststoff-Schlauchstück wird in eine Hohlform geführt ①. Nach Schließen der Hohlform bläst Druckluft das Schlauchstück auf und preßt es an die gekühlte Hohlformwand, so daß es seine Form annimmt und erstarrt ②. Dann öffnet die Hohlform und stößt das fertige Bauteil aus ③. Danach beginnt ein neuer Arbeitszyklus.

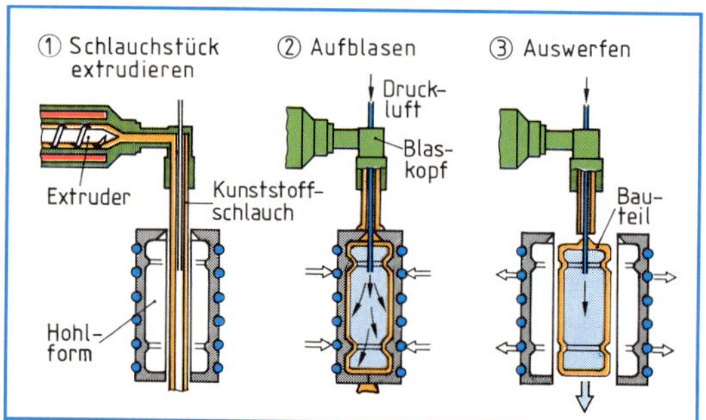

Bild 240/2: Extrusionsblasen

Dünne Folien werden durch **Folienblasen** hergestellt: Ein aus einem Extruder austretender, dünner, plastisch formbarer Kunststoffschlauch wird zu einem dünnwandigen Foliensack aufgeblasen. Dabei kühlt sich die Folie ab, erstarrt und wird fortlaufend aufgewickelt.

Kalandrieren

Kalandrieren, das heißt warm Auswalzen, ist das bevorzugte Herstellungsverfahren für Tafeln, Fußbodenbeläge, Dichtungsbahnen und dicke Folien aus thermoplastischen Kunststoffen **(Bild 240/3)**.

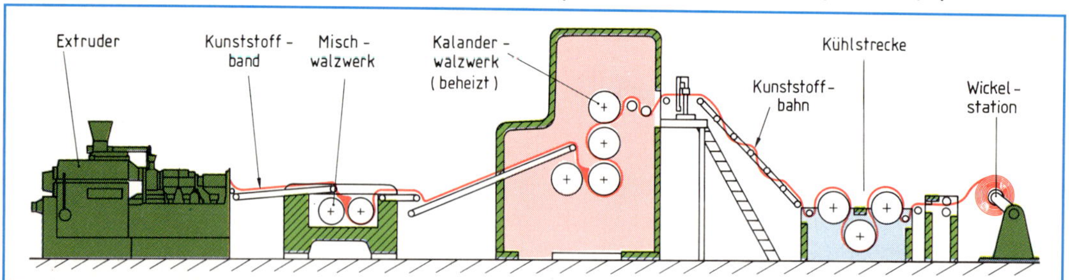

Bild 240/3: Kalandrieranlage

Die Kunststoff-Formmasse wird in einem Extruder durch Erwärmen plastifiziert und als formbares Band zuerst einer Mischwalze und dann einem Kalander-Walzwerk zugeführt. Dort wird es in mehreren Walzschritten auf die gewünschte Dicke ausgewalzt. Durch abschließendes Durchlaufen einer Prägewalze kann eine Oberflächenstruktur (Prägung) aufgebracht werden.

Spritzgießen

Beim Spritzgießen wird die Thermoplast-Formmasse im Zylinder einer Spritzgußmaschine erwärmt und plastifiziert **(Bild 241/1)**.

Zu Beginn des Fertigungszyklus fährt die Extruderschnecke in Richtung Formwerkzeug und spritzt die formbare Kunststoffmasse mit großer Geschwindigkeit in die gekühlte Hohlform eines zweiteiligen Formwerkzeugs ①. Dort erstarrt die Formmasse. Die Extruderschnecke fährt inzwischen in die Ausgangsstellung zurück. Anschließend öffnet das Formwerkzeug und wirft das fertige Bauteil aus ②. Dann schließt das Werkzeug und es beginnt ein neuer Fertigungszyklus ③.

Durch Spritzgießen werden Formteile, wie Eimer, Gehäuse, Zahnräder, Beschläge usw., hergestellt.

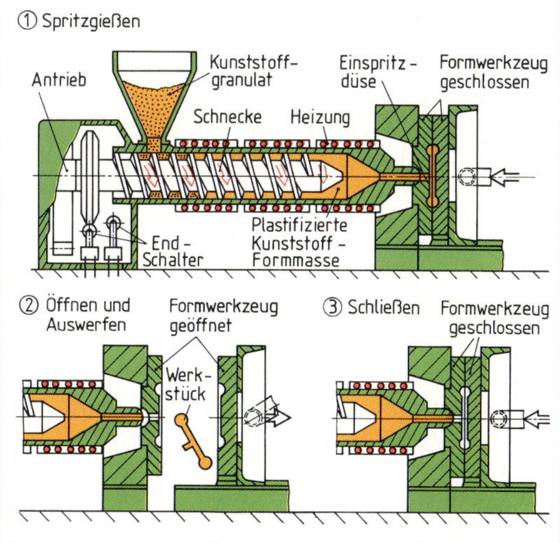

Bild 241/1: Spritzgießen

Formpressen

Durch Formpressen werden duroplastische und elastomere Kunststoffe sowie mit Füllstoffen vermischte Kunststoff-Formmassen zu Formteilen, wie Gehäusen, Beschlägen, Dichtungen usw. verarbeitet. Der Formvorgang verläuft in drei Arbeitsschritten **(Bild 241/2)**. Zuerst wird eine abgemessene Portion vorgewärmter Kunststoff-Formmasse, der Härter beigegeben ist, in den Formhohlraum gefüllt ①. Vom heruntergehenden Stempel wird die Masse in die Form gedrückt und härtet an den heißen Hohlraumwänden aus ②. Ein Auswerfer stößt das Formteil aus ③. Dann beginnt ein neuer Fertigungszyklus.

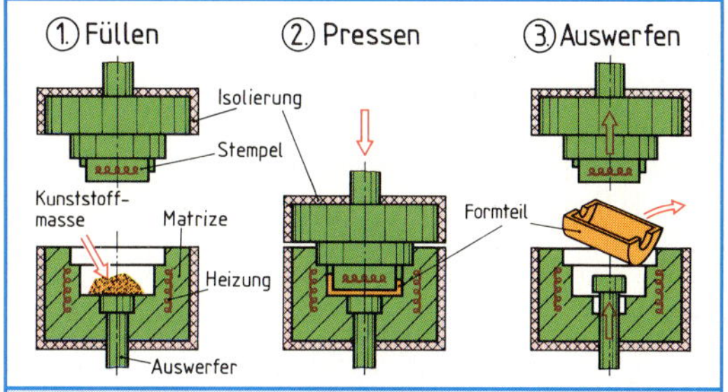

Bild 241/2: Arbeitsgänge beim Formpressen

Schäumen

Geschäumtes Polyurethan wird meist kontinuierlich zu Blöcken geformt **(Bild 241/3)**. Die flüssigen Polyurethan-Vorprodukte werden in einer Schlitzdüse gemischt und als dünne Lage auf eine stetig fortlaufende Trennfolie aufgebracht. Die Vorprodukte reagieren miteinander, erwärmen sich dabei und setzen Gase frei. Sie blähen das entstandene, noch flüssige Polyurethan zu einem Schaumstoffkörper auf, der durch die Reaktionswärme aushärtet.

Geschäumtes Polystyrol wird durch Erwärmen eines Treibmittel-haltigen Polystyrolpulvers in einem Formwerkzeug hergestellt.

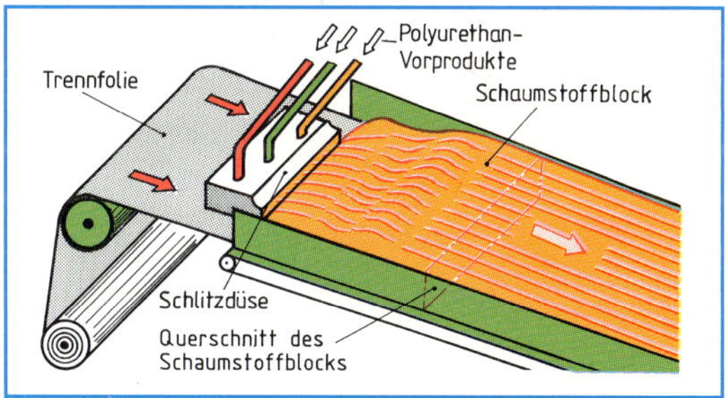

Bild 241/3: Schäumen von Polyurethan

Herstellung faserverstärkter Kunststoffe

Duroplastische Kunststoffe, wie Polyesterharze oder Epoxidharze, werden in großem Umfang durch Zusatz von Glas- oder Kohlenstoffasern verstärkt. Dadurch erhält man einen hochfesten und gleichzeitig leichten Verbundwerkstoff. Er wird kurz **GfK** genannt, von **G**lasfaser-verstärkter **K**unststoff.

Die Herstellung der Formteile aus GfK erfolgt z. B. durch gemeinsames Verpressen oder bei Rohren und Behältern durch Wickeln **(Bild 241/4)**.

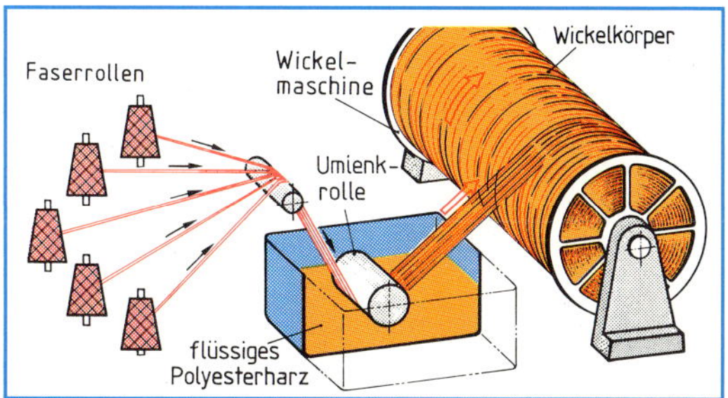

Bild 241/4: Wickeln eines Behälters aus GfK

6.5.10 Elastomere

Ausgangsstoff der Elastomere sind Kautschuke, bestehend aus fadenförmigen, amorph verknäulten Makromolekülen. Während der Formgebung werden die Kautschuke vulkanisiert und ergeben den Elastomer, auch Gummi genannt (englisch rubber). Beim Vulkanisieren erfolgt eine weitmaschige Vernetzung der Makromoleküle. Je nach Vernetzungsgrad erhält man Weichgummi oder Hartgummi. Nach der Vulkanisation ist keine bleibende Formveränderung des Elastomer-Formteils mehr möglich.

Das Charakteristische der Elastomere ist ihre **Gummielastizität** von mehreren Hundert bis Tausend Prozent.

Naturgummi (NR)

Der älteste Elastomer ist der aus dem Pflanzensaft des tropischen „Gummibaumes" hergestellte **Naturgummi**, Kurzbezeichnung **NR** (von engl. **N**atural **R**ubber). Sein Ausgangsstoff, der Naturkautschuk, ist ein fadenförmiges Polymer des Isoprens. Durch Vulkanisieren mit Schwefel, d.h. Mischen, Erhitzen und unter Druck setzen, wird der Rohkautschuk über Schwefelbrücken vernetzt und man erhält den Naturgummi. 0,25 bis 5% Schwefel ergeben Weichgummi, 20 bis 50% Hartgummi.

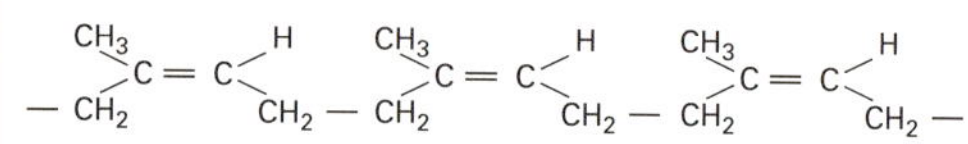

Naturkautschuk: Fadenförmiges Isopren-Polymer

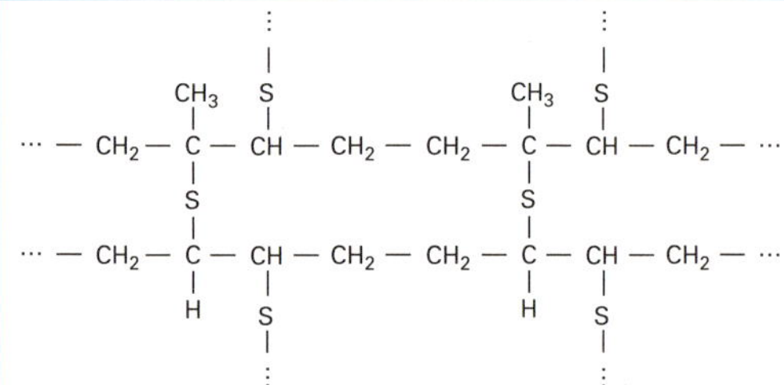

Naturgummi: Schwefel-vernetztes Isopren-Polymer

Naturgummi besitzt eine hohe Zugfestigkeit, höchste Elastizität und beste Kälteflexibilität. Reiner Naturgummi wird für einige Spezialanwendungen, z.B. Luftballons, verwendet. Breite Anwendung findet der Naturgummi in Gummimischungen, z.B. für Pkw-Reifen.

Synthetische Elastomere (SR)

Der Großteil der heute eingesetzten Elastomere sind **synthetisch hergestellte Elastomere**, Kurzzeichen **SR** (von engl. **S**ynthetic **R**ubber). Man kann sie unterteilen in die, dem Naturgummi chemisch ähnlichen Elastomere mit ungesättigten Gruppen (C = C-Doppelbindungen). Dazu gehören synthetisches Polyisopren und Polybutadien, sowie die Copolymeren Styrol-Butadien, Acrylnitril-Butadien und Isobuten-Isopren. Diese Kautschuke lassen sich wie Naturkautschuk mit Schwefel vulkanisieren.

Daneben gibt es andere, synthetisch hergestellte, kautschukartige Stoffe, mit davon chemisch abweichendem Aufbau, wie z.B. die Polyurethan-Elastomere oder die Silicon-Elastomere.

Styrol-Butadien-Gummi (SBR)

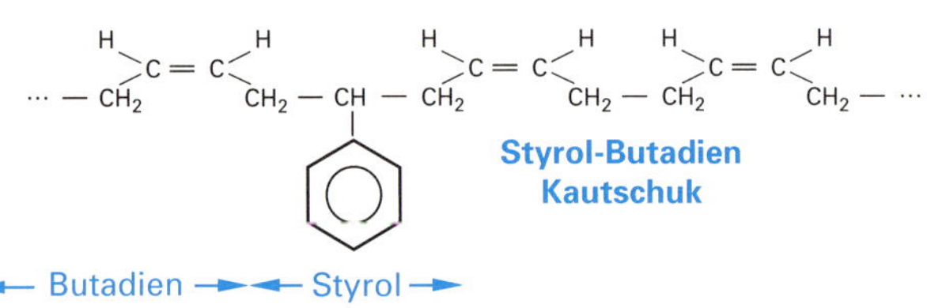

Styrol-Butadien-Gummi ist der mengenmäßig bedeutendste synthetische Gummi. Er ist ein Copolymerisat aus ca. 75% Butadien und 25% Styrol, die entsprechend ihrem Gehalt in die Polymerkette eingebaut sind (siehe rechts). Gegenüber Naturgummi hat SBR-Gummi bessere Abriebfestigkeit sowie bessere Hitze- und Alterungsbeständigkeit, aber niedrigere Elastizität und ungünstigere Kälteflexibilität. Zwei Drittel der Weltproduktion des SBR werden für die Reifenherstellung verarbeitet. Andere Verwendungen sind Dichtungen, Membranen, Transportbänder, Schläuche, Gummistiefel, Klebstoffe, usw.

Eine typische Gummimischung für Pkw-Reifen besteht aus ca. 42% SBR, 18% NR, 28% Ruß, 3% Weichmacher, 1% Schwefel und 8% weiteren Zusatzstoffen.

Pkw-Reifen aus SBR/NR-Mischung

Acryl-Butadien-Gummi (NBR)

Die Copolymerisation von Butadien mit Acrylnitril ergibt einen NBR-Gummi, der sich durch Mineralöl- und Kraftstoffbeständigkeit auszeichnet. Es wird zu Dichtungen und Schläuchen im Fahrzeug- und Maschinenbau verarbeitet.

Butyl-Gummi (IIR)

Butyl-Gummi ist ein Copolymer aus Isobuten und Isopropen. Gegenüber NR und den anderen SR-Sorten zeichnet sich der Butyl-Gummi durch eine sehr geringe Durchlässigkeit für Luft und andere Gase aus. Er wird bevorzugt für Fahrrad- und Autoreifenschläuche sowie für gasdichte Membranen und Dichtungen verwandt.

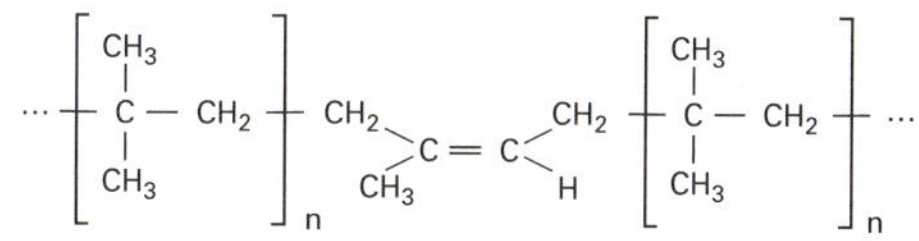

Butyl-Kautschuk

Weitere synthetische Elastomere

Name, Symbol	Chemischer Aufbau	Besondere Eigenschaften	Typische Verwendung
Ethylen-Propylen-Gummi (EPM)	Copolymer aus Ethen, Propen und einem Dien	Gute Sauerstoff- und Temperaturbeständigkeit	Dichtungsprofile in Pkw, Fenster, Waschmaschinen
Fluor-Gummi (FPM)	Mischpolymer aus Vinylidenfluorid und Hexafluorpropen	Gute Chemikalien- und Temperaturbeständigkeit	Dichtungen, Schläuche im Pkw- und Maschinenbau
Polyurethan-Elastomere (AU, EU)	Polyaddukte aus Alkandiolen und Isocyanat (Seite 238)	Hohe Abriebfestigkeit, gut verklebbar	Vollreifen, Rollen, Schuhsohlen, Schäume, Beläge
Silikon-Gummi (Q)	Polymerkette aus Silicium- und Sauerstoffatomen (Siloxane)	Beständig und elastisch zwischen −90 °C und +180 °C	Dichtungen für Ofentüren und Tiefkühlschränke

6.5.11 Silikone

Eine Kunststoffgruppe, die eine völlig andere Zusammensetzung hat, als die anderen Kunststoffe, sind die Silikone. Sie bestehen aus Polymerketten bzw. Polymernetzen aus Silicium, Sauerstoff und CH_3-Gruppen. Diese Silicium-organischen Verbindungen werden auch als **Siloxane** bezeichnet.

Die Siliciumatome sind über Sauerstoffatome miteinander verbunden, die freien Valenzen sind durch CH_3-Gruppen abgesättigt. Es sind fadenförmige und vernetzte Strukturen möglich (siehe rechts).

Die Eigenschaften der Silikone hängen von der Länge der Makromoleküle und dem Grad ihrer Vernetzung ab. Silikone mit fadenförmigen, unvernetzten Makromolekülen sind **Silikonöle**. Schwach vernetzte Makromoleküle führen zu gummielastischem **Silikonkautschuk**. Stark vernetzte Makromoleküle ergeben **Silikonharz**. Eine besondere Eigenschaft der Silikone ist ihre wasserabstoßende Wirkung und ihre Temperaturbeständigkeit von −90 °C bis 180 °C.

Da die Silikone recht teuer sind, werden sie nur eingesetzt, wenn ihre besonderen Eigenschaften dies rechtfertigen. Silikonöle dienen zum Imprägnieren von Mauerwerk und wasserabstoßenden Textilien. Silikonkautschuk wird zu Dichtungen, Fugenfüllmasse und Gießformen verarbeitet. Silikonharz wird, in Lösungsmittel gelöst, als Isolierlack gegen Feuchtigkeit und als Trennmittel verwendet.

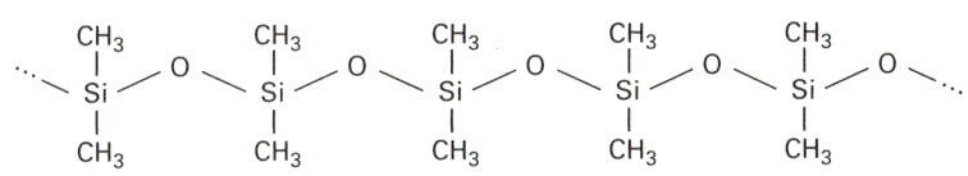

Fadenförmiges Silikonmolekül (Silikonöl)

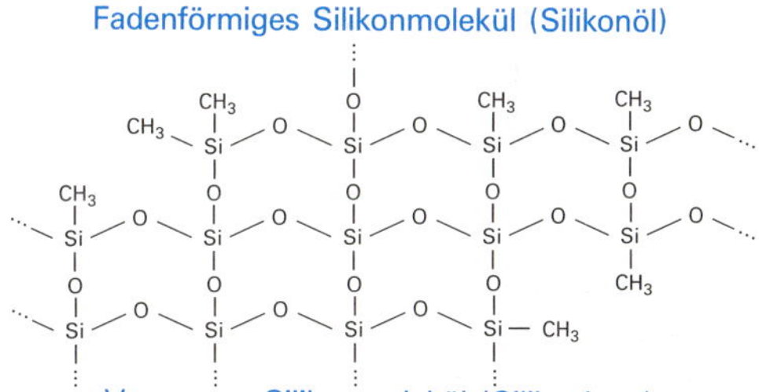

Vernetztes Silikonmolekül (Silikonharz)

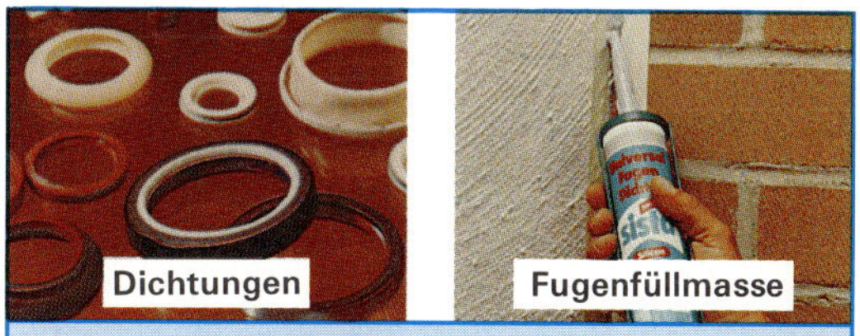

Bild 243/1: Anwendungen von Silikon-Kunststoff

Wiederholungsfragen

1. **Welche Strukturformel hat Polyester?**
2. **Aus welchem Duroplast kann man sowohl harte Formteile, Weichschaum und elastische Fasern herstellen?**
3. **Erläutern Sie die Verarbeitung der Kunststoffe durch Extrudieren bzw. durch Spritzgießen.**
4. **Woraus besteht SBR-Gummi?**
5. **Welche chemische Grundstruktur haben die Silikone?**

6.6 Farbmittel

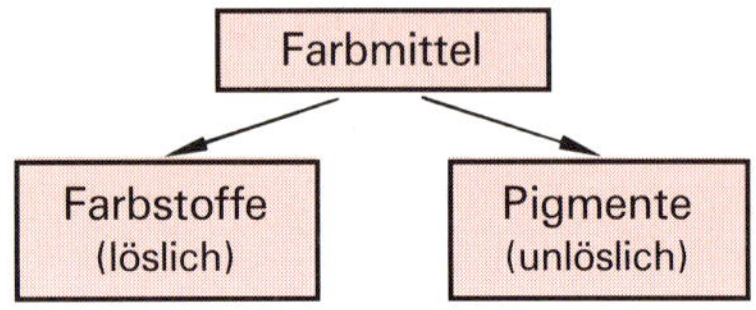

Farbmittel ist der Sammelname für farbgebende Stoffe. Als *Farbstoffe* bezeichnet man nur die im Anwendungsmedium löslichen organischen Farbmittel. *Pigmente* dagegen sind im Anwendungsmedium unlösliche, organische oder anorganische Farbmittel.

6.6.1 Grundlagen der Farbwahrnehmung

Farbe ist ein durch das Auge vermittelter Sinneseindruck. Eine Farbe ist durch Farbton, Sättigung und Helligkeit gekennzeichnet. Physikalisch betrachtet handelt es sich bei einer Farbwahrnehmung um elektromagnetische Strahlung. Sie wird von der Augenlinse gebündelt und trifft auf die Netzhaut des Auges. Dort befinden sich viele Millionen Sehstäbchen und Sehzapfen, die einen Teil der elektromagnetischen Strahlung wahrnehmen können und im Gehirn das Bild und die Farbe entstehen lassen.

Beim sichtbaren Licht handelt es sich um einen nur sehr kleinen Wellenlängenbereich der elektromagnetischen Strahlung mit einer Wellenlänge von 400 nm* bis 700 nm **(Bild 244/1)**. Das Spektrum des sichtbaren Lichts reicht vom kurzwelligen violett (λ = 400 nm) über indigo, blau, grün, gelb, orange bis zum langwelligen rot (λ = 700 nm). Kürzer- oder längerwellige elektromagnetische Strahlung kann das Auge nicht wahrnehmen.

Das weiße Licht, das von der Sonne oder Lichtquellen ausgeht, umfaßt Strahlung unterschiedlicher Wellenlänge. Es ist eine zusammengesetzte Mischfarbe, die alle Farben des Lichtspektrums enthält. Dies ist erkennbar, wenn man das weiße Licht mit einem Prisma in sein Spektrum auffächert.

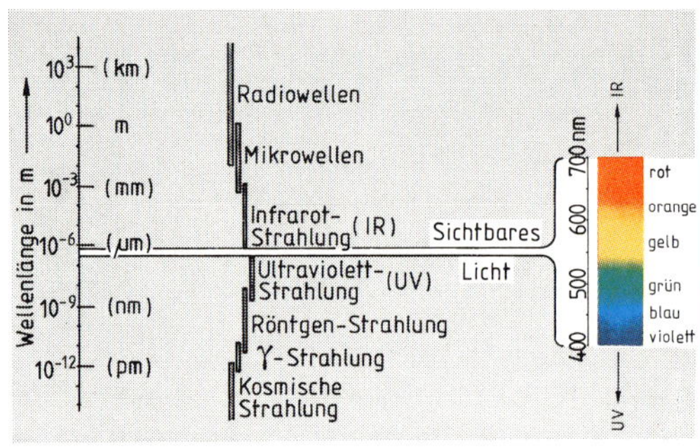

Bild 244/1: Elektromagnetisches Spektrum

Der Farbeindruck eines Gegenstandes kann auf zwei Arten entstehen:

1. Subtraktive Farbmischung. Dies ist die Farbentstehung, die bei allen *nicht selbst leuchtenden* Gegenständen vorliegt, das heißt der überwiegenden Mehrzahl aller Gegenstände, die uns umgeben. Bei der subtraktiven Farbmischung werden aus dem weißen Licht der Sonne oder künstlicher Lichtquellen selektiv (auswählend) bestimmte Farben absorbiert, d.h. herausgefiltert. Das zurückgeworfene oder durchscheinende Licht ist der „Rest" des nicht absorbierten weißen Lichtes. Dieses Restlicht hat eine bestimmte Farbe, in der der Gegenstand erscheint. Man nennt sie die **Ergänzungs-** oder **Komplementärfarbe** der absorbierten Farbe, da sie zusammen mit dem absorbierten Lichtanteil wieder weiß ergibt. Durch Ausfiltern (Absorbieren) z. B. von indigoblau aus weißem Licht enthält man gelb. Es ist der Rest des nicht absorbierten weißen Lichtes. Weitere Komplementärfarben zeigt die folgende Tabelle.

Weißes Licht						
	Absorbierter Lichtanteil	indigoblau	violett	blau	blaugrün	grün
	Komplementärfarbe	gelb	grüngelb	orange	rot	purpur

Absorbiert der Gegenstand sämtliches auftreffende Licht, so erscheint er schwarz. Wird das auftreffende weiße Licht nicht absorbiert, sondern gestreut und reflektiert, so erscheint der Gegenstand weiß.

2. Additive Farbmischung. Hierbei werden durch Mischen von drei Grundfarben, nämlich rot, grün und blau, alle beliebigen Farbtöne dargestellt. So ergibt z. B. die Addition gleich intensiver Anteile von:

rot, grün und blau ⇒ den Farbeindruck .... weiß
rot und grün ⇒ den Farbeindruck .... gelb
rot und blau ⇒ den Farbeindruck .... purpur

Durch Variieren der Intensität der Grundfarben können alle Zwischentöne erzeugt werden. Orange entsteht z.b. durch Mischen von viel rot und wenig grün. Braun durch Mischen von viel rot und grün sowie wenig blau usw. Auf dem Prinzip der additiven Farbmischung beruht die Farbempfindung beim Farbfernsehen.

* nm = Nanometer (1 nm = 0,000 000 001 m)

6.6.2 Farbstoffe

Die Farbstoffe sind lösliche, organische Substanzen mit komplizierter chemischer Struktur. Ihre Moleküle enthalten zwei funktionelle Teile **(Bild 245/1)**:

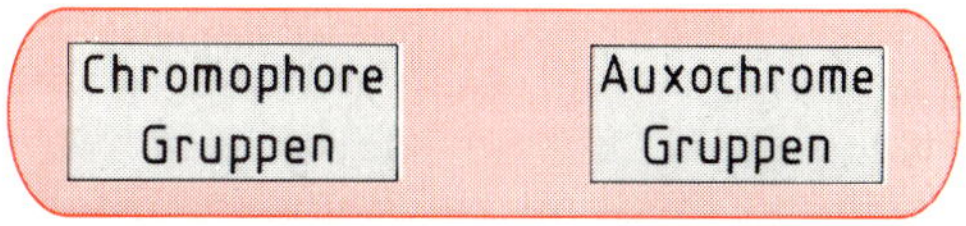

Bild 245/1: Strukturteile eines Farbstoffmoleküls

1. Den farberzeugenden Teil nennt man **Chromophor** (von griechisch chroma = Farbe und phorein = tragen). Die Chromophore sind Gruppen mit Mehrfachbindungen, wie z.B. die *Azogruppe* **—N=N—**, die *Carbonylgruppe* $-\overset{\mathbf{O}}{\overset{\|}{\mathbf{C}}}-$, die *Cyangruppe* **—C≡N**, die Triphenylmethylgruppe usw.
2. Die **Auxochrom-Gruppen** (von lateinisch auxilium = Hilfe). Sie führen zu einer Verstärkung der Farbwirkung. Auxochrome Gruppen sind z.B. die *Aminogruppe* **—NH_2**, die *Hydroxylgruppe* **—OH**, die *Methoxylgruppe* **—O—CH_3** usw.

Es gibt zur Zeit etwa 7000 Farbstoffe. Diese Vielzahl wird durch Abwandlungen einer begrenzten Zahl von Farbstoffklassen erzielt. Der Großteil der Farbstoffe läßt sich in vier Klassen einordnen.

Azofarbstoffe

Das Charakteristische der Azofarbstoffe ist die zentrale **Azo-Gruppe —N=N—**. An sie können Benzol- und Naphthalinderivate sowie Heterocyclen und Dicarbonylverbindungen gebunden sein. Daraus ergibt sich die Vielfalt der Azofarbstoffe. Sie stellen mit über 50% die nach Zahl und Menge größte Klasse organischer Farbstoffe dar.

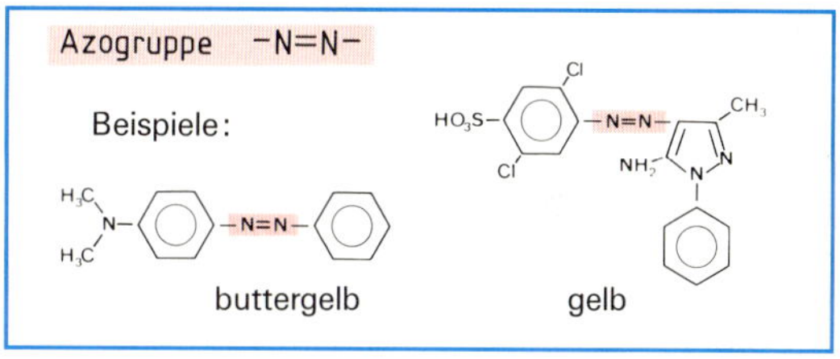

Carbonylfarbstoffe

Sie sind durch mindestens **zwei cyclisch-konjugierte Carbonylgruppen** gekennzeichnet. Wichtige Vertreter dieser Farbstoffklasse sind die Anthrachinonfarbstoffe, die Indigofarbstoffe (Jeansblau) und die Indanthrenfarbstoffe.

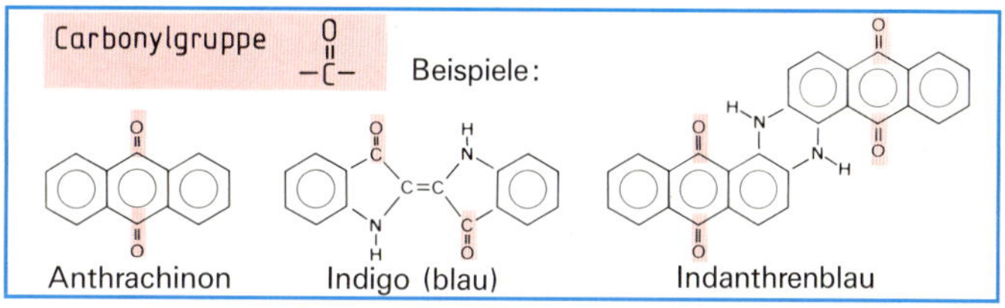

Triphenylmethanfarbstoffe

Der chemische Grundkörper dieser Farbstoffe ist die **Triphenylmethylgruppe**. Weit verbreitete Vertreter dieser Farbstoffgruppe sind das Malachitgrün, das Methylviolett (Umdruckmatritzen) und das Eosin (rote Tinte). Triphenylmethanfarbstoffe besitzen brillante Farbtöne und große Farbstärke.

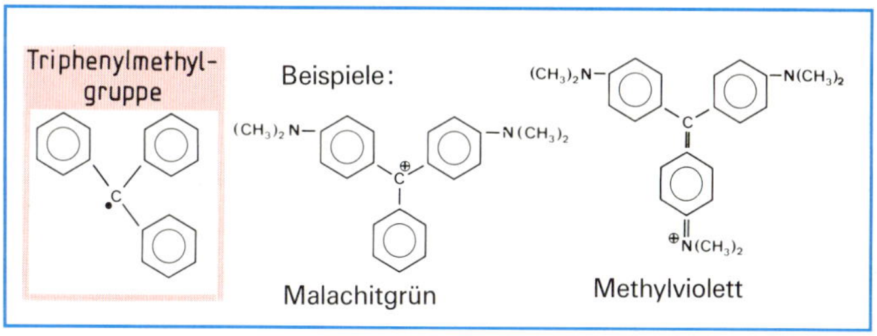

Phthalocyaninfarbstoffe

Grundkörper dieser Farbstoffe ist das **Phthalocyanin**, eine chemische Verbindung, bestehend aus einem vielgliedrigen Ringsystem aus aromatischen Ringen und vier zentralen Stickstoffatomen. Die Phthalocyaninfarbstoffe enthalten zusätzlich ein zentrales Metallatom, wie z.B. Kupfer oder Eisen.

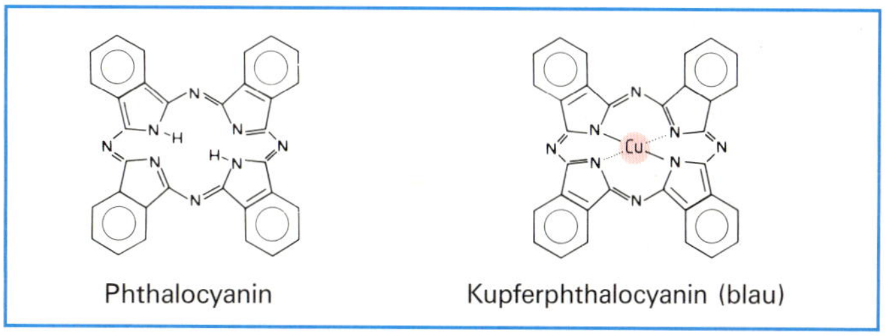

Viele Farbstoffe der Natur, wie z.B. der *rote Blutfarbstoff Häm* oder das *Blattgrün Chlorophyll* sind Phthalocyaninfarbstoffe. Die synthetischen Phthalocyaninfarbstoffe, wie z.B. das *blaue Kupferphthalocyanin*, zeichnen sich durch große Lichtechtheit aus. Durch ein anderes zentrales Metallatom sowie Sulfonierung oder Chlorierung des Phthalocyanins läßt sich eine breite Farbpalette herstellen.

6.6.3 Pigmente

Pigmente sind im Anwendungsmedium unlösliche Farbmittel, die sowohl anorganischer als auch organischer Natur sein können. Sie liegen als feinverteilter (dispergierter) Feststoff in einem durchscheinenden Trägermedium vor, wie z.B. in einem Lack oder einer Emailschicht, und geben der Schicht ihre Farbe **(Bild 246/1)**.

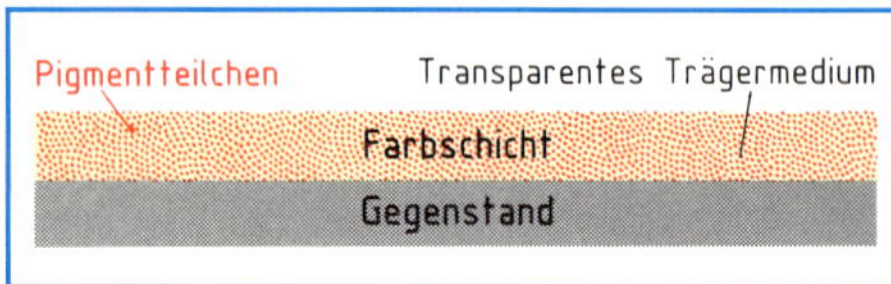

Bild 246/1: Pigmenteinfärbung

Anorganische Pigmente. Anorganische Farbpigmente verwendeten bereits die urzeitlichen Höhlenmaler. Dabei handelt es sich um mineralische Erdfarben, also natürliche Buntpigmente. Heute werden die anorganischen Pigmente synthetisch hergestellt. Sie zeichnen sich durch reinere Farben, höhere Ergiebigkeit und größere Beständigkeit als die natürlichen Minerale aus. Chemisch handelt es sich um dieselben Verbindungen, wie sie auch in den natürlichen Mineralien vorkommen.

Die anorganischen Pigmente dienen vor allem zur Farbgebung für Keramiken, Email und Baustoffen, da sie temperaturbeständig (zum Teil bis über 1500 °C), lichtecht und witterungsbeständig sind. Die Farbpalette der anorganischen Pigmente ist begrenzt **(Bild 246/2)**. Durch Mischen lassen sich jedoch eine Vielzahl von Farbtönen herstellen. Die wichtigsten anorganischen Pigmente sind *Titandioxid* (weiß), die verschiedenen *Eisenoxide* (rot, gelb, schwarz) sowie *Chromoxid* (grün, gelb), *Cadmiumsulfid* (gelb), *Cobalt-Spinelle* (blau bis grün) und *Manganoxide* (violett, braun, blau).

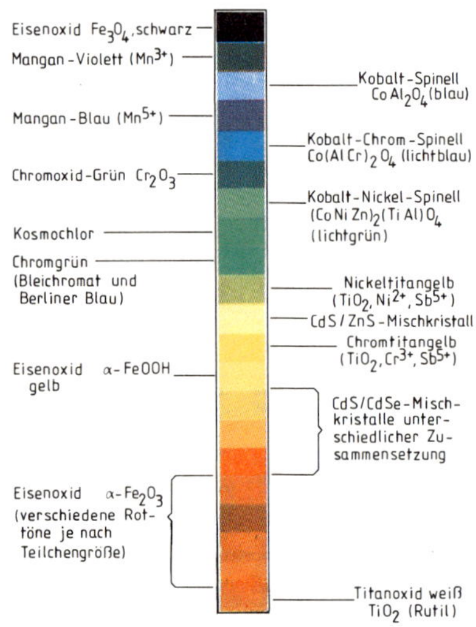

Bild 246/2: Anorganische Pigmente

Organische Pigmente. Die organischen Pigmente sind aus den organischen Farbstoffen entwickelt worden. Ihr grundsätzlicher chemischer Aufbau ist ähnlich dem der organischen Farbstoffe. Es handelt sich um unlösliche chemische Verbindungen mit denselben typischen, farbgebenden Strukturelementen, wie z.B. der Azogruppe, der Phthalocyaningruppe usw. Man teilt die organischen Pigmente deshalb in dieselben chemischen Klassen ein, wie die organischen Farbstoffe (Seite 245). *Azopigmente* liefern gelbe bis rote Farbtöne, sind jedoch wenig lichtecht. *Carbonylpigmente* haben gelbe, rote und violette Farben bester Qualität. *Triphenylmethanpigmente* besitzen brillante Farben, sind jedoch nicht lichtecht. *Phthalocyaninpigmente* liefern verschiedene Blau- und Grüntöne bester Lichtechtheit.

Die organischen Pigmente haben gegenüber den anorganischen Pigmenten Vorteile aber auch Nachteile: Sie besitzen meist einen klaren Farbton sowie größere Farbstärke und sind zum Teil transparent (durchscheinend). Sie werden deshalb vor allem für Druckfarben, Lacke und Anstrichstoffe sowie zum Einfärben von Kunststoffen verwendet. Da es sich um organische Verbindungen handelt, sind sie nicht temperaturbeständig (über 200 °C). Außerdem sind sie wesentlich teurer als die anorganischen Pigmente.

Wiederholungsfragen

1. **Was ist der Unterschied zwischen einem Farbstoff und einem Pigment?**
2. **Was bezeichnet man als Komplementärfarbe?**
3. **Welche Struktur hat die Azogruppe?**
4. **Zu welcher Farbstoffgruppe gehört Indigoblau?**
5. **Anilin $C_6H_5NH_2$ ist farblos. Das daraus gewonnene Azobenzol $C_6H_5-N=N-C_6H_5$ ist gelb. Erklären Sie dies aus der Struktur des Azobenzols.**
6. **Zu welcher Farbstoffgruppe gehört der rote Blutfarbstoff Häm sowie das grüne Chlorophyll?**
7. **Welches sind die wichtigsten anorganischen Pigmente?**

6.7 Reinigungs- und Waschmittel

Reinigungs- und Waschmittel, auch **Detergentien** genannt, sind die Voraussetzung für eine hygienisch-gesunde Lebensführung und erfüllen zudem ein ästhetisches Bedürfnis der Menschen. Neben dem ältesten Reinigungs- und Waschmittel, der Seife, gibt es heute eine Reihe moderner Wirkstoffe.

6.7.1 Wirkungsweise waschaktiver Substanzen

Reinigungs- und Waschmittel enthalten **waschaktive Substanzen**, die man als **Tenside** bezeichnet. Sie sind die Hauptwirkungsträger der Reinigungs- und Waschmittel.

Die Wirkung der Tenside beruht auf einem speziellen molekularen Aufbau. Ihre Moleküle enthalten zwei Bereiche mit unterschiedlichen Eigenschaften **(Bild 247/1)**:

- den *hydrophilen Bereich* (wasseranziehend), der aus $-COO^-$- oder $-SO_3^-$-Gruppen besteht
- den *hydrophoben Bereich* (wasserabstoßend), der meist ein langkettiger Rest (fettähnlich) ist, z.B. $CH_3CH_2...CH_2-$

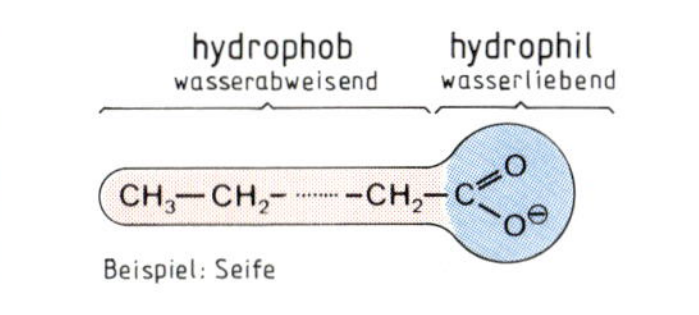

Bild 247/1: Tensid-Molekül

Gibt man die waschaktive Substanz in Wasser, so wird der hydrophobe Bereich der Tensidmoleküle aus dem Wasser gedrängt und der hydrophile Bereich ins Wasser gezogen **(Bild 247/2)**. Dadurch belegen die Tensidmoleküle die Wasseroberfläche. Die hohe Oberflächenspannung des Wassers wird herabgesetzt auf die niedrige Oberflächenspannung der Tenside. Das Waschwasser kann damit besser in kleinste Zwischenräume (Kapillaren) eindringen und benetzt Gegenstände und Textilien.

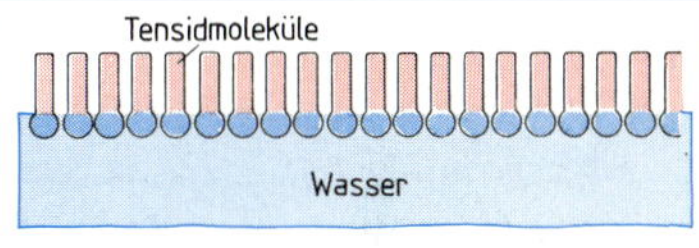

Bild 247/2: Tensidmoleküle an der Wasseroberfläche

Der Schmutz auf der Haut oder auf Textilien ist meist von Fett durchdrungen, das von der natürlichen Fettabsonderung der Haut, Essensresten oder ähnlichem stammt. Mit Wasser allein kann dieser Schmutz nicht entfernt werden, da das Wasser am fetthaltigen Schmutz abperlt. Eine tensidhaltige Waschlösung hingegen benetzt die Unterlage und den Schmutz und schiebt eine trennende Waschlösungsschicht zwischen die Schmutzteilchen und die Unterlage **(Bild 247/3)**. Der fetthaltige Schmutz wird von der Unterlage abgehoben, in kleinere Partikel dispergiert (zerteilt) und fortgespült.

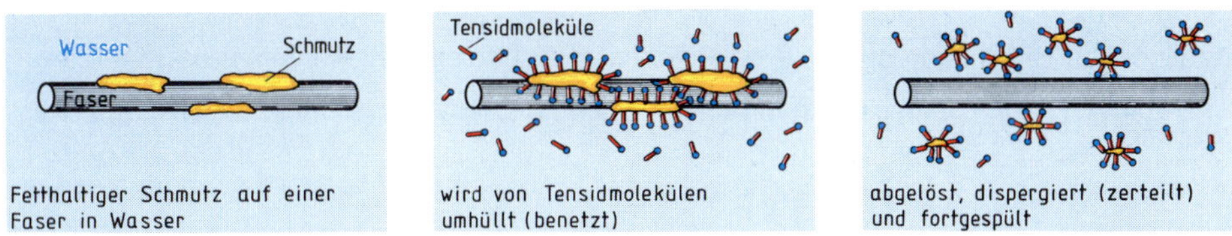

Bild 247/3: Ablösen von fetthaltigem Schmutz auf einer Faser durch eine Waschlösung

6.7.2 Waschaktive Substanzen (Tenside)

Seifen Seifen sind die Natrium- oder Kaliumsalze der höheren Fettsäuren mit 12 bis 18 Kohlenstoffatomen (Seite 209). In Wasser gelöst, dissoziieren sie in das Seifenanion und das Natrium- bzw. Kaliumkation. Die Natriumseife ist die feste *Kernseife*, die Kaliumseife ist die weiche *Schmierseife*.

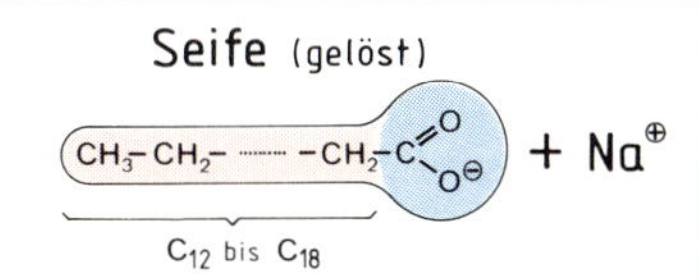

Beim Waschen löst sich die Seife im Wasser. Ist das Wasser hart und enthält Calcium- und Magnesiumionen (Seite 154), so bilden sie mit den Seifenanionen unlösliche Salze. *Beispiel:*

$$2\ C_{15}H_{31}COO^- + Ca^{2+} \longrightarrow (C_{15}H_{31}COO)_2Ca\downarrow$$

Die entstehende „Kalkseife" setzt sich als schmieriger, grauer Niederschlag ab. Die „Ränder" an Badewannen und Waschbecken sind Kalkseife. Auf Textilfasern bildet die Kalkseife beim Trocknen des Waschguts graue, scheuernde Krusten. Seifenhaltige Waschmittel müssen deshalb Wasserenthärter enthalten.

Herstellung von Seife

Früher stellte man Seife durch Sieden von Fett (Seite 250) mit Natron- oder Kalilauge her:

$$\begin{matrix} R_1\text{-COOCH}_2 \\ R_2\text{-COOCH} \\ R_3\text{-COOCH}_2 \end{matrix} + 3\,NaOH \longrightarrow \begin{matrix} R_1\text{-COONa} \\ R_2\text{-COONa} \\ R_3\text{-COONa} \end{matrix} + \begin{matrix} CH_2OH \\ CHOH \\ CH_2OH \end{matrix}$$

Fett + **Natronlauge** ⟶ **Seife** + **Glycerin**

Heute erfolgt die industrielle Herstellung von Seife nach zwei Verfahren:

- Durch Zerlegung von Fetten mit überhitztem Wasserdampf (180 °C): Fett —(Verseifung mit Wasser)→ Glycerin + Fettsäuren —(Neutralisation mit Alkalilauge)→ Seife
- Durch katalytische Oxidation langkettiger Alkane: Alkane —(katalytische Oxidation)→ Fettsäuren —(Neutralisation mit Alkalilauge)→ Seife

Alkylbenzolsulfonat

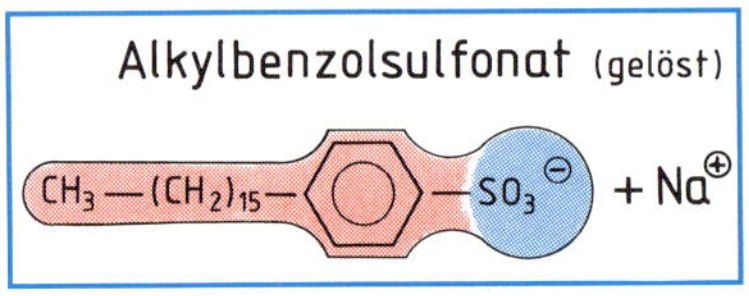

Das Tensid Alkylbenzolsulfonat besteht aus einem hydrophoben Alkylbenzol-Bereich und einem hydrophilen Sulfonsalz-Bereich. In Wasser gelöst, spaltet es sich in das Natriumkation und das Alkylbenzolsulfonatanion auf. Man nennt es daher ein anionisches Tensid. Die aliphatische Kette am Benzolring ist unverzweigt. Nur diese Alkylbenzolsulfonate mit unverzweigten aliphatischen Ketten sind biologisch abbaubar und dürfen heute in Waschmitteln enthalten sein (siehe Seite 266).

Alkylbenzolsulfonat bildet keine unlöslichen Niederschläge, weder in hartem, saurem oder alkalischem Wasser. Dies ist ein wesentlicher Vorteil gegenüber Seifen. Alkylbenzolsulfonat ist mengenmäßig das in Waschmitteln am häufigsten verwendete Tensid. Es wird großtechnisch aus Alkenen und Benzol hergestellt.

Alkylpolyglykolether

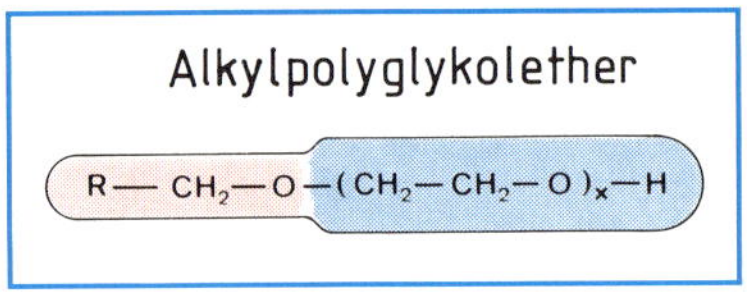

Alkylpolyglykolether ist ein Tensid, bestehend aus einem hydrophoben Alkyl-Bereich und einem hydrophilen Bereich aus vielen $-(CH_2-CH_2O)$-Einheiten. In wäßriger Lösung zerfällt Alkylpolyglykolether *nicht* in Ionen. Man bezeichnet es deshalb als ein **nichtionisches Tensid**. Im Gegensatz dazu sind Seife und Alkylbenzolsulfonat *anionische Tenside*. Alkylpolyglykolether ist vor allem in Feinwaschmitteln enthalten.

Die großtechnische Herstellung erfolgt aus langkettigen Alkoholen (Fettalkoholen) und Ethenoxid:

$$\underset{\text{Fettalkohol}}{R-CH_2OH} + \underset{\text{Ethenoxid}}{x \cdot (CH_2-CH_2)\text{ (über O verbrückt)}} \longrightarrow \underset{\text{Alkylpolyglykolether}}{R-CH_2-O-(CH_2-CH_2-O)_x-H}$$

6.7.3 Waschmittelzusatzstoffe

Neben den Tensiden enthalten die modernen Waschmittel eine Reihe von Zusatzstoffen.

Komplexbildner. Als Komplexbildner dient auch heute noch teilweise **Pentanatriumtriphosphat**, das mit maximal 5% in den Waschmitteln enthalten ist. Es hat eine Reihe von Wirkungen:

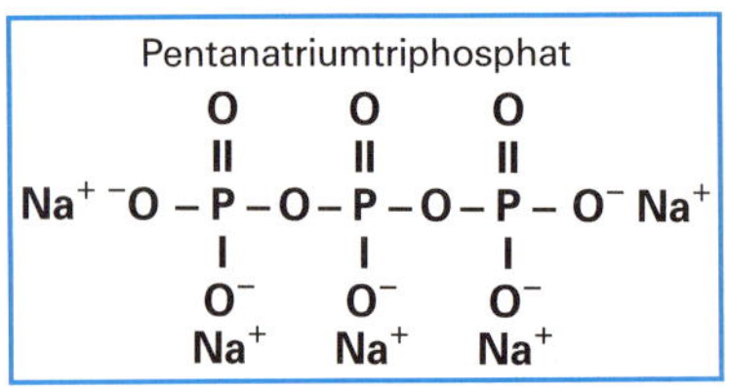

- Es beseitigt die Wasserhärte durch Überführung der Ca^{2+}- und Mg^{2+}-Ionen in wasserlösliche Komplexverbindungen. Verkrustungen der Wäsche und der Waschmaschine werden vermieden.
- Es verstärkt wesentlich die Waschwirkung der Tenside durch Herauslösen von Ca^{2+}, Mg^{2+} und anderer Kationen aus den Schmutzpartikeln und „bricht damit den Schmutz auf".
- Es dispergiert (zerteilt) den Schmutz, hält ihn in der Waschlösung in Schwebe und verhindert ein erneutes Absetzen auf der Wäsche. Der Schmutz wird dann mit der Waschlauge fortgespült.

Der Nachteil des Pentanatriumtriphosphats ist seine Nichtabscheidung in normalen Kläranlagen und damit die umweltbelastende Wirkung für die Gewässer (Seite 266). Deshalb ist das Pentanatriumtriphosphat in den Waschmitteln zum Teil oder ganz durch **Zeolithe**, Natrium-Aluminium-Silikat $Na_2O \cdot Al_2O_3 \cdot 2\ SiO_2$ (SASIL) ersetzt (phosphatfreie Waschmittel).

Bleichmittel. Eine Reihe von farbigen Verschmutzungen, wie z. B. Obst- und Gemüseflecken, lassen sich nur durch oxidative Zerstörung der Schmutz-Farbstoffe entfernen. Deshalb enthalten die Waschmittel ein Bleichmittel, meist **Natriumperborat $Na_2B_2O_4 \cdot 2\ H_2O_2$** oder **Natriumhypochlorit NaClO**. Sie spalten beim Waschvorgang Sauerstoff ab, der den farbigen organischen Schmutz oxidiert und in farblose Verbindungen überführt. Die Bleichwirkung setzt beim Waschen ab etwa 60 °C ein. Durch Zusatz von **Stabilisatoren**, wie Ethendiamintetraacetat (EDTA) und Magnesiumsilicat, wird die Bleichwirkung reguliert.

Optische Aufheller. Um den Weißeindruck sauber gewaschener und gebleichter Wäsche noch zu erhöhen, setzt man den Waschmitteln optische Aufheller zu. Sie wandeln, auf die Wäsche auftreffendes, unsichtbares UV-Licht in sichtbarers Licht um. Dadurch strahlt die Wäsche mehr sichtbares Licht zurück, als auf sie einfällt. Als optische Aufheller dienen Stilbenderivate (Stilben: 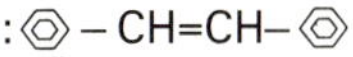).

Enzyme. Hartnäckige Verschmutzungen auf Wäsche sind Flecken aus eiweiß- und stärkehaltigen Produkten, wie z. B. Milch, Blut usw. Um sie zu entfernen, werden den Waschmitteln Enzyme zugesetzt. Es handelt sich dabei um **Proteasen** und **Amylasen**. Sie bauen die Verschmutzungen ab. Da Enzyme durch Hitze zerstört werden, dürfen enzymhaltige Waschmittel nicht zum Waschen über 60 °C eingesetzt werden.

Weitere Waschmittelzusatzstoffe sind **Vergrauungsinhibitoren**, die eine Vergrauung der Wäsche verhindern, **Schaumregulatoren** zur Dosierung der Schaumbildung, **Korrosionsinhibitoren** zum Schutz der Waschmaschine, **Parfümstoffe** zum Überdecken des Waschlaugengeruches, **Hautschutzstoffe** und **Bakterizide** sowie **Konfektionierungsmittel** zur Rieselfähigkeit des Waschpulvers.

6.7.4 Zusammensetzung der Waschmittel

Moderne Waschmittel sind eine Mischung aus waschaktiven Substanzen (Tensiden) und einer Reihe von Waschmittelzusatzstoffen. Je nach Einsatzzweck des Waschmittels nehmen die einzelnen Bestandteile unterschiedliche Gehalte ein.

Am gebräuchlichsten sind die sogenannten **Vollwaschmittel (Tabelle 249/1)**. Sie enthalten einen hohen Bleichmittelanteil und sind im Temperaturbereich von 30 °C bis 95 °C einsetzbar.

Feinwaschmittel oder sogenannte *60°-Waschmittel* enthalten kein Bleichmittel, dafür aber Enzyme. Sie werden bei Waschtemperaturen von 40 °C bis 60 °C eingesetzt.

Geschirrspülmittel enthält etwa 20% Tenside sowie rund 5% Hautschutzstoffe, Parfüm und Farbstoffe. Der Rest ist Wasser und Lösungsmittel.

Bade- und Haarshampoo besteht aus 30% bis 60% Tensiden, etwa 5% Hautschutzstoffen sowie Parfüm. Der Rest ist Wasser.

Tabelle 249/1: Zusammensetzung von Vollwaschmitteln

Wirkstoffgruppe	Wirkstoffe	Anteil
Tenside	Alkylbenzolsulfonat, Seifen, Alkylpolyglykolether	10–20%
Komplexbildner	Zeolithe, Pentanatriumtriphosphat	30–50%
Bleichmittel	Natriumperborat, Natriumhypochlorit	20–30%
Optische Aufheller	Stilbenderivate	0,1–0,3%
Schaumregulatoren	Behenat, Silikonöl	3– 5%
Konfektionierungsmittel	Natriumsulfat	5–30%
Sowie geringe Gehalte an **Vergrauungsinhibitoren, Korrosionsinhibitoren, Stabilisatoren, Parfümstoffen, Bakteriziden** und **Farbstoffen.**		

Wiederholungsfragen

1. **Welche zwei Molekülbereiche hat ein Tensid?**
2. **Nennen Sie zwei Tenside und ihre chemische Formel. Welches ist der hydrophile Bereich?**
3. **Was versteht man unter nichtionischen bzw. anionischen Tensiden?**
4. **Welche Nachteile beim Waschen und welche Vorteile bezüglich Umweltverträglichkeit hat Seife gegenüber synthetischen Tensiden?**
5. **Welche Arten von Waschmittelzusatzstoffen gibt es?**
6. **Welche Wirkungen haben die Komplexbildner?**

7 Naturstoffe und Biochemie

Die Biochemie* beschäftigt sich mit den Stoffen, aus denen Nahrungsmittel und Lebewesen (Pflanzen, Tiere, Menschen) aufgebaut sind sowie mit den dort ablaufenden chemischen Vorgängen.

Die drei wichtigsten Stoffgruppen der Biochemie sind die Fette, die Kohlenhydrate und die Eiweißstoffe **(Bild 250/1)**. Von Bedeutung sind zudem die Vitamine, die Enzyme und die Mineralstoffe. Annähernd allgegenwärtig ist Wasser, das als Stoffbestandteil, als reagierender Stoff, als Lösungsmittel und als Transportmittel dient.

Chemisch betrachtet bestehen die Nahrungsstoffe und Körper der Lebewesen, abgesehen von ihrem Wassergehalt, zum überwiegenden Teil aus den Elementen Kohlenstoff C, Wasserstoff H und Sauerstoff (über 90%). In geringem Anteil sind Stickstoff N, Phosphor P, Schwefel S und in Spuren die Elemente Kalium K, Calcium Ca, Natrium Na, Magnesium Mg, Eisen Fe, Iod I, Brom Br und Silicium Si enthalten.

Bild 250/1: Nahrungsmittel und ihre Hauptbestandteile

7.1 Fette

7.1.1 Chemischer Aufbau

Die natürlichen Fette und Fettöle sind Ester aus höheren Carbonsäuren (Fettsäuren) und dem dreiwertigen Alkohol Glycerin (siehe rechts).

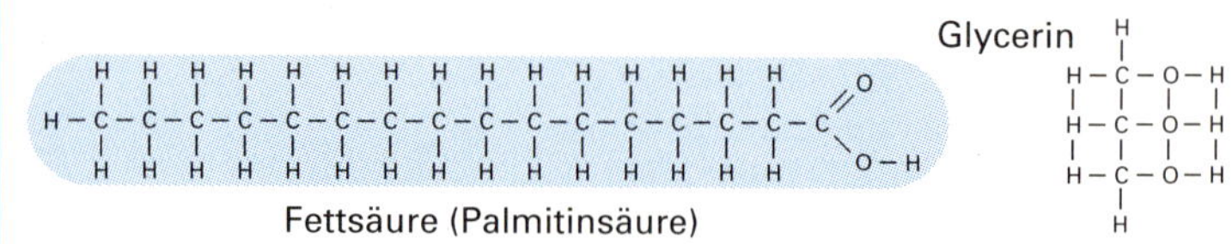

Drei Fettsäurereste sind mit einem Glycerinrest zu einem Fettmolekül verbunden **(Bild 250/2)**. Fette kann man demnach als Fettsäureglycerinester bezeichnen.

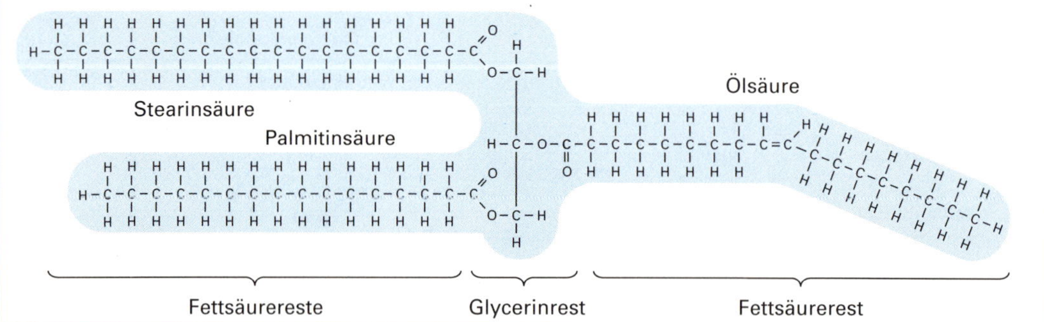

Bild 250/2: Stearinsäure-Ölsäure-Palmitinsäure-Fettmolekül

Bei den natürlichen Fetten sind in einem Fettmolekül meist zwei oder drei verschiedene Fettsäurereste (FSR1, FSR2, FSR3) enthalten. Dabei handelt es sich hauptsächlich um die Reste der **gesättigten Fettsäuren** *Palmitinsäure* $C_{15}H_{31}COOH$ und *Stearinsäure* $C_{17}H_{35}COOH$ sowie um die Reste der **ungesättigten Fettsäuren** *Ölsäure* $C_{17}H_{33}COOH$, *Linolsäure* $C_{17}H_{31}COOH$ und *Linolensäure* $C_{17}H_{29}COOH$. Etwa 10 weitere Fettsäuren sind in geringeren Anteilen enthalten.

Allgemeine Formel eines Fettmoleküls

$$\begin{array}{l} FSR1-COOCH_2 \\ \qquad\qquad\quad | \\ FSR2-COOCH \\ \qquad\qquad\quad | \\ FSR3-COOCH_2 \end{array}$$

* Bios, griechisch: das Leben

Die aus Naturprodukten gewonnenen Fette sind Gemische aus verschiedenen Fettsäureglycerinestern. Fette, die überwiegend aus gesättigten Fettsäuren bestehen, sind fest (Kokosfett, Rindertalg usw.)

Fette, die hauptsächlich ungesättigte Fettsäuren enthalten, wie die Pflanzenöle, sind flüssig. Man nennt sie **Fettöle**, um sie von den Mineralölen (Seite 190) zu unterscheiden.

Eigenschaften. Fette lösen sich nicht in Wasser (polar), wohl aber in unpolaren Lösungsmitteln wie Benzin, Ether usw. Die Dichte der Fette liegt knapp unter 1 g/cm^3. Sie schwimmen deshalb auf Wasser.

Mischt man flüssiges Fett durch kräftiges Schütteln mit Wasser, dann verteilt sich das Fett in kleinen Tröpfchen im Wasser. Es bildet sich eine **Emulsion**. Milch z.B., ist eine natürliche Fett/Wasser-Emulsion, Mayonnaise ist eine aus Pflanzenöl und Wasser aufgeschlagene Emulsion.

Die Fette, insbesondere die Fettöle, sind brennbar. Früher wurden Fettöle in Öllampen verbrannt. Rapsöle werden heute versuchsweise als Treibstoff in Dieselmotoren eingesetzt. Brennendes Fett, z.B. in einer überhitzten Bratpfanne, darf nicht mit Wasser gelöscht werden, da das brennende Fett aus der Pfanne herausgeschleudert wird. Brennendes Fett durch Abdecken mit einem Tuch löschen.

7.1.2 Fettgewinnung und Verarbeitung

Die als Nahrung verwendeten Fette werden aus Naturprodukten hergestellt **(Bild 251/1)**.

Tierisches Fett wird durch Ausschmelzen von tierischem Fettgewebe (Schmalz, Tran) oder durch Schlagen von Milchrahm (Butter) erhalten.

Pflanzliche Fette und Öle gewinnt man aus fetthaltigen Samen und Früchten, wie z.B. Kokosnußfleisch, Sonnenblumenkernen, Erdnüssen, Oliven, Sojabohnen usw. Sie werden gemahlen und danach das Fett ausgepreßt oder mit einem Lösungsmittel extrahiert. Aus dem gewonnenen Rohfettöl wird dann in einem aufwendigen Reinigungs- und Konditionierungsverfahren das marktfähige Pflanzenöl aufbereitet.

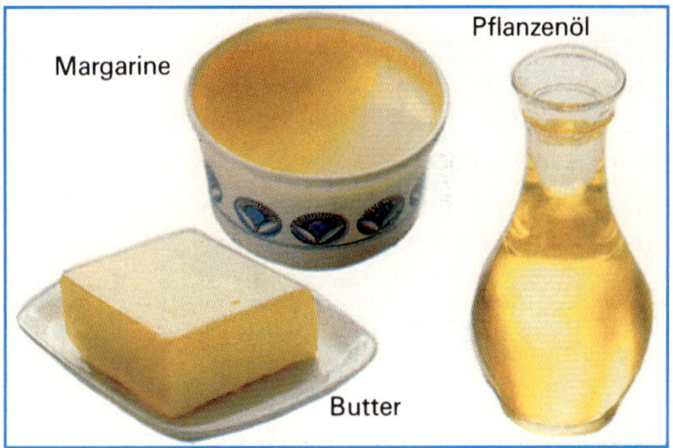

Bild 251/1: Fettarten

Fetthärtung. Durch katalytische Anlagerung von Wasserstoff an die Doppelbindungen lassen sich die ungesättigten Fettsäuren der Pflanzenöle in gesättigte Fettsäuren umwandeln. Aus flüssigen Fettölen werden dadurch feste Pflanzenfette, sogenannte **gehärtete Fette**.

Margarine. Aus gehärtetem Pflanzenfett, flüssigen Fettölen, Milch, Eigelb und Emulgierhilfsstoffen stellt man durch intensives Aufschlagen eine stabile Emulsion her: Margarine.

Haltbarkeit: Die C=C-Doppelbindungen in den ungesättigten Fettsäuren sind Stellen erhöhter Reaktionsfähigkeit. Unter dem Einfluß von Licht, Sauerstoff und Mikroorganismen werden die ungesättigten Fettsäuren an den Doppelbindungen oxidiert und gespalten. Spaltprodukte sind Carbonsäuren, Aldehyde und Ketone, die den ranzigen Geruch von verdorbenem Fett bewirken. Fette und Fettöle sollten deshalb lichtdicht und fest umschlossen verpackt sein.

Fettkennzahlen

Zur Charakterisierung der Fette gibt es Kennzahlen. Die **Iodzahl IZ** ist ein Maß für den Anteil ungesättigter Fettsäuren im Fett. Sie gibt an, wieviel Gramm Iod von 100 g Fett an den C=C-Doppelbindungen addiert werden.

Leinöl hat z.B. eine Iodzahl von rund 180 g Iod/100 g, Butterschmalz eine Iodzahl von rund 40 g Iod/100 g **(Versuch 251/1)**.

Andere Fettkennzahlen sind die **Säurezahl SZ** und die **Verseifungszahl VZ**, die ein Maß für die Frische, bzw. molare Masse eines Fettes sind.

Versuch 251/1: Anteil ungesättigter Fettsäuren

Versuchsbeschreibung:

Man löst jeweils 1 g Butterschmalz und 1 g Leinöl in 50 ml Methanol.

Mit einer Bürette läßt man dann so lange eine methanolische Bromlösung (braun) zutropfen, bis keine Entfärbung mehr eintritt.

Man vergleicht den Verbrauch an Bromlösung bei den verschiedenen Fettarten.

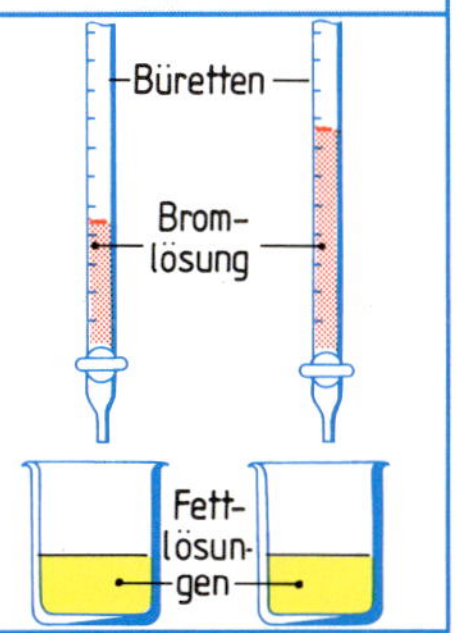

7.1.3 Biologische Bedeutung der Fette

Die Fette sind ein wichtiger Bestandteil der Nahrung. Sie erfüllen im Körper mehrere Aufgaben:

- Sie werden beim Stoffwechsel abgebaut und liefern dabei Wärmeenergie.
- Sie bilden, im Fettgewebe gespeichert, eine Nahrungsreserve.
- Sie dienen beim Stoffwechsel als Lösungsmittel für lebenswichtige Vitamine.
- Eine den ganzen Körper umgebende Unterhautfettgewebeschicht schützt den Körper vor Wärmeverlust.

Das mit der Nahrung aufgenommene Fett wird im Darm in Fettmolekülbruchstücke zerlegt und in der Darmwand zu körpereigenen Fettmolekülen zusammengefügt. Es gelangt dann in die Blutbahn und erfüllt an den verschiedensten Körperstellen seine Aufgaben. Einige mehrfach ungesättigte Fettsäuren können nicht vom Körper gebildet werden und müssen deshalb mit der Nahrung zugeführt werden. Dies sind die sogenannten **essentiellen Fettsäuren**. Sie sind vor allem in den Fettölen enthalten.

7.2 Kohlenhydrate

Der Name Kohlenhydrate für diese Stoffgruppe bringt zum Ausdruck, daß sie Kohlenstoff sowie die Elemente Wasserstoff und Sauerstoff, genau wie Wasser (Hydrat), im Zahlenverhältnis 2:1 enthalten.

Die allgemeine Summenformel der Kohlenhydrate kann man schreiben als: $\mathbf{C_n(H_2O)_m}$

Die Kohlenhydrate sind in Form von Zucker und Stärke die Hauptbestandteile wichtiger Nahrungsmittel, z.B. in Zucker, Kartoffeln, Mehl- und Mehlprodukten, Reis, Gemüse und Früchten **(Bild 252/1)**. In Form der Cellulose dienen Kohlenhydrate als Gerüstbaustoff in den Zellwänden der Pflanzen.

Die Kohlenhydrate werden in den Pflanzen aus dem Kohlenstoffdioxid der Luft und Wasser mit Hilfe der Sonnenenergie (Photosynthese) aufgebaut, z.B.

$$6\,CO_2 + 6\,H_2O \xrightarrow{\text{Blattgrün}} C_6H_{12}O_6 + 6\,O_2\uparrow$$

Bild 252/1: Kohlenhydrat-haltige Lebensmittel

Das einfachste Kohlenhydrat, die Glucose, besteht aus einem Zucker-Molekülbaustein und wird Einfachzucker, oder **Monosaccharid**, genannt. Kohlenhydrate, die aus zwei Zucker-Molekülbausteinen bestehen, heißen Zweifach- oder Doppelzucker, bzw. **Disaccharide**. Kohlenhydrate aus mehreren Zucker-Molekülbausteinen bezeichnet man als Vielfachzucker oder **Polysaccharide**.

7.2.1 Zuckerarten

Es gibt eine Vielzahl von Zuckerarten. Die wichtigsten sind die *Glucose* (Traubenzucker), die *Fructose* (Fruchtzucker) und die *Saccharose* (Haushaltszucker).

Glucose (Traubenzucker)

Glucose, auch *Traubenzucker* genannt, ist in vielen süßen Früchten, besonders in Weintrauben, sowie in Bienenhonig enthalten. Glucose hat die Summenformel $\mathbf{C_6H_{12}O_6}$.

Sie liegt in wäßriger Lösung in zwei isomeren Formen vor: Über 99% der Glucosemoleküle haben *Ringstruktur* **(Bild 252/2)**. Fünf C-Atome und ein O-Atom bilden einen Sechseckring. An den C-Atomen sind fünf OH-Gruppen angelagert. Je nachdem, ob sie am C_1- und C_4-Atom in gleicher (cis) oder gegenständiger (trans) Richtung angeordnet sind, unterscheidet man α- bzw. β-Glucose.

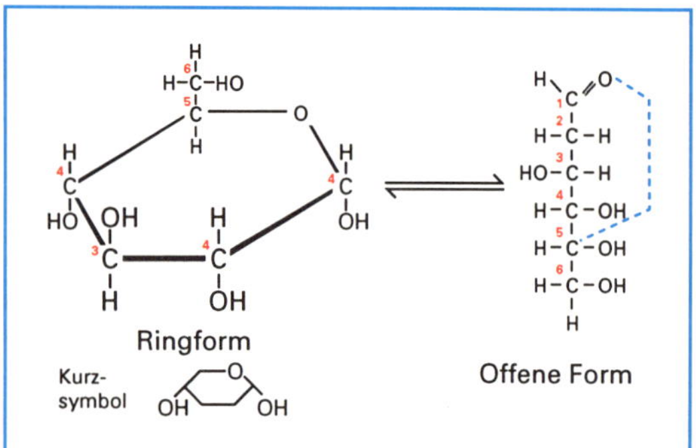

Bild 252/2: Chemischer Bau der Glucosemoleküle

Die offene Form des Glucosemoleküls (Bild 252/2) entsteht durch Öffnen des Rings zwischen dem 5. C-Atom und dem O-Atom. Sie weist am C_1-Atom eine Aldehydgruppe (—CHO) auf. Glucose wird deshalb auch als Aldehydzucker oder **Aldose** bezeichnet.

Glucosenachweis. Aufgrund der Aldehydgruppe in den kettenförmigen Glucosemolekülen reagiert eine Glucoselösung mit Fehling'scher Lösung (Seite 205). In der Medizin wird Glucose im Urin mit einem Glucoseteststreifen nachgewiesen, der sich grün verfärbt.

Durch den Verzehr glucosehaltiger Nahrungsmittel gelangt Glucose in das Blut. Beim gesunden Menschen beträgt sie 80 bis 100 mg pro 100 ml Blut. Vom Blut wird sie im ganzen Körper verteilt und wird z. B. in den Muskelzellen unter Energiefreisetzung abgebaut. Der Glucosegehalt im Blut wird von dem Bauchspeicheldrüsenhormon Insulin gesteuert. Bei Erkrankung der Bauchspeicheldrüse kommt es zu unkontrollierten Zuckergehalten im Blut, der **Zuckerkrankheit** oder **Diabetes**. Glucose wird als schnell wirkendes Stärkungsmittel im Leistungssport und in der Medizin eingesetzt.

Fructose (Fruchtzucker)

Fructose kommt in süßen Früchten und Honig vor. Sie hat die stärkste Süßkraft aller Zuckerarten und wird bei Diätnahrung zum Süßen von Speisen verwendet. Fructose hat, wie Glucose, die Summenformel $C_6H_{12}O_6$.

In wässriger Lösung liegt sie überwiegend in Ringform, in geringem Anteil in offener Form vor **(Bild 253/1)**. Als Ringformen sind eine Sechseckring-Form und eine Fünfeckring-Form möglich. Die offene Form der Fructose weist am C_2-Atom eine Keto-Gruppe (—CO) auf. Sie entsteht durch Öffnen der Ringmoleküle zwischen dem 5. C-Atom und dem O-Atom. Fructose wird daher als Ketozucker oder **Ketose** bezeichnet.

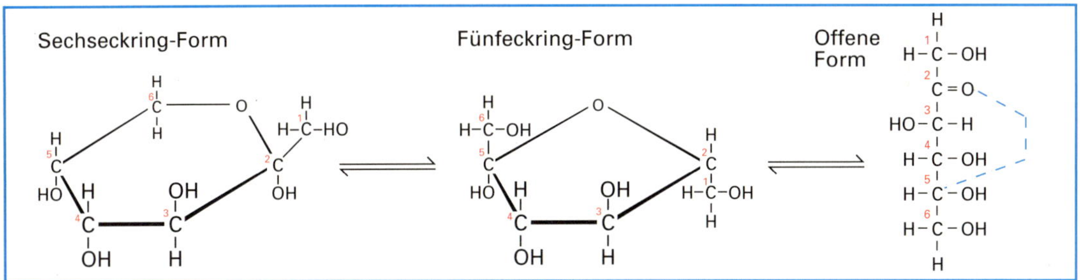

Bild 253/1: Strukturen der Fructose-Moleküle

Glucose- und Fructosemoleküle enthalten *eine* Ringstruktur: Es sind Monosaccharide.

Neben der Unterteilung der Monosaccharide nach ihren funktionellen Gruppen in Aldosen und Ketosen kann man sie auch durch die Anzahl der C-Atome in ihrem Molekül charakterisieren, z. B. als Pentosen (5) oder Hexosen (6). Dementsprechend ist Glucose eine Aldohexose, Fructose eine Ketohexose.

Saccharose (Haushaltszucker)

Saccharose ist der im Haushalt allgemein verwendete Zucker. Er wird aus Zuckerrüben (Rübenzucker) oder Zuckerrohr (Rohrzucker) gewonnen. Die Moleküle der Saccharose bestehen aus je einem Glucose- und einem Fructosemolekülrest, die über ein O-Atom verbunden sind **(Bild 253/2)**. Man kann sie sich durch Kondensation (Wasserabspaltung) aus Glucose und Fructose entstanden denken.

Maltose (Malzzucker) besteht aus zwei Glucosemolekül-Resten und ist in keimendem Getreide enthalten.

Lactose (Milchzucker) ist aus einem Glucose- und Galactose-Rest aufgebaut und kommt in Milch vor.

Bei der **Verdauung** werden die Disaccharidmoleküle durch Hydrolyse (Wasseranlagerung) in zwei Monosaccharidmoleküle aufgespalten, z. B. Saccharose in Glucose und Fructose (Bild 253/2).

Saccharose, Maltose und Lactose sind Disaccharide.

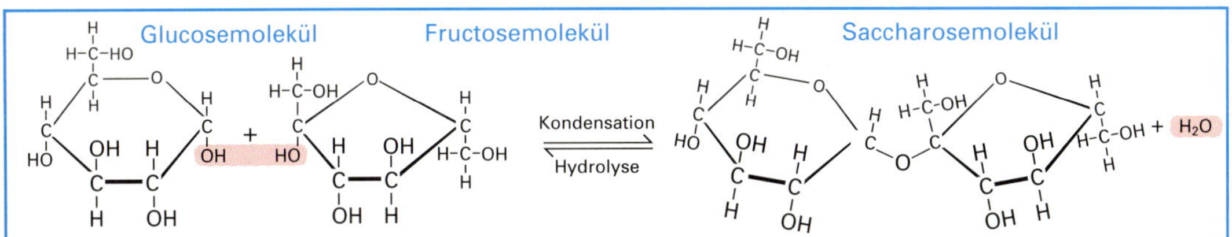

Bild 253/2: Kondensation bzw. Hydrolyse von Saccharose

7.2.2 Stärke

Stärke ist in den meisten Nahrungsmitteln pflanzlicher Herkunft, wie z. B. Brot, Teigwaren, Kartoffeln, Reis, Bohnen usw. enthalten. Stärke ist das für die Ernährung wichtigste Kohlenhydrat.

Der **chemische Nachweis** von Stärke erfolgt mit Iod: wenige Tropfen Iodlösung auf die stärkehaltige Probe geträufelt, ergeben eine intensive Blaufärbung (Versuch 121/1). Beim Erhitzen verschwindet die Blaufärbung, beim Abkühlen erscheint sie wieder.

Stärke wird in den Blättern der Pflanzen gebildet und als Reservestoff in den Knollen, Samen und Früchten in Form kleiner Körner gespeichert. Diese Stärkekörner enthalten Stärke-Makromoleküle aus mehreren Tausend aneinander gereihter, kondensierter Glucoseringe **(Bild 254/1)**. Die Stärkemoleküle sind zu Spiralen verknäult, auch Verzweigungen sind möglich.

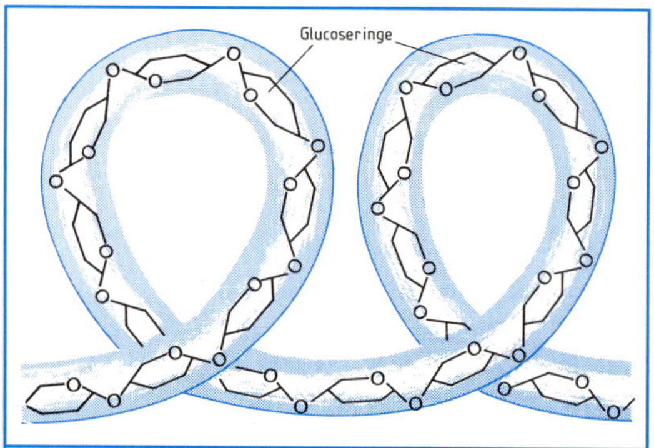

Bild 254/1: Ausschnitt aus einem Stärkemolekül

Stärke besteht aus *vielen* Glucose-Einheiten: Es ist ein **Polysaccharid**.

Seine Summenformel lautet: $\mathbf{(C_6H_{10}O_5)_n}$.

Die mit der Nahrung aufgenommene Stärke wird im Magen und Darm durch Enzyme über Zwischenstufen zu Glucose aufgespalten:

$$(C_6H_{10}O_5)_n + n \cdot H_2O \longrightarrow n \cdot C_6H_{12}O_6$$

Die Glucose wird dann von der Darmwand aufgenommen (resorbiert) und mit dem Blut im ganzen Körper verteilt. In den Muskelzellen wird die Glucose mit eingeatmetem Luftsauerstoff oxidiert:

$$C_6H_{12}O_6 + 6\ O_2 \longrightarrow 6\ CO_2 + 6\ H_2O + \textbf{Energie}$$

Die dabei frei werdende Energie liefert die Bewegungs- und Wärmeenergie des Körpers.

7.2.3 Cellulose

Cellulose hat dieselbe Summenformel wie Stärke und besteht aus Makromolekülen aus Zehntausenden von kondensierten Glucoseringen **(Bild 254/2)**. Cellulose ist demnach ein *Polysaccharid*.

Die Cellulose-Makromoleküle sind faserartig gestreckt. Zwischen den O-Atomen eines Makromolekülstrangs und OH-Gruppen des angrenzenden Makromoleküls wirken Wasserstoffbrückenbindungen, was einen festen Zusammenhalt zur Folge hat. Cellulose ist deshalb faserig aufgebaut. Für Wasser sowie schwache Säuren und Laugen ist sie unlöslich. Cellulose kann im menschlichen Verdauungsapparat nicht abgebaut werden und deshalb nicht als Nahrung verwertet werden. Diese Fähigkeit besitzen pflanzenfressende Tiere durch spezielle Darmbakterien.

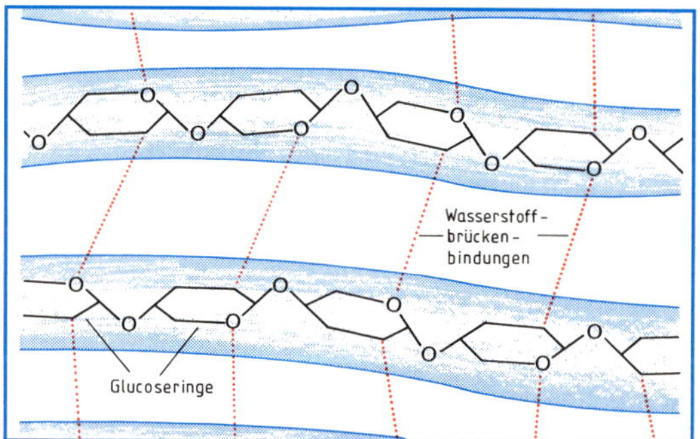

Bild 254/2: Ausschnitt aus einem Cellulosemolekül

Cellulose wird in den Blättern der Pflanzen durch Fotosynthese gebildet und als faseriger Gerüststoff in die Pflanzen eingebaut. Holz besteht etwa zur Hälfte aus Cellulose, die Stengel und Blätter der Pflanzen enthalten sie ebenfalls. Aus fast reiner Cellulose besteht Baumwolle.

Die **technische Gewinnung** der Cellulose geht von Holz aus. Dazu wird das Holz mechanisch zerkleinert und mit Calciumhydrogensulfitlauge $Ca(HSO_3)_2$ unter Druck gekocht. Dadurch werden der Holzbestandteil *Lignin* und andere Begleitstoffe gelöst. Die Cellulose bleibt als Faserbrei zurück und ist Ausgangsstoff für eine Reihe von cellulosehaltigen Produkten, wie Papier, Textilien, Hygieneartikel, Folien, Watte.

Papier wird aus einem Brei aus Cellulose, Holzschliff, Leim und Füllstoffen hergestellt. Der Brei wird auf einem Filzband zu einer dünnen Bahn ausgegossen und anschließend getrocknet und geglättet.

Die Cellulose kann auch gelöst und durch Spinndüsen zu **Textilfasern** versponnen werden. Aus ihnen stellt man *Reyon, Viskosestoffe* und *Acetatseide* her. Cellulose ist auch das Ausgangsmaterial zur Herstellung von **Spezialpapieren** (Pergamentpapier) sowie *Cellophan* und *Acetatfolie*.

7.3 Eiweiße (Proteine)

Die Eiweiße, auch Proteine genannt, nehmen den größten Anteil an der Trockenmasse der Zellen vieler Pflanzen und Lebewesen ein. Der Name Eiweiße leitet sich vom geronnenen Eiklar ab, das im wesentlichen aus Eiweiß besteht. Der Name Proteine, vom griechischen Wort proteo = das Ursprüngliche, das Wichtige, bringt zum Ausdruck, daß sie die Träger der Lebensprozesse sind.

Eiweiß kommt in pflanzlichen und tierischen Lebensmitteln vor **(Bild 255/1)**. Reich an pflanzlichem Eiweiß sind Hülsenfrüchte, Getreide, Kartoffeln. Tierische Nahrungsmittel mit hohem Eiweißgehalt sind Fisch, Fleisch, Eier, Milch und Milchprodukte.

Bild 255/1: Nahrungsmittel mit hohem Eiweißgehalt

7.3.1 Eigenschaften, Nachweise

Es gibt wasserunlösliche Eiweiße, wie z. B. die Bindegewebe im Fleisch, sowie wasserlösliche Eiweiße, wie z. B. Eiklar.

Einige eiweißhaltige Lösungen gerinnen beim Erhitzen (Beispiel: Kochen eines Eies), andere gerinnen durch Zugabe von Alkohol, Salzlösungen oder Säuren (Beispiel: Gerinnen von Milch durch Zugabe von Zitronensäure). Durch Gerinnen, auch Koagulieren genannt, verlieren die Eiweiße ihre biologische Wirksamkeit.

Nachweise: Sie beruhen auf Farbreaktionen:

- **Xanthoproteinreaktion:** Konzentrierte Salpetersäure färbt Eiweiße gelb **(Versuch 255/1)**.
- **Biuretreaktion:** Alkalische Eiweißlösungen ergeben mit Kupfer(II)-ionen eine Violett/Blaufärbung **(Versuch 255/1)**.
- **Eiweiß-Teststäbchen** färben sich grün.

Versuch 255/1: Eiweiß-Nachweise

Versuchsbeschreibung:

In zwei Reagenzgläsern werden jeweils 10 ml Eiklarlösung vorgelegt.

In das eine Reagenzglas gibt man einige Tropfen konzentrierte Salpetersäure: Xanthoproteinreaktion (Gelbfärbung).

In das andere Reagenzglas gibt man zuerst 10 ml 10%ige Natronlauge und dann einige Tropfen 1%ige Kupfersulfatlösung: Biuretreaktion (Violettfärbung).

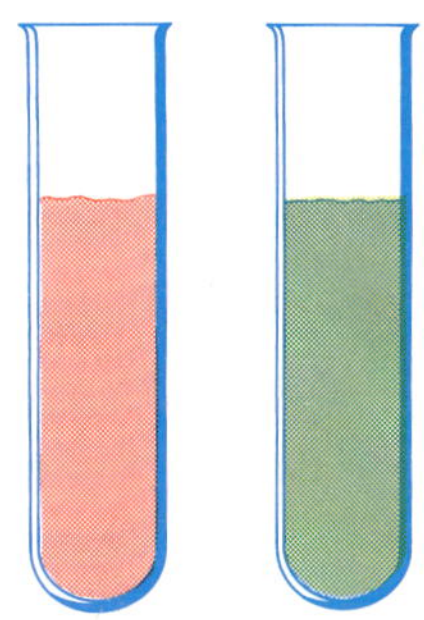

7.3.2 Chemischer Aufbau

Eiweiße bestehen aus Makromolekülen, die aus Tausenden von Aminosäuren zusammengesetzt sind.

Aminosäuren. Die Grundbausteine der Eiweiße sind die Aminosäuren, die, wie ihr Name besagt, eine Aminogruppe und eine Säuregruppe enthalten.

Die Struktur der Aminosäuren besteht aus einem zentralen Kohlenstoffatom, an dem ein Wasserstoffatom H, eine Aminogruppe NH_2, eine Carboxylgruppe COOH sowie ein Rest R gebunden sind **(Bild 255/2)**.

Die einzelnen Aminosäuren unterscheiden sich nur in der Zusammensetzung dieses Restes. Es gibt rund 20 unterschiedliche Aminosäuren mit 20 verschiedenen Resten.

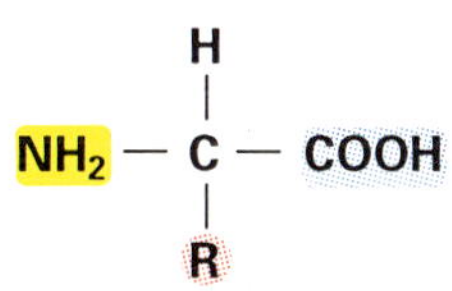

Bild 255/2: Aminosäuren

Ein H-Atom als Rest enthält z. B. die Aminosäure **Glycin**, einen CH_3-Rest die Aminosäure **Alanin**, einen CH_2OH-Rest die Aminosäure **Serin**, einen CH_2-SH-Rest die Aminosäure **Cystein** usw.

Zur Formulierung der Proteinstrukturen benutzt man Kurznamen für die Aminosäuren, z. B. für Glycin Gly.

Glycin (Gly)

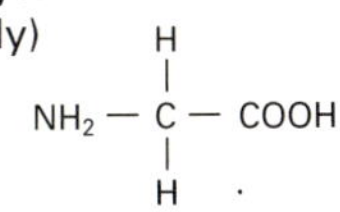

Alanin (Ala)

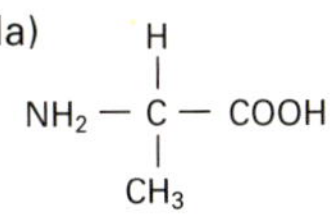

Peptidbildung. Durch eine Kondensationsreaktion können sich Aminosäuren zusammenlagern. Dabei reagiert jeweils die COOH-Gruppe einer Aminosäure mit der NH_2-Gruppe einer anderen Aminosäure unter Wasserabspaltung **(Bild 256/1)**. Es entsteht ein Makromolekül, **Polypeptid** genannt, das über **—CO—NH-Gruppen**, die sogenannte **Peptidgruppe**, verknüpft ist. Die Proteine bestehen aus Polypeptiden mit mehr als 100 Aminosäuren.

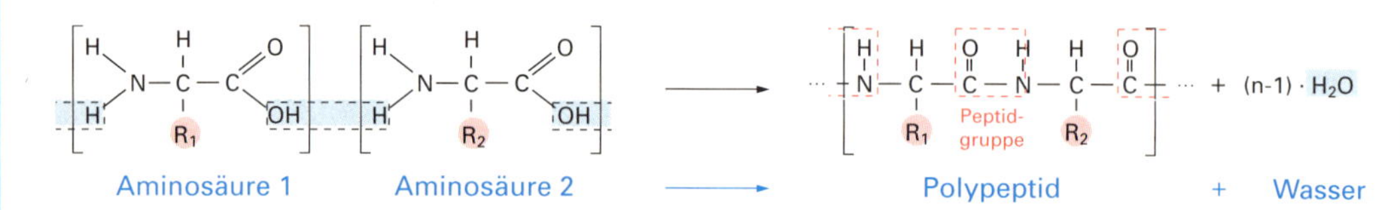

Bild 256/1: Bildung eines Polypeptid-Makromoleküls

7.3.3 Struktur der Eiweiße

Polypeptid-Makromoleküle können durch die verschiedenen Reste unterschiedlich aufgebaut sein. Außerdem ordnen sich die langkettigen Eiweiß-Makromoleküle in dreidimensionalen Strukturen.

Primärstruktur. In einem Eiweißmolekül sind die verschiedenen Aminosäuren in einer festgelegten Reihenfolge zu einem Makromolekül verknüpft **(Bild 256/2 a)**. Man bezeichnet diese Reihenfolge als **Aminosäuresequenz** oder als Primärstruktur des Eiweißes. Durch die 20 verschiedenen Aminosäuren und die bis in die Tausende gehende Zahl der Makromolekülbausteine in einem Eiweißmolekül ist eine fast unendlich große Zahl von verschiedenen, individuellen Eiweißmolekülen möglich. (Ähnlich den 24 Buchstaben eines Alphabets und der unendlichen Anzahl der daraus zusammenstellbaren Wörter.)

Jede Pflanzen- und Tierart bildet in seinen Zellen artspezifische Eiweißmoleküle, die durch eine bestimmte Aminosäurensequenz und Aminosäurenzahl geprägt ist. Sogar jedes Individuum der Pflanzen, Tiere und Menschen besitzt individuelle, von den anderen Individuen seiner Art, unterschiedliche Eiweißmoleküle.

Sekundärstruktur. Die Eiweiß-Makromoleküle sind schraubenförmig oder Faltblatt-artig angeordnet und bilden entweder ein Schraubenband, Helix genannt, oder ein Faltblattband (Bild 256/2 b). Diese als Sekundärstruktur bezeichnete Anordnung entsteht durch Wasserstoffbrückenbindungen zwischen den verschiedenen Bereichen eines Eiweiß-Makromoleküls.

Tertiärstruktur. Das schraubenförmige Polypeptid-Makromolekül, die Helix, bildet ihrerseits ein Helix-Knäuel (Bild 256/2 c) oder ein Helix-Band. Sie werden ebenfalls durch Wasserstoffbrückenbindungen in ihrer Form fixiert. In Helix-Knäueln liegen z. B. viele Enzyme vor, in Helix-Bändern die Faserproteine der Muskeln und Sehnen.

Quartärstruktur. Bei vielen Eiweißen sind mehrere Helix-Knäuel oder Helix-Bänder zu einer Funktionseinheit zusammengeschlossen (Bild 256/2 d). Der rote Blutfarbstoff Hämoglobin z. B. besteht aus vier unterschiedlichen Polypeptid-Helix-Knäueln, in die jeweils eine Häm-Gruppe mit einem zentralen Eisenion eingelagert ist. Das Hämoglobin-Eiweiß nimmt in der Lunge den Sauerstoff auf, transportiert ihn mit dem Blutstrom in alle Körperteile und gibt dort den Sauerstoff zum Zellstoffwechsel ab.

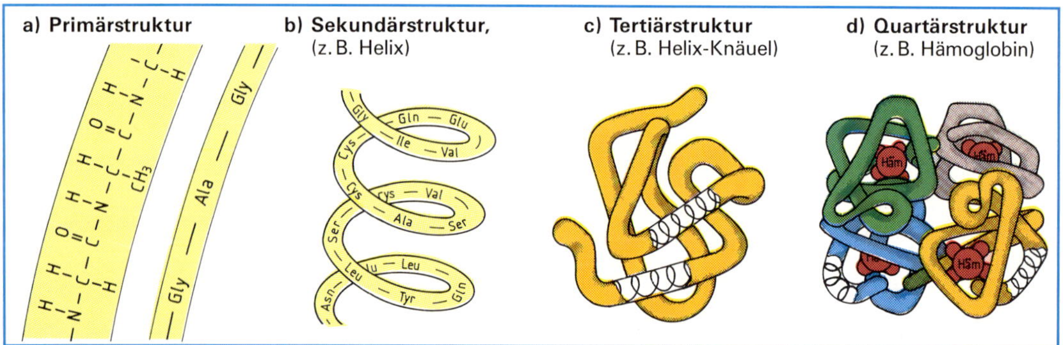

Bild 256/2: Struktur der Eiweiße

7.3.4 Biologische Bedeutung

Ernährung

Nur Pflanzen und einige Mikroorganismen können anorganischen Stickstoff in organische Verbindungen, wie die Aminosäuren, überführen und so Eiweißstoffe aufbauen. Die pflanzlichen Eiweiße stehen am Anfang der Protein-Versorgung aller Lebewesen. Mensch und Tier nehmen sie mit der pflanzlichen Nahrung auf, bauen die Eiweiß-Makromoleküle durch die Verdauung bis zu den Aminosäuren ab, setzen sie zu arteigenen Eiweiß-Makromolekülen zusammen und bilden daraus die eigenen **Körpereiweiße.**

Diese **Proteinbiosynthese** erfolgt in den einzelnen Zellen des Organismus und wird nach einem exakten Bauplan von den im Zellkern vorhandenen Trägern der Erbinformationen, den **Genen** gesteuert.

Da die Eiweiße vom menschlichen Körper selbst nicht gebildet, sondern nur umgebaut werden können, müssen sie mit der Nahrung aufgenommen werden. Eiweiße sind deshalb durch nichts zu ersetzende **Nährstoffe.** Sie sind in pflanzlichen Nahrungsmitteln wie Linsen, Bohnen und Getreideprodukten und in tierischen Nährstoffen wie Milch, Fleisch, Fisch und Eiern enthalten (Bild 255/1).

Jeder einzelne Mensch bildet artspezifische, individuelle Eiweißmoleküle, aus denen seine Körperzellen aufgebaut sind. Nur diese individuellen oder sehr ähnlichen Eiweiße können in seinen Körper eingebaut werden. **Körperfremdes Eiweiß** wird abgestoßen. Dies ist die Ursache der Abwehrreaktionen bei Blutübertragungen und Organverpflanzungen.

Funktionen im Organismus

Die Proteine sind eine ungemein artenreiche und vielfältige Stoffgruppe. Sie erfüllen in den Organismen eine Vielzahl von Aufgaben. Viele Körpersubstanzen bestehen zudem aus Eiweißen.

- In Form der **Speicherproteine** bilden sie einen Proteinvorrat, z. B. in den Samen der Pflanzen, im Hühnerei oder bei Tieren und Menschen im Zellplasma der Körperzellen.
- Als **Strukturprotein** bilden sie die Bindegewebe-Strukturen von Muskeln, Sehnen, Haut, Nägeln, Haaren, Knorpeln. Tierische Produkte aus Strukturproteinen sind Wolle, Seide oder Vogelfedern.
- Als **Enzyme** (Biokatalysatoren) bewirken sie die chemischen Reaktionen im Organismus: Sie lassen die Stoffwechselvorgänge in den Zellen und Organen ablaufen.
  Bestimmte Enzyme lassen sich synthetisch herstellen. Sie werden in großem Umfang produziert und z. B. als Waschmittelzusatz eingesetzt (Seite 249).
- Als **Hormone** regeln sie die Körperfunktionen und wirken als Überträger von Informationen im Organismus. Beispiel: Das Hormon Adrenalin signalisiert dem Körper eine Gefahren- oder Streßsituation und befähigt ihn zu körperlicher Höchstleistung.
- Die **kontraktilen Proteine** in den Muskeln ermöglichen die Körperbewegungen durch Zusammenziehen (Kontrahieren) der faserförmigen Proteinstränge.
- Als **Antikörper-Proteine** erkennen sie Fremdkörper im Organismus, wie Bakterien, Viren oder implantierte Organe und töten sie ab oder stoßen sie ab.

Zerstörung der Proteine

Durch Erwärmen über 40 °C bis 60 °C oder durch die Einwirkung von Chemikalien, wie z. B. Säuren oder Schwermetallionen, wird die räumliche Struktur der Proteine ge- oder zerstört. Dadurch verliert das Protein seine biologische Funktionsfähigkeit. Man nennt es dann denaturiert. Äußerlich macht sich eine **Denaturierung** z. B. durch Gerinnen bemerkbar, wie beim Erwärmen von Blut oder Eiern.

Wiederholungsfragen

1. Skizzieren Sie ein Fettmolekül.

2. Wie kann aus einem Fett mit ungesättigten Fettsäuren ein Fett mit gesättigten Fettsäuren hergestellt werden?

3. Welche Summenformel haben Kohlenhydrate?

4. Skizzieren Sie die Strukturformel eines Glucosemoleküls in Ketten- und in Ringform.

5. Nennen Sie wichtige Kohlenhydrate.

6. Mit welchen Nachweisreaktionen weist man Glucose, Stärke und Eiweiß nach?

7. Wie entsteht aus Aminosäuren ein Eiweiß-Makromolekül?

8. Welche Funktionen können Eiweiße im Körper ausüben?

7.4 Stoffwechselvorgänge

Als Stoffwechsel bezeichnet man die chemische Umwandlung und den Austausch von Stoffen in Mikroorganismen, Pflanzen und Lebewesen.

Zwei Stoffwechselvorgänge, die Photosynthese und die Verwertung der Nahrungsstoffe, sollen beispielhaft die Komplexität chemischer Vorgänge in der belebten Natur zeigen.

7.4.1 Photosynthese

Als Photosynthese bezeichnet man den in den grünen Blattzellen der Pflanzen (Chlorophyll) unter Einwirkung des Sonnenlichts ablaufenden Stoffwechsel **(Bild 258/1)**. Dabei wird aus den einfachen chemischen Verbindungen Kohlenstoffdioxid CO_2 und Wasser H_2O die energiereiche Verbindung Glucose gebildet (synthetisiert). Die Bruttogleichung dieses, als **Assimilation** bezeichneten, Vorgangs lautet:

$$6\,CO_2 + 6\,H_2O + \text{Sonnenenergie} \xrightarrow{\text{Chlorophyll}} C_6H_{12}O_6 + 6\,O_2$$

Im Detail erfolgt diese Biosynthese über viele und komplizierte enzymkatalysierte Einzelreaktionen.

Es ist bisher nicht möglich, die Photosynthese im Bioreaktor ablaufen zu lassen und damit, z. B. zur Nahrungsmittelherstellung, zu nutzen.

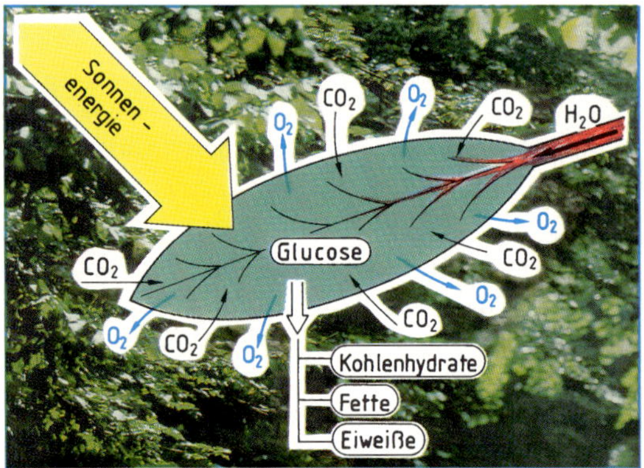

Bild 258/1: Photosynthese (schematisch)

Basierend auf der Grundchemikalie Glucose synthetisieren die Pflanzen unter Einbau weiterer, über die Wurzeln zugeführte Elemente (N, S, P, Ca, K, Mg, usw.) alle ihre anderen organischen Verbindungen: die Kohlenhydrate Fructose, Saccharose, Stärke, Zellulose, die Fette sowie die Aminosäuren und daraus die Proteine.

Tiere und Menschen nehmen diese Stoffe als Nahrung auf und bilden daraus durch Umbau ihre Körpersubstanz. Die Photosynthese der Pflanzen ist damit die Grundlage der Körpersubstanzen aller Lebewesen. Durch die Photosynthese werden auf der Erde gewaltige Mengen von **Biomasse** erzeugt, man schätzt 100 Milliarden Tonnen pro Jahr. Sie dienen als Nahrungsmittel, als Werkstoffe (z. B. Holz), als Kleidung (z. B. Baumwolle, Wolle) und in Zukunft auch als nachwachsender Rohstoff zur Treibstoffgewinnung und als C-reicher Chemierohstoff. Auch die fossilen Rohstoffe und Energieträger Erdgas, Erdöl (Seite 219) und Kohle (Seite 228) haben ihren stofflichen Ursprung in der Photosynthese.

7.4.2 Verwertung der Nahrungsstoffe

Die aufgenommenen Nahrungsmittel werden im Körper entweder zu körpereigenen Stoffen umgebaut oder zur Energiegewinnung biologisch oxidiert. Diese Vorgänge verlaufen über eine Vielzahl von enzymatisch katalysierten Reaktionen **(Bild 258/2)**.

Zuerst werden die Nahrungsstoffe in ihre Grundbaustoffe zerlegt: Aminosäuren, Glucose, Glycerin, Fettsäuren. Diese werden weiter in Brenztraubensäure und aktivierte Essigsäure gespalten. In einer Kreislaufreaktionskette, dem Citronensäurezyklus, werden aus den Grundbausteinen die körpereigenen Stoffe aufgebaut.

Der freigesetzte Wasserstoff reagiert mit eingeatmetem Sauerstoff zu Wasser (Atmungskette). Die dabei entstehende Energie wird zum Aufbau des Energieträgermoleküls ATP benutzt. Es strömt mit dem Blut in die Körperteile und gibt dort durch Spaltung seine gespeicherte Energie frei.

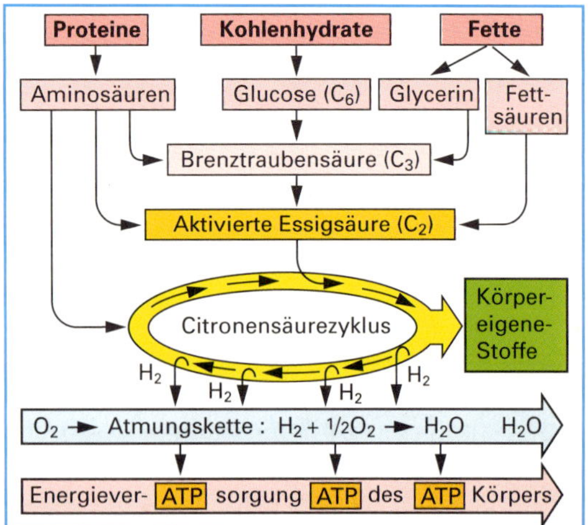

Bild 258/2: Verwertung der Nahrungsstoffe

7.5 Mikroorganismen als Chemieproduzenten

Mikroorganismen sind in der Lage, chemische Verbindungen zu synthetisieren, bzw. chemische Verbindungen zu zerlegen. Diese Tatsache haben sich die Menschen schon sehr früh in ihrer Geschichte zunutze gemacht, z. B. beim Bierbrauen oder Kompostieren, ohne die zugrunde liegenden Vorgänge zu kennen. Heute weiß man, daß diese Prozesse durch chemische Reaktionen in den Zellen von Mikroorganismen bewirkt werden.

Zellen – Wunderwerke der Natur

Die Zelle ist die kleinste lebensfähige Einheit aller Organismen. Mit einer Größe von 1 bis 10 µm ist sie nur unter einem Mikroskop zu erkennen. Trotz der Vielfalt der pflanzlichen, tierischen und bakteriellen Lebewesen, sind sie alle aus Zellen aufgebaut, die im wesentlichen eine gemeinsame Struktur besitzen.

Die einzelnen Bereiche einer Zelle erfüllen Aufgaben, die mit den Funktionen von Abteilungen einer chemischen Fabrik vergleichbar sind **(Bild 259/1)**. Die Zellwand, eine Biomembran, begrenzt die Zelle und regelt den Stoffaustausch nach außen und innen. Der Zellkern ist die Kommandozentrale, das Zellplasma der Vorrat an Rohstoffen, Zwischen- und Endprodukten, die Polysomen die chemischen Produktionsstätten, die Mitochondrien das Kraftwerk und das Reticulum die Verkehrswege und Leitungen.

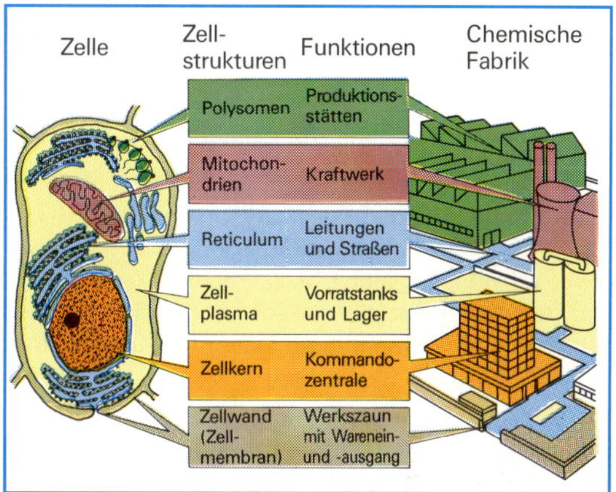

Bild 259/1: Die Zelle als chemische Fabrik

Mikroorganismen mit biochemischen Fähigkeiten

Ein Stück Hefe z. B. besteht aus zahllosen lebenden, einzelligen Mikroorganismen mit erstaunlichen Fähigkeiten **(Bild 259/2)**. Befinden sich Hefezellen in einer Trägersubstanz, die Glucose enthält, so nehmen die Hefezellen die Glucose in ihre Körpersubstanz auf, spalten sie in energieärmere Stoffe und scheiden diese teilweise wieder aus.

Bei geeigneten Temperaturen und unter Sauerstoffmangel wandeln die Hefezellen Glucose in Ethanol um. Dieser Vorgang läuft in mehreren biochemischen Teilschritten ab und wird **alkoholische Gärung** genannt.

Seine Bruttogleichung lautet:

$$C_2H_{12}O_6 \xrightarrow{\text{Hefe}} 2\ C_2H_5OH + 2\ CO_2\uparrow + \text{Energie}$$

Bild 259/2: Hefe

Bei der Bierherstellung wird eine glucosehaltige Gerstenmaische, bei der Weinherstellung ein glucosehaltiger Traubensaft vergoren. Beim Treiben eines Brotteigs durch Zugabe von Sauerteig (Hefekultur) oder Hefe bläht das beim Gären entstehende CO_2 den Teig auf und macht ihn locker.

Die Hefe-Mikroorganismen lassen sich jedoch auch zur Synthese anderer Substanzen nutzen. Dazu hat man spezielle Hefestämme kultiviert und setzt sie spezifischen Bedingungen aus.

So gelingt es, mit Hilfe spezieller Futterhefestämme, aus minderwertigen organischen Abfällen, hochwertige Futtermittel für die Tiermast herzustellen oder aus Biomasse (Stärke) Bioethanol (Alkohol) zu produzieren. Durch Zusatz von Bisulfit synthetisiert die Hefe aus Glucose anstatt Ethanol die Verbindung Glycerin.

Gentechnik

In neuester Zeit ist es gelungen, in Hefezellen die Erbanlagen der Bauchspeichelzellen zu implantieren (Gentechnik), so daß diese fremdgesteuerte Hefe das Diabetesmedikament Insulin produziert.

Die Hefe ist nur einer von zahllosen Mikroorganismen mit biochemischen Fähigkeiten. Insbesondere durch die Gentechnik wird es gelingen, weitere Mikroorganismen als Chemieproduzenten zu nutzen.

8 Chemie, Mensch und Umwelt

8.1 Nutzen der Chemie

Chemisches Wissen und eine Vielzahl von Chemieprodukten sind heute die Voraussetzung eines hohen Lebensstandards **(Bild 260/1)**. Von dieser „Chemiesierung" des Alltags und der Technik sind alle Bereiche betroffen. Nachfolgend einige Beispiele:

Ernährung: Mit Hilfe der Dünger sowie der Schädlingsbekämpfungs- und Unkrautvernichtungsmittel sind Ernteerträge möglich, die die Nahrungsmittel für eine wachsende Weltbevölkerung gewährleisten.

Gesundheit: Hygieneartikel wie Seifen, Wasch- und Desinfektionsmittel verhindern das Ausbrechen von Seuchen; Arzneimittel bekämpfen Krankheiten und schützen die Gesundheit.

Kleidung: Synthetische Textilien und chemisch behandelte Naturtextilien mit den dazugehörenden Farbstoffen versorgen die Menschen mit Kleidung.

Bauen, Industrie: Eine Vielzahl von Baustoffen, modernen Werkstoffen und Hilfsstoffen sind wichtige Voraussetzungen für umweltgerechtes Bauen und eine effiziente Industrieproduktion.

Verkehr: Hochqualitative Motorkraftstoffe gewährleisten die Mobilität von Menschen und Material.

Bild 260/1: Chemieprodukte

6.2 Umweltgefährdung durch die Chemie

Bei der Produktion und der Verarbeitung sowie nach dem Gebrauch der vielen nützlichen Chemieprodukte entstehen Rückstände und Abfallstoffe, die zu einer ernsthaften Belastung oder sogar Zerstörung der Umwelt führen können **(Bild 260/2)**.

Durch das *Einleiten* von giftigen und gesundheitsschädlichen Abwässern in Flüsse und Seen kann das Leben in den Gewässern zerstört werden. Ihr Wasser kann nicht zur Trinkwasserbereitung genützt werden.

Durch *unsachgemäße Ablagerung* giftiger Rückstände und von Abfallstoffen kann der Boden und das Trinkwasser vergiftet werden.

Durch das *Ablassen* von giftigen, gesundheitsschädlichen und übelriechenden Gasen oder Stäuben in die Atmosphäre kann die Luft verpestet und belastet werden, so daß viele Menschen gesundheitliche Schäden erleiden und die Natur geschädigt wird.

Besonders gefährdet sind die Mitarbeiter der chemischen und anderer Industrien, da an den Produktionsstätten der intensivste Kontakt mit den gesundheitsschädlichen Stoffen möglich ist.

Bild 260/2: Umweltschäden

Das hohe Potential an Umweltgefährdung durch die Produktionsstätten, die Rückstände und die Produkte der Chemieindustrie verpflichtet alle dafür Verantwortlichen

- die Chemieproduktion nach dem neuesten Stand der Sicherheitstechnik durchzuführen
- Chemieprodukte rohstoffschonend und möglichst energiesparend zu erzeugen
- nicht zu vermeidende Chemierückstände sachgemäß zu beseitigen und
- die Chemieprodukte nach den neuesten Erkenntnissen der Umweltverträglichkeit zu gestalten.

Nur wenn es gelingt, die Chemie in Einklang mit dem Menschen und der Natur zu betreiben, wird sie in der Bevölkerung Akzeptanz und Anerkennung für ihre großartigen Leistungen finden.

8.3 Chemieproduktion und Umweltschutzbereiche

Die Umweltbelastung durch die Chemieproduktion liegt zum einen bei der Produktion selbst und zum anderen bei den Chemieprodukten **(Bild 261/1)**.

Bei der Chemieproduktion fallen Feststoffe und Rückstände an, die nicht direkt verwertbares Produkt eines Verfahrens sind. Es können feste, flüssige oder gasförmige Rückstände sein, aber auch Abwässer.

Durch Optimierung der Prozesse und der Prozeßführung können die Rückstände teilweise **vermieden** oder zumindest **vermindert** werden.

Die verwertbaren Anteile der Rückstände werden durch **Recycling** stofflich wiederverwertet, entweder im gleichen oder einem anderen Prozeß.

Die stofflich nicht verwertbaren Anteile der Rückstände können teilweise **energetisch verwertet** werden, d.h. sie werden zur Energiegewinnung verbrannt.

Die nicht verbrennbaren Bestandteile bzw. die Verbrennungsrückstände müssen umweltgerecht **entsorgt** werden. Dies geschieht beim Abwasser durch Klärwerke, bei Abgasen durch Abgasreinigung und bei festen Abfällen durch Verbrennung oder Deponierung.

Die nach Gebrauch als Müll anfallenden Chemieprodukte sind fest oder flüssig und werden wie der Abfall aus der Chemieproduktion behandelt.

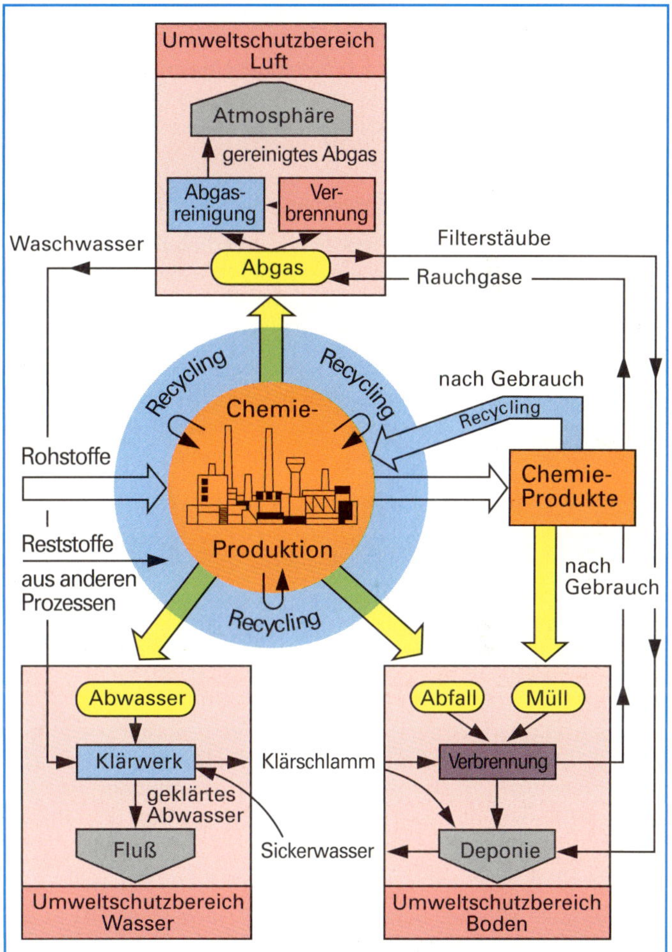

Bild 261/1: Chemieproduktion und Umweltschutz

Für die Chemierückstände gilt eine Reihenfolge der Maßnahmen:	**Vermeiden — Vermindern — Verwerten — Entsorgen**

Die chemische Industrie und alle in ihr Beschäftigten haben die Verpflichtung, die durch den Betrieb von Chemieanlagen entstehenden Belastungen auf ein für die Umwelt verträgliches Maß zu vermindern.

Die zu schützenden Umweltbereiche sind die Luft (Atmosphäre), die Gewässer und der Erdboden.

8.4 Umweltschutzbereich Luft

8.4.1 Luftverunreinigungen

Luftverunreinigungen sind vor allem Abgase, aber auch fein verteilte Flüssigkeiten (Aerosole) und feinverteilter Feststoff in Form von Rauch und Staub.

Diese als **Emissionen** bezeichneten, freigesetzten Schadstoffe stammen zumeist aus Verbrennungsprozessen. **Emittenten**, d.h. Verursacher der Emissionen, sind in den Industrieländern vor allem Industriebetriebe, Verbrennungskraftwerke, Verbrennungsmotoren von Fahrzeugen sowie Hausheizungen.

Die freigesetzten Schadstoffe (Emissionen) gelangen in die Luft (Atmosphäre), die Gewässer sowie den Erdboden und führen dort zu Einwirkungen, den **Immissionen**.

Bild 262/1: Umweltschutzbereich Atmosphäre

Die am meisten die Umwelt belastenden Luftverunreinigungen sind:

Schwefeldioxid SO_2: Es entsteht bei der Verbrennung schwefelhaltiger Brennstoffe, wie Kohle und Heizöl: $S + O_2 \rightarrow SO_2$. Es ist ein giftiges, die Schleimhäute reizendes Gas. Mit Wasser bildet es schweflige Säure $SO_2 + H_2O \rightarrow H_2SO_3$ und mit Sauerstoffradikalen Schwefeltrioxid: $SO_2 + O^* \rightarrow SO_3$, das mit Wasser Schwefelsäure bildet: $SO_3 + H_2O \rightarrow H_2SO_4$.

Schwefeldioxid und der von ihm im wesentlichen verursachte **saure Regen** werden für Schäden an Bäumen (Waldsterben) und Gebäuden (Verwitterung von Kalkstein und Beton) sowie für die übermäßige Korrosion der Metallwerkstoffe und für gesundheitliche Beeinträchtigungen (Bronchialbeschwerden, Krupp-Husten bei Kindern) verantwortlich gemacht.

Kohlenstoffmonoxid CO: Es entsteht bei der Verbrennung kohlenstoffhaltiger Stoffe unter unzureichender Luftzufuhr: $C + 1/2\,O_2 \rightarrow CO$. Es ist ein geruchloses, aber sehr gifiges Gas. Schon geringe Gehalte von CO in der Atemluft führen zu lebensgefährlichen Vergiftungen.

Kohlenstoffdioxid CO_2: Es entsteht beim Verbrennen kohlenstoffhaltiger Stoffe: $C + O_2 \rightarrow CO_2$. Es ist an sich ungiftig, bei zu hohem CO_2-Gehalt der Luft besteht Erstickungsgefahr. Durch seine wärmedämmende Wirkung wird es für den sogenannten „Treibhauseffekt", d.h. die Aufheizung der Erdatmosphäre und die dadurch bewirkten Klimaveränderungen, verantwortlich gemacht.

Stickstoffoxide NO_x: Sie entstehen bei Verbrennungsvorgängen bei sehr hohen Temperaturen aus dem Stickstoff und Sauerstoff der Luft: $N_2 + x \cdot O_2 \rightarrow NO_x$ z.B. in Verbrennungskraftwerken oder Kraftfahrzeugmotoren. Stickstoffoxide, auch Stickoxide oder **nitrose Gase** genannt, sind giftig und schleimhautreizend. Sie sind Mitverursacher des Smogs über den Großstädten in Inversionswetterlagen. Mit Luftfeuchtigkeit bilden die Stickoxide Salpetersäure, z.B. nach der Gleichung:

$$4\,NO_2 + H_2O + O_2 \rightarrow 4\,HNO_3.$$

Salpetersäure ist neben Schwefelsäure und schwefliger Säure ein Schadbestandteil des sauren Regens und damit Mitverursacher des Waldsterbens.

Organische Verbindungen, wie z.B. die Benzinbestandteile Kohlenwasserstoffe und Benzol, oder die Chlorkohlenwasserstoffe (CKW) der Lösungsmittel (Seite 191) sind giftig und zum Teil krebserregend. Die Fluorchlorkohlenwasserstoffe, kurz FCKW (Seite 192), vermindern die Ozonkonzentration in der Stratosphäre und verursachen das „Ozonloch" (Seite 114). Die Produktion von FCKW soll schrittweise eingestellt werden, die Anwendung von CKW soll möglichst vermieden werden.

Feinstäube: Sie entstehen vor allem in Verbrennungskraftwerken, Müllverbrennungsanlagen, Hüttenwerken, Zementfabriken und in Dieselmotoren. Je nach Zusammensetzung können sie direkt giftig bzw. krebserregend sein, wie z.B. Bleistaub oder Dieselmotoren-Rußpartikel, oder zumindest bei langfristigem Einatmen die Lungenfunktion schädigen (Staublunge).

8.4.2 Gesetzliche Bestimmungen

Gesetzliche Vorschriften und Verordnungen sollen die Betreiber von Anlagen und Einrichtungen zwingen, diese nach den neuesten technischen Erkenntnissen auszurüsten und so die Umweltbelastung auf ein Minimum zu reduzieren.

Es gibt gesetzliche Bestimmungen für die Emissionen, das heißt für die maximalen Mengen bzw. Konzentrationen der freigesetzten Schadstoffe einer Anlage und Bestimmungen für die Immissionen, d.h. für die Schadstoffkonzentration in der Umgebung der Anlage.

Die Emissionsgrenzwerte sind Tagesmittelwerte, die nicht überschritten werden dürfen.

Immissionsgrenzwerte sind z.B. der MAK-, der MIK- und der TRK-Wert.

Der **MAK** (**M**aximale **A**rbeitsplatz-**K**onzentration) gibt Grenzwerte für den Gehalt an Luftschadstoffen am Arbeitsplatz in Atemhöhe, bei denen eine Gesundheitsgefährdung nicht zu erwarten ist **(Tabelle 263/1)**.

Der **MIK** (**M**aximale **I**mmissions-**K**onzentration) gibt Grenzwerte von Luftschadstoffen in bodennahen Schichten der Atmosphäre in der Umgebung einer Anlage an, die nach heutigem Wissensstand zu keinen Schäden führen.

Der **TRK** (**T**echnische **R**icht-**K**onzentrationen) nennt Grenzwerte für krebsauslösende Stoffe (Cancerogene), die nicht überschritten werden sollten.

Tabelle 263/1: MAK- und MIK-Werte einiger Schadstoffe

Schadstoff	MAK in mg/m^3	MIK in mg/m^3
SO_2	5	0,3
CO	33	10
NO_2	9	0,1
Staub	6	0,3

Bei langandauernder Exposition ist auch bei den MAK-, MIK- und TRK-Grenzwerten eine Gesundheitsgefährdung nicht ausgeschlossen.

Die **Technische Anleitung Luft**, kurz **TA Luft**, genannt, gibt eine Grundlage für die Genehmigung und die Überwachung von Industrieanlagen, Feuerungen und Kraftwerken. Danach dürfen die **Emissionen** (Tagesmittelwerte) einer Feuerungsanlage bestimmte Grenzwerte nicht überschreiten **(Tabelle 263/2)**. Die Grenzwerte für den Betrieb der Feuerungsanlagen mit Heizöl liegen durchweg höher als für den Betrieb mit Flüssiggas. Dies berücksichtigt das technisch Machbare mit den unterschiedlichen Heizstoffen. Die Meßverfahren für die Schadstoffe sind exakt festgelegt, um eindeutige Werte zu erhalten. Es ist nicht erlaubt, die Abgase der Anlage mit Frischluft zu verdünnen, um so die Grenzwerte zu unterschreiten.

Tabelle 263/2: Grenzwerte für die Emissionen einer 50 MW-Feuerungsanlage

Schadstoff	Grenzwerte für Heizöl-Betrieb in mg/m^3	Grenzwerte für Flüssiggas-Betrieb in mg/m^3
SO_2	1700	5
CO	170	100
NO_2	250–450	200
Staub	80	5

Die **Immissionen** in der Umgebung einer Anlage werden durch zwei Grenzwerte für die Schadstoffe eingegrenzt **(Tabelle 263/3)**. Der Kurzzeit-Immissionswert IW2 ist ein Halbstundenmittelwert, der Langzeitwert IW1 ist ein Jahresmittelwert.

Bei der Planung einer Anlage werden aus den zu erwartenden Emissionen unter Berücksichtigung der bereits vorhandenen Immissionen die dann herrschenden Gesamt-Immissionen vorausberechnet. Nur wenn diese unter den erlaubten Grenzwerten liegen, wird die Anlage genehmigt.

Tabelle 263/3: Grenzwerte für die Immissionen in der Umgebung einer Feuerungsanlage

Schadstoff	Kurzzeitwert IW2 in mg/m^3	Langzeitwert IW1 in mg/m^3
SO_2	0,4	0,14
CO	30	10
NO_2	0,2	0,08
Staub	0,30	0,15

Eine andere gesetzliche Bestimmung für die Immissionsbegrenzung ist die **Smog-Verordnung des Bundes-Immissionsschutzgesetzes**. Sie begrenzt die Luftbelastung in Großstädten, vor allem mit SO_2 und NO_x. Überschreiten die gemessenen Immissionen die Grenzwerte, so wird Smogalarm gegeben. Die Hauptemittenten, wie Großfeuerungsanlagen, müssen ihren Betrieb einstellen, Pkw dürfen nicht mehr fahren.

Weitere Gesetze zur Schadstoffbegrenzung sind die **Großfeuerungsanlagen-Verordnung**, die **Störfallverordnung**, die Verordnung über **Abgasgrenzwerte für Pkw** oder für Heizungen in Wohnhäusern.

Die Abgaswerte werden in regelmäßigen Intervallen gemessen, z.B. vom Gewerbeaufsichtsamt, den Technischen Überwachungsvereinen (TÜV) oder bei Hausheizungen dem Schornsteinfeger.

8.4.3 Reinigung der Abgase von Verbrennungskraftwerken

Zur Strom- und Dampferzeugung werden in Verbrennungskraftwerken fossile Brennstoffe, wie Kohle und schweres Heizöl verbrannt. Die umweltbelastenden Schadstoffe im Rauchgas sind im wesentlichen Flugasche (Staub), Schwefeldioxid SO_2 und Stickoxide NO_x. Sie müssen abgeschieden werden.

Gemäß der Großfeuerungsanlagen-Verordnung gelten als Emissions-Grenzwerte für SO_2 400 mg/m³ und für NO_x 200 mg/m³, der Reststaubgehalt darf 50 mg/m³ nicht überschreiten.

Verbrennungskraftwerke besitzen Einrichtungen zur Staubabscheidung sowie zur Rauchgasentschwefelung und Entstickung **(Bild 264/1)**. Häufig sind diese Anlagenteile größer als das eigentliche Kraftwerk.

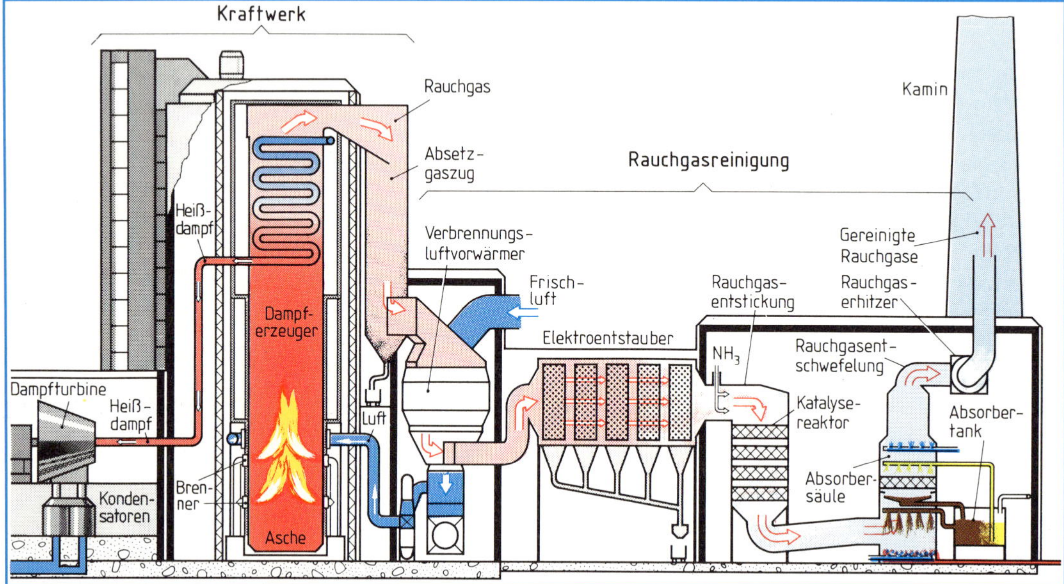

Bild 264/1: Verbrennungskraftwerk mit Rauchgasreinigung

Die Rauchgasreinigung im einzelnen:

Entstaubung: Das aus dem Dampferzeuger abströmende Rauchgas gelangt zunächst in einen **Absetzgaszug**, wo grobe Flugaschepartikel abgeschieden werden. Anschließend durchströmt es einen Verbrennungsluftvorwärmer und dann weiter zur Feinstaubabscheidung in einen **Elektroentstauber**.

Die **Rauchgasentstickung**, d.h. die Beseitigung der Stickoxide NO_x, erfolgt in Katalysereaktoren durch Zugabe von Ammoniak NH_3.

$$4\,NO + 4\,NH_3 + O_2 \xrightarrow[\text{Katalysator}]{V_2O_5\text{-}} 4\,N_2\uparrow + 6\,H_2O\uparrow$$

Dann folgt die **Rauchgasentschwefelung** in einer Absorbersäule **(Bild 264/2)**. Das SO_2 im Rauchgas löst sich im eingedüsten Prozeßwasser durch Absorption. Das SO_2-beladene Wasser wird in den Absorbertank geleitet. Dort bindet zugegebenes Kalksteinpulver ($CaCO_3$) das SO_2. Durch Rückführen der Suspension in den Reaktor und Einblasen von Luft (O_2) entsteht Gips $CaSO_4 \cdot 2\,H_2O$.

$$\left.\begin{matrix} 2\,SO_2 + 2\,CaCO_3 \\ + 4\,H_2O + O_2 \end{matrix}\right\} \longrightarrow \left\{\begin{matrix} 2\,(CaSO_4 \cdot 2\,H_2O)\downarrow \\ + 2\,CO_2\uparrow \end{matrix}\right.$$

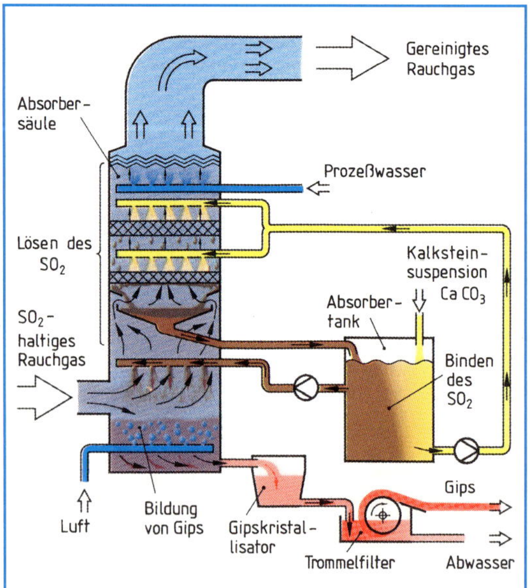

Bild 264/2: Rauchgasentschwefelung

8.4.4 Entgiftung der Abgase von Benzinmotoren

Die Abgase der Benzin-Verbrennungsmotoren der Millionen von Pkw's und Lkw's gehören in den Industrieländern zu den größten Emittenten von Stickoxiden NO_x, Kohlenstoffmonoxid CO und unverbrannten Kohlenwasserstoffen C_nH_m. Da sie gerade dort entstehen, wo Menschen atmen (in Ballungsräumen auf Atemhöhe), kommt ihrer Reduzierung besondere Bedeutung zu.

Die Emissionen von Pkw dürfen deshalb bei einem bestimmten Test-Fahrzyklus festgelegte Grenzwerte nicht überschreiten. Sie müssen bei der Zulassung eines Fahrzeugs nachgewiesen werden. In einer jährlichen Abgassonderuntersuchung (ASU) werden sie zudem überprüft.

Die heute wirkungsvollste Methode, um die Abgase von Pkw's mit Benzinmotoren zu entgiften, ist der geregelte **Abgaskatalysator** (Dreiwegekatalysator). Mit ihm können rund 90% der Motorabgas-Schadstoffe **NO_x, CO** und **C_nH_m** beseitigt werden. Er ist in den Auspuffstrang des Autos eingebaut und besteht aus einem Edelstahlgehäuse, in dem ein Keramikkörper mit einer Vielzahl feiner Durchströmkanäle untergebracht ist **(Bild 265/1)**. Auf der zerklüfteten und porösen Oberfläche der Kanäle ist eine nur wenige µm dicke Platin/Rhodium-Schicht aufgebracht. Sie wirkt als Katalysator.

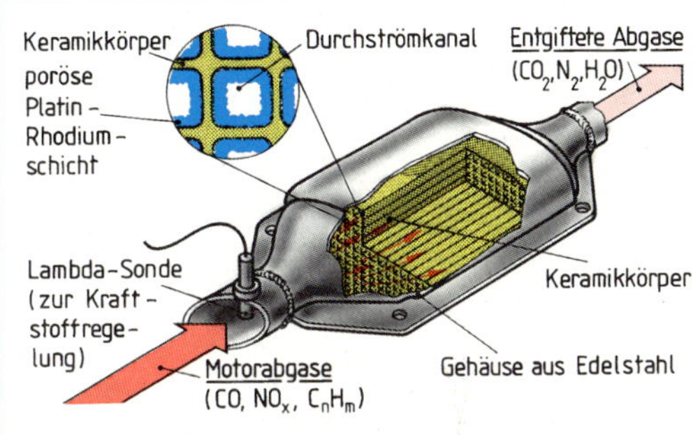

Bild 265/1: Geregelter Autoabgas-Katalysator

Die heißen Motorabgase durchströmen die Kanäle und reagieren an der Katalysatoroberfläche (rund 400 °C) zu unschädlichen Reaktionsprodukten:

$$2\ NO \rightarrow N_2 + O_2 \qquad 2\ CO + O_2 \rightarrow 2\ CO_2$$

$$2\ C_nH_m + x \cdot O_2 \rightarrow 2 \cdot n\,CO_2 + m\,H_2O$$

Katalysator-ausgerüstete Autos dürfen nur bleifreies Benzin tanken, da Blei den Katalysator inaktiviert.

Dadurch entfällt zusätzlich die Umweltbelastung durch Blei. Zur Erhöhung der Klopffestigkeit (Seite 224) enthalten bleifreie Benzine einen erhöhten Benzolgehalt (giftig, canzerogen). Beim Tanken sollte deshalb vermieden werden, Benzindämpfe einzuatmen oder mit Benzin Hautkontakt zu haben.

Fahrzeuge mit Diesel-Verbrennungsmotor haben einen wesentlich geringeren NO_x- und CO-Ausstoß. Kritisch ist bei ihnen der Ausstoß von canzerogenen Rußpartikeln, der entweder durch konstruktive Maßnahmen oder Rußfilter vermindert werden muß.

8.4.5 Abgasentgiftung in Industriebetrieben

Industriebetriebe, in denen fortlaufend größere Mengen von brennbaren Abgasen und schadstoff- oder geruchsbelasteter Abluft anfallen, sind mit einer zentralen Abgas/Abluft-Verbrennungsanlage ausgestattet. In ihr werden die aus den verschiedenen Betrieben anfallenden und in Sammelleitungen zugeführten Abgase zusammen mit flüssigen, brennbaren Rückständen verbrannt **(Bild 265/2)**.

Bei Verbrennungstemperaturen von rund 1000 °C entstehen je nach den verbrannten Stoffen niedermolekulare Verbindungen, wie CO_2, H_2O, SO_2, HCl usw. Die Rauchgase werden in einem Quenscher durch Einsprühen von Wasser auf ca. 80 °C abgekühlt. Dadurch wird eine Rekombination der niedermolekularen Rauchgasbestandteile zu langkettigen Verbindungen verhindert. Zudem ballen die Feinstaubpartikel zusammen und fallen als Flugasche aus. In einer zweistufigen Rauchgaswäsche werden die Schadstoffe mit eingesprühtem Wasser und Natronlauge in das Waschwasser überführt, das zur Abwasserreinigung geht.

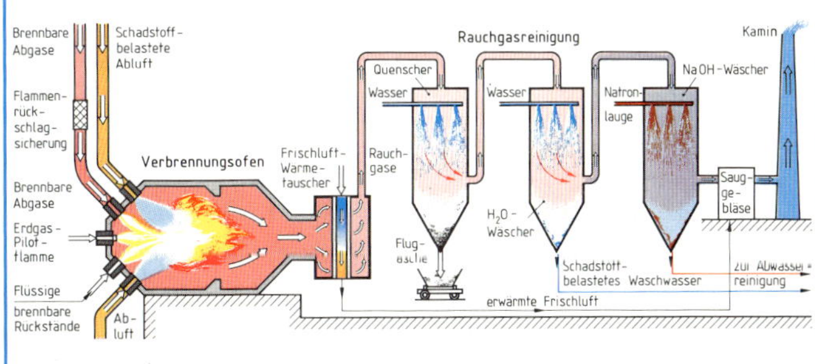

Bild 265/2: Verbrennungsanlage für Abgase und flüssige Rückstände

8.5 Umweltschutzbereich Wasser

Ausreichend sauberes Wasser ist eine Lebensgrundlage für die Menschen, die Tiere und die Pflanzen. Wasser ist ein Grund-Lebensmittel.

Zusätzlich nutzt man es in Haushaltungen und der Industrie als Reinigungs- und Waschmittel sowie zur Bewässerung in der Landwirtschaft.

In der Industrie, speziell in der Chemieindustrie, dient es zudem als Prozeßwasser, als Lösungsmittel und als Kühlwasser.

Die Gewinnung von Trinkwasser und anderen Gebrauchswässern erfolgt je nach Anforderung aus den verschiedenen Rohwässern, wie Quellwasser, Grundwasser, Flußwasser usw. (Seite 153).

Die Reinigung verschmutzter Abwässer und die Reinhaltung der natürlichen Gewässer ist eine wichtige Aufgabe zur Erhaltung einer gesunden, lebenswerten Umwelt **(Bild 266/1)**.

Bild 266/1: Natürliches Gewässer

8.5.1 Verschmutzung der Gewässer

Die offenen Gewässer, wie Bäche, Flüsse und Seen sowie das Grundwasser sind durch eine Vielzahl von eingeleiteten Stoffen bedroht.

Haushaltsabwasser. Es besteht vor allem aus Essensresten, Fäkalien, Badewasser und Waschlauge. Würde es ungeklärt in die natürlichen Gewässer, wie Flüsse und Seen geleitet, so wäre deren Selbstreinigungsvermögen weit überschritten; das natürliche Leben würde dort absterben, die Gewässer würden zur Kloake werden. Die Haushaltsabwässer, auch kommunale Abwässer genannt, müssen in einer Abwasserreinigungsanlage (Klärwerk) von ihrer Schmutzfracht befreit werden (Seite 268).

Problematisch in den Haushaltsabwässern sind die Waschlauge sowie Bade- und Waschwasser. Sie enthalten die Waschmittelstoffe Tenside sowie aus der Waschlauge Pentanatriumtriphosphat. Sie dürfen nicht in die natürlichen Gewässer gelangen. Die Tenside zerstören Kleinlebewesen und schädigen die übrige Tier- und Pflanzenwelt. Durch Verwendung biologisch abbaubarer Tenside, wie z. B. der geradkettigen **Alkylbenzolsulfonate** (Seite 248) konnte die Belastung der Gewässer reduziert werden. Diese Tenside werden in der biologischen Reinigungsstufe der Klärwerke abgebaut.

Pentanatriumtriphosphat (Seite 248) ist zwar nicht giftig, ein hoher Gehalt in den Gewässern stellt jedoch eine Überdüngung (Eutrophierung) dar. Die Folge ist ein starkes Algenwachstum. Durch deren Verrottung wird Sauerstoff verbraucht, so daß der O_2-Gehalt im Wasser so weit absinken kann, daß das Leben im Gewässer abstirbt. Man nennt dies „Umkippen der Gewässer". Pentanatriumtriphosphat kann nur in der chemischen Reinigungsstufe einer Kläranlage durch Ausfällen beseitigt werden. Ein Teil der öffentlichen Kläranlagen besitzen jedoch noch keine chemische Reinigungsstufe. Umweltschonende Waschmittel enthalten weniger oder kein Phosphat und als Ersatz-Komplexbildner Zeolithe (Seite 249).

Gifte aus Industriebetrieben. Immer wieder werden Fälle von Einleitungen giftiger oder umweltzerstörender Substanzen in Gewässer bekannt. Besonders gefährlich für das Leben in den Gewässern und für den Menschen (Trinkwasser aus Flußuferfiltrat) sind die **chlorierten Kohlenwasserstoffe** (CKW). Dazu gehören die Lösungsmittel Trichlormethan, Tetrachlormethan und Trichlorethen (Seite 192) sowie die als Pflanzenschutzmittel eingesetzten chlorierten Aromaten, wie z. B. DDT und PCB (Seite 275). Es sind starke Gifte, die sogar in kleinsten Mengen wirken, da sie sich im Fettgewebe von Mensch und Tier ansammeln und im Laufe der Zeit zu schweren gesundheitlichen Störungen führen.

Mitarbeiter in den chemischen und anderen Industrien, die mit diesen Stoffen arbeiten, sind zu sachgemäßem und verantwortungsvollem Gebrauch verpflichtet. Die Beseitigung von Abfällen mit chlorierten Kohlenwasserstoffen ist in speziellen Verbrennungsanlagen möglich (Bild 265/2).

Erdölprodukte. Das Ablassen von Altöl in Gewässer bzw. den Boden ist eine schwere Umweltschädigung. Es führt zur Verseuchung des Grundwassers (Trinkwasser) und zur Zerstörung des Lebens im Boden und Gewässer. Altöl ist an Sammelstellen abzuliefern. Es wird aufgearbeitet oder sachgemäß verbrannt.

Nitratbelastung. Durch übermäßige Düngung bei intensiv betriebener Landwirtschaft gelangen erhebliche Mengen von Nitrat (NO_3^-) in das Grundwasser sowie in Flüsse und Seen.

Über die Trinkwassergewinnung aus diesen Rohwässern kommt es in das Trinkwasser. Da ein Nitratgehalt von mehr als 50 mg/l im Trinkwasser als gesundheitsschädlich eingestuft wird (nach EG-Norm), muß durch verminderte Düngergabe oder auch durch ein Düngeverbot in Trinkwasserschutzgebieten der Nitratgehalt unter diesem Grenzwert gehalten werden.

8.5.2 Gewässergüte

Die Güte eines Gewässers wird mit physikalisch-chemischen Kennwerten und mit biologischen Gütebeurteilungen erfaßt.

Physikalisch-chemische Kennwerte sind z. B. der pH-Wert, der Gehalt an gelöstem Sauerstoff, der Gehalt an Ionen und organischen Stoffen, die elektrische Leitfähigkeit, die Temperatur und der CSB-Wert. Der „Chemische Sauerstoff-Bedarf", kurz CSB-Wert, gibt die Sauerstoffmenge an, die erforderlich ist, um die organischen Inhaltsstoffe chemisch zu oxidieren. Er ist ein Maß für den Gehalt an insgesamt im Abwasser enthaltenen organischen Verunreinigungen.

Biologische Gütebeurteilungen sind z. B. der „Biologische Sauerstoff-Bedarf", kurz BSB-Wert genannt, und sogenannte Bio-Indikatoren.

Der **BSB-Wert** gibt die Sauerstoffmenge an, die von Mikroorganismen verbraucht wird, um die im verschmutzten Wasser enthaltenen organischen Bestandteile biologisch abzubauen.

Bio-Indikatoren sind Indikator-Organismen, wie z. B. bestimmte Fische, Kleinkrebse, Wasserpflanzen, Algen usw.

Ausgehend von der Erkenntnis, daß sich in einem natürlichen Gewässer typische biologische Lebensgemeinschaften ausbilden, wurde ein biologisches Gütebeurteilungssystem, das sogenannte **Saprobiensystem**, entwickelt. In ihm sind Gewässer-Güteklassen von I bis IV charakteristischen Lebensgemeinschaften zugeordnet. Mit ihnen kann der Zustand eines Gewässer beurteilt werden.

In **Gewässergütekarten** sind die Güteklassen mit verschiedenen Farben gekennzeichnet **(Bild 267/1)**.

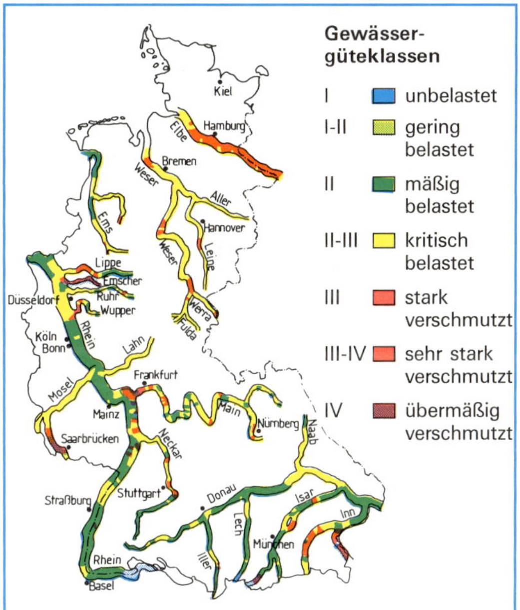

Bild 267/1: Gewässergütekarte der Flüsse in Westdeutschland, Stand 1985

Während die physikalisch-chemischen Kennwerte nur eine Augenblicksbeschreibung geben, erlauben die biologischen Gütebeurteilungen eine Aussage über die Güte eines Gewässers in einem vorangegangenen Zeitabschnitt.

Physikalisch-chemische Kennwerte können einen Parameter in einem Gewässer exakt beschreiben, für die Gütebeurteilung eines Gewässers haben die biologischen Indikatoren größere Aussagekraft.

Gesetzgebung

Die wichtigsten Rechtsvorschriften im Umweltschutzbereich Wasser sind das **Wasserhaushaltsgesetz** und das **Abwasserabgabengesetz**. Für die Einleitung von Abwasser in natürliche Gewässer gilt, daß ihre Menge und Schädlichkeit so gering zu halten ist, wie dies bei der Anwendung der anerkannten Regeln der Technik möglich ist. Die Grenzwerte werden je nach dem aktuellen Stand der Technik festgelegt.

8.5.3 Abwasserreinigung

Hauptverursacher von Abwässern sind zum einen die privaten Haushaltungen mit Handwerk und Kleingewerbe sowie zum anderen Industriebetriebe. Man spricht dementsprechend von kommunalen bzw. von industriellen Abwässern. Heute werden in Deutschland annähernd alle Abwässer gereinigt.

Industrieabwässer

Industrieabwässer, die den biologischen Klärprozeß in kommunalen Abwasserreinigungsanlagen stören würden, müssen in Industriekläranlagen vorgereinigt werden. Der Reinigungsprozeß hängt von den Inhaltsstoffen im Abwasser ab.

Im allgemeinen verläuft er nach den Verfahrensschritten: Grobklärung — Ölabscheidung — Naßchemische Entgiftung — Fällung, Ausflockung, Sedimentation — sowie in Spezialfällen zusätzlich Ionenaustausch und Ultrafiltration (Seite 158, 159). Das vorgereinigte Industrieabwasser wird dann meist in eine kommunale Abwasserreinigungsanlage geleitet, wo es noch mechanisch-biologisch gereinigt wird.

Industrieabwässer mit hohem Anteil giftiger organischer Bestandteile werden verbrannt (Bild 265/2).

Mechanisch-chemisch-biologische Reinigung kommunaler Abwässer

Stand der Technik für kommunale Abwässer ist die mechanisch-chemisch-biologische Reinigung **(Bild 268/1)**.

Die erste Behandlungsstufe ist das **Neutralisations- und Flockungsbecken**. Hier erfolgt die Neutralisation der in der Regel sauren Abwässer durch Kalkmilch $Ca(OH)_2$. Durch Zusatz von Eisen- oder Aluminiumsulfatpulver als Flockungsmittel werden im Abwasser gelöste Phosphate ausgefällt und zusammen mit anderen feinverteilten Schwebestoffen ausgeflockt (Chemische Teilreinigung).

Dann wird das Abwasser in großvolumige **Vorklärbecken** gepumpt (Verweildauer ca. 1 Stunde), so daß die Schwebestoffe zu Boden sinken und als Vorklärschlamm abgezogen werden (mechanische Reinigung).

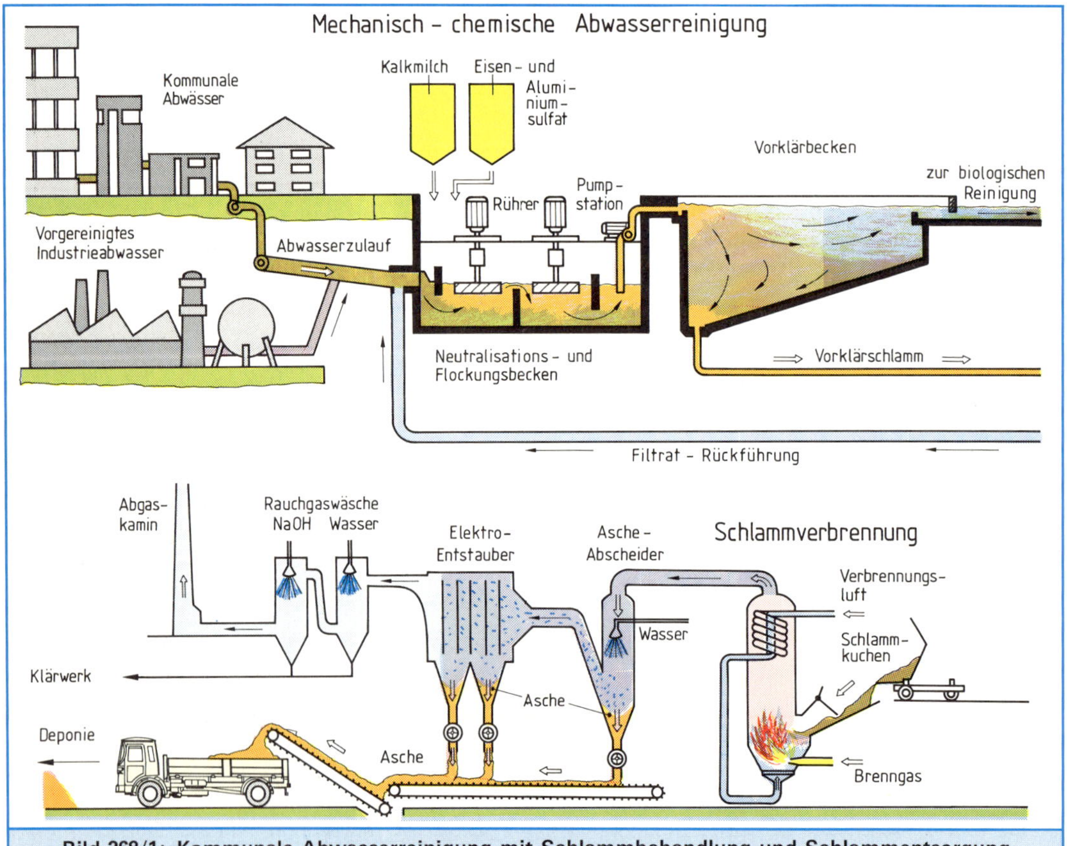

Bild 268/1: Kommunale Abwasserreinigung mit Schlammbehandlung und Schlammentsorgung

Das mechanisch vorgeklärte Abwasser gelangt dann in das **Belebungsbecken** (biologische Reinigung) und wird mit Rücklauf-Belebtschlamm vermischt. Der Belebtschlamm besteht aus mikroskopisch kleinen, schleimartigen Flocken, die mit einer Vielzahl von speziellen Bakterien und Wimpertierchen besiedelt sind. Die Bakterien nehmen die im Abwasser gelösten organischen Verbindungen als Nahrung in ihre Zellsubstanz auf und werden ihrerseits von den Wimpertierchen gefressen. Auf diese Weise werden die organischen Verbindungen im Abwasser in pflanzliche und tierische organische Substanz umgewandelt.

Um für die Mikroorganismen im Belebungsbecken optimale Lebensbedingungen zu schaffen, wird Luft (Sauerstoff) in das Abwasser eingerührt oder eingeblasen. Falls erforderlich, werden Nährsalze zugegeben. Dies führt zur rasanten Vermehrung der Mikroorganismen, bis alle organischen Verbindungen umgesetzt sind (nach ca. 10 bis 20 Stunden Verweildauer). Das Abwasser, das jetzt einen hohen Anteil an Belebtschlamm enthält, wird dann in die Nachklärbecken geleitet, wo sich der Belebtschlamm im Laufe mehrerer Stunden absetzt. Das über einen Überlauf abfließende, gereinigte Abwasser wird in den natürlichen Wasserkreislauf, meist einen Fluß, geleitet. Ein Teil des Belebtschlamms (Rücklaufschlamm) wird in die Belebungsbecken zurückgeführt und sorgt dort wieder für den biologischen Abbau. Der Überschußschlamm wird abgezogen und in Schlammeindickern auf ca. 5% Feststoffgehalt eingedickt. Zur Schlammbehandlung gibt es mehrere Möglichkeiten:

Bei der **Schlammfaulung** wird der eingedickte Schlamm in Faultürmen durch anaerobe Bakterien in Faulgas (70% CH_4, 30% CO_2) und ausgefaulten Schlamm umgesetzt. Das Faulgas wird zur Energiegewinnung verbrannt, der ausgefaulte Schlamm nach der Entwässerung als Bodenverbesserer verwendet oder deponiert.

Zur **Schlammverbrennung** oder **Schlammdeponierung** wird der Dickschlamm zuerst in Vakuumdrehfiltern und dann in Kammerfilterpressen auf etwa 40% Feststoffgehalt entwässert. Der Schlamm-Filterkuchen wird entweder auf einer Deponie gelagert oder in einer Verbrennungsanlage verbrannt.

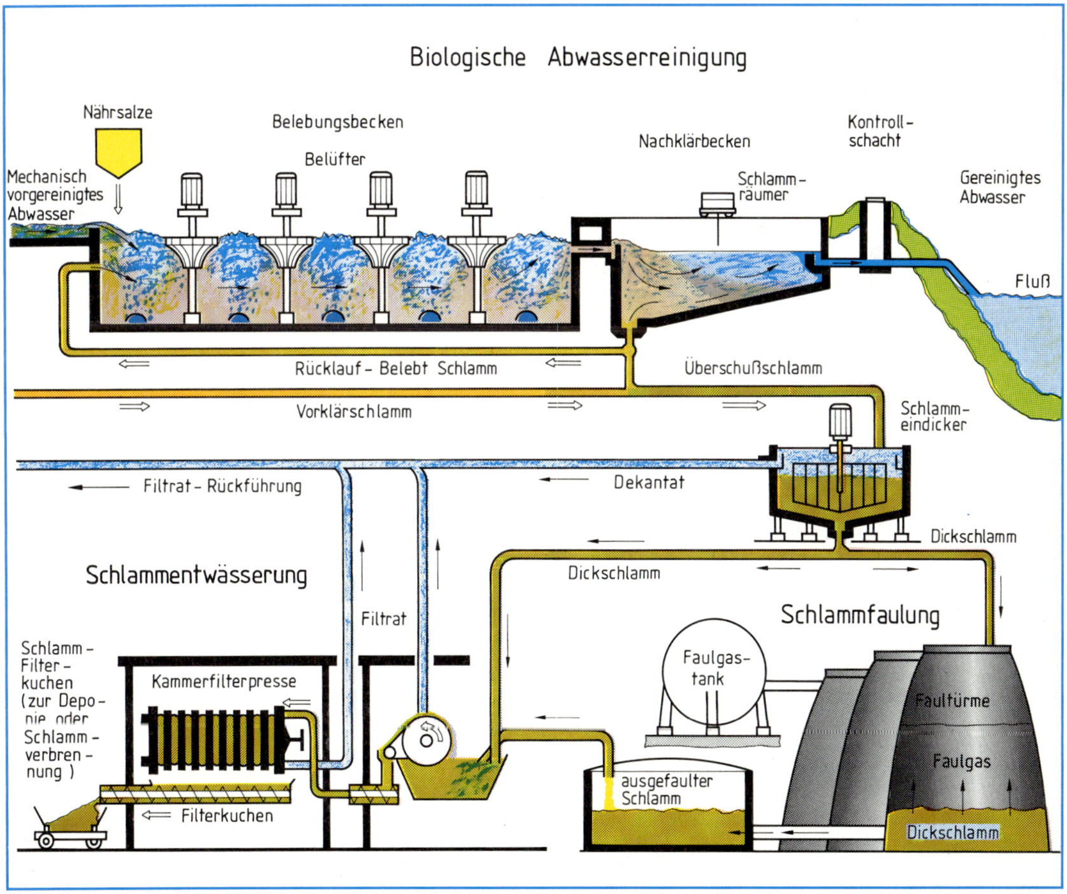

8.6 Umweltschutzbereich Erdboden

Der Boden ist ein wichtiger Teil der Umwelt und mit den darauf wachsenden Pflanzen die bedeutendste Ernährungsgrundlage für das Leben auf der Erde **(Bild 270/1)**.

Der Mensch nutzt den Boden auf vielfältige Weise: Zur Nahrungsmittelgewinnung (Landwirtschaft), zur Holzerzeugung, als Standort für Häuser, Industrieanlagen und Verkehrswege sowie als Naturlandschaft zur Erholung und Regenerierung. Darüberhinaus ist der Boden Speicher und Filter für den Wasserhaushalt sowie der Fundort der Bodenschätze.

Auch zur Ablage (Deponierung) von Abfällen aus Haushaltungen, Gewerbe und Industrie dient die „Mutter-Erde".

Bild 270/1: Ökosystem Boden

8.6.1 Das Ökosystem Boden

Als Boden bezeichnet man die nur einige Dezimeter dicke, obere Schicht der Erdkruste. Er ist entstanden als Umwandlungsprodukt durch Verwitterung der mineralischen Gesteine und aus zersetzten organischen Substanzen. Zusammen mit den Pflanzen und den Organismen sowie Wasser und Hohlräumen bilden sie das komplizierte Ökosystem Boden **(Bild 270/1)**.

Durch die vielfältige Nutzung des Bodens (Bodenversiegelung) und den Eintrag von Fremd- und Schadstoffen kann das Ökosystem Boden gestört oder, bei starker Belastung, zerstört werden, so daß es abstirbt. Der Eintrag der Schadstoffe kann direkt erfolgen, z. B. durch übermäßige Gülledüngung, durch Auskippen von Altöl, oder indirekt durch die Niederschläge, in denen viele Luftschadstoffe angereichert sind. So wird z. B. das Waldsterben auf die Schädigung der Baumwurzeln durch den sauren Regen mitverantwortlich gemacht. Sie erfolgt durch in den Boden eingetragene oder durch Säure freigesetzte Schadstoffe.

Der natürliche Boden hat ein großes Aufnahme- und Regenerationsvermögen für viele Schadstoffe. Dies gilt vor allem für organische Stoffe, die von den Mikroorganismen abgebaut werden, aber auch für anorganische Stoffe, die an die Bodenmineralien gebunden werden. Andere Schadstoffe, wie z. B. Mineralöle und chlorierte Kohlenwasserstoffe, oder Schwermetalle, wie Blei oder Cadmium, werden sehr langsam oder überhaupt nicht abgebaut.

Ist das Aufnahme- und Regenerationsvermögen des Bodens erschöpft, so werden die Schadstoffe mit dem versickernden Regenwasser in das Grundwasser geschwemmt oder von den Pflanzen aufgenommen. Über das Trinkwasser und die Nahrungskette können sie auch in den menschlichen Körper gelangen und die Gesundheit gefährden.

Bodenbelastungen. Die größte Belastung für den Boden geht von den riesigen Abfallmengen der Haushalte, der Klärwerke und der Industrie sowie von den durch die Landwirtschaft eingebrachten Düngern und Pflanzenschutzmitteln aus. Außerdem gelangen durch den Regen und sich absetzenden Staub ein Teil der Luftschadstoffe in den Boden.

Um die Belastungen für den Boden auf ein verträgliches Maß zu reduzieren, gibt es eine Reihe von **gesetzlichen Vorschriften**: Technische Anleitung Siedlungsabfall, das Abfallbeseitigungsgesetz, das Altölgesetz, das Düngemittelgesetz, das Pflanzenschutzgesetz usw. Auch die Gesetze zur Reinhaltung der Luft und zur Schadstoffbegrenzung in Abwässern wirken indirekt auf eine verminderte Bodenbelastung.

8.6.2 Abfallbeseitigung und Entsorgung

Wie bei allen Umweltschutzmaßnahmen gilt auch hier die Reihenfolge: — Vermeiden — Vermindern — Verwerten — Entsorgen. Ganz erhebliche Müllmengen lassen sich vermeiden, z. B. durch weniger aufwendige Verpackungen, durch wiederverwendbare Auffüllbehälter, durch die Verwendung von Mehrwegflaschen usw.

Mit einer Reihe von Maßnahmen gelingt es, das Müllaufkommen deutlich zu reduzieren **(Bild 271/1)**.

Das **Recycling** der Wertstoffe Glas, Altpapier, Kunststoffe und Metalle, erbringt eine wesentliche Minderung und spart Rohstoffe und Energie. Bauschutt und Bauaushub werden im Landschaftsbau verwendet. Rein organische Abfälle werden kompostiert, ein Teil des Mülls wird verbrannt.

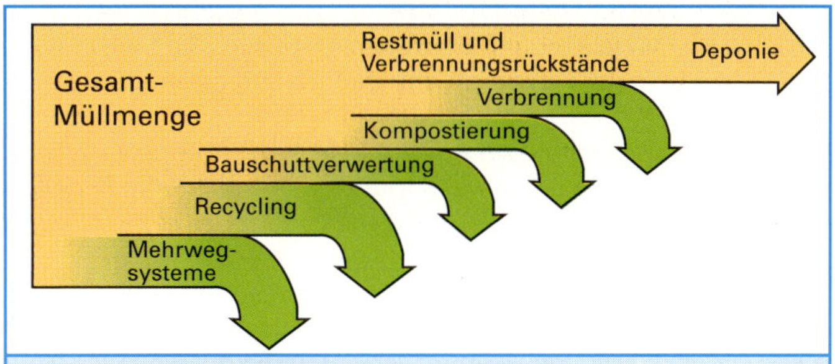

Bild 271/1: Verminderung der Müllmenge

Kompostierung

Zur Kompostierung eignen sich nur organische Abfälle, wie Essensreste, Gartenabfälle, Klärschlamm und in geringer Beimengung auch Papier. Die organischen Abfälle werden unter Zusatz von Kompostierungshilfsmitteln (Altkompost) zu Haufenreihen aufgeschüttet. In einem mehrere Monate dauernden biochemischen Rottevorgang werden die Abfälle durch Mikroorganismen (Bakterien, Pilze, Würmer) in Humus umgewandelt. Er kann zur Bodenverbesserung und als Pflanzerde wiederverwendet werden.

Müllverbrennungsanlagen

Moderne Verbrennungsanlagen für Hausmüll sind komplexe Industrieanlagen **(Bild 271/2)**. Die Verbrennung erfolgt meist in Drehrohröfen mit einer Nachbrennkammer. Bei 1000 bis 1500 °C verbrennt der Müll zu niedermolekularen Verbindungen CO_2, H_2O, SO_2, NO_x, NH_3 und einem festen Rückstand aus Asche, Schlacke und Metallgranulat. Das Rauchgas gelangt in einen Abhitzekessel, wo es seine Wärme zur Energiegewinnung abgibt und durchströmt dann eine Entstaubung und Rauchgasreinigung. Im gereinigten Rauchgas sind auch geringe Mengen toxischer Stoffe, z. B. NO_x und in ppm-Mengen Dioxine. Durch eine verbesserte Verfahrensführung und eine thermische Vorbehandlung des Mülls bei 600 °C unter Luftabschluß, der **Pyrolyse**, können die toxischen Stoffe fast ganz vermieden werden.

Durch Verbrennen kann Hausmüll auf etwa $^1/_3$ seines Volumens reduziert werden. Der Verbrennungsrückstand kann teilweise als Schlacke verwertet, der Rest muß auf Deponien entsorgt werden.

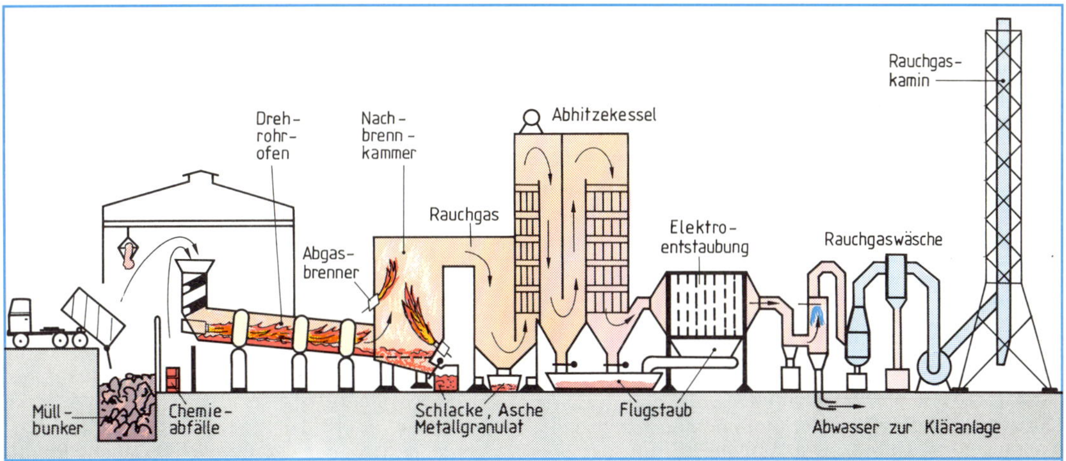

Bild 271/2: Müllverbrennungsanlage

Hausmülldeponien

Trotz erheblicher Müllvermeidung und -verminderung verbleibt eine Restmüllmenge, die umweltgerecht entsorgt werden muß. Hausmülldeponien sind geordnete und kontrollierte Ablagerungsplätze für diesen Rest-Hausmüll. Auf ihnen kann vorsortierter Hausmüll und Schlacke, die keine giftigen und umweltbelastenden Bestandteile enthalten, deponiert werden. Hausmülldeponien werden an Geländestellen angelegt, die einen natürlichen Sickerwasser-dichten Untergrund, z. B. aus Lehm, besitzen. Zusätzlich werden sie mit

Kunststoffbahnen gegen den Untergrund abgedichtet und mit Drainagerohren versehen, aus denen das Sickerwasser abgeleitet und einer Kläranlage zugeführt wird. Aufgefüllte Deponiebereiche werden mit Erdreich abgedeckt und begrünt. Im Deponiekörper werden die organischen Bestandteile von anaeroben Mikroorganismen in einem über Jahre und Jahrzehnte andauernden Prozeß in Humus und niedermolekulare, gasförmige Spaltprodukte CO_2, CH_4, NH_3, H_2S usw. zersetzt. Sie gasen aus dem Deponiekörper aus und stören wegen ihrer geringen Menge meist nicht. Nach einigen Jahrzehnten können ehemalige Hausmülldeponien wieder als Erholungslandschaft oder landwirtschaftliche Flächen genutzt werden.

Sondermülldeponien

Umweltbelastende Stoffe, wie Verbrennungsrückstände, unbrennbare Chemieabfälle, Farben und Lackrückstände, Chemieklärschlämme usw. müssen auf Sondermülldeponien abgelagert werden **(Bild 272/1)**.

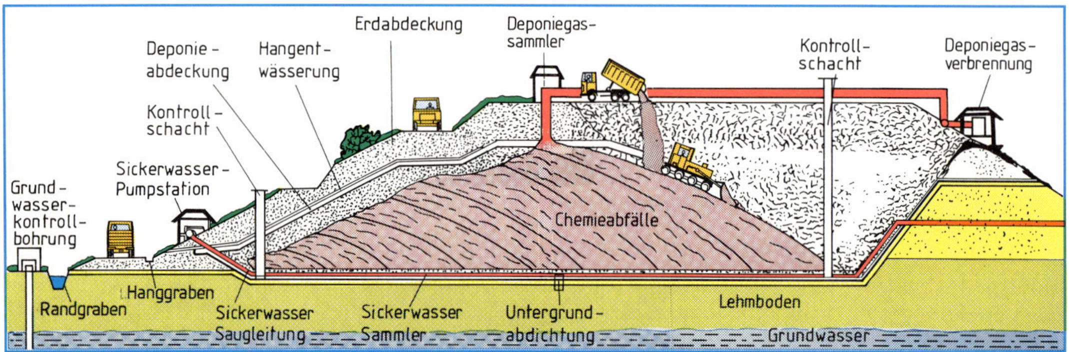

Bild 272/1: Geländeschnitt durch eine Sondermülldeponie

Das Hauptproblem bei Sondermülldeponien ist die Abdichtung gegen das Grundwasser, die mit aufwendigem Untergrundbau, Sickerwassersammlern, Saugleitungen und Auffanggräben sichergestellt wird. Nach oben werden Sondermülldeponien mit einer regendichten Abdeckung versehen, um das Auswaschen von Deponieinhaltsstoffen zu verhindern.

Die abgelagerten Abfälle unterliegen im Deponiekörper den natürlichen Vorgängen der Alterung, Verrottung und Verwitterung. Außerdem kommt es, je nach Inhaltsstoffen, zu vielfältigen chemischen Reaktionen zwischen den Stoffen. Die chemischen und biochemischen Vorgänge können den Deponiekörper erheblich erwärmen. Es entstehen niedermolekulare Spaltprodukte CO_2, CH_4, NH_3 und H_2S. Sie sammeln sich durch die haubenförmige, gasdichte Deponieabdeckung am höchsten Punkt, werden in eine Leitung eingespeist und zur Energiegewinnung verbrannt.

Sonderabfalldeponien. Hochgiftige Abfälle, wie z. B. Dioxin-haltige Stoffe oder unbrauchbare Härtesalze (Cyanide) können nicht auf einer üblichen Sondermülldeponie eingelagert werden. Sie werden in Fässer verpackt und in kontrollierten Untertage-Deponien eingelagert, die in aufgelassenen Kalibergwerksstollen eingerichtet sind. Die geologischen Gegebenenheiten stellen sicher, daß die hochgiftigen Abfälle nicht in das Grundwasser und die Umwelt gelangen können.

Wiederholungsfragen

1. **Was versteht man unter Chemiesierung des Alltagslebens und der Technik?**
2. **Welche Reihenfolge der Maßnahmen gibt es bei möglichen Umweltbelastungen?**
3. **Was sind Emissionen bzw. Immissionen?**
4. **Welches sind die hauptsächlichen Luftverunreinigungen und welche Schadwirkung haben sie?**
5. **Was gibt der MAK- bzw. MIK-Wert an?**
6. **Welche Aufgabe hat die TA Luft?**
7. **Beschreiben Sie die chemischen Vorgänge bei der Rauchgasentschwefelung eines Kraftwerks.**
8. **Welche chemischen Vorgänge laufen in einem Autokatalysator ab?**
9. **Wie werden brennbare Abgase in Industriebetrieben entsorgt?**
10. **Welches sind die gravierendsten Gewässerverschmutzungen und welche Schadwirkung haben sie?**
11. **Worauf beruht die Gewässergüte-Beurteilung mit Indikator-Organismen?**
12. **Welche Reinigungsstufen durchlaufen kommunale Abwässer in einer Kläranlage?**
13. **Was versteht man unter dem Ökosystem Boden?**
14. **Welche Maßnahmen helfen, die Gesamtmüllmenge deutlich zu reduzieren?**

8.7 Arbeitssicherheit beim Umgang mit Chemikalien

Von einer Reihe von Chemikalien ist nachgewiesen, daß sie bei Eindringen in den menschlichen Körper zu gesundheitlichen Schäden, bis hin zu Krebserkrankungen und Tod, führen.

Im Chemiebetrieb und Chemielabor, aber auch in vielen Industriebetrieben und im Schullabor ist der Umgang mit Chemikalien und auch mit giftigen Stoffen zum Teil unumgänglich.

Voraussetzung für das sichere Arbeiten mit gefährlichen Stoffen ist die Kenntnis der Schad- und Giftstoffe sowie geeignete Schutzmaßnahmen. Vom Hersteller steht für jeden Gefahrstoff ein **Sicherheitsdatenblatt** zur Verfügung. Der verarbeitende Betrieb muß daraus für seine Mitarbeiter eine **Betriebsanleitung** erstellen, nach der mit dem Gefahrstoff zu arbeiten ist.

Zudem gelten die **Sicherheitsvorschriften** der *Berufsgenossenschaft der Chemischen Industrie.*

8.7.1 Kennzeichnung von Gefahrstoffen

Damit gefährliche Arbeitsstoffe sofort als solche erkannt werden, sind gemäß der **Gefahrstoffverordnung** für ihre Behälter und Verpackungen international standardisierte Kennzeichnungen vorgeschrieben **(Bild 273/1)**. Sie bestehen aus Gefahrstoffsymbolen, Gefahrenhinweisen und Sicherheitsratschlägen (R- und S-Sätze), der Gefahrenklasse gemäß der Verordnung für brennbare Flüssigkeiten (VbF) und den Haupteigenschaften'der Stoffe.

Toluol R 11-20, S 16-29-33 VbF A I

rein

Leichtentzündlich. Gesundheitsschädlich beim Einatmen. Von Zündquellen fernhalten. Nicht rauchen. Nicht in die Kanalisation gelangen lassen. Maßnahmen gegen elektrostatische Aufladungen treffen.

Bild 273/1: Kennzeichnung von Gefahrstoffen (Beispiel)

Gefahrstoffsymbole

Die Gefahrstoffsymbole geben Hinweise auf mögliche Gefahren, die von dem Inhalt in dem Behälter ausgehen können **(Bild 273/2)**. Sie sind zusammen mit dem Chemikaliennamen deutlich sichtbar und dauerhaft auf der Verpackung oder dem Behälter angebracht.

Mögliche Gefahren sind Beeinträchtigungen der Gesundheit durch schädliche, ätzende, giftige oder krebserregende (canzerogene) Stoffe sowie Gefahren für die Sicherheit des Betriebes durch leicht entzündbare, explosionsgefährliche oder brandfördernde Stoffe.

Chemikalien dürfen nur in geeigneten Behältnissen, insbesondere **nicht** in Lebensmittelbehältern, wie z.B. Trinkflaschen, aufbewahrt werden.

Bild 273/2: Gefahrstoffsymbole und Bezeichnungen

8.7.2 R- und S-Sätze

Eine genauere Beschreibung der Gefahren und Hinweise für den Umgang mit Gefahrstoffen geben die sogenannten R- und S-Sätze. Dies sind durchnumerierte Hinweise auf besondere Gefahren (R-Sätze) und Sicherheitsratschläge (S-Sätze). Sie sind mit den Gefahrstoffsymbolen auf der Verpackung abgedruckt.

Hinweise auf die besonderen Gefahren (R-Sätze)

R 1 In trockenem Zustand explosionsgefährlich
R 2 Durch Schlag, Reibung, Feuer oder andere Zündquellen explosionsgefährlich
R 3 Durch Schlag, Reibung, Feuer oder andere Zündquellen besonders explosionsgefährlich
R 4 Bildet hochempfindliche explosionsgefährliche Metallverbindungen
R 5 Beim Erwärmen explosionsfähig
R 6 Mit und ohne Luft explosionsfähig
R 7 Kann Brand verursachen
R 8 Feuergefahr bei Berührung mit brennbaren Stoffen
R 9 Explosionsgefahr bei Mischung mit brennbaren Stoffen
R 10 Entzündlich
R 11 Leichtentzündlich
R 12 Hochentzündlich
R 13 Hochentzündliches Flüssiggas
R 14 Reagiert heftig mit Wasser
R 15 Reagiert mit Wasser unter Bildung leichtentzündlicher Gase
R 16 Explosionsgefährlich in Mischung mit brandfördernden Stoffen
R 17 Selbstentzündlich an der Luft

R 18 Bei Gebrauch Bildung explosionsfähiger/leichtentzündlicher Dampf-/Luftgemische möglich
R 19 Kann explosionsfähige Peroxide bilden
R 20 Gesundheitsschädlich beim Einatmen
R 21 Gesundheitsschädlich bei Berührung mit der Haut
R 22 Gesundheitsschädlich beim Verschlucken
R 23 Giftig beim Einatmen
R 24 Giftig bei Berührung mit der Haut
R 25 Giftig beim Verschlucken
R 26 Sehr giftig beim Einatmen
R 27 Sehr giftig bei Berührung mit der Haut
R 28 Sehr giftig beim Verschlucken
R 29 Entwickelt bei Berührung mit Wasser giftige Gase
R 30 Kann bei Gebrauch leicht entzündlich werden
R 31 Entwickelt bei Berührung mit Säure giftige Gase
R 32 Entwickelt bei Berührung mit Säure sehr giftige Gase
R 33 Gefahr kumulativer Wirkungen
R 34 Verursacht Verätzungen
R 35 Verursacht schwere Verätzungen
R 36 Reizt die Augen
R 37 Reizt die Atmungsorgane
R 38 Reizt die Haut
R 39 Ernste Gefahr irreversiblen Schadens
R 40 Irreversibler Schaden möglich
R 41 Gefahr ernster Augenschäden
R 42 Sensibilisierung durch Einatmen möglich
R 43 Sensibilisierung durch Hautkontakt möglich
R 44 Explosionsgefahr bei Erhitzen unter Einschluß
R 45 Kann Krebs erzeugen
R 46 Kann vererbbare Schäden verursachen
R 47 Kann Mißbildungen verursachen
R 48 Gefahr ernster Gesundheitsschäden bei längerer Exposition
R 49 Kann Krebs erzeugen beim Einatmen
R 50 Sehr giftig für Wasserorganismen
R 51 Giftig für Wasserorganismen
R 52 Schädlich für Wasserorganismen
R 53 Kann in Gewässer langfristig unerwünschte Wirkung haben
R 54 Giftig für Pflanzen
R 55 Giftig für Tiere
R 56 Giftig für Bodenorganismen
R 57 Giftig für Bienen
R 58 Kann langfristig unerwünschte Auswirkungen auf die Umwelt haben
R 59 Gefährlich für die Ozonschicht

Sicherheitsratschläge (S-Sätze)

S 1 Unter Verschluß aufbewahren
S 2 Darf nicht in die Hände von Kindern gelangen
S 3 Kühl aufbewahren
S 4 Von Wohnplätzen fernhalten
S 5 Unter... aufbewahren (geeignete Flüssigkeit vom Hersteller anzugeben)
S 6 Unter... aufbewahren (inertes Gas vom Hersteller anzugeben)
S 7 Behälter dicht geschlossen halten
S 8 Behälter trocken halten
S 9 Behälter an einem gut gelüfteten Ort aufbewahren
S 12 Behälter nicht gasdicht verschließen
S 13 Von Nahrungsmitteln, Getränken und Futtermitteln fernhalten
S 14 Von... fernhalten (inkompatible Substanzen vom Hersteller anzugeben)
S 15 Vor Hitze schützen
S 16 Von Zündquellen fernhalten — Nicht rauchen
S 17 Von brennbaren Stoffen fernhalten
S 18 Behälter mit Vorsicht öffnen und handhaben
S 20 Bei der Arbeit nicht essen und trinken
S 21 Bei der Arbeit nicht rauchen
S 22 Staub nicht einatmen
S 23 Gas/Rauch/Dampf/Aerosol nicht einatmen (geeignete Bezeichnung[en] vom Hersteller anzugeben)
S 24 Berührung mit der Haut vermeiden
S 25 Berührung mit den Augen vermeiden
S 26 Bei Berührung mit den Augen gründlich mit Wasser abspülen und Arzt konsultieren
S 27 Beschmutzte, getränkte Kleidung sofort ausziehen
S 28 Bei Berührung mit der Haut sofort abwaschen mit viel... (vom Hersteller anzugeben)
S 29 Nicht in die Kanalisation gelangen lassen
S 30 Niemals Wasser hinzugeben
S 33 Maßnahmen gegen elektrostatische Aufladungen treffen
S 34 Schlag und Reibung vermeiden
S 35 Abfälle und Behälter müssen in gesicherter Weise beseitigt werden
S 36 Bei der Arbeit geeignete Schutzkleidung tragen
S 37 Geeignete Schutzhandschuhe tragen
S 38 Bei unzureichender Belüftung Atemschutzgerät anlegen
S 39 Schutzbrille/Gesichtsschutz tragen
S 40 Fußboden und verunreinigte Gegenstände mit... reinigen (vom Hersteller anzugeben)
S 41 Explosions- und Brandgase nicht einatmen
S 42 Beim Räuchern/Versprühen geeignetes Atemschutzgerät anlegen (geeignete Bezeichnung[en] vom Hersteller anzugeben)
S 43 Zum Löschen... (vom Hersteller anzugeben) verwenden (wenn Wasser die Gefahr erhöht, anfügen: Kein Wasser verwenden)
S 44 Bei Unwohlsein ärztlichen Rat einholen (wenn möglich, dieses Etikett vorzeigen)
S 45 Bei Unfall oder Unwohlsein sofort Arzt zuziehen (wenn möglich, dieses Etikett vorzeigen)
S 46 Bei Verschlucken sofort ärztlichen Rat einholen und Verpackung oder Etikett vorzeigen
S 47 Nicht bei Temperaturen über...°C aufbewahren (vom Hersteller anzugeben)
S 48 Feucht halten mit... (geeignetes Mittel vom Hersteller anzugeben)
S 49 Nur im Originalbehälter aufbewahren
S 50 Nicht mischen mit... (vom Hersteller anzugeben)
S 51 Nur in gut gelüfteten Bereichen verwenden
S 52 Nicht großflächig für Wohn- und Aufenthaltsräume zu verwenden
S 53 Exposition vermeiden — vor Gebrauch besondere Anweisungen einholen

8.7.3 Umweltbelastende und gesundheitsgefährliche Stoffe (Auswahl)

Stoffname	Formel	R/S-Sätze	Eigenschaften, Vorkommen, Wirkung, Verwendung
Acrylnitril	**CH_2CHCN**	R11-23/24/25-45 S9-16-27-29-44	Krebserregendes Gas; Ausgangsstoff des Kunststoffs Polyacrylnitril.
Ammoniak	**NH_3**	R 10-23 S 7/9-16-38	Stechend riechendes, die Schleimhäute reizendes, ätzendes, giftiges Gas, Grundchemikalie.
Anilin	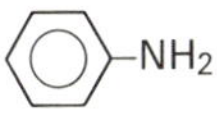	R23/24/25-33 S28-36/37-44	Ölige, giftige und krebserregende Flüssigkeit, Ausgangsstoff für Farbstoffe.
Asbest	Mineral aus Mg-, Fe-, Al-Silikaten	R20, 40, 45 S22, 38	Bildet haarfeine Fasersplitter, die mit der Atemluft in die Lunge eindringen und dort Krebs erzeugen können. Ist in alten Baustoffplatten und Bremsbelägen enthalten (heute verboten).
Blei, Cadmium, Quecksilber und deren **Verbindungen**	Pb, Cd, Hg PbO_2, CdS $HgCl_2$, $Hg(CH_3)_2$	R23-28, 39, 45 S22-41	Schwermetalle. Werden für technische Geräte und Apparate verwendet: Akkumulatoren (Pb, Cd), Batterien (Hg). Die Dämpfe der Metalle sowie deren Verbindungen sind starke Gifte, teilweise Verdacht auf Cancerogenität.
Benzol	**C_6H_6** 	R 11-23/24-39 S 9-16-29	Farblose, brennbare Flüssigkeit mit typischem Geruch. Ist mit bis zu 5% im Benzin enthalten. Blutgift mit krebserzeugender Wirkung.
Benzpyren (3,4-Benzpyren)	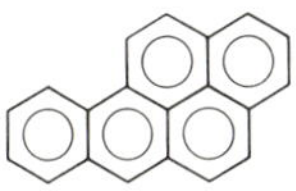		In reiner Form: gelbe, nadelförmige Kristalle. Wird bei unvollständigen Verbrennungsvorgängen gebildet. Ist enthalten in den Rußteilchen der Dieselabgase, des Tabakrauchs und in angebranntem Grillfleisch. Verursacht Krebserkrankungen.
Blausäure (Cyanwasserstoff)	**$H-C{\equiv}N$**	R20-40 S 1-53	Nach Bittermandeln riechende, leicht flüchtige, stark giftige Flüssigkeit. Häufiges Zwischenprodukt in der Chemie.
Brom	**Br**	R26-35 S7/9-26	Rotbraune Flüssigkeit, stark giftig und stark ätzend. Dient zur Herstellung organischer Bromverbindungen.
1,3-Butadien	**$CH_2{=}CH-CH{=}CH_2$**	R 13-45 S 9-33	Stark giftiges, krebserregendes Gas. Ausgangsstoff für Butadiengummi.
Chlor	**Cl_2**	R23-36/37/38 S7/9-44	Leicht grüngelbes, stechend riechendes Gas. Verätzt beim Einatmen die Schleimhäute und das Lungengewebe. Grundchemikalie der Chemieindustrie.
Cyanide	z.B. KCN (Zyankali)	R27, 28 S 1, 2, 29, 46	Salze, deren Lösungen extrem giftig sind. Verwendung in der Metalltechnik als Härtesalze.
Dichlordiphenyltrichlorethan (DDT)	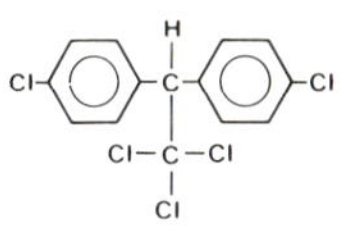		Weißer, pulvriger Feststoff, gut löslich. Nur sehr langsam biologisch abbaubar. Bekämpfungsmittel gegen krankheitsübertragende Insekten (Insektizid): Malaria, Schlafkrankheit, Gelbfieber. Gelangt über die Nahrungskette in den menschlichen Körper. Nerven- und Lebergift. (In Deutschland verboten).
Dioxin (Seveso-Gift) 2.3.7.8-Tetrachlor-dibenzodioxid (TCDD)	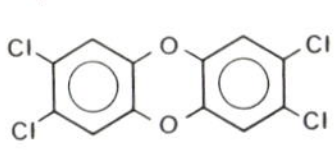		Wasserunlösliche Flüssigkeit. Entsteht als unerwünschtes Nebenprodukt bei der Herstellung chlorierter Aromaten, z.B. von PCP. Extrem giftige Substanz. Verursacht bei geringen Dosen Chlorakne, bei höheren Konzentrationen Erbschäden und Krebs.
Formaldehyd (Methanal)	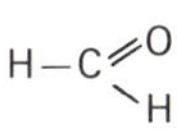	R 23/24/25-43 S2-26, 28-51	Farbloses, stechend riechendes Gas, das die Schleimhäute reizt. Grundchemikalie, die zur Herstellung z.B. von Leimharzen und Kunststoffen verwendet wird. Ist krebserregend.
Hexachlorcyclohexan (HCH) (Lindan)	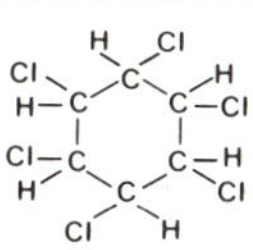		Farbloser Feststoff, Bestandteil vieler Schädlingsbekämpfungsmittel (Insektizid). Wird über die Nahrungskette vom Menschen aufgenommen und reichert sich im Fettgewebe an. Wirkt krankmachend auf Leber und Nieren.

Stoffname	Formel	R/S-Sätze	Eigenschaften, Vorkommen, Wirkung, Verwendung
Kohlenstoff-monoxid	**CO**	R 12-23 S 7-16	Geruchloses Gas. Entsteht bei unvollständigen Verbrennungsvorgängen. Starkes Blutgift.
Laugen	z. B. **$NaOH$** **$Ca(OH)_2$**	R 35, 36, 38 S 2, 7, 24-29	Je nach Art und Konzentration, die Haut reizende bis ätzende Flüssigkeit. Besonders die Augen vor Laugenspritzer schützen.
Monochlorethen (Vinylchlorid)	**$H_2C{=}CHCl$**	R 13-45 S 9-33	Farbloses, die Schleimhäute reizendes Gas. Verursacht schwere gesundheitliche Störungen, Leberkrebs. Dient zur Herstellung des Kunststoffs PVC.
Pentachlorphenol (PCP)	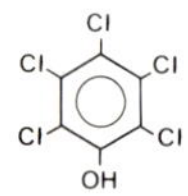		In reiner Form: weißer Feststoff mit nadelförmigen Kristallen. Schädlings-, Unkrautbekämpfungs- und Holzschutzmittel (Insektizid, Herbizid, Fungizid). Dünstet aus behandelten Holzverkleidungen aus. Leber- und Nervengift. In Deutschland verboten.
Phenol	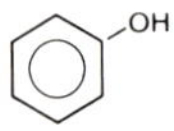	R 24/25-34 S 2-28-44	Farbloser Feststoff (F = 43 °C) mit unangenehmem Geruch. Verätzt die Haut, ist stark giftigt. Grundchemikalie zur Herstellung von komplizierten aromatischen Verbindungen.
Polychlorierte Biphenyle (PCB) z. B. Dekachlor-biphenyl	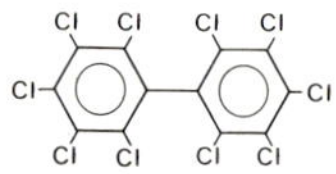		Unbrennbare, temperaturbeständige Flüssigkeit mit hohem Siedepunkt. Wird als Kühlflüssigkeit (Transformatorenöl) und Hydraulikflüssigkeit sowie als Weichmacher für Kunststoffe verwendet. Nieren- und Lebergift. Krebserregend. In Deutschland verboten.
Phosgen	**$COCl_2$**	R 20-27, 36-40 S 1-39	Süßlich riechendes, stark giftiges Gas. Zwischenprodukt bei der Polyurethan- und Polycarbonat-Herstellung (Kunststoffe).
Salpetersäure	**HNO_3**	R 8-35 S 2-27	Stark ätzende Säure, bildet mit organischen Stoffen NO_2-Dämpfe, die stark giftig sind.
Schwefeldioxid	**SO_2**		Stechend riechendes Gas, kommt im Abgas schwefelhaltiger Brennstoffe wie Kohle und Erdöl vor. Reizt und verätzt die Schleimhäute, schädigt die Pflanzen.
Schwefelsäure	**H_2SO_4**	R 20-38 S 2-30	Stark ätzende Säure.
Schwefel-wasserstoff	**H_2S**	R 13-26 S 1-45	Nach faulen Eiern riechendes, stark giftiges Gas. Verätzung der Augen.
Stickoxide (nitrose Gase)	**NO, NO_2**		Farbloses bzw. braunes Gas. Entstehen bei hohen Temperaturen aus dem Stickstoff und Sauerstoff der Luft, z. B. bei Verbrennungsvorgängen. Wirken ätzend auf die Schleimhäute, Blut- und Lungengift.
Tetrachlorethen (Tetrachlorethylen) (kurz Per)	**$CCl_2{=}CCl_2$**	R 20/22 S 2-25	Wasserklare Flüssigkeit Sehr giftig Canzerogen
Tetrachlormethan (Tetrachlorkohlenstoff, kurz Tetra)	**CCl_4**	R 26-28 S 2-45	Wasserklare, angenehm frisch riechende Flüssigkeit, nicht brennbar, giftig, Verdacht auf Cancerogenität, Verwendung als Fettlösungsmittel.
Toluol	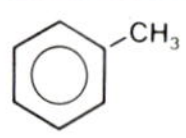	R 11-20 S 16-29-33	Aromatisch riechende, brennbare, giftige Flüssigkeit. Reizt die Schleimhäute. Minder giftig als Benzol.
Trichlorethen (Tri)	**$CHCl{=}CCl_2$**	R 20-22 S 2-25	Frisch riechende, wasserklare Flüssigkeit, giftig, Verdacht auf Cancerogenität, Lösungs- und Reinigungsmittel.
Trichlormethan (Chloroform)	**$CHCl_3$**	R 20 S 2-25	Süßlich riechende, unbrennbare, betäubende Flüssigkeit, giftig, Verdacht auf Cancerogenität. Lösungs- und Reinigungsmittel.
Wasserstoff-peroxid	**H_2O_2**	R 34 S 28-39	Wasserklare Flüssigkeit, wirkt ätzend. In konzentrierter Form stark ätzend und explosibel.
Xylole (Dimethyl-benzole) z. B. p-Xylol	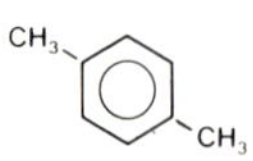	R 10-20 S 24/25	Wasserklare Flüssigkeit mit einem Siedepunkt von 138,4 °C und einem Schmelzpunkt von 13 °C. Kommt im Erdöl vor. Wird aus Topbenzin durch Reformieren hergestellt (Seite 223). Lösungs- und Verdünnungsmittel für Kunststoffe; Ausgangsstoff für die Kunststoffherstellung (Ungesättigte Polyester). Mindergiftig.

Sachwortverzeichnis

B

C

D

E

F

G

H

I

K

L

M

N

O

P

Q

R

S

T

U

V

W

X

Z

Danksagung

Zum Gelingen des Buches beigetragen haben durch wertvolle Anregungen insbesondere die Kollegen **Gerhard Fastert** (OStR) von den berufsbildenden Schulen I in Stade, **Dr. Gerhard Schenk** (Prof.) vom Seminar für Studienreferendare an beruflichen Schulen in Karlsruhe sowie **Dr. Friedrich-Karl Schmidt** (Oberstudienrat) und **Christoph Zauke** (Oberstudienrat) von der Carl-Engler-Schule/Karlsruhe sowie Herr **Dr. Georg Wittke** (Studienrat i. H.) von der Justus von Liebig Universität in Gießen.

Die Fotos der Chemikalien und chemischen Geräte wurden nach Vorlagen des Autors von Herrn stud. chem. Thorsten Eggert/Karlsruhe und Frau stud. chem. Larissa Ignatowitz/Waldbronn angefertigt.

Herrn **Gerhard Fastert** dankt der Autor für das sorgfältige Korrekturlesen des Manuskripts.

Die Autoren und der Verlag bedanken sich bei den nachfolgend aufgeführten Firmen für die Überlassung firmeneigener Druckschriften sowie für die Erlaubnis zum Abdruck von Bildmaterial. Damit wurde ein wichtiger Beitrag geleistet, dem Buch einen modernen technologischen Standard zu geben. Desweiteren gilt der Dank den Kultusministerien der Bundesländer, den beruflichen Schulen, den Industrie- und Handelskammern sowie den Fachkollegen aus Industrie und Schule, die durch Überlassung von Stoffplänen und in persönlichen Gesprächen bei der Stoffauswahl und inhaltlichen Gestaltung mitgewirkt haben.

Verzeichnis der Firmen, die durch Text- und Bildmaterial zum Buch beigetragen haben:

Accumulatorenfabrik Sonnenschein
Büdingen

AEG-Telefunken
Abteilung Umweltschutz
Frankfurt

Agfa-Gavaert-Gruppe
Leverkusen

AMEG
Verfahrens- und Umweltschutz-Technik GmbH & Co KG
Stuhr-Moordeich

August Thyssen-Hütte AG
Stahlwerk
Duisburg-Hamborn
Bild: 124/1

Arbeitsgemeinschaft Deutscher Kunststoff-industrie
Frankfurt
Bild: 14/1

BASF-AG
Ludwigshafen
Bilder: 10/1, 124/1, 129/2, 144/1, 156/1, 179/2, 231/1, 235, 236, 237, 238, 239

Bayer-AG
Leverkusen
Bilder: 106/3, 132/1, 166/1, 218/1, 231/1, 235, 236, 237, 238, 239, 259/2, 260/1, 268/1

Benckiser Wassertechnik
Schriesheim
Bilder: 260/2, 266/1

Berga GmbH
Rastatt

Berufsgenossenschaft der Chemischen Industrie
Heidelberg
Bild: Seite 8

BP-Deutschland
Hamburg
Bild: 10/1

BWT-Wassertechnik GmbH
Schriesheim
Bild: 104/1

Caltex Deutschland GmbH
Raunheim

Chemische Fabrik Kalk GmbH
Köln

Chemische Werke Hüls
Hüls-Marl

Daimon GmbH
Köln

Degussa AG
Frankfurt
Bild: 107/1

Degussa-Galvanotechnik
Schwäbisch-Gmünd
Bild: 179/2

Deutsche Edelstahlwerke
Krefeld

Deutsches Kupferinstitut
Berlin
Bilder: 10/1, 149/1/2/3, 150/3, 178/3

Deutsche Shell AG
Hamburg
Bild 10/1

Deutsche Solvay-Werke GmbH
Solingen
Bild: 53/3

Dornier GmbH Abwasser-technik
Friedrichshafen
Bild: 157/2

Dürr Anlagenbau
Stuttgart
Bild: 158/2

Duracell Deutschland
Frechen

ERSA GmbH
Wertheim
Bild: 260/1

Esso AG
Hamburg
Bild: 219/1

Gruner & Jahr
Hamburg

Henkel & Cie GmbH
Düsseldorf

Heidelberger Zement AG
Heidelberg
Bilder: 124/1, 162/1

Heraeus Kulzer GmbH
Pforzheim
Bild: 168/1

Heraeus Quarzschmelze GmbH
Hanau
Bild: 105/2

Hewlett-Packard
Böblingen
Bild: 260/1

Höchst AG
Frankfurt
Bilder: 10/1, 231/1, 235, 236, 237, 238, 239

Hösch AG
Dortmund
Bild: 182/1

IBM Deutschland
Sindelfingen
Bilder: 12/1, 105/1

Hüls AG
Marl
Bild: 260/2

Ernst-Klett-Verlag
Stuttgart
Bild: 91/1

Kodak AG
Stuttgart

Kraftwerk-Union
Erlangen

Lever Industrie
Mannheim

Mercedes Benz AG
Stuttgart
Bilder: 150/2, 184/3

Merck AG
Darmstadt
Bild: 33/1

Messer-Griesheim GmbH
Frankfurt
Bild: 113/1

Oberrheinische Mineralölwerke
Karlsruhe

Procter & Gamble
Schwalbach

Rhône Poulenc GmbH
Frankfurt

Rosental Technik AG
Selb

Ruhrkohle GmbH
Essen
Bilder 228/2, 229/1

Ruhrstickstoff AG
Bochum
Bilder: 137/1, 186/1

Schott und Genossen
Mainz

SGL-Carbon
Meitingen
Bild: 103/1

Siemens AG
München
Bild: 144/1

Stettner & Co.
Lauf
Bild: 164/1

UCAR Batterien GmbH
Erkrath

Uhde GmbH
Dortmund
Bild: 12/1

Unilever
Hamburg

Varta Batterie AG
Hannover
Bilder: 168/1, 171/3

VAW Aluminium AG
Grevenbroich
Bilder: 101/1, 146/1

Veba Glas AG
Essen
Bilder: 10/1, 167/1

Veba Oel AG
Gelsenkirchen-Scholven

Verband der chemischen Industrie
Frankfurt
Bilder: 24/1, 24/3, 270/1

Volkswagen AG
Braunschweig
Bild: 184/2

Wacker Chemie AG
München
Bild: 243

Weidling & Sohn
Münster
Bild: 184/1

Westdeutsche Portland-Zement und Kalkwerke
Geseke

Wirtschaftsvereinigung Stahl
Düsseldorf
Bild: 196/1

Zinkberatung e. V.
Düsseldorf
Bilder: 150/1, 184/3